教育部人文社科重点研究基地复旦大学信息与传播研究中心资助出版

传播与中国译丛
媒介与历史系列
—— 主编 • 黄旦 ——

A NEWSPAPER FOR CHINA?
Power, Identity, and Change in Shanghai's News Media, 1872–1912

报为中用？
上海新闻媒体的影响力、定位与变革
（1872—1912）

［德］梅嘉乐（Barbara Mittler）／著
季凌霄／译

中国传媒大学出版社
·北京·

迟到的六十华诞致礼。
献给无与伦比的父亲：
Elmar Jakob Nikolaus Mittler

目　录

总　序 / 1
中译本序 / 11
译者序 / 19
致　谢 / 23
惯例与缩写 / 27

导　论　中国的公共领域与报纸的影响力 / 1

第一部分　创造媒介

第一章　驯化外来媒介：新报在中国的改造 / 27
第二章　以圣人之言：中文报纸的权威性与风格 / 72
第三章　让国家走向公共？京报重印中的权力与视野 / 105

第二部分　阅读媒介

第四章　女性化偏向：建构女性读者 / 153
第五章　"多重人格"：上海人的形象与声音 / 195
第六章　中国民族主义的本质：解读上海报纸，1900—1925 / 229
结　语　报纸影响力再探 / 258

附录 A / 267
附录 B / 270
附录 C / 272

参考文献 / 274
《申报》文章条目 / 329
索　引 / 342

图表目录

表格

表 3.1　中国官方或私人报纸名称之变化　/ 108—109

表 3.2　《申报》重印京报之变化，1872—1912 年　/ 131

表 3.3　不同京报版本与重印本之字数　/ 137

插图

图 I.1　舆论的酝酿　/ 11

图 I.2　假道西方的沟通　/ 16

图 I.3　官员对报刊的畏惧　/ 22

图 1.1　大开张的中文报纸　/ 30

图 1.2　中式报纸　/ 31

图 1.3　《申报》改版前后的第一、二页　/ 33

图 3.1　一份商业版本京报上的宫门抄　/ 115

图 3.2　不同装束的官员形象　/ 129

图 3.3　重印京报时以醒目字号强调部分内容　/ 138

图 3.4　印在狭长版面空间中的电传宫门抄　/ 146

图 4.1　女界风尚之变迁　/ 158

图 4.2　通向康健之路　/ 165

图 4.3　面向母亲的广告　/ 166

图 4.4　女性的一项新运动：骑脚踏车　/ 171

图 4.5　《女界之过去、现在、将来》　/ 172

图 4.6　可见的复调　/ 187

图 4.7　可怖的女子　/ 190

图 5.1　广告版面上的中西意象　/ 200

图 5.2　仁丹广告中多层次的指意（signification）过程；放大后的日本森下仁丹公司的标识，可以看清细节　/ 201

图 5.3 "散拿吐瑾"广告中的希腊人形象 / 202

图 5.4 《摹仿西人:高鼻法》 / 219

图 5.5 《摹仿西人:深睛法》 / 220

图 5.6 《摹仿西人:细腰法》 / 220

图 5.7 西化的中国人以及他遭到"修理"之后 / 222

图 6.1 隐喻性的商业卡片 / 239

图 6.2 《反华墙》 / 239

图 6.3 爱国广告 / 249

图 6.4 作为国际事务的中国铁路 / 252

图 6.5 中国官员之手、足、眼 / 253

总 序

理解媒介的威力
——媒介与历史

一

在李伯元的《文明小史》中有这样一则故事：晚清科考政策发生变化，除了诗文，还新增时务、掌故、天算、舆地等内容。为适应此种变革，吴江乡间有贾家三子，受人指点，开始接触上海报纸以补新知。"兄弟三个是见所未见，既可晓得外面的事故，又可借此消遣，一天到夜，足足有两三个时辰用在报上。"眼界开了，行动也就开始，他们拿出私房钱托人在洋货店买回来一盏火油洋灯，一亮如同白昼，油灯那点摇曳之火，就显得可怜无比。自此三人更加留心看报，凡见有外洋新到器具，即托人购买，不管是否合用。仅此仍不解渴，他们反而更加向往去上海见见世面，因为从报纸上看到那里还有自来水、电气灯等种种稀罕之物，自又非火油洋灯所能比。谋划再三，兄弟三人遂瞒着母亲，私下租了一条船，半夜时分偷偷上船奔向上海。

倘若这是一段史实，依照现有的研究思路，我们会关注什么呢？或许是当时的吴江乡下，已经可以看到多少报纸，都是些什么报，它们是通过什么渠道进入的；又或许是当地读者都是哪些人，主要读什么，产生了什么作用；也有可能据此考证当时有哪些洋货进入吴江这样的地方，它们是如何流入的，购买洋货的都是什么样的家庭；当然，也可以从这样的例证中，分析报纸对于上海向周边的辐射起到了什么样的作用；等等。这样的一些研究都从各自不同层面触及了报纸及其影响，其价值不言而喻。然而，所有这些研究相加，仍未让人觉得已经击中这个故事本身。比如为什么是读报让人"晓得外面的事故"？为什么报纸可以是购买洋货的指导（如果是电视购物，肯定是另一番模样）？报纸上的"上海"怎么就理所当然等同于实际的上海？报纸这种诱导的力量来自哪里？总而言之，没有报纸，这一切就不会发生，那么，报纸是什么呢？

很遗憾，我们的研究中的确没有人追究报纸是什么，而是把报纸当作一个不证自明的物品。这不仅把报纸常识化了,而且也难以切实把握研究者所习以重视的报纸内容和作用(比如与书籍有何不同)。此种所谓的报纸历史研究,也就名不副实,实际上是没有"报纸"的报纸研究。历史学家达恩顿就表达过类似的意思,他说,研究者们总是希望通过考查印刷的世界,能打开一扇透视总体法国大革命的新窗口,但他们从来没有打算了解,这种主要传播工具是如何贡献于现代第一次伟大革命的。"历史学家一般把印刷文字当成什么东西发生的记录,而不是发生的因素",是报刊帮助塑造了其记录的事件。没有印刷报刊,就不可能攻克巴士底狱,而且也不可能推翻旧的君主专制。①

报刊与历史研究中所存在的这种现象,绝不是历史研究独家的问题,也不仅仅是报纸的问题。无论是社科还是人文领域,都普遍存在"媒介盲"的状况。他们在关于媒介的构成、历史及影响的研究方面,路径固然不一,但在关注其内容、角色和传播的知识及其构成,轻视乃至忽视媒介本身方面,则是大同小异。② 梅罗维茨对此就十分不解,"虽然对媒介内容的研究有重要的社会意义,但是令人惊讶的是,人们很少对媒介提出其他类型的问题。实际上,许多对媒介影响的研究都忽略了对媒介自身的研究"。这就产生了一个有趣的现象,"关于电视内容和控制的研究方式与研究报纸、戏剧、电影和小说的内容与控制方式完全相同,它们本身被当作了中性的传送系统",在其间没有任何意义,尽管在实际的操作和表现中,电视、报纸和戏剧、电影之间的差别是如此之大。将其与关于工业革命影响的研究一作比较,二者就显示了巨大差距。没有哪一个人会宣称他的研究中"唯一重要的东西是新机器生产出的物品",相反,进入工业革命研究者视野的是,工业革命作为一种新的生产方式对诸多可变因素的影响,比如城乡生活的平衡、劳动的分工、家庭结构、社会的凝聚程度、时空观念、阶级的构成,以及社会变化的速度等。③ 这很有启发性,要是我们也转变视野,将媒介(报纸)看成一种改变时空和社会关系的新的传播方式本身,而不是像以往那样,将其当作一个装水空瓶,我们的研究,比如关于前面提到的吴江贾家兄弟的故事,还会只是围着其内容打转吗?

报刊是一种媒介,没有人会提出异议;但为什么一定是媒介,媒介到底是什么,想必没有多少人能够回答。如何理解媒介,总是与以什么样的方式看待它密切相关。当把媒介看成负载内容的一块白板、一个透明的"玻璃缸"时,除了紧盯"媒介内容"这一

---

① DARNTON R. Introduction[M]//DARNTON R,ROCHE D. Revolution in print: the press in France,1775-1800. Berkeley and Los Angeles: CA, University of California Press,1989: xiii-xv.
② 米歇尔,汉森.媒介研究批评术语集[M].肖腊梅,胡晓华,译.南京:南京大学出版社,2019:2.
③ 梅罗维茨.消失的地域:电子媒介对社会行为的影响[M].肖志军,译.北京:清华大学出版社,2002:12.

片"滋味鲜美的肉",①将"新机器生产出来的物品"——媒介传送的内容——当作唯一重要的东西,就不可能还会想到其他东西。且不说这种"工具论"的媒介观已经受到越来越多的质疑,就算与我们今天自身的媒介体验(比如使用手机),也是完全不相吻合的。由此及彼,当能刺激反思现有媒介与历史研究中的媒介观。借此,重新理解媒介,是媒介与历史研究必须面对的问题。重新理解则必以改变想象为前提,想得到未必做得到,想不到就根本没有做的可能。用麦克卢汉的话说,就是要"以恰当的方式理解媒介的威力"②。从媒介是什么入手,重新建立一个考察媒介的视角,对于讨论媒介与历史,显得尤为重要。

二

由于媒介是一个外来词,对于其本来的含义,认真探索过的人好像不多。英文的media,源自拉丁文medium,意指"中间"。尽管雷蒙·威廉斯在其《关键词》中,依照时间的变迁梳理出其三种意涵,但同时也指出,"中介机构"或"中间物",是一个比较古旧且运用普遍的意涵。③ 德布雷说,"媒介"不是指媒体或介质,而是指媒介行为,是介于符号生产与事件生产之间的中间体。④ 齐林斯基理解的"媒介",则是想把被分割开来的东西加以结合的那种尝试提供行动的空间。⑤ 这些理解看来都是与这样的词源有关。

"媒介"一词在英文中有单复数之分,也就是"medium"和"media",事情的复杂性由此而起。一般认为,复数是单数的自然集合,偏偏在"媒介"中,二者不能完全重叠。作为复数的"media",自19世纪中叶以来得到大量采用,但其被广泛运用,则与广播和报纸的兴起有关。⑥ 出于这样的背景,"media"常常意指"大众媒介"(mass media)。这与"medium"有较大差别,"medium"主要强调媒介的物质特性,兼有"元素""环境"或"位于中间位置的载体"之义,⑦简单地说,它指的是一个媒介物,是具有独特性、决定性的物质,重点是其技术意涵,这一点甚至比言说的内容和书写的事物更为重要。正因如此,作为"media"的印刷与广播,是否与"medium"的意思相同,就产生了疑问。因

---

① 麦克卢汉.理解媒介——论人的延伸[M].何道宽,译.北京:商务印书馆,2000:46.
② 麦克卢汉.五种感官系统的内窥[M]//麦克卢汉.指向未来的麦克卢汉媒介论集.何道宽,译.北京:机械工业出版社,2016:34.
③ 威廉斯.关键词:社会与文化的词汇[M].刘建基,译.北京:生活·读书·新知三联书店,2005:299-300.
④ 德布雷.媒介学宣言[M].黄春柳,译.南京:南京大学出版社,2016:17.
⑤ 齐林斯基.媒体考古学——探索视听技术的深层时间[M].荣震华,译.北京:商务印书馆,2006:8.
⑥ 威廉斯.关键词:社会与文化的词汇[M].刘建基,译.北京:生活·读书·新知三联书店,2005:299.
⑦ 彼得斯.奇云[M].邓建国,译.上海:复旦大学出版社,2020:54.

为它们突出的不是其"物质性",而是社会的面向,受制于其他目的。① 直白地说,在一些人眼里,"media"已不是原来那个侧重于自然媒介物的"medium"的聚集,而是一个社会机构,虽然二者都有处于中间位置之义。

我国在20世纪80年代引进的传播学,源自美国的大众传播研究,"大众媒介"的说法也一并被引进,并由此影响了人文和社科领域的研究,史学也不例外。研究者们口中和眼中的"媒介",实是指大众媒介,亦即"media"。所谓的报刊史、电视史、广播史,显然就是出于这样的认定,并由此延展到其他诸如电影、书籍、电报、电话等方面的。如此一来,媒介似乎无须厘定,因为它已经是明摆在那里的一个个实物——人人都看得到的东西,只要将这些物品作为研究对象,就是在从事媒介研究了。

就每个具体研究而言,以这样的对象来命名似乎没有什么大的问题,而且在媒介与历史研究领域,也一直如此。然而若稍作追究,就会发现没那么简单。报纸、广播、电视差别很大,其制作、传递、呈现和接收都不一样,为什么一概被称为媒介? 其依据是什么? 不仅如此,它们中的每一个都包含着许多研究的层面和路数。文章一开头提到的贾家兄弟的故事,就完全可以被纳入社会史、经济史、中西交流史、上海城市史研究的脉络,而不必非是报刊史,尽管是因报刊而起。从印刷史的角度,报刊可以是一种印刷技术,是印刷被采纳、运用和改革演化的历史,与通常意义上的报刊史毫不相干,比如苏精的《铸以代刻》。电视研究就更为复杂了,文学、艺术学、图像学、文化批判、音像技术学在其中都有大展拳脚的空间:它们或者关注文本和制度,或者注重其表演,或者将拍摄技巧作为重点。近几年兴起的视觉文化研究,在艺术史和图像研究的脉络下,以视觉性为核心视角,更是不仅把艺术、图像、广告、肥皂剧等统统纳入研究的范围,而且还把观看行为、观看过程、观看方式等一网打尽。② 那么,它们是否都是媒介研究,或者其中哪些研究是媒介研究,哪些不是? 什么东西可以被称为"媒介"? 什么样的研究可以被认定为媒介或者报刊研究? 这里面是有一个统一标准,还是约定俗成,或者就是随研究者的个人兴趣来命名? 其特殊性究竟是什么? 当我们一提到媒介,本能的反应就是手中摊开的报纸、与家人一起围坐观看的电视机、飘扬着悦耳音声的收音机和黑暗中人影晃动的银幕时,其实就已经失落了"medium"或者"media"所含有的"中间"含义,亦即在学术上理解媒介本该具有的"恰当的方式"。所以,记住下面这句话就显得十分关键:理解媒介,不仅指(或主要指)"理解单个的媒介形式——电、汽车、打字机、布帛——而是要从媒介这个角度来考虑问题"③。

---

① 威廉斯.关键词:社会与文化的词汇[M].刘建基,译.北京:生活·读书·新知三联书店,2005:300.
② 唐宏峰.视觉性、现代性与媒介考古——两种视觉文化研究界别与"视觉现代性"研究[M]//杰,等.现代性的视觉政体.郑州:河南大学出版社,2020:9.
③ 米歇尔,汉森.媒介研究批评术语集[M].肖腊梅,胡晓华,译.南京:南京大学出版社,2019:3-4.

三

"媒介角度"这四个字,就意味着媒介不仅仅是一个物品、一个对象,更是一个考察社会、人乃至世界的站点。这个"角度"或者视角,就是媒介的"居中"或"中间位置",用米歇尔和汉森的话说,乃为"调节","调节"是所有媒介共有的"媒介性"(mediality)。① 报纸、广播、电视之所以是"媒介",就在于它们共同的"媒介性"——处在中间位置的"调节机构",用更为切近的表达,即其"交转性"。

这样就比较清楚了,我们熟知的"媒介"(media)中包含"medium",但又不仅仅是"medium"的堆集。它包含不同的"medium"——媒介物,即单个媒介独有的物质或符号元素的特性,此时,或许可以说它是"medium"的复数形式;然而,它又抽绎并蕴含着所有单个媒介(medium)都不可或缺的"媒介性"——"调节",这一处在"中间位置"所必然发生的机制和作用。这样的两层含义,就构成了这样一个集体单数名词"media"。② 由此我想到《说文解字》关于"媒"的释义:"媒"即"谋也,谋合二姓者也",指的也正是这样一种居中转圜。这就难怪,德布雷把媒介看成促发两者发生关系的第三者。媒介的重要性就是"搭桥",也就是说,要让不同因素之间相互交叉,相互受孕。媒介不只是"处于中间位置的",它还要对通过中间项的两者起作用。它要在不可逆转的过程中创造出一个模型,超越所有的企图③,产生出一个特殊整体。媒介是有"媒"有"介"的,是媒—介的互应和互动,是一种"交转"。在它的触发和协调下,各种关系因连接而相互转化,因转化而形成新的形态或面向。媒介由此成为"让我们通向那个由于与我们相关而伸向我们的东西","让我们进入与我们相关或传唤我们的东西"。④ 媒介不是工具,工具只着眼于效率和效益,媒介则具有开拓现实的作用,开启了我们与世界的关系以及各种不同可能性⑤。没有媒介,就如没有桥梁。桥梁不只是连接,更是交接引领我们通达彼岸,在通达过程中周边的景色和诸种关系得以汇聚和展开。因此,凡有媒介,就有发生,就有事件,就有变动,就有新的进展。吴江贾家三子夜奔上海,恰为此做了一个见证。

犹如物质性依托于具体的物质及其形态,由于单个媒介的技术特性不同,也就带来了媒介性——交转性的方式及其模式呈现的千差万别:"在口语文化的社会里,许多

---

① 米歇尔,汉森.媒介研究批评术语集[M].肖腊梅,胡晓华,译.南京:南京大学出版社,2019:2.
② 米歇尔,汉森.媒介研究批评术语集[M].肖腊梅,胡晓华,译.南京:南京大学出版社,2019:4.
③ 德布雷.媒介学宣言[M].黄春柳,译.南京:南京大学出版社,2016:124-125.
④ 海德格尔.在通向语言的途中:修订译本[M].孙周兴,译.北京:商务印书馆,2005:190,255.
⑤ 克莱默尔.传媒、计算机和实在性之间有何关系?[M]//克莱默尔.传媒、计算机、实在性——真实性表象和新传媒.孙和平,译.北京:中国社会科学出版社,2008:6.

人在同时说话;相反,在书面文化的世界里,一次一个人说话至少是在人们的期待之中。"①媒介事件——电视的直播,则使得全球成为一个竞赛场或大剧院,造就了新的场景,甚至奠定了尼尔·波兹曼所忧心忡忡的"娱乐至死"和"童年的消逝"。复制技术使艺术失去了灵韵,却也使得大众在其展示的观看中,有了接触本来只能顶礼膜拜的艺术品之机会。②舆论,是报刊史研究中最为常用的术语,但恐怕没有太多的研究者知道,在印刷报纸产生后,才有了现代政治学和社会学意义上的"舆论"。报纸就像一个"公共交谈"的平台,一支笔启动了上百万条舌头,分散的地方的意见被集中、被融合,从而造就了一个庞大、抽象和独立的报纸意见共同体,并被命名为"舆论"。没有报纸,人们的交谈就不会对任何人的头脑产生影响。因此,"舆论"以及所谓的民族主义(想象的共同体)、国际主义,都与报纸的此种"公共交谈"③——交接周转的协调有关。依此而进,报刊和舆论的研究,就不应是以内容为内容、以文本证效果,而应切入报纸的"交转性"之作为,关注"公共交谈"的运作和方式,并从这样的逻辑中揭示内容和文本的形成及其带来的后果。以此来反观报刊与历史,比如众所周知的《时务报》与"戊戌变法"、《苏报》与"排满革命"、《新青年》与"新文化运动"、《民报》与《新民丛报》的辩论等,恐怕就会有新的领悟,发现新的风景。

由于媒介物特性不一,我们的研究就是要从其共同的"媒介性"中,揭示出不同媒介特性所导致的不同的"调节"或"交转"状况和结果。同时,媒介与媒介之间并非绝缘的,它们之间同样互为交接、交集,会发生遭遇、碰撞、转接、竞争、分离,可谓剪不断理还乱:报纸、讲演、标语传单的相互促进,办报、办会、书信和人际交往的互为条件,学堂、出版社和报馆的互通互惠等,形成了一个个自有特点的"媒介圈"。④流转的逻辑就是媒介的逻辑,你抓住我,我也抓住你,与媒介关联的行为都是一个组合事物,⑤是一种特定的塑形。媒介就好似一"活生生的力量旋涡"⑥,搅和着与之相关的一切东西,然后又不断地吐出来,翻然就是一新的阵势。戴沙迪(Alexander Des Forges)在从晚清到民国早期的"上海叙事"中,就发现了类似的现象,连载小说与其他的媒介生产及其产品,诸如旅游指南、报纸、杂志、图画集、广播、电影、照相、幻灯等交错纠缠,交集成了一个跨文本、跨体裁、跨媒介而且不断扩张的视觉和文本场域,共同指向上海的特征和意义,以不同的方式,扩展了人们的多种感知和体验,从而为"什么是上海",提供

---

① 麦克卢汉.余韵无穷的麦克卢汉[M].何道宽,译.北京:机械工业出版社,2016:19,15.
② 本雅明.机械复制时代的艺术品[M].王才勇,译.南京:江苏人民出版社,2006:57.
③ 塔尔德.传播与社会影响[M].何道宽,译.北京:中国人民大学出版社,2005:229-248.
④ 德布雷.媒介学宣言[M].黄春柳,译.南京:南京大学出版社,2016:45.
⑤ 布克哈特.在电磁流中:作者和电磁书写[M]//克莱默尔.传媒、计算机、实在性——真实性表象和新传媒.孙和平,译.北京:中国社会科学出版社,2008:30.
⑥ 麦克卢汉.麦克卢汉序言[M]//英尼斯.帝国与传播.何道宽,译.北京:中国人民大学出版社,2003.

了不同的入口、框架和样板。所以,他特地借用德布雷的概念,将之称为"媒介域"(mediasphere),并由此构成整个分析的基础,① 以揭示媒介之间文化生产的互生互补之复杂关系和样貌。就是这样的媒介生态,生成了当时的"上海"和关于上海的认识,是一个"媒介域上海"(mediasphere Shanghai)。与此相比,吴江贾家三子的感知来源,还是显得有些单一和平面。戴沙迪的尝试和探索,为媒介与历史的研究打开了新的想象——关心文本但又不拘泥于内容的爬梳、整理和确认。只有到了这样的时候,即当媒介能够被视为单数——它不是单个媒介形式的叠加,而在事实上大于单个媒介形式的叠加之时,媒介研究之"媒介",才具有了一定的自主性,媒介研究才可以开掘出自己的空间。② 因而,从内容转向媒介,从不同媒介转向媒介性,就能够赋予媒介与历史研究一副新的眼镜,也就是麦克卢汉说的,有了"一个恰当的方式"。

四

依循这样的思路,媒介就是一个概念,一个考察媒介与历史的理论视窗;媒介与历史研究就不能也不会仅仅定格于某个媒介的演变史,不同媒介前后承继的进化史(这正是媒介考古学所要解构的),媒介的社会使用史、功能史,更不是以媒介内容来补充和证明某些历史上的人和事,而是将媒介作为社会构成的一个基础性条件和要素,作为一种"人的延伸",研究它的产生、运转和变化,是如何影响人和社会的历史及其文化的。

展开来看,其实整个人类的存在及其历史,都立足于并且依托于"媒介域"。且想,我们是有了光才能看,有了声音才能听,语言符号让我们交往,货币则大大促进了交易。这些不同的媒介,都为我们打开了一个区分的区间,为我们在感觉、认知和行为中指定了一个确定的"格式塔",都给予了我们不同的政治、科学、经济、艺术的操作空间和一定范围的文化真实性。③ 没有这些媒介,也就没有人,没有社会现实;同理,不同的媒介具有不同的偏向,自然也就产生了不同的社会、文化乃至认识论。④ 这也正是英尼斯说的,"一种新媒介的长处,就是一种新文明的诞生"⑤。《巴黎圣母院》中的一段描写,为此做了生动的写照:沉默的克洛德副主教伴随一声长叹,左手指向圣母院,

---

① DES FORGES A. Mediasphere Shanghai: the aesthetics of cultural production[M]. Honolulu: University of Hawaii Press, 2007.
② 米歇尔,汉森.媒介研究批评术语集[M].肖腊梅,胡晓华,译.南京:南京大学出版社,2019:3.
③ 塞尔.实在的传媒与传媒的实在[M]//克莱默尔.传媒、计算机、实在性——真实性表象和新传媒.孙和平,译.北京:中国社会科学出版社,2008:215,218.
④ 波兹曼.娱乐至死[M].章艳,译.桂林:广西师范大学出版社,2004.
⑤ 英尼斯.传播的偏向[M].何道宽,译.北京:中国人民大学出版社,2003:28.

右手指着那本放在桌上的打开了的书,目光忧郁地在书上停留片刻之后便转向教堂,说:"唉!这一个将要把那一个消灭掉。大的可以被小的打败,建筑物也能被书摧毁!"紧接着,雨果做了如下评论:"这是僧侣们面对新的代理者印刷术所产生的恐惧,这是站在古登堡伟大的印刷品跟前的圣殿上的人们所产生的眩晕和恐慌。"这不正反映出媒介变更造成社会和文化动荡所引发的焦虑和不安吗?印刷机成为"攻城槌,把教堂和城堡夷为平地"。① 雨果所感受到的,应该是媒介与历史研究的着重点,也是最能展示其研究价值的地方,倘若我们能将"媒介"作为一个角度的话。

于此,关于什么是媒介,什么不是媒介;关于媒介究竟是工具,还是"中介",就不是自然天成的,更不是本体意义上的划定,恰恰决定于研究者自身的视野,决定于是以什么样的角度切入媒介与历史的研究中。关于此,克莱默尔颇有见地。她说:"器具视角和传媒视角之间的区别、作为工具的技术和作为传媒的技术之间的区别,不能被误解为本体论的区别,好像我们用它可以对技术人造物世界进行分类,要么分为工具组一类,要么分为传媒组一类。"实际上,这是两种都在发挥作用的视角,尽管其重要性不一样。如果把媒介看成一种技术工具,那就是出于一种精神工艺学的眼光,媒介的作用就是增强和替代人类身体、感觉、活动和思维器官,它是提升劳动效率的器具;反之,如果把技术理解为媒介,它就是一种我们用来生产人工世界的装置,开启了我们新的经验和实践的方式,没有这个装置,这个世界对我们来说是不可通达的。② 那么,这一点不是很清楚了吗?过往的媒介与历史研究基本上就是固着于"精神工艺学"来观照媒介(比如报纸、广播等),由此所照射出的媒介,自然就是一种"器具",是办报者为达到某一目的的工具。相反,倒是一些研究技术而不自称为媒介研究的研究,却恰恰可能是基于媒介的角度,为我们展示了技术对于世界的改变和创生。

在我看来,沃尔夫冈·希弗尔布施的《铁道之旅:19世纪时间与空间的工业化》,就是这样一部代表之作。铁路的建造和延伸,使时间和空间再造;作者从火车速度、旅途景观、车厢设置和分隔、旅途感受、车站选址与城市建筑,乃至铁路引发的精神病理等各个方面,全方位展示出铁路既是一条道路,又是一种再造环境的作用力;它是一种交通和运输工具,人和地方又是随着它的开动而发生变化,呈现出前所未有的新面貌。如果媒介总是通过其物质特性的运用过程,"与人类感官及人的理解率相结合,总是在对给定时间、空间中的人类经验进行调节",实现人、环境和技术的互构的话③,希弗尔布施的"铁道",正好充分反映出这一点。另外一个不能不提的例子,是连玲玲的《打造

---

① 伊尼斯.传播的偏向[M].何道宽,译.北京:中国人民大学出版社,2003:44.
② 克莱默尔.传媒、计算机和实在性之间有何关系?[M]//克莱默尔.传媒、计算机、实在性——真实性表象和新传媒.孙和平,译.北京:中国社会科学出版社,2008:1,7-8,76.
③ 米歇尔,汉森.媒介研究批评术语集[M].肖腊梅,胡晓华,译.南京:南京大学出版社,2019:5.

消费天堂:百货公司与近代上海城市文化》。在以往固定的认知中,没有人认为"百货公司"是媒介,也不可能将之归入媒介与历史的研究脉络之中,可就在这本书中,作者公开表明她是以麦克卢汉的媒介理论作为研究架构的。以这样的眼光看过去,百货公司就是一个交往中轴,围绕着它的芸芸众生和物品,共同组成并编织出现代的消费主义场景和关系。于是,百货公司成为近代上海不同人种、人群和阶层的交会之所,构成琳琅满目的商品和不同消费行为的展示之窗,潜藏着明里暗里的物质权力和符号权力之竞争,混合了购物和娱乐的融合氛围。在作者的描述中,百货公司犹如一个巨大的轮盘,卷入人流物流,输出新式商品和消费模式;串接着周边的道路,又对周边的空间施加着自己的影响。作者正是从媒介及其调节的视角(尽管在我看来,其运用还不够圆润),揭示出百货公司在物、人、环境的互动互构中,构成了上海现代性的独特面向。

由此可见,从媒介的实体(实物)移开,确立起媒介的角度,不仅使媒介有了自己的理论根据,同时也可以大大扩展学术研究的想象力。当什么是媒介、什么不是媒介,不再是一种对对象的判定,而是与研究者的视野——如何看待媒介——息息相关时,媒介与历史的研究自也能从对象史的束缚中挣脱而出,将目光投向更为广阔的天地。

通过这样的新视野,媒介与历史的研究,就有了自己的特殊性,有了自己的特定面貌和精气神,更重要的是,其所具有的意义和价值也将被重新厘定。因为如同盖伦所言,由于人天生就不自足,必得依赖于外在的条件,技术就因此成为人类自身本质的最重要的构成部分,甚至像人本身一样形成了一种人造的性质。① 甚至按照唐·伊德的说法,从来就没有一个脱离技术的"原本"的人,人必定是与技术相伴相生、共同进化的,没有技术的生存只是一种抽象的可能性,除非是封闭起来,被置于一个孤立的、被保护的牢固的乐园之中,就好像被圈养的保护动物一样。② 以此而言,媒介,体现人与技术关系的"交织交转",就是人类生存的根本关系,是人类进化和演变过程中时刻存在的普遍状况。这样一种技术和人的"接合",不是谁进入谁,谁决定了谁,而是互相不能脱嵌;技术和人可以在具体而特定的实践中被制造、被维持、被转变、被毁灭,但就是不能脱离或分离③。媒介就是人的境况。所以,"媒介"实质上指向并指明了人类的一种本体论境况——依赖媒介的建构性外化行为和发明创造。在这样的意义上,作为角度的"媒介",成为一个对人类生命形式进行最深层次考古发掘的透镜。我们是透过媒介,窥探到人类的生存;媒介与历史研究的定位,就是对人的根本关系的研究,是对"调

---

① 盖伦.技术时代的人类心灵:工业社会的社会心理问题[M].何兆武,何冰,译.上海:上海世纪出版集团,2008:4.
② 伊德.技术与生活世界[M].韩连庆,译.北京:北京大学出版社,2012:14.
③ 斯蒂瓦尔.德勒兹:关键概念[M].田延,译.重庆:重庆大学出版社,2018:138-143.

节"在人类历史上所起到的不可简化的作用的研究。① 德布雷说,"从源头看,媒介学的起源应该是人类学"②,我们也完全可以仿照说,媒介史也就是人类史。当"媒介"成为一个角度时,媒介的威力就得以尽情绽放。这样的媒介和历史研究,也将起到特殊的作用,占据自己独有的位置:可以跨越各种学科,贯穿打通各种专门史,从而"在人类历史中占有更为中心的地位"③。从此,媒介的研究,就不再是哪个学科的专利,也没有任何一个学科可以排除媒介。媒介及其威力,成为所有学科在研究中不能不考量的重要维度和要素。

译丛以"媒介与历史"为名,就是来自以上这些想法,也是以这样的思路,考虑入选的书目。由此,本译丛的面目就可能异于一般的理解,它所收纳其中的书目,不再以是否研究通常所认为的媒介——报纸、刊物、广播、电视之类为唯一标准,而是着重于是否体现出"媒介"的角度或者思维。只要能够以某种"恰当的方式",揭示出"媒介的威力",且其质量和水平得到公认,就有可能成为译丛的首选。即便是那些以传统媒介为对象的研究,当然也希望具备这样的特色。的确,其中的某些书,或许作者在研究中并没有这样明晰的媒介意识,甚至本来也没有这样的打算,但全书的展开恰恰为我们提供了这样的景象,使我们完全可以从"媒介"的角度去阅读和理解,并从中获得启发和收益。这也意味着,这些书被归入媒介与历史的范畴是否合适,除了书的研究视角和内容、选编者的眼光,同样也还有读者的一面。书有不同的写法,也有不同的读法;怎样阅读一本书,与这本书的内容相关,但未必是决定性的。称"作者已死",似乎过于激进;理解溢出文本,却早就是公认的状况。既然如此,编选者在谨慎处之的同时,也恳切希望读者能了解并认可译丛编选的思路,以便我们共同努力,使译丛能够取得预期的效果。

当前,数字媒介的变革,让我们充分领略到媒介的威力,媒介及其现象也因此受到各方高度关注。在这个千载难逢的紧要关头,重新理解媒介,突破学科界线,打开媒介与历史研究的新想象,无论对于我国的学术研究、学科创新,还是对于中国历史、现状的认识及其未来的展望,都具有重要的意义。"媒介与历史"译丛的推出,就是希望借他山之石,在这方面起到一些微薄的作用。愿望虽如此,结果却难料,只有忐忑不安地等待读者和各位同道的评判。

黄　旦

---

① 米歇尔,汉森.媒介研究批评术语集[M].肖腊梅,胡晓华,译.南京:南京大学出版社,2019:2,4-5.
② 德布雷.媒介学宣言[M].黄春柳,译.南京:南京大学出版社,2016:15.
③ 罗兰.序言[M]//董璐,译.克劳利,海尔.传播的历史:技术、文化和社会.董璐,何道宽,王树国,译.北京:北京大学出版社,2011:2.

中译本序

重思媒体影响力
——细读与远读,横向与纵向阅读,背景式与互文式阅读以及作为文本的报纸:还可以获知什么?

> 一项技术能否产生影响,并不单单取决于它本身能做什么。对于作为一种文本复制技术的印刷,如果我们仅仅考虑其技术优势,就无法理解它的具体影响……决定其使用方式的并不是印刷本身,而是使用该技术的群体持何种态度,以及该技术是在何种生态、经济、社会与政治条件下被开发、引进、推销、使用与抵制的。
>
> ——周启荣,《早期现代中国的出版、文化与权力》①

当前这个时代,我们正面临新一轮的媒介变革。诸种新传播技术的引入无疑已在全球范围内产生了持续性、根本性的影响。可是,人们对新技术的反应是怎样的、这种反应又是如何引发变化的?或者这样问:19世纪末新的机械印刷技术的引入究竟是如何影响中国文化与社会、最终影响中国历史的?最重要的是,这一过程是如何被体验到的?换言之,因新技术而产生的报刊(the press)以及(刚被引入的新型)报纸作为一种媒介②,其影响力究竟有多大,又是如何在读者那里变得有说服力的?大约三十年前,即1994至1997年间,我对上述问题怀有兴趣,并开始撰写一部书稿。书稿最终在2004年由哈佛大学亚洲中心(Harvard University's Asia Center)出版,题名为《报为中用?——上海新闻媒体的影响力、定位与变革(1872—1912)》(*A Newspaper for China? Power, Identity and Change in the Shanghai's News Media*, 1872 - 1912),距今恰好二十年。这本书研究了一份特定的报纸——由"中国之友"、英商美查(Ernest Major)创办的上海《申报》,并在分析中推想阅读《申报》文本的体验及其对当时读者的影响,进而尝试回答上述问题。因此,本书不仅考察了技术本身,以及媒介是如何被"创造"的(第一部分),亦希望能够了解媒介是如何(以及将如何)被"阅读"的,

---

① Kai-Wing Chow, *Publishing, Culture, and Power in Early Modern China*, Stanford: Stanford University Press, 2004, 252/253.
② 本书是在一般的意义层面上使用单数或复数的"媒介"的,即一份出版物为单数(medium),多份出版物或多家媒体的集合为复数(media)。

即技术是如何被使用与抵制的(第二部分)。

2017年,我在上海参加了一次令人难忘的三代学人聚餐。其间,熊月之(我为本书开展研究的过程中,曾与他合作并跟他学到很多)与季凌霄(早几年前,她曾来海德堡和我一起研究中国的印刷媒体)提出翻译这本书,当时我在想——为什么呢?为什么要翻译一本十几年前就构思好的书?而且在这本书出版之时,我就已经问过自己,是否应等待其他技术的出现,以便我们真正能够去做本书所涉及的研究?① 2004年我便已意识到,晚些写这本书是更为明智之举:我从1994年开始构思这本书,到它出版时,已出现了许多有用的出版物和研究工具。当时我就确信,如果我等上这十年再进行研究,就能省下许多翻阅早期《申报》的时间,不用逐页阅读缩微胶卷和影印本;就能利用燕安黛(Andrea Janku)等人断断续续创建的《申报》索引数据库等电子工具。如果我再等等,条件就会变得更加便利:21世纪10年代以来,我们已经有了几个《申报》全文数据库,因此,今天我们能够进行不同形式的、复杂的"远读"(distant reading)、主题建模(topic modelling)、命名实体识别(named entity recognition)以及网络分析(network analysis)——这些只是新方法和新手段中的几种。它们能够帮助我们阅读数量惊人的256,000期《申报》——这项工作本会令人望而却步。安克强(Christian Henriot)发现,《申报》在其存续的78年间(1872—1949),共发表了约200万篇文章,还有更多的广告及其他内容:这些数字清楚地表明,利用远读技术来"攻克《申报》这一繁难的文本"(tame the beast)是必要且明智的。② 很显然,即便我"只"打算详细考察《申报》存世的前四十年,我所"细读"(close reading)的报纸文本在任何程度上也都谈不上完整——最后我估算了一下,我研究的《申报》文本还不及它在1872至1912年间发表总文本的十分之一。③

如果这本书是今天完成的,那我就能在细读之外再使用远读的工具和方法,它的面貌就会不同,甚至会是一本更好的书。因此,在下文中,我希望仔细思考本书使用的

---

① 参见 Barbara Mittler, *A Newspaper for China? Power, Identity, and Change in Shanghai's News Media, 1872-1912* 一书"致谢"部分, Cambridge, Mass.: Harvard University Press, Asia Center Series 2004, VII。
② Christian Henriot, "Eminent Chinese of the Shenbao (1872-1891). A digital investigation of news reporting and newspaper-making in late imperial China," *Journal of Digital History* (2024.3). https://doi.org/10.1515/JDH-2023? locatt=label:JDHFULL. 这篇文章体现了安克强及其欧洲研究委员会(ERC)项目团队对中国精英群体进行研究时所采用的各种方法。
③ 参见我在本书中的评论, Barbara Mittler, *A Newspaper for China? Power, Identity, and Change in Shanghai's News Media*, 1872-1912, Cambridge, Mass.: Harvard University Press, Asia Center Series 2004, 8 ft. 26。

一些细读手段——这些手段后来发展出一套有用的方法论①——进而揭示如果将来我们要继续探究 19 世纪中叶、印刷机开始在中国"生产"新闻媒体时发生了什么的问题,怎样才能最好地将细读和远读结合起来。我认为,只有通过细读来研究作为文本的《申报》(以及其他此类报纸),才能让我们重温时人阅读这些报纸的日常体验,感受到国家危机的加剧;也才能对中国官员和论说作者发出的一声声"呜呼"产生强烈的共鸣。例如,燕安黛在其 2003 年出版的关于《申报》的书中,给出了一系列《申报》论说的全文译文,它们是扣人心弦的、有力的第一手叙述,展现了清朝最后几年中人们不稳定的思维方式和精神状态。② 细读首先要求在特定的体裁范式(genre conventions)中识别文本,而与此同时,横向阅读(horizontal reading)要求对某一期媒体产品所包含的各种材料(文本、图像、广告)进行对照检视,从而与时人的实际阅读体验产生共鸣——他们不会进行纵向阅读(vertical reading)或远读,即不会只搜寻单一主题、单一人物或只阅读单一文类,而是会总览手头新闻媒体上各种内容和形式的文本。贺麦晓(Michel Hockx)最早将这种阅读方式称为"横向阅读"。③ 横向阅读将一个图像或一则广告与其周围的文本联系起来;将新闻照片与读者来信放在一起考察;当报道、论说和文学作品出现在新闻媒体的同一版面上时,横向阅读让它们彼此展开对话。横向阅读也许最能使我们靠近这些媒体的历史读者的阅读体验,同时它鼓励以不同寻常的方式,将(例如)传统上被认为属于不同类别、体裁或领域,但实际上出现在同一天同一份报纸上的材料并置,进而对文本和图像展开新颖的解读。④ 对于生活在一个持续发生剧变的时代到底意味着什么,时人的思虑中存在诸多矛盾和(不)可能性,通过细读和横向阅读来研究作为文本的《申报》(以及其他此类报纸),可以让我们重新思考这些矛

---

① 从贺麦晓(Michel Hockx)首创的"横向阅读"(horizontal reading)出发,我们继而提出四种阅读新闻媒体的方式,参见 Michel Hockx, Joan Judge & Barbara Mittler, "Introduction: Women's Journals as Multigeneric Artefacts," in *Women and the Periodical Press in China's Long Twentieth Century: A Space of their Own* (edited by Michel Hockx, Joan Judge and Barbara Mittler). Cambridge: Cambridge University Press 2018, 1-18, esp. 8-9.
② Andrea Janku, *Nur leere Reden. Politischer Diskurs und die Shanghaier Press im China des späten 19. Jahrhunderts*, Wiesbaden: Harrassowitz 2003. 该书仍在等待英译本或中译本,书中关于经世文的章节已发表在《通报》上,参见 *T'oung Pao* 2004.90/1-3:65-121。
③ 这一术语的提出参见 Michel Hockx, *Questions of Style. Literary Societies and Literary Journals in Modern China*, 1911-37, Leiden: Brill 2003. 关于这一术语的运用以及新的与之相关联的阅读类型,参见 Michel Hockx, Joan Judge & Barbara Mittler, "Introduction: Women's Journals as Multigeneric Artefacts," in *Women and the Periodical Press in China's Long Twentieth Century: A Space of their Own* (edited by Michel Hockx, Joan Judge and Barbara Mittler). Cambridge: Cambridge University Press 2018, 1-18, esp. 8-9.
④ 例如,我的一项研究通过横向阅读表明,在唤起两性亲密互动方面,不同体裁的论述之间存在紧张关系,参见 Barbara Mittler, *Feeling Matters: Gender Interactions and the making of Cultural Memory in China's Vernacular Media, 1900s-2000s Binder Lectures San Diego 2018*, University of California at San Diego 2021。

盾和(不)可能性。①

因此,通过细读来研究作为文本的《申报》(以及其他此类报纸),有助于我们对那些强调背景而非文本的研究所得出的一些结论进行修正和补充:从戈公振的《中国报学史》(这项开创性的研究初次出版于20世纪20年代末)与白瑞华(Roswell Britton)对中国报刊史的再次读解开始,②中国新闻史书写最初就侧重于所研究报纸的背景、机构发展和社会历史框架。相应地,这些研究的重点是对编撰人员、财务管理、发行量和政治派别等方面的情况进行描述。它们习惯性地讲述西式报刊自19世纪初(于马六甲)诞生到1949年停办的发展历史,并将报刊分为明确的类型,即传教士报刊、商业报刊以及改良派报刊。这种叙事认定后者超过前两者,并将之归功于梁启超——中国最早也是最重要的一位现代报人。

大约在2004年,也就是本书问世的那一年前后,我们开始看到大量出版物不再只强调背景,而是强调文本,进而将上述既定叙事复杂化。③ 文本不仅被视为历史信息的资料来源(今天基于关键词搜索的远读方法恰恰为此提供了便利),④文本作为文本

---

① 例见 Xiaoqing Ye, *The Dianshizhai Pictorial: Shanghai Urban Life*, 1884-1898, Ann Arbor: University of Michigan Press, 2003,该书将刊物看作展现上海"社会史"的材料来开展阅读。另见 Barbara Mittler, "In Spite of Gentility: (New) Women and (New) Men in *Linglong*, a 1930s Women's Magazine," in *The Quest for Gentility in China: Negotiations beyond Gender and Class* (Daria Berg & Chloe Starr Hrsg.) London: Routledge, 2007, 208-234,这篇文章重点关注了《玲珑》杂志所展现的具有反叛性的厌女和厌男特质。亦可见 Joan Judge, *Republican Lens. Gender, Visuality, and Experience in the Early Chinese Periodical Press*, Oakland: University of California Press 2015, 其中的横向阅读尤其具有启发性。

② 戈公振:《中国报学史》,上海:商务印书馆,1928 年;Britton, Roswell S., *The Chinese Periodical Press* (1800-1912), Shanghai: Kelly & Walsh 1933,这两者是该方面研究的经典文献。本书撰写过程中出现的更多研究文献,参见"导论"部分。

③ 按出版时间排序,例见:Natascha Vittinghoff, *Die Anfänge des Journalismus in China* (1860-1911), Wiesbaden: Harrassowitz 2002 (opera sinologica 9); Andrea Janku, *Nur leere Reden. Politischer Diskurs und die Shanghaier Press im China des späten 19. Jahrhunderts*, Wiesbaden: Harrassowitz 2003; Xiaoqing Ye, *The Dianshizhai Pictorial: Shanghai Urban Life*, 1884-1898, Ann Arbor: University of Michigan Press, 2003; Kai-Wing Chow, *Publishing, Culture, and Power in Early Modern China*, Stanford: Stanford University Press, 2004 以及 Christopher Reed, *Gutenberg in China: Chinese Print Capitalism*, 1876-1937, Vancouver: University of British Columbia Press, 2004。

④ 在此,我想对安克强最近提出的问题进行补充完善,因为在我看来,我们可以在三个层次上处理报纸:当我们把报纸看作文本时,可以通过细读(包括其形式、体裁等等)来挖掘之;而当我们把报纸看作文本资料(text-source)和社会历史资料(socio-historical source)时,远读甚至是一种更好地挖掘报纸的方法——通过建立网络,以及统计特定表述的使用情况或特定人物的出现情况等。参见 Christian Henriot, "Eminent Chinese of the Shenbao (1872-1891). A digital investigation of news reporting and newspaper-making in late imperial China," *Journal of Digital History* (2024.3). https://doi.org/10.1515/JDH-2023? locatt=label:JDH-FULL。

(即考虑这些新闻媒体中特定体裁、语言层次、框架和修辞的重要性)①开始得到重视。由此,这些研究使我们更多地理解报刊的影响力,以及它们在人们头脑中打下烙印、形塑并展示文化记忆的能力。通过细读报纸文本,我们可以反驳一些常见的假设,例如,19世纪中国的报刊(改良派报刊除外)不关心社会和政治,只登载琐碎和荒诞不经的故事,其出版也只是出于商业兴趣。通过细读报纸文本,我们可以清楚地看到,例如,"《申报》这样的报纸不过是生意"这种声言实则蕴含修辞的维度。费南山(Natascha Vittinghoff)在其关于《申报》的研究中指出,美查之所以竭力申明其报纸是商业性的,只因他当时处于尤为困难的境地,需要表明他无意被视为政治人物——他转而选择了商业主义。与其他地方一样,这里的细读非常清楚地表明,揭示权宜性的讨论(contingent discussions)(如今通过远读可以更快地发现这些权宜性的讨论)极为重要;表明它们通常如何依赖于特定的论战语境同样重要,而只有史学描述才能揭示这些语境,因为史学描述并不只是简单地从表面价值来看待这些言辞——它们实际上是富有争议的、高度情绪化的讨论的一部分。例如,费南山令人信服地指出,对于梁启超来说,与其说是其上级,不如说是其不稳定的地位——作为中国报人却身处境外——等因素,致使他写下许多贬低国内同行的文章。然而,由于梁氏后来的影响,这些文字被读解为真相或事实,进而成为创造其特殊地位的助力。②

本书重审、细读了晚清报刊的修辞实践并对其说服力进行了解释;采用了独特的进路,即将报纸文本看作文本(text)、资料来源(source)、语境中的文本(text in context)以及作为语境的文本(text as context)来加以研究,展示了四种阅读方式。后来,季家珍(Joan Judge)、贺麦晓和我本人以理论形式将之提出,我们称之为横向、纵向、互文式(integrated)和背景式(situated)阅读(细读)。③ 横向阅读强调将报纸文本视作文本(例见第一章"驯化外来媒介"和第二章"以圣人之言"),同时使我们贴近历史上读者阅读这些报刊的体验。这种方法必须被视为对纵向阅读的补充,后者是更常见

---

① 关于特定的文体,参见 Barbara Mittler, "Gendered Advertising in China: What History do Images tell?" in *European Journal of Chinese Studies* 2007/6.1:13-41 以及 Barbara Mittler, "Imagined Communities Divided: Reading Visual Regimes in Shanghai's Newspaper Advertising (1860s-1910s)," in *Visualising China*, 1845-1965. *Moving and Still Images in Historical Narratives* (Christian Henriot & Yeh Wen-hsin eds.), Leiden: Brill, 2013, 267-377。
② Natascha Vittinghoff, *Die Anfänge des Journalismus in China* (1860-1911), Wiesbaden: Harrassowitz 2002 (opera sinologica 9). 费南山的研究成果部分已用英文发表,关于梁启超的章节,发表于 *Late Imperial China* 2002:23/1:91-143;关于杨月楼案与读者来信的章节,发表于 *T'oung Pao* 2001:4/5:393-455;还有一项关于晚清文人(包括报人)的群体传记学(prosopographical)研究,参见 *Translating Western Knowledge into Late Imperial China* (Michael Lackner and Natascha Vittinghoff eds.), Leiden 2004。
③ 关于这些表述及其含义,参见 Michel Hockx, Joan Judge & Barbara Mittler, "Introduction: Women's Journals as Multigeneric Artefacts," in *Women and the Periodical Press in China's Long Twentieth Century: A Space of their Own* (edited by Michel Hockx, Joan Judge and Barbara Mittler). Cambridge: Cambridge University Press 2018, 1-18, esp. 8-9。

的学术实践。纵向阅读将媒体文本视为资料来源(例见第五章对上海人"多重人格"或第六章对"中国民族主义之本质"的讨论;事实上,这种方法尤可依赖远读实践)。在对作为资料来源的报刊文本进行纵向阅读时,我们会对一段时期内某一新闻媒体或杂志的特定体裁或主题进行追踪。为了重构这些媒体及其同时代受众所处的直接文化语境,我进一步进行了(我们现在称之为)互文式阅读(例见第三章"让国家走向公共"关于京报的讨论)。这里,我们把报纸文本视为语境:因此,互文式阅读将某一报刊产品视为更广泛的媒体文化的一部分来考察,将其与同一时代的媒体出版物相互对照,包括作为其商业竞争对手的报刊,以及20世纪中国出版商普遍在其报刊"矩阵"中推出的"姊妹"刊物。在这方面,费南山的著作具有开创性:她将邸报视为报纸环境的一部分(第56—61页),并非常清楚地表明,接收和交流公事消息的情况实际上并不像人们通常描述的那样糟糕。她同样认为,早在新式报刊进入中国之前,就已经存在一个"报纸公众"了。费南山还做了一项有些枯燥的工作,她对价格信息进行了比较,并得出结论:一些被快速刊发的京报版本明显要比新报贵得多(第58页、第59页),这在一定程度上能够解释,为何新报收录邸报内容的做法会获得成功。她在此指出了报刊研究中的一些空白:需要有人撰写这些官报的历史,尤其是新报开始重印这些官报之后它们命运的历史——就在几年前,墨安妥(Emily Mokros)终于完成了这一缺失之卷。① 但早在2003年,费南山就将道台的报纸《新报》以及《汇报》《益报》与《申报》等商业报纸进行了对读,进而了解到前三者并不像人们常说的那样保守和排外。相反,它们呼吁开放言路,倡议订阅伦敦《泰晤士报》,呼吁与本地商人合作等。费南山成功表明,人们对每份报纸的评价均极为复杂:可以肯定的是,这些报纸也都是复调的。最重要的是,她还说明了报纸之间是如何错综复杂地相互关联的。互文式阅读使我们看到在同一印刷时刻(print moment),特定喻说或图像是如何带着不同的目的出现的。这种方法还突出了作者和读者的网络,例如,我们可以描绘出某位作者向哪些出版物(不仅是新闻媒体)投稿的图景,从而推进背景式阅读,将报纸当作语境中的文本来进行考量(例见第四章"关注女性",讨论了面向女性的书写)。依循新历史主义的(New Historicist)路数,背景式阅读把对新闻媒体的研究拓展到其他原始资料上——它们能提供关于更广泛情境的信息。这些材料可能包括公文、传记、回忆录、电影、文学作品,以及艺术品和实物。在进行背景式阅读时,报纸成为由文化评论家、教育家、读者、作者、编辑、艺术家、插图画家和摄影师等组成的更广泛网络的一个节点(这里,远读和

---

① Thompson, Roger R., "Yuan Shikai's Foreign Model for China," In *China's Local Councils in the Age of Constitutional Reform*, 1898 - 1911, 1st ed., 161: 37 - 52, Harvard University Asia Center, 1995,这项研究做了部分工作。最近的研究参见 Emily Mokros, *The Peking Gazette in Late Imperial China: State News and Political Authority*, Seattle: University of Washington Press, 2021; 以及 Emily Mokros, "Chinese Gazettes on the Margins of Book History: Movable Type, Wax Stereotypes, and Vernacular Techniques in Late Imperial China," in *Book History* 26, no.1 (2023): 201 - 239。

网络分析能做很多工作,进而完善目前质化的群体传记学研究)。① 这种方法使我们能更好地理解特定主题、喻说和观念的传播和影响,并观察话语的形成过程。②

这些著作通过阅读不同形式的报纸文本(作为文本、作为史料、作为语境以及语境中的文本),均表明中国现代报刊从19世纪中期开始崛起之时起,就在中国的社会沟通中扮演了一个核心角色。它开辟了新的言路(avenue of discourse),或强化和拓展了旧的言路;它吸纳了许多有影响力的重要声音、人员和制度。结合这些不同的阅读策略,我们可以捕捉历史上的读者翻阅新闻媒体时的个体阅读体验(横向阅读);追溯文化记忆中话语观念的沉淀(纵向阅读);描绘不同新闻媒体的读者群和作者群参数(互文式阅读);加深我们对特定媒体之社会历史背景的了解(背景式阅读)。运用这些不同的阅读策略,我们最终能够更好地理解报刊阅读这一多层次的历史行为。

那么,正如安克强所问:《申报》主要是文本还是史料?③ 我的答案是,它是作为文本的史料(source as text),由此,结合细读和远读的方法,将为思考新闻媒体开辟新的途径。虽然"在计算方法(它在本质上将报纸视为一个庞大的文本集合)的帮助下,历史学家无需详细阅读海量文章,便可从中提取重要信息",尤其是报纸自身"永远不会在其版面上揭示的信息"④,但要解释为何在1872年的口岸城市上海,英商美查能够创办《申报》——持存时间最长、最成功的现代中文报纸之一;这份出版物又何以迅速成为中国的主要报纸;它为何能赢得"新闻的百货商店""智识讨论和道德质询的论坛""公众声音的独立喉舌"等赞誉,我们最好对这份报纸——作为文本的史料——同时进行远读与细读。只有这样,我们才能解释为什么像《申报》这样创办于上海公共租界的报纸,能立于世界独立报纸之林。《申报》不以邸报为蓝本,而是效仿其他地方的自由报刊,那么,它是如何赢得中国读者的?它如何在短短几年内成为一种替代性的、综合性的沟通方式,被公认为中国公共领域强有力的组成部分?外来的《申报》是如何成为一份中国的报纸的?我希望这本书的中译本⑤能够展现,通过组合使用上述细读与远读方法,同时超越这份报纸产生的国家背景与文化语境,从跨文化的视角出发,我们能更深入地探及这类媒体的产制过程所涉及的文化流动动态:想法与概念是如何从一个

---

① 费南山研究成果中的这章已被译为英文,发表于 *Translating Western Knowledge into Late Imperial China* (Michael Lackner und Natascha Vittinghoff eds.), Leiden 2004。
② 费南山与燕安黛的部分研究成果已被译为英文发表,参见前文第13页注释2、第15页注释2。
③ Christian Henriot, "Eminent Chinese of the Shenbao (1872-1891). A digital investigation of news reporting and newspaper-making in late imperial China," in *Journal of Digital History* (2024.3). https://doi.org/10.1515/JDH-2023? locatt=label:JDHFULL.
④ Christian Henriot, "Eminent Chinese of the Shenbao (1872-1891). A digital investigation of news reporting and newspaper-making in late imperial China," in *Journal of Digital History* (2024.3). https://doi.org/10.1515/JDH-2023? locatt=label:JDHFULL.
⑤ 非常感谢季凌霄给出了相当细致的翻译,她尽力找出了所有必要的环节和文本。每当我们讨论如何更好地翻译某些段落时,她都会非常积极地回应,事实上,她时常提出更好的方法来诠释我的文章——某种意义上,她是真正的知音!

地方、一个语境转移到另一个地方、另一个语境中的？观念、图像与思想是如何通过新闻媒体在全球进行传播的？它们发生交换的路径是什么？① 当把中国的新闻媒体世界放在全球背景中加以研究时，我建议我们自问：立足现时，我们是否能从其过去、从这段历史中学到什么，从而提炼出一个视角，来审视"媒介共同的现代性"（medial modernity-in-common）。

梅嘉乐
2024 年 11 月

---

① Cf. Barbara Mittler, "Press Powers—China, Gender and the Media in a Global Context," in *Engaging Transculturality: Concepts, Key Terms, Case Studies*. London: Routledge, 2019, 330-350 and Barbara Mittler, "Re-con-figurations—Media and their Powers: an Anthropomorphic Perspective," in Philipp Stoellger (ed.) *Figurationen des Menschen. Studien zur Medienanthropologie*, Würzburg: Königshausen & Neumann (Reihe Interpretation Interdisziplinär, Bd. 18), 2019, 365-401.

译者序

中文译著《报为中用?——上海新闻媒体的影响力、定位与变革(1872—1912)》(以下简称《报为中用?》)即将付梓之际,适逢其英文原版问世 20 周年。该书与华语读者的会遇姗姗来迟,是否仍然合时宜?

作为中国近代最重要的报纸之一,在过去 20 年中,《申报》的数字化工作已经完成。研究者们可以非常方便地利用《申报》材料,将之作为再现近代中国历史(可信或不那么可信)的记录;或是关注报纸本身作为一项"现代"事业的发展,及其对于社会变革的推动力量。然而,以下基础性问题仍待进一步厘清:《申报》以及近代早期中文报纸到底是一种怎样的文本?其文本的独特性具有怎样的历史意味?报纸之于近代中国社会的影响力究竟为何、又是如何发挥其作用的?这些问题常常在一种主导性的关于报刊史的现代化叙事[①]中被轻易化解掉了:依据一种"现代"新闻业的标准[②],帝制时代的邸报以及近代早期中文报纸,都被定位在报刊线性发展链条中的不成熟阶段——邸报是"前现代"的事物,它与真正现代意义的报纸之间存在断裂,而近代早期中文报纸则是一种过渡物,这两种"报纸"的书写均具有不同程度的、某种意义上的不足。恰恰是西报/新报范式的引入,能够打开更广泛的沟通渠道,形构作为现代政治生活架构之一部分的公共领域。报纸借由对社会变革议题的鼓吹、对民族事件的报道与讨论,成为推动国家走向现代化道路的一股力量。

但这并非不言自明的。上述主导性叙事不仅化约了"中国报纸"独特与丰富的内涵,亦未能揭示报刊与近代中国之间复杂的历史张力。因此,《申报》(以及其他报刊)相关的历史研究——无论是将报纸视为材料抑或对象——有必要不断回到其所立足的基础,对持续变动的报刊媒介特质及其与历史情境的互动进行反复诘问与再解释,才能更为厚实广远。《报为中用?》是较早进行这项工作的探索式研究,且至今仍有其启发性。

---

① 黄旦:《范式的变更:新报刊史书写》,上海:上海交通大学出版社,2018 年,第 1—19 页。
② 《报为中用?》指出,事实上,以客观性为要旨的西方新闻书写理念亦是在历史中形成的,并非从来如此、不言自明。报纸的"西方范式"同样不断有所变动。

《报为中用?》主要关注《申报》创办的前四十年。其间,《申报》作为一项由西人在上海租界启动的事业,不断汲取、调配有利于自身的中西要素,探索如何面向中国读者办一张"中国的报纸",进而呈现多元混杂的面向。该书第一部分"创造媒介"细致地展示了,《申报》虽标榜自己为"新"报,却仍然采用传统出版物的形式,并以悠久的中国传统文体写作论说与消息;它亦就不同议题巧妙地引述"圣人之言"以表达自己的观点;还一反在告白中展露的对邸报的贬低,逐字刊印邸报。与此同时,《申报》引入先进的印刷与通信技术;就社会变革议题发表意见,公然向朝廷言说;立足上海,重新组织不同消息之间的次序,用一套新闻生产的合理性标准使邸报凡俗化。在《申报》成为一份"中国报纸"的过程中,新旧两方面的要素均得到一定程度的改变。西报作为新媒介之"新"呈现复杂的样态:在旧形式、旧名称的包装之下,蕴含着颠覆性的观念;而新媒介带来的影响,亦常常来自超出"内容"之外的层面——媒介本身即讯息。因此,尽管或许我们不得不使用二元话语来讨论近代报纸这种跨文化会遇的产物,但它实在是一种在具体时空情境下的创造性生成。也许用一种否定性的表述来形容它会更加准确:报纸不新不旧、非中非西。因此,书名"报为中用"之后必须要打上一个问号"?"——《申报》实在就是一份"中国的报纸"!这里当然亦不能把"中国的"视为一种固定不变的本质。

该书第二部分主要对《申报》关于女性、上海以及民族事件的书写进行细读,由此进一步讨论报纸与历史现实之间的关系问题。作者指出,报纸书写与其说是现实的镜像,不如说是对现实的一种反应。报纸文本表达着某种现实,但它更多的是处于变革之中、处于洋场之中的中国人的心灵现实,其焦虑与暧昧在报纸文本中呈现为复调。上海报纸亦不曾推动街头民族主义的发展,"报纸民族主义"是向内的、自我惧憎的。

《报为中用?》立足跨文化的(transcultural)视角,尽力避免本质化的话语,更注重深入具体历史情境检视不同文化要素的互动与流变,不仅阐明《申报》作为一份"中国报纸"的复杂性,亦促发读者重新审视同样作为特定历史产物的邸报与西报。在此过程中,该书破除了关于中国报刊史书写的诸多"迷思",包括:邸报是一种沉闷无聊的、旧式的官方出版物,而新报完全有别于邸报;梁启超创造了一种报刊书写的"新文体";报刊具有切实的、非凡的影响力;在近代数个民族事件中,是报纸促发了民族主义的情绪与行动……而《报为中用?》表明,报刊史(以及更广泛的历史)既非一条直线,也许亦没有清晰的"转折点",而是多个层面、不同要素、不同行动者与不同时间性之间的交引缠绕。历史书写的任务,恰恰是要使这一图景变得更为复杂,而不是寻求一个简单明了的答案。

当然,中国报纸的特质以及报纸与历史之间的张力问题无法仅仅凭一部著作而一劳永逸地解决。《报为中用?》打开了进一步发问的空间,例如,如果报刊的影响力更多地存在于读者的想象之中,那么,这种观感究竟从何而来?在中国报纸的文本构成以外,得以大规模复制的报刊,其媒介性衍生的发行与阅读方式是否亦具有本土特质,并产生了切实影响?希望《报为中用?》中译本的出版,能引发更多的问题与讨论。

在翻译过程中,陈帅博士对部分文字进行了校阅,严斌林博士帮忙查找了《时事新报》的相关材料,曹竹云女士对其中若干处法文翻译进行了把关,编辑张斯琪、于水莲女士付出了辛苦劳动,在此向他们致以谢忱。亦要感谢黄旦教授为引进本书所做的工作,以及梅嘉乐教授在翻译过程中提供的帮助。译笔不逮之处,敬请读者诸君雅正。

季凌霄

致 谢

出于很多原因,本书的创作历时弥久。这项研究开展于1994至1997年,初稿完成于1998年,之后又几易其稿。在我晋升为海德堡大学助理教授、我的第一个孩子托马斯·阿特里安(Thomas Adrian)出生时,书稿与初稿相比已大为变样。2002年2月底,我的第二个孩子卡尔·本雅明(Carl Benjamin)降生前夕,书稿的修订终于完成,得以付梓。

相较十年前,也许在今天来写这本书会明智得多。这十年间,出现了不少有用的研究成果与研究工具。相比翻阅早期《申报》,单单是能够使用燕安黛(Andrea Janku)制作的《申报》电子检索工具[Janku, Andrea, 2024, "Electronic Index to the Early Shenbao 申报(1872—1898)", https://doi.org/10.11588/data/XIVFSR]就能省去许多时间。燕安黛与费南山(Natascha Vittinghoff)的博士论文亦含有大量有用信息,换作现在,我就能直接引用,不用凭一己之力查找。但十年前的条件远非如此。

我已尽力涵括上海报纸研究方面的新文献,但因为当时我已进入一个全然不同的研究领域(即中国文化史),所以可能遗漏了一些最晚近的文献(不仅在中国新闻媒体方面,亦特别包括性别研究方面),对此我深表歉意。同样要致歉的是,也许本书对中文材料的翻译并不那么雅致。每次我逐一查看这些段落,总不免要作些修改——阅读那些报纸并非易事。我希望随着中国媒体研究领域愈加开放,会有更多人尝试处理这些文本,能够还原拙译的语境,或指出其中的错误。

这些年中,不断有人给我帮助,使我的努力成为可能,并使我享受其中。我非常高兴能借此机会向他们表达谢意。首先要感谢的人是瓦格纳(Rudolf G. Wagner)。1994年初,是他将我推入中国报纸的世界——如今,我对此抱以由衷的感激。这个过程刚开始的时候,我像是跃进了一片黑暗,纸页上密布的中文新闻,对我来说相当陌生,其数量之巨仿佛不可逾越,现在它已然成为一次激动人心的中国文化史冒险之旅。自始至终、直至今日,我都能够依赖他,其博闻睿智使人惊叹,行事总是出人意料,他是一位批评者,但最重要的是,他亦是一位启蒙老师。

在上海图书馆祝均宙的支持下,瓦格纳在海德堡汉学系(Institute of Chinese Studies in Heidelberg)建立了详备的中国早期报纸研究资料库,所以对本研究来说,寻找资料从来都不是问题。特别感谢祝均宙满足了我的许多愿望,为我敞开了上海图书馆的大门,让我得以在其中进行研究——即使是在1996年夏天上海图书馆搬迁期间。

海德堡与上海之间的联系不仅为我提供了丰富的资料来源,还向我引介了一个批判性的学者与研究者集群,他们致力于探索上海出版文化的不同方面。上海社会科学院的祝均宙、熊月之、罗苏文等人为我们的"中国公共领域的发展"(Development of a Chinese Public Sphere)研究小组提供了富有洞见的课程。此研究小组由瓦格纳建立,于1994至1999年始终保持活跃。能够与研究小组的其他成员分享各自的研究进展、阅读彼此的成果,使我受益匪浅。他们都是专注的学者,也是我非常好的朋友。其中,燕安黛、金兰中(Nanny Kim)、费南山与叶凯蒂(Catherine V. Yeh)向我提供了尤为宝贵的帮助。

我向德国内外的不同机构展示过我的研究,并从中学到很多。感谢以下各机构的学者向我发出邀请:海德堡的迪特马尔·罗德蒙德(Dietmar Rothermund),牛津大学的毕可思(Robert Bickers),加州大学圣塔芭芭拉分校的季家珍(Joan Judge)和傅佛果(Josh Fogel),洛杉矶分校的胡志德(Ted Huters),伯克利分校的叶文心(Wen-hsin Yeh),康奈尔大学的高家龙(Sherman Cochran),哈佛大学的狄宇宙(Nicola di Cosmo)和李欧梵(Leo Ou-fan Lee)。

特别要感谢李欧梵在我访学哈佛期间给予我的支持,感谢他富有洞察力(且决不容易回答)的问题和幽默的评论,感谢他对许多《申报》论述的批判性解读,并邀请我参加他的课程。我也要感谢此课程的学员与我分享他们的知识与热情。同样感谢我自己的学生。我在海德堡大学开设了报刊史课程,他们在课堂上表现出了极大的热忱并给出了批判性的建议,其贡献对于本研究的构想至关重要。

非常感谢仔细阅读过本书早期版本的人,他们敏锐的评论帮助我重构了部分思路。他们是:瓦格纳、巴斯蒂夫人(Marianne Bastid-Brugière)、魏格林(Susanne Weigelin-Schwiedrzik)、华志坚(Jeffrey N. Wasserstrom)、胡志德、曾佩琳(Paola Zamperini)、田海(Barend ter Harr)、陈庆恩(Chan Hing-yan),以及费南山——特别感谢她。

此研究进行的前两年,得到了德国科学研究会(Deutsche Forschungsgemeinschaft,DFG)跨学科项目"欧洲扩张之转型"(Transformations of European Expansion)的经费支持。德国科学研究会还为我数次赴美参加会议、进行研究展示支付了费用,资助了我在海德堡成立的工作坊"中国与亚洲的报刊、读者与市场"(Press, Reader and Market in China and Asia),并付给我一笔写作教授资格论文的奖金(Habilitationsstipendium），使我能够于 1998 年初、同时在哈佛大学的支持下，在麻省剑桥（Cambridge，Massachusetts）初步完成这项研究。

最后，但肯定同样重要的是，我尤其要感谢一些人，这也许无法用语言来形容：感谢父母兄弟对我的信任，他们给我打了许多富含鼓励的电话；感谢我的两个儿子对一位总在工作的母亲的微笑忍耐；也要感谢他们出色的保姆乌尔苏拉·埃弗斯（Ursula Evers）使这成为可能。最后，我想向我的丈夫托马斯·A. 施密茨（Thomas A. Schmitz）致意，他善良，在精神上与我亲近，当我觉得自己淹没在黑暗中时，他多次让我重新看到光明。在这本书的创作过程中，他亦仔细研读了其中的每一句话，指出了一些主要缺点与前后不一致之处。然而，仍要略带遗憾地说，本书尚存不足之处，责任全在我。

梅嘉乐

惯例与缩写

本书中以西文表示的报刊日期均为"日.月.年"格式。例如,"17.10.1887"即1887年10月17日。

以下为注释与参考文献中使用的缩写:

AJCA	*Australian Journal of Chinese Affairs*	澳中
BJOAF	*Bochumer Jahrbuch zur Ostasienforschung*	波鸿东亚研究年鉴
CSWT	*Ch'ing-shih wen-t'i*	清史问题
EAH	*East Asian History*	东亚历史
FNZZ	*Funü zazhi*	妇女杂志
HJAS	*Harvard Journal of Asian Studies*	哈佛亚洲研究杂志
IEAWPS	*Indiana East Asian Working Papers Series*	印第安纳东亚研究工作论文系列
j.	*juan*	卷
JAS	*Journal of Asian Studies*	亚洲研究杂志
JQ	*Journalism Quarterly*	新闻学季刊
l(l).	line(s)	行
LIC	*Late Imperial China*	清史问题
MC	*Modern China*	近代中国
NCH	*North China Herald*	北华捷报
NLZB	*Nuli zhoubao*	努力周报
NYGB	*Nanyang guanbao*	南洋官报
NZSJ	*Nüzi shijie*	女子世界
PFEH	*Papers on Far Eastern History*	远东史研究集刊,后改名为《东亚史》(*East Asian History*)
RC	*Republican China*	民国,后改名为《二十世纪中国》(*Twentieth-Century China*)

SB	*Shenbao* 申报
SHXB	*Shanghai xinbao* 上海新报
SSXB	*Shishi xinbao* 时事新报
THB	*Tuhuabao* 图画报
THRB	*Tuhua ribao* 图画日报
XWB	*Xinwenbao* 新闻报
XWYJZL	*Xinwen yanjiu ziliao* 新闻研究资料
YXB	*Youxibao* 游戏报

导论　中国的公共领域与报纸的影响力

> 现代报刊拥有巨大的影响力——其力量越大,就越是受到巧妙、广泛的管理。
> ——朱利安·拉尔夫(Julian Ralph,1903)[1]

1872年夏,詹姆斯·戈登·贝内特(James Gordon Bennett,1795—1872)以盛大的仪式下葬。四十年前,他创办了《纽约先驱报》(*New York Herald*),后来成为美国最成功的便士报之一,亦是最早自许"公众声音"之"独立"喉舌的报纸之一,[2]它因其无所不包的内容而常常被称为"新闻的百货商店"(department store of news)[3]。几个月后,《纽约论坛报》(*New York Tribune*)的编辑霍勒斯·格里利(Horace Greely,1811—1872)辞世。《纽约论坛报》是"进行智性讨论与道德质询的论坛",而格里利则是贝内特最大的对手。[4]对于一些人来说,纽约报界这两位巨人的逝去标志着现代新闻业奠基时代的终结。[5]而在地球的另一边,对于上海这座口岸城市来说,1872年不是终结,反而标志着开端。这一年,英商安纳斯脱·美查(Ernest Major,1830—1908)[6]创办了《申报》,这是存续时间最长、最成功的现代中文报纸之一。其刊行不久便被读者所接受,并被称赞为"新闻的百货商店""进行智性讨论与道德质询的论坛"和"公众声音之独立喉舌"。

在《申报》之前,前现代中国的公共领域(public sphere)几乎"由官员"或再加上具

---

[1] 章首引文:Ralph, *The Making of a Journalist*, 124。
[2] 参见 Schiller, *Objectivity and the News*, 48。
[3] Weisberger, *The American Newspaperman*, 97,其中使用了这一表述:贝内特之所以拥有广泛的受众,不仅仅是通过本地新闻、花边消息、轰动或粗俗的报道,同样依赖《纽约先驱报》上的政论文、外国情报,以及商业与财经新闻(参见 Irwin, *Propaganda and the News*, 45)。
[4] Weisberger, *The American Newspaperman*, 104.
[5] 同上,121。格里利、贝内特,以及《纽约太阳报》的查尔斯·达纳和《世界报》(*The World*)的约瑟夫·普利策(Joseph Pulitzer,1847—1911),在20世纪20年代的中国都是家喻户晓的人物,参见《近六十年间美国新闻纸的趋向》,《努力周报》,1922年5月14日。
[6] 瓦格纳(Rudolf G. Wagner)正在为美查写作详尽的传记,题为《初次会遇》("First Encounter")。

有一定教育资质、有待成为官员者"占领"。而最强有力的声音来自朝廷。[7] 朝廷实际牢牢控制着中国的公共领域,对独立声音仅给予微小的生存空间——尽管信息的便利流通、所谓"言路"的开放是朝廷、官员与受过教育的精英阶层所秉持的传统理想。[8] 然而,由于存在"密折制度"(secret-memorial system)[9],且它在清王朝衰落时期达到极致,大部分官员对于许多重要信息并不知情,大众对京城政事亦完全没有意识。[10] 尽管朝廷发行邸报(即京报),但它发布信息的详略程度完全由清廷裁夺。换言之,晚清的"言路"是壅塞的。

在此情境下,《申报》作为外来者(outsider,或者说表面上的外来者)[11]进入中国的公共领域(并取得成功)。在外国传教士与商人创办、鼓吹报纸以前,中国并没有一个自由的报界。《申报》是作为一家外来媒体进入中国的,这一点是明确的,甚至1889年美查离开中国之后至1908年间,它仍为外商所有。[12] 治外法权可能是其存续下来的原因:上海公共租界不在清廷的司法管辖范围内,而是由工部局(Municipal Council)管理。该机构成员从上海部分租地当人中选举产生,不付薪酬,故工部局既不对其成员所属国家的领事或大使馆负责,亦不对中国政府负责。因此,当时没有一个国家的政权实体能真正对上海报界施以管制。说来吊诡,《申报》所处的公共领域是极为严苛的环境,《申报》却可能是当时世界上最独立的报纸之一。[13]

---

[7] Wagner, "Early Chinese Newspapers", 10. 与瓦格纳的文章一致,我所使用的"公共领域"概念与哈贝马斯意义上的(Habermasian)公共领域概念仅有松散的联系,后者意味着存在一个不断学习如何参与理性的公共论辩的受教育的公众。我同意,在前现代中国的公共领域里,等级秩序中从上至下的所有角色都是参与者,但朝廷扮演了最重要的角色。甚至在通商口岸的西式报纸开始"干涉"、打破传统公共沟通的结构时,上述情形仍在持续。我将说明,仅是朝廷的认可就使通商口岸的舆论成了一股力量:如若没有朝廷及其行动,围绕通商口岸报纸形成的"现代"中国公共领域将无法达成其历史成就。这一公共领域的影响力在很大程度上反而受到通商口岸本身的限制。我使用的公共领域概念与瓦格纳的非常一致,参见"Early Chinese Newspapers", 14。

[8] 根据这种哲学理想,不仅监察官员,所有教育精英甚至大众均被允许、被鼓励议论政治。下文将讨论这种理念,参见第17—19页。已有不少研究讨论过在中国的公共领域之中以及在《申报》报端,不同参与者是如何将对"言路"的信念转化为行动的,参见 Janku, "Nur Leere Reden"。

[9] 关于这一系统,参见 Silas Wu, "Memorial Systems"; Bartlett, *Monarchs and Ministers* and Ocko, "*Peking Gazette*",尤见其中第44页与注释16。

[10] 参见 Janku, "Nur leere Reden"的导论;以及 Wagner, "Early Chinese Newspapers", 6。关于清季沟通系统的简况,参见 Polachek, *Inner Opium War*。

[11] 的确可以说,外国人在经营与编辑方面对《申报》的控制"成为一种制度化的公开保证,促使《申报》遵守可靠性、公正性等西方原则"(Wagner, "Early Chinese Newspapers", 20;以及 Wagner, "*Shenbao* in Crisis")。

[12] 参见戈公振,《中国报学史》,第78页;Janku, "Nur Leere Reden", 22;以及 Vittinghoff, "Am Rande des Ruhms", chap. 3, pt. 1。

[13] 参见 Wagner, "Early Chinese Newspapers", 4。关于当时复杂法治情况的讨论,参见 Vittinghoff, "Am Rande des Ruhms", chap. 7, pt. 2。费南山认为,清廷实际上有意识地避免对租界报业进行太多干涉,她引用了恭亲王一份早期照会(1866年11月30日)中非常重要的一句话:中国政府"非常不想干涉<u>公众对公共事件进行公平、公正的讨论</u>"(出处同前,第327页,下划线为后加)。亦可见 Wagner, "Early Chinese Newspapers", 24; Britton, *Chinese Periodical Press*, 102。

同时,《申报》纯粹是商业性的,没有意识形态方面的负担,这一点与19世纪下半叶的传教士报刊或是鼓吹性的报刊不同。但这也意味着,后两者在缺乏足够的市场支撑时,会有资金资助其继续出版,而《申报》则缺少补贴。《申报》作为外来报纸,凭靠的是中国文人对它的接受。文人们为《申报》写稿、阅读《申报》,最重要的是,他们购买《申报》。[14] 本书将分析上海报人通过何种方式方法,使《申报》这一舶来产品被中国读者接受;并展示《申报》等西式报纸如何成为一种替代性的沟通结构——此沟通结构很快被认定为一种新的"言路",这使《申报》在业已发生变化的中国公共领域中成为一个强有力的参与者。简言之,本书将描述外来的《申报》是如何实现"报为中用"(became a newspaper for China)的。

过去十年中,关于上海早期报刊史包括《申报》史,已有颇多完整翔实的著述。[15] 这些著述大多强调各报的机构发展,展示了编辑与作者、经营管理、发行数量、政治关系方面的材料。它们更关注报纸书写所处于、所面向的语境。本书则选择了不同的路径,即把《申报》当作一种文本来研究。[16] 我的主要兴趣点在于:报纸作为一种文化现象、一种新颖的形式以及一种书写集合,是如何进入19世纪的中国的。我意欲检视晚清报业的修辞实践,界定它所具有的说服力量。我的研究路径与其他研究的研究方法相辅相成,必须被视为对其他研究的回应且只能结合其他研究来理解。我强调的并非语境,而是文本。

一般来说,人们自然不会像读书那样逐页阅报,将报纸视为人们专注阅读的对象未免显得刻意,但一些中国报纸(如《申报》)的读者则表现出相反的情况。戈公振在其影响深远的关于早期中国报刊史的著述中注意到以下事实:"中国人读报,尝能自首至尾,一字不遗。"[17] 我将证明,报纸在中国作为一种陌生的媒介,首先必须是一种有说服力的文本。《申报》意欲在中国形成影响,希望能够获得新的读者、创造新的价值。它是否造成了这样的影响,下文将予以讨论。我将展示报纸的论说、新闻报道乃至广告是如何巧妙地、诗学地(poetically)进行书写、论证、叙述、引用、呈现与建构的,进而试着解释报纸对中国读者的吸引力。本书的第一部分将聚焦报纸文本作为一种文学创作物所具有的力量:为什么它具有说服力?它使用了何种方法、形式、典故

---

[14] 参见 Walker, Powers of the Press, 2-3:"报刊的影响力就是权力,它通过出版权将报刊的价值与关切强加到公众注意力之上——这一过程亦冒着商业失败的风险。"

[15] 仅举几例:方汉奇,《中国近代报刊史》;马光仁,《上海新闻史》;秦绍德,《上海近代报刊史论》;Judge, "Print and Politics";徐载平、徐瑞芳,《清末四十年申报史料》;宋军,《申报的兴衰》;Narramore, "Making the News in Shanghai"; Ye Xiaoqing, "Popular Culture in Shanghai"; Vittinghoff, "Am Rande des Ruhms"。

[16] 相似的研究路径,参见 A. C. Smith et al., *Paper Voices*, 17; Janku, "Nur leere Reden";以及 Janku, "Der Leitartikel der *Shenbao*"。

[17] 戈公振,《中国报学史》,第221页。沈艾娣(Henrietta Harrison, "Newspapers and Nationalism", 95)研究了一位山西乡民的阅报习惯,找到了表明存在这种阅读行为的证据。同样表明这一点的还有《申报》文章《选新闻纸成书说》(1877年3月28日),讨论上谕的论说会提到几个月前刊登在报纸上的上谕(也就是说,这些报纸可能没有被立即丢弃)。

(allusions)与喻说(tropes)？我将说明，报纸，作为一种文本，通过适应中国的各类书写形式；通过引述"圣人之言"、摆出谏官姿态，以及利用中国邸报(京报)的权威性以获得可观的象征性力量(symbolic power)。本书的第二部分将从形式转向内容，探讨《申报》所预期的(implied)以及实际的受众。谁被涵括在读者群中，是女性、城市寓居者抑或是中国的民族主义者？他们将如何阅读报纸文本、又将做出怎样的反应？阅读上海报纸在何种程度上是赋权的(empowering)、束缚性的、烦扰人心的、令人振奋的？通过阅读《申报》文本并将之与历史证据对照，我试图解释《申报》文本所具有(或缺乏)的社会与历史力量，并揭示文本与现实之间的某种脆弱的联系。报纸的力量恰恰存在于这种张力之中。《申报》在何种程度上是现实的驱动(motor)或镜像？《申报》是否成功地向受众介绍了新品质、新人物、新主题？能否从文本中找到证据证明，报纸是"重塑"中国公共领域、创造公民社会的"工具"？[18] 报纸锻造了中国的民族主义吗？作为舶来的媒介，它是否创造了一种中国人的身份认同？《申报》是否做到了"报为中用"(又是如何做到的)？[19]

我要讨论的文本极为特殊。《申报》作为一种外来媒介被重新包装以适应中国人的"口味"，因此它是一种混杂的(hybrid)、多元文化的产物：例如，尽管中文论说受到外国报纸社论制度的影响，但当其以"论"或具有情感色彩的"记"等形式出现时，便带上了特殊的中文意涵。类似地，西式广告被转译为中文词语时，使用了传统中国店招的语言与视觉惯例。[20] 经过"转译"或调节(mediated)的论说或广告与其原初概念之间的联系，就是刘禾(Lydia Liu)所说的一种"譬喻意义上的等值关系"(trope of equivalence)，其意义与原初国外报纸上的社论、广告，或是与中式传统"论""记"及中国店招相比，是等值的。[21] 因此，西式中文报纸是一种新型文本，与其中外原型有根本不同。[22] 本书将两种传统来源与它们衍生的报纸并置，并不是想确认新与旧、传统与现代、中与西之间的二分(虽然报纸对中西两种传统各有利用)，而是要揭示报纸改造与转型的过程。要使一种外来媒介成为中国读者能接受的文本，这一过程非常必要。用巴赫金式的(Bakhtinian)话说，这样做是要发现外来媒介狂欢式地

---

[18] 例见 Judge, *Print and Politics*, 11-12，其中对哈贝马斯(Habermas)的观点进行了重新阐释以理解中国的情况，她认为：欧洲公共领域的发展以市民社会的存在为先决条件……而在中国，是新闻发布机关推动了市民社会之制度基础的形成。

[19] 本研究提出这些问题，实际上旨在探讨其中三个核心要素，在过去几年中，此三点越来越受到学者的关注：身份认同问题及其形成动因(例见 *Narratives of Agency*)；上海等通商口岸的重要性(Murphey, *Shanghai*; Lee, *Shanghai Modern*; Rowe, *Hankow*)；以及处于中国现代化进程中的通商口岸的印刷媒体(Judge, *Print and Politics*; Leo Lee and Andrew Nathan, "The Beginnings of Mass Culture")。

[20] 参见 Patrick Hess, "Anzeigen"。

[21] Liu, *Translingual Practice*, 60。

[22] 亦可见 Vittinghoff, "Am Rande des Ruhms", chap. 6。

(carnivalistic)闯入中国传统领域的过程中存在哪些力量。[23]本书将证明,正是由于报纸不中不西,这一文本才能具有影响力;因此,报纸本身就是变化的缩影。

报纸不仅是一种多元文化的产物,也是一种多类属的文本(polygeneric text),[24]它由许多不同类型的文本构成:广告、论说、新闻报道、诗词与图片说明。通常,不同的文本类型不仅用自己的声音说话,还会就自身的(有时是矛盾的)情况进行论争。因此,报纸不是单义的(univocal):它是不同文本的聚集体(congeries),而这些文本的创作者们,与管理及编辑人员常常仅有松散的联系。例如,广告是由商号撰写并付费刊登的,读者来函会被印在新闻消息甚至是社论的位置。[25]再如,《申报》早期逐字重印的邸报,是从北京专门从事邸报刊印的商号那里拿到的刊本。因此,本书将报纸视作巴赫金意义上的一种复调(polyphonic)文本;是一种在风格、言说(speech)与声音(voice)方面呈现多种形态的文本形式,集聚了几种不同文体的特点,常常位于不同的语言层次上,且受到不同文体带来的限制。[26]我将分别研究这些不同的复调讯息(messages)并将之并置,以便弄清楚它们作为一个整体具有怎样的意义,进而揭示报纸作为一种文本所具有的语义学力量(semantic powers)。[27]

---

[23] 根据巴赫金(Bakhtin)的说法,"狂欢节将人们从官方正统的权力中解放出来,使人们以一种全然不同的方式观看世界……狂欢节开启了世界的丰裕物质原则(the rich material principle of the world):新事物的创造、变化,以及其不可战胜的永恒胜利"(*Rabelais and seine Welt*, 316)。这是因为,"笑声,是'第二重启示';它布告了关于世界的'第二重真理'"(*Rabelais and seine Welt*, 14,亦可见第 9 页)。因此,狂欢节可以开阔人们的眼界:"狂欢化并非意味着简单地为特定内容添加一种僵化的结构。相反,它是一种无比灵活的艺术性的观看方式……因此,它使人看到新的东西,看到那些他们以前从未见过的东西。"(Bakhtin, *Probleme der Poetik Dostoevskijs*, 188)西式报纸运作的方式正是如此。

[24] 参见 Ming, "Scholars in Wonderland", 17。亦可见 David Wang, *Fin-de-Siècle Splendor*。

[25] Vittinghoff, "Am Rande des Ruhms", chap. 6.

[26] Bakhtin, *Dialogic Imagination*, 259.

[27] 报纸不仅是多元文化的、多类属的,其内容也是多种多样的:报纸日复一日、年复一年地出版。处理报纸文本意味着(字面意义上的)被淹没于字海之中。逐页读完 1872 至 1912 年的所有《申报》是不可能的。尽管如此,我对《申报》的某些特点以及论说的变化趋势的观察,仍基于大量代表性的文章。我使用了若干不同的策略来选择样本[遗憾的是,我是在 20 世纪 90 年代初开展这项研究的,当时还没有早期《申报》的数据库及索引工具:Janku, Andrea, 2024, "Electronic Index to the Early Shenbao 申报(1872—1898)", https://doi.org/10.11588/data/XIVFSR]。首先,我会浏览一整年的《申报》,找到与本书各章所涉议题相关的论说、新闻报道与广告。之后,我以 5 年为间隔,全面查阅一整年的《申报》。最后得到的样本规模相较一般的新闻学研究(例见 Guenin, "Women's Pages",这项研究考察了四份报纸,仅以某一年四月周二、周四出版的报纸为样本)已经相当大了。再者,我在样本中增加了偶然读到的某一时期的《申报》文章,以及二手文献讨论过的,或是海德堡研究小组的同事向我指出的文章。第三,我也查阅了(也许没有那么详细)其他报纸,包括《新闻报》《北华捷报》(*North China Herald*)《时报》《时事新报》《民呼日报》《上海新报》,以及一些女性刊物与画报,将之与我的研究发现进行比较并提供相应的语境。第四,本书最后一章使用了不同的方法和时间框架,以检验我的假设是否依赖特定的样本选取过程或时期。该章聚焦 1900 至 1925 年的一系列重要事件,考察这些事件发生前后数周的文本。通过上述策略获得的文本之间存在差异甚至潜在的矛盾,我在推演结论的过程中,会使用不同系列的文本进行相互检验。在此基础上,关于《申报》作为一个意义系统,我得出不少可信的假说,虽然我阅读的《申报》不及于 1872 至 1912 年出版的《申报》的十分之一。

这一基于文本的、对上海新闻媒体的研究的第一步是要检视报纸本身的定义。我将首先考虑外国报纸的"形貌"(foreign guise),解读19世纪的西方是如何定义、解释报纸的。西方为何认为报纸如此强大?接着,我将比较西方对报纸的描述与中国对报纸的解释:中文媒体如何定义自身?这种并置将说明报纸这一外来媒介是如何试图让中国读者群理解自己的,并引导我们回到报纸是否具有切实力量这一问题:显然,所有人都相信中国的新闻媒体有所作为,但它真的"作为"了吗?

界定报纸:西方范式

> 四份敌对报纸比十万把刺刀更叫人畏惧。
> ——拿破仑·波拿巴(Napoleon Bonaparte,1769—1821)[28]

及至19世纪,报纸已有数世纪的历史可循。这一历史多半由政府干预所主导:印花税法(stamp act)以及对报纸诽谤、亵渎、煽动等行为的法律指控已经成为惯例而非例外。从一开始,报纸生产的主要方式便是出版官方消息,或将出版的使命置于官方监督之下。[29] 从历史记录出发,研究者们只能对报纸的独立性进行比较谨慎的评价,甚至迟至19世纪亦如此,这是由于当权者出于自身目的不断对这种"危险工具"的使用进行积极干涉,其方式包括给记者与出版商发薪、建立审查程序、出版官方报纸等。但是,在现代理想化的标准话语(例如19世纪的大百科全书)中,报纸可能用于操纵并成为强大的甚至是垄断性的国家宣传工具这一观点只是顺带出现,当然也没有成为主流表述。[30] 相反,报业自由是狄德罗(Denis Diderot,1713—1784)在《百科全书》(Encyclopédie)[31]中拥护的理想,也得到许多报纸发刊词的支持,从而成为诸部

---

[28] 转引自 Stephens, *History of News*, 185。

[29] 例如,法国黎塞留(Richelieu)时期由雷诺多(Rénaudot)创办的《巴黎公报》(*Paris Gazette*, 1631);英格兰强制推行的印花税法;以及俾斯麦的新闻法(Bismarckian press law, 至1919年仍有效);更不用说20世纪的出版业审查和独裁式管理。近来,一项关于全球新闻业的权威研究表明:表面上看,世界上大部分地区都有足够的信息流动,但来自政府的压力、保密制度、审查与宣传亦在阻碍新闻有意义的自由流动(*Global Journalism*, 3)。欧文(Irwin, *Propaganda and the News*, 9-10)扼要地表达了这一点:"大多数人所假定的那个'报业自由'——如此多的人为之身陷囹圄、被割去耳朵或戴上枷锁——涉及的仅是表达意见的权利,他们没有意识到争取新闻发布权的抗争同样艰难,甚至更难赢得胜利。"因此,在许多新闻史学者看来,新闻史是对新闻的压制史,例见 Cranfield, *Development of the Provincial Newspaper*, 1; Salmon, *The Newspaper and the Historian*, esp. 256ff。

[30] 参见拙文"Domesticating an Alien Medium",其中详细解读了《19世纪通用大辞典》(Paris, 1865ff)和《大英百科全书》(London, 1875—1878)中关于报刊的文章;以下段落仅是简短的概述。

[31] 其他思想家如约翰·弥尔顿(John Milton, 1608—1674)、托马斯·杰斐逊(Thomas Jefferson, 1743—1826)和约翰·穆勒(John Stuart Mill, 1806—1873)等人,发展了自由论哲学(libertarian philosophy),这是报刊自由理念的基础。他们在"保证信息与意见之自由交换"这一意义上构想了报刊自由,参见 Hulteng and Nelson, *The Fourth Estate*, 26。

百科全书中关于报刊的核心定义。它们坚信"报业自由是多数欧洲国家的准则"[32]，没有报业自由是"文明的耻辱"[33]。这种对报业自由之必要性的普遍接受，伴随着新闻从业者（即记者与主笔）道德地位的提高，自由报界有助于政府和社会正常运作的说法也同样得到极大的巩固，至少在百科全书中是如此。[34]

至少有五个重要理由能说明自由报界的有益效果：报刊是"新闻的百货商店"，能迅速传播各种娱乐的或增进知识的信息。它也是大众启蒙和渐进式变革之双重议程的一部分，这是自由报界的第二、三种功能。第四，报刊是"公众声音的独立喉舌"，它尤其关注国家及其公仆的作为。最后但同样重要的一点是，报刊是"智性讨论与道德质询的论坛"，报刊提供了一个居间协商的空间，它作为沟通上下的渠道，将使国家更为繁荣。

提供种类繁多的（国内或国外的，严肃或娱乐的）新闻，是报纸最早的承诺之一。《19世纪通用大辞典》（*Grand dictionnaire universel du 19ième siècle*，简称《大辞典》）引用了17世纪初一份用韵文写作的公报（gazette），它承诺：

> 公报中的这些文句
> 满足了人们的头脑；
> 在寰宇的各个角落
> 她都能得到新闻
> ……
> 由此至彼，自东徂西
> 全球各处，未漏一事
> 无论是政令、委任或战争
> ……
> 无论何事，皆不遗漏
> 公报倍增不停歇
> 迅疾如飞鹰。[35]

---

[32] *EB*, s.v. "Press Laws", 19: 712.
[33] *EB*, s.v. "Newspapers", 17: 426.
[34] 参见 Janku, "Nur leere Reden", 17-18；以及 Vittinghoff, "Am Rande des Ruhms", chap.1. 费南山指出，整个 19 世纪，记者的普遍观念始终是较为谦逊的。
[35] 我将原文译为英文的过程中，可能丧失了部分韵律。原文参见 *GD*, s.v. "Journal", 9: 1044: "La Gazette en ces vers / Contente les cervelles: / Car de tout l'univers / Elle recoit nouvelles / La Gazette a mille courriers / Qui logent partout sans fourriers / Il faut que chacun lui réponde, / Selon sa course vagabonde, / De cà de là diversement, / De l'orient en l'Occident / Et de toutes parts de la sphère, / Sans laisser une seulle affaire / Soit d'édits, de commissions, / De duels. De pardons pléniers et de bulles / Elle racontera aussi / Les malheurs, les prospérités. / Quoi que ce soit, rien ne s'oublie; / Car la Gazette multiplie, / Sans relasche des postillions, / Viste comme les Aquillons."

上述诗句强调了公报向读者传递新闻时,覆盖地域范围与主题之广以及速度之快。亦暗示了报纸应具有第二种功能,即教育价值。《大辞典》将报纸描述为"推广启蒙最强有力的手段"(le plus puissant moyen de diffusion des lumières)[36]。《纽约先驱报》的创办者贝内特在一篇社论中提出了类似的主张:"报纸在人类思想与文明的伟大运动中……能够成为领导者。"[37]这里提到的报纸之巨大影响力,得到《大辞典》中"报界"(Presse)与"期刊"(Journal)两篇文章的应和。《纽约太阳报》(*The New York Sun*)经理、编辑查尔斯·达纳(Charles Dana,1819—1897)亦将报纸称为"伟大的文明引擎"[38]。报纸作为一种便利、有力的启蒙手段,其地位可以与其他现代化成就媲美:报纸是"应用在心智上的电力"(l'électricité appliquée aux choses de la pensée)[39]。在19世纪百科全书的规范性话语中,报纸既是工具,也是现代化的体现。

根据《大英百科全书》(*Encyclopaedia Britannica*)的说法,报刊同样能记录大众情感,并有责任"形塑舆论"[40]。《大辞典》称,报界"能够对政府施以监督"[41];它也的确可能成为"反对者的武器"[42]。因此,对于任何政府来说,阅读报纸都是至关重要之事。[43]不读报的政府将处于危险之中:《大辞典》强调"政府有义务咨询公众意见",因为"舆论的权威性是不可战胜的"。[44]只有报刊能够让政府知晓社会的关切、想法、意见、讨论与不满。[45]因此,报刊成为一重要渠道,通过它,统治者与被统治者能够彼此了解并进行沟通。

---

[36] 同上,1037。

[37] 转引自 Weisberger, *The American Newspaperman*, 98。

[38] Dana, *The Art of Newspaper-Making*, 29。当时类似的观点,参见 Yarros, "The Press and Public Opinion"。

[39] *GD*, s.v. "Presse", 13:93.

[40] *EB*, s.v. "Newspapers", 17:412.《大辞典》主张,"在推进智识生活发展的同时,(报刊)亦在教导(读者),使之掌握有关公共生活的一切信息并作出合理判断"(*GD*, s.v. "Presse", 13:107-108)。亦可见 Stephens, *History of News*, 9。

[41] *GD*, s.v. "Presse", 13:108;除了为此目的而设立的议会之外,只有它(报刊)才能行使对权力的控制。只有它才能让公民了解公共事务,并启发他们了解自己的利益。最后,只有它才能让公众这位最高法官注意到,公民必须要向这样那样的权力机构提出申诉。

[42] *GD*, s.v. "Journal", 9:1037,其中将报刊称为"反对者的武器"(une arme d'opposition)。

[43] 否则,政府可能面临麻烦,参见 *GD*, s.v. "Publique", 13:387。其中认为:舆论可能"推翻、征服任何专制主义"。

[44] *GD*, s.v. "Presse", 13:110.*GD*, s.v. "Opinion", 11:1385;"政府有义务征求意见……这一点更值得鼓励,因为舆论的权威是不可战胜的,无论真假,舆论都会强加给那些自称蔑视它的人。"

[45] *GD*, s.v. "Presse", 13:110;"人们不断重申,报界自由有助于政府获得准确的信息,无论是关于国内的舆论状况,还是关于国外其他主权的情况。"约瑟夫·普利策曾以优美的语言表述过这一思想:"在国家这条船上,记者是驾驶台上的瞭望者。他要注意来往的船只,在天气晴朗时辨认地平线那头隐约出现的情况。他要报告他看到的在海面上漂流的遇难者,以便他的船能够施于援救。他的目光穿透浓雾和风暴,以警示前方的危险。他考虑的不是自己的薪酬或雇主的利益。他要做的是为了安全、为了那些信赖他的人们的福祉而守望。"(转引自 *Education in Journalism*, 34)

界定报纸:中国视角

> 舆论之所自出,虽不一途,而报馆,则其造之之机关之最有力者也。
> ——梁启超(1873—1929),1910[46]

考虑到当时包括《申报》在内的中文报纸皆取鉴于外报范式,以下现象就不足为奇了:19世纪欧洲百科全书中描述的报纸功能的核心要素,再度出现在中文报端讨论报纸作用与必要性的论说当中。它们还成为中国政治家与知识阶层进行方略讨论(programmatic discussions)时的主要论点,并很快被官方教学材料重刊。[47] 显然,这些理念被大众接受,并反映了中国关于报纸功能与益处的代表性观念。[48]

1872年4月3日,《申报》创刊号自述其宗旨在于传播消息。据其主笔所言,《申报》所从事者,是记录中外所有大小事情。[49] 几天之后的一篇论说称,申报馆办报的主要缘由是为中国各地、各阶层的人提供新闻,弥补"闻于朝而不闻于野"的情况。[50] 报纸的意图不仅仅是提供娱乐,更重要的是启发和教导读者。[51] 有文章甚至将报纸比作"太史之陈风"[52]。同时,《申报》在发刊告白中承诺将使用"明白易晓"的语言,并分别在1876年与1884年出版白话报与画报,皆将教导读者作为目标。[53]

包括《申报》在内的报纸希望能够"引导"读者,[54] 并有志成为推动社会变革与现代化进程的媒体,成为"应用在头脑上的电力"[55]。《申报》在创刊号中称,它将提供最新近的知识以"新人"[56]。正如尔后刊载的《申报馆赋》所言:"申报者,新报也,贵

---

[46] 梁启超,《国风报叙例》,第21页。
[47] 1901年出版的《分类各国艺学策》主要辑录了报纸论说,参见 Vittinghoff, "Am Rande des Ruhms", 276。
[48] 更为详细的讨论,参见 Mittler, "Domesticating an Alien Medium"。Vittinghoff, "Am Rande des Ruhms", chap. 7 亦分析了许多这样的论说表述。
[49] 《本馆告白》,《申报》,1872年4月30日。
[50] 《申江新报缘起》,《申报》,1872年5月6日。《申江新报》是《申报》的原名,关于报名的选择与起源,参见申报史编写组:《创办初期的申报》。
[51] 1877年,《申报》称其销数不断增长,因为许多人阅读《申报》不仅为了消闲,还尤其希望获得教益(参见《论本报销数》,《申报》,1877年2月10日)。
[52] 《邸报别于新报论》,《申报》,1872年7月13日。
[53] 《本馆告白》,《申报》,1872年4月30日。鲜为人知的白话报《民报》的广告出现在1876年5月19日的《申报》上。《申报》(1895年8月29日)还在论说《画报可以启蒙》中称许了包括《点石斋画报》在内的画报。本书第四章将详细讨论《民报》与《点石斋画报》。迟至1905年,申报重申了"人人知报之足以开智慧";参见《本馆整顿报务举例》,《申报》,1905年2月7日,第1—2行。
[54] 报纸具有教化功能,这种纲领性的表述可与《时报》发刊词(1904年6月12日)比较,后者主张中国需要能够"导国齐民"的报纸。
[55] 关于这一比喻,参见 GD, s.v. "Presse", 93。关于现代化过程与《申报》,参见徐载平、徐瑞芳,《清末四十年申报史料》,第42页、第44页;其他报纸的情况,参见 Henriot, "Nouveau journalism", 5, 64。
[56] 《本馆条例》,《申报》,1872年4月30日。

新也,弗新者,删也"①,其首要目标是"新众人"。[57]这些文章道出了报纸的第三种功能:报纸是现代化的工具,亦是现代化的体现。《申报》创办头几个月中的论说内容证实了这一议程;这些文章讨论了铁路、供水系统、西药、火轮船以及缠足之酷虐等话题。[58]

《申报》同样指出了报纸为公众意见发声这一特征:到1910年,诸如"报纸为民之口""报纸者,舆论之公言也"或"新闻记者鼓吹舆论,监督政府"[59]之类的论断,明确表达了西方自由报界观念中报纸的第四个关键功能。[60]但这一理念并不是新的。1873年2月,就有作者坚称其论说"皆众人之公言,非子一人之私说也"[61]。另一篇早期文章称,"民亦宜皆有意",而新报是传达民意的绝佳工具。[62]确实,报纸的公开批评是有必要且有益处的:"凡事之有损于国家者,不辞苦口,不惮逆耳,声明昭著,详尽曲折,虽批逆鳞、触忌讳所不辞也……泰西各国以有此一举而蒸蒸有日上之势。"[第5—7行][63]②

报刊被视为一种工具,是公众意见的传送带,也是观点的交易市场。它是公共讨论的平台,无论针对的是地方议题还是国家大事。[64]因此,中国政府应通过报纸"咨询于舆论"[65]。《申报》于1907年11月刊载的一幅图画讽刺性地强调了这一点。一口大锅盛满了沸腾的"舆论",锅盖上写着"权在朝廷"。但显然,锅内的"怒火"不会轻易得到控制。尽管有人试图给舆论盖上盖子,但团团烟雾与火焰不仅从锅与盖之间的缝隙中逸出,亦在锅底冲破了一个口子(见图I.1)。

---

① 本书所讨论的时期内,《申报》文本基本没有标点。1906年开始,《申报》对部分文本标记了句读。相关情况参见本书第31页注释21。本书所引《申报》文本中的标点为译者后加。——译者注

[57] 《申报馆赋》,《申报》,1873年2月15日。载于1872年5月6日《申报》的《申江新报缘起》一文提出了类似的主张。这篇文章批评了中国所记古事是"向后看";同时赞扬了报纸报道新闻的及时性,是"向前看"。

[58] 其中一些论说的概要,参见徐载平、徐瑞芳:《清末四十年申报史料》,第10—12页;Janku, "Nur leere Reden", 18-19.

[59] "报纸为民之口"出自在南京举办的第一次报界俱进会上的演讲,参见《申报》,1910年9月7日;"报纸者,舆论之公言也"参见《说报》,《申报》,1909年9月19日;"新闻记者鼓吹舆论,监督政府"参见1912年3月18日《申报》的"清谈"栏目。1912年3月7日《申报》的"清谈"栏目同样提到:"监督政府,报纸之天职。"

[60] 刊载于1905年2月7日《申报》的《本馆整顿报务举例》一文同样提到这一目标:"广延各省访事……以听舆论。"这一理念甚至出现在一些报名中,如1906年创办的《舆论日报》,它称自己意欲成为"代表舆论之机关"(参见1907年11月20日《申报》的广告)。20世纪初前后,还有几份类似名目的报纸创立。

[61] 《论女堂倌周小大结案事》,《申报》,1873年2月12日,第18—19行。

[62] 《申江新报缘起》,《申报》,1872年5月6日。

[63] 《论新闻纸之益》,《申报》,1886年8月11日。亦可见《论本馆作报本意》,《申报》,1875年10月11日。《论各国新报之设》(《申报》,1873年8月18日)一文同样强烈提倡报纸的批判性。其作者抱怨说,中国报纸无一在真正履行其职责,即批评。

② 因本书研究的中文报纸皆为竖排报纸,原著和正文中的"行"(line)实际上是指列。——译者注

[64] 详细讨论报纸作为公共讨论平台的论说,参见《本馆辨诬说》,《申报》,1872年7月31日。

[65] 参见 GD, s.v. "Opinion", 11: 1385,本章注释44有引用。

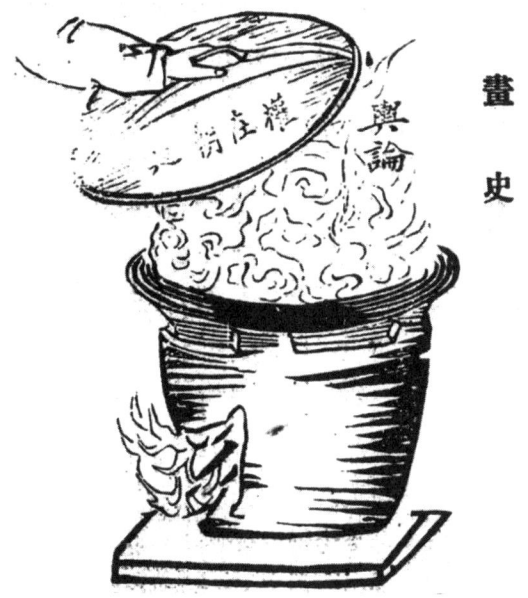

图 I.1　舆论的酝酿（《申报》，1907 年 11 月 10 日）

清政府以外，也有不少政府始终将报刊的批评功能视作危险的、成问题的；在当时的中国，能让广大在野民众知情并批判性地参与政策讨论的程序也显然尚未建立。[66] 对于清政府来说，包括《申报》在内的中文报纸大段摘录甚至完整重印邸报（京报），并就这些官方发布的内容进行讨论，这一做法显示了报纸具有潜在的危险性及影响力。[67] 在这些新式报刊上，自上而下的单向沟通被公然颠覆了。1872 年的一篇《申报》论说通过嘲讽邸报的缺点来解释西式报纸的这种能力：[68]

> 朝廷以每日所下之训谕、所上之章奏，咸登京报，为民表率；而民间无一事一闻以达上于君……夫京抄以见国家之意，而民亦宜皆有意。苟民之意不达于上，则上所为治理者，其何能如乎？[69]

---

[66]　瓦格纳考察了中国历代的"言者"与"论者"，指出了一个小型的、或多或少由官方指定的公众，他们会开展各种活动。然而，尚不清楚这一公众的构成，它很可能包括官员或候补官员。从朝廷对清议（晚清时的清议大多是保守的）的反应可以看出，这一文人公众在政府眼中甚至是极具威胁性的（参见 Eastman, "Ch'ing-i"; Rankin, "Qingyi"; Polachek, *Inner Opium War*, chap. 2; 尤见 Janku, "Nur leere Reden", chap. 2, pt. 2）。关于清议，参见本章注释 102。

[67]　关于京报的讨论，参见本书第三章。

[68]　类似的观点参见《选新闻纸成书说》，《申报》，1877 年 3 月 28 日。该文提到清朝官员有意不使民众知晓信息。而自有新闻报纸后，"官民上下亦渐知事事皆可对人言，而无所容其隐秘"（第 6—7 行）。

[69]　《申江新报缘起》，《申报》，1872 年 5 月 6 日。亦可见《招刊告白引》，《申报》，1872 年 5 月 7 日，这篇文章认为，报纸的出版保证了统治者能够闻"民之情"。感谢费南山向我指出这篇文章。

另一篇论说将西式报纸标榜为沟通上下的重要渠道。唯有读报的统治者"可以深知其土地所宜性情所在,因势利导"[70]。的确,"新闻纸本期于通上下之情……欲知民情,莫捷于新闻纸"[71]。

从《申报》论说的积极论调来看,《申报》似乎已具备理想报纸的形式。《申报》被赋予现代欧洲百科全书为报刊设立的五种功能与影响力。它有能力向读者传递各种消闲的、让读者得到教益的消息,是大众启蒙与渐进式变革之双重议程的一部分。《申报》同样能够就国家及其公仆的作为表达公众的声音,它还打开了能沟通上下的批评渠道,有助于国家的繁荣。[72]

在其自我界定中,《申报》完美地体现了关于报刊功能与影响力的西方标准。《申报》不断将西方报刊引为模范,将报纸视为拯救中国的唯一灵药。如果只有《申报》不断倡导要效仿西报,那或许可以说它虽为中文报纸却实是外报,虽有中国编辑人员,却仍然受到外国管理层的约束。[73]可是,王韬(1828—1897)同样公开认可报纸的西方典范,1874年,他在香港创办《循环日报》,这是国人创办的第一份西式报纸,旨在成为如"英国之《泰晤士》"者。[74] 1876年,《申报》创刊几年之后,上海道台创办《新报》,[75]这是一份带有准官方性质的西式报纸,其发刊词同样诉诸上述的报纸功能,只是表达得更为含蓄:

> 入仕经商,所贵周知夫时事;居无易有,必当博采夫世情。如朝廷之政教维新,京外之升迁调补,暨各国政令之变置,各货居积之所宜,以及岁时收成厚薄,货物行销利钝,价值高下,船只往来,或时事,或异闻,皆为仕商之切要,而经营之所不可少也……凡诸闾阎琐闻,无不随时随事逐一备登,务令阅者不出户庭批览,明知指掌。[76]

《新报》自许广见闻、有教益的进步报纸,关切上下所关切之事。也就是说,《新报》

---

[70]《论新闻纸之益》,《申报》,1886年8月11日,第21行。
[71] 同上,第29—31行。
[72]《整顿报纸刍言》(《申报》,1998年8月15日)一文同样提到报刊的这五种功能。感谢燕安黛提醒我注意这则材料。
[73] 事实上,人们常常以此作为理由攻击早期的《申报》。下文将更为详细地讨论这些观点;亦可见Vittinghoff, "Am Rande des Ruhms", chap. 5, pt. 2。这些观点也导致了,与《申报》一样被归为西商事业的报纸受到中国新闻史学者的忽视。参见本章注释88中关于文献的讨论。
[74] Vittinghoff, "Am Rande des Ruhms", 196.《循环日报》向读者的自我剖白与《申报》的论调非常相似,相关讨论参见 Vittinghoff, "Am Rande des Ruhms", chap. 7, pt. 1。
[75] 关于《新报》以及更早的《汇报》《彙报》《益报》等报的历史,参见 Vittinghoff, "Useful Knowledge and Appropriate Communication"以及"Am Rande des Ruhms", chap. 3。
[76] 译自"Prospectus of the Sin-Pao", NCH, 1.12.1876。燕安黛详备地收集了《北华捷报》中讨论中国报刊的文章,我从她那里获益颇多。

的自我界定亦完全符合报纸的西式理想。[77] 颇具影响力的文人及政治家——开明的梁启超与更为保守的张之洞（1837—1909）——也撰文表达过相似的理念。[78] 19世纪90年代末,第一批有影响力的中文西式报纸创成几十年之后,此二人对中国报纸应是怎样的进行了阐述。[79] 从中可以看出当时报纸已获得权威性和流行度,也表明在19、20世纪之交,《申报》及其他早期报纸[80]所宣扬的关于报纸影响力的大胆立场,已成为中国社会不同圈层中的普遍假设。[81]

根据光绪帝的谕令,张之洞发表于1898年的《劝学篇》印行了几百万份,并被发送给各省督、抚、学政,这些人又在其辖区内再次发行之。人们热切地阅读此书。[82] 其中《阅报》一篇讨论西式报刊,开头便引用了《老子》（第四十七章）中的"皆不出户庭而知天下"一语。[83] 报纸被认为能够提供丰富的信息,"出户庭"就变得不再必要了（当然,人们或许还是需要出门购买报纸）。张之洞亦提到,报纸的重要性在于它能够培养吏儒对时局的意识（第17—18行）。根据张之洞的说法,报纸是能推动变革与现代化的一种教化工具。除此之外,报纸还使讨论成为可能,是联系上下的理想渠道。只是在当时的中国,报纸还不多:"一国之利害安危,本国之人蔽于习俗,必不能尽知之。即知之,亦不敢尽言之。"（第25—26行）有了报纸,这种情况就能为之一变,人民就能"昌言而无忌"[84]。③

---

[77] 1868年林乐知（Young J. Allen,1836—1907）创办的《教会新报》亦有非常相似的旨趣（参见其发刊词,1868年9月5日）,比《新报》早许多。
[78] 张之洞的影响很大程度上有赖于《劝学篇》的广泛流传,这一点下文将予以讨论,参见 Britton, *Chinese Periodical Press*, 99:"《劝学篇》中的意见经广泛流传,逐渐在很大程度上塑造了公众关于报刊的新观念。"关于梁启超的影响,参见《上海近代文学史》,第143页:"胡思敬《戊戌履霜录》说：'当《时务报》盛行,启超名重一时……自通都大邑,下至僻壤穷陬,无不知有新会梁氏者。'"李良荣的《中国报纸文体》（第33页）亦给出了类似的证据,其中引用了郭沫若的说法,他这一辈的年轻人不管赞同或反对梁启超的观点,都受其影响。
[79] 张、梁之间关于《时务报》的争论,参见 Vittinghoff, "Am Rande des Ruhms", chap. 9。
[80] 早期传教士报刊我阅读得不多,但我猜测,关于报刊的影响力,它们也使用了类似的说法。传教士报刊亦采用中式排版,收录京报,还大量引用中国经典。这些做法比《申报》早了数十年。
[81] 徐载平、徐瑞芳:《清末四十年申报史料》,第17页,其中提到梁启超深受早期中文报纸的影响,阅读这些报纸使他成为一位改革者。
[82] Kuo Ping-Wen, *The Chinese System of Public Education*, 71.
[83] 晚清讨论报纸的文章常常引用这句话。例如,《申报》发刊词《本馆告白》（1872年4月30日,第19—20行）写道:"且夫天下至广也,其事亦至繁也,而其人又散处不能相见也,夫谁能遍览而周知哉？自新闻纸出,而凡可传之事无不遍播于天下矣。自新闻纸出,而世之览者亦皆不出户庭而知天下矣。"梁启超在其讨论报纸的文章（下文将予以讨论）中复述了这一观点。此观点在日本也很常见。福泽谕吉很可能引用了同一句话,他将报纸描述为教化的工具,认为它把世界带给读者:"尽管他身处内室,并未目睹外面所发生之事；或是远离乡土,未能亲耳听闻那里的只言片语。"（转引自 Altman, "*Shinbunshi*", 52）
[84] 张之洞举出两个历史上的例子来总结报纸的益处（第31—32行）。他说:"勤攻吾缺者,诸葛之所求；讳疾灭身者,周之所痛。古云：'士有诤友。'"张之洞认为,这些人物作为中国历史上的典范,从其成败可以看出知情与批评是必要的,他将这一职能归于新闻报纸。
③ 这里,张之洞在很大程度上指的是外报,"惟出之邻国,又出之至强之国,故昌言而无忌"。中国当时的君臣上下应从外报"诋訾中国"的言论中吸取教训,"心怵之而改作"。——译者注

张之洞的观点与梁启超影响深远的文章《论报馆有益于国事》中的表述有许多相互呼应之处,后者刊登在1896年8月的《时务报》上。梁启超的文章在1898年的几个月内广泛流传,当时的官员在订购京报时也会收到一份《时务报》。梁氏的观点代表了有意为中国寻求激进变革的官员群体的意见。在《论报馆有益于国事》中,他对以下缺乏远见的行为提出警告:

> 州县亲民,于其所辖民物产业,末由周知,无论朝廷也。[85]

相形之下,在西方国家:

> 西人之大报也,议院之言论纪焉,国用之会计纪焉,人数之生死纪焉……民业之盈绌纪焉……律法之改变纪焉,格致之新理纪焉,器艺之新制纪焉……是故任事者无阂隔蒙昧之忧……阅报愈多者,其人愈智,报馆愈多者,其国愈强,曰:为通之故。[86]

此段概括了报纸的核心功能:报纸记录关于人民与国家的一切事务,并以此帮助人民增长知识,启蒙上下。报纸能够在君民之间提供沟通渠道甚至开启批评性的对话,从而成为促使国家强大、推动其现代化进程的关键因素。[87]

《申报》论说的语汇与内容也得到这些政治家的响应。张之洞、梁启超对报纸的特别赞语,正是西方对理想报纸进行规范性述说时惯用的修辞。两者之间的相似性表明,《申报》等报纸中关于报纸影响力的外来话语,在清末已成为思考新闻媒体的一种重要而典型的方式。这种一致性亦表明,19世纪90年代晚期冉冉升起的政治新闻业(political journalism)——常常跟诸如梁启超这样的报人联系在一起,报刊史学者亦一再称之为中国新式报业的开端——并非彻头彻尾的新事物,实际上可能只是对深受西方影响的传教士报刊或商业报刊之观点的一种回响。早在数十年前,后两者就为描

---

[85] 梁启超,《论报馆有益于国事》,第102页。
[86] 同上,第101页。十年之后,邹容发表了类似看法:"外国工人……有立会演说,开报馆,倡社会之说者,今一一转询中国有之乎?曰:无有也。"(Tsou Jung, *The Revolutionary Army*, 73)
[87] 这些理念响应了1895年康有为(1858—1927)与其他举人上光绪帝书中所言,其中将报纸比作《周官》'通方''训方',皆考四方之慝"。康有为提到,报纸能提供上下各阶层的消息,亦有教化的功能,"尤足以开拓心思,发越聪明"。

述报刊这种新媒介提供了范例与语言。[88]

在中国理解报纸

> 对过去的书写总是(有意无意地)服务于现时的需要与目的。
> ——柯文(Paul Cohen)[89]

1907年10月,《申报》刊登了一幅漫画,描绘了报纸这一舶来媒介的角色:画上有两座建筑物,更精巧的那座被标明是"宫庭",简陋一些的那座是"民间"。源自"宫庭"、由电报传送的"秘密消息"并非直接传至民间,而是经由"外国"——在图中是自"宫庭"伸出的电报线与接到民间的电报线交汇的节点(见图I.2)。这幅图画应和了《申报》创刊号上的表白:"新闻纸之制,创自西人,传于中土。"(第7—8行)[90]

这一说法在中文报纸和中国政治家的文章中得以一再重申。在典型的表述中,报纸是一种具有影响力的新兴事物,它仿自泰西,尽管中国已有一种体制,可被称为世界上最古老的报界。[91] 早在汉代(前206—220),"邸"便是在朝廷与各省之间传播消息的官方机构。1723年,清雍正帝在位期间,"邸报"被官方重新命名为"京报"。[92] 它记录了朝廷对官员的召见与官员升降的消息,以及上谕与奏章。在本文所考察的时期之前,已有文字提到此类"本国报纸":19世纪30年代,时任内阁中书舍人的魏源(1794—1857)在一封信函中倡议(秘密地)翻译西报,他认为西方的新闻纸等同于邸

---

[88] 1895年之后对政治报刊的理想化看法,可见于许多西方论著。一个典型例子是黎安友(Nathan, "The Late Ch'ing Press", 1284)对《时务报》的评价:"1895年之后的几年中,对于无数中国文人来说,手里拿着这样一份刊物是一种极其激动人心的经历。他们以前从未将朝廷政策视为合法(或有趣)的关注事项,从未有机会了解它,也从未面临激动人心的召唤,要求他们形成对它的看法。"到1895年,商业报刊已至少在长达四分之一个世纪的时间内提供了此类信息(这些信息同样可以通过京报获得,参见本书第三章)和激荡人心的批评——它们的出现被黎安友称为一种创新。类似的评价,参见 Britton, *Chinese Periodical Press*; Nathan, *Chinese Democracy*, 138-140; Peake, *Nationalism and Education*, 19; Henriot, "Noveau journalisme"; M. C. Liu, "Liang Ch'i-ch'ao"; 以及最近的 Leo Lee, "Critical Spaces", esp. 2. 这种说法在一定程度上属于梁启超自我建构的迷思(myth),之后又在中国报刊史书写中得到进一步发展。戈公振的《中国报学史》标志着这种趋向的开端,后又被中外学界广泛接受(参见方汉奇,《中国近代报刊史》,李斯颐:《清末10年阅报讲报》)。对此展开的批判性讨论,参见 Vittinghoff, "Unity vs. Uniformity" and Wager, "Early Chinese Newspapers", 25-26.

[89] Paul Cohen, *Between Tradition and Modernity*, 89.

[90] 《本馆告白》,《申报》,1872年4月30日。这一说法同样出现在《选新闻纸成书说》(《申报》,1877年3月28日,第1行)与《与西友论报纸体例》(《申报》,1897年10月17日)中。1905年的一篇文章称:"中国向无报馆。"(《本馆整顿报务举例》,《申报》,1905年2月7日)。亦可见《论各国新报之设》(《申报》,1873年8月18日):"初,泰西诸国之设新闻纸也……"而《论新闻纸之益》(《申报》,1886年8月11日)是我见过的第一篇质疑这一判断的文章(下文将予以讨论)。

[91] Henriot, "Noveau journalisme", 5. 亦可见 Patterson, "The Journalism of China".

[92] 关于这些中国早期报纸的详细讨论,参见本书第三章。

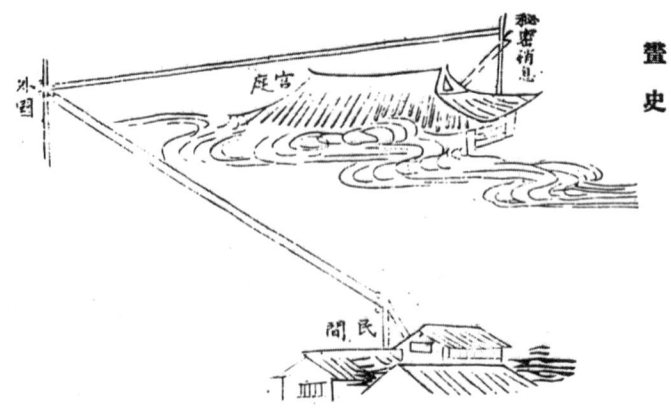

图 I.2 假道西方的沟通(《申报》,1907 年 10 月 9 日)

报,在他看来,两者的创制与流通均主要以传播消息为目的,且魏源并非唯一一个将两者视为等同的人。[93]

西式"新报"是"报",因此不免被视为与"京报"类似。西式报纸亦意识到,受众对京报的熟稔会影响他们对新报的感知。西式报纸很快便开始利用这种大众心理:包括重印京报、模仿京报的格式与标点用法,并采用了类似京报(字面意思为京城的消息发布形式)的名称——新报(字面意思为新的消息发布形式)。这一外来媒介明显感觉到,它们需要一些"中国的"正名过程。那么,为什么西式报纸不直接称它是中国报刊传统的一种延续?这一说法不仅具有潜在的说服力、亦更引人注意——要知道晚清时期,"西学中源"已成为一种惯用的修辞实践。[94]

显然,《申报》的论说在比较中西报纸时,煞费苦心地将自己这种新式媒体与中国旧式报刊区分开。[95] 论说承认邸报具有一些与西式报纸相似的功能(第 19—20 行),比如传递消息。但论者远不满足于此:"邸报之制,但传朝廷之政事,不录间间之琐屑而已。故阅之者学士大夫居多,而农工商贾不预焉。"(第 17—18 行)

因此,新报与京报的根本区别在于,前者散播各地各阶层的新闻;而京报仅刊载朝

---

[93] 魏源此信参见戈公振,《中国报学史》,第 99 页,注释 1。类似的一份奏折,参见 Mary Wright, *Last Stand of Chinese Conservatism*, 240。亦可见 Liu Kwang-ching, "Confucian as Patriot", 18。徐载平、徐瑞芳,《清末四十年申报史料》,第 14 页;以及 Flessel, "Early Chinese Newspapers", 这些文献均在中国旧式报纸(京报)与西式报纸之间建立了一种有机联系。

[94] 这一修辞实践首先出现在晚明,但在晚清时期尤为流行(熊月之,《西学东渐》,第 275—276 页及其他各处)。亦可见 Levenson, *Confucian China and Its Modern Fate*。

[95] 《邸报别于新报论》,《申报》,1872 年 7 月 13 日,第 17—18 行。

廷新闻，[96]"每使观者兴为之减"[97]。同时，这种趋势随着政治的集中化倾向在清代达到顶点，再加上存在一套严格的保密法体系（如图 I.2 所暗示的，防止所有"秘密消息"的传播），京报内容被限于"习见习闻"的朝廷之事，相当单调乏味。[98]

如果京报确实如此糟糕，那么新报断然不会转载京报内容，还会对京报的若干形式特点弃如敝屣，更定然会采用一个与声誉不佳的邸报毫不相似的报名。相反，新报有意识地将自身与京报并置、借用京报的文化资源与名望，又将京报描绘成衰朽的，断言它不受欢迎，并宣称要取而代之。它的目标是含混的：新报在版式、内容与名称方面盗用了京报，却又称京报是其反面案例。新报用"新"来概括这种外来媒介（清末数年间，"新"代表了一切开化与文明的事物），可被解读为针对过时的旧式邸报的一种论战。因此，1901 年 2 月 14 日《申报》发行一万号纪念刊向读者提及"邸抄"（邸报的另一名称），是为了强调新报的重要性，声明新报能唤醒"昏昏如睡之中国"[99]。

在中外报纸传统中选择特定要素来为新报正名，是有方法可循的。一些定义报纸的陈述为我们提供了进一步的证据。张之洞讨论报纸的文章引用《老子》开头以说明外国报纸无所不包、信息丰富并兼具教化功能——但事实上，即使在西方，报纸也常常仅刊载官方信源提供的消息。[100] 对媒体批判力量的称许，常常援引中国历史上开明有为的统治者为例证，[101]却绝口不提许多外国报纸亦仅仅为统治者鼓吹。类似地，梁启超引用《庄子》"井底之蛙"的典故（坐窨井以议天地矣）来鼓励公众读报；却忽略了西方大多数小村庄与宏大的通信世界缺乏联系的事实，这种状况使城市里的官员对乡村发生的事情一无所知，而乡民则被置于无知之中。梁启超在为《时报》（创刊于 1904 年）撰写的一些文章中，将报纸的批判功能比作"清议"[102]，将"言官"称作记者的前身，同样未能注意到西方不少记者的薪资不仅由统治者支付，他们还听命于统治者。[103] 梁启超 1896 年的文章《论报馆有益于国事》以警句"战国之强弱，则于其通塞

---

[96] 这一观点的提出并非仅仅为了论辩。黄卓明在《中国古代报纸探源》一书中高明地指出，19 世纪以前的中式报纸大体均是这种情况：中国历史上所有的消息，包括或多或少掌握在私人手里的报纸所刊登的消息，都来源于官方。中西报纸之间这一根本不同，亦可见 Flessel, "Early Chinese Newspapers"。

[97] 参见《论中国京报与外国新报》，《申报》，1873 年 7 月 18 日，第 3—4 行。很难证明京报读者正在萎缩，这不过是一个用作论辩的说辞。参见本书第三章的讨论。

[98] 同上，第 22 行。类似的说法参见 "Steamers and Newspapers in China", NCH, 31.1.1879。

[99] 《本馆第一万号记》，《申报》，1901 年 2 月 14 日。

[100] 在 19 世纪的中国，西方被视为具有 200 年自由报界传统的典范（参见申报史编写组，《创办初期的申报》，第 134 页）。很久以后，中国才意识到西方报刊亦有官报传统。1911 年 7 月，有时评进行了解释，在一垂直系统中运行的、进行单向沟通的官报，"东西方均自古有之"（徐载平、徐瑞芳，《清末四十年申报史料》，第 289 页）。

[101] 参见本章注释 84、87。

[102] Eastman, "Ch'ing-i", 596, 将晚清"清议"的含义解释为：(1)"中下品级官员的意见表达"；(2)"（这些官员的）一种政治工具，用以提升其政治生涯、泄愤，或是促成狭隘的利益"。

[103] Judge, "Public Opinion", 67, 其中表明，在这一点上，梁启超与《时报》其他编辑记者有不同的观点，后者未必都坚信中国历史上的言官能够起作用，因此认为不应将言官与记者类比。

而已"开头。[104] 诚然,"上下之通"这一理念在中国早有先例,现在又被称作新报的核心功能;但梁亦未能提到,不少外国报纸也只进行单向沟通。当时在北京最有影响力的朝廷官员之一,任都察院御史、管学大臣等职的孙家鼐(1827—1909)于1898年上奏称,传说中的唐虞治下,或是夏(约前2070—前1600)、商(前1600—前1046)、周(前1046—前256)三代,"未有不通达下情"。孙总结说,"雍蔽之患最深"。但他没有说的是,中国以外的其他地方未必没有"雍蔽之患"。[105]

以中国事物作类比(这里未必指邸报),在晚清讨论报刊的文字中时常出现。正如列文森(Joseph Levenson,1920—1969)在其他语境中观察到的,提及古代是为了使新事物获得认可。[106] 在大多数类比中,评论家们采用了早期中国报纸论说里不断讨论了几十年的喻说与例子。自由报界的西方"传统"与中国思想中一种理想化传统的某些要素契合。后一传统形成一种潜在的辩证法,在大部分时间内,它潜伏于中国哲学思想的主流之中,又时常被殉道者、隐士、异见者、统治者们唤起,却极少得到实践。[107] 这一批评的传统,与思想家们在昏君治下合情合理地选择退出政治生活有关,亦与民本、言路、天听、天命等理论有关。这些理论认为统治者的权力仅基于天命,如果统治者忽视与人民的沟通而失去其支持的话,天命可能被撤销。讨论报纸的文章将以下两者并置:据信在辉煌的过去,批评的传统曾经是蓬勃、完好的;而在困窘的当下,这种美德已然丧失。这一说法自古以来一直为评论家所用,以呼吁开放言路。[108]

不同的是,现在的论者乞灵于西式报纸,将之视为挽救局势的唯一媒介。比较是为了强调这种新媒介与中国古代的实践相似:西式报纸的原型(肯定不是邸报)及理念早在

---

[104] 梁启超,《论报馆有益于国事》,第100页。梁议论道,信息壅塞的情况,如同"有耳目而无耳目""有喉舌而无喉舌"。

[105] 《戊戌变法资料》,第二册,第432页。要求打开沟通渠道可能是晚清关于报刊的论述中最常见的修辞。《论中国京报异于外国新报》(《申报》,1873年7月18日,第4—7行)一文述及中国黄金时代的沟通,将之视为典范:"唐虞三代之治,详于载籍者,亦与后世不同。故《书》之〈洪范〉曰:汝则有大疑,谋及乃心,谋及卿士,谋及庶人。《礼》之〈王制〉曰:天子五年一巡守,觐诸侯问百年者就见,命太师陈风诗以观民风,命市纳贾,以观民之所好恶。"亦可见《申江新报缘起》,《申报》,1872年5月6日,第20行;《与西友论报纸体例》,《申报》,1897年10月17日,第22行。1898年9月17日的《申报》论说讨论了官僚系统中信息被蒙蔽的弊端(译文参见Janku,"Der Leitartikel der Shenbao"),同样使用了这一修辞,王韬在其批评时弊的文章中亦有提及(Paul Cohen, "Wang T'ao", 565-566)。其他报纸中的例子,参见Vittinghoff, "Am Rande des Ruhms", chapt. 7, pt. 1;以及Sinn, "Voice from the Margins", 5。参见《时报》,1907年12月27日;周代官员都能询问众人的意见(转引自Judge, "Public Opinion", 73)。在晚清政府发布的一些改革谕令中,这种修辞同样扮演了关键角色,这些谕令增加了人们创办官报的兴趣(李斯颐,《清末10年官报活动概貌》,第131,140页;例如《北洋官报序例》称,要"广见闻、开风气而通上下")。报刊文章在涉及日本儒学时,亦有相似的说法,参见Altman, "Shinbunshi", esp.57。

[106] 参见Levenson, Confucian China and Its Modern Fate, 3: 70.

[107] 其中提到的人物有尧、舜、屈原、海瑞、王莽和武则天,参见Arthur Wright, "Introduction", 13-18; Hirth, "Beamtenwesen", 185;以及Holcome, "The Exemplar State"。

[108] 安克强(Henriot, "Nouveau journalisme", 62)总结说,中国历史上缺乏合适的沟通渠道。"要求变革在中国并非新事:每个时代都有改革者……最基本的问题是,缺少传播颠覆性政治思想的渠道。"关于"言路"理念的进一步讨论,参见Eastman, "Ch'ing-I";以及Wagner, "The Chinese Public Sphere"。

中国古代就发展起来了,比西方早了数千年,他们只不过是在呼吁必须将这一传统复兴。正如一篇论说所言:"初泰西诸国之设新闻纸也,盖亦深明古人此义也。"[109]在使用这一新媒介方面,西人深谙中国古代的实践,这一实践在中国却湮没已久。有论说不无绝望地总结道:"泰西袭取中国古时之法……中国何独不可追复古昔先王之成法?"[110]

一个有趣的现象出现了。正如许多人注意到的,被认为是模仿外国典范的创新事物,常常会引发人们寻找本土起源的冲动。[111] 报纸被引入中国的案例同样如此,但在此过程中却伴有一个特殊的转折:讨论报刊的文章认为,对西方"传统"的循借,能在现实中复兴中国本土的典范。西式报纸在中国人手中、为中国读者经受了语义改造,其中包括将关于报纸的理想化描述转译为中文词汇,这也开启了一个创造性的过程——在此过程中,报纸这种外来媒介的地位与功能发生了彻底改变。西式报纸在根本上被构想为沟通上下的方式,被描述为中国古代公共领域不可缺少的有机组成部分,是一种长久以来被忘却、被遗失的中国传统实践。因此,《论新闻纸之益》开头便道:"从古无新闻纸之说,有之则自泰西始,而不知其实非创于泰西也。"[112]

1902 年的一篇论说提出了更为强烈的主张。尽管"新闻纸之制,创自西人,传于中土"[113],但"上下之通……固中国古昔圣贤之成法,其说并非创自泰西"[114]。作出这种陈述的中国报人或读到它的读者是否真的相信这一观点,我们不得而知。然而,这种陈述中可能展示了(亦是本书要论证的),新报并不是作为一种舶来品出售或被人们理解的。相反,新报存在一种要将自身本土化的强烈倾向,以便国人能使用或理解报纸。唯有如此——至少中国的报纸制作者认为只有这样——新报才有可能成为变革的有效动因。[115] 中国的西式报刊对于当时中国文明中的许多要素是持批评态度的,首当其冲就是京报。但包括《申报》在内的报纸并未向京报宣战,而是审慎地对待

---

[109] 《论各国新报之设》,《申报》,1873 年 8 月 18 日,第 4 行。本书第一章将详细分析这篇论说。《时报》(1909 年 9 月 21 日)的一篇社论中有类似的观点:"报馆之设,古圣人意也。"(Judge, "Public Opinion", 71)

[110] 《论新闻纸之益》,《申报》,1886 年 8 月 11 日,第 31—32 行。报纸论说中经常出现这样的推论,参见李良荣,《中国报纸文体发展概要》,第 23—24 页。

[111] 讨论此问题的经典汉学著作是列文森的《儒家中国及其现代命运》(*Confucian China and Its Modern Fate*)。关于日本文学的现代化过程,参见 Hijiya-Kirscnereit, *Selbstentblössungsrituale*, 33. 相似的观点,参见 Arensberg and Niehoff, *Introducing Social Change*, esp. 63ff; 以及 Salmon, *The Newspaper and the Historian*, 336: "投放到市场上的商品越是新颖,就越是要诉诸过去。"

[112] 《论新闻纸之益》,《申报》,1886 年 8 月 11 日,第 1 行。

[113] 《本馆告白》,《申报》,1872 年 4 月 30 日。

[114] 《书本报纪议员格斗事后》,《申报》,1902 年 12 月 17 日,第 2 行。这篇论说提出了更为激进的论断,将秦汉时期的君臣沟通称为"议员"传统。

[115] 香港《循环日报》的形式比《申报》更为西化,但它在进行自我说明的论说中同样援引了上古贤君的典故(Vittinghoff, "Am Rande des Ruhms")。有趣的是,甚至在华西报也把西式报纸与包括监察制度在内的中国制度进行了类比。《北华捷报》(1880 年 9 月 11 日)所刊文章《上海的"监察官"》(The "Censorate" at Shanghai)中说:"上海号称拥有一位权力巨大的'监察官',以租界为支点支撑着杠杆的两端,这个杠杆正将位处中央的王国移动到边缘。说的就是两份中文日报——《新报》和《申报》。"

它并与之协商,以此利用它在全国范围内的吸引力。

事实上,无论《申报》能从其外来背景中获益多少,它常常面临指责说它是一家外来媒体、偏向西方,对此,《申报》需要为自己辩护。[116] 这也是为何《申报》始终强调自己依赖中国读者群,由中国人按照中国习俗用中文写作,[117]卖给中国人。[118] 与其他新报一样,《申报》费尽苦心地要适应中国人的"口气"(idiom)。在此过程中,它创造了一种"新"语言、一种"新"文法,使报纸成为可被接受、可被理解的沟通渠道。[119] 本书将说明,《申报》等西式报纸不仅通过类比中国事物来进行阐释,它们还被印成中国书籍的形式,以类似中国说理文章("论"和"说")或"志怪小说"的形式进行书写,在中国经典文句的框架中进行表述。因此,可以说,在报纸自西徂东的旅程中,它适应了环境,披上了新的、汉化的外衣。且报纸在改变其外观的同时,也重新布置了其内在。报纸双重合法化的过程一方面把报纸解释为外来的,在西方是政治力量的重要组成部分,一方面重申理想化的中国政体中有与报纸等同的实践。于是,报人们可以一面坚持传统的政治合法性,一面使用这个外来的秘密工具,并能在这种双重乐趣中左右逢源。虽然我们必须认为中西报刊之间有亲缘性,中国早期报刊效仿西报并深受其影响,[120]但中国报刊希求成为中国公共领域中的一股力量,正是通过"报(一种异国事物)为中用"、通过满足中国读者的品味来实现的。

报纸的力量

> "热点故事"不一定合掌权者的意。
> ——迈克尔·舒德森(Michael Schudson)[121]

报界影响力的观念输入中国后,很快找到其拥趸。中国报纸将自己描述成一股巨

---

[116] 例见《本馆自叙》,《申报》,1872 年 9 月 9 日;《论新报体裁》,《申报》,1875 年 10 月 8 日;《论本馆作报本意》,《申报》,1875 年 10 月 11 日,特别是第 5—6 行的一些辩护性的评论。Vittinghoff,"Am Rande des Ruhms",尤见第 5 章,其中表明《申报》同样受到外国人的攻击,称其"偏向中国"。比如,这些外国人抱怨,《申报》尊重中国皇帝,提到英女王时前面却不加挪抬,还用"夷"这样的字眼称呼西人。关于《申报》在较晚时期遭遇的类似困境,参见 Narramore,"Making the News in Shanghai",257,作者认为,来自中外的双重约束是阻碍《申报》发展的主因。

[117] 已知《申报》早期的一些论说出自美查之笔。其中包括《申报》发刊词,署名为"申报馆主人"。但《申报》大多数论说的主笔是华人。《本馆自述》(《申报》,1872 年 5 月 8 日)一文介绍了《申报》的中国人员。

[118] 这样的说法可见于:《本馆自叙》,《申报》,1872 年 9 月 9 日;《主客问答》,《申报》,1875 年 1 月 28 日,第 4 行;《与申报馆论申报纸格式鄙见》,《申报》,1875 年 3 月 13 日;《论本馆作报本意》,《申报》,1875 年 10 月 11 日,第 4—5 行。

[119] "口气"这一表述参见方汉奇,《中国近代报刊史》,第 38 页。亦可见李良荣,《中国报纸文体发展概要》,第 1—2 页。关于新媒介乃新语言这一观点,参见 Carpenter,"The New Languages",35。

[120] Britton,*Chinese Periodical Press*,67。

[121] Schudson,*The Power of News*,5。

大的力量,这是一种经过精心设计的自我夸大。自成一格的王韬、梁启超等报人表达过他们对报纸的坚定信念,认为"精心编辑、广泛流通"的报纸能够"对事件发展施加影响,并能够有效节制权力的滥用"[122]。本书意欲揭示他们产生这一信念的动力以及为之辩护的理由。有许多证据表明,不仅当时的中国报人,中国官员、朝廷、外国政府与中国民众也都相信报纸具有力量,这一描述由报纸创造,运用了异国的——亦是中国的——灵韵(aura)。

因此,地方官员与清廷试图对上海等地的中文报纸进行干涉,[123]有时是因为报纸印行反满短文,比如邹容(1885—1905)的《革命军》,[124]有时是因为他们认为报纸泄露了本该保密的或不利于政府的信息。[125]报纸很快便领会到清政府的这种恐惧,早在1873年就有文章暗示官方憎恶报纸,"必欲毁其馆,火其纸,逐其人"[126]。《民呼日报》(1909年5月至8月)刊出的若干幅漫画表明,1909年之前这种观感普遍存在。其中一组系列漫画中,前一幅画着一位记者给一位官员看一支硕大的笔,并问道:"这支笔好不好?"后一幅则描绘了这位官员无助地战栗着的画面(见图I.3)。像《申报》这样的报纸尽管未曾"制造革命"——比如1911年最终推翻了清廷统治的武昌起义(《申报》仅在这一事件发生三天后对其进行了报道)——但在当时清政府的观感中,报纸是危险的。[127]

另一方面,清廷出于其自身目的[128]利用着报纸,并热切地阅读报纸:因19世纪

---

[122] Paul Cohen, *Between Tradition and Modernity*, 80;亦可见 Sinn, "Fugitive in Paradise", 70。白瑞华(Britton, *Chinese Periodical Press*, 61)认为,传教士报刊在创始阶段同样"夸大了报刊是强有力的这一概念"。

[123] 关于1900年之前情况的细致研究,参见 Vittinghoff, "Am Rande des Ruhms", chap. 2, pt. 3。郭嵩焘(1818—1891)对《申报》报道的反应(参见 Wagner, "*Shenbao* in Crisis")或杨乃武案(详细讨论参见 Vittinghoff, "Am Rande des Ruhms", chap. 7;Dong, "Communities and Communication";徐载平、徐瑞芳,《清末四十年申报史料》,第92—96页)已经成为广为人知的争论点。甚至更早时候,《北华捷报》就提出对可能存在的报纸诽谤的忧虑("The 'Press in China'", *NCH*, 5.1. 1867)。1900至1949年的情况,参见 Ting, *Government Control of the Press*。亦可见 Hok-lam Chan, *Control of Publishing*。

[124] 讽刺的是,《革命军》从未被刊载在报纸上,它只是一份由苏报馆发行的政治性小册子(参见 Lust, *Revolutionary Army*, 21)。

[125] 《选新闻纸成书说》(《申报》,1877年3月28日,第1—5行)称,朝廷对于机密泄露相当担心。例如,《申报》曾被指责泄露军情机密或歪曲真相,参见徐载平、徐瑞芳,《清末四十年申报史料》,第90—92页。本书第三章(特别是第135—136页)将详细讨论朝廷对新报的反应。

[126] 这一说法参见《论各国新报之设》,《申报》,1873年8月18日,本书第一章将对之进行讨论。

[127] Cf. "The China 'Press'", *NCH* 29.3.1871;"地方官员实际上会在意报界的批评,对中文报纸尤有一种畏惧。"清廷并非唯一相信报刊力量的政府,参见 Cranfield, *Development of the Provincial Newspaper*, 141;Reinalter, "Französische Revolution und Öffentlichkeit in Österreich", 19;以及 Jäger, "Enthusiasmus und Schabernack", 402。

[128] 兰宁(Lanning, *Old Forces in New China*, 263)记录下的一则轶事(其真实性有待验证)能够说明清政府对新报的了解与兴趣:"几年前(兰宁此书出版于1912年),中国政府已充分意识到报刊拥有的力量,并急于联合报刊以获取这种影响力,而不是将之置于对立面。中国政府相当慷慨地资助报纸。据称,上海道台从(其)所有者手中买下了当时最重要的报纸中的四份——《申报》、《中外日报》(*The Universal Gazette*)、《昌言报》(*Public Opinion*)和《时报》(*The China Times*)。"

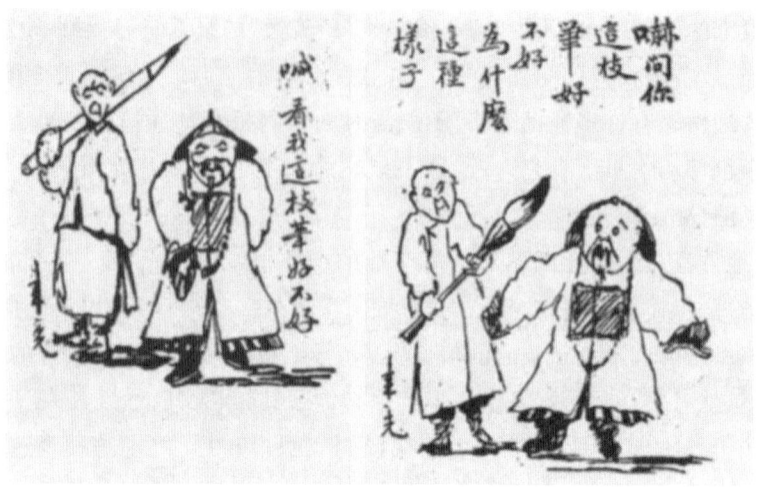

图 I.3　官员对报刊的畏惧（《民呼日报》,1909 年 10 月 3—4 日）

30 年代末在广东厉行禁烟而闻名的林则徐（1785—1850），是通过阅报探悉"夷情"的官员之一。他甚至建议设立译报局：将外报译成中文，以备朝廷官员阅读。恭亲王（1833—1898）创办了总理各国事务衙门，负责处理外国事务。他在 1867 年建言，应在所有高级官员中分发外报，通商口岸尤应如此。[129] 朝廷高级官员也阅读中文报纸。[130] 在一些情形下，他们还尝试创办与邸报性质不同的新式"官报"，进而从中获益。[131] 由此可知，清廷承认了（其观感中的）报刊的影响力并对此做出过反应，同时采取了防御性和主动性的行动。1912 年一份出版物记录的以下轶事，很好地捕捉了清廷反应中明显的矛盾之处：

> 以平白的话语批评官员并让全世界读到！这是不堪忍受的，故而不少人努力试图除去新闻界这根芒刺。但这是不可能做到的……小吏怒之，道台骂之，总督诉之于朝廷。然而答复却叫人难以理解："镇压《申报》！""噢不！我

---

[129] 关于中国官员阅读报纸的频繁程度，《筹办夷务始末》中有大量记录，参见 Vittinghoff, "Am Rande des Ruhms", chap. 2, pt. 3. 一个间接证据是，有报告称，刊于 1873 年 4 月 2 日《申报》上的一篇文章最早向清廷发出日本正准备出兵台湾的警示。徐载平、徐瑞芳在《清末四十年申报史料》中（第 125 页）总结道："亦足以证明当时对现代化报纸的需求是何等迫切。"

[130] Wagner, "Shenbao in Crisis", 117. 其中（出处同前，第 123 页）引用了几位官员的日记，表明就连翰林院也订阅了《申报》。

[131] 除了袁世凯（1859—1916）著名的《北洋官报》外，早期的地方官报和后来的全国性官报（《政治官报》，1907 年；《内阁官报》，1911 年）尚未得到全面的研究。汤普森（Thompson）在其专著（China's Local Councils）中使用了地方官报的材料。瓦格纳（"Shenbao in Crisis"）与费南山（"Am Rande des Ruhms"）讨论了存续时间不长且极不成功的半官报——《新报》《益报》以及《汇报》[后改名为《彙报》，19 世纪 70 年代在容闳（1828—1912）的帮助下创刊]。本书第三章将进一步讨论。日本没有像京报这样的本土报刊范例，各县办报时，在引入官方赞助方面显然更为成功（Altman, "Shinbunshi", 64）。

们已比从前任何时候都要了解上海正在发生的事情。《申报》是极其有用的。让它生存!"[132]

外国对于中文报刊的反应也是矛盾的。本书所讨论的时期内,在华外国人同样承认并赞赏报纸具有的影响力。[133]他们将这种媒介引入中国,又认为报纸一旦掌握在中国报人手中,便很快开始针对外国人。在外国政府眼中,中国人快速学会了如何使用这种外来媒介,甚至青出于蓝。[134]针对中文报纸诽谤外国的指控出现得极为频繁。[135] 20世纪初前后,数不胜数的排外运动引发了在华外报歇斯底里的反应,认为中文报纸是控制华人情绪的巨大力量。[136]虽然中文报纸很少进行排外宣传,[137]但在许多外国人眼中,中国报刊煽动了中国民族主义。报纸被引入中国后不久,外国人开始恐惧它(潜在)的影响与危险性(其中一些人是出于无法阅读这些报纸的原因),认为报纸是促进排外的一股力量。

当时的中国民众作为第三方面的参与者,同样认可了报刊的影响力。知识阶层中狂热的出版活动,以及他们的文章、信件与日记均证明,他们相信报纸这一公共机关是有力的。[138]并且有证据进一步表明,知识阶层以外的其他公众也愈益相信,阅读"强有力的报纸"不仅有用而且必要。[139] 1892年,法国驻上海领事官于雅乐(M. Imbault-Huart)写道:"在大城市中,报纸已成为满清官吏、商人、店主甚至理发师生活

---

[132] Lanning, *Old Forces in New China*, 263.
[133] 当时的一种观点,参见 Alcock, "The *Peking Gazette*":"无疑,报刊是真正的权力引擎。"
[134] 早在1874年,《北华捷报》就称中国人已开始理解"报纸的力量"("A Native Press", *NCH* 19.2.1874)。例如,19世纪80年代电报被引入中国之后,中文报纸便开始利用此技术,这一过程也遇到了困难。迟至1900年6月20日,《北华捷报》发文赞扬《沪报》(1882)上周日出版的号外,其中提醒大沽炮台可能将被占领,实际上在号外刊发的这一天早晨,大沽炮台已被占领了。但《北华捷报》仍称其为"出色的新闻报道""因为电报线仅从上海延伸到芝罘而已"。
[135] Vittinghoff, "Am Rande des Ruhms", chap.7, pt. 2. 亦可见本章注释123。也有针对中国政府诽谤的指控。
[136] 例如,1905年抵制美货运动发生时,美国驻北京全权公使柔克义(William W. Rockhill)指责这场运动是由上海报界煽动的(参见本书第六章)。类似地,日本总领事对报纸展现的舆论力量也做出过回应(Iriye, "Public Opinion and Foreign Policy", 229)。
[137] 关于上海的一些中文报纸的例子,参见第六章。费南山(Vittinghoff, "Am Rande des Ruhms")发现,同样缺乏证据表明《循环日报》上有排外情绪。亦可见 Xiaoqing Ye, "Shanghai Before Nationalism"。
[138] 例见汪康年(1860—1911)、章炳麟(1869—1936)、包天笑(1876—1973)等人的日记与回忆录。其他例子,参见 Henriot, "Nouveau journalism"; Vittinghoff, "Am Rande des Ruhms"; 以及 Janku, "Nur leere Reden"。
[139] 单纯从数字上来说,阅报公众仍然只是公众中的一小部分,大致仅是当时城市人口的10%—20%,不超过总人口的1%(Nathan, "The Late Ch'ing Press", 1295; Patrick Hess, "Anzeigen", 70)。从我们所知的报纸的大概销数,仅能粗略估测其读者数量。本文给出的数字已将数人阅读同一份报纸的情况估算在内(可能多达20人,参见 Cranfield, *Development of the Provincial Newspapers*, 258)。

中不可或缺的事物。"[140]各种事实表明，报纸已被各地的阅读公众（他们或阅报或听报）接受，他们深信报纸具有教化或形成意见的能力，并对此颇感兴趣。举例来说：《申报》等报纸的读者群日益壮大（1872 年 6 月，《申报》宣称"上海各士商无不按日买阅"）；[141]像《申报》这样的"全国性"报纸越来越多，且其发行量日益增加；全国各地、各行各业的人都给报纸写信；[142]人们开始创办阅报室；[143]同时，涌现了越来越多的面向各类不同读者群的、不同形式的专门刊物，比如画报、女性杂志等。[144] 中国新式报纸也能聚拢异质读者、在纸页上将他们团结起来。[145]但是，新报是否能够通过其多样的、常常是矛盾的形式与表述创造一种中国的身份认同，这将是本书要进一步讨论的问题。

无论报纸的"真实"影响力是什么，它都成功制造了一种具有影响力的意象。中国公共领域的不同参与者（朝廷、外国人和中国公众）都相信报纸具有影响力。尽管可能出自不同的缘由，出于畏惧、优越、绝望等不同的感觉。报纸这种媒介本身便代表了某种无形的力量，虽然其讯息并不总是公共的、民族主义的或蕴含革命动力的。本书试图更清晰地展示，这些力量在多大程度上是切实的。我将指出，在中国，可能所有人都"听说过"报刊及其影响力，但没有人真正"看到过"它。[146] 在本书展开的过程中，我将说明中国公共领域中的不同参与者对报纸影响力的承认，与报纸实际刊登了什么没有多大关系，这种承认更多地取决于报纸能够刊载什么以及人们期待报纸刊载什么。

---

[140] Imbault-Huart, "Le Journal et le journalisme en Chine", 63. 亦可见乡民刘大鹏的日记，相关研究参见 Harrison, "Newspapers and Nationalism"。1891 年，在离上海不远的一个小镇上，海关官员夏德（Friedrich Hirth）在一份报告中记录的一则轶事提供了进一步证据："如今，镇江及内地所有优裕的家庭中，所有有头脑的成人都会看一眼从上海寄过来的中文日报，而直到 1881 年，读报在这里还是一种例外行为。"（转引自 Nathan, *Chinese Democracy*, 145）亦可见 "Progress in Chinese Journalism", *Inland Printer* 3.12.1910："贫困的民众常常会想出最简单的办法让报纸流通。在一些地方，同一份报纸不断被派发给不同的订阅人群。他们雇用报童，在上一家读完报纸之后立即将它回收并送到下一家。"

[141] 这一自得的表述出现在 1872 年 6 月 11 日《申报》的一篇无题文章中。林乐知（《教会新报》的创办者）等传教士宣称其目标是"接近知识阶层"；但从发刊词来看，或者从它的广告语能更清楚地看到（Patrick Hess, "Anzeigen", 70），早期《申报》设想的读者不仅包括文人、士绅、商人，还有工人和女性（参见第四章）。关于《申报》发行量的详细讨论，参见 Vittinghoff, "Am Rande des Ruhms", 69-70. 费南山推算，19 世纪 70 年代在沪华人居民中，大概每四位里就有一位是《申报》的读者。她比较了《申报》与同时期的其他报纸，结果清楚地表明，《申报》是 19 世纪末得到最广泛阅读的媒体产品。

[142] 关于读者来信的出色研究，参见本章注释 141 提到的文献。

[143] Jacobi, *Bedeutung der Presse für die Kultur*, 24，其中指出及至 1905 年，天津已有 6 所阅报室。关于 20 世纪开始人们阅读和讨论报纸的兴趣，参见李斯颐，《清末 10 年阅报讲报》。

[144] 参见本书第四章的讨论。

[145] 参见 Anderson, *Imagined Communities*。

[146] 参见 Matthews, "The Power of the Press?" 185。

第一部分　创造媒介

第一章　驯化外来媒介:新报在中国的改造

无论中外,都将报纸进入中国的过程描述为一种对外来媒介的引入。但是,中国有着"驯化"外来统治者、制度与器物的悠久传统,中国的政治文化很难不插手报纸。即使在上海这种具有世界主义氛围的城市中,民众对未知事物保持开放、对西方或"洋"物有特别的喜爱,亦无法想象报纸仅是西方范本的简单复制品。[1] 很大程度上与外国音乐、艺术、文学与哲学一样,外来的报纸也会因其新颖与陌生而得到人们的赞赏与模仿,但要融入新的环境中,它们必须作出改变和调整。

本书导论部分已经论及中国关于报刊的规范性书写中出现的此类调整。本章与后两章将进一步探索使报纸成功植入中国成为可能的条件,细察中文报纸的外在与内在构成。本章展开的过程中,我将揭示报纸与新闻作为文化建构物,其生产过程中的关键概念,包括合理性(rationality)、客观性(objectivity)与事实性(factuality)等。我将说明,在中国,报纸及其刊载的新闻首先是通过一种特殊的中国文学性产生吸引力的。我将对诸如以下论断提出质疑:中文报纸书写形成了一种"新文体"。[2] 我将展示,在中国,"报纸"可能采用何种形式面对读者,以及对于中国读者来说什么是"新闻"、什么是"社论",并分析报纸这种新媒介的内容与语言,进而揭示中国报纸蕴含的预设,以及报人与读者的期望。通过追溯报纸形式与风格的变化,我们能够理解报纸这一外来媒介是如何本土化的,并能够想象其中的原因。

应对中国品位问题

> 《申报》的中国读者身处不断发展的港口城市、受西风渐染,但《申报》却未呈现更多的异域特质。
>
> ——白瑞华(Roswell Britton, 1933)[3]

传教士最早在中国产制西式报刊,并将之视为传播基督教信仰与现代知识(因其

---

[1] 相关证据参见本书第五章;Pye, "How China's Nationalism Was Shanghaied"; Ye Xiaoqing, "Shanghai Before Nationalism";以及 Wagner, "Foreign Community"。
[2] Nienhauser, "Prose", 115.
[3] Britton, *The Chinese Periodical Press*, 63.

认为中国是文明国家,所以有能力走向现代)的工具。[4] 从 19 世纪 10 年代传教士报刊初创开始,上面就刊载了许多与宗教议程无关的技术、法律、经济、科学方面的讯息以及世界新闻。[5] 另一方面,商人亦开始涉足中文报纸的出版事业,美查就是其中之一,他对报业感兴趣主要是因为他认为其中有利可图。

传教士对中国文明的赞赏以及商人对华人消费者的预期,解释了为何这两个群体均对实施一种独裁形式的"文化霸权"缺乏真正的兴趣。他们都承认需要为其旨趣——让不信上帝的中国人皈依,以及在一种把"利欲"视为重大罪恶的文化中创办能够赢利的报纸——正名,且要将之重新包装成可被中国文化接受的形式。[6] 传教士与商人均意识到,成功的基础在于要以中国的规则来运作报纸这个舶来游戏。[7] 很大程度上就像后来的广告商尝试通过利用本土受众的价值体系与图像(iconography)营销洋货,中国印刷市场的早期行动者也试图削弱其产品身上明显的异域痕迹。[8]

在报刊出版领域最为活跃的传教士包括郭士立(Karl Friedrich August Gutzlaff,1803—1851)、米怜(William Milne,1785—1822)、麦都思(Walter Henry Medhurst,1796—1857)与林乐知(Young J. Allen,1836—1907),均能熟练地读写汉语,也能用官话、更常用当地方言进行流利沟通。这些传教士自视为中国文化的学生,与其福音传道的使命与目标相去甚远。郭士立甚至有意地选择"爱汉者"作为自己的笔名;米怜在其社论文章中称自己是"博爱者";麦都思则自称"上德者"(he who pays homage to virtue)。[9] 这种尊重中国文化与中国道德观的姿态并不仅限于传教士。商人美查

---

[4] 米怜这样解释他《察世俗每月统记传》(Chinese Monthly Magazine)的目标:这份小小的出版物将把传播一般知识与传播宗教及道德知识结合起来(Britton, The Chinese Periodical Press, 18-19)。傅兰雅[John Fryer,1839—1928,于 1866 年担任《上海新报》(创办于 1862 年)主编]在 1867 年 9 月 3 日写给双亲的信中说:"我的意思是,当报纸得到更广泛的传播时,要使其在中国的启蒙事业中发挥巨大的作用。"(转引自 Spence, China Helpers, 145;作者指出这里说的报纸是《教会新报》)

[5] 传教士著作,尤其是其出版刊物的名录,参见 Wylie, Memorials of Protestant Missionaries。

[6] 参见 Mayer, "Presse in China", 594-595。

[7] Heesterman, "Was There an India Reaction?" 51,其中提到印度有类似的情况:"英国人不无热情地适应着印度的行事方式与环境。尽管英国人是决断者,但游戏是按印度的规则进行的。"但正如帕沙·查特吉(Partha Chatterjee, Nationalist Thought)所指出的,亦不能忽略以下事实,印度精英改变其思考问题与讨论哲学的方式以适应西方规则,其程度是相当惊人的。

[8] 关于外国公司广告策略的汉化,参见 Mittler, "Stay Home and Shop the World"。英美烟草公司的广告活动通常会施放焰火、演奏中国音乐(Cochran, "Inventing Nanjing Road", 14, 17, 22)。外国公司为尽早适应本土境况而做出调整非常必要,这是它们在中国获得商业成功的关键,相关讨论参见 Hao, The Comprador, 208。

[9] Cf. Britton, The Chinese Periodical Press, 18, 21.

的愿望是"将中国文明贩卖到中国",[10]这一愿望与他对中国文化的诚挚兴趣、真诚热爱与理解直接交织。[11]《申报》刊载的美查讣闻证实他"能通中国言语文字",这是他在英格兰度过童年时就开始学习的技能。[12]美查和与其相似者,开始像中国人那样用中文从事出版事业,[13]并竭力寻找合适的"口气"来与读者进行交流。

要适应中国人的"口气"有许多种方法。首先,最引人注意的一种做法是调整版式。当时,《上海新报》(见图1.1)、香港《循环日报》等都采用对开大张、双面印刷的样式(这些报纸不那么成功也许并非偶然);[14]而《教会新报》及其后继者《万国公报》还有《申报》,则采用了类似中国书籍的折页小册[15]的样式,单面印刷在薄薄的竹浆纸上(见图1.2)。[16]这种做法显然马上获得成功。《上海新报》的消亡就是例证。相较

---

[10] 这一表述参见 Cochran, "Inventing Nanjing Road", 28。申报馆将自己的事业建立在对某些以传统形式出现的印刷品的文化接受上,这些印刷品在现代技术设备上印刷出来,或是充满了现代主题:例如,申报馆出版了《康熙字典》,它对通过科举考试来说是十分有价值的工具书,申报馆还"延请名人选刻时艺"(参见《申报》广告,1873年3月22日,5月2日;感谢瓦格纳向我指出这些材料),并重新出版了志怪小说集和其他通俗小说(关于申报馆的这些努力,详见瓦格纳,《申报馆早期的书籍出版》;以及 Huntington, "*Zhiguai and Late Qing Periodicals*")。非常清楚的是,申报馆试图从文学书写的传统形式中获益,而《申报》本身就是追求这一目标的一种媒介。

[11] 美查极为积极的态度在(唯利是图的)寓沪西人中实属罕见;参见 Green, *Foreigner in China*, 88; Reichert, "'Ich bin in Shanghai!'" 206-207; Feuerwerker, *Foreign Establishment*, 5, 31;以及 Patterson, "The Journalism of China", 3。

[12]《报馆开幕伟人美查事略》,《申报》,1908年3月29日。这一信息基于 Wagner, "First Encounter",其中推翻了《申报通讯》(1947年,第1卷第3期,第8页)中的说法,后者称美查兄弟是在中国学习中文的。除了语言技能之外,美查对中国的所有事物都感兴趣(徐载平、徐瑞芳,《清末四十年申报史料》,第338页),其有利可图的事业便建立在此基础上。美查在很多方面都符合爱森斯坦(Eisenstein, *Printing Revolution*, 177)笔下兴趣广泛的西方出版商形象:"成功的出版商必须尽可能多地了解书籍与知识趋势,就像布商了解纺织品与服装时尚那样。他需要发展出一种品鉴字体风格、熟悉书籍目录和精通图书销售的专长。他常常感到,掌握多门语言;处理各种文本;调查古物、旧铭文、新地图和日历很有用。"

[13] 采取中国人的立场(例如通过使用中文名)可被视为一种首要的、也许是无意识的调整"策略"。许多报纸雇用中国人为作者与记者(与商业报纸相比,传教士报刊更少这样做,而政治报刊几乎完全如此)。米怜与梁发(1789—1855)一起工作,林乐知在《教会新报》上刊载了大量写给编辑的中文信件(Adrian A. Bennett, *Missionary Journalist*, esp. chap. 4, 101),除此之外,许多与外文报纸没有关联的商业报纸(有关联的,如《上海新报》,一度由傅兰雅主编)积极雇用受过教育的中国人进行日常事务管理,以致这些报纸的编辑权很大程度上掌握在中国人手中,《申报》的情况也是如此。关于这种安排中存在的困难,参见方汉奇,《中国近代报刊史》,第42页。方汉奇在反帝国主义的脉络中进行论述,这是后期报刊史书写的常见方式,他认为这些西式报纸所谓的"客观"不过是糊弄中国人而已,报纸出版实际上仅是为了保证西人的利益。与此不同的观点,参见 Vittinghoff, "Am Rande des Ruhms";以及 Li Liangrong, "Historical Fate", 225。

[14] 香港《循环日报》和《香港中外新报》采用了西式形制[法国国家图书馆(*Bibliothèque Nationale* Collection, Chin. 9129)和德国艾克斯—拉沙佩勒报纸博物馆(Zeitungsmuseum in Aix-en-Chapelle, Germany)藏有样本]。关于《循环日报》,参见 Vittinghoff, "Am Rande des Ruhms"。其中总结说,就发行量而言,《循环日报》并不像《申报》那么成功,因为前者忽视了中国的"口气"。

[15]《申报》差不多是正方形,长宽约为 10.6×10.6 英寸。新加坡最早的报纸《叻报》创立于1881年,几乎完全复制了《申报》的版式(Mong Hock Chen, *Early Chinese Newspapers of Singapore*, 25-26, 30)。

[16] 关于《申报》借鉴中国书籍的样式,参见1947年《申报通讯》,第1卷第3期,第9页。感谢费南山向我提供《申报通讯》的复印件。

经过汉化的《申报》来说,《上海新报》更为强势地采用了西式形制,却在1872年12月、《申报》创刊七个月之后宣告破产。此外,1879年,林乐知曾尝试将《万国公报》杂志印成单张的形式,此举受到激烈的批评,他只好在两期之后改回中式形制。[17]

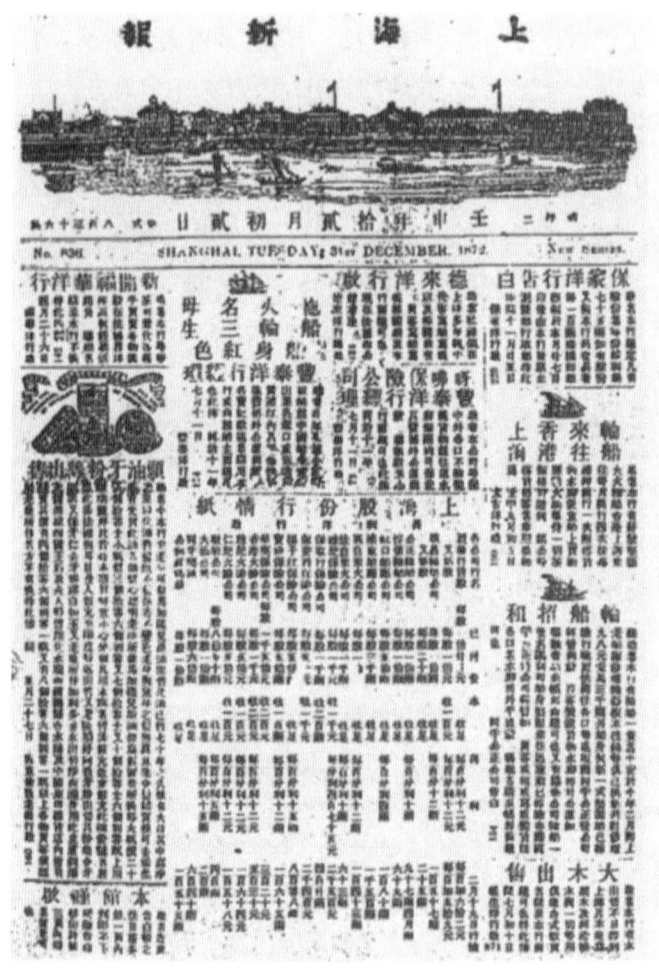

图1.1 大开张的中文报纸(《上海新报》,1872年12月31日)

林乐知早年创办的《教会新报》大小约为 9 × 5.5 英寸,封面上有中式木刻图案。[18] 三十年之后的19世纪90年代中期,梁启超的《中外纪闻》大小约为 3 × 6 英寸,黄色封面,其外观借鉴了不同版本的邸报(《中外纪闻》的这种做法可能是出于便利,它由一家京报房印刷)。[19] 这些报纸还依照京报范例,例如,在提及天子、宗庙、

---

[17] Adrian A. Bennett, *Missionary Journalist*, 257.
[18] 长本京报大小约为 9×4 英寸。大英博物馆藏有一些样本。
[19] 大英博物馆藏有一批京报抄本,题名为"上谕",大小约为 3×6 英寸。关于《中外纪闻》,参见 Nathan, *Chinese Democracy*, 138.

神明之前使用抬格或挪抬以示尊敬。[20]《申报》一般没有标点符号,[21]但在创刊的前几年,文章之间用圆圈分隔,或在标题后留出一段空白,也是沿用京报的做法。

图 1.2 中式报纸(《申报》,1872 年 10 月 11 日)

新报不仅在版式上模仿邸报,还有另外的汉化策略:从一开始,《教会新报》[22]、

---

[20] 这一做法显然被认为是理所当然的,它受到中国乃至外国读者的监督。关于《申报》《循环日报》以及英国国家档案局(Public Record Office)藏英国文书中关于使用或滥用抬头及挪抬的争论和评价,参见 Vittinghoff, "Am Rande des Ruhms"。

[21] 《申报》有几次在一些栏目中象征性地使用了标点符号,但这只是例外而非常规的做法《申报》在 19 世纪 70 年代也几次采用过这样的做法,加上 1897 年 10 月一次、1902 年 10 月一次)。包括《时报》在内,一些报纸从一开始就采用了标点符号。《申报》在进入 20 世纪后的几年内,部分引入了标点符号。根据耿德华(Edward Gunn, *Rewriting Chinese*, 395)的说法,期刊(serials)于 1918 至 1919 年开始采用现代标点,日报显然要更早。

[22] 《教会新报》更名为《万国公报》之后,决定不再刊登京报内容,参见 Adrian A Bennett, *Missionary Journalist*, 174。

《上海新报》、《申报》和《循环日报》就逐字重印部分或完整的京报,许多其他政治、商业与传教士报刊纷纷效仿。京报出版商往往草草地采用传统的蜡版或雕版印刷,相较之下,这些新式报纸使用铅印字模,使重刊的京报内容更易识读。除此之外,特别是在1881年新报引进电报技术并用它传递清廷公告之后,[23]相较传统途径而言,京报内容通过新报能更快地被读者读到。[24]事实上,京报内容构成了许多中文报纸的重要部分,而同一时期西方报纸则主要报道婚姻、死亡与出生的消息。

新报的另一项汉化策略是采用中国惯用的时间周期:《点石斋画报》与《时务报》为旬刊,就是遵循中国将一月分为上、中、下旬的习惯,而不是像西方那样以周(七天)为划分时间周期的单位。另外,尽管《申报》遵行西方的时间尺度,"礼拜日"不出刊,[25]但在头几期之后,《申报》就开始仅使用中历,直到1875年1月1日才开始同时标出中西历日期。[26]

一些更为传统的形式要素仅发生着缓慢、逐步的变化。1904年《时报》在上海的创办意味着一次彻底转型。[27]《时报》采用大开张的现代报纸版式,影响了全中国的报纸。《时报》的排版与外观特征在很大程度上借鉴了早期的日本报纸,如《报知新闻》(1879)和《朝日新闻》(1879)。[28]很明显,《时报》是供人快速阅读与消费的报纸:它在首页这一最显著的版面上刊登广告,且有明晰的内容类型划分,还引入了新的评论形式即"时评"以代替以往八股文式的论说。《时报》仍会刊载京报的内容,有时还有本埠官方消息。包括《申报》在内(见图1.3)的许多商业报纸跟随《时报》的脚步并最终采用了它的排版形式。[29]仅(文学)杂志与新式官报(比如1907年创办的《政治官报》)保留了中国书籍样式。

1898年,改良派官员、报人汪康年(1860—1911)试图将《中外日报》办成大开张报纸,却没有成功(这与19世纪60年代初《上海新报》以及70年代末《万国公报》的情况类似)。汪康年在其回忆录中给出了解释:直到1904年,(上海)读者才终于习惯了这

---

[23] 新式报纸愿以高额的费用使用电报传送朝廷新闻,其他新闻则不用电报传送以减少开支,这一事实凸显了朝廷新闻的重要性。中华民国成立之后,电报才变得相对便宜(李良荣,《中国报纸文体发展概要》,第11—12页、第46页)。

[24] 读者渴望尽早读到京报,参见汪康年的书信(《书札》,第1册,第745页)。

[25] 作为一份上海报纸,《申报》不用对这一做法做出解释。星期日休息在上海很快成为被广泛接受的制度。直到1879年4月27日,《申报》第一次发行了周刊。此后,有记者感叹道,在上海只有新闻人没有休息日(《申报通讯》,1947年,第1卷第3期,第9—10页)。

[26] 武昌起义后,1911年11月5日开始《申报》"报头取消宣统年号,改为辛亥年某月某日。直到一九一二年一月一日民国政府正式成立,始改用民国年号"(徐载平、徐瑞芳,《清末四十年申报史料》,第373页)。

[27] 关于《时报》,参见 Judge, *Print and Politics*;以及 Henriot, "Nouveau journalisme", 23f. 关于《申报》改版,参见 Vittinghoff, "Am Rande des Ruhms", chap. 9。

[28] 这些特征亦常见于早期香港报纸。《时报》受日本报纸影响是可能的,因为梁启超作为《时报》的共同创办者,曾在日本待过数年。

[29] 在休刊一周后,《申报》于1905年2月7日以新的版式(很大程度上借鉴《时报》)再次出版,见图1.3。

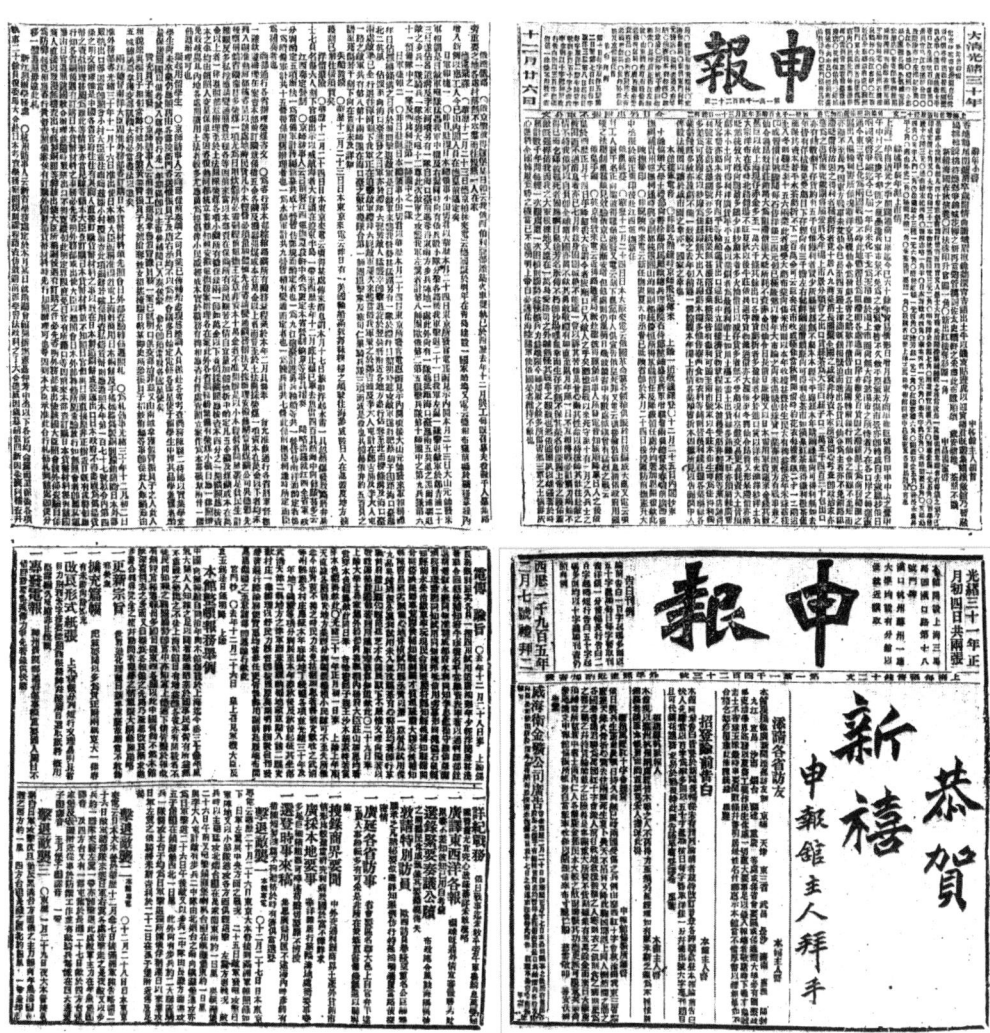

图 1.3 上:《申报》改版前的第一、二页(1905 年 1 月 31 日);
下:《申报》改版后的第一、二页(1905 年 2 月 7 日)

种新版式。[30] 如此说来,报纸引入中国的过程开创了"一个新世界、一种新心态"(就像印刷术带给欧洲的那样[31]),这实际上是一个非常缓慢的过程。既然读者的思维受报纸版式与内容呈现方式的引导与影响,那么报纸版式与编排上的任何改变都可能反过来导致或反映读者思维模式的变化。[32] 中文报纸版式特征相对缓慢的改进,反

---

[30] 燕安黛对汪康年的回忆录有详细讨论,参见 Janku, "Der Leitartikel in der frühen chinesischen Presse", 131 and n49。
[31] Febvre and Martin, *L'Apparition du livre*, 7 (preface by Paul Chalus).
[32] Eisenstein, *Printing Revolution*, 64.

映了中国报纸读者普遍坚守着一种特定的审美,可以概括为著名的"体用"原则(中学为体,西学为用)。西式报纸淡化了其技术特性("用",即机器印刷与金属活字带来的排字速度与质量的提升),仅仅用技术让印刷品看(读)起来更加"中式"("体")。由此,报纸利用了大众熟悉的事物所带来的安抚力量,以缓冲报纸这种新式外来媒介带来的变化可能导致的迷失。[33] 有意或无意地,中国报人在重构报纸内里的过程中利用了中国文化。他们各自的成败证明,这些调整是报纸在中国存续下去的主要原因。[34]

传教士刊物、商业与政治报刊采用了相似的手段,根据中国人的品位来定制其外来媒介。[35] 这些报纸能获得合法性,并非通过自持为外来的、新颖的媒介,而是通过坚决成为陈旧的、中国的事物。它们反复申述自己站在中国的文化立场,并采用许多汉化策略,这恰恰证明其缺乏内在的权威性,即便它们在号称现代的通商口岸出版。我已在导论中表明,倡导中国新报的理由首先是:依据西方范式,报纸在现代化语境中<u>应该</u>是怎样的。那么,这里对报纸的形式构成(它在很大程度上倚赖既有的中国传统)的讨论再度说明,报纸要在中国形成影响,它只<u>可能</u>是:披着中式外衣的新式媒介。

西式报纸上的中国形式:《申报》怪奇文集

> 中国人接受的文学训练在很大程度上适合培养最高效的报刊作者。
> ——兰宁(George Lanning,1912)[36]

除了这些外部的"包装策略"外,还有一些内在策略同样推进了报纸在中国的普及。其中之一是改造中国的文学类型,以创造一种中国的报纸风格。有人会说,中国报人使用众所周知的文学形式是理所当然的,因为每个受过教育的人都学过如何鉴赏与书写特定的文体。[37] 传教士早已开始使用某些中国文学样式,甚至因为使用不当而受到中国读者的批评。[38] 而这一事实表明,在报纸书写中使用中式而非西式风格,是另一种说服中国人接受报纸的方法:使用一种受众熟悉的书写形式,能够让文本具有一定程度的可预知性,让受众有一种知晓自己在读些什么的感觉,这对于引介一

---

[33] 艾森斯塔特(Eisenstadt, *Tradition, Wandel und Modernität*, 194)认为,传统元素起着精神"镇静剂"的作用。

[34] 瓦格纳(于"Ernest Major"和《申报馆早期的书籍出版》中)指出,与报纸类似,美查申报馆出版的书籍亦会模仿高品质的传统印刷品,例如提供详细的序言与目录、使用优质纸张和金属活字技术,以便同时展示这些产品与其传统版本之间的相似与差异。

[35] 这里的讨论表明,面向中国人、利用中国传统对报纸进行包装,并非像报刊史著述中说的那样,是晚清最后数十年间由改良派或革命派报纸确立的,传教士报刊与商业报纸早已开始采用这些做法了。

[36] Lanning, *Old Forces in New China*, 262.

[37] 例见李良荣,《中国报纸文体发展概要》;陈平原,《八股与明清古文》,第341页。

[38] 关于林乐知《教会新报》对文体进行改写的争论,参见 Adrian A. Bennett, *Missionary Journalist*, 106ff.

种外来事物（比如报纸）来说很重要。[39]

本章将展示 1872 至 1912 年中国报纸所刊载的一系列怪异奇特的文章（a bestiary of Chinese newspaper prose）。人们普遍认为晚清产生了一种新式报纸文章，即"新文体"，[40]并常常将之与梁启超以及人们热切阅读梁氏文字的时期（1896—1916）联系起来。[41]本章所展示的例文将表明，这种新式报章文体确实是在晚清时期出现的，但早于梁启超数十年。本章将对之进行分析，讨论其为何，以及在何种程度上可被称为"新式的"。我将说明，新式报章文体的关键品质之一是其文学性——尽管同一时期，报纸文章书写亦逐渐转向非个人化的、客观的现代（西方）理想风格。中国早期报纸的消息与论说使用了其他书写类型中的不少技巧与体裁，本章将追溯这些技巧和体裁的传统渊源与当代用法、追溯它们在一段时期内的存续，进而考察这种巧妙的（可能常常是无意识使用的）包装策略对于人们理解中国报纸所产生的影响。

"社论"：不止一种类型

向读者仔细论说重要事情的社论（editorial）或头条文章（leading article），在一份西方报纸中通常被视为其核心；代表整份报纸的喉舌（mouthpiece）和品格。[42]一般认为社论蕴含了具有权威性的"我们"，反映着报纸在重要问题上塑造公民意见的力量。《申报》是第一份引入"社论"、并将之作为必要部分的中文报纸。[43]《申报》确因其社论而闻名；人们认为这些长篇论说是《申报》在创立短短一年内便取得成功、并在竞争中挤走《上海新报》的首要原因，后者更少发表论说。[44]社论是否形成至关重要的影响，这一点难以证明。然而，细读《申报》的社论，能让我们发现它们对于中国公众来说具有特别吸引力的原因。那么，在西式中文报纸上，社论呈现为何种形态？

---

[39] Cf. Gunn, *Rewriting Chinese*, 20.
[40] Nienhauser, "Prose", 115.
[41] 讨论这一话题的几乎所有报刊史著述（例见李良荣，《中国报纸文体发展概要》；《上海近代文学史》第二章第二部分；Nathan, "Liang Ch'i-ch'ao's 'New-style Writing'"）均认为，新文体的发展过程是一种激进的转型，这一过程由改良派与革命派报刊推动，而梁启超的文章与独特风格使之到达顶峰。
[42] 参见 Drewry, *Concerning the Fourth Estate*, chap. 4；Nevins, "The Editorial as a Literary Form", 20；以及 Blake, "The Editorial"。
[43] 关于《申报》论说的背景、重要性及其英文文章范例，参见 Janku, "Der Leitartikel in der frühen chinesischen Presse"。关于百日维新期间对《申报》论说修辞的详细讨论，参见 Janku, "Der Leitartikel der Shenbao"。
[44] 申报史编写组，《创办初期的申报》，第 142 页。《上海新报》仅在停刊前的最后几个月里刊登了（简短的）论说文，一般登在第二版上（例如，《正本清源论》，《上海新报》，1872 年 11 月 30 日；《多利为害说》，《上海新报》，1872 年 12 月 10 日；《重道轻文说》，《上海新报》，1872 年 12 月 24 日；《重利为害论》，《上海新报》，1872 年 12 月 25 日）。

八股文：寻求权威性

随着科举制度及其基础八股文日益受到批评（1898年百日维新期间，八股文写作被暂时废除，并最终于1901年8月29日被彻底废除；科举制度一直到1905年9月2日才被废除），[45]时人（以及后来的报刊史学者）批评《申报》及其效仿者的论说是"报馆八股"[46]。这一有意贬低八股文的评价未必点出了事实的真相，但《申报》中难以计数的大量论说确实模仿了八股文的形式。

八股文（亦称"时文""制艺"或"制义"），是一种具有明显对偶结构（parallel constructions）的文体，[47]作者通过它代圣贤立言。[48]八股文常常可以追溯到宋代（960—1279）科举考试中阐明经典义理的"经义"考试，它盛兴于明代（1368—1644），自1487年开始成为科举考试文章的标准形式。[49]完整的八股文由八个部分构成，包括题前部分与结语。[50]首先，"破题"部分需要体现作者对科举试题来源的知悉，但他不能直接引用试题原文的完整段落，最重要的是，也不能提及圣贤的名字。"承题"以"夫""盖"等词开头，以"耳""也""焉"等词结尾，简单地对"破题"中的表述进行说明并解释题义，"承题"部分可以直接写出圣贤的名字。"破题"与"承题"紧密关联，引出并申明圣贤之言。

接下来是"起讲"，作者需要用相当长的篇幅进行引论，以古人的口气写作。"起讲"总括并突出后面"八股"的主题。"起讲"部分以过渡性的"领题"收束，接下来是作为正题的"八股"。"八股"的特征是采用对偶、类比（analogies）和对比（contrasts）等修辞手法。其中，"起股"以对偶的两段文字点出题意。"小股"是论说高潮之前的简短过渡，不一定要使用对偶结构。"中股"以对偶的段落陈述主要观点。接着是"后股"，用

---

[45] Kuo Ping Wen, *The Chinese System of Public Education*, 85. 1901年，讨论时下议题的短文代替了传统的八股文。关于科举制度通史，参见 Elman, *A Cultural History of Civil Examinations*。关于八股文的起源，尤见第380—383页。

[46] 例见包天笑，《钏影楼》，第317页。亦可见李良荣，《中国报纸文体发展概要》，第20页，其中强调了用八股文就时事写作论说时的不足；以及 Janku, "Nur leere Reden", 6, esp. n17.

[47] 八股文与骈体文中的对偶应该区分开。八股文不像骈体文那样使用四字或六字句子，也不讲究音韵规则。详见 Andrew Lo, "Four Examination Essays"。

[48] 启功，《说八股》，第33页；以及 Elman, *A Cultural History of Civil Examinations*, 396, esp. n82.

[49] 参见 Plaks, "Pa-ku wen"; Nienhauser, "Prose", 113; 李良荣，《中国报纸文体发展概要》，第18页；Tu Ching-I, "Chinese Examination Essay", esp. 394-396; 以及王凯符，《八股文概说》。晁德莅的《中国文学课程》（Angelo Zottoli, *Cursus litteraturae sinicae*）中收入了若干篇八股文。

[50] 这里所述八股文结构依据王凯符，《八股文概说》，第5—14页；Tu Ching-I, "Chinese Examination Essay"；以及 Zottoli, *Cursus litteraturae sinicae*。他们均对八股文的写作模式进行了描述，但八股文的实际写作并不一定严格按照这个模式。八股文中各部分的名称亦有不同，关于八股文的不同说法，参见李良荣，《中国报纸文体发展概要》，第19页；刘兆琪，《清代科举》；金克木，张中行，《说八股》；Kao, "Rhetoric", 125; Alt, "The Eight-Legged Essay", esp. 166; 以及 Andrew Lo, "Four Examination Essay"。这些文献在对八股文结构进行说明时均未给出出处，比如《制义丛话》（梁章矩著）等八股文写作手册，对这些手册的讨论参见 Elman, *A Cultural History of Civil Examinations*, 401.

来发表论证未尽之言,并引向"大结"。

　　至少从清初开始,就经常有批评指斥八股文形式与内容的僵化,其中最著名的是吴敬梓(1701—1754)的《儒林外史》。而在改良派与革命派那里,八股文最终成为整个传统教育体制的替罪羊。[51] 梁启超刊载于 1900 年《清议报》的文章《少年中国说》便痛斥"握国权者"须"哦几十年八股"。然而讽刺的是,《少年中国说》本身就采用了类似八股文的结构。[52]《申报》的情况可以说同样如此。《申报》同样发表文章抨击写八股文的人是谄媚的干禄者。另一方面,同一篇文章可能又继续维护八股文这种形式,老套地将八股文比作完美的人类机体,许多《申报》论说本身就模仿了八股文的写法。[53] 对于中国所有受过教育的作者来说,八股文单纯是一种习惯,它是所有受过经典教育的文人所书写的一种文体形式,因此,《申报》的许多论说使人联想到八股文,就不足为奇了。[54]

　　这里要分析的是一篇 1873 年的《申报》论说《论各国新报之设》(1873 年 8 月 18 日),这一题目显然并非出自经典。[55] 在长度上,这篇论说并不符合八股文写作的规则——八股文很少超过 600 字。[56] 这篇论说共 41 行,每行 36 字,不仅超出一般八股文的长度,字数亦两倍于一般的《申报》论说(一般有 20—30 行),其中对要求对偶的段落亦有明显扩充。尽管存在这些不同,读者仍可从这篇论说中辨别八股文的结构,帮助他们把握其论证。论说开头道:"尧舜禹汤无不知其为圣主,桀纣幽厉无不知其为暴君,其何故哉?"(第 1 行)

　　这实际上是一个(可能不太正统的)制艺文开头。其中的双重否定"无不知其为",以及两个句子之间的"反对"(opposition)关系,产生了强烈的修辞效果。这一开头作为"破题"初看写得很好,足以抓住考官的注意,却不是恰当的"破题"。因它提到中国历史上最著名的贤君与暴君的名字,这是不合规范的。除此以外,这一段以提问作结,作者的意图是要自己就问题作出阐述。[57] 这一问题同样向隐含读者(the implied

---

[51] 八股文成为形式主义的象征,因为它冗长而空洞,做作而令人生厌。关于这些批评的研究,参见 Ropp, *Dissent in Early Modern China*；Alt, "The Eight-Legged Essay"；Elman, *A Cultural History of Civil Examinations*, esp. 380-381；刘海峰,《八股文为什么沿用了五百余年?》。非常感谢柏林自由大学的马国瑞(Rui Magone)为本节研究提供的帮助,他已花费数年致力于研究八股文这一文学体裁,以及它被使用(或滥用)为一种负面隐喻的情况。

[52] 相关分析参见 Nathan, "Liang Ch'i-Ch'ao's 'New-Style Writing'", esp. 5-19 and n22。

[53]《八股辨》,《申报》,1898 年 8 月 6 日。关于八股文的其他批评,参见《论读书》,《申报》,1875 年 6 月 30 日；《宜亟振兴西学议》,《申报》,1892 年 1 月 10 日；《讲开西学特科议》,《申报》,1902 年 3 月 23 日,本书第二章将谈到这篇论说。关于《申报》刊载的有关八股式社论有用与否的矛盾观点,可进一步参见《与申报馆论申报纸格式鄙见》,《申报》,1875 年 3 月 13 日。

[54] 关于八股文这种写作形式对明清散文写作的普遍影响,参见陈平原,《八股与明清古文》；以及 Elman, *A Cultural History of Civil Examinations*, 383。

[55] 关于这篇论说的详细讨论,参见本章第四部分。

[56] Plaks, "Pa-ku wen", 64；Elman, *A Cultural History of Civil Examinations*, 407。

[57] 例见 Kao, "Rhetoric"。

reader)提出:是什么造成了贤主之治或暴君之治?作者对他未引用经典为主题这一点作出了弥补。其"破题"实际上结合了对考官所提问题的引用以及"打开话题"的尝试。

接下来的段落以表解释的"盖"字开头,[58]阐明了前文的大胆论断,这是"承题"必须做的。[59]这里用对偶句分别称赞了尧、舜、禹、汤的事迹。

> 盖尧则日咨四岳,舜则好察迩言,禹闻善言则拜,汤则改过不吝。[60]此四圣者,皆无不听从人言者也。(第1—3行)

这里,作者又使用了双重否定作肯定("无不听从人言者也")。由此便很清楚,反面人物桀、纣、幽、厉("则反是"),均不听从人言。最后,作者用助词"也"[61]来收束"承题"——"可以改而为善也。"(第4行)

开篇的这两段联系密切,与八股文的"破题""承题"大致相符。作者肯定了传说中上古圣贤的事迹,由此表明:就像能够听取远近批评的统治者一样,具有双向沟通渠道的政府是良善的。"承题"一般不会透露后面段落的复杂性,这篇论说中的"承题"也是如此,因为接下来类似"起讲"的段落开始涉及不同的话题领域,详细讨论西方新闻纸的功能与影响。

文章使用反对结构,表明新闻纸是表达异见的工具(第5行),能使国家兴旺(第7—8行)。这一段引人注意地反复突出了"新闻纸""兴旺""新闻""益"等词语,不仅有效强调了上述词语,亦形成一种催眠式的断奏(hypnotic staccato),引导读者接受这些词语之间密切关联、相互依存甚至可以相互替代的关系。第9行、第10行最为明显地体现了这一点,这两行使用了"联珠"的修辞手法,即上句结尾与下句开头用词相同:"新闻能以致兴旺,兴旺愈以多新闻也。"作者凭借这些语词第一次现身说法("起讲"部分一般会这样做),回答了一位假想对话者的提问(第8—9行)。[62]这位对话者是潜在的读者,站在顽固的立场对作者提出质问。对话中,作者有意将一些关于报纸的荒谬偏见表述出来(第10—11行),从而确保现实中的读者会立即否认他们也持有这些偏见,同时接受论说的其余观点。作者始终坚称其主要论点,报纸本身是善政与国家

---

[58] 参见王凯符,《八股文概说》,第7—8页。

[59] 在试题与"破题"部分被略去的名字,在"承题"部分首次出现,告知读者题目中的语句出自何人何处。

[60] 此四个分句皆用典:关于尧,参见《尚书·虞书·尧典》;关于舜,参见《中庸》第六章;关于禹,参见《孟子》卷八"离娄章句下"第20段;关于汤,参见《尚书·商书·仲虺之诰》与《尚书·商书·太甲下》。感谢瓦格纳为我指明这些出处。

[61] 参见王凯符,《八股文概说》,第7—8页。

[62] 以问答形式作论是既有的传统,频繁见诸经典文本(例如《论语》《庄子》《盐铁论》等;进一步讨论参见Janku, "Nur leere Reden",154)。论辩式的对话在早先许多传教士报刊中业已出现。类似的对话式新闻至少从18世纪开始也出现在西方报刊中(例见 Encyclopaedia Britannica, s.v. "Periodicals",18:540)。

兴旺的保证(第11—14行)。作者采用的技巧是率先贬低一些可能的反驳,同时使用催眠式的语言强调自身观点的优越性,让读者相信自己原本的想法可能太天真了。

论说用标志性的"且"字开始"领题",作为"起讲"部分的收束(第14行)。作者列举了英国与日本报刊史上的趣闻轶事。他提到英国第一份报纸的规模还不及《申报》的三分之一(第15行),"而所列新闻尚不能满,先或以数行而即发,后耻以幅大事少为无味"(第16行)。"又若东洋长崎初设此纸时,不料一日毫无新闻,主笔者搔首无法"(第17行)。然而,作者总结道,"至今英之伦敦作新闻纸者,由小至大,由少至多,设馆有百余所,每纸大至《申报》十倍而日发至十余万张……闻其费用,馆之大者每年用银至数十万两之多矣"(第18—19行)。在这两段中,论说极为严格地遵循了"起讲"的规则。在过渡性的"领题"中,作者用幽默的笔触提供了缓冲,但他已经对文章"八股"部分的主要论题进行了概述:报纸是善政与国家兴旺不可或缺的先决条件,因为报纸能沟通上下,使各方发出批评的声音。

下一段对应"八股"中的"起股",包含三个对偶段落(第20—21行,第23行,第24行),进一步说明了"起讲"中提出的论题:建立一知情的公众并让他们直接与治理者沟通,这对国家来说大有裨益。报纸能够实现这一目标,因它向所有人提供关于一切事物的信息,并且,"民之为此纸也,上则朝廷广大之利弊,下则闾阎纤小之善恶,无不可以畅论"。作者渐进地使用了双重否定来强调这一点,从有些犹豫地说"新闻纸之有益于世,诚不谬矣"(第21—22行),到得出结论"故新报之不可无"(第23—24行)。

接着是"八股"中的"小股",它建立在"起股"的材料之上,包括两个对偶结构(第24—25行,第27行),通过举出中国历史上"言路壅塞"的警世案例,进一步说明新闻纸通达上下的益处。"起股"部分强调的是被统治者的视角——他们使用报纸来接触统治者;而这一部分则站在畏惧新闻纸的统治者的角度。双重否定又一次发挥了重要作用,"凡以国计民生为心者,无不喜有新闻纸"(第24—25行)。这一段以类比结尾:

> 昔泰西之在上者亦有惧其不便于己则欲止之者。或喻之曰:"譬如水之横流也,鲧堙之则汜滥,禹顺之则平行。"今子欲塞其源、阻其流,其势当益猛而益扰,不如清源导流之为得计也。(第26—28行)

在中国的著述中,用"水"来喻说舆论力量的手法由来已久(至今仍经常使用)。[63]对统治者来说,只要"清源导流"便可化解报纸的潜在危险。这里,"清""源"二字又与"清官"联系起来。贤君听取并赞扬清官之言,暴君则谴责之、使其噤声。这种公正表达真理的传统观念,隶属于理想化的批评传统,因此蕴含着强势的文化资本,

---

[63] 一个典型的当代例子是充满争议的系列电视纪录片《河殇》,特别是其中关于洪水和其他水灾的部分。这一表述的历史背景出现在《史记》卷二与《尚书·洪范》中。

这里被用在报纸身上。读者一定会认为,反对报纸的统治者绝不会是论说开头所赞扬的贤君,而是残忍无能的暴君。

这篇论说的主体部分,对应八股的"中股",包含了若干对偶段落(第 30 行,第 33 行,第 34 行,第 35 行)。作者继续讨论文章开头在理论层面提出的观点——一位希望为国家带来繁荣的善治者,一定愿意听取异议并依赖批评——将之应用于当时的中国。前面类似"起讲"的段落阐述了泰西由于报纸的存在而得以繁荣,"起股"部分又对之加以补充。现在则要对照中国的情况。文章指责中国报纸未能发表适宜的批评。其批评"皆与各国之有交涉",却不针对本国的政治与官员(第 30 行)。[64] 何以如此?"乃道路传闻则云,各官之恶新闻纸也。"他们不断制约报纸,仅仅是传播消息都被视为重罪(第 32 行)。作者对现时情况作出抨击之后,又重温中国辉煌的过往:

> 夫中国声明文物之邦也,士大夫何幸得生于其间,日沐圣贤教泽,日颂古今书籍,岂有不以尧舜禹汤为法而以桀纣幽厉是效乎?(第 32—34 行)

后一反对句用带有讽刺意味的反问回应了"破题"部分。尽管中国官员能辨别统治者的好坏,却仍偏向坏的统治者!尽管存在官员腐败的情况,作者仍深信真理终将到来:"能欺当时,不能欺后世。"(第 35 行)

论说的"中股"继续说明,当时的中国官员与桀纣幽厉相似。这一部分在结构上与"承题"正相反。"承题"中说,好的治理者向全国派遣信息收集者,欢迎质询、尊崇善言、改正过失。坏的统治者却与这些善政之法反向而行。文章给出了他们的具体行为:"各官之恶新闻纸也,必欲毁其馆、火其纸、逐其人,而后快于心……恐人议论其短,是以禁野史、毁私书……反不如历代贤臣,任人言论之,不至讹传也。"这一对比有力地呈现了("承题"所表述的)理想与("中股"所描述的)现实之间的巨大差异。故而"中股"以感叹词"岂"引导的反问句(这一句式如"岂有此理",常用于文言文以讨论过于反常之事物)作结:"中国士大夫岂不知此,而谓如道路之所传闻,夫谁信之?"(第 36—37 行)

由此,"中股"将讲述古代统治者美德与恶行的"破题""承题"部分与主要论点联系起来:报纸对于确保中国之繁荣与善政来说是必要的。依据写作惯例,"中股"第一次对文章开头提出的问题作出回答。[65] 论说的"中股"描绘了一个由桀纣之流统治的中国——即便人人皆知其恶。

---

[64] 恰恰相反,《申报》(以及我们将看到的许多其他中文报纸)版面上充斥着自我惧憎的(idiophobic)而非仇外(xenophobic)的报道;参见本书第六章。

[65] 王凯符,《八股文概说》,第 10 页。

论说的"后股"继续表达对现状的愤慨。"后股"按照八股文的典型写法,以"若言"开头,[66]包含了两个对偶段落(第37—38行,第38—39行)。第一段结构巧妙,强调压抑舆论是不可能的:

> 若言士夫欲禁此事,不知能禁中字之新报,果能禁西字之新报乎?
> 即能并禁西字之新报,果能禁口碑之不载道乎?(第37—38行)[67]

中西文报纸的出版集中在通商口岸。尽管这些报纸与中国当权者屡有冲突,但租界势力一定程度上在现实层面、更大程度上在想象层面为报纸提供了保护。其实,在1873年,这篇论说写就时,对中文报纸的禁令不常有,[68]禁绝西文报纸是几乎绝对不可能的。这几行以不常见之事开头,过渡到不可思议之事,这样才能凸显最后一句提到的压抑街头舆论的荒谬性。

从稀见之事向不可思议之事过渡,得到该论说八股文式结构的进一步支撑。这一段有五个分句,"若言"总起后,对仗工整,字数亦大致相等,各句略有几个字的变化。然而,这种统一之中却蕴含着欺骗性。首先,各分句字数略有增加(分别为8、9、9、9、10字);同时,在对偶的句段中,出现了越来越多的连词和疑问词,抵消了韵律的平衡。第二,各分句字数逐渐增加直至最后,舆论不容忽视的力量呼之欲出。单是使用反问句就足够有力了,而这些看似严格明了的对偶结构中的变化——一开始微弱、到最后越来越清晰——亦支撑着本段的内容。不过,与读者的预期相反,这个对偶并不工整;官员们的看法是一回事,但舆论是不能被压制的。

第二个对偶段落引入了历史要素。在黄金时代,上下有沟通,统治者对于民众的思想、观念与批评尚感兴趣,"中股"所描绘的糟糕现状与之形成对照。因此,本段并没有像"中股"那样作对比,而是通过时间上的类比来呼应"破题"与"承题"部分。

在温和的论辩中,文章最后回到现状,这是八股文中"大结"的惯常写法。这篇论说的"大结"重申了报纸的益处:"若使新闻纸果能遇事而直陈,凡世人更宜取此为鉴。士夫阅历久、见闻多,其存心当在此不在彼也。"但现实中,士夫却反其道而行,为何?

---

[66] "后股"经常使用"若此""是故""或谓""且"等连接性语词开头(王凯符,《八股文概说》,第11页)。

[67] 与此观点类似,同时代的外国人阿尔伯特·舍弗勒(Albert Schäffle)亦表明中国报纸受益于其外国起源颇多——即便报纸已经中国化了。舍弗勒同样认为舆论无法被禁止:"如果禁行所有报纸,那么公共领域便会选择呈现于公共街道。如果驱散公共空间中的集议人群,公共领域就会在自然协作的社会集群中发生,比如在私人沙龙、家庭或是商业圈子内。"(*Bau und Leben des sozialen Körpers*, 448)

[68] 与此不同的是,1874年开始,围绕《新报》《益报》《汇报》《彙报》等报纸接连发生震荡事件,其中还涉及上海道台。但这些发生在此论说发表之后。参见Vittinghoff, "Useful Knowledge and Appropriate Communication"; Vitinghoff, "Am Rande des Ruhms"。

作者引用《孟子》(卷八"离娄章句下"第 9 段)作答:"言人之不善,当如后患何?"(第 40 行)[69]作者借此表达了对报人同道的同情,他们为避免审查而太过小心谨慎。然而,作者最后反问道:"吾愿世之为新闻纸者慎勿品评时事,臧否人物,以撄当世之怒,以取禁止之羞。岂不彼此有益,各行其是哉?"(第 41 行)

作者使用了一系列技巧来说服读者,主张中国有必要引入更多报纸,并改良那些既存的报纸。技巧之一便是频繁地在怀疑与确证之间转换。论说称,当然,所有人都知道尧舜是贤君;当然,任何压制报纸者都有其自私的目的;当然,新闻纸有益于世界;当然,胆大妄为的官员无法欺骗后世。反问句的频繁使用支撑了这种肯定形式的论证:舆论无法简单地被压制。然而,即使在这些夸张的陈述中,作者也很谨慎,没有过分夸大;他用双重否定或提问的方式留出了怀疑的空间——哪怕只是表面上的。由此,作者使读者接受了他的风格:他绝不表现得太积极或太自负,但也并非不确定的或缺乏说服力的。

作者劝服的尝试还通过其论证逻辑来发挥作用。两个世纪以前,世界上鲜有报纸与兴旺之国;但今日报纸遍行西方,泰西各国强盛。两者之间必有联系——作者通过反复提及"新闻纸""兴旺""新闻""益"这类字眼强调这种联系。同时,类似"承题"与"起讲"的部分,用对话来回应隐含读者的提问。这一策略使读者及其想法成为本文不可分割的部分,微妙地将读者引向作者的结论。最后但同样重要的是,作者与读者均谙熟八股文的论证与修辞方式,遵照它有助于创造一种传者与受众之间的同感(a sense of agreement)。这一形式使论说及其逻辑具备一种权威的力量:八股文毕竟被设想为代圣贤立言。因此,作者援用这一熟悉的权威形式传递观点,可以避免采用不受尊崇或难以理解的外国范式可能带来的陌生感。

除了征用读者的思维模式之外,作者还通过"反对"这一成熟的中文修辞术唤起读者的情感。作者将当时中国惨淡的境况与繁盛的西方及中国的黄金时代作对比。作者描绘了薄义的、欺上瞒下的官员形象,反复痛陈中国报纸遭到忽视、不能履行其应有功能的事实,还一再使用表达难以置信的反问词"岂不""岂有"——均意在打动读者、引起其注意与警醒。作者还使用轶事、警句、奇谈,写下雅致的对偶结构和令人惊讶的结论,引用经典中人们熟知的语句与类比来捕获读者的情绪。作者动用了上述种种修辞手法,试图获得权威性。

社论是一份报纸最为权威的文本,适宜以八股文的形式来写作。但并非所有社论都遵循了八股文的体例,其中一些甚至未能像《论各国新报之设》这样松散地模仿八股文。社论的作者还可采用其他文体,他们实际更偏向使用一些特定的文体。不过,这

---

[69] 英文译文参见 Legge, *Chinese Classics*,1:321。这种观念也许解释了,为何新闻业在中国经过很长时间才被接受。Nathan,"The Late Ch'ing Press",1288,其中引用了与包天笑回忆录中类似的话。对记者社会地位的再审视,参见 Vittinghoff,"Am Rande des Ruhms"。

一时期的中国报纸还没有"社论"(the editorial)这种东西。[70]《申报》报首长文[71]是以诸多形式呈现的：论、说、赋、篇、折、记、辨(辩)。[72] 它们的作者包括美查本人、长期担任主笔的黄协埙(1852—1924)，[73]以及具名或不具名的通信者。有时，《申报》甚至刊出朝廷官员撰写的公文。不管其形式如何、作者是谁，这些论说多半关切国家与政治事务。从一开始，《申报》便是一家由西人管理的报纸，其社论反映着改良或革命的观念——人们常常把这些观念与二三十年之后康有为(1858—1927)、梁启超等人的著述和报刊联系在一起。早在晚清改良派之前，《申报》就开始谈论以下议题了："新民"、脚踏车与铁路、生育控制与灾害管理的新方法、女子教育、废止妓业、组织议会等。下文将阐明，中文报纸通过使用各种为人熟知的风格与体裁——它们的传统悠久，且仍用于当时的政治沟通——有效地将上述观念呈现给读者。

论：论天命

上文所讨论的八股文式的《论各国新报之设》一文是"论"。"论"是一种进行(政治)陈说的文体，最早可追溯至《荀子》。它代替了《孟子》(孟子，前372—前289)等更早作品中的对话。[74] 最早的文论将"论"归为一种文类。陆机(261—303)的《文赋》称"论""精微朗畅"[75]。刘勰(465—?)的《文心雕龙》很大程度上沿袭了这种解释：

> 论也者，弥纶群言，而研精一理者也……原夫论之为体，所以辨正然否。穷于有数，究于无形，钻坚求通，钩深取极。[76]

1897年，《时务报》刊载了谭嗣同(1865—1898，于百日维新失败后就义)讨论报章文体的文章，他认为报章的"论说"体是"发挥引申其是非得失"的文体。[77] 进入晚清，"论"依然是一种进行政治批评的既定文体——常常出自既有的官僚体系之外。[78]

---

[70] 李良荣《中国报纸文体发展概要》，第27页）认为，社论大体上承袭了以往的"史论"。对于某些形式的社论来说确实如此，包括"论"、一部分的"说"，以及更晚一些的评论比如"时评"。但李的观点并不适用于"记""书"以及其他更为个性化的文体，下文将对此进行讨论。

[71] 1902年之后，《申报》社论一般出现在第二版，头版仅刊登广告。

[72] 这些文学形式作为社论体裁，大部分在《申报》主笔黄协埙的《整顿报务余言》中有提及，参见1898年8月24日《申报》。其中不少（如"说""记""论"）也出现在《上海新报》上。

[73] 关于黄协埙的生平，参见 Janku, "Nur leere Reden", chap. 1.

[74] Nienhauser, "Prose", 100. 贾谊(前200—前168)的《过秦论》进一步发展了"论"并为这种文体确立了典范，《过秦论》被视为第一篇真正的"论"（参见 Nienhauser, "Prose", 100; Kao, "Rhetoric", 121)。

[75] *The Literary Mind*, chap. 19; Achilles Fang, "Rhyme Prose on Literature", 12; Owen, *Readings*, 130.

[76] *The Literary Mind*, 140-141, 143.

[77] 谭嗣同，《报章文体说》。

[78] Janku, "Nur leere Reden", 17, 120 and idem, "Der Leitartikel in der frühen chinesischen Presse", 199-120.

以上对"论"的模糊定义仅对其内容进行了描述,没有从结构上给出界定"论"的直接标准。部分原因在于:与科考文章不同,"论"(以及下文探讨的诸多其他文体)从未成为被官方教科书引介的主题,"论"的范文会被收入通俗文集,比如翰林院庶吉士姚鼐(1732—1815)完成于 1779 年,但直至 1820 年才出版、1860 年再版的《古文辞类纂》,以及曾国藩(1811—1872)的《经史百家杂钞》。[79] 因此,以下讨论不怎么关注"论"是否有固定的结构,更关注《申报》之"论"及其传统范式中的一般文体特点,进而阐明这些文本是如何通过使用传统的形式要素接近读者的。

作为论说的"论"常常以至理名言(比如圣贤之言)开篇,进而举例证之,并常常以对读者的期望结尾,希望他们能够按照名言中的真理行事。[80] 上述文集收录的"论"都含有这些模式。[81] 尽管不同的"论"采用的论证与修辞技巧不同,但几乎所有社论之"论"使用的技巧最终都源自经典。

《论印度法国二处传来奇谈》[82]是发表于 1877 年《申报》的一篇"论",讨论如何应对由人口过剩带来的饥荒与瘟疫问题。[83] 文章举出不少印度和法国的事例,其解决之道或可应用于中国。显然,这篇文章是对清政府的诤谏,但其论据却是关于"天命"的。文章以警句开头:"天道实至难测也",结尾则说,以"夫生杀之权,操之自天……何可怨及君父哉?"这种命运论将作者向政府提出的批评与实用性建议相对化了。如果作者提出的所有对策相较天命力量来说都毫无效用,又怎么可能被采用呢?事实上,文章最后(以及在篇名中),作者将他提到的事例归为"奇谈",这进一步支撑了这种具有讽刺意味的转折。

---

[79] 关于包含"论"的文集及其对报刊书写的影响,参见 Janku, "Nur leere Reden", 119-121。其中表明,曾国藩的《经史百家杂钞》收入了《尚书·洪范》。我们已经看到(更多例子参见第二章,例如 1902 年 1 月 20 日的《申报》),《申报》文章经常引述此篇。

[80] 对若干刊载于《申报》的"论"进行简单查阅便可知,"论"的谋篇布局具有稳定性。例如,《论中国人口中多公名词》(《申报》,1907 年 3 月 5 日)一文,批评中国公名词繁多却并没有使国人"忘私"。文章以"西方群学家之言"开头:"欲知人之道德如何,当观人所吐之名词如何。"文章在举出大量事例之后,呼吁要"正名":国人要"心出于公",然后付诸行动。又如《论沪上妓女之苦》(《申报》,1897 年 1 月 12 日,本章后面关于"书"的一节以及第四章将进一步讨论这篇论说)一文以"世间妇女惟妓为最贱,亦惟妓为最苦"这一陈述开头,以"欲救妓女之苦非禁倡寮不可"这一呼吁结尾。类似地,《论造就人才》(《申报》,1892 年 4 月 2 日,本书第二章将再次讨论这篇论说)一文倡普及教育,它以"人生世上厥有四民,土居其一,农工商居其三"开头,最后总结,若作者的建议能被采纳,则功德长远。《论乐中苦境》(《申报》,1882 年 2 月 11 日)是一篇针对上海乐境(实为苦境)的檄文。文章以古人之言"人生为行乐耳"开头(有不少类似的文章,参见本书第五章),接着陈说逸乐是相对的,最后以"愿人之寻乐境者,勿蹈此苦境也可耳"一告诫结尾。李良荣《中国报纸文体发展概要》,第 21—22 页总结了大多数论说的结构:(1)以圣人语录开头;(2)讨论;(3)引证现实中的事例;(4)指出圣人之言是正确的。李亦指出少部分论说(多是"说")的结构为从一现实问题切入,然后对之进行分析,最后得出结论、指出问题的症结所在。根据李的说法,主题是分析现实问题的论说约占全部论说的 20%。本章后面的讨论将指出,这些发现只适用于社论中的"论"或"说"。

[81] 参见 Janku, "Nur leere Reden", esp. 115n55。

[82] 此文更完整的摘要参见附录 A,第 267—268 页。

[83] 关于 1877—1878 年发生的饥荒以及中国报界的相关讨论,参见 Janku, "Publicized Disasters"。

在风格上,这篇"论"与桐城派[84]提倡的劝说文写作的"义法"相符。它以不同的方式融入了"先远后近,先人后事"的写作技巧:这篇文章试图以远方的事例来解释近在眼前的情况(中国人口过剩的问题),它首先给出了作者个人的感受与意见(关于处理人口过剩问题的办法,比如生育控制或移民),接着又展示了作为依据的基本事实(这里用了普鲁士和英国的具体事例),然后引用警语与事例(关于天命之不可避免)进而对之进行解释。然而,尽管文章一直在使用传统的文体模式,并严格遵照传统的修辞规则,其论证过程仍然是含混的。在探讨关于天命力量的普遍看法与凭借人力掌握命运的可能方式之间,作者举棋不定。因此,这篇论说尽管使用了旧形式,其论证方式却是新的。

同年刊载的《论命数》(《申报》,1877年3月29日)[85]同样秉承了桐城"义法",但又不时抛开其写作惯例。这篇"论"并没有频繁使用对偶与强烈的对比,而是用具有吸引力的叙事来说服读者。文章开宗明义地指出,命运自古以来就是一种深不可测、无法抵抗的巨大力量。[86]接着,作者根据"先远后近"的原则将这一公理应用到当时,又根据"先人后事"的原则,先表明观点再进一步充实之。作者举出的第一则事例是几日前《申报》刊出的一篇详细报道,录之如下:

> ……被刺之时,本系杨金同往,因楼上有客在杨所相识妓之房,遂同在楼下潮人陈某所设之清烟馆中小坐以待。为时少久,杨不能耐,竟先登楼,为金所识之妓邀坐其房。而何勇适至,拔刀即刺。杨所识妓闻之,奔往救护并告何曰:"此系我客,尔何刺为?"此时何始知误,即欲逃出,为妓所持,何又以刀刺妓,故妓面亦受伤。妓呼:"救命!"潮人登楼赴援,狭路相逢,因亦被刺六伤。何遂奔逃往西而去,至徐家汇附近,亦已悔悟,遂自刎其喉,自破其腹而死。(第6—10行)

到这里,这一生动的故事结束了。这是一则完备的短篇叙事,还包含了对话。它通过频繁使用时间词获得推动力,还通过有节奏地使用短句营造了紧张感。接着,作者道:"乃何籍山东,杨籍福州,金籍江宁,陈籍潮州,妓籍扬州,以相隔数千里之人,忽聚一处。"称这一惨剧的发生乃命数也。

---

[84] 关于桐城派及其风格对于晚清(报刊)文章的重要性,参见陈平原,《八股与明清古文》;李良荣,《中国报纸文体发展概要》,第19页;以及最近的Janku, "Nur leere Reden"。

[85] 这篇文章随即被反驳了,参见《数为理之余》,载于1877年3月30日的《申报》。后文将简单讨论这篇反驳文章。

[86] "命数之说,中国之人信之者多,不信者少。大则国之兴亡,小则家之盛衰、身之生死、事之成败、财之得失,均诿之于命数。故达士有安命之论,而凡人有任数之词,即圣贤亦有有命有数之言。几若命数皆由天定而人不能操其权者。或有一二士人不以命数为然,往往欲以人定胜天勉强而行,卒至势穷力竭难以挽回,仍不能与命数相抗。故凡至无可奈何之时,每遇难以测度之理,虽欲不谓为命数而仍无所归咎。是以命数之说,众皆信之不疑也。"(第1—5行)

之后,作者又讲述了第二个故事,出自香港近事编录。作者首先介绍了两种草药"胡蔓彊"和"苦山芥",两者外形相似,胡蔓彊"饲豕则肥,人误食之立毙"。开篇讲明:"明邑苏塘乡有区某,农家子也。娶妻某氏……伉俪颇笃。"

> 去腊区某患病,思饮苦山芥汤。妻遂愳认家藏之胡蔓为苦芥,取以煎汤以供夫饮。区吸而觉其苦,遂置于桌,隐几而卧。妇恐夫醒再吸未便遽撤。适有邻过访,见之询为何药。妻以芥汤对。邻曰:"予患暑症,思饮此汤,祈赐少许以解炎酷可乎?"妻将所賸之汤提出,任邻吸饮。邻连尽数碗,旋即腹鸣,肠则绞痛,不堪片晌即登鬼箓。邻众不解其故,细视汤中之物,乃胡蔓,非山芥也。(第14—17行)

最后,"区则履危而安,邻则无故寻毙"。死者父母"欲索妇偿,经族中绅耆理断,咸谓事实由于无心,不能任咎,令区仅补棺费而已"。作者认为妇人很幸运,"若区多饮而亡,则罪案重大"。作者总结:"可见生死有命,祸福难测矣!"(第19行)

这个故事同样充满了叙事细节与具体描写:我们能看见丈夫卧倒几边,邻居痛苦呻吟、奄奄一息。"遂""旋即""片晌"等时间词在故事的推进过程中制造出节奏。可预知的故事内容在很大程度上减弱了紧张感,这是中国小说惯用的一种写作技巧——每章开头会用短评或诗词总结该章内容。同时,这两则故事的主题对于中国公案小说的读者来说是熟悉的——公案小说自16世纪下半叶开始极为流行。因此,有效的叙事暂时代替了八股文式社"论"中的论证。

然而,在大段叙事之后,这篇"论"又回到原本的论证模式。作者的结论表明他愿意接受"命数"。与前面同样讨论天命的《论印度法国二处传来奇谈》不同,《奇谈》以直截的形式掩盖了其内容方面的含混之处;而这篇《论命数》用含混的形式来呈现直截的论点。文辞多藻饰,同时抛弃了一些论说文写作的既有规则。这篇"论"之所以具有说服力和吸引力,并不是因为它占据了权威性立场,而是因为它利用了好的叙事规则。因此,一种旧的形式——"论"——再次产生了新的效果。

说:说中国之前途

《申报》社论文章中的另一种劝说形式是"说"。根据陆机的《文赋》,"说炜晔而谲诳"[87]。《文心雕龙》言:"凡说之枢要,必使时利而义贞……披肝胆以献主,飞文敏以济辞。"[88]与"论"一样,"说"同样陈辩治理之道。"说"起源于战国(约前476—前

---

[87] *Literary Mind*, chap. 19; Fang, "Rhyme Prose on Literature", 12; and Owen, *Readings*, 130.
[88] *Literary Mind*, 146-147.

221)时期来往于各国的求仕者对统治者所作的说服性建言。[89]"说"是一种颇具主观性的形式,旨在选择合适的时机,向听者阐明问题、使之叹服。[90]

《申报》中"说"的结构与"论"相似:均以警句开头再进行论证。两者又都采用桐城派写作的文体要素。[91]"说"较"论"而言更为自信华丽,论证更为主观、诡谲与肆恣。这一点在《数为理之余说》(《申报》,1877年3月30日)一文中体现得非常明显。这篇文章意在反驳前文讨论的《论命数》一文。它开头便称关于命数,"圣贤存其说而不暇申明其故,恐人知命数天定不可以人力挽回,遂委心任运,不可肯为所当为故"。作者胸有成竹地解构了关于命数的既有信仰,要求对之进行"深究"。作者认为,即便是在最出人意料的事例中,也可以找出某种解释:"吾则曰天下事本皆循理。"关于前一天刊载的《论命数》,作者认为正是因为我们对何某与杨某"毫无头绪",才会将这一凶案的发生归因于命数。也许何、杨生前同在一处,"有彼此戕害之仇"。因此,这起凶案的发生或许恰恰蕴含着一种果报的"理性",我们不必将之归结于命数(第9—13行)。"论"与"说"之间的差别可能仅是程度上的,但"说"之申述往往更具个人色彩。这里,作者显然作为个体在场,他在惊叹、痛惜、申诉、奚落,表现为文章中"呜""哉"等感叹词的频繁出现以及第一人称(如"吾")的使用。在"说"中,作者很少采取无涉的、全知的叙述者立场;相反,作者将自身设定为某一重要事物的倡导者,他是主观但权威的。

1897年的社论《新说》(《申报》,1897年2月6日)即呈现了这样的风格。《新说》讨论了"新民"的必要性。在这之后,"新民"一说因梁启超的《新民丛报》(创办于1902年)而闻名于世。[92]与梁启超一样,《申报》笔者亦在《新说》中现身说法,批评中国的旧国民变诈无能。那么,如何新民?作者提倡以西学为标准推行普遍教育(第18行),这将改变民众的观念,"是以愿中国人民皆洗心革面,先新其德,而后言新政之行也"(第25—26行)[93]。作者机智地引用了《孟子》《易经》和《韩非子》中的语句来支持他所倡导的事物,[94]即一种他认为不可避免的革命。与典型的"说"一样,《新说》作者亦肆恣地表达其观点,认为中国人民及中国政府若无意接受激进变革的话,便会走向凋敝。

1898年刊载的《脚踏车将来必盛行说》(《申报》,1898年4月1日)大体上亦表达了此种必然之感。[95]文章开篇引用了《诗经》,称赞脚踏车"无论何处,均可驰行",且

---

[89] Janku, "Der Leitartikel in der frühen chinesischen Presse",120.
[90] 关于这一解释,参见 Owen, Readings, 133-134。
[91] 《风气日开说》(《申报》,1882年2月23日)便是一例。文章概要参见附录A,第268页,本书第五章将讨论此文。
[92] 事实上,这一概念首先出自《申报》初创时期的一篇发刊词(《本馆条例》,《申报》,1872年4月30日),其中,美查写道,报纸的目的是"新人"。
[93] 关于后来《申报》对"新民"之美德(以及旧国民之恶习)的讨论,参见本书第五章。
[94] 关于中国社论中对经典的引用与滥用,参见本书第二章。
[95] 这篇文章的概要参见附录A,第269页。

有益于身体健康(第13—14行)。脚踏车甚至被成功地用于行军,于是敌方训练军犬以应对之,他们希望犬只能将骑脚踏车的士兵咬翻在地(第14—21行)。显然,作者将脚踏车视为中国现代化不可或缺的一部分。作为一篇典型的"说",作者自信满满地论证了他的观点,提供了令人眼花缭乱又生动有趣的细节。

进入20世纪,1905年《申报》改版之后,以"说"为题的社论在形式上变得相当简短明晰,不再是早前篇幅较长的"说"。到1907年,"说"因其自信的风格成为作者进行严厉批评的首选工具,出现了一些针对"嫖""乱""欺"等问题的"说"。[96] 这些"说"往往以警句开头,提出待讨论的案例;接着,各段分别从不同视角出发审议这些案例;并在最后一段呼吁读者采取行动。《说欺》开头道:"呜呼!中国盖以欺立国者也"[97]"一若无形中隐隐有一欺之教科书"一代传之一代。对此,作者哀叹:"悲夫悲夫!"接着,作者引用经典、轶事和谚语,并以狡猾之动物来喻说官民,详细说明了"欺"如何"见于形容""见于言语""见于笔墨""见于事实"。诸如此类的"说"通过其情感特质、明晰的结构,以及对不同出处文本的修饰性使用来吸引读者。《申报》中"说"的长度与内容逐渐发生了变化,但它们仍然符合几个世纪之前陆机所描述的"说"的基本特征——"炜晔而谲诳"。

记:记花事与灾祸

根据《文心雕龙》,"记"原是一种写给高级官员的优美信件,其中含有对收信者的有益建言。[98]"记"热情而亲密,充满了具体描述。[99] 从这一早期传统衍生了两种类型的"记":"笔记"与"游记"。"笔记"是一种私人的、主观的文学记录形式,或可追溯至汉代,六朝(222—589)时成为一种重要的书写类型。"记"的主题包罗万象,其本质可以是虚构的、历史的或哲学的。作为《申报》社论的"记"一部分属于"笔记"的范畴:例如在一篇"记"中,作者记录了与三位海外归来的旧友会面的经过;[100]另一篇"记"则记录了一次为迎接友人归沪而举行的聚会。[101] 社论中更多的"记"属于"游记",宋代开始,"游记"这种书写形式在中国盛行。[102]"游记"传统上包含了作者对其旅行经历(可以是去邻近的县或较远的省,甚至远游外洋)的一手叙述。"游记"常常按时间顺序、以日记的形式展开。其中常常包含不少地理或历史记录,但作者的在场感非常强。"游记"的特点是带有一种特别的亲密感,且充满具体的感性细节。《申报》刊载的"游

---

[96] 《说嫖》,《申报》,1907年3月6日;《说乱》,《申报》,1907年3月27日;《说欺》,《申报》,1907年3月13—14日。
[97] 同上。
[98] *Literary Mind*, 205.
[99] 同上, 223。
[100] 《海天三友图记》,《申报》,1887年4月1日。
[101] 《洗尘雅集小记》,《申报》,1887年11月30日。
[102] 参见李良荣,《中国报纸文体发展概要》,第17页;Fogel, *The Literature of Travel*。

记"往往采用一个框架故事的形式——笔者遇到旅行归来者,或笔者本人旅行归来,进而开始叙述其经历。"记"的结尾常常给出作者作此"记"的理由,或概括其所"记"经历的意义。

1877年《申报》刊载的《历劫记》中,[103]作者前往味莼园诣张叔和观察,张刚刚在自台返沪的途中经历了船难。作者以时间顺序记述了这个故事,时间精确到分钟,并向读者说明了张此行行程的确切日期。《历劫记》频繁地使用时间状语——"忽""霎时""之际""甫""遂"以营造鲜明的紧张氛围。作者描绘了呼救声、船只碰撞发出的烟气,以及船只沉没与人们争相涌向救生小船的场景,从而增强了故事的感官冲击力。张叔和在帮助他人的过程中受了伤,"行李一切则尽付波臣"(第20行)。但他最后说:"因思仆既倖生,则当思善后之策。"(第22行)作者感佩于张叔和的勇敢与戏剧性的经历,遂归而书之。

另外两则刊载于1887年的"记",讲述了作者探访上海不同花园的经过,展现了不同意义上的感性。这两篇"记"将花园再现为纯净的世外之境,此意象与具有毁灭性的、富有魅力的浮华上海(第五章将对其进行讨论)相反——这显然是这两篇"记"背后的教义。第一篇《餐花小记》讲一位爱花人游转于上海园林,闻赏不同的花,欣赏花色的变化,并与所遇者交换诗作。[104] 第二篇《徐园品兰记》[105]老套地描绘了上海的烦嚣生活,并用徐园的宁谧与之形成对比:"时闻鸟声,长廊曲榭,间有游人来往。"(第11—12行)作者同样细细描绘了徐园之花,作诗称赞之,又颂其香气。最后,作者归而作此记,"稿既脱,视红日犹未过花梢也"。

进入20世纪,这类具有私密感的"记"仍可被我们在《申报》的"代论"中找到。1907年《申报》刊载的《扬州饥民惨状记》(1907年1月4日)就是一例。跟典型的"记"一样,作者按时间顺序介绍了这个故事的缘起,即他得友人函,言饥民状。几天后,他"以事返扬州",亲眼看见了饥民的惨况。之后,他又"以事往乡间",并开始了具体记录:"出城西南行,是日朔风怒号,扑面如割。"(作者一再使用拟声词来进行描写,例如第8行的"瑟瑟")除了朔风之外,入耳只闻哭声遍野。人们"色如陈死人,惟胸腹间尚吸吸然者"(第10—11行)。作者遇一妇,家中已有好几人丧生(第15—16行),所存者仅妇及一女,"无家可归"。作者深感同情,试图为这位妇人想办法,却是徒劳。"吾闻之,心愈动,涕縻縻堕,不忍心再进,遂废然返。"

这篇"记"的第二部分是作者对政府的建言:"天僇生曰:'吾以上所纪饥民之状如此,吾而今而后始知吾国人命之贱也。'"(第21—22行)作者称,在中国,自然灾害频发,但时人对灾害的意识却薄弱得令人难以置信。政府官员沉溺于酒肉之中,饥民却

---

[103] 《历劫记》,《申报》,1887年2月27日。
[104] 《餐花小记》,《申报》,1887年3月8日。
[105] 《徐园品兰记》,《申报》,1887年4月4日。

在其家门口饿死。而在文明国家,"有一人横死者,其名必出现新闻纸数次"(第27—28行)。"一有水潦,政府必谋得万全之策而后已。而吾国乃如此……"作者在结尾处作骇人之语,即便自己今日未被饿死,"焉知不遭异日之祸也?"

显然,这是一篇典型的上书给统治者的"记",其中颇多作者亲身经历的细节与具体描述,供阅者了解情况并为之作出指示。《申报》上作为社论的"记"是私人性的记录,它们警示堕落与腐败,或是对英勇行为以及道德纯净之桃源进行描述。这些文章以一种熟悉的、私人性的文体与文类——"记"——巧妙地写成,提供启蒙性的娱乐与教导,这是一种悠久的传统。

书:阅读与回应

社论中的"书"同样是一种在公共报纸上进行私人书写的传统形式。据称,史家司马迁(约前145—?)著名的《报任安书》确立了书信作为一种意在表达作者个体情感的文体的地位。[106] 一般认为,书是透露真情的,阅"书"是为了"了解"作者。确然,《文心雕龙》中说"书"要"条畅以任气,优柔以怿怀"[107]。自从人们用"书"来进行自我辩白以后,它逐渐演变并最终成为一种用于公共说服与表达观念的媒介。《申报》上的"书"正是如此。作者常常用"书"回应其从《申报》或其他报纸上读到的文章或报道。[108] "书"是一种带有情感的书写形式,在这一点上甚至超过了"说"。"书"的作者经常使用"嗟乎"[109]、"恐"[110]等表述,以及夸张[111]、个人感叹[112]等表达方式。

将"论"与回应它的"书"并置,能清晰地展示两者各自的特质。1897年1月12日,《申报》刊登了一篇题为《论沪上妓女之苦》的"论"[113],一周之后,又登载了回应它的"书"。在前一篇"论"中,作者称妓女是世上最受人鄙鄙的女性,并从不同角度检视了这一人群。作者小心地提出,"妓亦非生而为妓,即非生而即贱"(第8行),当然,其命运是"天之所赋"。作者试图对妓女的一些受鄙视行为(比如晚起,第11行)给出合理解释。他注意到妓虽有品类之分,但"其受苦则一",强调了其生活存在的暧昧之处(第13—17行)。[114] 作者总结道:"欲救妓女之苦非禁倡寮不可。"尽管这篇"论"在讨论主题时带有同情立场,但文章本身是中立、就事论事的。其理性论证的方式与讨

---

[106] 《报任安书》的英译,参见 Burton Watson, *Ssu-ma Ch'ien*, 57-69。
[107] *The Literary Mind*, 202.
[108] 例见《申报》,1877年4月9日;1877年12月31日;1902年11月9日。
[109] 例见《申报》,1877年4月9日,第1行;1882年12月30日,第1行、第26行。
[110] 《申报》,1897年1月19日,第24行;1902年11月9日,第20行。
[111] 《申报》,1877年4月9日,第1行;1902年11月9日,第7—8行。
[112] 《申报》,1877年12月31日,第9行、第24行。
[113] 《申报》,1897年1月12日;亦可见本章注释80。
[114] 这种暧昧性是关于名妓及普通妓女书写中的一种喻说,参见本书第四章。

同一话题的"书"相当不同。[115]《书客述妓女之苦》开头以一连串的抒情语句描绘了作者枯坐无聊的画面,接着提到一位"熟于斯事者"(第 26 行)写了一封书信,对早前关于名妓的论说进行了补充。① 我们无从考证这封"书"的作者是谁,可能她本身就是一位名妓。当时,名妓们实际上经常在由小说家李伯元(1867—1906)创办的消闲报纸上自述其故事与经历。[116]

接下来是"书"的内容。开头,作者非常礼貌地提出,请允许他/她对早前刊载的《论妓女之苦》一文进行补充(第 2 行)。作者解释道,"论非不畅",但作此论者"非出入花丛者,故尚未详知其苦况也"(第 1—2 行)。"书"接下来对妓家生活的描写毫不含糊。《论妓女之苦》提到妓家生活中较具吸引力的方面,比如华服与奢靡的居住环境。这些东西在《书客述妓女之苦》看来是一种诅咒,因为它们需要开销。作者道出妓女陷入累积性债务的可怕循环之中,只能越来越依赖鸨母。由此,他/她提出了一个独特的建议:"妓女之苦,恐娼寮必不能禁。不如俟妓女从良为债所牵制,到官涉讼,如有带挡之钱,一概作为罢论……亦不禁而禁之一法也。"(第 24—26 行)

同样是讨论妓女之苦,"论"广泛而表浅地涉及了该话题的不同方面;与此不同,"书"的作者非常详细地讨论了其中一个方面,即他/她心目中的名妓生活之弊病。与"论"的作者不同,他/她认为自己是谙熟妓业者。"书"的结尾也并非仅仅给出一个大家(甚至包括"论"的作者在内)都会觉得不切实际的建议,而是有意找出一种对抗妓业的可行办法。因此,作为社论之"书"具有传统上分派给"书"这种文体的许多功能。阅读《申报》的"书",能够"了解"作者,而作者则有意抒发个人情感、表达观点,从而起到说服的作用。

多种类型:《申报》"社论"再探

1905 年《申报》改版之后,原先的"书"与"记"变更为"代论"。此时,人们将社论当作一种特殊文类的意识已然形成。而至少在 1895 年以前,《申报》中常常出现的"论说"这一文体实际上就是所谓"社论"。[117] 翟理思(Herbert A. Giles,1845—1935)在其具有权威性的《华英字典》(*Chinese-English Dictionary*,1892)中,将"作论"译为"write a leader"(写一篇社论)。[118] 尽管"论"(以及一定程度上的"说")在 20 世纪成为"中式社论"的原型,但本研究表明,至少在 20 世纪之前,通过标题可以辨识出,社论

---

[115] 《书客述妓女之苦》,《申报》,1897 年 1 月 19 日。
① 原文为"客去,述其所论,弁之报端,以质之熟于斯事者"。——译者注
[116] 关于此类出版物,特别是《游戏报》(创刊于 1897 年)与《世界繁华报》(创刊于 1901 年),参见 Yeh,"Deciphering the Entertainment Press"。
[117] 参见 Janku,"Der Leitartikel in der frühen chinesischen Presse",126。
[118] 同上。

还包含"论"与"说"以外的许多传统文类,并拥有这些文类的一些属性。[119]《申报》等早期中文新报上,并不存在"社论"这种东西。

与此同时,中文报纸的"社论"具有内在的含混性,与它的西报范型几乎没有关系。在19、20世纪之交的西方,社论已不再被视为一种个人的、个性化的写作;人们认为社论作者是站在报纸的立场上发声的。[120] 而早期《申报》的社论是由主笔轮流写作的,《申报》还会发表"客"之来稿,连续几期的社论中甚至会出现极不一致的观点。因此,《申报》社论充分表明,它们是不同个体之想法的表达。进入20世纪特别是民国时期,这种倾向变得更加明显,未受西报范型的影响。[121]

可以说,有意使读者成为报纸的投稿者,特别是让其为报纸最重要的部分——社论——投稿,或许是《申报》很快成为江南精英阶层的一种文化资源的原因。[122] 在此过程中,《申报》社论成为另一种公认的可资中国精英阶层利用的公共沟通渠道。如果我们将早期报纸社论与晚清经世文集(以1828年①魏源纂辑完成的《皇朝经世文编》为范例)中的范文进行仔细比较,会发现两者的形式与内容在很大程度上是可以互通的(本书导论中亦已提及一例,即梁启超、张之洞以及《申报》三者关于新闻纸功能的说法类似)。自然而然地,后来出版的经世文集会把报纸社论作为例文收录;反过来,报纸社论也会大量引用——有时甚至直接使用——文书与经世文。[123] 因此,在19世纪末的中国,以"论"或其他文类写作经世文等于写一篇"社论"。与当时无须精心雕琢的外国报纸社论不同,[124]中国社论与经世文一样,通过叙事、诗意的语言、具体的意象、广博的引用、特异的逻辑来吸引读者。它们不仅是用既有文体写成的,且呈现着相当明显的文学性质。

这些旧形式如何容纳新内容、传递新观念?时人是否已意识到这种内容与形式之间的不一致(例如,用严肃的议政体裁介绍脚踏车)?显然没有:借助驾轻就熟的文体——这些文体中还蕴含着特有的预期与联想——似乎有助于让陌生的信息变得更容易接受。[125] 当时有传教士认为,迟至1902年,中国人的书写习惯仍然如此顽强,新文体的引入根本无法战胜它。他称八股文"以中文特有的音韵,愉悦了一代又一代

---

[119] Janku, "Nur leere Reden", esp. 19-21 and 121-122,其中统计了1898年社论中不同文类的篇数。

[120] 参见 Blake, "The Editorial"。他在1911年写道(第443页):"相比个人办报的时代,如今的社论写作在语气和脾性上已经好多了,在根本上变得更诚实、更周到,在旨趣和同情心方面变得更宽容、更多元。"

[121] 载于1907年3月14日《申报》的《说欺》一文便具有相当惊人的情感特质,这一点在前文关于"说"的一节中已被论及。更多证据参见本书第六章对1900至1925年的报纸文本的讨论。这些文本展现的与日俱增的主观化、情绪化以及白话化(vernacularization),证明《上海近代文学史》(第143页)提出的以下观点是错误的:新文体的发展是从"情、理之变"到"雅、俗之变"。亦可见下文对新式评论的讨论。

[122] Janku, "Der Leitartikel in der frühen chinesischen Presse", esp. 117.

① 应为1826年成书,次年刊行。——译者注

[123] 关于报纸文章与19世纪末出版的经世文之间的细致比较,参见 Janku, "Nur leere Reden", chaps. 3 and 4。

[124] Nevins, "The Editorial as a Literary Form", 21.

[125] Gunn, Rewriting Chinese, 20, 42.

文人的耳朵,它很难消失"。并认为"已有一些迹象表明,八股文将在实质上得以恢复,只不过会换个名称以作伪装"。[126]

用八股文和其他传统文体写就的社论便是一种这样的伪装,这样做确实颇有成效:由此便能向广大公众引介新的内容——节育、"新民"乃至妥善处理饥荒及妓业问题等方面的新观念。社论的受众知道如何阅读一篇"记",知道一篇"说"会讲些什么内容。这位传教士继续说道,"在'古'这一堡垒后面,散文家连续发射着'文理'的子弹"[127]。从《申报》社论对当时的中国、中国人、政府(包括官员与皇帝本人)的批评来看,它在本章聚焦的前四十年中始终坚持以传统文体进行写作,这表明在这一时期,在《申报》这里(且只有这里),中国"子弹"比外国"子弹"更有用。

消息:异闻、道德与事实

> 我已尽己所能地描述我所在的这个纷繁变幻的世界。"不,不——我不是这个意思,"(主编)回答道,"那是文学,不是新闻。"
>
> ——西奥多·德莱塞(Theodore Dreiser,1871—1945),1931[128]

从今天的理解来看,新闻报道要提供关于新近事件的客观中立的信息。新闻报道必须包括"5W"要素:事件涉及的人物(who)、事情(what)、地点(where)、时间(when)以及原因(why)。以上要素必须按照信息重要性的严格标准、以"倒金字塔"结构列出。[129]"倒金字塔"的顶层是新闻标题,它必须遵守严格的格式,必须经过足够多的删减,短小简洁的同时需要强调新闻最基本的要点。[130]

乍看上去,晚清新式中文报纸的新闻报道(在早期《申报》上,新闻报道位于论说之后,京报内容与广告之前)同样遵循了上述标准。它们提供了人们期待中新闻应有的关键信息,还有吸引眼球的简短标题——1907年以前,标题常常为四字。[131]这些标题往往信息量不大,却非常吸引人。一些标题采用成语的形式,常常间接提及古代的文本或事件:《为小失大》(《申报》,1873年2月19日)[132]、《厌生乐死》(《申报》,1873年4月29日)、《瑞雪兆丰》(《申报》,1877年2月1日)、《失银伤命》(《申报》,1877年2

---

[126] Woodbridge, "The 'Eight-legged' Essay", *NCH* 18.6.1902.
[127] 同上。
[128] Dreiser, *Newspaper Days*, 59.
[129] Hulteng and Nelson, *The Fourth Estate*, 17-18; Drewry, *Concerning the Fourth Estate*, 130.
[130] Hulteng and Nelson, *The Fourth Estate*, 21.
[131] 迟至1912年,新闻类目如"上海官事"或"海外奇谈",仍在使用四字表述。
[132] 这一表述可见于专门的成语词典,例见《成语词典》,第880页。

月 8 日)。[133] 其他标题,特别是外埠新闻的标题,则尤具诗意。[134] 来自外国的消息题为《皇州春色》(《申报》,1887 年 4 月 19 日)。《云津琐记》(《申报》,1897 年 4 月 22 日)或《津桥鹍语》(《申报》,1897 年 4 月 8 日)代指"天津新闻"。《杂杨春传》(《申报》,1892 年 2 月 8 日)报道的是扬州的消息;《南海潮音》(《申报》,1897 年 2 月 7 日)代表消息来自广州;[135]《四明山色》(《申报》,1897 年 2 月 28 日)代表消息来自宁波;《闽歧春声》(《申报》,1892 年 2 月 12 日)代表消息来自福建;《岳降嵩生》(《申报》,1892 年 2 月 12 日)代表消息来自河南。许多标题使用名山大川之名指代它们所在的省份,这一做法可追溯到早期史志,比如司马迁的《史记》。其他标题则与帖诗有共同之处,文人须作帖诗,它是科举考试的一部分。[136] 虽然只需能够参加科考的教育程度便可轻松阅读这些标题,但到了 19 世纪 90 年代,仍然出现了关于标题相关性的争论。为什么一则来自武昌的消息要题为"鹤楼笛韵"? 新闻本身并不与"鹤"或"笛"相关,难道只是因为"鹤楼"是武昌的雅称之一? [137]

本章聚焦的时期内,这些令人费解的标题与以下表达事实的标题并置:《无属浮尸》(《申报》,1873 年 4 月 29 日)、《岁试开考》(《申报》,1877 年 2 月 1 日)、《东京米少》(《申报》,1887 年 4 月 27 日)、《日东火警》(《申报》,1897 年 2 月 7 日)、《极重大龟》(《申报》,1907 年 11 月 24 日)、《病人换脑》(《申报》,1912 年 4 月 28 日)、《电话结婚》(《申报》,1912 年 11 月 13 日)。更长、更平实的标题也很常见:《日本禁食米饭》(《申报》,1873 年 4 月 9 日)、《虹口礼拜堂中国男女接亲》(《申报》,1873 年 4 月 11 日)或是《女子以武力要求参政权》(《申报》,1912 年 3 月 24 日)等。

标题风格的多样性(其中一些标题显然极具中式风格)是新闻书写方式多样性的反映。消息可以非常写实,例如 1873 年的一则新闻报道了巡捕在虹口附近的黄浦江上发现了一具未被认领的浮尸,[138] 报道给出了细致的描写,并推断尸体可能是宁波人。[139] 这类报道让人联想到京报首页的简短通报,即所谓的"宫门抄"。[140] 而 1877 年的一则消息与之截然不同:

---

[133] 关于《申报》的标题,参见李良荣,《中国报纸文体发展概要》,以及徐载平、徐瑞芳,《清末四十年申报史料》。

[134] 不同地区的消息所使用的标题,参见徐载平、徐瑞芳,《清末四十年申报史料》,第 60 页。

[135] 《申报通讯》(1947 年,第 1 卷第 5 期,第 18—19 页)给出了更多地方新闻的标题,以及表示扬州、广州新闻的标题变体。

[136] 同上,第 19 页。

[137] 在社论《整顿报纸刍言》(《申报》,1898 年 8 月 15 日)中,主笔批评了一些外埠新闻标题故作深奥。关于争论的范围,参见徐载平、徐瑞芳,《清末四十年申报史料》,第 61 页;以及《申报通讯》,1947 年,第 1 卷第 5 期,第 19 页。

[138] 《无属浮尸》,《申报》,1873 年 4 月 29 日。

[139] 参见 Honig, *Creating Chinese Ethnicity*。

[140] 李良荣(《中国报纸文体发展概要》,第 10—11 页)将这类简短消息的写法称为"编年史式",但未提到它与京报之间的明显联系。关于宫门抄,参见本书第三章。

> 前月念(廿)七夜三更时分,南昌章门外忽然红光烛天,见者无不诧异,疑
> 为火灾,各引颈瞻眺,久之,仍寂无所睹,惟见明星荧荧,薄有云翳耳。念(廿)
> 八日,天色晴霁,气候严寒,凄其以风自西自北,至夜半加甚,城内外各处均得
> 雪珠洒落。念九日早起,遥见西上积有薄雪,未几,则昊昊日出,见睍日
> 消矣。[141]

未知事物——天空中忽然出现的红光——给读者带来了紧张感,读者由此被引入这一富于诗意的文本之中。跟随在场观看者的引导,读者亦经历了一系列的感官体验:光亮,寂静,"明星荧荧"。报道在此基调上继续进行描绘,并使用了比喻和拟人手法对其加以解释。这并非当天报纸上唯一一篇充满诗意的报道。另一篇写道:[142]

> 甯(宁)[143]地于十一日初见雪点,随落随消,至十四日晚间,六出花(雪
> 花)飞,纷纭空际。次早开门一望,六合如银,乾坤不夜矣。想天峒雪窦,满径
> 寒梅,倘得披裘垂钓其间……自兵燹后,祥霙稀少。今年得此嘉兆,来岁必获
> 丰亨。直至今日仍细雨溟濛,同云密布,尚未见簷间黄棉袄(即冬日太阳)
> 出也。

这则消息给出了确切的日期与天气变化状况,由此预言"来岁必获丰亨",这些均是宫门抄式"天气消息"的常见特质。[144] 但报道使用了被高度修饰过的语言与比喻("六出花飞""黄棉袄"等),以及"寒梅"等常见意象,加上拟声的语言(比如,用"溟濛"形容雨水滴落),制造了一种尤富诗意的感觉,让人联想到"赋"。[145] 按照西方报纸的规范,这不能算是报道。这里,不同的文化范例(cultural patterns)发挥了明显的作用。

1873 年的另一则早期报道亦如此,虽然其特点完全不同于上述天气消息。[146] 报道以警句式的表述开头:"君臣谊,父子亲,父女从,是之谓三纲,天下皆然。惟上海租界风俗浇漓,君臣父子且不必论,即夫为妻纲之说,似亦竟可废矣。"在这一说教式的导

---

[141] 《章门近闻》,《申报》,1877 年 2 月 1 日。
[142] 《盍郡瑞雪》,《申报》,1877 年 2 月 1 日。
[143] 标题中的"盍"应是"甯"的变体,后者出现在该新闻正文的第一句中。
[144] 参见第三章(特别是第 117 页)对宫门抄中天气消息的讨论。与这里讨论的两条消息在形式和语言上类似的,还有《瑞雪兆丰》,载于 1877 年 2 月 1 日的《申报》。其中报道了湖北的情况,"自秋徂冬皆苦雨水稀少……田间二麦苗甲将枯",但最近的降雪缓解了这种情况。报道最后道,"从此土膏深透,二麦润泽,来年可卜有秋也"。
[145] 参见 Liu Wu-chi, *Introduction to Chinese Literature*, 140。李良荣(《中国报纸文体发展概要》,第 3 页)同样指出,与现代西方报纸文体相比,一些新闻报道因夸张华丽而更接近汉赋,但他未就这一观点作具体说明。关于《申报》消息的文学特质与优美性,亦可见《申报通讯》,1947 年,第 1 卷第 5 期,第 19 页。
[146] 《男遭妇辱》,《申报》,1873 年 2 月 19 日。

语之后,作者记录了日前他在茶肆目睹的一男一女斗殴的场景,"女突起掌男之颊"。面对这一不得体、冷酷而实属凶蛮的举动,作者(及其他在场者)感到震惊。这篇报道非常个人化,充满繁复的细节,最后则以警示结尾:作者认为中国"夫纲莫振",因"此妇既有所犯,则前车已有覆辙"。作者不仅报道了事件,还给出评论并得出自己的结论。这则消息无异于一则道德故事。[147]

这些早期报道常常蕴含着个人的记述,实际上是由报道者(叙述者)所讲述的警世故事。例如,有消息说某乡某甲"从岳家借得票洋三十余元,至宁波城内钱庄收聚",但返回时发现"搭膊被割破,其中洋银尽数剪去"。[148]

> 在岸大哭,遂投河自尽。其父望子不归,次日,寻至河干,见尸浮水面,亦投水死。其外祖母闻信惊慌失足,致跌毙于楼梯下。

作者认为,三十余元"竟伤三命,其情亦惨矣哉!"作者谴责"小窃辈论情甚轻,贻害甚大,地方官尽法治之也"。作者将这则富于情感的故事娓娓道来:开头缓缓地、细致地描述了某甲的家庭背景及其决定借钱的冗长过程,之后又记述了某甲欣然回程的细节。以上内容占据了这则新闻的一半篇幅。接着,故事忽然加快了节奏,在四句之内交代了三人的死亡。叙事节奏的骤然加快,使最不感兴趣的读者亦能沉浸于故事中,感受到情况的戏剧性。

1873年的另一则消息使用了类似的叙事技巧,同样采用了警世故事的形式。[149]消息由第一人称"余"讲述,先交代邻人前年所娶之妻"贪懒凶顽"。自结婚之后,妇人虐待公公,"苛减其饮食衣履"。报道直接引述了妇人在遭到斥责时反唇相讥的话,赋予妇人一种狡黠、口无遮拦的形象。

邻人的老父死后,妇人未流露半点哀戚之情,"附身附棺亦皆草草,且曰:'今而后莫予毒也已。'""亲友提及老父,则反肆恶言。""去年之冬,妇忽得奇疾,宛转床褥,但呼痛楚。无何,而身体不能动矣。"当其肢体开始溃烂,妇人意识到自己将不久于世,希望丈夫能将其事记录下来:"幸广为传播,使天下逆妇闻妾之事而皆化为孝妇,则妾之罪庶可稍从末减耳。"作者作为该家庭的友人,"因援笔记之,以戒夫逮事翁姑者咸知所警焉"。

---

[147] 参见《日本禁食米饭》,《申报》,1873年4月9日。这则新闻报道了日本人改用西方的生活方式。作者在对事例进行论辩时同样不避免自己的态度,他认为"日本向以粟为饭,国人之口腹久经习此矣",故而批评日本政府禁食米饭转而规定国人以面包为食的做法。在作者看来,这是一项糟糕的政策。这则消息不仅报道了日本所通过的一项新政,还带有道德训诫的意味,作者意在向日本与世界发出警示。

[148] 《失银伤命》,《申报》,1877年2月8日。

[149] 《记逆妇惨报》,《申报》,1873年3月20日。本书第三、四章展示了更多报纸中频繁出现的道德故事,它们常常关注女性,其中一个例外是《论孝子剜臂奉母》,《申报》,1872年12月17日。

这篇报道实是一则关于果报的故事。其中充满诸如妇人如何折磨老人、妇人病程如何发展、其腐肉之不同颜色等细节,因此,这则报道也有笔记的影子。[150] 前文已经讨论过,笔记是一种私密的记录,亦可用来写作社论。同时,与许多中式社论类似,这则报道是作为一个故事被讲述的,作者使用时间词标示叙事线,并频繁地转换视角——比如当叙述者要对一段对话进行特写时。言语亦经常用于塑造人物:妇人的恶毒以及她想赎罪的意愿,是用妇人自己的话来表述的,而非出自叙事者之口。[151] 因此,这篇报道在传递作者主观的道德寓意外,还有强调叙事的特点。

叙事在《申报》消息中反复出现。1873 年一则关于"鬼怪事"的报道[152]以几近辩白之语引入:"鬼怪为祟,事本不经。然有不得律以尽属子虚者,则以其事见闻较确。"其中,"子虚"(常作"子虚子")这一人物不仅在新闻报道中、亦会在中国文学及虚构作品中出现。

接下来便是对前日一件"咄咄怪事"的"确实"记录。李某家"室中所悬楊账无故自焚",家人"欲施扑救,讵意不惟不灾及别物,且帐亦不致全毁,嗣则屡以火为祟"。奇怪之处在于,火患没有烧毁所有物品,比如"镜屏悬以索,后贮闺人理发之胶木片,及火燃木片而镜索如故","虽贻火患而幸无成灾者。嗣是或鬼或怪,纷论不一。"

这则消息生动地描述了不同阶段的火势以及人们的反应;并频繁使用时间词标示故事线的发展,如"嗣后""旋""遂"等。最后,李家请来一名绰号为"鬼王燦"的驱鬼人。他在李家"作圆光法,设镜洞照,谓非鬼祟,乃怪为灾,非吾法所能驱"。

李家人遂"迁徙避之,怪不为祟于空屋,而复移其祟于某之兄家"。于是这家人复请鬼王燦前来,燦"作一切符咒",怪"化作虎色斑然,继化蛇尾修然。燦使扑击之而皆不及,旋又化火……燦叱怪……婢旋见一男携一婢一媪越窗出""又闻秀水乡有遭祟扰者,其害不一,或燬物,或窃物,终无定形"。最后,作者忧心地说:"且现未得所以治之者。"

对"子虚子"的提及、惊叹语的插入、直接引语的使用、时间词的反复出现,以及紧张感的建立——这些要素皆来自中国文学与虚构叙事的传统。诚然,报道开头声称这则故事是真实的,同时,此题材又带有奇幻色彩,这更接近传统"志怪"或"传奇"小说的书写惯例——只不过是一现代版本。[153]

我们已经看到的早期《申报》的新闻,或是类似传统编年纪事及京报的事实性报道;或是含有诗意的、论辩的文辞——这通常出现在"说"或"论"中;或是因果报应故事

---

[150] 李良荣(《中国报纸文体发展概要》,第 7 页)指出,一些新闻的写作沿袭了笔记的传统,如《世说新语》和《太平广记》。
[151] 《申报》新闻报道中频繁出现言说的女性;这在传统中国文章中不常见。关于这一点,参见本书第四章。
[152] 《鬼怪新事》,《申报》,1873 年 4 月 9 日。
[153] 关于中国"志怪"故事或"传奇",参见 Campany, *Strange Writing*。关于晚清杂志语境中的"志怪",参见 Hungtington, "Zhiguai and Late Qing Periodicals"以及下文的讨论。

与志怪故事,它们具有中国虚构文学类型的技巧与写作风格。[154] 显然,当时的新式报纸尚未形成一种一致的、具有约束力的新闻写作形式。同时,这些文本表明,人们对于书写"新闻"的西方惯例,或是对于主观与客观之间、事实与虚构之间的区别尚不存在一种一致的认识。[155]《鬼怪新事》与《日本禁食米饭》紧挨着;同一版面可能同时出现关于天气的诗意报道、事实性的消息、志怪式的故事、诗作与京报内容,或是本埠、外国消息以及非常个人化的新闻。直到 19 世纪 90 年代,《申报》才开始对新闻进行一定程度的分类(电传新闻、京报及其他官报新闻、本埠新闻分开并按特定次序刊出)。[156] 20 世纪开始,这一趋势变得愈加明显,特别是在 1905 年 2 月改版之后,《申报》引入了"要闻"和"本埠新闻"栏(见图 1.3)。这样,报纸就变得更为明了、更易翻阅了。[157] 到了 1912 年又发生一明显变化,不具政治重要性的惊奇有趣的内容仅在"自由谈"栏目中出现。[158] 于是,如果还有"鬼怪事"或此类琐闻(chiens écrasés)的话,均被归为娱乐内容,不再被报纸视为"严肃"新闻。[159] 与此同时,与早期的常规新闻相比,这类"奇趣"故事也愈益采用事实性的、不带个人色彩的写作风格。例如,"自由谈"刊载过一篇记述一女子死而复生的报道,被归为"海外奇谈"。[160] 这则带有奇异色彩的新闻是以一种直接明了的方式叙述的,交代了确切的时间、地点、主人公的名字。其报道是客观冷峻的,未流露任何情感。

《死而复生之女子》以解释西方的悠久习俗开头:"人死后必逾一昼夜始准殓葬,因恐暴病猝亡,或犹苏醒也。""惟西班牙人近来多有不遵此例者……今六七月间,该国瘟疫盛行,一女子名尧瑟者,年十年,忽患疫气绝。速,医士至,亦云,身冷如冰,早登鬼箓矣。乃不用棺木,舁至公坟,掘土未深,即瘞埋之。翌日,有人偶经其地,见此女哭泣道旁,引之回家。迄今三月有余,此女已饮食如恒,精神逐渐回复。"接着,报道转而补充道,"该国生理学家、医学家"正在研究判定人是否真的死亡的方法。

---

[154] 关于早期中国报纸(如《申报》《循环日报》和《七日报》)新闻书写的文学特质,可进一步参见 Vittinghoff, "Am Rande des Ruhms", chap. 6; Sinn, "Fledgling in Flights";以及《中国新闻事业通史》,第 405—417 页。李良荣(《中国报纸文体发展概要》,第 4 页)亦提到,中国新闻报道会使用小说写作中的程式化用语。

[155] 冼玉仪(Elizabeth Sinn, "Fledgling in Flight")对比了内容相同,但先以英文发表在香港《德臣西报》(*China Mail*),后以中文发表在《中外新闻七日报》周末增刊上的新闻报道,进而阐明了中、西式新闻书写惯例之间的巨大差异。她也对《中外新闻七日报》的中式叙事与文学特质进行了评论。

[156] 参见《整顿报务余言》,《申报》,1898 年 8 月 24 日。

[157] 参见 Nathan, *Chinese Democracy*, 137。1905 年,《申报》将版面分成上下两个区域,大大缩短了列长,使之更方便被读者逐行阅读。1907 年,《申报》所有经过编辑的栏目均加上了标点。新的都市读者群体的读报时间更少,他们在何种程度上对上述报纸的版面变化有要求,这一点仍待研究。

[158] 李良荣(《中国报纸文体发展概要》)并未对这些明显变化做出解释。这些变化反映了 1905 年之后,人们开始有一种意识与意欲,试图区别在当时看来何为"虚构的"、何为"事实的"题材。这种意识与意欲在 1912 年之后变得更加明确。

[159] 例见《杀人祭鬼》,《申报》,1912 年 5 月 5 日。它就出现在"自由谈"栏目中。

[160]《死而复生之女子》,《申报》,1912 年 11 月 14 日。《北华捷报》中文版《上海新报》上的一些社论文章亦以"海外奇谈"为题(例见《上海新报》,1872 年 12 月 5、6 日),但对它们的处理方式与其他报道是一样的。

这则报道的开头与结尾部分平实地叙述了西方的殓葬风俗与相关科学的发展,中间的奇事则以娴熟的讲故事技巧说出。尽管有叙事方面的润色,这则报道与前文所讨论的报道仍极为不同——没有作者的说教或主观表达,也没有强调事件的奇异性,这则报道是在经验科学的框架中得以呈现的。[161]

显然,1912年,一种关于"什么是新闻"的新意识已在中国发展起来,它决定了不同主题新闻报道的选择与版面位置的安排,并在一定程度上决定了报道风格。新闻分类与写作方式的转变或许与中国在新闻教育方面的最初努力有关。20世纪初,日本新闻学教科书首次被译介到中国,1916年,徐宝璜(1894—1930)出版了第一本中文原创教科书《新闻学》。[162]这些教科书介绍了新闻写作技巧,比如"5W"原则、倒金字塔结构的重要性,以及真实客观等新的报道标准。在西方,这些写作技巧早在19世纪90年代便已成为主流,并在20世纪早期变得越发重要。[163]西方新闻已从一种文学形式转变为由客观报道所主导的模式。[164]这使报道者的独立性丧失了,记者再也不能作为公然的鼓吹者或社会批评家。[165]新闻记者必须遵守讲述客观事实的惯例,不能以一种明显的主观视角来写作。[166]

19世纪90年代在西方报界产生、并在20世纪最初二十年扎根的客观性理念,同样支撑了中国新闻分类与书写的巨大变化。[167]有证据表明,将意见与新闻区分清楚、[168]并在报道中坚持事实性而非虚构性的观念变得越来越显著。"公正客观,准确

---

[161] 另一则这样的报道是《病人换脑》,《申报》,1912年4月28日。它讲述了"布地摩有西人因办事过多,脑质转弱……须将旧脑除去,换以新脑,乃能延长其性命",最终寻获一死幼孩,医生遂将其脑换去。

[162] 关于新闻教育的更多信息,参见 Vittinghoff, "Am Rande des Ruhms", chap. 8;以及 Chao, *The Foreign Press in China*, 16。

[163] Connery, "A Third Way to Tell the Story", 4; Hulteng and Nelson, *The Fourth Estate*, 28; Peterson, "Social Responsibility Theory", 172-173; Schiller, *Objectivity and the News*, esp. chap. 1. 其中,席勒(Schiller)认为:讽刺的是,19世纪30年代的便士报(penny press)开拓了新闻客观性与准确性的理想(尤见该书第七章)。

[164] 例如,罗斯(C. Ross)的《新闻写作》(*The Writing of News*)是一本典型的关于如何避免文学式或主观式新闻写作的指导手册。对其观点的总结如下:"记者讲述新闻故事的方法常常与小说家讲述小说故事的方法相反。"(出处同前,第57页)

[165] 至少可以说,在20世纪之前,通商口岸西文报纸的新闻写作亦是主观性的(参见 Cox, "The Treaty Port Press", 97)。迟至1925年的《北华捷报》也是如此(参见本书第六章)。

[166] Frus, *The Politics and Poetics of Journalistic Narrative*, xviii. 用来避免主观性的特定用语,参见 C. Ross, *The Writing of News*, 20, 26。新闻业的日常运转恰恰以缺乏个性为特征:"二十位记者写下的不同故事,通过特定的叙述模式,转变为一系列单调的文章副本,其中占统治地位的是单一的叙事声音。"(Koch, *News as Myth*, 170)

[167] Schiller, *Objectivity and the News*, 194. 李良荣(《中国报纸文体发展概要》,第48页)指出,《时报》对宣传并落实这一变化起了作用。而我的发现是,《申报》等商业报纸在创办初期,就已经有文章在报端开展对客观性理念的讨论了。这一发现将在后文进行说明。亦可见 Vittinghoff, "Am Rande des Ruhms", chaps. 6 and 8。

[168] 关于越来越多"短评"新栏目的出现,下文有讨论。

无误"真正地成为中国报纸讨论的关键词。[169]

因此,不应以20世纪早期引入中国的外国报刊理论作为标尺,来衡量19世纪70年代的中文报纸,并借此指责中国早期新闻写作未能将事实与虚构、主观与客观区分清楚。[170] 19世纪90年代之前,中外记者均通过具有感染力的故事与个人意见吸引读者,这也许比"只呈现事实"的报道更真实。后来的报纸编辑则认定"只呈现事实"的报道方式,他们害怕报道(甚至社论)中出现个人声音,觉得个人声音会背叛公众对新闻作为中立事实的信任。[171] 这时,讲述新闻故事的方法才变得"与小说家采用的方法全然不同"[172]。1905年《申报》改版之后,这一观念亦很快体现在中文报纸中。

这意味着几十年之后,上述西方标准(它本身也在19世纪下半叶发生了缓慢的演变)完全被应用于中国报纸文本中:1872年,美查在《申报》发刊词中尝试在他所理解的某些文学(或虚构)书写形式与新闻之间,引入一明确的区分。他提到经典的"志怪之书",例如干宝(?—336)的《搜神记》,认为其所记之事"荒诞无稽",是写作的负面案例。美查称新闻体例"务求其真实无妄"。[173] 1875年一则邀请访事人的告白中,《申报》再次说明需要"实事求是者"[174]。19世纪80年代悬挂于申报馆入口处的匾额"尊闻阁"[175],可以说是"实事求是"这一工作准则的缩影。而另一方面,美查想要报纸有销量,就要兼顾娱乐与教化。《申报》创刊号上,紧随批评志怪小说的《本馆告白》之后,刊载有《本馆条例》,其中称报纸的目标是"辟新奇,广闻睹"[176]。类似这样的表述,不时出现在《申报》的告白与社论中。[177] 1877年有社论在为"选新闻纸成书"作广告的同时,指出新闻纸(报纸)之所以如此受欢迎,不仅因其"崇论闳议",还因它记载了"可惊可喜之事"(第8行,第22行)。[178] 1873年的一篇论说明确将《申报》所刊"神奇之说"与"志怪之齐谐"类比。[179] 阅读"志怪小说"是大众已经形成的一种普遍习惯。因

---

[169] 李良荣,《中国报纸文体发展概要》,第48页。

[170] 故而,我对李良荣在《中国报纸文体发展概要》中的诸多阐释存有疑问。李从现代新闻业的视角出发评判早期中文报纸的写作,其讨论范畴对于当时的消息写作者来说是未知的。我的这一批评同样适用于《上海近代新闻史》,第143页。

[171] Sims, "The Literary Journalists", 5; and Pauly, "Politics of the New Journalism", 114.

[172] C. Ross, The Writing of News, 57. Connery, "A Third Way to Tell the Story", 14. 其中提到的对人物与情境的文学特写——与中国的新闻报道以及作为社论的"记"相当类似——是19世纪末美国文学性新闻的重要元素。

[173] 《本馆告白》,《申报》,1872年4月30日。

[174] 《延友访事告白》,《申报》,1875年7月7日。类似表述亦可见《论本报销数》,《申报》,1877年2月10日;《与西友论报纸体例》,《申报》,1897年10月17日;以及《整顿报纸刍言》中对新闻记者之不可依赖的批评,《申报》,1898年8月15日。

[175] 参见《申报通讯》,1947年,第1卷第4期,第22页。"尊闻阁"可理解为"尊重新闻事业"的地方。

[176] 《本馆条例》,《申报》,1872年4月30日。

[177] 例见《本馆自述》,《申报》,1872年5月8日;《本馆告白》,《申报》,1872年5月16日;《本馆自叙》,《申报》,1872年5月20日。

[178] 《选新闻纸成书说》,《申报》,1877年3月28日。

[179] 《申报馆赋》,《申报》,1873年2月15日,第11行:"惟神奇之说比于志怪之齐谐。"

此,作为消闲读物的报纸与志怪故事之间存在竞争,所以《申报》选择将"神奇之说"包装成新闻涵括进来。[180] 尽管《申报》受到在华西文报纸的嘲弄,认为它总是刊登一些古怪的故事,[181] 但《申报》仍长期出版这些内容,并用纲领性的表述为其"正名"。例如,1874 年的社论《驳香港西报论申报事》(《申报》,1874 年 12 月 25 日)中,《申报》力陈至少半数华人喜读并相信奇异之事,甚至西人也"敬而信之"(论说含蓄地举《圣经》为例子)。[182] 尽管人们读这些新闻故事是为了"消闲",但事实上,它们体现了中国读者的品位:新闻亦是一种"以特定文化历史为依托的社会建构物"。[183] 因此,美查作为《申报》的外国管理者,实际上愿意在他讲求事实的报纸上接纳自己所理解的"虚构"内容;他甚至倡议读者将这份报纸作为一本书来阅读,[184] 并赞同以一种中国的、"文学性的态度"来接近报纸。

早期的中国新闻书写很难像西方那样将事实与虚构区分开,原因之一的确是中国人对文学的态度。前文提及的诸多叙事技巧,比如通过对话塑造人物,[185] 使用时间词及状语来组织、推延或加快文本进程,都是中国传统"虚构"与"事实性"作品(例如正史)中常用的技巧(因此从中国人的视角来看,这些技巧亦可用于书写新闻)。[186] 司马迁为官方史志奠定了原型,他使用的大量材料从现代观点来看(如果不完全是虚构的话)仅能被称为"伪历史的"(pseudo-historical)。[187] 正史中确实涉及许多怪异事件、梦,以及五行运行的征兆。被认为是事实性的或虚构性的话语,往往汇合在同一文学类别之中。[188]

这并不是说,从中国的理解出发,"事实"与"虚构"之间没有差别;只是说它们与 19 世纪开始引入中国的这两个文学概念非常不同。文本的意义会根据不同的文化语

---

[180] 两者显然互有影响;报纸同样引发了传统志怪小说的变化。一些志怪小说集收录了最初被刊登在报纸上的篇目。再如,为响应《申报》新闻报道须强制匿名的要求,晚清志怪小说中"某王"成为经常出现的人物;这一做法在志怪小说中确立了一种疏离的、集体性的叙事权威。这些发现,参见 Huntington, "Zhiguai and Late Qing Periodicals"。

[181] 瓦格纳在《华洋通闻》(Celestial Empire)中发现了证明这类批评存在的证据。本章注释 160 已经提到,《北华捷报》中文版《上海新报》中含有大量迎合中国人品位的志怪内容(例如《梦游仙境》,《上海新报》,1872 年 12 月 9 日),尽管西人对中文报纸发表这类内容表示轻蔑。

[182] 相关讨论参见 Vittinghoff, "Am Rande des Ruhms", chap. 6。

[183] Koch, News as Myth, 19. 还有别的原因导致事实性在新式报纸的报道中时而遭到忽视,比如礼仪方面的考量。关于此,参见 Vittinghoff, "Am Rande des Ruhms", 226。

[184] 《选新闻纸成书说》,《申报》,1877 年 3 月 28 日。

[185] 至少从《春秋左氏传》开始,中文叙事便通过对话使人物形象更加鲜明。参见 John Wang, "Early Chinese Narrative", 8-9。

[186] Plaks, "Towards a Critical Theory of Chinese Narrative", 311. 他接着(在第 314 页)评论:"以传播功能(function of transmission)为导向的历史书写,在中国可能的叙事范围内占据了主导地位,因此史志成为中文叙事的核心模式,而小说成为其子集。"他认为,"中国的叙事类型中,史志代替了史诗,不仅提供了一套组织文本与塑造人物的复杂技巧,也为读者感知不同人类事件的意义提供了观念模式"。

[187] 同上,312;Sheldon Lu, From Historicity to Fictionality and Campany, Strange Writing.

[188] 参见 Frus, The Politics and Poetics of Journalistic Narrative, 528。

境而发生改变:文本创作者视为"真实"或"事实"的东西;读者则可能视之为"非真实"的,由此将之重新标定为"虚构"的。[189] 文本的"文学性"是内在的,它由一系列复杂的意图、体裁规约与文化传统共同决定。同时,文学性又受限于、依赖于主观的、可撤销的评价。[190] 现代汉语中的"小说"一词在被使用了几个世纪后才包含了"构造事实"(fiction)的概念。这样想来,"事实"或"虚构"的相对特质便显而易见了。"小说"最初代表的可能是我们今天会称之为"新闻"的东西:在《庄子》中,"小说"意为"口传的言语"(word of mouth),汉代与汉代以前,"小说"指市井常人的言谈,由"稗官"收集起来,使朝廷得以知晓大众意见。[191] 因此,"小说"的定义更多的是基于其内容而非形式。区分"小说"与其他"更严肃"作品的标准,可参考两者分别允许哪些社会阶层的主人公出场。由此,我们可以理解为何传统中"小说"常受到轻鄙,因为它作为一种反话语(anti-discourse)或反体裁(anti-genre),破坏了文学典籍的正统次序("小说"的界定之一可追溯到孔子,他轻蔑地称小说为"小道")。这种轻视"小说"或"虚构"作品的态度,直到20世纪20至30年代,在五四运动、新文化运动的影响之下才得以重塑。[192]

何者被(或不被)涵括进历代史书艺文志"小说类"中,并非不言自明的,亦没有稳定的传统可循。例如,志怪故事迟至明代才被视为"小说";早先的读者是将之作为"历史"来接受的。[193] 大约1895年,中国对"文学"的观念亦发生了类似转变。"文学"原本可以是任何蕴含人情的文字或书写,此时被缩减为"想象性的书写"或"虚构作品"。[194] 因此,在19世纪晚期的中国及西方,关于何为虚构、何为事实的问题,存在着持续的争论。[195] 而中西对于"虚构""事实"这两个范畴的界定并不完全重合,这一点也不应令人感到惊讶。

因此,若以19世纪西方"虚构的"与"事实的"这两个术语来说,在很长一段时间内,中国传统的叙事形式应被看作位于二者的边界上,且这些传统叙事形式被很好地用于中国报纸的书写。彼时中国尚没有关于"如何进行新闻写作"的手册。1898年,一篇《申报》社论在言及报纸体例时说"中土行未久,无典可援"[196]。即使是在1905年2月《申

---

[189] Genette, *Fiktion und Diktion*, 61.
[190] 同上,7。
[191] Liu Wu-chi, *Introduction to Chinese Literature*, 141 and Sheldon Lu, *From Historicity to Fictionality*, esp. 39-52.
[192] 鲁迅(1881—1936)的《中国小说史略》就是体现这一范式转变的一个例子,参见 Mittler, "Zwischen chinesischer Tradition und europäischen Ideen"。
[193] DeWoskin, "The *Sou-Shen-chi* and the *Chih-kuai* Tradition", 297; idem, "Six Dynasties *Chih-kuai*", 51. 亦可见康儒博的细致研究(Campany, *Strange Writing*)。蒲松龄(1640—1715)自称"异史氏",他既依循了旧的志怪传统,又发展了另一种话语形式,让他能够"跨越事实与幻想之间、历史与玄奥(esoteric)之间的边界";参见 David Wang, *Fin-de-Siècle Splendor*, 201; Zeitlin, *Historian of the Strange*。
[194] 参见 Huters, "A New Way of Writing", 272n1。
[195] 参见 Campany, *Strange Writing*; Sheldon Lu, *From Historicity to Fictionality*, esp. chap. 1 and 2。
[196] 《整顿报务余言》,《申报》,1898年8月24日。

报》改版期间,它亦未为"新闻"设定标准:一篇对改版进行说明的文章指出,报纸的要旨之一是尽可能地扩展报道范围、传达公众意见,却并未提出什么才是合格的新闻。事实上,这篇文章甚至坚称,通信人或读者寄来的作品形式如何根本不重要。[197]

中国报人避开了西方既有的新闻形式与标准,代之以一系列中国人熟悉的传统书写技巧,仅仅使用对新闻记者和读者而言最自然的风格进行写作。记者用简短的、事实性的、准确的笔触描写犯罪、战争与灾祸,语言风格类似京报上的"宫门抄"。记者写作的报道,或带有与史书类似的叙事风格,具备《左传》强烈的时序感(sense of chronology),或带有司马迁《史记》以来典型的品评风格,[198]或使用散文诗(prose poetry)、因果报应故事与志怪故事等诸多文学形式中的技巧。

但是,形式上的延续性并不是说,在这些早期新闻报道中没有创新。中国也许自远古以来就有"新闻"了(有人称《春秋》即最早的新闻辑录),同时,叙述新闻的方式——无论平实或怪诞——亦很早就被确立下来了。然而,随着新式报纸的引入,谁/什么是好的、值得报道的发生了相当大的变化。例如,传统意义上被认为鲜有新闻价值的特定主人公群体占据了晚清报纸版面。叛逆的女性和赤贫的农民历来被禁止出现在"次要的"虚构体裁中,也很少出现在"严肃的"文字作品(比如正史或传统新闻媒体)中,除非是与案件记录相关。[199]因此,尽管《申报》报道呈现了传统的面貌,且直到很久以后、进入 20 世纪才开始接受新闻书写的西方标准,但早期《申报》的新闻仍给中国带来了新的东西。《申报》文章巧妙地隐藏在传统的外衣之下,涉及的却是新主题。故而,早期新式报纸的报道,以既有的传统叙述形式为包装,带来了对现实(realities)的重新整理、对事实(fact)与虚构的重新安排。正是这最早的一次调整——而不是此后对西方关于"什么不是新闻"的定义的接受(这种接受是东方主义的)——标志着中国关于"什么是新闻"的观念发生了最重要的变化。

"评":议事文体的新名称

20 世纪开始,尤以 1905 年改版为标志,《申报》引入了一系列新的、明确的新闻分类。[200] 这一变化伴随着"短评"的出现,它以"评论""社论""时评""杂评""清谈"等为题。新的分类范畴与新的评论形式体现了报界对新闻事实性及客观性标准的接受,因此是中国报纸内部构成中最急剧、最全面的变革的产物。下文将对其中两种新的评论形式进行分析,进而说明,它们依然建立在完备的以文议事的传统形式之上。

---

[197] 《本馆整顿报务举例》,《申报》,1905 年 2 月 7 日。
[198] 李良荣在《中国报纸文体发展概要》中给出了这些类别,第 7—9 页。
[199] 可参考民权运动期间部分文字作品,相关介绍参见 Leonard, "Antislavery, Civil Rights, and Incendiary Material", esp. 126.
[200] 1907 年《申报》再次改版,从 1907 年 3 月 29 日开始,报纸栏目之间以花案区隔开。

传统经典中并没有"时评"这一文类。及至 1904 年,"时评"才开始出现在一些报纸上,并逐渐取代八股文式的社论。[201] 然而,新的"时评"以一种传统体裁"评"为模式,根据《文心雕龙》的界定,"评者平理","评"是一种以公平、合理的方式品议历史的文体。类似地,《申报》"时评"批判性地议论、评价时事,这是一种简短的(通常有 12—17 行,每行 17 个字)文学形式,不避主观性,且口气与本质均是说教性的。[202]

例如,时评《余谓今日之最可危者》(《申报》,1912 年 12 月 14 日),以一种个人化的口气开头(这种开篇方式在"记"中亦很典型),"余游北京而返",然后写下这篇时评。接下来的两段以一系列"非"开头的排比句展开批评:

> 余谓今日中国之最可危者,非外患也,非边防也,非财政也,非党争也,非兵变也,非人民程度也,任事者无责任心而已。
>
> 余所谓任事者无责任心者,非放弃责任者,推诿责任也,非不知责任之所在而不知所措也。

在作者看来,政府根本不知道如何去做人们期望它做的事,以致最终毫无作为。其冷静的批评通过排比结构而呈现一种尖锐的风格。一连串字数有限的短句用相同的开头制造了一种催眠式的顿挫感,这对摇摆不定的读者来说尤其有效。[203]

报纸新近引入的"时评"替代了"过时的"八股式社论;而另一种评论形式"清谈",约在同一时期开始出现在《申报》上,它是一种旧的议论形式的复兴。在 3 至 4 世纪,"清谈"开始意指对特定的人或事进行的讨论,这种讨论通常是细致、多样、诙谐以及具有批判性的。"清谈"这一传统似乎直接影响了报纸"清谈"的创生。报纸"清谈"通常由两三段构成,第一段读起来像是警句或是简短的事实介绍。紧接着是一个长段,讨论相关的情况或人物。结尾段大多极为简短,陈述记者本人关于事件的观点,常常以短语"记者曰"引入,这一做法有些类似于哲学文本中经常出现的"圣人言",或是一些经典著作例如《左传》中的"君子曰",以及《史记》各篇结尾引入议论的"太史公曰"。对这一常用短语的改写,赋予其新的效仿者——记者——以权威的声音。

1912 年 3 月 1 日的一篇"清谈"以警语"人何以异于禽兽?非以其能言语行动也,以其有智识"开头。整篇文章对袁世凯进行了尖锐的批评,说他只醉心于权势,意欲推

---

[201] 关于是否是《时报》引入了"时评"这一文体是有争议的。李良荣《中国报纸文体发展概要》,第 36 页)引用了一篇刊登于 1904 年 3 月《中国日报》上的时评,比《时报》创刊号还早了三个月。

[202] 从以下评论标题可明显看出它们具有道德说教的意味:《余谓今日之最可危者》(《申报》,1912 年 12 月 14 日),《言论家之天职》(《申报》,1912 年 11 月 6 日),《请政府毋欺国民》(《申报》,1912 年 12 月 2 日),《大国民固宜如是》(《申报》,1912 年 11 月 3 日)。然而,与下文要讨论的"清谈"不同,仅在很少的"时评"中,作者才会以"记者曰"这一表述宣示自己现身说法。

[203] "自由谈"的"心直口快"专栏经常戏谑地使用这种重复。该专栏总是展示一定数量的句子,它们以重复的段落或短语开头或结尾,例如《十可怕》,《申报》,1912 年 4 月 6 日。

翻共和。这篇"清谈"以记者对不听其劝诫之人的警告结尾。另一篇发表于1912年3月18日的"清谈"的第一段说："自光复后有最发达者二事，一党会，一新闻事业也。"它接着写道：

> 夫党员以铸造政论、辅导政府为天职；新闻记者以鼓吹舆论、监督政府为天职。一政府而得多数良导师、良监督，此政府之幸也。
> 记者曰："假使政府中人而以为不幸者，则岂我民生之多幸也。"

在清谈传统中，严厉的、针对个人的批评是可以被接受的。尽管所有新式清谈讨论的都是同时代的主题（历史上的清谈同样如此），但它们仍旧摆出了传统谏官学者的姿态，且常常诉诸传统的价值观。然而重要的是，扮演圣人角色的人是一种新职业的执业者，即记者。

20世纪的最初几年，《申报》进行了彻底的改版，修订了事实与虚构的观念，同时，教育体系经历改革，科举考试被废除。即使在这一切发生之后，中国报人在写作"新式"评论时仍在寻求传统。他们对传统体裁进行改写，依赖排比等修辞技巧，还摆出谏官的姿态。在此过程中，新式评论通过诉诸行之既久的书写标准而被普遍接受。中国报纸从一开始便公开倡导变革，但从纸面上却几乎不能看到其变化。报纸在谈及塑造新民、开放闭塞的中国以及取鉴舆论时，使用的是运用既久且当时仍继续用于经世文写作的文体。正是报纸这种在形式与内容之间相互关联的对立，加上其快速广远的发行——而非真正新形式的发展[204]——凸显了中国报刊文章这一书写类型。

中国报刊文章：一种新文体？

> 人人笔下所无，却为人人意中所有，虽铁石人亦应感动。
> ——黄遵宪（1848—1905）致梁启超函，1902年[205]

与梁启超同时代者以及后来者均称，梁氏的报刊文章是"新文体"之肇始。根据中国报刊史学者的说法，梁氏风格直接导致了1896至1916年报刊文体的全面变革。[206] 本

---

[204] 这里，我对燕安黛（"Der Leitartikel der *Shenbao*", 3）与李良荣（《中国报纸文体发展概要》，第20页）的研究提出质疑，他们均认为以旧形式引入新话题，必然引发旧形式的变革。我同意它有此作用，但仅在很小的程度上。
[205] 转引自 Nathan, "Liang Ch'i-ch'ao's 'New-Style Writing'", 29.
[206] 《上海近代文学史》，第140页，其中认为梁启超的《时务报》对于中国报刊新文体的发展来说是最大的助力。亦可见 M. C. Liu, "Liang Ch'i-Ch'ao"; 以及 Nathan, *Chinese Democracy*。费南山（Vittinghoff, "Am Rande des Ruhms", chap. 9; and idem, "Unity vs. Uniformity"）令人信服地指出，梁启超是他自己最坚定的拥护者之一，也最为标举自身所创新式报刊事业和新式写作风格的重要性。

章余下的部分将讨论被归为梁启超新文体的种种特质,并将之与《申报》文章的特点进行比较。[207] 我将表明,许多所谓梁超启文章的独特之处,在比他早数十年的《申报》文章中就已出现了。我将说明,首先,所谓梁氏文体的新颖之处未必那么新颖(虽然在梁启超的文字出现之后,一些被认为是其独有的写作特质,的确更频繁地出现在报刊文章中);第二,梁氏文体中还有其他更独异之处,使他的文章别具吸引力且在某种程度上无法被人复制。由此,我将指出,在中国报纸文章形成的过程中,梁启超的文章的确有巨大的(但并非根本的)影响力。

梁氏文体有何独特之处?他自己(以第三人称)解释道:

> 启超……幼年为文,学晚汉魏晋,颇尚矜炼,至是(1898—1902)自解放,务为平易畅达,时杂以俚语韵语及外国语法,纵笔所至不检束,学者竞效之,号新文体……然其文条理明晰,笔锋常带情感,对于读者,别有一种魔力焉。[208]

人们在说明梁启超文风的独特要素时,会反复引用以上概括性说明,而一些更细致的分析则使此概括变得更具体确实。[209] 根据这些分析,梁启超依赖广泛的材料,包括谚语、民谣以及中外著作,也会使用精巧的隐喻、外文的语法结构以及传统的中文对偶。[210] 他经常通过类比与举例来进行论证,论证过程快速且并不总是具有清晰的步骤次序,而常常伴随着鲜明的对比、迅疾的节奏,以及时而对旧习的无情抨击。其文字往往是情绪化的、直接的,从中可感受到梁氏个人的鲜明在场。[211] 如果我们将以上所列种种要素与《申报》文本进行比较就能明显看出,这些要素似乎构成一种综合风格,它不仅极为倚重传统的形式要素,还将传统形式要素与非传统的新内容并置。这种综合风格不独属于梁启超,从《申报》创刊开始,许多《申报》报人就已经在践行这种风格了。下文将对梁启超发表于1901年的名篇《少年中国说》进行细读,并将之与《申报》文本进行比较,从而呈现更多具体的证据,证明这些相同风格特征的存在。

梁启超文章中常见的要素诸如情绪、加强语气的小品词(particles),以及作者的强烈在场感等,[212]亦可见于许多《申报》社论文章。这些文章常常以包含"呜呼"的语

---

[207] 关于梁氏文体,我与薇薇安·瓦格纳(Vivian Wagner)、叶凯蒂与鲁道夫·瓦格纳有长期的热烈争论,这帮助我形成下文的观点。我对他们的建议,以及更为重要的、他们的异议表示感谢。
[208] Liang Qichao, *Intellectual Trends in the Ch'ing Period*, 102.
[209] 例见李良荣,《中国报纸文体发展概要》,第32—33页;以及《上海近代文学史》,第148页。
[210] Huters, "New Way of Writing", 248, 257; Tang, *Global Space and the Nationalist Discourse of Modernity*, 17-21; and Gunn, *Rewriting Chinese*, 34.
[211] Nathan, "Liang Ch'i-ch'ao's 'New-Style Writing'", 6.
[212] 梁启超反复使用"呜呼",亦常常表示认同"我中国""我少年",他还通过"梁启超曰"(第5段、第9段)在文本中现身说法。

句开头或结尾;[213]不少论证亦带有情绪;[214]论者或记者对他描述的内容抱有强烈的认同,还常常高呼"吾(我)中国"。[215] 中国社论的作者具有强烈的主体存在感(甚至进入 20 世纪之后仍然如此),他们常常以"余""窃""吾"或"执笔者"甚至真名出场;而不是进行客观报道,或站在写作社论的"我们"背后来代表"报纸的个性"。[216] 作者这一角色还常常直接面向读者,跟梁启超一样称呼读者为"诸君子"。[217] 这些文本一再直接向读者喊话,这在一定程度上导致它们成为由白话和文言式表述构成的古怪混合物,还含有一些奇怪的、不符合语法的词序置换。另外,这些文本还常常重新定义或创造特定的术语——然后给它们贴上"现代"的标签。[218] 这些都是早期《申报》与稍晚时期的梁氏报刊文章共有的典型要素。

至于隐喻的使用、天气消息中的诗意意象,以及奇幻的隐喻性的描绘(例如用"仙梯"形容上海的升降电梯),在《申报》文章中都很常见。[219] 隐喻也经常用于比较中外制度。大量"身体隐喻"用于描述当时(病态的)身体政治,[220] 这些隐喻并不新奇,它们不仅在中国早期报人笔下反复出现,后来亦常见于官员与政治家的著述中——其中当然也包括梁启超(如"导论"中提到的他对于报纸的描述)。因此,早在梁启超将一些隐喻确立为"新文体"的组成部分之前,《申报》作者就开始使用极为类似的隐喻了,它

111

---

[213] 仅举几例,如 1877 年 4 月 9 日的《申报》论说以"呜呼"开头;1877 年 10 月 13 日的《申报》论说(本书第五章将对之进行讨论)反复说"呜呼!余又观于上海……";以及 1887 年 9 月 9 日的《申报》论说感叹道:"呜呼!天下第一戏场耳!"关于更多论说中的感叹,参见本书第四至六章。
[214] 例如,有论说批评禁止妇女拣茶的命令,同情拣茶妇女道:"其情实亦可悯,苟略有人心者,方将恻恻之不暇。"(《申报》,1882 年 12 月 30 日)
[215] 本书第四章、第六章将对一些更为突出的例子进行讨论。例见《申报》,1900 年 7 月 1 日。
[216] 参见 1873 年 2 月 12 日《申报》:"非子一人之私说"。1887 年 2 月 10 日《申报》:"窃以为"。1887 年 3 月 16 日《申报》:"吾意以为"。1900 年 7 月 1 日《申报》:"余则曰"。
[217] 最早的例子参见刊载于 1872 年 4 月 30 日《申报》的《本馆条例》,其中向读者求取文稿,请读者提供信息。
[218] 一些经梁启超之笔而流行起来的语词,在几十年前就已经被《申报》讨论过;不过,关于《申报》所使用的语词,仍有待细致全面的研究。例如梁启超笔下"群"这一著名概念,对于其改良计划而言至关重要,但这一概念发展于 19 世纪 90 年代中期(相关讨论参见 Tang, *Global Space and Nationalist Discourse*, 65-68)。同时,一般认为"群治"概念是梁启超发明的(参见 Hsia, "Yen Fu and Liang Ch'i-ch'ao as Advocates of New Fiction", 222n3),但实际上并不是("群治"概念尤可见于 1902 年梁启超发表的著名文章《论小说与群治之关系》)。这些表述在《申报》文章中均早已出现。例如,上文讨论过的《论印度法国二处传来奇谈》(《申报》,1877 年 11 月 9 日)一文就提到"群"这一概念;而孙中山履任临时大总统之际,《申报》发表的祝词(1912 年 1 月 1 日,全文见附录 B)中亦提到"群治"。也许"新民"这个概念同样如此,《申报》曾反复提及"新民",第一次是在其创刊号(《申报》,1872 年 4 月 30 日)上。参见本章注释 92。
[219] 这一表述出现在 1872 年 5 月 30 日《申报》的一首竹枝词中。更多的例子参见本书第五章。
[220] 相关的例子很多,比如有论说讨论为何国人未发展出合宜的"公民情感"(《申报》,1887 年 3 月 16 日)。亦可见《申报》,1902 年 3 月 23 日,讨论引入西式教育的必要性:中国的问题(以"国家之病"来表述)在于其不了解西方。在一篇题为《通商释》(《申报》,1902 年 9 月 20 日,第 5 行)的论说中,作者使用了一个尤具吸引力的隐喻,南洋被视作中西之间的"咽喉"口岸,本书第二章将讨论此文。刊载于 1873 年 2 月 21 日《申报》的《友说》,说"我"与"友"相互有益,"譬之器焉,我得其盖而他人得其底"。刊载于 1872 年 10 月 21 日《申报》的论说所使用的隐喻几乎是一个寓言,关于鱼如何可能或不可能存活(类比人之生存,特别是底层之生存的艰难)。

们有些是新鲜的,有些是比较老套的。

对引述的使用同样如此,下一章将仔细讨论这个问题。我们已在上文列举的文章中看到,它们引述经典文本以及民谣、谚语,并且从 20 世纪开始,愈益频繁地引用外国材料。《申报》上的这种引述写法,早于梁启超的报刊文章或是与之同时期的文章。类似地,梁启超的"疾书"(比如他的《少年中国说》能用两行文字涵盖上千年的历史)也并非独属于梁氏。许多《申报》文章也是以几行文字贯串千年历史,将之作为先例或反例。[221] 因此,梁启超在旧与新、中与西之间所进行的有效比较,在早前的报纸文章中已有不少先例(亦是桐城派的技巧之一)。

有效的节奏变化以及能左右读者阅读速度的突然变奏,是梁启超文章的标志性风格,同样也是《申报》文章常用的一种修辞技巧。例如,《失银伤命》在一行之内叙述了三人之死;《论命数》用短短几行描绘了杨某即将见到相好名妓时的兴奋。对旧习的讽刺与抨击同样不仅出现在梁启超的文章中,也经常出现在早期《申报》上。梁启超在《少年中国说》中模仿了《大学》的开头,同时记录下那些只知唱颂八股的官员的一些荒谬发问,进而对其展开了抨击。下一章将详细讨论《申报》是如何通过引用经典来抨击旧习的。但我们已分析过《申报》树立与理想中的隐含读者对立的衬托者的情况,正如这里梁启超所讽刺的只知吟哦八股的官员。引入这类蠢钝而万事不知的人物,亦是《申报》上常见的一种修辞特色。[222]

然而清楚的是,这里提及的《申报》文章很少(如果有的话)具备梁启超那些最强有力的作品所呈现的"魔力",比如《少年中国说》。这篇文章作为一个整体来看是令人费解的;它当然超出了上述单一特点的总和。《少年中国说》之所以具有吸引力和说服力,未必因为它具有这里讨论的任何一种风格特征,而是因为它作为一个整体,拥有强烈的、乌托邦式的论调,拥有语气上的顿挫以及其他独异之处。我并非要贬抑梁启超文章的特质,实际上,正如许多人所说(至今仍在说)的那样,梁启超丰沛的、原创的风格自有其影响力,没有一位《申报》作者能够模仿,更不用说先于梁氏写出这样的文章了。[223] 但我仍认为有继续深究的必要。有证据表明,在所谓"新文体"(中国报刊文章确乃一种"新文体")的形成过程中,以及在中国政治刊物的创建过程中,梁启超所扮

---

[221] 例如,特别是解释新报是什么,以及解释新报与中国邸报之区别的文章。这些文章已在前文及导论中讨论过。类似的例子,亦可见前文同样提到的讨论"数"与"理"的文章(《申报》,1877 年 3 月 30 日),其中有一段匆回回视了不同的历史时期(第 18 行)。另外,1897 年 1 月 13 日的《申报》刊文讨论了中国"古今刺客"之变化。1902 年 3 月 23 日的《申报》文章概述了中国科考体系的历史,1902 年 11 月 28 日的《申报》文章则追溯了"翻译之学"的历史。

[222] 参见前文讨论过的八股式社论(《论各国新报之设》,《申报》,1873 年 8 月 18 日,第 10—11 行)。类似的作为理想读者之反面衬托的讽刺性形象,参见本书第四章对妇女教育的讨论。梁启超在《论报馆有益于国事》中也提到"抱八股八韵考据词章之学"的官员。

[223] 梁启超关于文体的理念影响非凡。黄遵宪在写给梁启超的信(1902 年)中说:"此半年中,中国四五十家之报,无一非助公之舌战,拾公之牙慧者,乃至新译之名词,杜撰之语言,大吏之奏折,试官之题目,亦剿袭而用之。"(转引自 Nathan, *Chinese Democracy*, 144)

演的角色均被高估了。[224] 商业报纸为报纸创造了新的形式,这一过程中,在塑造新文体方面,商业报纸发挥的作用与梁启超相比也许有过之而无不及。梁启超的文章独具一格,但并不是他**创造了**这种综合风格——这种风格极为依赖传统形式与非传统内容之间的分离——它只是在梁启超笔下更臻完美而已。

结　语

在新闻报道中,关键词"事实性"(factuality)与"客观性"(objectivity)的发明——这一发明伴随着对文学(literature)的重新评估,即把文学视为无时间性的作品集合,具有普遍的价值与吸引力[225]——以及随之而来的事实与虚构、客观叙述与主观叙述的分离,在中西报纸读者的意识中创造了关于报刊文章的新看法。1928年,一位西方记者写道,"新闻不是且永远不能假扮作文学下面的一个门类"[226]。这一文化建构在20世纪上半叶的中西方成为一种颠扑不破的真理。它变得如此寻常,以至于在20世纪60年代,美国记者汤姆·伍尔夫(Tom Wolfe)宣称它创造了一种"新闻,读起来就像小说一样"。这种"新新闻"(New Journalism)被标举为一种"新文类""第三类型的语言",它结合了作为想象花园的文学与作为事实王国的新闻。[227]"不带个人情感色彩的报纸文章"仍然被假设为一种久远的存在、一种无须检验的给定物;而这种新式的文学新闻被标举为新闻业的万灵丹,[228]它捕获了许多作者与学者的想象力(一份1989年的硕士学位论文甚至声明要致力于"证明一种新文类的存在")。[229]

这一宣称的荒谬性——特别是近年来,事实与虚构的边界重新变得越来越模糊、越来越成为一个问题[230]——无须证明:在西方,19世纪90年代之前,新闻都是主观

---

[224] 参见 Vittinghoff,"Unity vs. Uniformity"。
[225] 这就是说,只有那些超越其(事实)语境的作品,才能被纳入文学的范畴(参见 Frus, *The Politics and Poetics of Journalistic Narrative*,5),大约1895年,在中国的文学观念中亦可观察到类似的意义转变(参见前文第62页的讨论)。
[226] Nevins,"The Editorial as a Literary Form",19. 关于西方历史上新闻如何分裂为"作为故事的新闻"与"作为事实的新闻",参见 Koch, *News as Myth*,尤其是导论部分。
[227] Pauly,"Politics of the New Journalism",110.
[228] 赫尔曼(Hellmann, *Fables of Fact*, 4)认为,"传统新闻业的问题在于……它拒绝承认新闻的创造性质,而是将其'组织化思维的结构化机制'(the structuring mechanisms of its organizational mind)隐藏在客观性和事实背后"。
[229] Bush,"The Use of Fiction Elements in Nonfiction: Proving the Existence of a New Genre."
[230] 仅举一例:海登·怀特(Hayden White)将历史解构为叙事;尤见其《形式之内容》(*Content of the Form*)一书。同时,越来越多的新闻史学者开始质疑,新闻书写究竟是否可能达成客观性的目标(例见 Koch, *News as Myth*, chap. 1)。

的、文学性的,然而,这一历史也许在 20 世纪中期被遗忘了。[231] 包括丹尼尔·笛福(Daniel Defoe)、西奥多·德莱塞、欧内斯特·海明威(Ernest Hemingway)、马克·吐温(Mark Twain)在内的人物提醒我们,新闻记者常常是作家,作家也常常是新闻记者,小说家与记者共享了相似的写作风格。[232] 再来看中国的情况,19 世纪的新闻中是否有任何部分可充当"文学下的一个门类"?答案是肯定的:各种文学形式、虚构或事实性的叙述、散文与诗歌,实际上都是中国报纸"新文体"的凭靠。本章给出的证据足以表明,中文新报本质上显然是文学性的。来自文本外部的证据同样能证明这一点:读者会从头到尾仔细地阅读报纸,报纸可汇辑成书再次出版,新闻故事可被收入志怪小说集中……这些事实均昭示了,报纸是被当作文学读物来阅读的。[233] 我认为在中国,起初并不存在区分"新闻文体"(journalese)[234]与其他书写形式的意识。人们没有将中国新报上的文学语言视为第三类语言,因为对第一、第二类语言,即对事实的和虚构的语言同样没有明确的界定方式。中国的新闻从一开始便是文学性的新闻。

研究报纸内在形式的缘由之一,是要探讨西式报纸是否以及如何本土化的。中国报人并没有复制外国的新闻写作形式,而是对用于政治书写的传统体裁进行了改造,并用它写作社论、新闻报道与短评,且大部分情况下保留了这些体裁原初的目的。鉴于人们普遍认为晚清是一个打破旧习的时代,当时,"新式'报刊文章'比经典本身更受欢迎",因此,使用这些保守的文学形式非常重要。[235] 很大程度上,这种新式文章实际上是以一种文学经典的形式出现的。旧形式的适应能力也许确实使《申报》的社论、短评与新闻报道对读者产生了持续的吸引力。

然而,正如上文反复指出的那样,这些古典形式和风格手法在当时同样被用于写作面向统治者的经世文,但在这里却出现在一种新式公共媒体的版面上;它们面向新的读者,承载了新的主题。本项研究关注《申报》从 1872 年创刊至 1912 年民国成立这段时期内对这些形式的使用,尝试分析这种巧妙包装带来的效果。我检视了报纸书写是否以及如何影响了它所采用的传统文章形式,还有报纸书写本身是否以及如何逐渐受到影响的。尽管其中一些变化——特别是在进入 20 世纪之后——起因于西方关于

---

[231] 正是由于这段记忆的缺失,使"新新闻主义"热潮从一开始便成为可能。关于这一现象的历史评价,以及"新新闻"卓著却不被承认的前身,参见文集 *Literary Journalism*,另外,尤可见 Pauly, "Politics of the New Journalsim"。

[232] Danielson et al., "Journalists and Novelists", 438; Drewry, *Concerning the Fourth Estate*, 6—7 and Schiller, *Objectivity and the News*, e.g., 70.

[233] 本书第三章将讨论京报文章的文学性,并阐明京报故事与明清虚构文学之间的密切关系,这将进一步支撑这里的论点。京报是文学作品中的道具,但也是其材料来源,这在晚明及清代小说序言中经有所说明。小说(fiction)在明代某个时期达到全盛,它大量地涉及时事,其中一些事件甚至是在写作前的几周内发生的。"新新闻"则相反,它以虚构的形式记录事实性的事件。参见刘勇强,《明清邸报与文学之关系》,特别是第 455 页、第 458 页、第 461 页。

[234] 海明威的这一用语参见 Weber, "Hemingway's Permanent Records", 24。

[235] 参见 Nienhauser, "Prose", 115;以及《上海近代文学》,特别是第 138—164 页。

"如何以新闻记者的身份写作"的知识涌入中国,但人们经常认为报刊文章最重要的特征是外来的这一看法,似乎并不成立。[236] 即使在1905年之后,中国报刊文章也没有因为它是一种西式书写而成为"新文体"。某种程度上说,中国报刊文章于1905年之后依然拒斥西报的书写形式——社论(如果不是新闻的话)日益表现出的主观性和情绪化就是证明。我反倒认为,中国报刊文章成为"新文体"(但绝不仅限于报纸)的一部分,恰恰因为它是一种对旧形式、旧技巧的彻底改造。作者对对偶与排比的使用就是一个很好的例子:它们是传统文体的组成部分。许多早期《申报》的社论大量使用对偶与排比,[237] 并常常"有效地出离韵律"[238],且自20世纪开始,它们出现得更频繁、更常见于短评而不是长篇社论中。[239] 过度使用及滥用传统形式以传递新的、"非传统"的内容,用列文森的话来说,可能最终造成对传统本身最彻底的打击,但这仅在一种架空的情况下发生。频繁地引用传统即将它类型化(stylize),使它从一种有意义的符号转变为不具任何深意的陈词滥调。这一过程所采用的形式就是"新"的文学类型:新文体伴随西式报纸(或不仅是西式报纸!)兴起并成熟,梁启超只是将之完善了,而并未创造这种新文体。

报纸是作为一种外来媒介被引入中国的,人们鼓吹的报纸,不是中国本土报纸的有机发展物,而是一种不同的、完全外来的事物。然而,报纸在中国并未作为或至少并未被构想为一种外来媒体来出售。[240] 报纸必须通过创造性借用与文化转译,才能成为一种具有合法性的中国产品。正如阿礼国(Sir Rutherford Alcock,1807—1897)在1873年所说,"中国文人与受教育阶层在文章风格与结构方面的挑剔品位……只能由他们自己来满足"[241]。因此,报纸被解释成一种长久失传的本土产品,它被赋予中式外观、中式名称,以中国的形式来书写,亦以中国圣人之言来论说——下一章将表明这一点。

---

[236] 李良荣,《中国报纸文体发展概要》,第29页。
[237] 前文已给出不少例子。其中相当明显的例子是1887年8月22日与9月9日的《申报》社论。这一趋势在此后的社论中更为明显;参见1907年2月22日及3月25日的《申报》。
[238] 这一技巧在前文讨论的八股式社论《论各国新报之设》中已有体现,文章有意打破韵律,从而有效地达到对"不可能禁止舆论"的论述的高潮(参见本书第41页对此文第37—38行的评论)。
[239] 比较前引用"非"开头的排比句进行批评的短评与梁启超《少年中国说》第八段。
[240] 类似的现象,参见 Mosel, "The 'Verse Editorial' in Thai Journalism"。
[241] Alcock, "*Peking Gazette*", 249.

第二章 以圣人之言：
中文报纸的权威性与风格

> 在中国，一直能感觉到过去的显现。
> ——李克曼（Pierre Ryckmans）

1912年1月1日，孙中山（号逸仙，1866—1925）于南京就任中华民国临时大总统，《申报》在社论的位置刊登了祝词。[1] 祝词首先描绘了这个美好而全然不可思议的一天："共和民国纪元之第一日""阳历春回之际""大总统履任之首日""民主开幕之辰"。文章将新政府之光明前途与满洲政府、"北虏"之不当统治的历史作对比，后者蹂躏国家、使人民憔悴，而孙中山提出了"三民主义"，将与民共治、为民而治。文章以致孙中山的颂词结尾。

祝词称颂这一与过往的革命性决裂，却没有相应地使用革命性的语言，而是混用了典故与经典引文。祝词开头问道："今日何日？"就是在问，何者使此日如此特殊？其回答借助了人们熟悉的意象与语言：这一天开始了一新"纪元"。这是新朝代开始的改元传统。且新政府完全按照循环史观，在新年的头一天成立。接着，祝词感叹道："熙熙乎！皞皞乎！"这让人联想到《史记·货殖列传》中的"天下熙熙"和与之相反的"天下攘攘"。[2] "皞皞"出自《孟子》（卷十三"尽心章句上"第13段），用以描绘理想统治者治下人民的心情。这里用"熙熙皞皞"来形容新的共和生活，是用熟悉的语言描绘未知的共和未来。接下来，文章继续使用这一技巧，将新政权与黄金时代（"中天"）尧、舜、禹、汤（他们均是半传说时代的贤君典范）的统治进行比较，将两者视若等同。祝词第一段（以及其余部分）借用人们熟知的语言，赞颂此特殊一日之"新"，有效地使用了传统意象与典故，使这个崭新的日子变得不那么困惑难解或不那么具有威胁性。

祝词第二段前半部分与第一段形成鲜明对比。"北虏"（在1912年2月12日清帝逊位之前他们仍是官方统治者）"横行"于中国。在经、史中，只有那些没有任何德行、

---

[1]《共和民国大总统履任祝词》，《申报》，1912年1月1日。全文见本书附录B，第270—271页。
[2] 含有"熙熙"的引文更常出自《老子》第二十章："众人熙熙如享太牢。"

无法获得人民信任的皇帝的统治才会被说成"横行"。[3] 祝词说,"北虏之横行未有甚于此日者也",与接下来的"民之憔悴于虐政未有甚于此时者也"对偶。后一句出自《孟子》(卷三"公孙丑章句上")。孟子说的是当时正处于衰落之中的齐国,他认为只要行仁政,很容易使齐国转变为由"王者"统治的国家。这句引文暗示,伴随一位真正执政者(如孙中山)的上位,满洲统治者所带来的一切虐政即将终结。祝词接着说,在满洲统治者治下,"一国之农工商界,无不疾首蹙额"。这里,"疾首蹙额"同样出自《孟子》(卷二"梁惠王章句下")。在孟子与齐王的一段对话中,孟子提醒齐王,若百姓闻王钟鼓之声、管籥之音,举疾首蹙额以表露仇怨之情,就表明齐王未能做到与民同乐。

祝词有意使用这种控诉性的表述,树立了野蛮残酷、不具德行、毫不体恤人民的满洲统治者形象。在第二段前半部分的结尾,祝词盖棺定论道:"继此以往,势必有四万万同胞沦胥以尽之一日。"此句又与此段后半部分的结尾呼应,"以为他年,我四万万同胞出水火而登衽席之左券"。

祝词使用对比的手法将满洲政权塑造为孙中山所领导的新政权的反面衬托。祝词第二段后半部分对后者进行了颂扬:孙氏政权是可信任的,他们制定了明智的治国方略("丕焕新猷")。《尚书·周官》将"猷"定义为"制治于未乱,保邦于未危"。孙中山之"新猷"即"三民主义",在这里被表述为"于民生疾苦三注意焉者",包含了"三民主义"中的关键字。祝词将"三民主义"等同为"猷",进而肯定了新政府为最高政府的地位。

接下来是致孙中山的颂诗,仿照《诗经》采用四字一行的形式。[4] 中国诗歌的特点是经常出现模仿(imitatio),在这一点上可以说更甚于文章。[5]《祝词》一文开头大量引用经典,而这里的颂诗部分则将不同来源的引文拼缀在一起。颂诗第一节开头两行"惟王建国,以民为极",是《周礼》各章(除第六章"冬官考工记"外)的开头。《周礼》据称记录了周之礼仪,[6] 周又被孔子称作善政的典范。[7] 到这里,孙中山只是隐约出现了,他作为"王"正在恢复周之传统。接下来两句是"立人达人,牧民天职",前一句引述了《论语·雍也》第 30 则。在孔子看来,统治者必须达成"仁",才能教给他人以

---

[3] 例如,《荀子》与《史记》中均有这样的说法。
[4] 根据《毛诗序》对《诗经》的正统阐释,所有诗均可被理解成政治寓言。在这里,诗作为支持国家的政治工具,以"颂"的形式出现,而诗以"讽"的形式出现时,则是批评国家的工具;参见 Wagner, "The Implied Censor"。关于对诗进行政治解释的早期(甚至早于《毛诗序》)传统,参见 F. Martin, "Le *Shijing*"。
[5] 同上。
[6] 这里,颂诗略去了其余三句讨论统治者具体立国职责的语句。参见 Biot, *Tcheou-li*; Legge, *Chinese Classics*, 3: 484 and *Early Chinese Texts*, 379。
[7] 宇文所安(Owen)在《追忆》(*Remembrances*)中称,"正是从孔子开始,人们广泛将周之道德秩序描述为一种可能性而非事实,是一种人们应该欲求的东西而非能够将之假定为真的东西"(第 13 页);"周代风俗被视为适用于全人类。这种关于周代习俗规范(nomos)具有有效性的观点艰辛但不渝地留存了下来,不过在现实世界中施行它是无望的"(第 9 页)。

"仁"。这里暗示孙中山具有"仁"这一最重要的美德。后一句"牧民天职"中,"牧民"是《管子》中的篇名,亦是此篇讨论的话题。"牧民"篇确立了统治者重视人民经济福祉的重要性,[8]"牧民"亦是理想统治者的职责。这里暗示孙中山作为一位统治者将"牧民"视为其天职["天职"出自《孟子》(卷九"万章章句下"第 3 段)]。由此,颂诗第一节旨在树立一位伟大统治者的形象,他有着与上古贤君一样的德行("仁")和行动("牧民")。

颂诗第二节开头首次明确提到孙中山的名字:"于铄中山"。这种迟迟才提到人物名字的做法让人联想到八股文的写作规则——开头不允许提及圣贤的名字(参见本书第一章)。这进一步证明,颂诗在将孙中山呈现为一位传统圣贤。接下来的一句"胞与民物",是"民胞物与"的变体(为了押韵),出自张载(1020—1077)《西铭》:"民吾同胞,物吾与也。"《西铭》是最为著名的新儒学文本之一,[9]它认为虽然每种人际关系都可能含有特定的道德要求,但爱是所有关系的共同基础。真正具有爱心的人(即理想的统治者)爱所有人,无论"疲癃、残疾、惸独、鳏寡"[10]。颂诗接下来的几行引述了孙中山的"三民主义",说明他将施行全面的仁爱——这也正是人们对一位完美统治者的期许。由此,一种旧式理想巧妙地与一个新的乌托邦式愿景联系起来。

颂诗下一节提到了 1911 年 10 月发生的、最终"摧覆满室"的武昌起义,并描绘了在这之后平宜欢畅的景象——"一十四省,旌飞五色",以此作为孙中山迟迟出场的宏大背景。颂诗第一节中,孙没有明确出现,只被抽象地描述为贤明的统治者;第二节则提及他是令人惊叹的"三民主义"创造者;而这一节说孙"一人首出"。"一人"向来为统治者或皇帝所使用,或用于指代统治者或皇帝,这里便暗示了作者眼中孙之地位。他也许被称作"总统",但类似旧时的国君。接下来的一行"谷我烝民"与《诗经》里的几首诗产生了共鸣(例如,其中一首赞扬了一位效仿周公的优秀卿士),亦让人联想到《尚书》中圣君禹说明怎样尽可能照料好人民的一段文字。[11]就像这些经典文本所描述的优秀统治者那样,孙能够"谷我烝民",通过"振兴实业"的方式。这里,颂诗将过去与现时并置,制造了这样一种印象:孙既符合一名旧时贤君的标准,又是当代的一位适时出现的统治者。下面两行继续述说现在的情况:"四万万众,人足家给。""人足家给"在《史记》中出现了两次,都被用来称赞合宜的治理方法,[12]这里放在"四万万众"后面,

---

[8] Cf. Rickett, *Guanzi*, Vol. 1: 121.
[9] 据说,《西铭》写在张载书房的西墙上,故而被另一位重要的新儒家代表人物程颐(1033—1107)称为"西铭"。参见 Wing-tsit Chan, *Source Book*; Kasoff, *Thought of Chang Tsai*。
[10] 英译参见 Wing-tsit Chan, *Source Book*, 497。亦可见 Kasoff, *Thought of Chang Tsai*, 179。
[11] 参见"烝民",英译参见 Legge, *Chinese Classics*, 4: 541;以及"益稷",英译参见 Legge, *Chinese Classics*, 3: 78。
[12] "家给人足"出现在《史记·商君列传》中。商君,或商鞅,法家代表人物,传说他要求合理地组织权利、军事和农业,以保障公共利益与国家繁荣(Duyvendak, *Book of Lord Shang*)。除此以外,《史记·平准书》中也出现了"人给家足"。"平准书"在以下方面给出了建议:一个好的统治者应如何通过实行有效的经济措施来缓解干旱招致的灾难性后果。

于是,孙中山这位现在的统治者,再次被置于治理有方的传统典范之列。与此同时,在颂诗的描绘中,孙之治理甚至可以优化已经被公认的完善的治理标准。颂诗的乌托邦特质在最后两句中达到顶峰,具有鲜明且突出的(也许老套的)一蹴而就的心态,这在当时的文字中很典型:"轶美驾欧,恢扬我国力。"通过将孙中山刻画为即将来临时代的完美统治者,这篇文章用过去预言了一个乌托邦式的未来。

随权威而变!

> 子曰:"述而不作,信而好古。"
> ——《论语·述而》第1则

以上讨论的祝词大量用典,这一做法可能会显得不协调:《申报》早在19世纪70年代就称自己"贵新也""弗新者删也",以期"新众人",这样一份新式报纸,为何总是引述古代圣贤之语?[13] 为何对"新文体"作出重要贡献的报人,迟至1912年仍然在用这种旧式风格进行写作?也许可以说,写作这篇文章的时机本身决定了其语言的选择。在为一位新统治者写作颂词的过程中,作者使用了信手拈来的修辞手法与表述。然而,祝词并非民国时期唯一一篇以"非民国的"语言写成的文章。无数短评、社论甚至新闻报道均在引经据典以支撑其观点。[14] 似乎辛亥革命对上海报纸的语言来说,并未形成那么急遽的、革命性的即时影响。[15] 及至20世纪20年代,报纸文章仍然对古典修辞趋之若鹜,或多或少巧妙地"使用旧表述,引用旧语句进行说明与修饰"[16],以此传递或新或旧的观念。

在上一章中,我已说明中国新式书写之新,正是在于其内容与形式之间的多重分离。本章将进一步说明,中国新式书写之新还在于其内容与语言之间的多重分离。晚清民国时期的(报刊及其他)文章不断引经据典,这再次证明将新文体的发展看作从

---

[13] 转引自《申报馆赋》,《申报》,1873年2月15日,第13—16行。
[14] 例如,《去私篇》(《申报》,1912年5月5日)引用了"四面楚歌"的典故;《清帝逊位问题》(《申报》,1912年1月17日)引用了《论语》。亦可见《民社缘起》,《申报》,1912年1月20日;《清谈》,《申报》,1912年1月27日;以及《教育部总长蔡元培对于新教育之意见》,《申报》,1912年2月8—10日,本章下一节将讨论这篇文章。
[15] 这里,我同意耿德华(Gunn, *Rewriting Chinese*, 36)的观点,他认为1911年以后,媒体整体在风格上继续遵循清末十年所设定的方向。
[16] 甘露德(Gilbert, *What's Wrong with China*, 92)亦观察到这一点。关于对报纸社论频繁引用经典的讨论,参见李良荣,《中国报纸文体发展概要》,尤见第22页。耿德华(Gunn, *Rewriting Chinese*, 71-72)提到,20世纪前十年中,报界开始迅速杜绝引经据典的做法。但我在阅读上海报纸的过程中并未明确发现有此变化。秦博理(Keenan, *Dewey Experiment*, 68)的观点与我一致,他对活跃于20世纪20年代的新文化知识分子的评论是:"这些现代的反叛传统者,即便不研究孔子,也特别有意识地引用他的话,这表明他们心怀说教目的。他们常常唤起孔子以反对他们心目中更糟糕的恶。"蒋梦麟发表于1924年的《中国教育原则之研究》便是很好的例子:他关于教育的"新理论"完全建立在引用旧文本的基础上。

"古雅"转变为"今俗"的观点太过简单化了。[17]对传统形式及特定传统语言的坚守展现了一种过时但仍然有效的教育体系的威力。20世纪最初的几年中,学子们,包括众多未来的记者们仍然希求能够通过科举考试。[18]为此,他们必须掌握(确切地说是记住)一定数量的经典文本。最重要的笔试要求应试者基于未说明出处的一段经典文本作古体诗、写八股文。

因此,至少在渴望参加科举考试者那里,关于经典的知识是全面而根深蒂固的。正如明恩溥(Arthur Smith)所言:"数以百万计的学者将十三经统统保存在其惊人的记忆之中,他们对上千条经典引文烂熟于心。"[19]中国的过去与其说是被保留在其实体遗存中,[20]不如说是不断出现在(甚至今日仍是如此)[21]人们反复记诵和书写的旧文本中。不同种类的著作,比如16世纪的植物百科全书《本草纲目》或是11世纪张载的《正蒙》,均从头至尾不断引述更早的(经典)著作,将之拼缀、汇合为一家之言。[22]用费正清(John K. Fairbank)的话说,"中国文言文作者被训练成汇编者而非创作者……(他们)大量地剪切粘贴一些重复的表述,进而构造自己的著作"[23]。从一开始,原创性或知识产权的观念对于中国人来说便是陌生的:孔子的使命不就是"述而不作"吗?[24]

因此,民国初年的新闻书写引经据典的原因之一是文化同化(acculturation)。根本没有其他的书写方式,引用经典仅是一种条件反射。1873年一篇讨论上海饮用水污染问题的文章[25]就是一明显例子。这篇文章开头便引用了《论语》("乡党"第8则)与《孟子》(卷十三"尽心章句上"第23节):"孔子有之曰:'臭恶不食。'而饮食之中,以水为第一。又即孟子所云:'民非水火不生活也。'"

这两句引文被从原语境中抽出,服务于作者的论证目的。《论语》原语段说的是孔子的个人习惯。《孟子》原段落的意思是,好的统治者要使人民能够获取像水和火那样富足的食物。而这篇论说的观点是,"上海之水皆污秽"。何以至此?是"由近岸居民之作践",他们向河道内倾倒堆聚垃圾,或设鱼罾蟹籪阻遏潮水流通,罔顾这些行为早

---

[17] 这一不确切的阐释,参见《上海近代文学史》,第139页。
[18] 关于早期报人所受之教育,参见 Vittinghoff, "Am Rande des Ruhms", esp. chaps. 3 and 8。
[19] Arthur H. Smith, *Proverbs and Common Sayings from the Chinese*, 39.
[20] 此方面极富启发性的论文,参见 Ryckmans, "Chinese Attitude Towards the Past"。更细致的讨论参见 Mote, *A Millennium of Chinese Urban History*。
[21] "批林批孔"运动就表明,即便在革命时期的中国,引用经典亦非常普遍;参见 Louie, *Inheriting Tradition*。
[22] 关于经典引用在这些著作中的主导地位,参见 Métailié, "Note à propos des citations implicates"。关于《本草纲目》,亦可见 Lackner, "Citation et éveil",而《正蒙》中超过百分之八十的内容均为引述。
[23] Fairbank, *China. A New History*, 100-101.
[24] 参见 Alford, *To Steal a Book Is an Elegant Offenses* and Métailié, "Note à propos des citations implicates", 137。
[25] 《上海饮水秽害亟宜清洁论》,《申报》,1873年2月28日。

已被邑尊所禁止。西人发明的一种净水机器或许是一种解决方案。

　　无论这篇论说的内容与其开头所引经典多么风马牛不相及,都表明作者(以及隐含读者)对经典遗产信手拈来,且有能力为每一个语境找出(或多或少)适用的引文;引用经典即在使用一种"普遍的语言"。典故及对典故的征引构成在整个文明世界(即文人/官员的世界)都能通用的复杂的文化速记。[26] 在关于公共健康的议论中引用孔、孟,是为了使事情变得更容易被接受——即便是圣人之言,也要为论者论说的目的而发生改变。[27] 引用在已知与未知之间扮演了中介者(mediator)的角色(这一时期不少新词语源于经典表述,这并非偶然)。[28]

　　与此同时,作者在引用经典的过程中表明自己属于"有文化的人群",展示着自身的智慧,亦在恭维隐含读者是有学识的。[29] 经典赋予文本以权威性,这是因为古人的准则已被普遍接受为"自然法则"(laws of nature)。[30] 一项关于中国修辞学的研究指出,事实上,"人们所想、所见或所感出错的可能性,高于过去凝缩与评估出来的智慧可能产生的误导"[31]。后者用瓦格纳的话来说,是"具有绝对有效性的潜在真理的宝库"[32]。孔、孟为作者对上海饮水问题的观察提供了有力支撑。作者通过引用经典,继承了来自过去的力量与权威性,因为已被说出的真理永远是真理,无论语境多么不同。[33] 报人们公开调侃自己就像孔子一样"述而不作",孔子修订《春秋》,"不过直书其事,善恶自见"——这正是报纸的做法。[34]

　　报纸对中国产生了影响——这一说法很常见,却并不那么容易被证实。报纸是变革的媒介,但它如何使事物发生变革?前一章中,我已讨论过报纸的书写方式未必明

---

[26] Alford, *To Steal a Book Is an Elegant Offenses*, 26.
[27] 所有注解经典者均熟知类似的文本操纵:这些注解往往在同时代的政治活动中展开。因此,同一文本的"原初意义"在不同注解者那里可能会发生重大改变(一个很好的例子,参见 Wagner, "Der vergessene Hinweis", esp. 264)。人们甚至知晓并接受孔子也会被有意地"误引用"以满足引用者的目的这一事实(F. Martin, "Le *Shijing*")。关于《淮南子》与《庄子》中类似的颠覆性手法,参见 Levi, "Quelques examples"。
[28] 关于一系列这样的新词语,以及其他"经常被引用的经典章句"(loci classici),参见 Lydia Liu, *Translingual Practice*, app. D; Masini, *Formation of Modern Chinese Lexicon*。
[29] Chemla and Martin, "Rendre à César?" 10. 奥利弗(Oliver, *Communication and Culture*, 112)引用了一位中国占卜者的话:"当然,这位先生,您已经观察到修辞家和演说家所有的计划与方案仅是他们自己思想的产物。但如果他们只是脱口说出自己的想法,就永远无法抓住统治者的想象力。因此,他们总是从议论上古君王开始他们的言说,或是以讲述古代情况作为开场白。""引用"这一做法当然不仅限于中国,参见 Lloyd, "Quotation in Greco-Roman Context", 194.
[30] Cf. Chemla and Martin, "Rendre à César?" 10; esp. Alford, *To Steal a Book Is an Elegant Offense*, 27.
[31] Oliver, *Communication and Culture*, 90.
[32] Wagner, "Der vergessene Hinweis", 261, 其中有"具有绝对有效性的潜在真理的宝库"(Repositorien versteckter Wahrheit absoluter Gültigkeit)这一说法。
[33] Tilemann Grimm, *Erziehung und Politik*, 93.
[34] 这里,我改述了为纪念《申报》创刊五十年出版的文集《最近之五十年》中的说法,第 40 页。另外,刊载于 1875 年 1 月 28 日《申报》的"主客问答"中也有段落直接将报纸与《春秋》作比较。本书第三章(第 142—144 页)对之有讨论。另外,王韬与其他早期报人亦将自己塑造为新式孔子,参见 Vittinghoff, "Am Rande des Ruhms", 111-117.

显有别于其他叙事或议事文章的书写方式。[35] 显然,只有当报纸被接受之后,它才能成为变革的动因。前一章已表明,中国报人坚持使用中国原有的形式驯化报纸,是这一外来媒介被赋予力量的重要原因。而本章要讨论的经典引用也许更具效果。本章所涵盖的时期内,报纸始终在引用经典,这表明报纸要产生影响,必须对读者品位有所反应与迎合,也必须使用最平常、最易理解的修辞形式、技巧与语言。这样,它们就能将其信息传递给更为广泛的公众;而传统媒体发表的内容能接触到的受众则相对有限。

此观点与一般假设相反。一般认为,围绕科考制度形成的对经典遗产的依赖阻碍了变革。新文化运动的追随者更是对这一说法进行了大力鼓吹。根据这种假设,研究儒家经典而排斥其他文本,限制了学生及其思维方式:在此种制度中接受教育者执着于圣人之言,不敢提出自己的新思想。[36] 虽然在一定程度上引经据典可能带来束缚,但我仍对上述观点的要旨持有异议。[37] 即使是在中国学校体系的语境中,关于经典的知识亦被当成解决现时问题所必需。[38] 关于中国历史中引文使用情况以及这里关于中国报纸中引文使用情况的研究均表明,[39] 每当过去的知识被使用,旧表达及其新语境之间都会发生一种"化学反应"。作者在引用经典时获得过去的权威性与真理(他所言即真理,ipse dixit, ergo verum),但这并不一定意味着,曾经正确、具有权威性的说法将永远具有相同的意义。[40]

也许《本草纲目》或《正蒙》的作者会坚持说,他们对经典材料的使用是正确的,但显然,两位作者在选择性地引述特定语句时已改变并操纵了原文的意义。即便是

---

[35] 前一章已提及,燕安黛的博士论文(Andrea Janku, "Nur leere Reden")对报纸之上与之外的文体进行了详细比较。我读到的一些比较偶然(但因此更具说服力)的例子出自1895年康有为及其他举人上光绪帝书,它们不仅与报纸上的相关文章引用了一些相同的经典语段,还含有许多报纸文章经常使用的修辞(时人一蹴而就的心态)和隐喻(把中国比作生病的身体)。参见 Chow Tse-tsung, "The Anti-Confucian Movement", 288-290, 300-303;亦可见张謇的一些著述,例如,他在讨论为何有必要改革初等教育时提到周公(译自 Bastid, *Educational Reform*, 33)。还可见恭亲王关于教育改革的文章(Peake, *Nationalism and Education*, 4,另一例见该书第37—39页)。

[36] 关于这一负面看法,例见 Kuo Ping-wen, *Public Education*, 35, 48;Alcock, "Peking Gazette", 345, 356;Franke, *Reform and Abolition*, 13:"[在引入朱熹(1130—1200,新儒家)的诠释并将之作为唯一正统之后]几乎没有发展原创思想的机会,因为任何对正统诠释的偏离均无疑将是失败的。"参见 Liu Kwang-ching, "The Confucian as Patriot", 5;亦可见 Bastid, *Educational Reform*, xv, 其中, 作者为这一观点提供了论据,进而在结论中(参见该书第90页)否定了此观点。汪荣祖(Wong Yong-tsu, "Universalistic and Pluralistic Views")举出康有为与章炳麟的例子,同样质疑了这一观点。更多例子,参见本章注释16。

[37] 艾森斯塔特(*Tradition, Wandel und Modernität*, 180)认为,一些传统社会将传统当成一种既定的东西,是其集体认同的核心、一切社会及文化秩序的创造者,故而也是变革及其限制的合法化来源。在他看来,传统不仅是一种连续性的象征,亦是一种对创造与创新的限制。本文试图挑战这一观点,认为传统实际上为有意义的创新打开了可能性。

[38] Alford, *To Steal a Book Is an Elegant Offense*, 21-22.

[39] 特别参见令人印象深刻的 *Le Travail de la citation*。

[40] 对于至少在中世纪之前引用圣经的类似考察,参见 Wim van den Berg, "Autorität und Schmuck"。

孔子之"述",也远非一种消极之功。为了使所"述"文本对自己、对同代人及后继者具有意义,孔子的修订过程亦蕴含了许多选择与改编。[41] 因此,几个世纪之中被中国作者视为典范的孔子之"述",并不似它表现得那般保守。[42] 孔子根据自己的梦想重新发明了"古代",创造了周的形象,这一形象后来成为中国文明的标尺。对于孔子来说,脱离语境的引述让他能够在保留原著权威性的同时颠覆其意义。[43] 用李克曼的话来说,关于古代的内容实际上"是高度流动的,不易受特定历史传统的客观界定或限制"[44]。

中国历史上几乎所有的儒家改革者均乞灵于(由此也重新诠释了)古人来谴责现时并引入变革。在他们的解释中,上古黄金时代成为一个对未来的乌托邦的憧憬。[45] 安守廉(William Alford)观察到,"那些拥有或渴望权力的人,将过去当作他们掩饰的外衣,又裁剪它以满足自身的特定需求"[46]。他们为了让新观念获得合法性,将之隐藏在传统实践的背后。[47] 即使是试图推翻当权者的反叛者,也会利用过去的权威来构成其替代现有政权的框架。[48] 为何报人就要弃用这一有效手段呢?

因此,李克曼认为,"3500年间,中国传统展示的生命力、创造力,以及似乎无尽的蜕变与适应能力,可能恰恰因为传统从未让自身陷于固定的形式或不变的事物之中,否则,它就会面临瘫痪和死亡的危险"[49]。正是因为过去更多地被保存在文字而非建筑之中,中国人才会具有这种灵活性。为了说明这一点,李克曼讲述了南京附近一座佛寺的轶事。这座寺院以纯净与正统闻名,僧人严格遵守原始的印度寺院的传统:当中国其他寺院供应晚餐时,这所寺院只发给僧人一碗茶。然而,这碗茶中含有滋补的米粥,实际无异于中国其他寺院所供应的晚餐。李克曼总结道:"我怀疑,在某种程度上,中国传统已不是那'一碗茶'。它拥有最古老、最尊贵、最恒久的名称,实际上却可以包含各种各样的东西,最后甚至可以根本不是那碗茶了。中国传统的恒久首先是名称的恒久,名称掩盖了其实际内容无尽变化和不断流动的本质。"[50]

---

[41] Cf. Alford, *To Steal a Book Is an Elegant Offense*, 25.
[42] 孔子的例子表明,中国对"述"的理解包括了"合作作者"(collaborative authorship)的观念,这种观念被排除在现代对这一术语的国际用法之外(参见 Cherniack, "Book Culture", esp. 17)。因此,孔子成为整理者—编辑者的典范;在中国的文本批评传统中,行动主义未必与保守主义相冲突(出处同前,第18页)。
[43] 参见 F. Martin, "Le *Shijing*", 22,这是一项出色的研究;以及 Miller, "Die Rolle des Zitierens", esp. 167。
[44] Ryckmans, "Chinese Attitude Towards the Past", 8.
[45] 同上,8-9; Elman, "Relevance of Sung Learning in the Late Ch'ing";以及,最基础的相关研究参见 Levenson, *Confucian China and Its Modern Fate*。
[46] Alford, *To Steal a Book Is an Elegant Offense*, 21.
[47] 参见 Lydia Liu, *Translingual Practice*, 3。亦可见艾森斯塔特(*Tradition, Wandel und Modernität*, 352);"有调适能力的精英们利用传统,一方面是为了给社会与文化秩序中的新问题寻找答案。他们将传统区分为不同层面……并利用它们……落实新的目标与行动。"
[48] Alford, *To Steal a Book Is an Elegant Offense*, 21.
[49] Ryckmans, "Chinese Attitude Towards the Past", 11.
[50] 同上,12。

前引致孙中山的履任祝词,便展示了这个"一碗茶"理论是如何被付诸实践的。孙中山作为民国总统,领导着一个使用阳历的工业化国家,却以古代贤君的面貌出现。用语方面显而易见的稳定性掩护了激进的变革甚至是激烈的反传统态度,这种稳定性有助于人们接受变革。外来媒介及其所主张的事物被熟悉的语言包装起来,即便这些语言所承载的意义是陌生的。这种"引经据典"的做法至少从先秦时期就已成惯例。[51] 引经据典本身并不新鲜,也不会有读者认为这样做不合适。因此,使用谚语、典故或引文来传递普遍有效的规范价值观,就可以使外商与传教士所办的报纸合法化。毫不意外,中外报人均采用了这一方法。

铭言(motto)是大多数西方报纸报头的组成部分[《纽约时报》的报铭"刊登一切适合刊登的新闻"(all the news that's fit to print)便是一著名例子],也是报人着手的好地方,他们可以开始运用文化上可接受的语言来引入人们不易察觉却不可抗拒的变化。[52] 报纸历来多引用经典作为报铭,特别是传教士报刊。[53] 引述或用典使这些报刊看起来可信且权威,无论所引原典之"原初"或传统意义为何。报人利用中国识字人可能产生的联想,对他们所使用的权威语言进行可能偏离原意的自由处置,有时甚至将之插入新的或相反的语境中,进而形成全然不同的意义。

拿《论语》来说,一种方法是将其中不同章节的圣人之言加以组合,并在前面加上"子曰"二字。例如,1815 年至 1821 年[54]由伦敦布道会(London Missionary Society)教士马礼逊(Robert Morrison,1782—1834)与米怜于马六甲出版的《察世俗每月统记传》,其刊铭便是"子曰:'多闻,择其善者而从之。'""多闻"出自《论语·为政》第 18 则,孔子对此的解释是,人不应该为了干禄而学习,学习的目的应该只是为了提升自己。子曰:"多闻阙疑,慎言其余,则寡尤。"他告诫学生对于自己了解的东西要多加留意,而不是早早产生自满之感。而"择其善者而从之"出自《论语·述而》第 22 则,子曰:"三人行,必有我师焉,择其善者而从之,其不善者而改之。"这同样是劝诫学生不仅要谨慎选择学习的内容,也要愿意在任何时候向任何人学习。这一组合引用将原文的表达精炼化,同时巧妙地剔除了原文中的所有负面要素:怀疑、责备与弱点。无疑,中国读者知晓这两段的完整原文,他们一定能领会这一组合式刊铭所描绘的阅报之妙,因为阅报能使人恰当地学习而无须惧怕学习内容有瑕疵。这一组合引用同样消抹了原文提到的从事物中学习与向人学习之间的区别。报刊这一使读者"多闻"的事物,被人格化为人们应当"从之"的"师"。引文组合利用读者丰富的经典知识玩了一个心理游戏:读

---

[51] Kao,"Rhetoric",134.
[52] 关于早期中国报纸使用的铭言,更详细的研究参见 Mittler,"Domesticating an Alien Medium"。
[53] 传教士出版的书籍同样采用了这一做法。例如郭士立的小说封面便引用了朱熹的话(感谢瓦格纳为我提供这一信息)。
[54] 1812 年清政府发布命令禁止在中国领土上开展传教活动,此禁令直到 1837 年才被撤销。在此之前,海外的报刊出版者依靠行旅者将报纸带到中国。

者不仅会对写在报纸纸面上的引文进行解码,亦会自发补充引文之外的丰富信息。[55]通过这一协作过程,引文产生了新的意义。引文之所以有效,恰恰在于它省略未说的部分,在这一语境中,引文的意义得到了增进与修辞层面的扩充(rhetorically amplified)。[56]

1823 至 1826 年,麦都思在巴达维亚(Batavia)创办《特选撮要每月纪传》,刊铭为"子曰:'亦各言其志也已矣。'"此句出自《论语·先进》第 26 则中的一长段轶事,引文虽然忠实于原文,却更为简略。原文中,孔子的几位学生在闲谈。孔子问,如果有统治者认可他们的智慧并启用他们,各位会怎么做呢?每位学生的回答不尽相同。谈话结束,其中三位学生离开之后,最后一位学生请求孔子解释他在谈话过程中的反应。尽管孔子鼓励学生各抒其言,却对学生的回答或哂笑或赞同,以此评价了学生们的观点,而不是一视同仁地接受之。在麦都思的报纸上,"亦各言其志也已矣"或许意味着报纸对不同观点及意见的开放态度,在西方标准中,这是"理想报纸"应该具备的长处。因此,对《论语》的简略引用包含了报纸对自身激进性的重新解释。引文脱离了原来的语境,被赋予新的意义,甚至其"原初"意义亦被有意地误解了。《察世俗每月统记传》的刊铭不确切地引述了原文,目的在于使用它原有的意涵;《特选撮要每月纪传》直接引用了原文,却曲解了其中的含义。

另一颠覆性引用经典的例子,是郭士立创办的《东西洋考每月统记传》,该刊于 1833 至 1837 年在广东出版,封面铭言出自《论语·卫灵公》第 12 则。原文中,孔子提醒学生注意深谋远虑与未雨绸缪的重要性:"人无远虑,必有近忧。"而郭士立将此言延伸到比孔圣人所想的更远的地方——他的《东西洋考每月统记传》提供来自全世界的新闻。郭士立暗示,那些不考虑外国事务的人将会置中国于危险之中。这里的引述只字未改《论语》原文,但因其出现的语境而被赋予新的意义。引文被扩充,与原作者全然不知的事物建立等值关系,这一过程产生了一种新的、被调节了的现实,它是通过引入熟悉的、众所周知的表述来实现的。[57]

出于某种原因,早期商业报纸较少引用经典作为铭言。但正如我们从《共和民国大总统履任祝词》与《上海饮水秽害亟宜清洁论》等文章中看到的,早期商业报纸的作者经常引经据典,特别是——但不单单是——在引入变革的时候。[58]从创刊之日起,《申报》就大量直接引用经典,也会改述或隐晦地引用其中的段落。

---

[55] Hirsch, *Cultural Literacy*, 33.
[56] 关于"修辞性的扩充"(rhetorical amplification)这一术语的使用,参见 Levi, "Quelques examples", 41。
[57] 类似的观点,参见 Lydia Liu, *Translingual Practice*, 40。
[58] 一些文章援引过去是为了支持自己的保守立场。其中一例是《严责碰头风俗论》,这篇刊载于早期(1873 年 1 月 21 日)《申报》的文章讨论了上海因男女可公开接触而产生的道德沦丧。文章称:"古云:男女授受不亲,礼数极严。"作者谴责了上海异性间的"碰头"行为,唯恐这种行为蔓延至别地。作者担心这些密切接触和对不当言语愈益频繁的使用,将导致大众道德的沦丧。本书第四章将进一步讨论这篇论说。

变动的权威？

> There is a favorite technique used by those who know the old literature. When a new idea is introduced, they call it "heresy" and bend all their efforts to destroy it. If that new idea,...wins a place for itself, they then discover that "it's the same thing as was taught by Confucius."
>
> ——鲁迅（1881—1936），1927[59]①

应该说，新报对经典的引用与它对中国文学形式的采用一样，是中国报人为一种舶来媒介写作时表现出的本能反应。然而，引用经典是否能赋予报纸引发变革的力量？如果能的话，它是如何赋予的？为了回答这些问题，接下来，本章将检视《申报》讨论商贸与教育的文章。晚清时期，这两个领域在制度与观念上均发生了巨大变革。报纸在多大程度上位于这些变革运动的前沿？我们能理所当然地将报纸视为变革的倡导者甚至催化剂吗？如果可以的话，对经典的引用又在其中扮演了什么角色？在回答这些问题的过程中，我们将揭示这一多少有意为之的同化策略所具备的潜在力量。

商与利：善恶之间

> 男人（还有一些女人）来上海是为了赚钱。
>
> ——孔如轲（Nicholas Clifford）[60]

上千年中，商人在儒家等级秩序里被限定为社会的最底层、"四民"（士农工商）之末，因为商人寻求私利，这是儒家道德规范中首要的恶。[61] 这一保守立场，尽管受到争议并被反复驳斥（特别是在宋、明等贸易得到相当发展的时代），却从未变得无关紧

---

[59] 此段出自鲁迅演讲《老调子已经唱完》（香港，1927年2月19日），英文译文参见 Chow Tse-tsung, "The Anti-Confucian Movement", 310。

① 周策纵（Chow Tse-tsung）基本采用了林语堂的英译（Lin Yutang, in *Chinese Wit and Wisdon*, New York, 1942, p.1089）。这段话的中文意思是："有一种技巧，懂旧文学的人最爱用。当新思想刚被引入时，他们斥之为'异端邪说'，倾尽全力要摧毁它。而当新思想……占有一席之地后，他们又发现它与'孔夫子所教'是一回事。"在鲁迅讲演中找不到完全对应的原文。——译者注

[60] Clifford, *Spoilt Children*, 65.

[61] 关于厌恶"私利"的儒家背景，参见 Munro, "Concept of 'Interest'"; McMullen, "Public and Private in the Tang Dynasty"。关于商人与"利"的负面形象，亦可见 Leung, *Shanghai Taotai*, esp. 125；146-147；出自王韬的负面评价（后来他又对其进行了限定和更改），参见 Sinn, "Fugitive in Paradise", esp. 59, 63-74。

要。[62]相应地,中国绝大多数商人均感到被排除在政治权力与社会声望之外。在中国,财富本身从不会给人带来名望,即使是巨富的盐商亦强烈感到他们缺乏名望。因此,商人们成为地位的疯狂追求者:拥有一种"最基本的意欲,想成为另一种人,想通过教育或是做官而获得尊重,这是中国商业精神的特点"[63]。

19世纪下半叶是中国国内与国际贸易发生急遽变化的时期。不管商人与贸易者受到怎样的轻鄙,他们都变得愈加重要。在上海这样的城市(这里吸引着想要致富的外国人)中,许多中国人亦对贸易抱有巨大兴趣。[64]于是,对于商人与贸易之重要性的讨论自然变得热烈起来,因为大部分人口寄生于雇佣行业这一事实变得越来越难以忽视。《申报》相应地作出了反应:从第一则"本馆告白"开始,《申报》就公开表明它面向包括商人在内的读者群,[65]它还经常讨论商业活动的困难与必要之处。缓慢但坚实地,一种对待商人与利益的新态度发展起来了。[66]

这一过程体现在《申报》数年间对经典的引用(及滥用)上。总的来说,19世纪70年代的论说的态度是模棱两可的;其中一些即便不是全然保守的,也依旧表现了对贸易的抵制态度。外国人自私的牟利行为尤其受到它们的严厉谴责。其他文章则倡导一种新视角,将"利"视为一种有益于大众而非个人的美德。这些文章在引用经典时极其忠于原文,以加强、充实其论点。19世纪80年代的文章开始提倡西人的一些贸易方式,又谴责中国人"破坏"了这些新做法以谋取私利。这些正统的批评(针对非正统的、受到外国影响的贸易方式)极少引用经典作支撑。19世纪90年代与20世纪10年代的文章,则更为坚定地倡导西式贸易与利益,将之视作"救国"之必需。外国人原本自19世纪80年代开始被树立为中国商业发展的典范,到这一时期,却愈益变成一种清晰的威胁。上述几十年中,越是激进的文章,越是依赖对经典的引用。[67]但是这些文章并不总是忠实于所引原文,对原著的颠覆总是以试图揭示文本"真实含义"的方式呈现。它们是列文森所描述的典型:"并非中国文化的真正原则出错了。而是它们受到扭曲、变形或压抑。"[68]报人们在阐述其独特的现代论点时引用经典,由此对这些儒家文本进行了重新审视。他们通过文本注解这一正统实践来主张自己的权威性。

---

[62] Lufrano, *Honorable Merchants*, esp. 35-50,其中细致入微地记述了清朝晚期对商人地位的许多不同看法,强调了积极的声音以及各种对"四民"等级秩序的重新书写。然而,作者总结说,更为"激进的观点要求社会平等、要求商人之荣誉,却都无法撼动官方与保守者所谓的狭隘正统"(出处同前,第50页)。

[63] Godley, *Mandarin-Capitalists*, 36.

[64] 参见格林(O. M. Green)《在中国的外国人》(*Foreigner in China*)一书中的观察,第13页。亦可见 Godley, *Mandarin-Capitalists*, 15;以及卢汉超《霓虹灯外》(Lu Han-chao, *Beyond the Neon Lights*)的导论。

[65] 《本馆告白》,《申报》,1872年4月30日。类似的陈述参见1872年5月22日与5月23日的《申报》告白。早期《申报》读者广泛,本书第四章将进一步讨论。

[66] 例如,由文人转为报人的李伯元所著《大腹贾传》,是相当晚的针对商人的尖锐批评,载于《游戏报》,1899年4月11日,对其的讨论参见 Catherine Yeh, "Li Boyuan"。

[67] 《新闻报》同样为传达激进观念而使用了经典形式,类似案例参见 Janku, "Nur leere Reden", 222。

[68] Levenson, *Confucian China and Its Modern Fate*, vol. 2: 81.

细读文本会发现,19 世纪 70 年代有不少文章对贸易的负面后果进行了严厉斥责。1872 年 10 月 26 日《申报》刊载的《专利论》即其中典型。这是一封读者来函,出现在《申报》一般刊登消息的位置,是对著名的"花园桥论辩"的迟来的回应。[69] 一位威尔斯先生(Wills)在苏州河上建了一座桥并收取过桥费用。论辩始于五月,因为中国人必须付过桥费、外国人却不必付的事实引发了义愤。然而,人们最后发现事实并非如此:工部局已为外国过桥者向威尔斯支付了一年的费用,因为在沪外国人没有随身带钱的习惯。后续论辩围绕大桥应该成为向所有人免费开放的公共通道这一议题展开。讨论持续了数周。尽管还不甚明确,但《申报》报道很可能是促使工部局解决这一问题的关键:工部局请威尔斯将大桥卖给上海这座城市。威尔斯拒绝之后,工部局又承诺将另外建造一座公共大桥取而代之。

《专利论》典型地展示了这场论辩的激愤的特点。作者在开头写道:"自来人之专于谋利者,惟知有利而已。"威尔斯的例子便证明了这一说法的真实性。作者坦承应该允许桥主收回他建造大桥的成本,但现在他所收费用已远远超过成本;桥主不但不停止收费,还在大桥建成十年后增加过桥费。作者进行了估算,"每日……足收五十余千文,如是者十余年矣,其利不可谓不厚也"(第 6—7 行)。

同时,尽管"凡在有力之人来往所费几文原属无妨","惟是肩挑负贩之徒、孤苦贫穷之辈,此其人一钱如命也"(第 8—9 行)。"收钱之人……务使一人不漏",且对贫乏者尤为苛刻(第 10—11 行)。尽管有此种种可恶行径,桥主仍坚称造此桥是为"济人",而事实上仅是为"济己"而已。桥主还成功地散布了"济人"的说辞,"此桥名为济人实以济己,既得美名,又得大利"(第 12 行)。

作者认为,威尔斯的"专利之意"已经很明显了,甚至工部局也如此认为。尽管由中国人开辟的其他渡河方式(比如乘摆渡船或是设别桥以代替之)已经开始减少威尔斯的收益,但他"而乃沾沾焉,仍收钱之是务"。作者总结:"则所谓喻于利者,即此桥主也夫?"(第 18—19 行)这一最后的评语乍看之下无冒犯之意,它毕竟在逻辑上遵循了作者的论点,但实是对威尔斯极为严厉的判词。《申报》文章通常以"所谓"引出经典中的名句。这里"所谓"之后的话,出自《论语·里仁》第 16 则。每一位中国读者都知道孔子在这一章中说:"君子喻于义,小人喻于利。"威尔斯被归为最低人等,他是一个"小人"。这与《专利论》开头的警句"自来人之专于谋利者,惟知有利而已,功德有所不计,义理有所不知"相呼应。作者对威尔斯的判词是隐晦的,而对所有人,甚至是教育程度最低的读者来说,它又是显明的。《专利论》作者特意选用的笔名也突出了判词的重要

---

[69] 早年的《申报》并未为来函设立单独的栏目,直至进入 20 世纪,"来函"成为一种明确的栏目(参见 Vittinghoff, "Am Rande des Ruhms", esp. chap. 6)。更早参与"花园桥论辩"的文章出现在 1872 年 5 月 4 日与 5 月 9 日的《申报》上。《字林西报》(*North China Daily News*)同样组织了关于此事的论辩(参见 1872 年 5 月 4—11 日),对"花园桥论辩"的讨论,参见 Mittler, "Verkehrte Welten";以及 Vittinghoff, "Am Rande des Ruhmes", 237-238。

性。文末署"六泉居士未定草"。在《申报》的读者来函中,这是经常被使用的一类署名;这类署名标示了隐士这一具有悠久传统的角色,他为保全自己的公义,从腐败的世界中抽身而退。[70] 通过巧妙地使用名言——儒家笔名背后的说话者的权威性也支持了名言中的价值观——《专利论》成为反对商人威尔斯及其生意、反对他一味追逐私利之做法的一篇杰作。外国人威尔斯受到中国善恶规范的谴责。作者对《论语》的引用是为了支持正统的论点。

然而,这并不意味着引用经典只能用来支撑保守的观点。刊载于1872年11月14日《申报》的《致富论》,就是一篇典型的与前例路数全然不同的文章。它给出了"美国梦"的中国版本,在一定程度上将财富定义为一种积极价值,认为财富能服务于社群而不仅是个人,文章还就如何获取财富给出建议。[71] 在论证的核心部分,文章非常显眼地引用了经典,一是《大学》中的"生财有道"(第3行),二是古语"小富由人"(第4行)。文章又用陶朱公(范蠡,前536—前448,是动荡的春秋时期的著名商人)[72] 的话解释了这两则至理名言:"其言养物类培种植者,无不各得其宜,为天下有用之物,即以易天下无尽之财,遂以此致富,是富之可以为力致者。"作者对引文的累加以及对单句引文本身的使用,均是在扩展其文本的意义。"生财有道"出自《大学》最后一章,[73] 此章阐发了财富的获取须基于德。[74] 生财之"大道"在于"生之者众,用之者舒"。如果努力生产、节俭消费,便会有足够的财富供大家使用。该章最后断言,国家不应"以利为利",而应"以义为利"。读者读到《大学》中的引文,就会想起这些表述。[75] 他们对于经典的熟稔扩展了文章中的简短语句,并为作者的话提供了强大的背景:"圣王治世,则务财通商引为急务。"(第3行)古典文本及其语境与作者的"现代"观点产生了共鸣。[76]

因此,一处简短的引用也许会衍生引文本身之外的含义。对陶朱公之言的引用亦是如此。《史记》记载,陶朱公是越国显贵,他帮助越王征服了吴国,并通过从事贸易变

---

[70] 关于《申报》上的笔名,参见 Vittinghoff, "Am Rande des Ruhms", chap. 3, 127-128。

[71] 刊载于1872年5月11日《申报》的《商贾论》也持类似的观点。文章告诫人们"留心经世者",有益于商贾之处,亦有益于国家。文章认为,良好的市场建立在不同货物平等交换的基础上,交通网络需要改进,税收制度应更加公平,以确保商贾、人民以及国家的利益。贤君明晓此理。作者引用《尚书》证之:"懋迁有无化居。"此句出自《尚书》中与禹的一段对话,禹在这里对他的治理之道进行了解释。这一经典所具有的权威性,支撑了作者的观点,即认为促进贸易是有必要的。这里,引文为中国"留心经世"的政治家提供了镜鉴。另一篇《信局论》(《申报》,1872年6月7日)亦对贸易持积极的看法。其中,作者认为,与华人不同,西人追逐利益不仅为其自身计,亦对人民有益。亦可见1874年3月2日与1879年1月9日的《申报》论述,相关讨论,参见 Vittinghoff, "Am Rande des Ruhms", chap. 3, 123。

[72] 《抱朴子·内篇·论仙》:"然不可以黔娄原宪之贫,而谓古者无陶朱猗顿之富。"

[73] 这里采用理雅各的《大学》英译本,参见 Legge, *The Great Learning*, in *Chinese Classics*, vol. 1: 355-381。

[74] 《大学》:"德者本也,财者末也。"这一表述为人熟知,故可被视为谚语,参见 Arthur H. Smith, *Proverbs and Common Sayings from the Chinese*, 41。

[75] Arthur H. Smith, *Proverbs and Common Sayings from the Chinese*, 41.

[76] 作者在对反对收税进行讨论时,同样追溯到《大学》最后一章:"百乘之家不畜聚敛之臣""未有府库财非其财者也"。关于1874年《申报》对税收议题的讨论,参见 Vittinghoff, "Am Rande des Ruhms"。

得极为富有。当范蠡决定不再追随越王,便去职离开了。他曾说:"居家则致千金,居官则至卿相,此布衣之极也。久受尊名,不祥。""于是尽散其财,以分与知友乡党,而怀其重宝,间行以去,止于陶,自谓陶朱公。……居无何,则致赀累巨万。"陶朱公的例子说明了古语:致富"由人"。[77] 这一对中国读者来说不言自明的背景为作者对引文的缩略使用提供了说明。陶朱公之语及其经典语境响应了、进而支撑了前引古语和《大学》中的语句;这里,引文得到了不同层面的扩充(amplification)。作者将不同来源的引文巧妙地并置,使之相互增进。古语及陶朱公之语因与《大学》之"大道"被一并提出,从而获得权威性。前两者又为《大学》引文提供了具体例证。如此,文章成功反驳了有关贫富的宿命论观点,转而鼓励人们将人生掌控在自己手中,亲手聚集财富。最终,这些引文支撑了作者的观点,即追求个人财富是可能的,甚至是一件好事。

包括《致富论》在内,1872年《申报》刊载了许多类似的文章,以务实的眼光讨论了利益、贸易与财富的议题。这些文章通过巧妙地使用引文,赋予非正统表述以权威地位。总体而言,本文讨论的文章反映了19世纪70年代初对贸易和利益的评价充满了模糊之处。"逐利"是一种恶——这种正统观点,以及将"逐利"视为美德的"异端"观点,均得到经典引文的支持。但重要的是,只有中国人才会因从事商贸、追求利益而受到赞扬。陶朱公是富人的正面典范;而外国人如威尔斯,则被斥为爱好私利,他的行为在中国传统中是一种恶行。[78]

19世纪80年代亦有大量文章涉及商贸和利益,角度却完全不同。在专门讨论走私(也是一种"私",因此是"不合法"的)等不正当贸易方式的文章中,[79] 受到指斥者不再是外国人,而是中国人;虽然最初在中国走私鸦片的是外国人,继之而操此"生意"者却是中国人。根据一位作者的说法,走私活动只有在本地人的支持下才能真正活跃起来。那些试图根除走私的外国人后来又成为典范。据说,他们甚至在贸易方式(包括走私)上都比中国人更有公德心。[80] 1887年4月的一篇文章同样批评了中国人,

---

[77] 《韩非子·解老》(韩非子,约前280—前233)中说:"夫弃道理而妄举动者,虽上有天子诸侯之势尊,而下有猗顿、陶朱、卜祝之富,犹失其民人而亡其财资也。"此篇是要解释老子"福祸相倚"的说法。在韩非子看来:"人有祸,则心畏恐;心畏恐,则行端直;行端直,则思虑熟;思虑熟,则得事理。行端直,则无祸害;无祸害,则尽天年。得事理,则必成功。尽天年,则全而寿。必成功,则富与贵。全寿富贵之谓福。而福本于有祸。"因此,提及陶朱公的这一篇文章的结论是,命运掌握在人的手中,人们只须采取相应的行动,就能富与贵。

[78] 外国人经常针对这一指控为自己辩护,如《申报》于1875年10月11日刊登的《论本馆作报本意》。有美国人写信给《申报》(参见1882年12月17日的论说),辩解他成立中西书院并非只为邀利(第1行)。对于西人逐利心的抨击,亦可见1902年1月20日《申报》,下一节将对之展开讨论。

[79] 参见《论缉私难而不难》,《申报》,1887年1月19日;《缉私不可扰民说》,《申报》,1887年4月19日。

[80] 参见《论缉私难而不难》,《申报》,1887年1月19日。这篇文章引用了俗语,但没有提及经典。类似的说法还有,西人把坐马车和赌博之习带到上海,但后来反而是中国人沉迷于这些恶习,立法严禁亦不能止,参见《论上海风俗》,《新闻报》,1903年8月27与8月30日,对这篇论说的讨论参见本书第五章,第208—209页。

该文章讨论了中国人滥用为西人而设的贸易权利。[81] 这些文章从正统的角度谴责了贸易，重要的是，它们并没有援引经典权威。只有一篇文章简单征引了孟子对"利"的鄙夷，[82]并通过对比"私利"与"公利"，[83]在一定程度上与这位古代圣贤进行了协商，试图在"逐利"作为不被接受的恶行与它所提供的良性可能之间找到折中。富人可能愿意从事慈善事业，如果"利"被用于公共用途，孟子肯定不会反对。

19世纪70年代对贸易和利益的含混看法，到80年代末仍然盛行，但前提可能已有不同。80年代，贸易依然被认为是有问题的，但已愈益受到认真对待。这一时期的文章以正统论调谴责贸易，经典引文在其中只起到很小的作用。早先被称为恶棍的外国人现已成为榜样。这与历史趋势相吻合。19世纪80年代，通商口岸华人社群根据西方模式，向自己的政府寻求帮助，努力消除对经济的传统限制，为克服外国人享有的贸易优势而不断做出努力。[84]对"公利"是一种正面价值的重新强调——这出现在与经典文本的协商之中——反映了上述变化。

这些趋势到19世纪90年代变得越来越明显。[85]例如，刊载于1897年1月9日《申报》的文章《公利说》再次提出，"利"不仅有益于个人，更有益于社会。文章开头道："天下之大要曰利；天下之大害亦曰利。盖自孔子言：'小人喻于利。'孟子对梁惠王言：'何必曰利？'……'利'之一字，遂为儒者所诟病。"但作者又说，这"岂不曰重本而轻末，抑财利而尚道德仁义也？"（第3行）即便周公这样的"谋国者"亦未尝讳言利："必先兴乎利，而后道德仁义可得而施。"（第3—4行）作者认为，无论是国事还是家事，几乎所有人之行动均依赖于"利"（第5—6行）。但他同时承认，人们也会因利作乱（第7—10行）。作者总结道："利之为利，固天下之大要，亦即天下之大害。其要害之分云何？则曰：公私而已。"（第10—11行）

作者重新解读了《论语·里仁》第16则以及《孟子》卷一"梁惠王章句上"第1段，这两段以前常被人们用来批评逐利行为。[86]不同文章出于不同目的反复引用相同的文段，这本身就颠覆了这些段落的内在意义。然而这里作者采用了一些巧妙的手法，将他对经典的颠覆性再解读呈现为唯一正确的解读方式，同时暗示其他人误读了圣贤。作者有效地使用"岂"开头的反问句加以质询。他将孔孟之言置于说教性的陈

---

[81]《缉私不可扰民说》，《申报》，1887年4月19日。
[82]《论放利之害》，《申报》，1887年10月27日。
[83] 对这些观念的详细讨论，参见 Munro, "Concept of 'Interest'" and McMullen, "Public and Private in the Tang Dynasty", 5-6.
[84] Sigel, "The Treaty Port Community", 92-93.
[85] 例见《论今昔商情之不同》，《申报》，1892年2月25日，该文提倡要认识西方对商情带来的改变。这篇文章引用了一些不太为人熟知的经典。亦可见《论巡缉私盐》，《申报》，1892年3月12日，其中特别引用了《管子》对腐败官员提出批评，指出他们的不当行为不应作为一般标准。
[86]《论语》中的这一句话经常被引用，比如在上文讨论过的《专利论》中；《孟子》中的这句话还出现在1887年10月27日的《申报》上，参见本章注释82。更多例子见下文。

述中,使孔孟之言相对化。"利"有正面("于公")与负面("于私")两种形式,这是常理,于是,读者便会立即接受作者的权威性。作者引用了《大学》(第 3 行)的典故,进一步加强了自己的威信:众人皆知道德仁义乃善治的根本,但财利亦是其中关键。作者用周公这一最为孔子所称道的例子,进一步支撑了他的阐释。到作者结束论证时,读者一定会反对将孔孟误读为排斥财利者。作者巧妙地赋予引文以语境,进而重构引文的含义。另一方面,作者使用框定(framing)与并置(juxtaposition)的技巧再次创造新的信息,以揭示圣人言语中的原初意义。[87]

作者认为,孟子和孔子不仅知道存在两种"利",还确信私利之心是可以转为公利之心的。奇怪的是,作者"窃见今世西人实得此意"(第 14—15 行)。为何?这是因为西人不受中国士农工商等级的束缚。"西国之商犹中国之士也",他们不属于社会的最低等级群体(作者在第 15—16 行提到儒家社会的"四民"等级)。事实上,西国"有商务学焉,必使之学而后可以为商"。作者提倡也在中国开设商务学校。为了说明这些学校灌输的是"公利"观念,作者指出西人从事商务者组成"公司",字面上意味着它受到"公共管理"。[88]"顾名思义,可见此利为公利而非私利。"(第 20—25 行)[89]对于读者和作者来说,显然,尽管西方企业名为"公司",但这里所倡导的"公利"一定是它们最不重要的目标。然而,为了论证,作者坚持将"公司"解释为"受到公共管理的",使"名""实"相符,也就不需要儒学意义上的"正名"了。

作者接着说,与西人不同,中国工商甚至官绅士庶皆缺乏公利之心。他倡导"教习少年子弟,令其明白公利之理……他日此辈出而用世,庶几不蹈旧习,否则名讲仁义道德而心实系于私利"(第 22—23 行)。文章最后总结道:"今日而欲振兴中国,自不讳言利始,而必自人各存一公利之心始。"

这篇文章的权威性既取自经典(作者重新对经典进行了他认为的唯一正确的解读),也源自对名词的儒学式解释,依循"正名"的路数。作者以此证实了他在西人和中国古代圣贤之间建立起来的联系。[90] 由此,传统权威使作者能够提倡一种对待贸易和利益的新看法:贸易对于国家繁荣来说是有益的,甚至是必要的;至于"利",如果得到正确的实践与教授,它便是一种美德而不是恶行。抨击贸易而暗中争取个人利

---

[87] 参见 Lackner, "Citation et éveil",121,125。
[88] "公司"这一术语的商业用法始于 19 世纪 30 年代,指的是"联合东印度公司"(United East India Company),并在 19 世纪 50 年代左右用于指称所有外国公司(Masini, *Formation of Modern Chinese Lexicon*, 174)。孔飞力(Philip Kuhn)正在进行的关于海外华人的研究考察了这个词在东南亚的"汉化"(sinification)与扩展[他在一次题为"海外华人存在历史吗?"(Is There a History of the Overseas Chinese?)的讲座中提到这一点,哈佛大学,1997 年 12 月 4 日]。
[89] "公司"(company)的词源接近其拉丁文译词 *companio* 的原始字面意义,*companio* 在通俗拉丁语中源于 *con*(with,与)和 *panis*(bread,面包),因此 *companio* 意味着"与我一起吃面包的人"。
[90] 关于西人作为中国圣贤智慧之继承者这一常用修辞,例见本书导论以及 Mittler, "Domesticating an Alien Medium"。

益——作者认为这是当时常见的行为——才是真正的恶行,因此需要对"利"进行正名。

这种全新的利益观念——被表述为人们在西人机构中重新发现的中国的古老智慧——在同一年的文章《用财说》(《申报》,1897年3月10日)中更为突出。《用财说》开篇便问道:"财当重乎?"作者通过道出一系列的怀疑对此问题进行了回答。他指出:"'钱'字之文,从戈;'利'字之文,从刀,皆有杀机在焉。故孔氏之三戒,得为尤;释氏之三戒,贪居首。""然则,财何为而可轻也?"接下来的五行,作者选择性地引述了几段经典文本,并穿插提问,希望读者能够解答他的困惑。

    1. 孔子(《论语·里仁》第16则)曰:"小人喻于利。"又(《论语·里仁》第12则)曰:"放于利而行,多怨。"孟子(《孟子》卷一"梁惠王章句上"第1段)曰:"后义而先利,不夺不餍。"然则财何为而当重也?财可轻乎?

    2.《书》称:"正德,利用,厚生。"《洪范》八政,一曰食,二曰货。《周易·系辞传》称,"何以聚人?"曰:"财。"孟子(《孟子》卷四"公孙丑章句下"第7段)言:"无财,不可以为悦。"然则,财何为而可轻也?

    3. 何以准之?准之,《大学》之言曰:"生财有道。生之者众,食之者寡,为之者疾,用之者舒。"又曰:"外本内末,争民施夺。"又曰:"仁者以财发身,不仁者以身发财。"又曰:"货悖而入者,亦悖而出。"

作者以新的组合方式展示这些经典引文,最后得出结论,有证据支持、亦有证据反对"财"之重要性。他提醒读者注意,"'钱'字古作泉,其文从水"。确然,钱与水相类,无水何以生活(《孟子》卷十三"尽心章句上"第23段)?[91] 在引言中,作者引导读者进行一系列的自由联想,从"钱"的一个词源到一系列引文冉到另一个词源,从一个问题到一个相反的问题。引言之后的文本读起来就像是对所引经典的评论。

作者用几天前在《申报》上读到的一则消息来说明所引经典的意义,此消息说,京口观音洞前有两名乞丐:一为老叟,"旁有一女,浓涂艳抹,手拨琵琶,口唱淫词"。奇怪的是,一天下来,遭际可怜的老叟讨到的钱总不如旁边的年轻女子多。作者借此"偶然细微之事"表明"世人用财之不当"。接着,作者大肆抨击上海,他发现这里有无数孔子所说的"小人",他们唯利是图,并因此备受嫌恶。对作者来说,上海的冶游浪子是绝佳的例证,说明一心逐利使人们变得无比贪婪(正如《孟子》卷一"梁惠王章句上"第1段以及《大学》第11章第8节评论的)。他们的行动的确是"生财有道"的反面:一味挥

---

[91] 这里,作者引用了《孟子》中的典故,它亦出现在《上海饮水秽害亟宜清洁论》(《申报》,1873年2月28日)中;参见本书第76页的"民非水火不生活也。"作者进一步论证,水和财还有其他类似之处;财"如水之流通不可积滞"。

霍。"货悖而入者,亦悖而出。"(《大学》第 11 章第 10 节)

作者巧妙地对经典进行了选择性引用。开头几行中,作者为两种立场提供了同样具有权威性的论据,他用《论语》与《孟子》来谴责"财"(第 1 段),又用《书》《周易》与《孟子》来称赞"财"(第 2 段)。最后,作者引用《大学》证明了有两种"财"(第 3 段):有义之财与无义之财。作者很谨慎,从不否认任何经典表述中的道理与价值观,仅是策略性地提出疑问。正如我们在其他文章中看到的,将不同出处的经典引文并置(这里把《孟子》的语段放在了文章首尾)的技巧具有一种揭示效果。从中生成的新信息表面上仍忠实于旧文本的含义,又显露了作者真正的意思。作者巧妙地对引文进行排布,促使读者重新思考他们对"财"的虚伪偏见,又以新闻故事为例,摆出了一些反对"利"的经典观点,并批评时人犯下了其中提到的种种错误。他指责人们忽视了一些最重要的圣贤观念(即对公利之必要性的认识),否则为何他们"同一用钱也,不用于怜贫,而用于游戏?"

两天之后,《申报》刊登了另一篇关于此话题的论说,警告商战迫在眼前,华人因其对私利的热衷而永远不会赢得胜利,而西人却明晓公利之用途,能轻松获胜。[92] 这种紧迫感在五天后《申报》刊出的论说《寓兵于商说》(1897 年 3 月 17 日)中更加明显,这篇文章主张改善中国的贸易状况,摒弃对"利"的偏见。文章标题即提前透露了其充满紧张和敌对性的言辞。文章开头说:

> 自来谋国者言富必兼言强,而言强则必先言富。孔子(《论语·颜渊》第 7 则)曰:"足食,足兵。"言兵不先乎食也。梁惠王问孟子(《孟子》卷一"梁惠王章句上",第 1 段)曰:"亦将有以利吾国乎?"言富而强在其中也。

引述经典之后,作者开始求诸历史。"中国自三代以来,素重农政。故王者之政,寓兵于农。时至今日,风会大开,势将易重农而为重商。窃谓农固当重,商亦何可不重?农固可以寓兵,商亦何不可以寓兵也?"(第 1—3 行)他批评朝廷只在军事方面做现代化的努力,提倡改革商贸结构。

---

[92]《论商务以公司为最善》,《申报》,1897 年 3 月 12 日。这篇论说没有引用经典文本,但再次(参见《申报》,1897 年 1 月 9 日)解释了"公司"这一西方名词。作者认为,公司之作用在于"能合众人之财,能溥众人之利"。作者告诉读者,"就铁路而论,最多之国有得十余万英里者,其费何至数千兆",如此巨款应如何筹集?唯有,"始则合数十人,推而至数百人、数千人,聚财愈多,斯建业愈宏,得利愈厚。人见公司得利之厚,则附股自多,招股自易。"在作者看来,参与公司事业使人们联合,而不是让他们变得贪婪自私。接着,作者列举了关系到国家的例子;为了证明建立公司的益处,作者提醒读者,西人在中国设立的所有铁路、电报和矿业都产生了巨大的利润。作者还提醒:"通商以来渐成商战之局,西人聚财而与我敌,而我不能聚财以御之。非但不能御敌,而且自相矛盾甚至倒戈相向。"作者把中国商业的弱势归因于"人心终觉其不齐,人力总嫌其不聚"——他们未能成功地开设公司。华人热衷私利;而西人却理解公利的重要性。这篇文章没有引用任何经典文本,但公开呼吁人们须承认"利"是一种美德,并在讨论"公司"时隐晦地提到中国古典"公利"的观念。

接着,作者提出了一个极具革命性的观点:中国商民"散处于外洋者",应"因其人以为将领兵士,因其财以为船炮器械,经之营之"。朝廷在一段时间内一直禁止人民出国或返国。[93]尽管这一政令于1893年取消,[94]但直到20世纪,从海外返国的商民仍面临地方官员的歧视:他们离家到遥远的地方去寻找财富,既违反了儒家基本的孝道,也冲破了儒家对逐利的限制。[95]作者呼吁热忱欢迎归国商民,这在1897年仍是相当大胆的一步。

因此,作者非常小心地使其激进观点契合于经典文本与历史典范。然而,必须谨慎看待作者对权威的谦恭:作者引用的《论语》段落,出自子贡向孔子问政的一段对话。孔子认为,善政可用三点来概括:"足食,足兵,民信之矣。"子贡曰:"必不得已而去之,于斯三者何先?"曰:"去兵。"子贡曰:"必不得已而去之,于斯二者何先?"曰:"去食。自古皆有死,民无信不立。"显然,作者仅引用了对他有用的话。与孔子一样,作者强调"食"重于"兵"。但原文中孔子认为最重要的"民之信",因为不符合作者的论证而未被提及。作者操纵了经典以服务于自己的意图。这一点,在他处理对《孟子》的引用时更为明显。作者只引用了原文中梁惠王提出的问题,而孟子的回答实际上是语带反感的:"王!何必曰利?"(《孟子》卷一"梁惠王章句上",第1段)到此文本很后面(《孟子》卷一"梁惠王章句上",第3段、第5段),孟子才向梁惠王谈论维持民生,并暗示要壮大国家。但孟子并未使用论说中的"利""力"等词汇(这些当然是晚清政治辩论的关键词)。作者很谨慎,没有把他操纵的文本标示为引文,而是改述圣贤的表达("言兵不先乎食""言富而强在其中也"),他以新的侧重点和新的语汇改写经典原文,使之适应自己的论证脉络。读者会知道这一点(而且我们将看到,一些读者公开指出了这一点)。作者对引文的使用(滥用)也是对它的一种公开而微妙的颠覆。

19世纪90年代晚期,就利益与商贸展开争辩的论说试图展示它们的两面性,强调如果对"利"的使用得当,可以产生积极的作用。这些观点源自人们愈益迫切地关注中国之弱势与西方之强势,并将这一形势归因于两者分别对"利"的恶性与良性使用。这些批评所展现的激愤,来自外国列强可能将要瓜分中国的真实威胁。论说作者对经典的有效引用,颠覆了某些经典段落的含义,且这一过程并非总是隐晦地进行的。报纸文本使用引文以创造人们预料之外的意义。它所引导的文本间对话(intertextual dialogue)是在与原文平等而非从属的关系中进行的。最后,报纸文本得出结论,它们

---

[93] Godley, *Mandarin-Capitalists*, 60.
[94] 同上,77;1893年8月21日,驻伦敦大使上奏皇帝,请求完全废除现有的移民禁令。他还请求朝廷采取措施,保护那些可能受劝说归国的海外华人。1893年9月13日的朝廷政令(第78页)对这一诉求作出了回应:从今以后,所有中国商人,无论他们在国外待了多长时间,无论是否婚育,只要得到中国公使或领事的许可,就可以回国从事贸易。实际上意味着解除了移民禁令。
[95] 同上,3。

对旧引文的新评价是对其最好的解释。[96] 论说作者们使用相同的经典段落说明不同的论点,使他们对经典的激进重读像是对引文真正含义的揭示,他们还在这个过程中制造新的联想,这些联想也就顺理成章地被表述为自然的、必然的。这些儒家改良主义的努力可被视为"真正儒家事功"的最后一脉——这一说法出自列文森影响深远的关于现代中国儒家命运的研究——但也许不止如此。[97] 正如列文森讨论到的许多改良者一样,这些报纸为了自身目的而乞灵于儒学文本的不朽。召唤古旧是为了认可创新。[98] 引用经典的首要目的不再是为了引出过去,而是为了指向和照亮一个新的、变动着的现时。[99] 我们无法衡量这些"儒学式"宣传的效果。在提倡对贸易与利益采取新态度的文章中,对经典的巧妙使用可能诱发真正的变化。然而,进入 20 世纪,仍有不少文章探讨贸易改良的必要性,这表明此前种种借助儒学文本进行说服的努力似乎并未完全取得成功。从这些文章中可以感受到早在 1897 年就与外国贸易势力联系在一起的紧迫感与威胁感。这两种感觉还引发了更多针对中国官员和中国人的批评。这也导致了另一种转变。19 世纪 70 年代,外国人被视作只对私利感兴趣的恶兽;到 19 世纪八九十年代,外国人的形象又变成一个有些模糊的典范,他们来势汹汹,却在践行公利方面叫人信服;进入 20 世纪,他们既被视为迷人的模范,又成了一种狰狞的威胁。

1902 年 9 月的一篇文章开头引用《周易·系辞下传》(第 2 章)道:"《易》[100]曰:'穷则变,变则通。'"[101]《周易》原文描述了尧、舜等古代贤君明晓施行改革的最佳时机。如今的统治者却无法做到:泰西各国互立通商之约已久,独中国"事事落人之后"。"试为之探其原而立论焉,夫中国受通商之害先在失南洋。南洋者,中外往来之咽喉也。""明中叶时,我国征而有之,服而绥之……虽然,今已非其时矣,已失者不可复得。"作者认为应积极推动中国与之通商,"即不能收从前已失之利,而此后利之所在我得与彼平分……不必凡事皆假外人之手,则贸易之权自我握……"[102]《申报》文章中很少有完全不引用经典而单纯支持贸易变革的,亦很少对受过儒学教育的中国人可能产生的怀疑之处视而不见。

---

[96] Tolic, *Das Zitat in Literatur und Kunst*, 75-77,其中将这种做法称为"创造性的"或"启发式的"引用。
[97] 参见 Levenson, *Confucian China and Its Modern Fate*, vol. 3: 7, 27。
[98] 同上,70。
[99] Tolic, *Das Zitat in Literatur und Kunst*, 73-74,其中区分了引用的再现功能(*repräsentative Funktion*)与呈现功能(*Funktion der Präsentation*)。
[100] 《周易》原文为:"易穷则变变则通。"
[101] 《通商论》,《申报》,1902 年 9 月 20 日。
[102] 1902 年 11 月 12 日的《申报》文章《保利说》持有类似的观点。这篇论说认为中国虽穷困至极,其民众却没有意识到这一事实。作者提醒读者,洋货并非一直主导着市场。第一批来华的外国人曾对中国货品表示赞赏,但现在中国的茶叶和丝绸都达不到世界最好的标准,如果不在科学技术方面做出努力,中国的贸易逆差会越来越大。作者没有求诸经典文本,而是将西方商务方式宣扬为解决中国问题的唯一办法。在他看来,中国人对周围所发生之事无知无识,错误地把自己的失败归咎于外国人。

要反驳圣贤思想,不能仅仅通过不引用圣贤之言:"利"作为一种恶的问题不断被作者们重新提出。例如《保富说》(《申报》,1907年12月19日)一文承认"中国儒者不言利。而保富之说,独见于《周礼》"(第1行,《周礼》在中国经纶典籍中是一部受忽视的作品)。作者列举了一些历史案例,说明对"利"的贬抑可能造成的损害。"今夫二十世纪,经济战争之世界也",而当时的中国正是因其对"利"的消极态度而国势不振。作者认为,"利"与"富"有其功用。任何"文明国家"之富室,"岁凶则发粟拯饥,兵警则募资助饷,国债则出财应急,立一学校……设一银行……建一工厂……凡关于国家重要事业之担负,莫不惟富室是赖。故文明国法律,凡纳直接国税若干元以上者,有特别之规定,以示优异。而吾国不然。"

为了说明其观点,作者讲述了一广东商人的故事。"广东某氏,出洋贸易,致产千万。逮其归国,官吏多方鱼肉之。某以愤死,其子仍席卷其资,流寓南洋。"作者总结道,国家对商人利益的损害,便是他们出逃国外、永不归国的原因。

文中提到的问题在现实中确实存在。中国最早、最著名的实业家之一张振勋(字弼士,1841—1916)坚信,如果清政府对待华商"诚能昭示大信,俾出其财力,以经营诸务,则商务之盛岂让伦敦诸邦哉!"[103]1903年,张弼士上奏提出与《通商论》类似的建议,但遭到极力反对。[104]可能由于存在这种反对,论说作者没有忽视经典中"利"的负面意象。作者承认"中国儒者不言利",并以此开始讨论这一众所周知的困境,只是为了通过有力的论证将其彻底驳倒。作者所举案例(以《周礼》作为支撑)的分量打败了儒家圣贤,他使用圣贤自己的武器证明了他们是错的。然而,即便这一时期商贸是报纸上公开讨论最多、宣传最广的话题之一,人们显然依旧对"利"抱持怀疑态度。事实上,"利"从未被毫不含糊地标举为美德。这种情况在未来几年中,甚至到民国成立后仍未改变。[105]

1907年1月26日的《申报》文章《论近日人心之陷溺》,便认为华人均是"自私之人","其心固属于趋利"(第8—9行),"人人自丧其'本心'"(第14行),而根据孟子的说法,人心本善。虽有"托名保种爱国"者,但只是表面而已(第17—20行)。作者提醒读者,"昔儒家者流,分义利为两途,以义为公,以利为私,以义为天理,以利为人欲"(第25—26行)。虽然作者没有公然"以圣人之言"进行论说,也没有引用任何经典文本来

---

[103] Godley,*Mandarin-Capitalists*,110.
[104] 戈德利(Godley,同上)提到张弼士上奏的内容,认为在提高归国华商地位方面,张弼士最有趣的建议之一是:"拟请嗣后商人有凑集公司、承办商务者,酌赏虚衔顶戴以荣之。"
[105] 民国时期表达对私利之恨恶的若干篇文章,参见本书第六章。另一突出例子是《去私篇》,载于1912年5月5日的《申报》。1913年的一本上海城市指南对上海华人进行了抨击,说他们只关心利益,尤其是旅店店主,他们提供肮脏的房间,却收取离谱的价格(参见黄人镜,《沪人宝鉴》,第108—109页)。后来,鲁迅讨论了个体性和自私之间的自反性关联(reflexive association)问题(Lydia Liu,*Translingual Practice*,85)。

证明其保守观点,但他顺应了儒家经典的精神。[106] 作者说,"夫君子之作事只计是非,而小人之作事只计利害"(第 29—30 行)。论说采用典型的中国文章写法(即模仿经典),先以对偶结构摆出正反两方面的论题,接着使用了一连串的对立意象:"计是非者出于公,故其事必成;计利害者出于私,故收效亦浅。"(第 30—31 行)

作者通过传统的方式,即举例,阐明了这些公理(第 31—34 行):"如昔日入学堂者,均知科举非而学堂是,此作事计是非者也……今日入学堂者,均知入学堂有利……此作事计利害者也。"作者希望"人人能破利害之见,而作事悉准是非,庶人才可以兴起而国势亦可转移乎!"

从 1872 年对威尔斯(典型的外国人)一心追求私利的指斥,到约三十五年后对华人中类似自私行为的谴责(我们将在第六章看到,对这一主题的讨论一直持续到民国时期),我们已经绕了整整一圈。除了批评对象变得不同以外,难道没有发生任何变化吗?实际上,跳出《申报》版面,许多事情确实发生了改变:越来越多的外国人开始在中国投资贸易与工业并从中获利。另一方面,约在 19、20 世纪之交,张弼士等南洋商人崛起,重新获得最高的官方荣誉,[107] 同时,越来越多成功的买办因其在外交事务中展现的能力而受到赞赏,[108] 这些都证明晚清商人在现实生活中愈益受到尊重,此过程亦可以说是"商人的高贵化"(ennoblement of the businessman)。[109] 在报纸上,也有一些新观点被提出来讨论:私利或有益于国家;西人做生意的方式实际上是制造公利的方式——这也是中国古代圣人所倡导的;最后但同样重要的是,国家应该邀请那些去国赚钱的人归来,让他们将公利带回祖国。

然而,在这三十年的《申报》评论中,始终存在着将"利"斥为自私的低音,这表明读者可能对其心存怀疑。尽管历史在发展,"商"与"利"的观念显然仍继续困扰着中国读者[尽管陆冬远(Richard Lufrano)确信,"(清)帝国晚期社会各界大多已接受商业活动作为其生活的必要组成部分,并将经商者视为值得尊敬的社会成员"]。[110] 在新式报纸(它本身就是一项公开的营利事业[111])上引入商贸问题,显然不是一件简单的事。中国的"私利"与"公利"观念与西方商业理念发生了碰撞:威尔斯的做法在西方是正常

---

[106] 这篇论说包含了一连串儒家经典中经常出现的语词,比如"本心","私"与"公","利"与"义","是"与"非",其写作风格亦让人联想到早先圣贤的权威著述。
[107] 关于张弼士的成功以及其他类似事迹,参见 Godley, *Mandarin-Capitalists*.
[108] Hao, *The Comprador*, esp. 6-8 et passim.
[109] 关于这一过程,参见王尔敏,《中国近代思想史论》,第 233 页。姬文的小说《市声》(1908)即体现了新的社会阶层次序。在这部小说中,商人是有德行的儒士,而学者则出人意料地成为自私的贪财鬼。商人们"拿出坚毅儒者的全部决心",立志"要彻底改变中国的经济状况"。关于这本小说的讨论,参见 David Wang, *Fin-de-siècle Splendor*, 231-232。
[110] Lufrano, *Honorable Merchants*, 35.
[111] 参见《论本馆作报本意》,《申报》,1875 年 10 月 11 日,文章开头便大胆宣称"夫新报之开馆卖报也",转而指出报馆不仅意在谋利,它最重要的职责是"直言不讳"。

的、可接受的,在中国却不是。在中国,人们用一种古典的道德观念来谴责西方影响带来的变化。另一方面,关于"利"的古典观念让部分作者将西方股份制企业(即公司)转译为富于公共精神的团体。中国"利"的观念被西方商贸观念改变,又被人们以中国的方式重新解释。由此,西方观念从作为中国的首要"敌手"转变为促进商贸的最佳方式,而人们又发现西方商贸方式是基于中国古代圣贤思想的。[112]

研究新式报纸中经典语言的使用,目标之一是为了揭示引用经典文本在引入并评价变革时起到的作用。一个有趣的模式出现了:相较于捍卫现状的文章,倡导变革的文章往往更依赖直接而明显的经典语言。[113]我们可以推测,将私利作为一种恶来谈论并不需要太多勇气——至少从孔子时代开始,中国人就是这样谈论的。另一方面,那些认为逐利有益者,可能会觉得自己的论述需要更高的权威性。这种模式似乎表明,《申报》及其他同类报纸编辑人员中的变革倡导者认为,他们必须把自己的想法和论点隐藏在那些长久屹立着的声名之后。他们是不是在担心大胆地直接陈说"现代生活的事实"会把读者赶跑?他们是不是也在试图说服自己接受这些思想,尽管其中许多仍带有西源余绪?这些对过去的重新解释,在多大程度上成功劝服读者接受了改良和革命的必要性?这些问题难以回答,但以上分析表明,使用传统的书写方式本身并不妨碍书写者引介变革。这些论说将经典文本的不同片段并置,又将之与论说者的观点放在一起,是为了创造新的意义——有时甚至会与圣贤的原意产生矛盾。经典引文实际上成为一种有效的变革语言。引用经典并不妨碍作者对改良甚至革命的鼓吹;相反,这一做法为鼓吹提供了便利。

现代教育:重新引入古代实践

1877年2月的论说《论治国当以富教为先务》认为,与改良商贸一样,改良教育亦是善政的首要之务。[114]这篇文章在展开的过程中,不断回到这一主题上来(第5行、第7行、第11行以及文末)。为了支持此观点,作者引述《礼记·学记》道:"人不学,不知道。""故必须设学以教人也。"西方早已明晓并践行这一中国古代格言:"是以泰西各国之学塾,或创自国家,或设由绅富,甚至有建造出于妇人者,至于国王王后之捐赀以

---

[112] 参见 Lydia Liu, *Translingual Practice*, 27。
[113] 在前面分析的各篇支持变革的文章中,唯有1902年11月12日的《申报》文章《保利说》,没有直接引用任何经典。其他未直接引用经典的文章均对贸易的某一方面进行了谴责(例如《论缉私难而不难》,《申报》,1887年1月19日;《缉私不可扰民说》,《申报》,1887年4月19日,这两篇文章均反对走私。以及批评人们自私之心的《论近日人心之陷溺》,《申报》,1907年1月26日)。另一方面,反对变革的文章中唯一引用经典(但未明确标明所引出处)的是讨论西人造桥并收取费用的《专利论》(《申报》,1872年10月26日)。对1872年11月和12月《上海新报》所刊文章进行考察,亦可发现类似的模式,例见《义利说》,《上海新报》,1872年11月25日;《多利为害说》,《上海新报》,1872年12月10日;《重利为害说》,《上海新报》,1872年12月25日。
[114] 《论治国当以富教为先务》,《申报》,1877年2月27日。

为首倡者,更不必言。"因此,作者劝诫中国政府,仅在武备方面向西方学习是不够的:"若夫富教二事,实有国家者不可须臾缓图者也。"

将商贸与教育结合起来谈,这篇文章绝非个例。[115] 此两者都是晚清中国热切讨论的话题。这里,经典文本再次被用来为改良辩护。看来,与讨论"利"与商贸一样,圣人之言在引介教育改良时亦扮演了关键角色。倡导现代教育体制的论说家们采用了怎样的策略?他们是否再次求诸经典以说明其激进思想的合法性?《论治国当以富教为先务》将西方理念与中国古代圣贤所设想的典范等同起来,这是不是一种典型做法?倡导改良教育的报人为表明其观点,是否总是需要回溯中国古代?以及在这个过程中,"中国古代"又发生了什么?

原来的中国教育体制所基于的预设是,教育的目标在于培养为统治者服务的儒士。受教育是为仕途生活做准备。[116] 早在公元前 136 年的汉代,思想家董仲舒(前 179—前 104)就说服汉武帝建立了一种教育与考试制度,以儒学经典训练潜在的官员,并根据他们对经典的掌握程度进行选拔。在长达两千年的时间里,这种考试制度有所变动,但它决定了一位学子是否能够进入官场以及他社会地位的高低。[117] 教育基本上是一项私人事业,[118]大多数人都在家庭和宗族开设的私塾中接受教育。很少有公立学校;教育在以前并不是一种普遍利益。

学生们所学课程只限于经典、正史与现行法律法规。[119] 清朝科举考试测验考生对四书五经的掌握程度和作诗的能力,以及就经典段落、历史与时务写作八股文的能力。[120] 中国教育体制的变化始于私人层面,晚清时期,教会学校创办并教授新的科目,包括宗教、外语、自然科学、音乐和体育。[121] 尽管清政府认为"现代"教育的某些方面(比如法学学习、短期教师培训、男女同校以及劳工教育)是危险的,[122]但还是数度尝试进行教育体制变革(但或多或少都失败了)。清政府开始在旧课程中引入新科目(例如,1887 年的科举考试中,西学是可选科目);清政府亦建立了新式技术学校(比

---

[115] 前文讨论过的《论近日人心之陷溺》(《申报》,1907 年 1 月 26 日)一文就是一例。1897 年 2 月 6 日的《申报》文章《新说》则呼吁要通过更新教育来更新价值观念(进而重新评估"利"),从而将这两个主题结合起来。《新说》引用了不少经典文本,包括《孟子》《易》《书》。

[116] Tilemann Grimm, *Erziehung und Politik*, 15; Miyazaki, *China's Examination Hell*;最全面的研究参见 Elman, *A Cultural History of Civil Examinations*。

[117] Oliver, *Communication and Culture*, 124; Biot, *Essai*, 551 and Miyazaki, *China's Examination Hell*, 18-19. 宫崎(Miyazaki)认为科举教育体制并非源于汉初,而是源于 6 世纪的隋朝。

[118] 关于官学体系,参见 Miyazaki, *China's Examination Hell*, 36-37;以及 Biot, *Essai*, 494-495。

[119] Miyazaki, *China's Examination Hell*, 14; Biot, *Essai*, 499-500:根据这一教育体制的逻辑,计算应是商人之事,科技应是工匠之事。

[120] Tilemann Grimm, *Erziehung und Politik*, 63-64; Biot, *Essai*, 509-511; Miyazaki, *China's Examination Hell*;以及刘兆璸,《清代科举》。郭秉文(*Public Education*, 42)提到,早在唐代考试中就有关于时务的问题。

[121] 关于这些学校产生的影响,参见 Biggerstaff, *The Earliest Modern Government Schools*, 3-4。

[122] Bastid, *Educational Reform*, 64。

如同文馆、江南造船厂和福州船政学堂);[123]并派遣学生到国外留学。[124] 越来越多的私立学校将"现代教育"的目标和方法容纳进来,新式学堂的毕业生被"奖给"与科举无异的出身。[125] 1905 年,科举制度被废除。清代教育最后的一项重大变革是于 1907 年正式引入女子教育。

《申报》是如何反映这些变化的?《申报》在介绍这些变化时,又是如何引用经典的? 19 世纪七八十年代的文章试图解释西方学校教育体制的先进之处,所采用的方式是将其隐于中国古代范例之中——依据"西学中源"的程式,为西方做法寻找中国起源。他们以中国黄金时代为镜鉴,同时引述经典来批评当时教育系统通常的做法。20 世纪来临前夕,随着西方模式日益获得权威性,这种情况略有改变。20 世纪开始,中西材料被引用的频率几乎相同。与商务改革一样,论者对经典的引用是为了引入激进的理念。然而,教育方面的变革——即使是那些遵循西方模式的变革——好像从未被大众看成如商务变革那样激进:教育变革并不涉及将一种"恶"重新解释为一种德行。因此,在论及此事时引用经典的作用较小,作者也无须为了引介新做法而过度扭曲原文。

1875 年 6 月 30 日《申报》刊载的论说《论读书》开篇便引用了宋太祖(927—976,960—976 年在位)之语:"宰相须用读书人。"作者演绎宋太祖之意,认为所有官员均应用读书人:"即农工商贾亦宜诏之以读书。三代以上似乎无人不知读书,故农夫、野老、妇人、女子,其作之诗歌均可备辀轩之采。郑商弦高,亦知礼犒秦师;阳翟大贾,能作《吕氏春秋》(一般认为《吕氏春秋》是吕不韦所作,他曾在韩国经商,后为秦相)。"作者又引用《尚书·夏书》道:"官师相规,工执艺事以谏。"(第 5 行)[126]这再次表明上古时代"四民皆知读书"。中国所有贤明的统治者均"谆谆教导","无非欲人之读书而已"(第 7 行)。遗憾的是,这一黄金时代结束了,"至井田废而学校亦废",[127]"因而始以读书一事专属之士"(第 8 行)。

然而,士亦未能学到正确的东西。作者引用苏东坡(1037—1101)之言道:"读书万卷不读律,致君尧舜终无术。"(第 9 行)作者的解释是,"读律而知律,按律而定刑罚,则

---

[123] 这些机构的主要目标是增强国家的军事实力(Biggerstaff, *The Earliest Modern Government Schools*)。
[124] 参见 Miyazaki, *China's Examination Hell*, 124;Biggerstaff, *The Earliest Modern Government Schools*, 9-30;Y. C. Wang, *Chinese Intellectuals and the West*;Saari, *Legacies of Childhood*;Borthwick, "Students and Revolutionary Culture in Late Qing Schools";Lo Hui-min, "Ku Hung-Ming:Schooling"。关于李鸿章的建议,参见 Liu Kwang-ching, "Confucian as Patriot",33-34。对于教育体制的变革,京报亦有记录,对其转载参见《申报》,1902 年 5 月 15 日。
[125] 例见 Borthwick, "Students and Revolutionary Culture in Late Qing Schools",94。
[126] 这里采用的英译转引自 Legge, *Chinese Classics*, 3:164。
[127] 晚清对恢复井田制的必要性进行了旷日持久的辩论,井田制被看作社会主义的雏形。这一观念在康有为、胡适、谭嗣同、胡汉民等人的著述中均有重要意义,参见 Levenson, *Confucian China and Its Modern Fate*, vol. 3:19-37。

不怨"(第 10 行)。这里,作者回应了前引宋太祖之言,"宰相可以仅用读书人,而牧民者又须用能读律人也"(第 11—12 行)。相应地,普及教育有诸多益处:

> 盖尝论之:在上之人,文能知书,能致唐虞之盛;武能知书,可备干城之任。
>
> 在下之人,农能知书,则树艺之法必精;工能知书,则制造之术必良;商能知书,则懋迁之道必悉;贾能知书,则贸易之技必工;妇女能知书,必知孝敬和顺,可以主中馈而称内助。(第 12—14 行)

写下这段排比之后,作者反问道:"若是,则书之有益于人岂浅鲜哉,奈何世之人每废之而不读耶?"(第 15 行)他继续抨击官员无能,往往"见妇女则加意"(第 18 行)。他们不学无术(第 20 行),既不读律(这导致了许多不公正的定罪),也不读经(只接受过八股文写作训练,再无其他)。只有普及教育,才能"挽浇漓之俗而成郅治之隆"。②

作者一定知道,他所讨论的是教育改革中最有争议的两点:普及教育以及将律法纳入教学内容。因此,他用大量引文来支撑其针对官员展开的公然、严厉的批评,这种处理方式在后来讨论教育普及之必要性的文章中亦反复出现。[128] 此外,在宣扬普遍教育这一理念时,作者小心地避免提及此模式源自西方——读者想必明显知道这一点——而是将之说成在中国上古时代就被推行的一种制度。

1882 年的论说《崇尚西人之学辩》讨论对待西学的态度,亦采用了类似策略。[129] 作者首先称赞了朝廷所采取的一系列现代化措施。然而,对此,"迂腐之士乃闻而非之,若谓我皇上岁縻百万帑金,掷于无何有之乡,非率天下之人心尽惑于西人不止"。对于这些人,作者说:"我不忍笑之,且从而怜之,怜其既为中国人未尝读中国书也。"(第 4 行)如果他们读过中国书籍,就应该了解古人的聪明才智、技术发明能力、科学造诣,以及对翻译学的兴趣。作者用整整六行(三分之一的篇幅)详述了这些"中国固有"的成就(第 4—10 行),并断言西人不过是"踵而精之"。进而,作者以谚语总结说,效仿西人就好比"礼失而求诸野"(第 10 行);视西学为本源、中学为末流是荒谬的。作者引

---

② 原文为:"往往牧民之官既不知书又不知律,每至,视民如土芥,苟遇有案,任意敲朴,甚至避好色之名,见妇女则加意苛责,恐强奸之累,纵巨恶而设法请求。试问小民何辜,而牧民者竟忍如此待之哉? 推求其故,皆由于不学无术由以致之也。在上者果能使候补各官于考试之外再令加读书、专心读律,庶几一朝任事,不至毫无主意、乱用刑罚,俾小民遭无妄之刑、非辜之罪……若再能大兴学校,使一省之人皆读书不仅专功于制艺,皆知读律又能从事于刑章。今日在野为民,共沐诗书之化;他日在朝治世,均知律例之条,岂非挽浇漓之俗而成郅治之隆哉?"(第 17—23 行)——译者注

[128] 亦可见《论书院流弊》,《申报》,1887 年 3 月 19 日,其中引用了韩愈与庄子的话;1897 年 2 月 25 日的《申报》文章《教子婴孩广义》引用了《论语》;下文讨论的《议院不可行于中国说》(登载于 1902 年 1 月 20 日的《申报》)引用了《尚书》与《孟子》;以及《论学堂课程宜简并定设立专门学堂》(登载于 1902 年 11 月 11 日的《申报》)一文中亦有不少"古云……"和古训。

[129] 《崇尚西人之学辩》,《申报》,1882 年 1 月 23 日。

用《孟子》("滕文公章句上"第 4 段)收束此段:"孟子曰:'我闻出幽谷而迁于乔木,未闻下乔木而入于幽谷。'此为陈相言之也。陈相惟背周公孔子之道,故孟子黜之耳。"(第 10—11 行)[130]

尽管作者赞成迅速引进西方的技术设备与知识,但他亦显然迎合了他"不忍笑之"的"迂腐之士"——他们认为效仿西法是国家耻辱。诚然,盲目效仿西方是不对的,但有意识地改造西法是正确的,因这种做法的根源在中国。作者考虑到那些保守的读者,故而假意看轻西方。作者巧妙地引用了《孟子》与其他古语,这证明了"当媒介装作捍卫传统及现状而不是煽动激进变革时,才最能散播革命性信息"[131]。为"西学"寻求"中源"这一过程,常常证明许多"新"知极为"古老",是失传已久的中国传统。[132]

1902 年《申报》刊载的《议院不可行于中国说》似乎同样采用了这类论据,这篇文章讨论的是中国在引入议院制度之前有必要普及教育。[133] 作者开篇便感叹"中国今贫弱甚矣",认为解决办法之一是效法西方建立代议制政府。根据作者的说法,"中国有周盛时,虽无议院之名,然其意亦颇相近"。他还引用《尚书·洪范》(第 5—6 行)与《孟子》(卷二"梁惠王章句下"第 7 段第 7 行)说明,彼时,统治者会实行人民的愿望和建议,事实上,人们甚至可以在"周盛时"找到上下议院的等同物。但作者认为,周之景象早已不复存在。

作者很好地论证了他的观点,通过巧妙的选择性引用,他在中国历史中找到与西方议院类似的机制,但并未主张这种机制可以被恢复。事实上,作者把对"西学中源"的惯常看法颠倒了过来:中国当下积弊实深,唯有采取严厉的措施才有可能恢复"周盛时之景象"。作者未再引用经典文本,而是诉诸当时西方各国的情况,以之为权威证明自己的观点:"夫泰西各国皆以教养为急务,中国独莫之讲,此大惑也。"(第 18—19 行)这里存在着论据的转换:早期文章往往征引中国黄金时代以提倡普遍教育,而这篇文章的不同之处在于,它并未将西方抹去或对之进行贬低。引用经典是为了获得其权威性,显然在这篇文章写作的时刻,西方模式亦已获得一定的分量,因此作者可以堂而皇之地征用之。在中西知识之间建立类比不再是为了讥讽西人、宣称"中国早已有之";

---

[130] 类似的观点,参见《论奇技不独出泰西》,《申报》,1892 年 3 月 3 日。这篇文章同样将西方的技术成就与中国历史上的技术成就相比较,进而为前者辩护。
[131] Popkin and Censer, "Lessons from a Symposium", 8.
[132] 这类论据后来又出现在《论译学》一文中,《申报》,1902 年 11 月 28 日。作者先是举出一系列能说明中国"译学之兴"的历史事例,随后告诫政府应加强对译学的关注。
[133] 《议院不可行于中国说》,《申报》,1902 年 1 月 20 日。

而是意味着中与西、新与旧之间的相似与同质。③ 因此,20世纪初前后,报纸话语与其他类型的文本一样表露出:一度炙手可热的"中源"说在1895至1900年已然失势。这很可能是因为1895年,中国耻辱性地败给业已成功"西化"的"小国"日本。与此同时,"西源"愈益成为一种具有权威性的论据。[134]

在中国著名自由主义教育家蔡元培(1868—1940)于20世纪初写就的一篇华章中,亦可明显见到上述趋向。文章题为《教育部总长蔡元培对于新教育之意见》,分三天连载在1912年2月的《申报》上。[135] 他将法国大革命思想与儒家价值观等同起来,并同时赞扬了两者。他引用了耶稣、孟子、张载、康德(Kant)、周公之言与中外谚语,中西材料在其论证过程中均扮演了关键角色。例如,蔡在倡导公民道德教育时说:"何为'公民道德'?曰:法兰西之革命所标揭者,曰'自由、平等、亲爱,道德之要旨尽于是矣'。"他又引用孔子、孟子、《大学》与张载之语来解释这些语词,将"义"等同于"自由",将"恕"等同于"平等",将"仁"等同于"亲爱"。之后,他试图说明作为教育者之"大目的"的"实体世界"概念:"是以或谓之道,或谓之太极,或谓之神,或谓之黑暗之意识,或谓之无识之意志。其名可以万殊,而观念则一。虽哲学之流派不同,宗教家之仪式不同,而其所到达之最高观念皆如是。"[136] 因此,不同于早前论说者之犹抱琵琶半遮面,蔡元培为民国引入"现代教育"的过程中,将中西传统直接视为等同。

然而,这种为说明教育变革的合法性而在中国历史与西方现时之间建立同等关系的做法,到1895年之后已不再被作者们视为必要。一些文章直接提倡西方模式。其中一例是1897年4月《申报》刊载的《论设立学塾宜筹持久之计》,这篇文章将贫弱之中国与蒸蒸日上之海外诸邦进行了对照。[137] "岂外洋之治法果较胜于中土耶?"论说没有引导读者去相信,中国可为其历史与圣贤感到自豪,反而以令人不安的基调开篇。

---

③ 《议院不可行于中国说》对变法仍持保守态度:"即所举议员,皆当世所谓知新之士。然若而人者,但知法之当变,而不知变法之实难;但知西法之可以仿行,而不知中国实有不能仿行西法之处;但知利当兴、弊当革,而不知中国王公士庶,衣食窟宅于弊之中者,不可胜纪。猝焉改弦而更张之,是绝其生而置之死也,其势必至于酿乱。故欲设议院于今日之中国,不啻抱薪而捄火也。此皆浮慕西政,未能明达中外人情风俗故。"论说作者反对一味效法西方,认为要考虑中国的实际情况。作者提倡"教养",亦是从本土情况出发的。——译者注

[134] 熊月之,《西学东渐》,尤见第716—723页。
[135] 《教育部总长蔡元培对于新教育之意见》,《申报》,1912年2月8—10日。
[136] 对不同宗教的比较观察,参见《论教》,《申报》,1877年12月15日,其中亦将孔子与其他国家的宗教领袖等同起来。
[137] 《论设立学塾宜筹持久之计》,《申报》,1897年4月29日。更多例子,参见《义学关系人才宜兼教西学说》,《申报》,1882年1月9日,这是我发现的最早一篇既没有援引历史先例,也没有引述经典的文章。该文(带有"说"典型的自信风格)认为中国义学缺乏成效,应教授西学,"西学之足用无待赘言"。类似的论说还有《宜亟振兴西学议》(《申报》,1892年1月10日),这篇文章劝谏朝廷要建立更多的学校,特别是小学堂,强调要教授八股时艺以外的课目,且要效仿同文馆,介绍实用与科学知识。这篇文章亦未大幅援引历史先例或引述经典(只在描述中国目前的困境时,它引用了《孟子》中的"疾首蹙额",前述《共和民国大总统履任祝词》亦引用过这一表述)。亦可见1902年3月23日的《申报》文章《请开西学特科议》,该文批评八股文是中国读书人所学为数不多的科目之一,其中略略提到明太祖。作者主张改革考试制度,开设西学特科。

尽管作者反复以"岂"反问（如第 2 行，第 4 行，"岂西人之才力果优于中国，而华人竟不能望其项背耶？"），为那些不相信中国正陷于困境的读者提出其疑问。但很快，作者便引入了严酷的现实问题。中国处于风雨飘摇之中，唯一的解决之道就是效仿西方长久以来的做法。"大抵西人首重储才，无一事不从学校而出"，中国亦须采用这一体制。中国在甲午战争中"见屈于日人，华人始知不能变通不学西法之害"（第 6 行）。作者承认，从那时起清廷建立了不少学校，这种做法就是对危机的一种回应，[138]但是，仅仅是创办这些西式学校，并不能保证五年、十年、迟至二十年后，中国就会像许多人认为的那样赶上西方诸邦，更不用说超越了（第 9—10 行）。"然窃恐创行易而持久难耳。"（第 12 行）这里，作者再次对国人的自满心态进行了评析。

作者十分详细地对英、法、俄、日不同类型的学校进行了说明（甚至给出了准确的学费，第 12—20 行）。[139] 在读者惊异于外国教育状况之完备（就连最小的村庄都有学校）时，作者又回到中国的问题上来。"中国风气初开"，公立大学堂及二三等学堂"尚不能各省皆有"，乡间由私人设立的学校又恐不能持久（第 20—24 行）。这一糟糕的情形与西方形成对比，在西方国家，"人人得以入学，人人得以学成"（第 24 行）。

显然，作者并不觉得有必要修饰语言、将其论据进行"汉化"（sinify），或是引述圣人之言。然而，与其他采用经典论调的作者一样，他试图说服的是同一批隐含读者。这表现在作者对反问句的使用上，这些反问讽刺性地提出了隐含读者心中的问题；同样表现在，作者对隐含读者应对危机时的急切态度和对他们缺乏远见的"一蹴而就心态"的揶揄上。

以上分析表明，论说者们在提倡一种现代教育体系时确实引用了经典文本。他们这样做主要是为了证明一些更激进的观念具有合法性。而进入 20 世纪之后，随着对西方模式的学习变得越来越广泛，这种倾向就减弱了。同样，在讨论商贸的论说中，论说者们在提及西方模式时的态度亦从非难转变为称赞。此外，无论是言及教育还是商贸，许多新观念都被论说者们包装在中国往昔的意象之中：西方的教育方式通常被解释为中国古代的做法，它们得到西人的修改装饰，因此看起来好像是新的。

然而，从另一个层面来看，在倡导现代教育或支持"利"是一种美德时，对经典中的案例和语句的引用是不同的：在前一个案例中，经典文本更少受到颠覆。不可否认，说古人赞同普遍教育，要比说他们赞同"利"容易得多，诚然，古典文本与"新式"教育方式之间存在着更为真实确切的共鸣。此外，教育在传统上就受人尊崇，讨论教育的论说作者肯定认为他们倡导变革的主张将面对更小的阻力。教育与"利"不同，许多人仍将

---

[138] 郭秉文（*Public Education*，69）说明，甲午战争后，即使相当年长的学者也会寻求外国知识，通过参加教会学校、雇用私人教师、组建变法学会以及阅读中译西书等方式。同样的现象在日俄战争（1904—1905）之后再次出现（Peake, *Nationalism and Education*，48）。

[139] 不仅中国报界，奥斯曼（Ottoman）与普鲁士（Persian）报界亦经常将日本作为教育方面的典范（Pistor-Hatam, "Progress and Civilization", esp. 116-118）。

"利"视为一种恶;而教育,无论采用何种形式,都是为人熟知的善行。这也是许多讨论教育的论说认为没有必要总是引用经典或否定西方模式的另一个原因。

另一现象亦证实了这一点。在教育问题上,论说基本上都在抨击清朝政府与保守的官员,他们往往被呈现为与隐含读者相对的负面形象。而关于"利"的论说所预设的抨击对象似乎是全体中国人:他们追求不义之"利",精于走私,鄙视已获得成功、愿意以其财富造益中国的南洋商人。因此,与讨论教育的文章相比,讨论"利"的文章要面对的,似乎是更为根深蒂固的情绪。

结 语

> 每一位中国读书人应该都是一只满腹文墨的硕大蜘蛛吧,能从五脏六腑中吐出任何他所需要的东西。
>
> —— 明恩溥[140]

上海的新闻媒体反映了教育情况的变化,以及商人与逐利者地位的变化。然而,这种外部变化只略微地影响了报纸文本:本章所讨论的时期内,经典引文在报纸上随处可见,常常被用来支持革新的而非保守的观点。在本章中,我们已经看到论说作者以不同方式来说"书上的话":他们经常标明引文的来源,例如"书曰""孟子曰"。除此之外,论说者还改述圣人之言,且不直接标明来源,只以"圣人云""古言""古人有言""古云""古语云"来代替。[141] 有时,作者仅隐晦地提及圣人之言,因为其中许多语句已变为谚语。更隐晦的一种做法是,作者通过使用历史典故让读者想起有关的古语。

无论一处具体的"引述"属于上面哪一类,"纯粹的引文,与经过长期不断使用而被打磨成通用谚语的引文之间……没有明晰的界线,而且也许每个人对它们的判定界线都不相同"[142]。在我看来,所有引述均有着相同的目的:从经典中摘取的简略表述是为了指向更宽泛的语境。因此,它们可以传达一种"真理"的感觉;创造一种"具有权威性的术语"[143]。或者用一句中文来说——"托古证今"[144]。

不同形式的引述是一种掩饰,就像前文提到的僧人的"茶碗",它们的用途是把陌生观念包装成人们熟悉的东西。内容越是背离传统,讨论它的语言就越是传统。引用经典可能是这一时期所有中国读书人的条件反射。对此,一个重要指征是,大多数引

---

[140] Authur H. Smith, *Proverbs and Common Sayings from the Chinese*, 8-9.
[141] 例见《申报》,1872 年 11 月 14 日、12 月 17 日,1877 年 2 月 27 日、12 月 4 日,1882 年 2 月 11 日、4 月 3 日、11 月 11 日,1887 年 1 月 5 日,1892 年 1 月 6 日,1897 年 3 月 17 日,以及 1902 年 11 月 11 日。
[142] Authur H. Smith, *Proverbs and Common Sayings from the Chinese*, 40.
[143] Cf. A. C. Smith et al., *Paper Voices*, 240.
[144] 李良荣,《中国报纸文体发展概要》,第 23 页。

文都源于正典。[145]而作者要引介的事物越陌生,这种条件反射似乎就越强烈。[146]报人们是在回应他们心目中读者的要求。他们所表达的信息并不因其原创性而被读者青睐;事实上,原创性会被视为一种缺陷。[147]圣人之言的价值恰恰在于,它们不是原创的或个人的,而是传统的、共同的。[148]上海报纸中引文的出现表明,作者与读者是由他们在特定文化中消费的叙述制造的:这些叙述生产了一种无须言明的理解(silent understanding)。[149]

然而,尽管使用了公认的正典教义,《申报》作者们还是通过策略性的省略或将不同出处的引文(其中一些是正典以外的)并置——这些手法是为了扩充或转换经典的意义——而颠覆了其中一些最基本的含义。《申报》对文本的操纵有时会在读者来信以及之后刊登的漫画中遭受批评。[150]用熟悉的语言来解释陌生的、不熟悉的事物,意味着两者都会被歪曲和修改。我已经表明,在这个过程中,古代文本与现代语境之间如何发生了一些或多或少的剧烈反应。[151]对经典进行微妙或哪怕不那么微妙的解释,为中国人开辟了新的思考路径,并塑造了新的意义。经典引文就是这样成为变革的动力的:论说者执着地谈论那碗"茶"是为了最终将它掀翻。

尽管中国报纸通过引用经典创造了一种能有效促进变革的语言,但我仍然怀疑使

---

[145] 明清两代正典皆以新儒学为向导,包括四书(《论语》《孟子》《中庸》,以及朱熹注《大学》)、五经(《诗》《书》《礼》《易》《春秋》及其注解),还有正史读物(以及当代与以前各代的法律法规读物);参见 Tilemann Grimm, *Erziehung und Politik*, 92, 99-100;以及 Peake, *Nationalism and Education*。《史记》作为正典中的史书之一,含有不少法家的文字,例如《韩非子》中的段落以及《商君书》中的引文[感谢叶翰(Hans van Ess)提醒我注意这一点]。因此,报纸经常引用法家之言就不足为奇了。典籍中的其他著述似乎被引用得更少一些,因其具有更多的"实用"性质。具体书目参见 Tilemann Grimm, *Erziehung und Politik*, 92, 99-100;以及 Peake, *Nationalism and Education*, 42。

[146] 在萨尔蒙(Salmon, *The Newspaper and the Historian*, 336)看来,19世纪与20世纪初的外国报纸广告也采用了类似策略:"一个行业越是意识到社会上大部分人可能对它不满意,就越会将历史上伟人的名字与它的广告联系起来。"向中国读者引介脚踏车的文章《脚踏车将来必盛行说》(登载于1898年4月1日的《申报》,此文概要参见附录A,第269页)就体现了这一点:这篇文章写作于1895年这个关键时间点之后,公开鼓吹外国典范(尤其是普鲁士与日本),但它所介绍的是对中国人来说完全未知且属末流(因之涉及体力活动)的东西,故而开篇便引用了《诗经》。

[147] 我的研究聚焦《申报》。但若粗略考察1872年11月与12月《上海新报》的文章,亦会有类似的发现,其中均存在大量的经典引用。例见《墙倒伤人》,《上海新报》,1872年11月6日;《义利说》,《上海新报》,1872年11月25日;《杂论》,《上海新报》,1872年11月28日;《正本清源论》,《上海新报》,1872年11月30日;《续海外奇谈》,《上海新报》,1872年12月6日;《劝孝歌》,《上海新报》,1872年12月9日;《重利为害说》,《上海新报》,1872年12月25日。

[148] Oliver, *Communication and Culture*, 267.

[149] Booth, *Rhetoric of Fiction*, 415.

[150] 这样的信件,例见 Vittinghoff, "Am Rande des Ruhms";漫画见《申报》"自由谈"栏目连载的漫画(自1912年8月27日开始登报),题为"误解四书画"。

[151] 用宇文所安(Stephen Owen, *Remembrances*, 139)的话说,在引述、用典和咏史(reference)的过程中,作者"可以简单地指出比较的基础,但是,旧有的原意非常有力,它可以使原非此意的新东西屈从于它"。新语境之于旧文本的影响亦如此。(这里采用了郑学勤的翻译,参见宇文所安:《追忆:中国古典文学中的往事再现》,北京:生活·读书·新知三联书店,2004,160。——译者注)

用这种语言的报纸在多大程度上能煽动现实生活中的变革。本章把讨论商贸和教育的报纸文章与历史证据做了比较,尽管粗略,但已表明报纸在大多数时候都滞后于时代的发展。尽管报纸采用了强有力的修辞手段,但它们总是比现实更保守,总是以事后之见的视角来进行书写。[152]

本章和前一章追溯了中国报纸文章的演变。中国报纸引介的许多价值观与理念明显是外来的。然而,在《申报》上,这些外来元素被一种立基于传统情感的语言呈现着。这一过程中产生的新产品即新(报刊)文体的特点是现代内容与古代语言及表达形式之间的脱节。这使它最终无法在传统和现代之间划出一条清晰的界线。[153] 报纸文本表明,报纸主创不仅认可、实际上更一心谋定:中国的主方媒介(host medium)即中国的语言与形式,在转译过程中应该侵犯、取代、篡夺客方媒介(guest medium)即异国报纸的权威性——这也是后者改造前者的过程。只有这样,《申报》才能做到"报为中用"![154] 在讨论《申报》对中国形式和语言的特殊使用时,我已回顾了外来媒介希望如何传达其讯息的策略,本书的第二部分将讨论讯息与读者之间的相互作用。在此之前,下一章将讨论报纸主创对特定内容的有意选择,是其将外来媒介转化为"专门面向中国的讯息"(the message for China)的策略之一。西式报纸决意刊登京报内容,这将再次说明,中国报人对变革的寻求是如何从过去找到凭靠、又颠覆并破坏过去的。[155]

---

[152] 本书第四章和第六章将提供进一步的证据,说明报纸对上海和中国之发展起到的相当间接的影响。

[153] 刘禾(Lydia Liu, *Translingual Practice*, xix)考察了中国五四文学中对传统的革新和遵循,得出与这里类似的结论。

[154] 同上,27。

[155] 关于人们通过保存传统来破坏传统,参见 Levenson, *Confucian China and Its Modern Fate*, vol. 2: 126 *et passim*。关于西方在这一方面的影响,参见 Mark Elvin, "How did the Cracks Open?"

第三章　让国家走向公共？
京报重印中的权力与视野

根据麦克卢汉（Marshall McLuhan）的说法，是媒介而非其讯息形塑并构建了文化互动的方式。媒介使某种沟通方式成为可能并改变了它运作的环境，因此，媒介本身成为一种讯息/按摩[m(e)assage]。[1] 然而，前面几章展示了相反的一面：作为媒介的西式报刊渴望在中国公共领域中运行并获得最大的成功，它采用的方式是改变自身、适应环境，以及选择特定的已被接受的书写形式。报纸汉化过程中最有趣的方面，也许是在西式中文报纸上重印邸报（或者说京报）。本章试图追溯这一挪用（appropriation）的理由并讨论其中的意义。我将由以下问题切入：为什么商业报纸决定无论如何都要将京报内容包括进来？为了成为一种讯息，京报这种媒介是否发生了变化？19 世纪 50 年代之后，西式报纸将京报内容涵括进来的做法是否增强了前者的象征性力量？京报被纳入商业报纸时发生了什么？它的讯息有变化吗？[2] 当一种专门面向政治阶层的内部沟通工具转变为超出朝廷控制的信息来源，这一过程中又发生了什么？

显然，外国出版商试图将其所办中文报纸与京报区分开来，但又承认京报是其新闻与声望的来源。[3] 新报一字不差地收录京报全文或部分内容是为了增加其销量。但这一做法也意味着在西式报纸上，京报与其他新闻同时出现，于是，任何一则论说或消息都可能与京报内容产生龃龉。这反过来迫使传统国家——即便它能发布最权威的公告——进入公共商谈（public deliberations）的竞争场域。

---

[1] McLuhan and Fiore, *The Medium Is the Massage*, 19, 67.
[2] 环境对于特定媒介中的讯息具有重要意义，相关讨论参见 Dong, "Communities and Communication"，第 87 页："衙门毕竟是衙门，流言会在进入衙门大院时改变其本质，获得新的意义与影响力。"
[3] 参见若干篇讨论新报与京报之区别的《申报》论说（1872 年 7 月 13 日，1873 年 7 月 18 日），本书导论部分已对其进行过引用与探讨。

视野：为何重印京报？

> 所有消息都出奇地贫乏,这是京报最突出的特征。京报的编纂者从未努力使它具有任何可读性,事实上,他们完全朝着相反的方向努力:选出那些最不重要、最无趣的奏折放在京报上。
>
> ——《教务杂志》(*The Chinese Recorder*),1870[4]

> 中国首都与省级的旧式官报系统,是高度发达的传布官方法令与思想的系统……此种媒体刊载了大量大众感兴趣的内容,相当程度地抢占了先机,仅给大众报纸留下有限的空间。
>
> ——白瑞华,1933[5]

关于京报的本质,存在着多种相互矛盾的表述。[6] 有些表述将这种官报说成一开放的论坛,留有公众讨论与批评的空间,尤其是其中的奏疏;[7] 另一些则认为京报是来自官方的声音而非公共意见。[8] 同样模糊的是,京报到底属于官方还是非官方的出版物?[9] 一般公众能接触到它吗?[10] 他们是讨厌还是喜爱读

---

[4] "The Peking Gazettes",10. 作者深信,"邸报能变得非常有趣,这毫不困难,也无须触犯神圣领域……我们很难指望内阁透露任何严格意义上带有私密性质的东西,但我们希望看到的邸报,应该是从不断累积的大量文书中被精选出来的,包含坚实而有价值的信息;在这一点上,邸报存在着不容忽视的缺陷"。

[5] Britton, *The Chinese Periodical Press*, 15.

[6] 原始材料的稀缺是导致这种情况的部分原因。参见黄卓明,《中国古代报纸探源》;姚福申,《有关邸报几个问题》。

[7] 参见 Alcok, "The Peking Gazette", 248-249; Scarth, *Twelve Years in China*, 173; Vittinghoff, "Am Rande des Ruhms", esp. chaps. 2 and 7. 欧中坦("The British Museum's *Peking Gazette*", 45)甚至将京报称为"帝国进行横向沟通的唯一具有权威性的公共渠道,而帝国的纵向沟通亦是受到限制的"。林语堂(Lin Yutang, *History*, 11)认为,上谕,特别是奏疏(memoranda),本质上是一种博学文章,含有当时学者针对重大社会及政治改革提出的审慎意见,其中包括大量具有倾向性的事实以及针对时弊展开的批评。白瑞华(Roswell Britton, *The Chinese Periodical Press*, 13)认为,正是因为京报将争议包纳进来,外国人才对它越来越感兴趣。

[8] 毛富刚(Wolfgang Mohr, *Die moderne chinesische Tagespresse*, 15)认为,袁世凯之后,官报上才有公开批评的声音。亦可见 Lust, "The *Su-Pao* Case", 411。

[9] 参见 Ocko, "The British Museum' *Peking Gazette*", 38;以及 Hao Yen-p'ing, "Importance of Archival Palace Memorials", 79. 郝延平将京报简单地定义为"对朝廷发布文书的非官方重印"。阿礼国("The Peking Gazette", 251)则称之为"半官方出版物"。

[10] Lin Yutang, *History*, 12. 林语堂认为,"这种官方媒介远不能构成重要的信息机关,它主要登载朝廷任命、升职或罢黜方面的消息"(出处同前,第4页)。类似的观点参见 Oliver, *Communication and Culture*, 1;以及 Alcock, "The Peking Gazette", 246-247。

它？[11] 总之,关于这种出版物的本质尚未形成一致的结论。[12]

19世纪,西式报纸被引入中国这一事实并未对京报的存在构成威胁。[13] 最后一份官方京报出版于1912年3月,[14]到那时止,不同版本的京报不断被中外报纸重印。[15] 为何？本书导论部分所引《申报》关于此问题的论说无法给出答案。《申报》论说恰恰认为京报与新报相比,极其沉闷无聊,因京报"但传朝廷之政事"[16]。根据《申报》论说的描述,京报的报道范围与读者群都十分有限。既然如此,那么为什么从一开始,邸报就是《申报》的重要组成部分呢？

历史的视角：京报作为一种制度

为了解释这一矛盾之处,并回答为何新报要重印邸报这一问题,我们必须再次思考京报的本质。它有多官方？有多无趣？对邸报历史的简短回顾也许有助于我们回答这些问题。

不少学者承袭了戈公振的看法,认为京报的前身最早可追溯到汉代,因此,中国拥

---

[11] 秦绍德(《上海近代报刊史论》,第9页)称,尽管公众能从京报的字里行间得到一些新闻,但由于存在严格的审查,京报基本上仍是枯燥无味的朝廷喉舌。相反的观点参见 Britton, *The Chinese Periodical Press*, 12-13；Williams, *The Middle Kingdom*, 1：328；Chien, *Das alte chinesische Nachrichtenwesen*, 63；林远琪,《邸报之研究》,第143—145页。黄天鹏(《中国新闻事业》,第31页)引用了大量提及阅读、喜读邸报的唐宋诗词。黄卓明(《中国古代报纸探源》)表明,在宋代,邸报变得越来越流行,这一点不难验证(感谢叶翰向我指出宋代文人书信与著作中论及邸报的不少案例)。亦可见姚福申,《有关邸报几个问题》,第109页,一位宋代作者称他在吃饭的时候阅读邸报。关于邸报的大众读者群问题,下文将进行详细讨论(参见第125—127页)。更多材料参见本章注释122。

[12] 甚至在同一本书中,作者会一面将京报描述为"对政府日常活动的全面记录……不带任何编辑者的意见……只有当局审定的内容……没有评论"[转引自1926年在华盛顿创刊的《美国日报》(*The United States Daily*)的一则告白。根据白瑞华的说法,这也是京报给大部分人的印象,*The Chinese Periodical Press*, 7-8]。一面又说:"按照古代邸报的使用方式,每一份上谕都会明确对所颁法令说明理由。上奏者常常为其谏言或请愿辩护。即使是消息报道,也极少仅仅叙述事实。在国家出现重大问题时,皇帝常命令总督和巡抚提呈建议,对官员们的回应的收集等于对上层意见的收集。此外,监察官员也很好地利用了邸报……他们揭露、抨击权力的滥用,表现出直言的气势,这是朝廷专制制度中最让人惊讶的事情之一。批评还涉及皇帝本人,这些批评甚至也被发布在邸报上。"(出处同前,第13页)

[13] 关于中西式报纸之共存,参见黄卓明,《中国古代报纸探源》,第5—6页、第158页。伦敦《泰晤士报》(*London Times*,转引自NCH 9.6.1877,565)曾发表评论说,认为西式报纸的出版加速了京报的消亡,这显然是错误的。《泰晤士报》的例证之一,是《申报》的发行量为8000份,而京报仅有300至400份。尚不清楚这些数字的来源(Narramore, "Making the News in Shanghai",373,其中给出的1877年《申报》的发行量是5000份。Mohr, *Die moderne chinesische Tagespresse*, 13,其中给出的京报发行量为10,000份);《泰晤士报》给出的京报发行数字很可能只是一所京报报房的发行量(而北京有十几所报房；参见下文的讨论)。

[14] 黄卓明,《中国古代报纸探源》,第162页。伴随1907年《政治官报》的创刊,京报变得不再必要(李斯颐,《清末10年官报活动概要》,第144页),但并没有立即消亡。

[15] E. H. P. Parker, "The 'Peking Gazette'", 73-75.

[16] 《邸报别于新报论》,《申报》,1872年7月13日。

有"世界上最古老的报纸"。[17] 持反对意见者则认为,这些早期邸报是由邸吏(他们负责在朝廷与地方政府之间进行联络)选定的内部沟通消息,与官文书无异。[18] 在接下来的几个世纪中出现了大量的新闻信,它们以汉代邸报为模板,有时仍然使用"邸报"这一名称。

然而,学者始终无法确定中国报刊史上的同一名称是否描述了同一实体。[19] 例如,"邸报"自晚唐开始便被用来指称官报(official journal),又被称为"进奏院状"(简称"状报";见表3.1)。[20] 迟至清代,"邸报"一词仍被用于指代"京报"。[21] 宋代被称

表 3.1 中国官方或私人报纸名称之变化

时期	官方报纸	私人报纸
汉	邸报	
唐	进奏院状报	邸报(出自官吏之手,但体现其私人兴趣)
宋	(进奏院)状报 朝报	邸报或小报(出自进奏官之手,登载未录于朝报的内容,有时可能在得到刊发许可之前便已将文书泄露)
元		邸报①

---

[17] 转引自 Henriot, "Nouveau journalisme", 5. 亦可见 Patterson, "The Journalism of China"; Mayer, "Die Presse in China"; Imbault-Huart, "Le Journal et Le journalisme en Chine"; Flessel, "Early Chinese Newspapers", 62; Chien, *Das alte chinesische Nachrichtenwesen*, 46-47; 黄天鹏,《中国新闻事业》,第27页;林远琪,《邸报之研究》。

[18] 关于这一观点,参见黄卓明,《中国古代报纸探源》,第1页、第11—17页、第18页。黄拒绝将那些不定期出版、也未在全国范围内系统发行的邸报称为"报纸"。他认为,中国报纸真正起源于唐代。只有到那时,才能发现有记录表明全国各地都有供人每日阅读的报纸(比如手抄的《开元杂报》)。戈公振的观点亦遭到姚福申的反驳,参见《有关邸报几个问题》,第117—118页。

[19] 姚福申《有关邸报几个问题》开篇列出了一长串"邸报"的别称。亦可见其更早的研究《中国古代官报名实考》。刘勇强(《明清邸报与文学之关系》,第438—439页)亦有类似的论断。黄卓明(《中国古代报纸探源》)令人印象深刻地说明了,在中国报刊史上,用单一名称来指代同一事物是绝不可能的。频繁更名或重新定义引发了诸多令人困惑之处,黄本人所做的细致工作亦未能完全理清邸报的历史。接下来,我将努力对混乱的邸报史加以整理;其中的解释与表3.1大致基于黄卓明、姚福申的研究发现,随着后继者对中国早期报刊史的更深入研究有待进一步修订。

[20] 黄卓明,《中国古代报纸探源》,第96—100页。

[21] 黄天鹏,《中国新闻事业》,第28页、第31页。

① 关于元代是否有邸报,学界一直有争议。较早以戈公振为代表,近年以孔正毅为代表的一派学者认为,元代存在邸报或类似邸报的信息发布媒介(戈公振,《中国报学史》,北京:生活·读书·新知三联书店,2011;孔正毅,《元代"邸报"新证》,《新闻与传播研究》,2010(7):21—23;孔正毅,《再谈元代的"邸报"、"朝报"及"除目"问题:兼答李漫博士》,《国际新闻界》,2014(1):153—166)。另一方面,以姚福申、李漫等为代表的一派学者则认为,现有史料不足以证明元代有邸报或官报(姚福申,《关于元代邸报的考证》,《新闻大学》,1986(12):80—82;李漫,《元代邸报"新证"考辩:与孔正毅教授商榷》,《国际新闻界》,2010(6):113—117页。另外,黄卓明推测,一些孤立的史料中提到的元代"邸报",乃南宋"小报"的残存(黄卓明,《中国古代报纸探源》,北京:人民日报出版社,1983,73—75)。——译者注

续表

时期	官方报纸	私人报纸
明	邸报 塘报	朝报（不同地区的邸报可能有不同名称） 牌报 京报（自17世纪开始出版印本）
清	邸抄（有时仍根据明代用法被称为"邸报"；手抄，清初由提塘办理，咸丰年间，上谕中记有"所有刊刻邸钞，乃民间私设报房，转相递送，与内阁衙门无涉"。 塘报 京报（由私人报房制作的邸抄印本）	

资料来源：黄卓明，《中国古代报纸探源》，第 9 页、第 68—70 页、第 94—95 页；以及 Chien, *Das alte chinesische Nachrichtenwesen*, 49。

为"邸报"的读物还具有一定的娱乐价值，并在民间广泛流传：大众能在市场及其他公共场所找到、买到它。[22] 宋代"邸报"包含对官方文书的摘录（有时甚至在文书完稿并公布之前），[23] 但主要关注一般消息的报道。宋代"邸报"流传得相当快，事情发生五天之内便会有消息出现。[24] 而在元代，官报传统似乎中断了，"邸报"指的是在内容或制作方面不依靠官方来源或官方机构的完全独立的报纸。[25] 明代，"邸报"又被用于指称官报，官员们显然会热切地阅读"邸报"，还会在"邸报"上开展派系斗争。[26]

雍正治下的 1723 年，"京报"被指定为官报刊本的正式名称。但同时，人们仍在使用"邸报"一词（上文提到的《申报》论说中有"邸报"一词出现，便说明了这一点），[27] 而邸抄和一些其他名称（比如朝报、塘报）还在被用来指称整个中国历史上各种形式的、官方涉入程度不同的官报。[28] 在这次官方定名之前，被称作"京报"的报纸更多指的是明代的一种私人生意；其内容来源于官方材料，但很像宋代的"邸报"，从不遗漏骇人听闻的故事。清代之前的"京报"基本上是手抄的，但在 17 世纪初的某个时间点

---

[22] 黄卓明，《中国古代报纸探源》，第 51—53 页。
[23] 同上，第 58 页。
[24] 同上，第 53—55 页。
[25] 同上，第 73—75 页。
[26] 同上，第 79 页、第 82 页；尹韵公，《论明代邸报》；以及刘勇强，《明清邸报与文学之关系》，第 450 页。
[27] 《邸报别于新报论》，《申报》，1872 年 7 月 13 日。
[28] 关于这些名称及其使用方式的总览，参见表 3.1。"邸抄"是"京报"手抄本的官方名称，与印刷本相比，邸抄的流通范围小得多。关于"邸抄"这一名称，参见黄卓明，《中国古代报纸探源》，第 109 页。关于"抄报"，参见姚福申，《有关邸报几个问题》；黄卓明，《中国古代报纸探源》，第 90—91 页。关于"塘报"，参见黄卓明，《中国古代报纸探源》，第 92—93 页。Henriot, "Nouveau journalisme", 5-6. 关于"京报"这一名称，参见姚福申，《有关邸报几个问题》，第 121—125 页。

(具体时间存在争论),[29]出版商开始用活字版印刷晚明的"京报",[30]这说明了报纸的流行程度,[31]特别是考虑到这时的官报即明代"邸报"仍然是手抄的。[32]

表 3.1 简短回顾了中国古代报纸的名称,表明官报之外还存在着其他类型的报纸,它们是私人生意,但常常与官报共享信息来源。然而,在当代研究者看来,清代中国读者唯一的消息来源是京报。它的确是"一种被官方承认的工具,通过它,允许公布的文书得以抄印,并(大多)传递给省级高层官员,由此他们便可获知自己辖区以外的事务"[33]。但京报到底算不算是严格意义上的"官方"报纸?

理论上,京报由各省驻京提塘制作,他们每日收到内阁的文书(亦常常亲赴内阁抄写那里发布的文书,以加快发报流程),然后在其自有的报房中印刷文书内容,再通过官塘将报纸传递出去。[34]这种版本的京报即所谓"官本",至少从 1644 年就开始每日出版了,其中一例为山东版本:7 英寸长、4 英寸宽,活字印刷,每期至少有 10 页(每页 7 行、每行 14 字),还有目录,在提到皇帝时会合乎体统地使用抬格及挪抬。[35]然而,这种官本被高效地、私下地商业化了:商贩们沿街叫卖京报,其价格大致与当时的西式报纸相同。那些觉得售价过高者,可租一份阅读。[36]

实际上,至少自 19 世纪下半叶开始,报房就已处于私人书商的控制之下,他们从提塘官那里收到文书,或自己去内阁抄写官文书。[37]1842 年 8 月,浙江巡抚上奏怒斥此事,表明这种新情况未能即时得到官方的允许;但私报房更高的效率成为其成功的关键。奏折写道:"其所载事件,较详于提塘之报,递送亦较为迅速……官绅人等多

---

[29] 参见姚福申,《有关邸报几个问题》。

[30] 黄卓明,《中国古代报纸探源》,第 105 页;尹韵公,《论明代邸报》。姚福申(《有关邸报几个问题》,第 108 页)推测唐代就已流通过一些报纸印本。

[31] 参见秦绍德,《上海近代报刊史论》,第 8 页(然而,秦可能被名称误导,认为明代"京报"是官报);以及黄卓明,《中国古代报纸探源》,第 101—107 页、第 164 页。报纸的流行程度也导致了不同报房之间的激烈竞争以及报纸内容方面的差异;参见黄卓明,《中国古代报纸探源》,第 166 页。

[32] 黄天鹏,《中国新闻事业》,第 32 页。

[33] Ocko, "The British Museum's *Peking Gazette*",37.

[34] 参见黄卓明,《中国古代报纸探源》,第 5 页。关于京报组织过程的详细描述,参见 E. H. P. Parker, "The 'Peking Gazette'",75-76;以及 1874 年 4 月 14 日的一份外交备忘录(FO 233/58, 18)(感谢瓦格纳,我才得以使用这则材料);亦可见 Mayers, "The Peking Gazette",同样可见"The Press of China To-Day", *NCH* 6.3.1909, esp. 591-592; Fairbank and Teng, *Ch'ing Administration*, 25。

[35] 我在大英图书馆研究过这份京报。大英博物馆的京报档案中有一封欧中坦写给纳尔逊(Howard Nelson)的信(1872 年 8 月 3 日),其中将这份京报称为"一份更为官方的公报……它是通过正式的邮驿系统被传送的"。它与于雅乐("Le Journal et le journalisme en Chine",41)曾提到的似乎是同一份京报。这种公报的版式不同于费正清描述的那种"标准的官方文书形式",后者每页 6 行、每行 20 字,一般仅下方 18 个字的位置用得上,上方两个字的位置被用于抬格。提到宫城,抬一格;提到皇帝及其谕令或诏书,抬两格;提到天地宗庙,抬三格(Fairbank and Teng, *Ch'ing Administration*, 98-99)。

[36] Chien, *Das alte chinesische Nachrichtenwesen*, 52-53; Alcock, "The Peking Gazette",252; and "Peking Gazette",506.

[37] Ocko, "The British Museum's *Peking Gazette*",37; Chien, *Das alte chinesische Nachrichtenwesen*, 57-58. 详见黄卓明,《中国古代报纸探源》,第 42 页。

有以重资购阅此报。"[38]很快,私报房便成功做到产制最大数量的京报。

数家报房参与了京报内容的抄写与选择过程(京城中有超过10家报房,全部位于正阳门附近)。[39]与此同时,每家报房出版的京报版式也有所不同。例如,"长本"就是因其不同寻常的版式(9英寸长、4英寸宽,基本上每页7至8行,每行20至25字)而得名。[40]最初,各报房用蜡版印刷京报;后来又使用木活字或金属活字。[41]京报上有出版商的印记,有时还含有目录。报房京报比官本流通得更早且更贵(约是官本价格的四至十倍)。[42]

大英图书馆藏有一些私印京报:合成报房版每页8行,其特征是封面上有木刻版画,似乎是一官员形象;聚兴报房版通常每页8行(有时会有折页,则有11行);聚恒报房版通常每页6至7行。若将这些私印京报与下文将提到的更为官方的"山东塘务本"或"写本"进行比较,我们会看到私印京报采用的"把关"(gatekeeping)[43]办法——不同报房选择出版哪些内容、出版消息的早晚——实际上颇有分殊。[44]同时,私营版本的京报有略字或错字,有时也不遵用特定格式以示对皇帝的尊敬。[45]

---

[38] 参见《筹办夷务始末补遗》,转引自 Fairbank and Teng, Ch'ing Administration, 97。英文译文有略微改动。以下为更详细的奏折原文,它表明朝廷已意识到私人版本京报流传的危险:"伏查京报恭录皇上每日谕旨,并附载中外诸臣奏折,原以使各省臣工周知天下情形,凡有关涉事件,可以随时办理,是以未经禁止。惟一切机务,均皆详载其中,必须秘密……(将采取措施抓捕将京报递送给英国人的'奸民')……至臣等每日所阅之京报,系由坐京提塘钞寄、坐省提塘传送。惟闻此外尚有良乡(位于直隶顺天府)报、涿州(亦位于直隶顺天府)报名目,其所载事件,较详于提塘之报,递送亦较为迅速。闻良乡、涿州等处专有经理此事之人;官绅人等多有以重资购阅此报。故各省之事有臣等尚未知而他人先知之者,亦有臣等所不知而他人竟知之者。伏查为逆夷递送京报,固系外省奸民之所为,而代为传抄京报之人,恐亦不止一处。"(出处同前)

[39] 林远琪,《邸之研究》,第143页。

[40] Chien, Das alte chinesische Nachrichtenwesen, 54-55.

[41] 阿礼国("The Peking Gazette", 252)称,1820年之后蜡版就不常用了。但1874年4月14日的一份外交备忘录(FO 233/58, 18)提到,迟至1874年,报房仍在使用蜡印技术,特别用于印制长本和各省的京报翻印本。

[42] Imbault-Huart, "Le Journal et le journalisme en Chine", 44; 1874年4月14日的外交备忘录(FO 233/58, 18)。下文将提到的私人手抄版的京报价格尤其昂贵。报房版本次之,官本是最便宜的(参见 The Evening Gazette 11.7.1874, 599)。对于各版本京报价格的讨论,参见 Vittinghoff, "Am Rande des Ruhms", 56/57。

[43] "把关"这一术语很早就通过怀特(David M. White)的著作进入报纸研究领域,这一术语是由怀特的老师勒温(Kurt Lewin, 1890—1947)在一项心理学研究中提出的,勒温在其中讨论了家庭主妇对日常消费品的选择过程(参见 Lewin, Field Theory in Social Science)。对"把关"的介绍,参见 David M. White, "The 'Gatekeeper'"。史密斯等人(A. C. Smith et al., Paper Voices, 18)对"把关"进行了以下界定:"把关基于一个由各个有意义的选择构成的系统,这些选择是'认知意义上的'(epistemic),它们为理解选择本身及执行者的认识论提供了线索。"把关过程中的重要一环是其潜在的规范功能,这一点本书第四章将予以讨论。

[44] 这些发现基于我对大英图书馆藏不同版本京报的考察。

[45] 另一方面,《申报》则严格遵守抬格这一常规做法。一些京报版本未在"英国"一词之前进行合宜的挪抬,引发了激烈争论,参见英国国家档案局(Public Record Office)的文件,FO 230/89 和 FO 230/90(感谢瓦格纳,让我得以使用这些档案)。费南山("Am Rande des Ruhms", chap. 5)亦考察了这一争论的影响。有时,清廷仅称这些报房重印的京报是"非官方的",其中的错误是"不足道"的(参见恭亲王写给威妥玛的信,25.3.1872, FO 230/90, 19; Memorandum 4.4.1872, FO233/58, 7)。

这些迹象均表明这些版本的京报印制匆匆,它们是一门生意[46],我们可由此推断,它们是在试图满足市场的需求和兴趣。[47]

出于同样的原因,觉得整本京报太贵的读者,也可以单独购买其中的某一部分。[48]显然,京报中的"宫门抄"就是极受欢迎而在消息发出当晚就被单独售卖的部分。虽然它比将于次日出版的完整京报要薄得多(而且宫门抄的印刷质量也更差一些;常常是抄报人从内阁带回的手写本的抄本),但仍能卖一个好价钱。显然,一些人想尽早知道皇帝召见了谁、谁又告病假了,以及谁受赐了花翎。[49]另一种京报版本是1875年至1908年出版的"谕折汇存",它是一种消息摘要。"谕折汇存"每隔几日出版一次,收录过去几天中最有趣的消息。[50]那些因外出或太忙而无法每天阅读邸报的人,能通过阅读"谕折汇存"了解情况。[51]

一些出现在不同版本京报中的文书,亦出现在一种手抄小册子(3英寸宽、6英寸长)上,题为"奏报"或"上谕"(或两者皆有)。根据欧中坦(Jonathan Ocko)的说法,这些小册子是"更昂贵的版本,其内容在内阁的办公处所中由人亲手抄录,而不是被人从内阁办公处所之外的各部抄出"[52]。此外,大英图书馆收藏的这类手抄小册子(每页6行,每行14字)上并没有私报房的印记,可见它们也许更类似于宋代的"邸报"或"小报",是出自官员之手的更具私密特质的发行物。[53]虽然这些小册子尺寸有限(也没有目录),但其收录文书的速度要比其他京报印本快得多。根据欧中坦的说法,"当天发布的上谕似乎就能出现在这些手抄报纸上,而其他版本的京报在上谕发布后的一至十天,才将之印出"[54]。

京报在版式与尺寸上的多样性,以及京城京报出版者的多元性,到各省京报出版

---

[46] 林远琪,《邸报之研究》,第143页、第152页;以及Alcock, "The Peking Gazette", 252。

[47] 根据林远琪(《邸报之研究》,第144页)的说法,报房并没有把关政策。它们根据长度来选择要印到京报上的文书。关于不同报房京报版本之间的差别,还需要更细的研究,而这一研究任务量巨大,无法在这里展开。黄卓明(《中国古代报纸探源》,第163页)曾访谈过几位报房中人,这些访谈到本书写作时尚未发表。我们有必要了解报房主对把关或读者兴趣是否有看法。

[48] Chien, *Das alte chinesische Nachrichtenwesen*, 54-55.

[49] 参见《邸报之研究》,第154页;黄卓明,《中国古代报纸探源》,第164页、第167页;以及Chien, *Das alte chinesische Nachrichtenwesen*, 56。

[50] Chien, *Das alte chinesische Nachrichtenwesen*, 55.

[51] 根据汪康年(书札,第1册第745页)的说法,就连"谕折汇存"都能将消息在官本京报之前发出,"谕折汇存与京报无异,不过折片早见数日"。

[52] 参见大英博物馆京报档案中欧中坦写给纳尔逊的信(1971年7月21日)。欧中坦认为这些小册子可能不仅在政府内部流通,这一推测虽无依据,却是很有可能的,因为大英博物馆存有一套几乎完整的此类手抄本。如果仅是用作内部流通的话,英国驻北京公使就很难定期获取这些抄本。

[53] 存在这种做法的证据可见外交备忘录,14.4.1874, FO 233/58, 18。

[54] Ocko, "The British Museum's *Peking Gazette*", 42. 亦可见威妥玛致阿拉巴德的信(Wade to Alabaster 7.3.1872, FO 228/513, 10)。威妥玛断言宫门抄不被包含在这些版本的京报当中,这一说法无法验证。它可能不叫"宫门抄"这个名字,但我在大英博物馆看到的"上谕奏报"的前几页中,亦含有当日宫门抄的内容——关于召见、升迁以及告病的消息。

机构那里又得以倍增。[55] 这表明，无论京报的内容有多官方，京报的商业组织过程都是极其非官方的。版式与出版者的多元也意味着，同一天的各版本京报之间绝不相同，因此有人恰切地将京报称为"九头蛇"(Hydra)[56]。虽然同一天不同版本的京报之间存在一些重合，但其内容的相似度绝不至于让研究者可以仅读一份而不读其他。[57] 因此，若研究者尝试找出《申报》与《北华捷报》上一致的京报报道，将是一件非常耗费时间又可能最终无果的事，结论可能仅验证了这两份报纸在1872至1912年显然并未使用同一家报房的京报。[58] 也许同样因为京报文本的不稳定，英国大使才决定同时购买几份不同版本的京报，以确保它们涵盖了尽可能广泛的消息。[59] 这可能也解释了，为何广大研究者对京报存在着不一致的看法。[60]

白瑞华简要地说明了，这些京报"由不同发行者以不同名称发行，用不同品类的纸张印制成多种版式，并相应地按不同价格售卖"；但他又说，这些报纸"又似乎都一样，只有皇帝通过内阁下面的一个办事机构（位于紫禁城中）发布的官方内容"[61]。是否正因如此，《教务杂志》才称京报是"沉闷无聊"的、"京报最突出的特征"是"所有消息都出奇地贫乏"？[62] 京报具有多种版式、多家出版商，这表明存在着数量不小的对京报感兴趣的读者。对京报文本进行进一步检视，将有助于我们更深入地理解京报的本质，以及对官员与一般公众来说登于其上的新闻具有何种价值。我所阅读的样本来自《申报》与《北华捷报》重印的京报。《北华捷报》与《申报》一样，自创刊起就开始选录京报内容（于其"Peking Reporter"专栏）。《申报》迎合的仅是中国读者，而《北华捷报》则面向中外读者，两份报纸在选录京报时，涵括了一系列相似的（也许是最具代表性的）话题。从这一分析中我们可以看到，京报和决定转载京报的商业报纸分别具有怎样的商业策略和隐含读者。

---

[55] 林远琪，《邸报之研究》，第144—145页。京报被传递给各省的高级官员，目的是让他们能够获悉其辖区之外的事务(Ocko, "The British Museums' *Peking Gazette*", 37)，事实上，省级官员有时还依赖邸报获知自己辖区内的消息，特别是在他上奏之后。对题本的批复常常被"记录在票签上……而具奏人不会收到它，外省的具奏人经常通过京报来了解朝廷对他上奏内容的批复"(Bartlett, *Monarchs and Ministers*, 56)。

[56] MacCormick, *The Flowery Republic*, 380.

[57] Ocko, "The British Museum's *Peking Gazette*", 38-40.

[58] 欧中坦（同上，49n18）推断，《北华捷报》使用的一定是"长本"(Long-Copy-Gazette)而非"官本"，理由是1867年9月21日《北华捷报》抱怨京报用"最劣质的纸张印刷，难以辨认"。但这并不能真正帮助我们辨明《北华捷报》所使用的京报版本，因为亦存在许多不同的"长本"。

[59] 大英博物馆藏有众多不同版本的京报即印证了这一点。

[60] Chien, *Das alte chinesische Nachrichtenwesen*, 55: "几位欧洲观察家在描述京报时存在的矛盾之处，可归因于以下事实：他们大多仅在一到两个地方见过由一到两家出版商出版的某一份京报。因此，他们的描述必然是不充分的，且易引发困惑。"

[61] Cf. Britton, *The Chinese Periodical Press*, 7-8.

[62] Cf. "The Peking Gazettes", 10.

文本的视角：京报作为一种叙事

完整的京报包括三部分。首先是宫门抄，它一般由内阁大臣和书吏写好，张贴在内阁办公处所外，再由报房抄录。第二部分是上谕。第三部分是各省官员、各大臣和各监察官员的上奏，以及有关上诉案件、官员委任与晋升的消息。奏疏只有经皇帝阅过才能被发布，这就解释了为何其中附有批复或有"钦此"字样，意思是"已（从皇帝那里）恭敬地收到[This has been respectfully received (from His Majesty)]"[63]。

一些版本的京报清楚地将消息分门别类，甚至在无上谕可登时会进行说明（并将这一部分留空）。[64]起初，《申报》在京报的不同部分之间留出间隔；后来又用圆圈进行分隔。[65]《北华捷报》则会说明消息内容是来自宫门抄、[66]上谕还是奏疏。尽管三部分形式不同，但都涉及相同的话题。

宫门抄的开头有点类似于一个目录：其中列出所登上谕的数量并将之进行罗列。接下来是简短的消息条目，各条消息之间有时被空格隔开，每条消息皆有标题（或副标题），如"请安""谢恩""训""召/引见"等（见图3.1）。[67]第二部分是上谕，具有权威性文本典型的冗余特质，[68]其中常常会标明上谕所批复的具奏者（如：上谕……奏钦奉）的姓名。[69]与此类似，第三部分"奏"以及"片"同样会给出具奏者的姓名和官职，后面是"跪奏"等字样（例见1872年5月15日《申报》，第9行），最后以"伏乞皇太后皇上圣鉴，谨奏"结尾，[70]紧接着是"知道了""钦此"等批复。[71]

《申报》与《北华捷报》上刊载的宫门抄包含了皇家活动和皇帝次日的公开日程；觐见；章奏和谕旨的简短条目；关于官员晋升、调动和告假的消息；八旗及各部院衙门的

---

[63] 我在翻译"钦此"时沿用了费正清（Fairbank, *Ch'ing Documents*, 23-24）的看法，他令人信服地指出"钦"并非"尊敬之"（respect this）（《北华捷报》的翻译）的意思。

[64] 大英图书馆所藏的手抄京报中，会加上"无上谕"等字样。

[65] 《申报》创刊的最初几天中，"宫门抄""上谕"与"奏"之间会被空格隔开（例见1872年4月30日、5月2日的《申报》）。几个月之后，不同部分之间和同一部分之间的不同消息条目之间被圆圈隔开（《申报》，1872年8月15日）；再后来，不同部分之间被两个圆圈隔开，同一部分的不同消息条目之间则被一个圆圈隔开（《申报》，1877年8月10日）。这一做法一直延续到1882年京报作为附张出版。圆圈使读者能更方便地浏览京报的特定内容。

[66] 《北华捷报》中的"Court Circular"（宫门抄）出现在括号中。关于这一做法，参见Hardy, *John Chinaman at Home*, 130。

[67] 此例见加州大学柏克利分校藏傅兰雅档案（Fryer Collection at the University of California Berkeley, 4660. 1 0044 v.2）中收录的京报。

[68] Cf. Bartlett, *Monarchs and Ministers*, 96; Fairbank and Teng, *Ch'ing Administration*, 72; Fairbank, *Ch'ing Documents*; Alcock, "The Peking Gazette", 252.

[69] 例见《申报》，1872年6月22日，第6行；1872年6月29日，第5行；1872年7月22日，第11行。亦可见1882年6月8日《申报》的"谕旨恭录"，以及1892年5月8日《申报》的京报附张，第7行。

[70] "奏"的例子参见1872年5月8日《申报》，第33行；"片"的例子参见1872年6月1日《申报》，第35行。有一套惯用的文法用于提及之前的奏折和谕旨。

[71] 参见Bartlett, *Monarchs and Ministers*, 272-273 and Silas Wu, "Memorial Systems," 33.

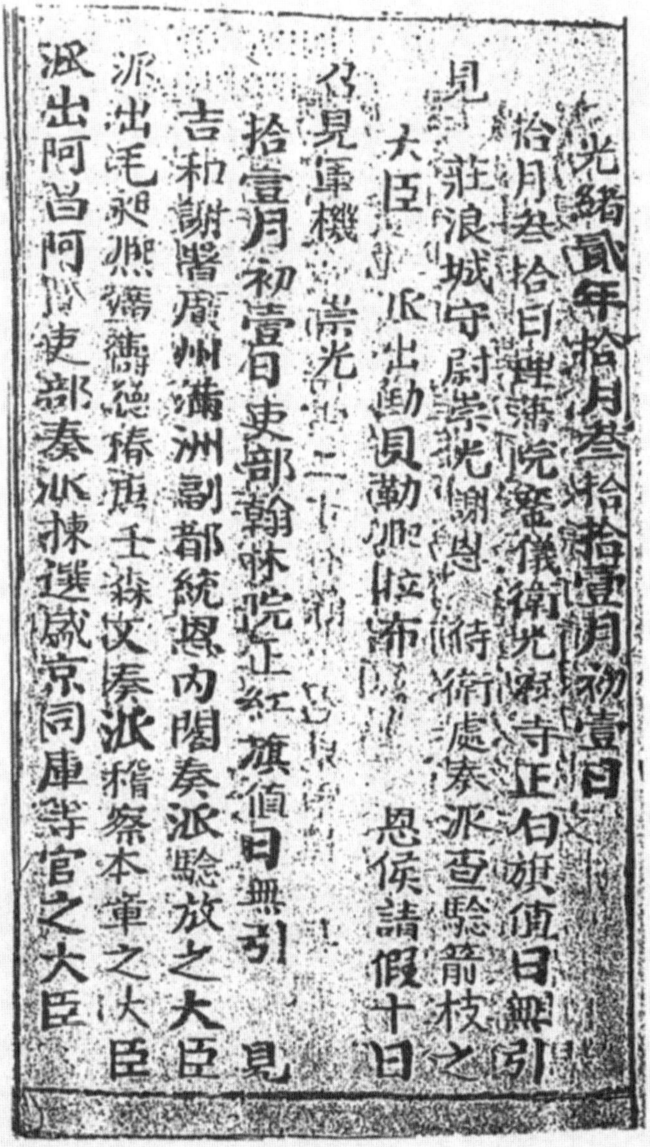

图 3.1 一份商业版本京报上的宫门抄

轮班值日安排；准允官员休假的消息；皇帝的口谕；异事；以及公告。因此，可以说在某种程度上，宫门抄的作用与西方报纸中常见的"人物与事件"（People and Events in the News）栏目类似，两者均简短地列出消息条目，这种栏目在小报或便士报中最为流行。[72]

---

[72] 18世纪德国的半官方报纸比如《西里西亚特权报》（*Schlesische Privilegierte Zeitung*）和《曼海姆报》（*Mannheimer Zeitung*）会在扉页上刊载宫廷消息（Ursula Koch et al.，"Sommer 1789"，204-205；Christel Hess，"Redaktion und Zensur in einer Hand"）。

自然灾害、饥荒、治洪、赈济与慈善行动是宫门抄中最常出现的话题。如山东巡抚请求朝廷派人从事河工与防洪(《申报》,1872 年 5 月 8 日,1902 年 6 月 29 日),或是某地水旱灾时向朝廷求援,此类上奏经常出现在宫门抄里,或被包含在接下来的谕旨或朱批奏折中(例见 1872 年 5 月 15 日、5 月 22 日的《申报》)。[73] 再如,1872 年的一道上谕命令开放北京的一处施济所(《北华捷报》,1872 年 5 月 18 日)。同年有消息称,黄河大堤"仅二十五日"便修筑完成(《北华捷报》,1872 年 5 月 25 日)。[74] 李鸿章(1823—1901,因镇压太平天国运动有功而成为晚清最显赫的官员之一)曾上奏报告苏州水灾的情况(《申报》,1872 年 6 月 8 日)。[75] 另有消息戏剧性地描绘了洪水来袭、官民"竭一昼夜之力""筋疲力尽",数次勉力抗洪的事迹(《申报》,1872 年 6 月 8 日)。京报一再重申,对于贫困地区,须"爱民""亲民"(《申报》,1872 年 5 月 22 日、5 月 29 日、6 月 1 日、6 月 22 日,1882 年 8 月 3 日),亦不时讨论增立学校的问题(《申报》,1872 年 7 月 15 日),还褒扬过天津的一所善堂(《北华捷报》,1882 年 7 月 21 日)。晚清另一位重要将领、总督左宗棠(1812—1885)为两江地区奏请赈济措施,这一地区当时正处在太平天国运动造成的混乱的余波之中(《北华捷报》,1882 年 1 月 9 日)。1892 年有京报刊登了表扬来自美国的华人为赈救水旱灾所做贡献的谕旨(《北华捷报》,1892 年 7 月 29 日);1902 年刊登了慈禧太后(1835—1908)加封一位为京师大学堂捐款的女性为"一品夫人"的消息(《北华捷报》,1902 年 6 月 4 日)。此外,报纸上还有慈禧太后对一位官员之奏告的批复,准许他在京师设立医局,使贫民可免费获得治疗疫病的药物(《申报》,1902 年 6 月 26 日;《北华捷报》,1902 年 7 月 2 日)。[76] 这类消息意在鼓励积极的作为、打击负面的行动。它们颂扬甚至以英雄式的语言描绘消息的主人公。从他们得到晋升与尊荣这一点亦可明显看出,这样的行为会得到嘉奖,因而也是值得效仿的。[77]

官员委任的消息亦是宫门抄的主要内容。它登载有关官员举荐的消息,例如有具奏者请求提拔一位叫"阿假满"的人(《申报》,1872 年 5 月 8 日)②。宫门抄还有意记录官员的例行调动(《申报》,1872 年 6 月 1 日),以及通常以奏折形式提出的晋升请求。例如,有奏折"请赏加"一名同知"盐运史衔,并赏戴花翎";并为其他官员请求"记名","交部从优议叙"(《申报》,1872 年 5 月 8 日),该奏折最后道,"天恩俯赐,特旨照准,以

---

[73] 亦可见 Ocko, "The British Museum's *Peking Gazette*", 41。
[74] 河工是最常被提到议题之一;亦可见 NCH 7.7.1882, 22.7.1892, 19.8.1892;以及《申报》,1892 年 7 月 22 日、7 月 19 日。
[75] 李鸿章提及这次洪灾的两份奏片,以及对他之前上奏的回应,参见《申报》,1872 年 6 月 15 日。类似的请求朝廷帮忙应对自然灾害的上奏,亦可见《申报》,1902 年 6 月 15 日、1905 年 1 月 13 日、1905 年 1 月 15 日。
[76] 《读本月十九日上谕谨书于后》,《申报》,1902 年 6 月 26 日,以及下文第 140—141 页。
[77] 亦可见 NCH 3.8.1872 以及 3.6.1892。
② 此期《申报》转载京报消息的条目为"安兴阿假满请安"。——译者注

彰激励,其余在事出力各员绅等,俟善后事宜妥协完竣,容臣确查,择尤出力续行叩请"(《申报》,1872年5月18日)[78]。宫门抄亦未忽略降职的消息:根据一道上谕,一名"纵许囚犯越狱"的官员与另一名造成"六万二千两白银亏空"的官员被惩处(《北华捷报》,1872年5月18日)。同样,记录这些人物及其命运是为了树立正面或反面的榜样。他们的故事是果报系统的世俗版本;读者通过将自身行为与宫门抄所记录的行为进行比照,可以在一想象中的朝廷的"功过簿"上估量自己的位置。

在皇权层面展开的活动亦构成宫门抄的重要部分,包括发布上谕(《申报》,1872年6月29日)、召见(《申报》,1872年5月8日),以及皇室的(公私)活动(《北华捷报》,1872年5月25日)。皇帝也承担着礼仪功能(ritual functions)。在宫门抄中,礼仪讯息常常以"天气消息"的形式呈现。时常可以在宫门抄中见到诸如"顺天府奏京师得雨三寸有余"(《申报》,1872年6月15日)这样的消息。[79]这些消息与皇帝直接相关。1892年7月中旬,皇帝一再祈雨(《北华捷报》,1892年7月15日),但雨量仍不丰沛。直至8月中,皇帝的祈雨才得到回应:

> 近日,京师周边屡降大雨……故皇帝将亲往大高殿等处拈香以表感恩;同时,他还委派其他王公分诣各庙拈香。(《北华捷报》,1892年8月12日)

然而,事实证明这次祈雨有些奏效过头。一周后,京报报道说:

> 近畿渥被甘霖,业经深透,昨复连宵达旦,雨势滂沱,诚恐有损出禾……谨择于本月十四日朕亲诣大高殿拈香,并派其他王公分诣各庙拈香,以迓天和。(《北华捷报》,1892年8月19日)[80]

皇帝对他身上的天命始终要非常小心;同时,他必须以身作则,上天的反应将被读解为他个人的功过。因此,几乎每一期京报都会刊载消息报道皇帝的作为与天象的关联;例如,一次可预见的日食被解读为上天发出的"非常之警"。[81]

皇帝的礼仪功能还体现在,官员们请求他加封某些神灵以及题写某些庙宇的匾额。[82]这是京报内容中的另一独特领域。1882年5月,《申报》"恭录谕旨"栏目(这

---

[78] 类似的请求提拔官员的奏折,参见《申报》,1872年6月1日、6月15日。后一份是关于李鸿章的。
[79] 亦可见NCH 29.6.1872, 21.4.1882, 7.7.1882, 4.8.1882以及9.9.1882。
[80] 1902年亦出现了类似的情形。参见NCH 25.6.1902以及16.7.1902。
[81] NCH 29.6.1872。一周之后(NCH 7.7.1872),钦天监上报了即将发生的日食进程,亦被刊登在宫门抄中。对类似批评的不同回应参见NCH 15.9.1882。
[82] 关于加封神明有不少讨论。例如,陕西巡抚上奏(NCH 29.6.1872)称城隍神显应指挥护佑御乱,请求赐匾额一方,上谕恩准(NCH 22.6.1872)。另一份奏折请求赐予一位相助抵御太平军的城隍神封号(NCH 29.6.1872)。更多案例参见NCH 13.7.1872以及27.7.1872。

一栏目设立于19世纪70年代晚期,位于首页,[83]有时又叫"谕旨恭录")登载上谕,朝廷对今哈密市巴里坤的几所庙宇进行加封并颁匾额,因之前有"神灵显应"(《申报》,1882年5月15日,第1行)。几个月后,《北华捷报》(1882年8月4日)也转载了京报对此事的报道:[84]

> 1866年回乱之际,清军四处驱赶他们面前的叛军,此后,清军在巴里坤巡逻时,将士们时常目睹耳闻超自然的景象与声音:"或如兵马驰骤之声,或见衣甲舞刀挺立城上。"一天夜间,"贼由乐北城隅架云梯猱升而上,前队业已登城,突遇神将挡御,贼众惊哗,我军将士遂当行轰击,贼卒以退"。③

官方出版物中出现神迹显现的内容并不令人感到惊讶。[85]这不仅是"志怪"文("志怪"本身在中国悠长的历史中被人们认为是"真实记录")的重要主题,亦是地方志和正史"五行志"的重要组成部分(参见第一章,第57—63页)。我们亦不必对以下假定感到惊讶:神仙与普通人一样,应该因其功绩而得到旌扬。中国的神仙体系是对世俗官僚秩序的重建。在这种情况下,皇帝用适当的褒奖来表达他对神仙施以干预的欣慰之情。

纵观京报,皇帝作为天地之间的中介者(mediator)出现,是天命的化身。[86]但京报也这样描绘皇帝:在其更为世俗的日常活动中,皇帝是撰写谕旨、批复奏折的长官,他与大臣们会面,最后但同样重要的是,他过着某种"私人"(也许常常是代表性的)生活。例如,京报记录,"皇上明日……辰初升乾清宫受贺""辰正二刻宁寿宫听戏入座"(《申报》,1872年5月15日;《北华捷报》,1872年5月25日)。[87]奏折会讨论皇帝颁给王公大臣的赏赐以及王公大臣的庆贺活动(《申报》,1872年6月18日;《北华捷报》,1892年8月12日、8月18日),还有皇室的婚礼安排,有的奏折详细列出"上用朝袍龙袍褂三十九件,又赏用龙袍褂蟒袍二百件"(《北华捷报》,1892年6月29日)。[88]此类奏折——可以说是皇室的礼物清单——定期出现在京报上。它们详尽地列出"描金龙硃红绢四龙福方六百张见方一尺九寸"或"五色洒金蜡笺纸二百张长六尺宽三尺"(《北华捷报》,1872年8月16日、1892年7月22日),为读者得窥宫廷的物质财富提

---

[83] 在我所阅读的报纸样本中,此栏目最早出现于1877年,但这不一定是它首次出现的确切时间。
[84] 亦可见 NCH 20.4.1882。
③ 引号中内容参见1882年6月9日的《申报》。——译者注
[85] 关于京报对此类神迹的描绘,参见 Lyall, "Official Polytheism";以及 Alcock, "The Peking Gazette", 343。
[86] Cf. Lyall, "Official Polytheism", 101.
[87] 另一篇报道给出的时间是上午8点30分。我不太确定,除了显而易见的娱乐价值外,为何《北华捷报》在事情过去三周之后才刊登这则信息;显然,人们已经无法参加这次活动了。
[88] 亦可见 NCH 4.8.1882。

供了生动的视角,为那些永远无法进入紫禁城的人打开了大门。在将皇帝描绘成一个有德行的、仁慈的、取予并施的统治者之外,这类消息也许同样满足了读者的需求,他们可以通过阅读京报间接地体验皇家富裕世界的生活。[89]

这些虽然是"朝廷消息",却同样会引发更广泛的公众的兴趣。然而,京报也会公告极为专门之公事。宫门抄会报道某天某部院由何人值日(《申报》,1872 年 5 月 8 日)、某新官到任(《北华捷报》,1872 年 5 月 25 日),某员请求留任并以奏片说明情况(《申报》,1872 年 6 月 15 日),或某人奏请病假(《申报》,1872 年 5 月 22 日、1882 年 7 月 22 日、1892 年 5 月 22 日)。读者甚至可以了解到,本月 29 日起官员们开始换戴凉帽的消息(《北华捷报》,1882 年 6 月 23 日)。

章奏与上谕会列出在科举考试中取得功名者或候补官员的名单(例见《申报》,1872 年 5 月 8 日),[90] 亦会报告官员日常遇到的问题,并为文武官员详细规定最妥善的治理方式(《申报》,1872 年 5 月 15 日)。[91] 这类消息的隐含读者是需要了解当前政治形势与合宜行事方式的在任或候补官员。

另一类专门的官方消息会给出某些政府工程的确切预算,并再次向司库下达朝廷的命令,要求他们支付工程款项(《北华捷报》,1872 年 6 月 8 日;《申报》,1902 年 6 月 8 日)。这些消息也会提及不同省份的免税数额(《北华捷报》,1882 年 7 月 7 日、8 月 4 日)或其他财政事项(《申报》,1872 年 5 月 15 日、5 月 22 日,1878 年 8 月 14 日,1902 年 5 月 9 日),还能让读者了解贡米的运送情况(《北华捷报》,1872 年 5 月 18 日;《申报》,1872 年 7 月 1 日、8 月 1 日),[92] 也会讨论盐业的议题(《北华捷报》,1882 年 8 月 11 日)。[93] 京报还载有关于开矿进展和军备物资运抵情况的信息(《北华捷报》,1892 年 6 月 3 日、7 月 29 日)。尽管这些消息都展示了国家对经济的干预,但对此感兴趣的潜在读者也包括商人,他们可能乐于了解诸如以下信息:一家官办工厂因受命为皇家婚礼生产布匹而面临织机短缺的难题(《北华捷报》,1872 年 8 月 10 日)。

除去这些专门事务,公事消息亦以丑闻的形式出现在报纸上。1872 年的一道上谕将一位巡抚贬职,说他"在其处所召妓、非法实施酷刑,还以自己的名义建立了一所铸币厂"(《北华捷报》,1872 年 5 月 25 日;类似的案例可参见《申报》,1878 年 8 月 12 日)。另一道上谕训斥一位太监"在京城内外开列多铺,并蓄养胜春奎班,公然于园庄

---

[89] 翁(Ong,"The Writer's Audience," 14)对《时代》杂志作出了令人信服的判断,他认为这种类型的新闻之所以吸引读者,是因为它们与那些身居高位者密切相关:"《时代》杂志增加了全知性,以目击者的方式庄严地'报道'国家元首在其卧室中的行为和感受,他如何接听夜间紧急电话,然后再回到床上睡觉……《时代》每周都在为读者提供能让其无所不知的消息。"京报在一定程度上亦具有这种功能。
[90] 亦可见 NCH 15.6.1872;《申报》,1872 年 7 月 22 日、7 月 29 日以及 1892 年 5 月 29 日。
[91] 亦可见 NCH 3.6.1892 以及 15.7.1892。
[92] 亦可见 NCH 7.7.1882,29.7.1892,12.8.1892。
[93] 亦可见 Alcock,"The Peking Gazette," 347-348。

处演戏",禁止其再做出如此不成体统的行为(《北华捷报》,1872年7月6日)。[94] 蓟州知州被参,因他"每遇官差过境辄向四乡私拿骡马车辆",还对一次严重的洪灾"匿灾不报",该知州随即被免职(《申报》,1872年6月8日)。一位监察御史参劾内务府堂郎中"巧于营私""遇有传办之件,浮开价值""或经别堂饬令核减,该员故意耽宕,迨至需用急迫,愈昂其价值"。奏折称他"声名陋劣"(《北华捷报》,1872年8月3日;另有不少类似案例,可参见《申报》,1882年6月8日)。其他消息还有:科考作弊(《北华捷报》,1872年8月3日);某官员因督办漕运不力,害怕受到训斥而自戕(《北华捷报》,1872年6月8日);军中发生鲁莽之举(《申报》,1882年6月29日);某官员因掩盖谋杀案而被革职(《北华捷报》,1882年8月18日);有人诈作公文冒名他人营谋差缺,被发现后随即遭到斩首(《北华捷报》,1892年6月3日);某官员因疯病"持火镰带刀"扎死妻子,其父"听闻趋视","持刀尚在跳舞"(《北华捷报》,1892年6月3日);[95]有人"纵容弁兵扰害闾阎失事起衅"(《申报》,1904年8月28日)。一方面,这些消息具有训诫的功能:警告人们不要有败坏的行为。[96] 另一方面,它们抓住了人们对性与犯罪的普遍兴趣。巡抚是否真的在其住所狎妓,太监是否真的蓄养伶人,官员是否真的持刀跳舞,这些都不是重点。这些文本显然是写给那些喜欢"听好戏"的公众看的。[97]

对上诉至中央政府的刑事案件的报道也是如此。京报对每个案件的背景都详加描述(例见1878年8月19日《申报》,其中交代了一涉事者的完整生平)。基于司法程序的长短,这些故事还经常被京报连载(例见《北华捷报》,1882年8月11日、9月15日)。通过阅读连续出版的京报,读者熟悉了这些人物,也许会对他们产生同情。这些"故事"的主人公来自社会各个阶层。因此,即使是下层社会的读者也可能发现自己的处境与观点在其中得到反映,尤其是因为上诉案件的本质往往是对相当高阶官员的批评。[98]

不仅刑事案件,关于犯罪行为的消息亦大幅占据了京报版面,在这里,普通人进入了官方空间。[99] 叛乱者被镇压或被移交给朝廷(《申报》,1872年5月29日、7月15日),有时甚至由袁世凯(1859—1916,袁后来成为民国总统)这样的重要将领亲自押解(《申报》,1902年5月6日)。盗匪闯入官员宅邸(《北华捷报》,1872年6月15日);身

---

[94] 这种对太监不当行为的检举,在中国抨击太监的漫长历史中成为一种喻说,相关讨论参见 Mittler, "A Fire and Its Causes"。
[95] 几周之后(NCH 22.7.1892),该报还提到一名太学生与盗贼串通以谋取利益。
[96] 参见 Schiller, *Objectivity and the News*, 7;犯罪新闻有助于"对社群道德边界进行重新定义"。
[97] 尹韵公,《略论万历邸抄》,第82—83页,尹同样认为明代邸报有引人入胜之处。
[98] 参见 NCH 7.7.1882, 3.6.1892 以及 29.7.1892。
[99] 参见 *The Evening Gazette*, 11.7.1874, 599。西报中的相同现象,参见 Schiller, *Objectivity and the News*, 68-69。

负两起命案者越狱(《北华捷报》,1882年9月23日);[100]赌徒杀人(《申报》,1902年5月15日);还有数起杀妻案件(《申报》,1882年3月7日,1902年5月15日)。京报以独特的讲故事的口吻叙述这些事件,以下便是一典型:

> 八月初七日,张永胜卖瓜回归。因口渴取瓜一枚,正在持刀剖食,张万氏向索钱文买布做袜。张永胜未允,张万氏即走向张永胜身上搜出银天罡二枚。张永胜以卖瓜钱文尚未分账,斥令退出。张万氏不肯。张永胜生气辱骂,张万氏扑拢撞头。张永胜情急应用剖瓜小刀吓戳,不期张万氏扑刀过猛,致将其右腿穿透倒地。李季氏赶拢扶救,讵调治周效,移时殒命。(《北华捷报》,1892年6月10日)④

这段文字以田园生活的情景开头,卖瓜人天真地享用着水果,妻子走过来,边聊边笑,试图从他那里拿到一些钱。这时卖瓜人脾气突变,残暴的行为意外爆发,他挥刀伤害了妻子。故事的结局是悲剧性的,因为和他一起快乐生活过的妻子死了。这种有效的情绪变化吸引了读者,他们会被这起意外事件的悲剧性触动。京报中的许多犯罪故事(例见《申报》,1882年3月7日)都以这种文学质素吸引读者;犯罪经过被当作故事来讲述,它们制造了紧张气氛,通过一些能转移注意力的内容来愚弄读者,并用一些不可思议的事实使读者感到惊讶。[101]虽然不少报道在现代读者看来难以置信,[102]但当时的读者或许觉得它们是事实——部分原因是这些故事写得不错。

也许出于类似的原因,另一类消息——或可被称为"情节惊险的报道"(action reports)——同样在京报的上谕和章奏中占一席之地。其中许多内容涉及"番人"(《北华捷报》,1892年8月19日)、叛乱(《北华捷报》,1872年6月22日;《申报》,1872年6月8日,1877年8月10日,1878年8月18日、8月19日)、[103]劫掠(《北华捷报》,1892年8月12日)、火灾(《申报》,1878年8月12日),以及海上船难(《北华捷报》,

---

[100] 关于其他试图越狱的行为,参见 NCH 17.6.1892 以及 12.8.1892。

④ 中文参见1892年6月4日的《申报》。——译者注

[101] 一起特别令人迷惑的复杂的谋杀案涉及四人:丈夫鲁受,妻子鲁张氏,木匠佣工梁华,以及死者舒玉城。在丈夫的默许下,张氏与梁、舒二人通奸。梁华搬寓鲁受家内替其做工,事发当晚舒玉城进内房,梁华出于嫉妒将舒杀死,又与鲁氏夫妇二人一道缝好其腹部的伤口,将尸体放入门首渠内。尸体被人发现后,整个事件就被揭开了。(NCH 8.7.1892)(中文参见《光绪十八年五月廿二日京报全录》,《申报》,1892年6月24日。——译者注)

[102] 这让人联想到最近关于假消息的丑闻;参见 Straßmann, "Gut gefälscht"。但显然,即使是面对当时的读者,报纸亦需提醒他们注意事件的真实性;这些报道中常常可以看到诸如"以上所述已为目击者与熟知完整事件者所证实"这样的评论(例见 NCH 3.7.1872)。

[103] 叛乱是最经常被提及的议题。亦可见 NCH 3.6.1892, 10.6.1892, 1.7.1892, 2.7.1902;《申报》,1892年6月29日,1902年5月6日(关于袁世凯的努力),1902年6月22日,1904年8月28日;以及 Alcock, "The Peking Gazette", 350-351。

1872年6月15日,1892年6月17日)。京报偏好危机(例如1872年6月8日的《申报》,"势甚危")。这类消息的主人公(通常是官员或士绅)经常无可避免地陷入巨大的危险之中(例见1882年5月15日的《申报》)。他们要对抗巨大的自然的或人为的力量。这些文本涉及:十几间房屋在一次火灾中被焚毁(《申报》,1878年8月12日);主人公受持刀者威胁(《申报》,1892年6月29日)或被人数众多的敌手"穷追不舍"(《申报》,1877年8月10日,1882年3月7日;《北华捷报》,1892年6月3日)。有时主人公身负重伤(《申报》,1877年8月10日),但大多数情况下他们都能取得胜利(例如1882年5月15日的《申报》,"均获转危为安")。因此,同样地,无论这些故事多么官方,都吸引着那些喜爱旁观与体验他人奇遇的读者。和外国报纸一样,邸报上的灾难报道或其他耸动性的消息可能拥有最众多的读者。[104] 但这些故事在耸人听闻之外,亦都是说教性的、训诫性的。它们告知并警示读者提防社会的负面因素。

关于官员个人生活和行为的报道也发挥了类似作用。宫门抄的内容之一便是列出官员的病假奏请(例见1872年7月29日的《申报》)。只有在具有充分理由的情况下,病假才会得到批准。奏请病假对官员来说常常是不明智的,可能会招致毁谤。因此,官员们倾向于在冗长的奏折中详述他们的身体问题,这种做法一直延续到民国时期:1912年,在"大总统命令"栏目中,一位官员"报告因工作过度导致健康不佳",请求免除其公务并准休病假。[105] 另一个早期的典型例子是,一位军机大臣早前:

> 染患风痰之症,左臂左腿动转维艰。……随即赶紧调治,祗以症属气血两亏,加之求效太急,过服祛痰降火之剂,未免又有损耗,迩来眩晕不作,左臂亦可动转,惟左腿仍觉软弱,行步需人。精神虽不似从前之委顿,究竟未能复元。伏思奴才渥受圣恩既深且重,当此边陲多事之时,气体但能支持,断不敢稍耽安逸。现届续假期满,谨于本年三月十三日销假,力疾趋公。(《北华捷报》,1872年6月22日)[106]⑤

显然,京报引述这个例子不是为了让读者了解这位大臣的疾病有何特殊之处,而是为了让读者感佩他对公务和清廷的奉献精神。同样的例子,还有1872年8月15日《申报》转载的病假奏告:具奏者请求延长病假,因之前两个月的休假期满,他的病仍难就愈,他还详细解释了自己的病情。这位官员承诺,若天恩俯准开缺,他有生之年都将供皇帝、太后驱策。

---

[104] 参见刘勇强,《明清邸报与文学之关系》,第442页。
[105] NCH 4.5.1912。类似的描述与请求,参见NCH 29.6.1872, 20.7.1872以及4.6.1902。亦可见《申报》"命令"一栏,如1912年8月12日。
[106] 类似的例子,参见《申报》,1872年7月15日、29日。
⑤ 中文参见1872年6月4日的《申报》。——译者注

因此，尽管病假奏告并非一种训诫故事，但其功能同样是说教性的：它们树立了正面的道德范式。[107] 但有时这种做法也会遭到批评，甚至引发相反的效果。一个有趣的例子是1888年的一篇《申报》论说，它对京报刊载的一份"巡阅水师折"进行了反思。论说肯定了报纸发布这样一份奏折的用意，又批评主事官员滥用奏折公开讲述他个人的疾患经历，仅仅是为了吹捧自己。[108]

疾病并非官员请求去职的唯一理由。中国礼仪规定了各类亲属逝世后的服丧期（父母去世为26个月），官员均应遵守这些规定，除非朝廷需要他们的效力。在职官员必须奏请去职以奉行孝道。准允官员丁忧的上谕会写明他们在服丧期满后应于何时何地报到。例如，有上谕要求某官员"俟服阕后以道员仍留省俟先补用，并赏加盐运使衔"（《申报》，1872年5月8日），这是京报中此类记录的典型。

尽孝亦可作为请假的理由。与奏请病假一样，请求奉行孝道的奏折亦属私人絮语。例如，1882年，李鸿章母亲染疾，李上奏详述了母亲的病情，最后写道：

> 今母病久未痊愈，中夜辗转，刻难自安，相应吁恳，逾格天恩，赏假一月，俾臣……省视臣母病状……（《北华捷报》，1882年7月14日）⑥

李鸿章此请得到准允，待要出发时忽然接到兄长电信，被告知母亲已经病故。[109] 李又再次上奏请假。朝廷只准允这位重要人物开缺穿孝百日。李再度上奏提出同样的请求：

> 方赏假而远道未归，忽闻讣而终天抱恨。在臣心有一息难安之疚，任国家为丝毫无补之人，忠孝大闲进退失据……且台辅崇班封疆重任而以痛心疾首负罪不祥之人滥厕其间，虽蒙圣主信任不疑，微臣岂能无愧于心！伏恳皇太后皇上矜鉴愚诚收回成命，俯准开缺终制……缕缕哀悃，号泣上诉，不胜迫切待命之至。（《北华捷报》，1882年7月28日）⑦

我们无法确定请准病假或丁忧开缺的上奏所透露的感情是否真诚。奏折公开表

---

[107] 一个类似的案例是，一位上奏者恳请获准退职，他阐明自己的病情始于前一年夏天：他在秋天的武试中受寒，冬天在巡视军队、访问造船所时再次受寒，病情加重。他当时咳嗽不止，加上大夫开了不适合他的药，病情变得很危险。虽然在次年二月初的时候有所好转，但他发现自己无法恢复体力，因此请求退职。在旅途中，他的病情再次恶化，到家后，因疲于回答众多探望者的询问又导致咽喉损坏——他似乎可能会马上死掉。上奏者继续描述其病情；他恢复了一段时间，但只是有所缓解。上奏者最后总结说，鉴于自己健康状况不稳定，他有义务将自己的工作移交给能够承担起该职责的人。（NCH 29.6.1872）

[108]《书彭宫保巡阅水师事竣折后》，《申报》，1888年8月25日。

⑥ 中文参见1882年5月28日的《申报》。——译者注

[109] 其奏折载于 NCH 21.7.1882。

⑦ 中文参见1882年6月4日的《申报》。——译者注

明了官员非常私密的个人身体状况以及精神状态。李鸿章公开展示个体的痛苦,既是他孝行的证明,也是提高其政治地位的明智之举。从一开始就非常明确的是,他必须接受朝廷的决定,缩短服丧的时限并重返岗位,以证明他对朝廷的忠诚。对此奏折的批复在奏折内容登报的一个月之前就刊出了:京报中登载的上谕常常早于它所批复的奏折。

> 朝廷再四思维,不得不权宜办理。李鸿章着以大学士署理直隶总督,俟穿孝百日后即行回任。际此时势多艰,该督当以国事为重,勉抑哀思,力图报称,即以慰伊母教忠之志有厚望焉。(《北华捷报》,1882 年 6 月 30 日)⑧

京报的各个部分均有意弘扬美德、贬斥恶行。京报详尽报道李鸿章的孝心,使他为朝廷作出的"牺牲"更显荣耀(他对私人悲痛的详述,很可能也是为了达到这一目的)。这里——或者说京报几乎处处——存在着明确的道德议题。某巡抚大兴公共工程、某知县渎职、某发疯的官员杀害妻子、皇帝为人民福祉尽职尽责……在这些个案中,读者总是能轻易地分辨善与恶、对与错。事实上,几个世纪中,"明善恶"——褒贬的原则——一直是中国历史书写的一种重要功能,而京报也许就建立在对这一传统的继承之上。[110] 通过展示可供效仿的典范,邸报成为儒家社会规范的另一种重要机制。

因此,京报定期报道楷模榜样。例如,京报每月至少讲述一次妇女殉节和人们为之树立牌坊的故事。这些故事千篇一律,其中的女性亦具有典范功能。"她"常常是孝顺的典范,甚至会割肉疗亲。丈夫死后,"她"会着手将其安葬,打点好公婆与孩子,交出嫁妆用以支付自己的葬礼费用,然后服毒,静静等待着自己美丽而有尊严的死亡(例见《北华捷报》,1872 年 7 月 14 日、8 月 3 日,1892 年 7 月 8 日;《申报》,1878 年 8 月 13 日,1892 年 6 月 1 日、7 月 8 日)。我们只消阅读一个这样的故事,就能知道其他相似案例的讲述方式了。[111]

在相沿成习的说教故事素材库中,这样一位女性乃一固定角色(stock character)。她反复出现在女德手册、正史、文学作品以及《申报》等中文报纸(第四章将对此进行讨论)中。她当然在历史上存在过,只是她死亡时的确切、真实的情况并不重要。在这里(在其他地方也一样),邸报的旨趣不在于"传播消息"(spreading the news),而在于

---

⑧ 中文参见 1882 年 4 月 30 日的《申报》。——译者注
[110] 参见 Trauzettel, "Chinesische Geschichtsschreibung";以及 Holcombe, "The Exemplar State",115。一份讨论官报改良的奏折(1898 年 7 月 26 日)认为,"褒贬"是官报最主要的目标(Britton, *The Chinese Periodical Press*, 104)。
[111] 亦可见 Imbault-Huart, "Le Journal et le journalisme en China",49;Alcock, "The Peking Gazette",341; and *The Evening Gazette*, 11.7.1874, 599。

"传播评说"(spreading the word)。[112]

对作为一种制度和文本的京报的考察发现,邸报显然受到高阶官僚的审查,其中刊出的文书有不少涉及"官事"。然而,这种审查并未降低邸报在读者那里的价值或阅读兴趣。至少自 18 世纪中期吴敬梓的《儒林外史》掀起公众对官场小说的热衷开始,到清朝末期,人们对它的热情从未减退,甚至更加趋之若鹜了:"官事"显然有其读者群。[113] 事实上,明清两代,众多戏剧与小说均假定其读者对邸报及其内容是熟稔的。[114] 这证明,即使在官僚系统之外,也有许多人阅读且乐于阅读邸报。[115] 尽管京报具有说教目的,展示着"被朝廷容忍或谴责的政策、行为和态度",[116] 但它首先满足了人们对官事消息的明显渴求。

此外,京报提供的不仅是官方消息。我们已经看到,它呈现的是中国社会生活的全景。一位法国观察家在 1893 年这样说道:"人们可以从中了解无数陌生的事情,比如皇帝的活动与皇家仪式,官僚和司法结构,以及中国人的习惯、迷信与民俗。"[117] 因此,我们不能将邸报看成"只为官僚利益服务而罔顾大众的报纸"[118]。白瑞华恰切地指出,京报"服务于各种不同的旨趣,文学的、教化的,以及经济的、政治的"[119]。京报上令人赞赏的、神奇的或陈腐的内容均有其受众。各种笔记[120]与书信中的轶事证明了京报及前朝邸报的成功。就连汪康年这样的改良派官员、现代报刊《时务报》的主编,亦强调旧式京报的声望与优异性。[121]

至少自 10 世纪起,朝廷传递消息的信件(官方的或非官方的)便已活跃地为京城

---

[112] Britton, *The Chinese Periodical Press*, 12.
[113] 首先,从相当可观的发行量来看,讲述官场生活的小说显然非常受欢迎[参见孙楷第,《中国通俗小说书目》,第 228—230 页;感谢杜伦大学(Durham University)的白岱玉(Daria Berg)向我指出这条文献]。再者,通过晚清时期出版的"官事"小说数量不断增加的事实,亦可推测其受欢迎程度。相关的优秀研究,参见 H. Martin, "Das Bild des Reformopportunismus";更为细致的研究,参见 David Wang, *Fin-de-Siècle Splendor*。
[114] 刘勇强在其《明清邸报与文学之关系》中对这一事实进行了解释,他引述了诸多例子,证实邸报是小说书写的一种原材料;尤见第 459 页。亦可见 Hegel, *Reading Illustrated Fiction*, 42-43。
[115] 参见刘勇强,《明清邸报与文学之关系》,第 452 页。秦绍德(《上海近代报刊史论》,第 26 页)指出:"当时在上海官场和文人中有不少人重视阅读京报。"
[116] Ocko, "The British Museum's *Peking Gazette*", 46.
[117] 转引自 Chien, *Das alte chinesische Nachrichtenwesen*, 63。这位法国观察家确实称京报为研究当时中国风俗习惯的最佳资料。类似的描述参见 Imbault-Huart, "Le Journal et le journalisme en Chine", 45; Alcock, "The Peking Gazette", 246;以及 Lyall, "Official Polytheism", 89。
[118] 林语堂,《中国新闻舆论史》,第 12 页。类似的观点参见黄卓民,《中国古代报纸探源》,第 4 页;以及刘勇强,《明清邸报与文学之关系》,第 440—441 页。
[119] Britton, *The Chinese Periodical Press*, 15.
[120] 姚福申的《有关邸报几个问题》一文中大量引述了此类记录。
[121] 汪康年,《汪康年师友书札》,第 1 册,第 122—123 页。

与远乡的读者提供官场的或平常而琐碎的消息。[122] 晚清时期,至少有十几家报房能够通过出版京报获利。它们甚至将这些消息印制成不同版本以满足不同读者群的偏好。正是因为有一些好奇心强的读者愿意出钱购买,报房才会早早在傍晚印制出当天的京报。

以上发现以及前文对京报文本的考察,可能有助于回答本章开头提出的一些问题:一方面,京报是正统的喉舌,它传播的信息蕴含着读者应予采纳的正派的道德品行;另一方面,京报提供了讨论与批评的空间,它不仅展示了官员的观点,还特别在诉讼与犯罪消息中呈现了社会底层人员的视角。京报是官方刊物,只刊载经官方批准的信息,但私人机构印刷京报并充当了"把关人"。同时,不仅官员,许多人都阅读京报,既是为了获取指导,也是为了消闲。

白瑞华认为,即使"在野公众也可以从王公贵族和政客的阴谋诡计与境遇起落中读出一种幽默,在邸报的纸页上欣赏全幕的政治表演"[123],大概确实如此。京报读者如此众多,这对于西式报纸来说是一种挑战。新报觉得有必要在论说中批评"旧式报纸无趣",这一事实即表明新报确实在与邸报竞争。迟至1911年,《图画报》(1911年开始在上海出版)将街上贩售新报与"朝报"(邸报的另一名称,见表3.1)的卖报人图像并置。配文挑衅地问道:为何现在仍有人销售这种旧式报纸?[124]《申报》等新式报刊指责京报及更早的邸报乃秘密、乏味、单一声音的,其目的显而易见。《申报》论说认为,京报之所以是单一声音的,是因为官员们不想写批评自身的文章——但事实上,京报上充斥着丑闻与弹劾,甚至偶尔还会出现对皇帝本人的批评。[125] 论说坚称,新报当然是完全不同的,新报是多种声音的,且对于批评意见无所不包。但这些连篇累牍的抨击具有情绪化的特质,恰恰表明《申报》担心公众不把京报看作单一声音或枯燥乏味的。

---

[122] 根据卫三畏(Samuel Wells Williams, *The Middle Kingdom*, 1: 328)的说法:"城市中,士绅和受过教育的人阅读与讨论邸报是极为普遍的现象,邸报使他们熟知其统治者的个性和事迹,程度更甚于罗马人对其君主及元老院的了解。在外省,数以千计的人受雇为买不起全本的读者印制与删选邸报。"刘勇强(《明清邸报与文学之关系》,第445页)列举了一些身居乡间的邸报读者。亦可见 Mayer, "Die Presse in China", 590-591。根据沈艾娣(Henrietta Harrison, "Newspapers and Nationalism", 90, 91-93)研究的日记,显然,京报甚至可以送达山西乡民手中,虽然时间大为延迟。另外,汪康年有书信(《汪康年师友书札》,第4册,第3834页)表明,他定期为一位外省友人购买京报。外省京报递送经常延迟的一个原因是,理论上,京报自京师发出到达各省后,各省要在此版本的京报之前再加上"辕门抄"。因此,我同意刘勇强(《明清邸报与文学之关系》,第463页)的观点,他认为戈公振严重低估了邸报读者的范围。

[123] Britton, *The Chinese Periodical Press*, 12-13.

[124] 参见《图画报》,第35期,第1911页。这两幅图画的翻印件见 Vittinghoff, "Am Rande des Ruhms", chap. 2。亦可见第七章对京报与新报竞争的讨论。

[125] 不少外国观察家注意到这一事实(相关讨论参见 Vittinghoff, "Am Rande des Ruhms", chap. 7)。刘勇强(《明清邸报与文学之关系》,第450页)表明,邸报在统治集团内部矛盾激化的时期成为斗争的场域。黄卓民(《中国古代报纸探源》,第4页)称邸报为"反映政治斗争的镜子"。关于京报的批评潜能,亦可见 Alcock, "The Peking Gazette", 254-255。仅举一例:有官员上奏请准许建造一座纪念性寺庙,被皇帝断然拒绝,他认为该官员违背了忠诚原则(NCH 12.8.1892)。该奏折和相应上谕的论证都很有说服力,但给出了截然相反的结论。亦可见一份批评两宫皇太后的奏折(NCH 13.7.1872),下文将予以讨论。

这种担心无疑是《申报》及其他新报（如《新闻报》）从一开始就转载京报内容的原因。它们关心报纸销路，于是将京报及与京报消息类似的消息纳入新报，便可利用一个颇具规模的既有读者群。

京报确实满足了人们对官事消息的明显渴求，那些必须取悦读者的新式商业报纸因此延续了这一传统，其方式除了重印邸报还有，比如引入漫画。1907年之后，漫画成为报纸上的突出部分，它们经常描绘官员。而在更早时期，应该说从《申报》初创开始，它就会刊载关于官员的虚构[126]或真实的故事。1872年8月的一篇《申报》报道听起来与前引京报报道几乎相同：李某穷途失路，假扮官宦以谋取利益。[127] 另有故事讲述了一官员与其厨人之间的不和。[128] 诸如"官事""上海官事""京师琐闻""京师纪事"等栏目均记录了与京报所载类似的丑闻和报道。[129] 与京报一样，《申报》也报道上海租界各法庭的案件，为读者提供消息与娱乐。[130] 我们也已看到，《申报》亦会报道神秘事件。

因此，西式报纸拥有新旧两方面的优势。它们主张京报是无聊的，又刊印京报以及与京报消息类似的内容，以此作为吸引读者的一种手段。这种巧妙的做法同时提高了新报的地位和市场价值。

权力：为何重印京报？

将京报纳入新报的原因之一是，它们面向同一个广泛的读者群，包括士绅、官员、文人和商人。比如，1896年，梁启超将在北京出版的《中外纪闻》分送给京报订户，这种做法既便利又节省成本。[131]汪康年也提议《时务报》使用《申报》或京报的发行渠道。[132] 原因之二可能是，《申报》等报纸所效仿的英文报刊〔如《泰晤士报》（London Times）〕在19世纪70年代就包含了"宫廷新闻"（Court News）栏目，20世纪10年代又新增了"伦敦公报"（London Gazette）、"议会报道"（Parliamentary Reports）等栏目。

---

[126] 例见1908年出版的连载小说《宦海纪闻》。
[127] 《假官诓骗》，《申报》，1872年8月3日；以及 NCH 3.6.1892。
[128] 《清官笑柄》，《申报》，1872年8月8日。亦可见《日本官报》，《申报》，1892年3月18日。
[129] 例见"官事"，《申报》，1907年3月29日；"上海官事"，《申报》，1907年3月24日；"京师琐闻"，《申报》，1882年8月2日；"京师纪事"，《申报》，1887年8月23日；以及"京邸琅函"，《申报》，1888年8月8日。这些栏目中的消息非常近似于宫门抄中的消息。许多其他报纸亦含有类似栏目，如"北京官事"，《新闻报》，1902年8月5日；以及"官事"，《新闻报》，1907年8月18日。
[130] 晚清时期，侠义与公案小说比比皆是，这表明除了官场文学，人们同样爱读作为文学的公案故事（David Wang, Fin-de-Siècle Splendor, 第三章）。王德威认为，这类文学带来了一种特殊的阅读趣味，即"揭露官员与法官作为幕后罪犯的角色，而他们本应是法律与正义的象征。读者在阅读邸报与新报上的上诉案件时，肯定也有这种感觉。
[131] Mohr, Die modern chinesische Tagespresse, 15.
[132] 汪康年，《汪康年师友书札》，第1册，第77页。

中国境内的英文报纸如《北华捷报》，亦从其创刊号（1850 年 8 月 3 日）起就包含了京报内容。[133] 原因之三仅在《申报》初创的几年中很重要，那就是编辑们可能只是需要填充报纸版面的内容。[134] 最后但可以说是最重要的原因，就是京报的权威性。"申报"这个名称很容易被理解为且就是意指"上海的报纸"（"申"是上海的传统代称），[135] 也可以被读解为"下级向上级官员的报告"。[136] 因此，就其名称而言，《申报》"谦逊地"将自己置于官场"申报"的传统之中，这样做只是为了操纵后者所具有的象征性力量。

用布尔迪厄（Pierre Bourdieu）的话说，权威"在肯定的过程中肯定自身"（affirms itself by affirmation）。[137] 相应地，新报通过灵活使用与官方权力相联系的语言中的某些特质（包括用语、文体与格式）——采用八股文等人们所熟悉的官方文体；引用中文经典；遵用礼仪性的抬格以示尊敬皇帝；用蓝字报道皇帝崩逝、红字记录其大婚，[138] 进而有效地主张了自身的象征性力量。这些做法，这种"语码转换"（code-switching），构成一种巴赫金意义上的意识形态话语（ideologue）：一种特定的看待世界的方式；[139] 通过它，新报自身也获得一种权威的声音。[140] 京报的这种强效语码、它的官方语言[141]和意象（iconography）具有显而易见的吸引力，不仅对报人来说是这样，对于许多广告商来说亦是如此。广告商们借用了出现在一些不同版本的京报上的官员形象：他手持写有报房名字的条幅。民国时期，一个着西服、戴平顶硬草帽但姿态不变的绅士取代了这一权威形象（见图 3.2）。

---

[133] 《北华捷报》每年亦将最重要的京报内容结集出版。《华洋通闻》（*Celestial Empire*）、《文汇报》（*Shanghai Mercury*）与《中国丛报》（*Chinese Repository*）亦会翻译京报的内容。

[134] 早期《申报》经常请求读者惠赐稿件，参见最早的数期《申报》；亦可见 Vittinghoff, "Am Rande des Ruhms"。然而，下文将指出，到了 19 世纪 70 年代末，情况已完全不同，《申报》不得不采取措施严格限制京报内容所占的版面。

[135] 关于名称的问题，参见申报史编写组，《创办初期的〈申报〉》。

[136] 这一表述的使用，参见 Silas Wu, "Memorial Systems", 18。例见一份《申报》转载的奏折，1872 年 6 月 8 日，第 12 行、第 21 行。

[137] Bourdieu, *Was heißt sprechen?* 159；"必须明白，权威在肯定的过程中肯定自身，篡夺象征性力量的可能策略之一就是简单地承用权威的常规特质。"

[138] 遵循中国风俗，在春节刊出的那期报纸亦用红字印刷（Imbault-Huart, "Le Journal et le journalisme en Chine", 60）。

[139] Bakhtin, *Dialogic Imagination*, 333："小说中的特定语言（意识形态话语）常常是一种看待世界的特定方式，一种谋求自身社会意义的方式。"

[140] [140]Bourdieu, *Was heißt sprechen?* 57. 就连梁启超也没有否定官方权威的吸引力，1898 年，《时务报》本计划改为官报（Vittinghoff, "Am Rande des Ruhms", chap. 9）。这种吸引力甚至到民国初期也没有消失，1912 至 1913 年一篇作者不明的报纸文章《办报之难易》（转引自 Mateer, *New Terms*, 64）称，"经营大报惟之一途：将之创办为官方喉舌"。

[141] 迟至 1907 年，《申报》（1907 年 8 月 25 日）刊载的广告仍在使用京报的语言，该广告标题为"谕旨禁烟戒者注意"，且余下文本亦使用了政令惯用的语言风格。

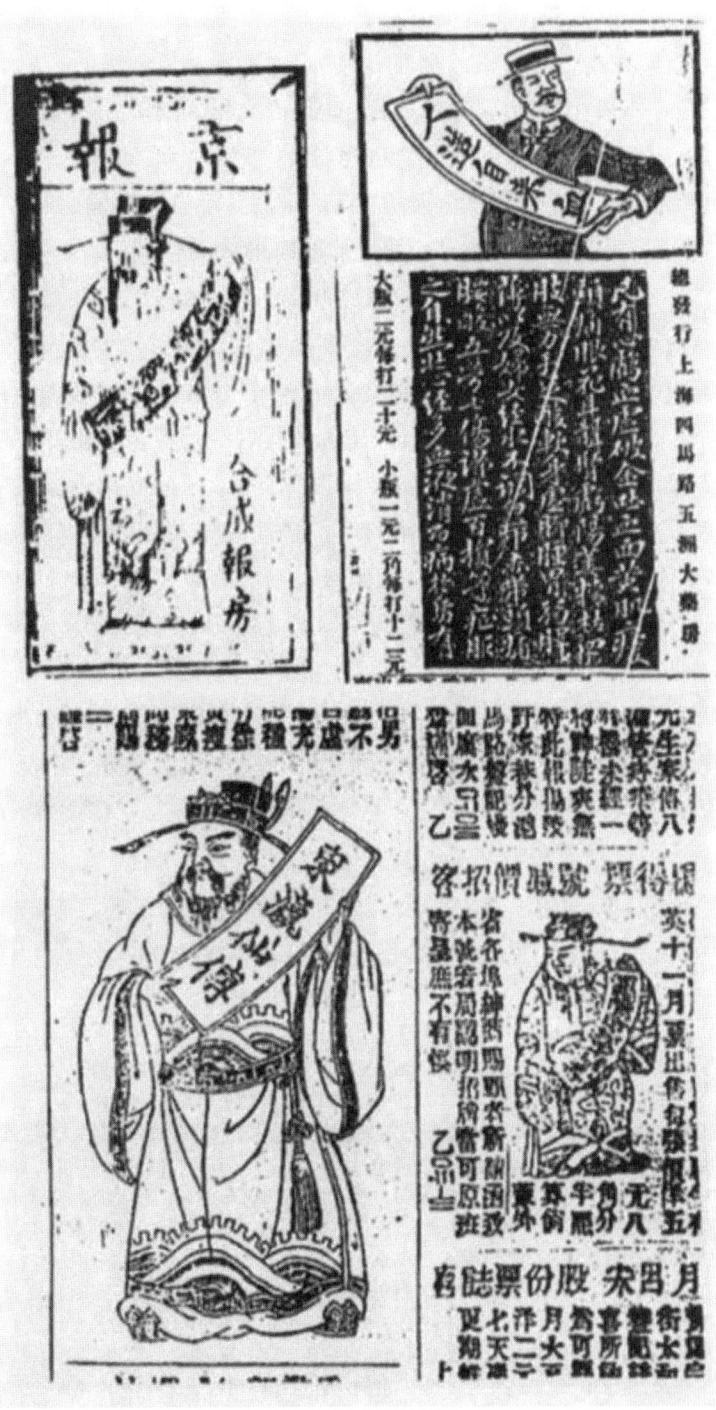

图 3.2 不同装束的官员(或与之类似的)形象:(左上)报房版京报封面上的官员形象;(右上)广告中身着西装的民国绅士(《申报》,1912 年 9 月 1 日);(下)两则《申报》广告中与京报封面人物类似的形象(《申报》,1882 年 10 月 14 日)

于是,重印京报成为新报出版商宣称对中国事物拥有权威性的另一手段。在他们为将象征性力量转移给自己所做的全面努力中,这无疑是最激进的一项工具。[142] 因此,虽然新报具有外来背景,但它通过挪用、重印传统权威的表征物来确证自身,对于《申报》的隐含读者来说,他们一定已经意识到这一事实并为之惊叹。

但是,现代报纸收录京报的做法及方式,对新报到底有何影响(如果有的话)?在新式媒体中重印京报,是否也影响了京报文本本身的意义?

从新报到京报:挑战报房?

京报内容或是被新报重新排进报纸版面,或是在 1882 年后被印成新报附张出版。1905 年以前,尽管新报不断尝试使京报的递送乃至生产过程合理化,但重印的京报一般要比北京各报房发行的原版晚两到三周。1905 年后,延迟变得更加严重,重印的京报经常滞后两个多月。[143] 另一方面,自 19 世纪 70 年代末开始,《申报》在首篇论说之后常设"恭录谕旨"栏目。[144] 与同一期报纸转登的京报相比,"恭录"栏中刊载的谕旨更晚近,有时还有前者未包含的谕旨(见表 3.2)。[145]

这一新栏目的设立是表明京报内容在《申报》中所占版面越来越大的第一个指征。大约在同一时间,《申报》论说开始讨论京报中的上谕或其他文书,且经常全文引用它们。[146] 随着 1881 年津沪之间电报线路的开通,《申报》开始接收并转载电传上谕。[147]

---

[142] 秦绍德,《上海近代报刊史论》,第 23 页、第 24 页。
[143] 相比之下,1893 年《新闻报》重印的京报延迟约三周,但 1898 年,延迟约三个月。
[144] 例见《申报》,1877 年 8 月 1 日,1882 年 6 月 29 日(其中有"上谕张之洞奏……")。
[145] 例见《申报》,1878 年 8 月 12 日,其中刊印了六月三十日的京报以及七月初二日的上谕。有时"恭录谕旨"完全替代了京报重印;有时两者同时出现。例如,1878 年 8 月 5 日的"恭录谕旨"刊出了六月二十五日的谕旨;但这一期《申报》未刊出六月二十五日的京报。而 1878 年 8 月 12 日《申报》"恭录谕旨"中的上谕并未出现在 1878 年 8 月 13 日《申报》全文转录的七月初二日的京报中。这些不一致表明,《申报》采用的京报版本并非来自同一家报房,下文将讨论这一点。
[146] 例见《申报》,1877 年 8 月 24 日,1878 年 12 月 25 日,1887 年 8 月 24 日,1888 年 8 月 22 日,1892 年 8 月 2 日,1898 年 6 月 16 日,1902 年 5 月 7 日、8 月 3 日、8 月 6 日、8 月 31 日(最后一篇讨论的并非上谕,而是"廷寄之伪")。然而,不一定能确切地追溯论说所讨论的上谕来自哪一期的京报重印本。例如,1878 年 12 月 25 日的《申报》论说中,作者提到他阅读了刊登在香港报纸上的上谕。一些论说作者讨论的是数月之前的上谕(1902 年 8 月 3 日的《申报》论说讨论了差不多三个月之前的上谕;1902 年 8 月 6 日的论说讨论的则是一个多月之前的上谕)。这进一步证实,报纸不会被立即丢弃,过往的报纸在相当长的时间内被读者保留下来作为参考(参见《选新闻纸成书说》,《申报》,1877 年 3 月 28 日)。
[147] 第一则电传上谕出现在 1882 年 1 月 16 日。这些上谕所在的栏目名为"本馆自己接到电音"。1882 年 8 月 3 日的《申报》表明,这一新的安排意味着官事消息占据了越来越多的版面。这一天,"谕旨恭录"栏目之后紧接着的就是"本馆自己接到电音"栏目,后者独家报道了朱批奏折,由在津"友人专发馆内"。

表 3.2 《申报》重印京报之变化，1872—1912 年

时间	对京报的处理
1872—1882 年	京报开始被重印于《申报》版面中
1872 年	重印的京报晚于原版 2—3 周
1873 年	重印的京报晚于原版 3 周
1874—1878 年	重印的京报晚于原版 2 周
1877 年	首页新设"恭录谕旨"一栏（在首篇论说后），亦作"谕旨恭录"
1881 年	重印的京报晚于原版 2—3 周
1882 年（3 月 8 日）—1902 年	京报被印为《申报》附张；名为"京报"，全年连续编号
1882 年	1 月开始新设"电传谕旨"一栏 小字印刷辕门抄 小字印刷官报 重印的京报晚于原版 3 周
1887—1893 年	重印的京报晚于原版约 10 天
1897 年	重印的京报晚于原版 2 周
1902 年	重印的京报晚于原版 2 周 新设"电传宫门抄"一栏（在首篇论说后） 新设"宫门抄"一栏（晚于原版约 10 天），成为报纸中的一类常规消息
1903—1904 年	京报附张被重新排版，名称为"京报全录"，按月编号
1903 年	重印的京报晚于原版 2—3 周
1904 年（8 月）—？	京报附张被重新排版，名称为"京报汇录"，按月编号
1905 年（2 月 7 日）	《申报》改版，对京报重印无影响 "电传宫门抄"位于论说之前（但在首页广告之后）
1905 年	重印的京报晚于原版超过 8 周
1907 年（3 月 29 日）	《申报》改版，对京报重印无影响 "宫门抄"与"谕旨"部分使用不同的字号印刷
1907 年	重印的京报晚于原版 8 周 引入"要折""奏牍"等栏目以重印文书
1911 年？	京报附张中断
1912 年	"大总统命令"或"命令"代替京报（在首篇论说之后）

注：我的发现与秦绍德（《上海近代报刊史论》，第 26 页）一致，他将"电传谕旨"出现的时间追溯到 1882 年 1 月 16 日，与徐载平、徐瑞芳（《清末四十年申报史料》，第 62 页）所认为的 2 月有出入，亦不同于白瑞华（Britton, *The Chinese Periodical Press*, 68），白认为《申报》在 1884 年开始用电报传送部分京报内容。关于使用电报传递消息这一做法，参见 Vittinghoff, "Am Rande des Ruhms"。

重要的是,《申报》决意为电传上谕支付高昂的费用,且它最开始收到的电传消息基本上都是朝廷谕旨。19 世纪 80 年代初,新报中现出了更多的官事消息:在新闻栏目最后,《申报》会摘录地方官报[148]和"辕门抄"("宫门抄"的省级对应物)的内容。[149]

从 19 世纪 80 年代开始,论说不仅继续讨论(并至少部分转载)上谕或奏疏,一些官方文书甚至直接充当了论说。[150] 越来越多的报纸版面被官方文本占据。最终,《申报》不得不引入一些措施为其他消息腾出版面。它用非常小的字号重印地方官报,[151]有时(比如必须重印两个不同版本的京报或京报长度非常长时)用小字印刷部分京报。[152] 1882 年 3 月(农历新年伊始),《申报》开始将京报印成增刊。[153]

与此同时,京报元素继续占据着新报版面。19、20 世纪之交,单独的"宫门抄"出现在消息部分;除此之外,"电传宫门抄"[154]与朱批奏折亦出现在消息版面上。[155] 几年后,《申报》引入了"电传谕旨"[156]和"要折""奏牍"等新栏目。[157] 这一时期,完整的京报继续被印成附张出版。因此在内容上,新报变得越来越像一份京报。

《申报》早年间使用的京报显然是一个商业化的版本。1872 年 6 月,《申报》委派"友人"每日从一家北京报房挑选京报并寄至上海,以避免一般邮递系统的长时间延迟。以下这则"本馆谨启"出现在 1872 年 6 月数期《申报》首页上:

> 启者:本馆今有友人在京师办邸报寄申,较之在申局买者较快。昨所出乃初八日之京报,今已二十八日,相隔二十日始得见报,未免太迟。兹特于本礼

---

[148] 参见"袁江官报",《申报》,1883 年 8 月 23 日、8 月 28 日。《新闻报》也采用了这一做法,例如"广东官报",1893 年 5 月 7 日;以及"白门官报",1893 年 8 月 22 日。遗憾的是我们对这些官报的性质所知甚少:它们是否是现代官报的前身?——一般将 1901 年袁世凯创办的《北洋官报》看作现代官报之范式(林远琪,《邸报之研究》,第 195 页;不同的观点参见李斯颐,《清末 10 年官报活动概貌》,第 128—129 页)。

[149] 例如,"苏省抚辕抄",《申报》,1873 年 8 月 11 日;"浙省抚辕抄",《申报》,1882 年 3 月 7 日;"浙江抚辕抄",《申报》,1882 年 8 月 10 日。亦可见 1908 年 8 月 2 日的《新闻报》。

[150] 例见《申报》,1887 年 8 月 27 日、10 月 7 日、10 月 12 日,1902 年 5 月 5 日、6 月 3 日,1903 年 8 月 9—10 日。

[151] 例见《申报》,1877 年 8 月 10 日,1882 年 3 月 7 日、8 月 13 日。

[152] 例见《申报》,1877 年 8 月 10 日、8 月 23 日,1878 年 8 月 14 日。《申报》转载过一些超长版本的京报,其原因可能是《申报》使用了不同报房的版本,以相互补充各自的不足。如果是这样的话,《申报》也许的确尽其所能地提供了最全面的京报内容。

[153] 参见 1882 年 3 月 8 日的《申报》告白,对其讨论参见本章第 134 页。1882 年 3 月 7 日,京报最后一次出现在《申报》正刊之中。不久,《新闻报》也采用了同样做法;参见 1897 年 8 月 1 日的《新闻报》告白。

[154] 这一做法亦可见于 1902 年的《新闻报》(例见《新闻报》,1902 年 8 月 2 日)。我不确定这两份报纸是谁先开始这样做的。除此之外,《新闻报》还有"邸抄专电恭纪"栏(例见《新闻报》,1902 年 8 月 3 日)。1903 年,电传宫门抄被置于论说之后。

[155] 例见《申报》,1902 年 12 月 25 日,一位总督的奏片重印于消息栏目中。

[156] 它们首次出现在 1905 年 2 月 7 日的《申报》上。

[157] 例如,"要折"参见 1907 年 8 月 27 日,1908 年 8 月 1 日的《申报》;"奏牍"参见 1907 年 8 月 6 日、8 月 10 日的《申报》。1909 年的《时报》上亦有不少这类栏目(例见《时报》,1907 年 12 月 13 日、12 月 15 日)。但我尚未发现《时报》是否重印京报或将之作为副张印出。

拜二起至本礼拜六止间日印二报,庶不至过于稽迟。[158] 暂将行情单向日一印,以便不占新闻地步。如各货行情有更换者,另当载明亦不令遗漏也。[159]

在这则告白中,《申报》宣称它将优先出版更完整、更具时效性的京报内容,而不是其创刊号所强调的最重要的商业新闻。新式报纸转而明确地表现了对邸报的拥护,隐晦地承认了邸报对读者的重要性。反过来,现代报纸在出版京报时采用了现代标准,进而改变了京报的性质:京报内容成为固定专栏,必须尽可能快地将它传递给公众,即使这意味着要在京师雇用一位"友人"。新举措公布的第二天,恰有论说哀叹传统的通信方式不免迟缓,赞扬电报等外国发明的方便快捷,主张建立一个全国统一的邮递系统。[160]

几个月后,《申报》采取了若干措施以确保更快地传递京报内容。在早先的几个月中,《申报》显然仅依赖一家北京报房,现在它开始接收好几个版本,这也是出于效率和速度的考虑。以下这则无题告白几次出现在 1872 年 8 月的《申报》首页上:[161]"本馆京报上谕、宫门抄、奏折、选单,俱逐日全册遵刊。并赶寄本京第一等快报。诸君光顾者祈留神对读可也。"

与此相似,一年之后,一篇带有广告性质的"赋"赞扬申报馆刊出邸抄内容的速度比其他报纸快得多。[162] 几年之后,有迹象表明《申报》在读者中创造了一种要快速获取京报内容的需求。19 世纪 70 年代末它设立的"恭录谕旨"栏目刊出的谕旨早于京报重印本,就是对上述需求的满足。此外,《申报》显然认为自己有义务对京报内容的延迟出版做出解释。1879 年 3 月,《申报》首页刊出了以下告白:

启者:北河开冻以后,轮舟如飞驶行。招商局、怡和两轮船兼程,于礼拜六日到沪,随带邸抄甚多。本馆今先将初七日以前上谕敬谨恭录。八日并无卜谕发抄。[163] 初九日以后上谕容俟明日恭录。[164]

---

[158] 《申报》于 1872 年 6 月 6 日重印了农历四月十二日、十三日的京报;6 月 7 日重印了农历四月十四日的京报;6 月 8 日重印了农历四月十五日、十六日的京报;6 月 10 日重印了农历四月十七日的京报。
[159] 例见《申报》,1872 年 6 月 6 日、6 月 7 日、6 月 8 日以及 6 月 10 日。
[160] 《信局论》,《申报》,1872 年 6 月 7 日。一位研究中国邮递通信史的学者指出,尽管信局确实提供了出色的服务,但它们本质上是营利性的私人商号而非公共服务机构,因此它们"倾向于开设在大城镇,那里利益可观"(Cheng, *Postal Communication in China*, 49)。
[161] 就我所见,第一则这样的告白出现于 1872 年 8 月 24 日。
[162] 参见《申报馆赋》,《申报》,1873 年 2 月 15 日,第 12 行。
[163] 我把"发抄"译为"proclamation",指朝廷批复并发布的奏疏。这类奏疏实际被视为与上谕具有相同的权威性。参见 Britton, *The Chinese Periodical Press*, 11-12 and Chien, *Das alte chinesische Nachrichtenwesen*, 60。
[164] 《本馆告白》,《申报》,1879 年 3 月 10 日。感谢燕安黛向我指出这则告白以及我将讨论的下一篇文章。《北华捷报》上的类似告白,参见 1902 年 5 月 28 日该报"谕旨"(Imperial Decrees)一栏中注明的"电传自北京,特为《字林西报》(North China Daily News)译出,消息传递有延迟"。

《申报》将更多版面留给京报,并恳请读者谅解这一做法。但两天之后《申报》刊出(1879年3月12日)的《本馆告白》又说:

> 前因北河冰冻,轮舶停行,京报由旱道递来,未免稍稽时日。近已腊近春回,往津轮船照常开驶,昨日带到京报十数本,直至本月中旬。其中谕旨虽已预为恭录,以副读者先睹为快之心。

面对这种"各章疏若仍按日分排似嫌迟滞,或一日而刊两京报又恐占新闻地步"的两难境地,《申报》主事者决定将几日的邸抄印成附张免费分送读者。事实上,不管出于什么原因,京报附张概不取值。甚至在1882年《申报》决定将京报常规性地印成附张时,仍是如此。《申报》在一则告白(1882年3月8日)中以一种讨好读者的语言解释了这项新举措,此种语言透露着此告白的广告性质:

> 近来本报后告白较多,有占新闻地步……是以从今日起,将京报另印单张,每日夹入报中送阅,乃照常收取报费,不加分文。此虽多一番工料,然欲仰副阅者雅意,亦所弗惜也。

将京报内容包纳进来,确保了《申报》有固定的读者群。《申报》保证更快、更便宜地刊行京报内容,旨在使京报读者更依赖《申报》。[165] 通过按照新报标准对京报进行现代化改造,报纸出版商开始与传统报房及其区域性的贩售点展开直接竞争。

可以说,《申报》确已开始扮演报房的角色,就此而言,《申报》的做法被许多别家新式报刊模仿。从1893年5月的《新闻报》告白即可看出:[166]"本馆所印京报系托京都友人向各部院、衙门逐日钞集,较诸他家多而且速。"告白还称,《新闻报》将京报内容"仿袖珍版式印成专本",读者可"逐日留存,每阅一月即可订成一册",而几个月前的京报亦将被刊印出售。

此告白不啻一次商业宣战,它不仅针对其他新报,更针对传统报房。几年之后,《新闻报》"宣告胜利",称其袖珍版京报"业已共邀欣赏"。[167] 新报不仅获得派专人到六部院抄写公告的特权——以往仅京报报房能这么做,还能提供更完整、更便于阅读的京报版本,且不收取费用。由此,新报成为一个(可能是最)重要的朝廷新闻的提供者。新报馆已成为现代报房,它们具有重要影响,且引发了京报本质的关键性变革。

---

[165] 夏德(Hirth, "Chinesische Presse", 210)观察到,19世纪80年代末,包括《申报》在内的几家新报与上海道台的喉舌《新报》均重印过京报内容,他认为:"在某种程度上,这一做法是这些报纸成功的秘诀,因重印的京报价格低廉,而中国人习惯节俭。中国读者可由此省去订阅邸报的费用,还可获取额外的新闻。"

[166] 《新印京报附赠告白》,载于1893年5月7日及随后几日的《新闻报》。

[167] 《京报附张启》,《新闻报》,1897年8月1日。

从1882年的一篇论说中即可看出这一点,在该论说中,《申报》将其出版的京报与由提塘发排递送的京报("往往迟至三四个月")以及所谓"良乡报"(一种私人出版的京报,价格相对来说高昂许多)进行了比较。[168]申报馆"托人在津将逐日京报递到者,付诸电报局传递至沪",《申报》为此种做法辩护,认为这并不只是为了效仿外国的做法——事实上,"自塘递而变为'良乡报'又变而为轮船报,皆以求其速也"——而且没有必要担心"音同字异殊,失之慎重"的情况。此外,"外省则有远近之别……若京中则至近也,谕旨一出臣民皆知"——外省臣民却要等待消息,这不公平。作者称,"夫圣人之言公而无私,国家之事亦公而无私",唯有新报完成了自古以来圣人对邸报的期望。论说在报纸上唤起的这一传统哲学假设,在不讲求信息公开的清朝[169]几乎没有现实支撑,但这种唤起带来了影响:在新报版面上,国家走向了公共。官方报刊不再主要是"国家声音的传达装置"(loudspeaker of the state);[170]在新式报纸上,它也能成为"将声音传达给国家的装置"(loudspeaker to the state)。

从京报到新报:挑战朝廷?

通过这一现代化举动,朝廷对其最具权威性的声音丧失了部分控制。比如,对速度的强调威胁到一些尘封已久的朝廷规制:18世纪初,乾隆皇帝曾下令,从向各部院递送机密文书到在邸报上公布这些文书之间,要有十天间隔。[171] 此外,清末,1908年发布的一道上谕明确禁止"过早发布上谕或公告"[172]。目前还不清楚,当时朝廷是否要求报房遵守禁令,是否对报房日益效仿新报、使用电报传递消息做出回应。1902年一份机密文书被泄露,报房以电报传输谕旨的做法在朝廷引发了骚动。[173]但此事件之后,一些京报版本中仍有"电奏"等字样(例如1904年8月28日《申报》转录的京报)。商业报纸自19世纪80年代开始使用电报传递谕旨,且已意识到这一做法之大胆——引入电传新闻仅仅几周之后,《申报》便刊登论说进行自我辩解(1882年3月4

---

[168] 《论京报贵速不贵迟》,《申报》,1882年3月4日。京报到达广州短则需要"四十或五十天,有时甚至要六十天",参见"Peking Gazette",506。关于明代中国各地收到邸报所需要的时间,参见尹韵公,《论明代邸报》,第117页。"良乡报"在19世纪40年代已颇具声名,亦可见本章注释38。

[169] 《申报》论说亦提到"廷寄"(有时被用以代替上谕)的不足之处:它们被皇帝口头传达给官员再由其写下,不会被印在京报上,它们在内廷密折系统中而非题本系统中运作(参见 Bartlett, *Monarchs and Ministers*, 103-104)。关于清代的保密做法,可进一步参见 Silas Wu, "Memorial Systems"; Fincher, "Sinology, Pekingology";以及本书导论中对"言路"的简短讨论,其中引用了燕安黛的细致研究(Janku, "Nur leere Reden")。关于当时的观点,参见 E. H. Parker, "The 'Peking Gazette'",73。

[170] 这一表述参见 Engwall, *Newspapers as Organizations*, 79。

[171] 关于十天的间隔期,参见 Ocko, "The British Museum's *Peking Gazette*",44;以及1874年4月14日外交备忘录,收入档案 FO 233/58, 18。最初的有关规定是由雍正帝发布的,但其中提到的间隔期仅有五天(Bartlett, *Monarchs and Ministers*, 44)。

[172] 这条1908年3月的上谕转引自"Chinese Journalism and the Government", *NCH* 25.9.1909。

[173] 参见1902年8月31日的《申报》论说。显而易见的是,京报回应了时代的需求:京报曾刊出一份李鸿章的奏折,其中讨论了电报的重要性(《申报》,1892年5月1日)。

日),以回应上海道台的《新报》对此做法的抨击。[174] 论者详细地向读者阐明,不必担心电报传输过程中发生错讹,这一系统非常精密,而且《申报》只传递已经公布的上谕和奏折(而非秘密字寄)。但很显然,对于新式报纸来说,效率比朝廷定下的任何规矩都更为重要。

这并不是说,商业报纸重印京报的方式有冒犯朝廷的风险。1873年11月朝廷发布的上谕规定:

1. 所有上谕应一律发布(尤其是关于税收减免等事情的上谕)。
2. 每期京报必须至少有10页;少页的京报表示朝廷有事情对公众隐瞒,这是不被允许的。每期京报都必须提及未刊出文书的数量。只有极长篇的文书可概述其大意,并在第二天接续刊出。
3. 应完整列出宫门抄。
4. 奏疏与消息须完整刊出,不可拆开分日刊载。[175]

没有证据表明这一上谕是针对《申报》的京报重印本或针对传统报房发出的,但《申报》确实犯过(而后又常常改正)此上谕批评的一些错误。例如,《申报》时常不刊印上谕,尤其是在其创办初期。[176] 但后来《申报》又专门开辟栏目,刊载京报重印本以外的上谕和电传谕旨,这似乎在相当程度上满足了朝廷的要求。[177] 正如表3.3所示,就内容而言,《申报》早年重印的京报与一些报房的京报版本一致。因此,如果朝廷对报房及其报道范围不满,那么《申报》也难辞其咎。然而晚些年,《申报》所重印的京报——符合朝廷颁布的规定——也许已经取代了报房版本(可能是因为《申报》刊出的新闻是基于对几家报房京报内容的整合)。

---

[174] 相关讨论参见 Vittinghoff,"Am Rande des Ruhms"第四章的结论部分。
[175] 此上谕的中文文本及其翻译,参见1874年4月14日的外交备忘录,收入档案 FO 233/58,18。亦可见 Chien, *Das alte chinesische Nachrichtenwesen*, 59-60。
[176] 例如,1872年5至7月的《申报》重印了1872年6月22日、7月1日的上谕各一道,1872年7月22日四道,1872年8月16日一道,以及1872年8月28日两道。19世纪70年代初,《申报》存录的上谕可能很少;但到19世纪70年代中期,它存录下来的上谕数量大为增多(例如1878年8月12日《申报》中的京报内容几乎全是上谕)。朝廷的方针表明,19世纪70年代初京报报房(以及申报馆)可能在刊印上谕方面有所限制。比照巴黎法国国家图书馆(Bibliothèque Nationale)所藏1823—1824年的京抄(Chinois 2217ff),我发现京抄收录的上谕数量比《申报》多许多。
[177] 宫门抄部分似乎也被删减了,与其他版本的京报相比,宫门抄有时非常短。然而,如前文所示,晚些年的《申报》有几个不同的栏目用于刊印宫门抄,在一定程度上弥补了这一缺失。

表 3.3 不同京报版本与重印本之字数

版本	行数	字数 × 页数	每期字数
大英图书馆抄本,1872 年	6	14 × 30	2520
聚兴,1872—1882 年	8—11	20—25 × 10—12	1600—3000
聚恒,1872—1882 年	6—7	20—25 × 10	1400—1750
《申报》重印本,1872 年	36	40 × 1	1440
《申报》重印本,1882 年	52	56 × 1	2912
《申报》重印本,附张,1892 年	30	52 × 2—4	3120
《申报》重印本,附张,1902 年	50	56	2800
《申报》重印本,附张,1905—1907 年	48	51	2448
《新闻报》重印本,附张,1893 年	36	30 × 3	3150
《新闻报》重印本,附张,1898 年	30	32 × 2—3	1920—2880
《新闻报》重印本,附张,1903 年	48	55	2640

另一方面,早期《申报》重印的一些京报上的官文书没有被完整地印在同一期上,而是被拆开印在连续几期中。文书中断处会用诸如"此本未完"等固定语汇标明;[178] 第二天接续刊载后文时则会用"京报接录"引入,这种做法在朝廷颁布上述规定之后仍持续存在。[179] 如果京报被拆分为二,那么《申报》在第二天可能会刊出"补录"。[180] 出现这种情况时,《申报》会把重印的内容称为"京报"而不是通常的"京报全录",这一区别得到报馆的严格遵守。[181] 但就我所知,《申报》并未给出未刊文书的记录。

因此,尽管新报在重印京报时采用了新的标准,但它显然亦愿意向朝廷规定让步并遵照后者执行。然而,将京报内容纳入新报这一做法本身就改变了京报这一权威信息。以"钦此"结尾的谕旨或其他官文书可以替代论说,这一事实本身就说明了问题。新报在其最具审议性的栏目中篡夺了官方的声音。《申报》论说在讨论一贯由京报所讨论的事情时,可能会以"若以吾意行之"(《申报》,1877 年 10 月 27 日)、"安得上宪回心转意"(《申报》,1877 年 10 月 26 日)等表述开始。因此,《申报》论说采用了权威的姿态与声音,[182] 能够针对以往由朝廷独断的问题反过来向官方言说,即便朝廷并未向《申报》征询意见。[183] 就算其论说与朝廷的立场一致(这种情形经常出现),可它们

---

[178] 后来《申报》使用的另一固定表达是"此稿未完"。第二天的报纸则会自中断处继续刊载该文书(例见《申报》,1892 年 5 月 7—8 日)。

[179] 例见《申报》,1878 年 8 月 13—14 日。

[180] 例见《申报》,1872 年 8 月 15—16 日或 1878 年 8 月 18—19 日。

[181] 1882 至 1902 年,《申报》附张名为"京报"而没有在后面加上"全录"。尚不清楚 1904 年《申报》附张改名为"京报全录"是否意味着《申报》在遵守朝廷规定。

[182] 关于 19 世纪初英国新闻业的类似现象,参见 Irwin, *Propaganda and the News*, 29,其中记载,约翰·沃尔特二世(John Walter II)和托马斯·巴恩斯(Thomas Barnes)成功"使《泰晤士报》的社评能够与国王的演讲媲美"。

[183] 参见 Janku, "Der Leitartikel der *Shenbao*", 49:这些文本已经脱离了作者个体,它们作为真正的赞美、批评和建议出现在"担责之人"(those responsible)面前。它们是官方章奏的一种非官方形式。

有何权利能这样做？[184]

在新报报端,京报消息成为众多消息中的一种。这既为其他消息赋权,也使庄重神圣的京报变得平凡。现在,与上谕展开论辩成为可能。上谕的引述可能出现缺漏[185]或印刷错误;[186]通过使用醒目字号强调特定字句,其讯息可能受到操纵(见图3.3);[187]上谕或被重印在附张上、广告旁;[188]或被缩减为一条普通的消息,并且由于被放在反面,其重要性低于排在它前面的上海本埠新闻。[189]

图3.3　重印京报时以醒目字号强调部分内容(《新闻报》,1907年8月22日)

---

[184] 这种行为既不被人期待,也不被朝廷接受,这一点从以下事件即可看出:1903年,一些学生上书请管学大臣"代奏其对沙俄提出的七项要求的反对意见。学生的请愿被拒绝了。清廷严令学生不得与谈国是"(Harell, *Sowing the Seeds of Change*, 137)。

[185] 这出现在1898年9月12日的《申报》论说中,相关讨论参见 Janku, "Der Leitartikel der *Shenbao*", 179。

[186] 这受到上海道台的撰文指责,参见《论申报改上谕悖谬》,《益报》,1875年11月20日。

[187] 我仅在1907年的《申报》中见过这种做法(《新闻报》中也有)。然而是哪份报纸首先开始这样做的,以及具体何时开始的尚待考察。

[188] 类似的并置可见于:1872年7月8日《申报》重印的京报,以及保存在巴黎(Bibliothèque Nationale, Chin. 9128)的1885年11至12月的《申报》原本,其中含有其他藏本中往往遗失的一些京报附张。

[189] 参见下文对《主客问答》(《申报》,1875年1月28日)的讨论。

这些将京报凡俗化与商业化的做法是否具有切实的民主化效果，还有待考察。如前文所述，京报本身就经常刊印司法案件、丑闻及劝谏的内容，这些内容往往含有针对高级官员甚至皇帝及其亲随的批评。此外，先刊出上谕、再刊出它所批复的奏折的做法——除了将预期(anticipation)作为一种叙事技巧引入邸报中(即在故事展开之前就交代了结果)——有时会把关键性的最后发言(这往往是人们最记忆深刻的)留给具奏者。这种做法的初衷在于提高皇帝的权威，结果却可能适得其反。例如，在1872年的一道上谕中，皇太后们对上奏者的劝谏表示"极为惊异"(《北华捷报》，1872年7月6日)。在前者看来，皇家始终尽心履职，即使在皇室成员重病时亦如此。一周之后，这份犯颜直谏的奏折才被刊出，结尾处还有"奉旨已录"等惯用字样(《北华捷报》，1872年7月13日)。由于奏折中充满激烈的批评，加上早前已刊出皇室的愤怒回应，"奉旨已录"这几个字在读者看来一定很讽刺。更糟糕的是，那些碰巧没有读到上谕的读者会怎么看待皇太后们呢？朝廷喉舌所使用的权威性语言和对文本位置的规定(spatial prescriptions)，有时会否定它自身的权威性，并在无意中创造一个批评空间。[190] 由于这种批评性的复调在京报上已经很常见，《申报》的"模拟上奏"(virtual memorializing)[191]也许并不算一种创新。

除此之外，论说针对京报所刊文书展开的批评是相当温和的。燕安黛的研究表明，百日维新期间，讨论上谕及其他朝廷公告的论说变得越来越常见。[192] 但是，这样的论说在早前就有不少，且同样符合燕安黛对1898年论说的研究结论：这些论说倾向于重复文书写作中特有的权威性语言，并严格遵守对皇帝表示尊崇的礼仪制度。[193] 它们要么强调朝廷公告的重要性、颂扬其远见卓识，指责官员没有按规矩行事；要么赞许朝廷公告中的批评意见，并将这些意见略作延伸。[194]

---

[190] 另一项使公共意见交换在现实中成为可能的正统政治实践，是参加三年一次会试的考生在京城的会聚，他们提前数月到达这里，准备应考(Durand, *Lettrés et pouvoirs*, 104)。
[191] 燕安黛(Janku, "Der Leitartikel der *Shenbao*",50)将讨论上谕的论说称为"模拟奏疏"(virtual memorials/ virtuelle Throneingabe)。
[192] Janku, "Der Leitartikel der *Shenbao*",76. 燕安黛的推断是正确的：1898年推行改良的数月中，讨论上谕的论说数量可能有所增加，但在本章所关注的时期内，这类论说同样非常频繁地出现。例见《申报》，1877年8月24日、9月10日、9月27日，1882年9月12日、9月30日，1887年10月29日，以及1892年10月28日(这篇论说在"上谕"之前省略了表示尊敬的挪抬)。
[193] Janku, "Der Leitartikel der *Shenbao*",75.
[194] 例见讨论救赈饥荒问题的《论山西劝捐办赈》一文，《申报》，1877年8月24日。这篇文章强调，(前一天在"宫门抄"发布的)上谕突出了妥善安置人民的重要性，但大臣们却常常为其私利违背这一要旨。1878年12月25日的另一篇《申报》论说《读派剿李逆上谕恭志》评论了载于香港报纸的一条上谕，再次表明《申报》并非只在一个封闭系统中提供新闻和评论。相反，它在一个容纳不同报纸和报房的开放系统中运作。这篇论说承认上谕掌握了关键情况，同时指责官员们反应太慢，有可能导致叛乱越来越多，威胁国家。关于《新闻报》上类似的讨论上谕的论说，例见该报，1898年8月4日。

1898年之后关于上谕的论说同样如此。例如,1902年的一篇论说[195]并未直接责难、而是以迂回的方式批评了其所讨论的上谕。论说赞同朝廷派营队至"拳匪余孽窜伏"的北方地区(第12—13行),但又指出这并非真正的善后之策——应该治本,而不应只处理暂时表露出来的问题(第13—14行)。作者同时加以奉承与批评,赞扬该上谕已指出一种明确的善后之策,同时指责"平日失于教养"的地方官员未能将之付诸实践以救国家。作者将眼下的情况与往昔"上下熙熙然,皞皞然"(这是一种老套的表述)的黄金时代并置。[196]⑨

几周之后,《申报》刊载了另一篇类似的论说。该论说的标题表明其意在对上谕作"注"而非进行批评。[197]作者承认考试是取士授官的一种良好机制,但又哀叹官场腐化,名实不符。作者警告,若不做出改变,不久就将国家衰落、人民遭殃。这里,批评用的措辞同样是客气的甚至是称贺的。

1902年关于京报的其他论说大多未出离这种常规模式。其中一些论说显得很大胆,因为它们讨论的是被印在同一版面上的上谕。而更加意味深长的是,上谕紧跟着讨论它的论说的这种排版方式,彻底改变了规定的礼仪秩序:上谕被对它的回应抢在了前头。读者可能会从论说者的角度来读解上谕。[198]然而,这种影响可能是两方面的:既可以对上谕进行批判性的阐明,也可以强化它。

例如,一篇讨论慈禧太后——这位有权势的女性自19世纪60年代初开始便在事实上统治着中国——所颁上谕的论说即具有强化作用。该上谕下令拨给一大笔费用为京师的穷人提供医疗服务。[199]这是对一位监察官员奏折的批复,该奏折痛斥了京师的卫生状况。京报在刊出上谕之后很久才刊出奏折,因此,上谕所体现的皇家善举成为他们原本就牵挂人民福祉的结果(而非仅是纳受谏言的体现)。《申报》论说的作者本可预想到上奏者的一些观点,但他恰恰没有这样做。论说引用《周礼》称,古人了解民之疾病与邦之疾病两者间的关系,并暗示这种认知早已失传(第12—13行)。论说作者认为,根据古人的智慧,每个政府均须特别留意全体民众的健康,他还援引了欧

---

[195] 《读三月二十七日上谕谨书于后》,《申报》,1902年5月7日。亦可见《申报》,1902年9月11日、9月16日、10月8日、10月22日、8月12日,以及1908年8月6日。

[196] 关于这一表述的由来,参见本书第二章对1912年1月1日的《申报》文章《共和民国大总统履任祝词》的讨论,第72—75页,尤见第72—73页。

⑨ 这篇论说指出义和团运动平定之后,"于是兵气遽消,升平再睹,朝野上下熙熙然,皞皞然,又将粉饰承平,为燕巢幕上计矣"。但这只是表面,实际上国家已元气大亏。这次直隶又一次发生聚众煽乱,且朝廷派营队将"匪首擒获惩治""余匪从速剿办",证明了"北乱之可暂弭而不能常弭"。作者提出"善后之策惟有厚兵力、裕生计、明教化,三者备而祸端或可稍弭",并指出为达到后两者,尤其需要地方官员悉心行事。——译者注

[197] 《谨注四月初五日上谕后》,《申报》,1902年5月24日。

[198] 这种情况后来又被扭转了。例见《申报》,1908年8月29日;1907年2月《申报》改版之后,上谕一般被印在讨论它的论说之前。

[199] 《读本月十九日上谕谨书于后》,《申报》,1902年6月26日。关于这位监察官员的奏折,参见 NCH 2.7.1902。

洲"育民之术"的例子："凡民间之有疾者，无论贫富，皆可送入（医）院中医治。"作者对周代养掌万民疾病的成功之道与欧洲的开明办法进行了类比（"上以治周代之休风，下以仿欧洲之良法"，第 14—15 行）。最后，他赞颂慈禧之善举是向这一完善状态迈出的第一步，呼吁在全国范围内推广这一值得称道的尝试，并最终将她列为张载《西铭》中"民胞物与"（第 22 行）的理想统治者之一。[200]⑩ 上谕的信息被作者嵌入一个更广泛的、有深厚文化积淀的背景中，创造了一种共情的氛围。这里，先论说、后上谕的排版方式为上谕提供了正面阐释。

约一周之后，《申报》针对一道宣布减少数种捐税的上谕发表论说，这里的论说也位于上谕之前。[201] 论说称赞了这一举措，强调这是朝廷体恤人民的表现。然而，论说认为捐税仍然过高，恰恰应从朝廷自身开始厉行节约。应"上下一心，君民一体"（第 17 行），"凡宫庭内外一切繁费悉令罢去"才是长期缓解人民捐税负担的最佳方法⑪。论说如此引入上谕，将朝廷减税这一"慷慨"之举相对化，批判性地审视了这一措施的有效性，同时，它所提倡的进一步举措是任何奏折都不会提出的，更不会被刊登在几天或几周之后的京报上。尽管这篇论说同样只进行了温和的批评，但帝国政令的权威性还是因论说对它的评价而改变。论说被排于上谕之前，确保了论说在读者心目中先入为主的地位。

尽管论说对官方事务的替代性解读未必比京报上的更大胆或更激进，但《申报》不只是另一份温驯的京报。不过，这与它的内容关系不大，而是与读者对它的观感有关。尽管很少有论说公开抨击政策，且不少论说都对政策持支持态度，[202] 但有证据表明，仅仅是将京报内容纳入新报，就改变了邸报在中国公共领域诸多参与者眼中的地位。对新报重印京报的一些反应表明，邸报那颇具力量的象征性语言——不管新报如何不加批判地处理它——在西式报纸上确实获得一种新的意义。燕安黛恰切地指出，当"公众篡夺了'奏'这一昔日的精英表达工具，'奏'本身也为之改变。形式的移植等同

---

[200] 这一表述可参见《共和民国大总统履任祝词》，《申报》，1912 年 1 月 1 日，对其的讨论参见第二章，第 72—75 页，尤其是第 74 页。

⑩ 原文为："今者皇太后……特发恩银一万两……设立医局以卫民生，上以治周代之休风，下以仿欧洲之良法……"作者还倡议京师之外各地捐资以广设病院："世有民胞物与之君子苟能起而行之，当不难酿宇宙之太和，登斯民于仁寿已。"——译者注

[201] 《读五月二十五日上谕谨书于后》，《申报》，1902 年 7 月 2 日。

⑪ 这篇论说写作的背景是朝廷为应对庚子赔款，派各省督抚设法筹资。原文为："身膺疆寄者，或办房捐，或办烟酒糖捐，或议人丁税，或议印花税，无论行与未行，其事类皆琐碎繁复。推大吏之意，盖以民生当拮据之余，如责令骤输巨赀，或虑力有未逮，不若多分此途，俾令从容输纳，庶几有益于国而不病于民。其意非不甚善，所虑者条目既杂，章程必至参差，头绪稍繁，办理岂能划一。且夫大吏即能清廉自矢，而在下之庶司百执事岂尽能洁己奉公、毫无染指？故每举一事，无不流言四起，民怨沸腾，甚或因而酿祸……今者皇太后皇上有见于此，特再申谕各督抚将一切筹款目去其太甚，毋得稍涉苛琐，致滋流弊。"——译者注

[202] Janku, "Der Leitartikel der Shenbao", 79. 就上谕展开的一篇颇具批评性的论说，参见 1908 年 8 月 29 日的《新闻报》，此论说呼吁依据宪法在议会上开展论辩。

于对其内容的修改"[203]。通过重印邸报,在人们的观感中,新式媒体获得以往被政府独占的权威性语言。1875年的一篇论说即证明了这一点。[204]

> 客有询于余曰:"贵报之设,于今三年矣。其中录列京报,皆载之于各项新闻之后。今大行皇帝(同治,1861—1875年在位)哀耗乃列冠于报章之首,且改用蓝色刷印(用于所有提及皇帝崩逝的官文书中),是果何为与?若谓尊王之意,则京报亦应列于报首,方足以昭贵馆之虔敬。并闻常有人与贵报馆言及其事,而贵馆不肯改移,今忽如此,是必有道焉,吾愿子明以告我。"

论说以"客问"的形式引入了一位观察者来批判性地看待新报的做法。他不仅对京报的凡俗化很敏感,因为京报内容仅被人们视作普通消息;亦敏锐地发现,京报可能受到贬低,因它从未被印在首页。但这位"客"给出的论据又表明,新报无意间融合了中国的印刷文化。在这种文化中,用蓝字表示哀悼是正常做法,且首页是表尊敬的位置。论说作者回应如下:

> 余曰:"此理甚易明也。本馆虽系西人开设,而秉笔者则华人也。其报系中西诸人所共成者,岂有不知尊王之意应当首列京报?然报而名之曰'申',是所重者应在申江各新闻也。故本馆新设之初,所议各章程有曰后附列京报。若又改将京报冠于报首,其报果京报乎?果《申报》乎?……未免与名不符。非比《循环日报》可以首列京报者,盖其命名仅曰'循环',固未尝命之以地也。[205]
>
> "至于今之大行皇帝哀耗,此固中国最大之要事,亦实申江最重之新闻,故不敢不列于报首也。若改用蓝色刷印三日,此又遵中国改用蓝印之旧制,照西国落旂示哀之故事,固合中西之典礼而行之也。
>
> "且本馆开设此馆以来,无事不欲尊崇中国、护卫中国,虽其间亦有议论中国不如西国之处,然均系中国早知其不如而业已欲取用西法者方敢论之,亦不过欲坚中国取用西法之心耳。"(第1—11行)

---

[203] Janku, "Der Leitartikel der *Shenbao*", 109.
[204] 《主客问答》,《申报》,1875年1月28日。
[205] 《循环日报》通常在首页刊印京报,但不一定作为首条消息。它似乎刊印过一些完整的京报;但大部分是短篇摘录,栏目名为"选录京报"(参见1876年3月2日《循环日报》,Bibliothèque Nationale, Chin. 9126;亦可见1876年4月11日《香港中外新报》,Bibliothèque Nationale, Chin. 9129)。

尽管不在头版刊印京报的理由相当实际和合理，但论说作者显然是在辩解，因为接下来他给出了一长串理由，解释西式《申报》屡次表现出的典型的"中式"爱国行为（第 11—19 行）。显然，这家由西人管理的新式报纸是在回应外界对它的看法，并希望尽可能以最好的方式描述自己，以下事实证明了这一推断：几周后，《申报》刊出了一封为它辩护的读者来信，信中明确指出，先登论说再登新闻、最后登京报内容是正确的。[206] 而《主客问答》的结尾也进一步证实了《申报》的这种自我辩解：

"至所发之报，好之者……有之，恶之者……亦有之。孔子有言：'知我者其惟《春秋》乎！罪我者其惟《春秋》乎！'[207] 夫孔子至圣也，《春秋》圣经也，尚有知我罪我之言，何况此区区新报哉？"（第 21—23 行）

这篇论说使用了一些典型的技巧来汲取象征性影响力。对儒家经典的引述、对保守的对话者的引入、对礼仪实践（比如用蓝字刊印重大的死亡事件）的详细了解和应用，以及对自谦语汇（"区区新报"）的使用，均是中国权威性语言（或用燕安黛的话来说，仪式性语言）的构成要素。这篇论说层层推进，最后将孔子之"圣经"《春秋》与西式报纸等同起来以达议论的高潮。这是一个大胆的比照，它暗示了：新式媒体的教义不仅与孔子的教义一样重要（前一章已经提到过这一点），且在治理崩坏的时代同样是被大众忽视的。

然而，该文远非一篇具有权威性的自信声明，这体现在：它对其他报纸如《循环日报》进行了隐晦的抨击，不断举例说明《申报》如何维护中国，并动情地提及哀恸的报人（这里未全部引述），作者批评那些认为《申报》偏袒英国、"致目为偏见"的读者，"望以后勿再议论此事"（第 21 行），文章最后还（以典型的反问方式）断称，"此区区新报"在许多方面堪与儒家圣经相当。

到文章结束时，读者会认为作者的最后一句话是在陈述事实。文章用尽所有可用的修辞武器来表白自身——它诉诸逻辑，详细地解释为何报名就使《申报》不可能把京报放在首页；它使用对话，在作者与隐含读者间建立起一种私人关系；最后，它强烈地抒发情感来获取读者的同情。文章集结了这一系列巧妙的修辞手法，表明《申报》觉察到它必须反驳以下观点：纳入京报内容大大改变了京报的性质。涉及京报时，新报不愿完全放弃其自主性——京报内容并不一定比上海新闻更重要；但它亦强调，关于或源自皇帝的某些消息对上海来说可能同样非常重要。作者反复强调这一点，试图证明他对朝廷的忠诚。此论说的过度反应，加上《申报》后来刊出的文章对这个问题的反复

---

[206] 《与申报馆论申报纸格式刍见》，《申报》，1875 年 3 月 13 日。
[207] 这一表述出自《孟子》卷六"滕文公章句下"第 9 段，由刘殿爵（D. C. Lau）译为英文，第 114—118 页。感谢耿幽静（Joachim Gentz）帮助我找到正确的方向。

提及,都说明大众对《申报》及其处理京报的方式持有批评态度。

当然,这一观点乃基于以下假设:朝廷并非完全无视在上海等地蓬勃发展的新式报纸,事实上,朝廷确实注意到它们了。然而,迟至 1902 年,《新闻报》报道称,"皇太后近日颇看各种报章"[208],这则信息本身就非常惊人,值得被刊登在报纸的第二页上。1909 年,《北华捷报》暗示,朝廷对通商口岸的报纸"几乎一无所知"[209]。而瓦格纳、费南山、燕安黛、董玥等人的研究则令人信服地表明,地方官员与朝廷不仅知晓报纸,且相当严肃地对待它们,甚至订阅它们。[210] 例如,在杨乃武(1841—1914)案与杨月楼(1844—1890)案⑫中,官员虽不会"在其官文书中"公开承认"他们受到报纸的影响"[211],但显然,地方政要肯定阅读了《申报》,他们认为是报纸(特别是读者来信)对该案的热烈讨论造成了压力,并很明确地对这种压力作出应对。[212] 事实上,浙省官员甚至试图干涉《申报》的出版,从而造成《申报》历史上的首次危机,也是最严重的危机之一。[213] 然而,重要的一点是,中国口岸城市的报纸不时面临外国租界和清朝地方政府的阻挠,但长期来看,它并未遭到来自朝廷的任何非难,反而得到过一些消极的鼓励。[214]

朝廷与地方统治者将外报与新式报纸皆视为权威的资讯来源和重要的信息渠道。[215] 1879 年,《北华捷报》称《申报》初创时,"由于上面的文章擅自讨论行政问题",确有"许多官员表现出对它的轻视并拒绝订阅"。然而,"渐渐地,官员们发现报纸会讨论他们的行动,论说的作者是那些在文化和智识上与他们相当的人,这种讨论至少使阅报成为一种明智之举"[216]。朝廷与官员显然愿意(可能也有所抱怨)从现代化的成

---

[208] 《新闻报》,1902 年 8 月 20 日。

[209] "Chinese Journalism and the Government",*NCH* 25.9.1909.

[210] 关于这一点,参见本书导论,第 21—23 页。亦可见申报史编写组,《创办初期的〈申报〉》,第 140 页;以及 E. H. Parker, "The 'Peking Gazette'",74。

⑫ 本书英文原版正文漏掉了杨月楼案,这里已更正。——译者注

[211] Dong, "Communities and Communication",108。关于此类案件的详细讨论,以及它们对《申报》的意义,参见 Vittinghoff, "Am Rande des Ruhms",chap. 7。

[212] 《申报》(参见《书初九日本报录杨乃武案诸件后》,《申报》,1876 年 2 月 5 日)抱怨"所可怪者,浙省各宪于本报少有干涉官场之处即行究诘"。该篇论说的结论是,这证明官员们一定读过《申报》,"是本报已得蒙宪鉴矣"。亦可见 Dong, "Communities and Communication",98。

[213] 《申报》的下一次危机发生在 19 世纪 70 年代末,相关讨论参见 Wagner, "The *Shenbao* in Crisis"。另一次危机出现在 1882 年,道台因《申报》触及政治议题而威胁关停该报(Elvin, "The Mixed Court",144)。

[214] Britton, *The Chinese Periodical Press*, 102.

[215] 《筹办夷务始末》所录奏疏与廷寄论及夷务处理时,有时会附上外报或新报(例如"上海洋馆新闻纸""英法两国新闻纸")中的内容或译文,它们并未对这些报纸的存在提出质疑(参见《筹办夷务始末》,第 5 卷,第 1720 页、第 1721—1722 页、第 1841 页、第 1843 页、第 1847 页;第 6 卷,第 1910 页)。其他讨论外报的官文书谴责它报道了中国的负面形象,但没有质疑报纸本身的存在(例见《皇朝蓄艾文篇》,第 8 卷,第 5923—5924 页、第 5966—5969 页、第 6011—6013 页、第 6015—6017 页)。

[216] 根据《北华捷报》的文章,"阅读《申报》"确实常常"使北京方面满意",参见 "Steamers and Newspapers in China", *NCH* 31.1.1879。这一事实可以在《皇朝蓄艾文篇》(第 8 卷,第 5926—5928 页)收录的一份文书中找到佐证,其中准确描述了西式报纸在中国的发展情况,并建议朝廷注意其发展。

果中获得好处,并接受报纸对官方公告的颠覆。到 19 世纪 70 年代末,京报刊出的文书中,偶尔也会引用《申报》言论作为论据,或是讨论《申报》已经讨论过的议题。[217] 此外,一些官员自己也在包括《申报》在内的报纸上发表文章。[218] 因此,他们承认,这些报纸上的言说已强大到足以与最高威权进行对话的地步。

显然,官员和朝廷把报纸视作一种强大的机构来回应它,在他们看来,新式媒体不仅借用了,而且确实篡夺了,在某种程度上也颠覆了曾经由清政府独占的权力语言。但事实表明,要找出证据验证朝廷对新报重印京报的反应则困难得多。[219] 前面讨论的《主客问答》一文对京报在《申报》版面中的位置进行了解释,间接证明了官方的态度。于 1872 至 1912 年发布的一些报业管理办法亦提供了进一步的间接证据。[220]《申报》有时重新安排京报的位置,这一事实为我们推测官方反应提供了另一条线索:例如,为了"尊君"(语出 1898 年的一篇论说),电传上谕所在的栏目被放在《申报》首页。[221] 1905 年 2 月以后,《申报》易主、改版,此栏目直接被移到论说之前(但有时仅占极其狭窄的版面;见图 3.4),电传宫门抄、上谕与"谕旨恭录"均如此。这些变化可被解释为《申报》对政府表示尊重的正式姿态,但未必完全是由政府对新报以往做法的愤恨态度所引发的。[222]

还有一个因素可间接揭示朝廷是如何应对新报侵入以往由京报所占据的领地的。19 世纪 70 年代上海道台创办了官方报纸,[223] 后来《时务报》也被改为官报,[224] 这些现代风格的官方报纸以京报为潜在典范,[225] 又根据新报的标准对京报进行了现代化改造。1898 年,光绪帝(1875—1908 年在位)因支持这一变革而受到一份费城报纸的赞赏:

---

[217] 遗憾的是,在我所见的京报中没能找到支撑这一表述的具体内容。然而,根据《北华捷报》的文章("Steamers and Newspapers in China", *NCH* 31.1.1879),十一月四日的京报称,浙江巡抚上奏说,《申报》确实报道了他之前没有上报朝廷的抢劫案。感谢燕安黛提醒我注意这篇文章。

[218] 参见 Vittinghoff, "Am Rande des Ruhms", 307。

[219] Fairbank and Teng, *Ch'ing Administration*, 97,其中援引了 1842 年 8 月的一份奏折(参见本章注释38),它讨论了京报出版的私有化,并认为它有可能落入外国人手中。可以想象数十年后亦应出现类似的奏折,讨论外国人以及西式报刊私自出版京报的情况。这一点需要进一步查考。

[220] 关于 1866 年之后报律的详尽讨论,参见 Vittinghoff, "Am Rande des Ruhms", chap.7。

[221] 《整顿报纸刍言》,《申报》,1898 年 8 月 15 日。

[222] 事实上,《新闻报》从一开始就在论说之前刊印电传谕旨。而宫门抄出现在报纸第二张的最前面(例见 1902 年 8 月 2 日的《新闻报》)。

[223] 参见 Vittinghoff, "Useful Knowledge and Appropriate Communication";以及, "Am Rande des Ruhms", chap. 3。汤普森(Roger Thompson, "New-Style Gazettes")对袁世凯《北洋官报》之后的官报的论断,亦适用于这些早期的半官方报纸,其中一些报纸,比如冯焌光(1830—1878)的《新报》(或《上海官报》),确实被大众读者称为官报(有时是半开玩笑地)(《上海研究资料》,第 322 页;Leung, *Shanghai taotai*, 99-100)。

[224] 关于《时务报》改为官报一事的奏折,参见《戊戌变法资料》;以及林远琪,《邸报之研究》,第 166 页。关于此尝试的失败,参见 Janku, "Nur leere Reden", chap. 3。

[225] 亦可见 M. C. Liu, "Liang Ch'i-ch'ao", 41。

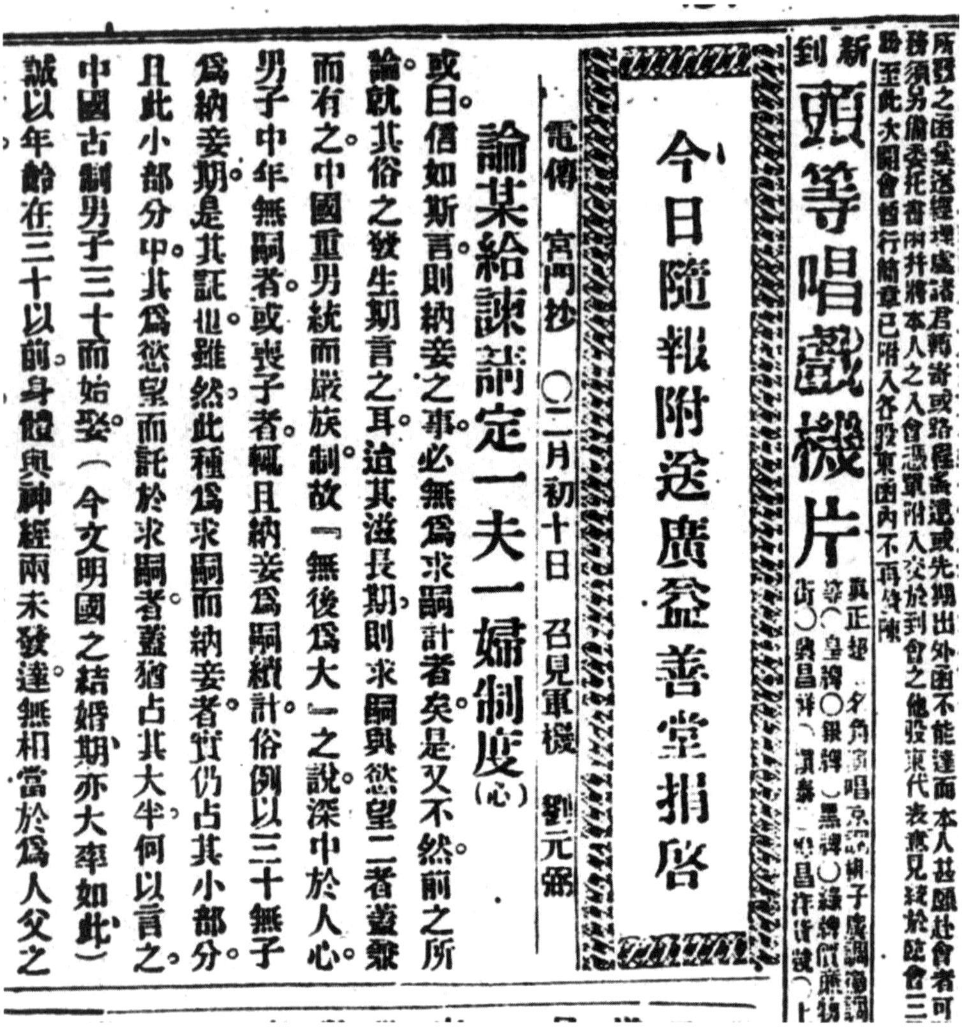

新到 頭等唱戲機片

今日隨報附送廣益善堂捐啓

電傳 宮門抄 ○二月初十日 召見軍機 劉元弼

論某給諫請定一夫一婦制度(心)

或曰。倡如斯言則納妾之事必無爲求嗣計者矣是又不然前之所論就其俗之發生期言之耳迨其滋長期則求嗣與慾望二者蓋兼而有之。中國重男統而嚴族制故「無後爲大」之說深中於人心。男子中年無嗣者。或喪子者。輒且納妾爲嗣續計。俗例以三十無子爲納妾期。是其託也。雖然此種爲求嗣而納妾者。實仍占其小部分。且此小部分中。其爲慾望而託於求嗣者。蓋猶占其大半。何以言之。中國古制男子三十而始娶。(今文明國之結婚期亦大率如此)誠以年齡在三十以前。身體與神經兩未發達。無相當於爲人父之

图 3.4 印在狭长版面空间中的电传宫门抄(《申报》,1907 年 3 月 24 日)

237 中国皇帝在文明化进程中向前迈出了一大步,他鼓励其帝国的报纸对日常事件进行真实而全面的报道,对时事进行大胆而无畏地讨论。他发布公告将《时务报》改为官报,并公开表示中国报纸上出现的文章虽然可能令他不悦,但不应因此被压制。[226]

因此,诞生于 19 世纪末的官报是根据西方标准运作的。[227] 非常著名的新型官报《北洋官报》由袁世凯创办于 1901 年。他在发刊词中称,该报注重将京报一般没有

[226] A. P. Parker, "Native Press", 588.

[227] 关于一些新式官报,参见 Thompson, "New-Style Gazettes";关于袁世凯尝试创办官报之前的其他官报,详见李斯颐,《清末 10 年官报活动概要》,尤见第 128—129 页。

的内容包括进来,比如外国新闻,还有"论说"(亦作"论述")、"图表"等新体裁。他希望看到更少的奏折和上谕(除非是电传文本)。[228] 紧随新报之后,官报亦越来越注重传递源自地方官员乃至国外的消息与知识[229]——公开回应了长久以来西方对京报的怨言。[230] 正如一篇文章所说,这些报纸作为现代的"政府喉舌",接受了新报的挑战。[231] 1905 年,《申报》报道称,袁世凯考虑进一步开放其报纸。[232]

> 迩年以来袁宫保开办《北洋官报》,以为开通官民风气起见。但官报性质不能畅言时事,故拟发行半官报……
> 并闻该报章政治上以北京天津为中心点,于商务上以上海厦门为中心点,于工艺上以汉口重庆为中心点。且在各省要津派采访人广采天下之要闻公论,以为警醒中国之木铎。

这里设想的半官报摒弃了京报的一个最基本特点,半官报不再是一个集中化的机构,而集中化意味着新闻(除了辕门抄中的隐晦信息)只限于其设于北京的中心所收到与修正的内容。[233] 相反,半官报的新闻报道职能是由不同地方分担的。记者被派往

---

[228] 这一说明的英译,参见 Nathan,"The Late Ch'ing Press",1291。关于 1896 年之后官报的内容,参见李斯颐,《清末 10 年官报活动概要》,第 128 页,尤见第 137—142 页;关于《北洋官报》,参见第 131—132 页。
[229] 林远琪,《邸报之研究》,第 185 页。汤普森(Thompson,"New-Style Gazettes",80)亦提出了类似观点。
[230] 导致京报在外国人圈子中声名不好的迷思之一,是它缺乏涉及外国事务的报道(参见"The Peking Gazettes",10):"与邸报有关的一个显著特点是,它小心地避免提及任何外国人和外国器物,报上没有一个字提到福州的中法船政局(Franco-Chinese Arsenal)。"至少从 19 世纪 70 年代起,这就是一个有争议的问题,但从 19 世纪 80 年代初开始,事情有了缓慢的变化。进入 20 世纪,京报经常提到外国事务;例如,大英图书馆藏手抄京报中讨论了 1905 年的抵制美货运动,参见"上谕奏片八月二日";1902 年 7 月 2 日与 7 月 9 日《北华捷报》转载的京报谈到传教士[前者认为关于川乱"必须命令传教士所在地区的官员,对传教士和皈依者的安全给予特别照顾和注意",后者刊出外务部奏折,请求允准李提摩太(Timothy Richard)担任处理中国境内教徒和非教徒和平共处问题的委员会的负责人],1902 年 7 月 2 日《北华捷报》转载的京报提到庚子赔款。但甚至在更早之前,外国事务在京报上就已占有一席之地。欧中坦("The British Museum's Peking Gazette",41, 42)收集的京报中,有"军事和外务"方面的条目。《奏疏指南》(Guide to Memorials)中翻译的奏疏也大量提到外国事务,英国外交部档案 FO 230/89 和 FO 230/90 中关于在"英格兰"之前是否使用挪抬的讨论表明,京报早在 19 世纪 70 年代初就曾提到英格兰。亦可见关于 1875 年马嘉理案的讨论以及对清廷称京报"原则上"不讨论外国事务这一"冒犯性"回应的早期讨论(Vittinghoff,"Am Rande des Ruhms",chaps. 2 and 7)。
[231] 参见《说官报》,《南洋官报》,1904 年 5 月 24 日,转引自李斯颐,《清末 10 年官报活动概要》,第 139 页。汤普森("New-Style Gazettes",84)认为,这些新办报纸有望弥补新式商业报纸的缺陷:"据说私营报纸会误导民众,而官报则能让民众知晓国家治理与教育方面的新发展。"
[232] 《直督拟开办半官报》,《申报》,1905 年 9 月 6 日。
[233] 早期官报也受到同样的限制。根据李斯颐(《清末 10 年官报活动概貌》,第 135 页)的说法,它们主要刊登地方新闻,因为在其他地方没有专门的通讯员与记者。

诸多不同类型的政府或非政府机构采集新闻。因此,官报将不仅仅是一个商业机构[234]——这样的机构在数世纪之前就有了——而是一个相当独立的,愈益从官方新闻来源中脱离出来的机构。政府对其报纸内容的控制,如果有的话,也因此大大地松动了。

创刊于1907年10月(自1911年起改为《内阁官报》)的《政治官报》的情况便是如此。它受到集中管理,朝廷还要求所有官员都要阅读它。[235] 但它使用西历,除了宫门抄和职官名单外,还刊印上谕和奏折(其中一些是经电报传送的)、路透电、外事类消息,以及广告(这是最具突破性的)。《内阁官报》条例规定,各省与中央的所有文书均须刊印;不能由官报刊印的文书须立即递交商办报刊登载以免延迟。[236]⑬ 于是,到1911年,朝廷已接受新报,并将之与官报视若同等。因此,白瑞华所言不虚:"新式中文报纸的发展是附带而来的,它在很大程度上倚赖于旧报纸,并逐渐吸收、取代后者。"[237]但同样的过程也发生在旧式中文报刊身上:中国官方的声音被重新校调,其本身亦成为一种新媒介。[238] 我认为这是新报能给中国带来的质的影响。

结　语

在变革的时代,今日的任务要通过使用昨日的概念来解决。
——马歇尔·麦克卢汉[239]

本章试图追溯现代报纸挪用一种国家媒介的原因及其意义。邸报/京报是一种被广泛阅读的出版物,深受官员和民众的喜爱。新式中文报纸即"新报"的外国出版商接受了京报新闻的价值,又将京报当作竞争对手与之较量。京报内容被纳入新报,是对两者共同读者群的认可,也是吸引这些读者的一种手段。事实上,根据至少一位早期

---

[234] 关于官报有限的发行量,参见李斯颐《清末10年官报活动概貌》,第135—137页。阅报室的读物中,商业报纸数目可能是官报的两倍(李斯颐,《清末10年阅报讲报》,第109页)。但官报在商业上的失败(李斯颐,《清末10年官报活动概貌》,第144页)并未削弱其重要性,因为官报出现这种现象本身,就证明朝廷有意对邸报进行现代化改造。

[235] 林远琪,《邸报之研究》,第174页、第178页;李斯颐,《清末10年官报活动概貌》,第129页。《政治官报》是1912年《政府公报》的前身与范本,两者在名称表述上有略微变化:谕旨变为"命令",章奏变为"呈批"。

[236] 条例第11条、第4条;分别转引自林远琪,《邸报之研究》第184页、第181页。

⑬ 《内阁官报》条例第十一条为:"京外大小官署均有购读《内阁官报》之义务。"条例第四条为:"凡未经《内阁官报》刊布之章程折奏,有在商办报刊登载者,不得援据。"另,条例第二条规定:"凡京师各衙门通行京外文书,均由内阁官报刊布"。参见《〈内阁官报〉条例》,《内阁官报》,1911年第1号,第7—11页。——译者注

[237] Britton, *The Chinese Periodical Press*, 15.

[238] 类似的观点参见李斯颐,《清末10年官报活动概貌》,第130页。

[239] McLuhan and Fiore, *The Medium Is the Massage*.

中国报人的说法,在《申报》版面上刊出京报是《申报》成功的保证。[240]

为了提高销量,西式报纸被迫适应市场。市场决定了新报的书写方式和它们要表达的内容。[241] 新报为了成为一种讯息(become a message)而愿意作出改变,其方式包括:顺应清廷的口气;遵守合乎礼仪的跪奏与抬格;挪用朝廷的语言;使用合宜的颜色印刷,以及赞扬而不是抨击朝廷发布之事。这些适应之举创造了一种麦克卢汉概括过的情形:"我们在后视镜中注视着现在。由此,我们后退至未来。"[242]

商业报纸后退至未来,不仅夺取了受众,也夺取了一种权力语言。京报刊载朱批奏折和上谕,是最高当权者的喉舌。[243] 西式报纸通过转载、复制京报的语言,自身也被其读者视为一种权威的声音。[244] 这一点从地方官员以及(在更少的情况下)朝廷对新报(以及新报使用邸报)的强烈反应中即可看出。当中国公共领域的各方参与者将新报文章视为严肃章奏的类似物而做出回应、进而认可新报为一种权威时,他们就使新报的权威话语变得强大起来。对他们来说并且通过他们,新报这种媒介成为一种大获全胜(triumphant)的讯息。

于是,新报在一定程度上成为另一份京报。虽然在许多年中,京报原件的版面与内容并未发生显著变化,但它进入了一个新的环境,其中,京报内容被当成一般的新闻来对待,它必须遵循特定的合理性标准,包括效率与实用性,这些标准促使京报讯息的地位与内容发生了变化。新式报纸后退至未来,改变了往昔的媒介。新报将作为一种权力象征的京报内在化的同时,亦未失掉自己的声音。相反,它获得一种声音。新报将京报内容包含进来,产生了一种狂欢式的效应——京报由此获得新的意义,这种意义有时是对抗性的。与狂欢节一样,包纳京报的行为散布了关于京报世界的"第二重真理"(second truth)——这个世界曾经有着明确的界定,但一旦一条朝廷的消息可以被压缩在告白与论说之间(见图3.4);一旦一道上谕可以被印在讨论它的论说之后,京报信息就被重新语境化了(recontextualized)。仅仅是将京报文本纳入一种西式媒介的语境,就能使人大开眼界——它将读者从邸报的正统阐释中解放出来,使他能够以不同的方式看待世界(以及阅读文本)。[245]

---

[240] 《申报置疑》,《甬报》,光绪七年(1881)三月。《甬报》是美华书馆(American Presbyterian Mission Press)在宁波出版的一份持续时间不长的月刊,主笔为华人。这篇文章是为了回应《申报》的批评。相关讨论参见 Janku, "Nur leere Reden", 20-21。

[241] Bourdieu, *Was heißt sprechen?* 57.

[242] McLuhan and Fiore, *The Medium Is the Massage*.

[243] 用白瑞华(Roswell Britton, *The Chinese Periodical Press*, 8)的话说,"一份文书出现在京报上,意味着官方的原真性(official authenticity)……因其内容来自君主,而不是来自各部院或军机大臣,京报(甚至)具有比欧洲各国的国家公报更高的威望"。

[244] Bourdieu, *Was heißt sprechen?* 73.

[245] 参见 Bakhtin, *Rebelais und seine Welt*, 14, 316; Bakhtin, *Probleme der Poetik Dostoevskijs*, 188;以及 Bourdieu, *Was heißt sprechen?* 15: "不存在纯粹的语词。每一个词,每一种表述,基于它们被接受的语境,都可能被赋予相反的意义。"

语境的转变开始生成自身的意义。京报作为一种讯息、作为国家威权的体现，现在不再由朝廷独断，而是要被新式报纸分享，也许还会被它败坏：权威言说的语码被现代化了。然而，面对《申报》及其他报纸对权威语言的篡夺，朝廷与官场并没有做出消极反应，而是开始利用新报带来的创新。其中最重要的是新媒介传递重要信息的速度。同时，新式媒体为新式官报扩展新闻种类树立了典范。新式官报为了自身目的从京报重印中吸取教训，进而将潜在的威胁转变为有利条件。因此，将京报纳入西式报纸的做法引发了质的变化。传统中国的公共声音变成向现代中国发出的公共声音。邸报在自身没有改变的情况下发生了变化，只因它被纳入了西式报纸的版面。

考察新式媒体是如何处理京报的，为旧有争论带来了新的启发：京报并未从一种单一声音的、主要用于内部交流的工具转变过来——它从来就不是这样的工具，但在西式报纸手中，京报越来越出离朝廷的控制范围。京报是一种特殊的媒介，使一种特殊的沟通成为可能。新报是使另一种沟通成为可能的另一种媒介。新报将京报纳入其中，导致邸报和新报的公共角色均发生了巨大变化。新报的存在改变了京报的本质，同样程度地，京报的本质改变了新报的存在。经典、仪式性的语言和科考文章的结构都进入了外来媒介，速度、商业诉求、实用性和普遍性的标准又渗透进官方出版物之中。这种狂欢式的变化——权威性的语言被不具有权威性的媒介篡夺，而不具有权威性的媒介又成为权威性媒介的典范（后者刚刚经过装扮和改造）——保证了政治沟通不再是单向的。因此，将京报纳入《申报》，从根本上同时改变了媒介与讯息的特性。

第二部分　阅读媒介

第四章　女性化偏向：建构女性读者[1]①

> 女性的状况是由社会建构的，也就是说，它是在历史中由人类的社会习俗形塑的，而不是由上帝或自然预先确定的。
>
> ——南希·科特（Nancy Cott）

报刊研究必须要考虑的，一方面是制度、技术与文本组织；另一方面则是报刊的购阅者。[2]因此，本书第二部分将不再涉及将报纸整合起来的技术因素，而会着重讨论读者的阅读行为。在检视报纸作为一种媒介，创造其中式定位的过程中，之前的章节聚焦什么的问题，即报纸期望自身达成什么目标并为此作出了何种变化；从本章开始，我们讨论向谁的问题，即报纸向谁言说以及如何言说。本章及后面几章将特别关注"把关"[3]策略，进而追溯19世纪末上海新闻媒体文本对阅读公众的建构，以揭示塑造这些媒体内容的社会框架，并展示这种建构如何作为一种规范性力量发挥作用，以及它如何渗透进对晚清现实的集体感知中。[4]

本章考察女性读者。近年来，学界对这一群体的关注与日俱增——这是有理由的。但在有关19世纪中国的研究中，女性作为阅读公众尚未得到认真对待。[5]罗友枝（Evelyn Rawski）在其关于清代识字率与教育的知名著作中，估算了19世纪中期

---

[1] 标题中的"女性化偏向"原文为"fair-sexing it"，出自乔纳森·斯威夫特；参见 Shevelow, *Women and Print Culture*, esp. chap. 1。题记出自 Cott, *Grounding of Modern Feminism*, 4。

① 杂志明显表现了对女性及其关切之事的关注，乔纳森·斯威夫特（Jonathan Swift）称这种编辑策略为"fair-sexing it"，在这里被作者用作本章的章名（Shevelow, *Women and Print Culture*, p. 1）。——译者注

[2] A. C. Smith et al., *Paper Voices*, 17.

[3] 关于"把关"这一术语的历史，参见本书第三章注释43。本章主要涉及把关的规范性功能。参见 Donsbach, "Gesellschaftliche Aufgaben der Massenmedien", 71：把关有赖于读者的期待，但同时向读者呈现了一种规范性立场。

[4] A. C. Smith et al., *Paper Voices*, 16.

[5] 例见 Ebrey, *Inner Quarters*；Ko, *Teachers of the Inner Chambers*；Mann, *Precious Records*；*Writing Women*；Hershatter, *Dangerous Pleasures*；Henriot, *Belles de Shanghai*；Wang Zheng, *Women in the Chinese Enlightenment*。

女性阅读公众仅占当时人口的 2%—10%。[6] 她的研究表明，20 世纪以前，在女性中，报纸的潜在读者人数并不多，且没有实质性的增长。然而，当阅读变得重要时，也就是当文本对人们有话要说时，人们就会学着阅读。事实上，报纸书写着女性，也书写着女性关切的问题，这有可能激发她们成为报纸公众、[7] 促使她们阅读（或至少由别人读给她们听）。[8] 而考虑到报纸在当时的中国作为一种外来媒介，具有创造一个新的读报受众的潜能，上述可能性就更大了。[9] 报纸作为新式新闻媒体，不存在传统受众：报纸为受众提供的阅读模式是兼容并包的，不同于更具排斥性的传统阅读模式。[10] 晚清上海的新闻媒体如此众多，女性是否成为其阅读公众之一了呢？

为了回答这一问题，我们将再次回到报纸文本本身。西方的一种文学批评形式——"读者反应批评"（reader-response criticism）假设，每一位作者都在其文本中营造了一个他自己的形象，以及一个他的读者的形象。[11] 因此，"文本总是包含了关于如何阐释它的线索：读者在文本中被唤起，或常常得到再现"[12]。前面几章已经证明，新式中文报纸为了生存，建构了特定的隐含受众（implied audience）并为之写作，其方式是讨论他们所关切之事、弘扬他们的价值观。通过重印京报、引用圣人之言、将消息呈现为志怪故事、以时文风格写作论说，报纸建构了一个明晰的隐含读者群并试图取悦之，其中包括学者、官员及商人。我们将看到，报纸创造的另一个隐含读者群是女性。上海的新闻媒体促进了女性事业，迎合了她们的爱好。然而，文本的实际读者与隐含读者之间存在重大差别：即使报纸付出最大的努力，也不一定能成功地接触到某一公众；现实中的读者也未必会遵守报纸为隐含读者设定的规则。[13] 在本章展开的过程中，我们将看到晚清报纸所预期的与实际的女性读者之间，存在许多明显差异。[14] 因此，即便我们能说西式报纸的文本存在性别偏向（gendered），我们仍然无法对女性的识字率进行一般性概括，更无法对晚清上海女性的日常生活做出判断。[15] 但很明显，中文报纸有意向包括女性在内的公众言说。就我们所知，报纸是希望她们

---

[6] Rawski, *Education and Popular Literacy*, 145.
[7] 参见 Schudson, *Discovering the News*, 36。
[8] 面向女性读报讲报的做法被体制化了，参见李思颐，《清末 10 年阅报讲报》，尤见第 105 页。
[9] Shevelow, *Women and Print Culture*, 15，其中就 18 世纪的英格兰刊物提出了类似的观点。
[10] Widmer, "Ming Loyalism"; Ko, "The Written Word and the Bound Foot."
[11] 布思（Booth, *Rhetoric of Fiction*, 138）认为，作者制造了他的读者，正如他制造了他的第二个自我。
[12] *The Reader in the Text*（"Preface" by Susan Suleiman）, vii.
[13] 参见 Hannelore Link, *Rezeptionsforschung*, 28。其中提到五四"普罗文学"的读者仅是那些受过教育的人，这表明特定文本的隐含读者与实际读者不相符。
[14] 关于中国历史上更早时期规范性规定（normative prescriptions）与现实之间的差距，参见 Ko, *Teachers of the Inner Chambers*, 3。类似的观点参见 Carlitz, "Desire, Danger, and the Body", 123，其中指出了晚清规范层面的道德压力与以下事实之间的联系：这一时期，商业、识字率与奢侈之风的增长刺激并满足了人们的渴望。
[15] 新闻史学者告诉我们，报纸作为文本，"是一种社会性的材料，其建构过程限制了对同时代生活的解析"（Tuchman, *Making News*, 215）。

阅读的。

　　本章将证明,将女性作为话题引入公共话语、同时将女性预设为新闻读者的做法,始于19世纪中期的日报、白话报与画报,而不是20世纪初前后出现的第一份明确面向女性受众的女性杂志。因此,对上海新闻媒体的这种解读表明,中国女性杂志的引入远非"革命性的",而是一种自然发展的结果。[16] 由于文本会选择它的受众,文本所预设的受众又为真实受众提供了规范化准则,因此,本章将在晚清报纸文本中追溯女性作为隐含读者的证据,[17] 由此揭示,容纳女性作为隐含读者的做法乃服务于特定的思想预设。报纸并不是单纯地进行描述,它也对它预想的女性读者进行了类型上的规定。在这一过程中,报纸的男性读者(与作者)亦得到了重新评估:因为围绕女性展开的阅读和写作是时髦的、现代的。即使是参与撰写女性报刊并由此创造了女性隐含读者形象的女性,也在遵循着这些男性的标准。早期的上海报刊以及后来的女性杂志在散播激进的新观念之外,也改写了为人熟知的对女性的刻板印象与喻说。女性开始成为公共话语的话题和各类新闻媒体的隐含读者,是中国妇女史上又一次边界不明的革命。[18]

　　下文将从两个方面探讨上海新闻媒体建构女性隐含读者的问题。首先,本章检视媒体对其所构想读者群的明确表述,并在报纸之间进行比较。例如,将《申报》与白话刊物、画报、女性杂志进行对比,我们就会知道,上海新闻媒体是如何描述它们试图接触的受众的,以及为此它们又想怎么做——上海新闻媒体如何定义其读者?其次,我将找出这些明确的表述与《申报》广告、论说和新闻报道中的女性读者形象之间的关联——媒体如何描述女性读者?

---

[16] 夏洛特·比恩(Charlotte Beahan)的早期论断至今仍无人能撼动,她认为"新的女性报刊是新式新闻业的一个独特要素,任何面向女性的中文刊物的存在本身就是革命性的"(Beahan, "Women's Movement and Nationalism", 201)。参见 Nivard, "L'évolution de la presse feminine chinoise";刘巨才,《中国历史上第一份女报》,以及《中国近代妇女报刊小史》;更晚近的研究参见 Vittinghoff, "Diskurs und Geschichte"。

[17] 我意识到在使用这种选择方法时,我利用了女性史的一个潜在缺陷(参见 Bock, "Historische Frauenforschung", 25-26):符合我研究目的的女性之所以容易被识别出来,正是因为她们在历史上被视为特例,相较男性而言,这是一种可见的偏离。

[18] Ko, *Teachers of the Inner Chambers*; Bray, *Technology and Gender*; Mann, *Precious Records*; and Ebrey, *Inner Quarters*, 上述研究表明,中国历史上的诸多时代里,会给予特定的(主要是上层)女性群体特定的自由(有时其程度是相当惊人的),但这些自由只有在与来自男性的限制的协商中才能实现,后者终归更为强大。

界定读者

> "但我敢说,你从不读小说?"——"为什么不呢?"——"因为小说对你来说太浅显了;绅士总是会读更好的书。"
> ——简·奥斯汀《诺桑觉寺》(Jane Austen's *Northanger Abbey*)中凯瑟琳·莫兰(Catherine Morland)与亨利·蒂尔尼(Henry Tilney)之间的对话[19]

《申报》在其发刊词中称,它有意为"上而学士大夫,下及农工商贾"(第9行)提供消息。发刊词劝诫报人"不为浮夸之词",以便上述读者都能轻易理解报纸的内容(第10行)。它同样强调报纸的写作风格不同于传统文章,并批评后者晦涩、不实用。故《申报》宣称它将不只面向文人,而是要办"必为雅俗所共赏"(第6行)的报纸。[20] 前面几章已清楚地说明,要接触这一普遍读者群的目标可能太理想主义了:《申报》文本与传统文本之间没有明显的差别,因此它绝不是供所有人(无论雅俗)阅读的普通读物。不过美查显然执著于他的原初想法,很快便决定开办另一份刊物。[21]

1876年3月5日,《民报》创刊。关于这份报纸我们所知甚少,但它可能是中国最早的白话报之一。[22]《申报》刊载的一则告白[23]用人们熟悉的语言描述了《民报》的目标:"此原非为文人雅士起见",而是为了下层社会的目标读者。它所设想的读者依次包括:"女流稚童以及贩夫工匠辈",即那些"颛蒙"者,该报"只为妇孺、佣工、粗涉文理者设也"。它将尽己所能使之易读,还对繁难的表述加以解释。告白承诺,时常熟读《民报》,"即风华典章之辞,向所未解者,亦渐可通达矣"。告白最后呼吁,"愿凡为家长者日购一纸……所费无多……价廉而功倍"。这则广告的隐含读者是为家中妇孺购买此报、或将它告知仆从的家长。

《申报》与《民报》均坚持简洁畅快的风格,两者的共同目标是教育读者。两份报纸

---

[19] Austen, *Northanger Abbey*, 94-95.
[20]《本馆告白》,《申报》,1872年4月30日。
[21] 美查最初的意图,即创办面向下层社会的刊物,可能来自传教士的办刊理念。就此意图而言,《申报》失败了,相关讨论参见《与申报馆论申报格式邮是》,《申报》,1875年3月13日。
[22] 关于早期的白话报,参见李孝悌,《清末下层社会启蒙运动》,以及 Kaske, "Der alte Staat und die Schriftreform"。自19世纪70年代初开始创办的一些传教士报刊[例如《福音新报》和《小孩月报》(参见马光仁,《上海新闻史》,第51—54页)]就主张面向妇女与下层社会成员,甚至早于《民报》。《民报》每周二、四、六出刊,关于它的一些信息,参见《申报通讯》,1947年,第1卷第5期,第20页,其中有《民报》的发刊词节录。徐载平和徐瑞芳《清末四十年申报史料》,第318—319页)指出《民报》的创刊日期是3月30日。遗憾的是,由于未能找到这份报纸,我无法验证日期的准确性。奇怪的是,中国的报刊史学者似乎都未曾见过这份报纸。
[23]《劝看民报》,《申报》,1876年5月19日。

都使用平实的语言,说理清晰,它们这样做是为了唤起下层社会的读者。就《民报》而言,其中还包括女性读者。虽然《申报》没有明确提及要将女性当作其目标读者,但两份报纸发刊词的相似性,加之《申报》为《民报》打过广告的事实,均表明《申报》可能从一开始便考虑将女性视为隐含读者。事实上,《申报》刊登的不少诗作作者自称为女性(虽然实际上可能不是),这似乎印证了以下观点:显然,《申报》并不因它拥有女性读者这件事而感到不正常。[24] 这些报纸采用易读的风格,开启了为严肃文章重塑传统读者的革命性进程。

为了接触到这一新的受众——商人、工匠以及与他们同样重要的女性,新闻媒体必须改革自身。它们必须从以前的书写传统中脱离出来,代之以更简洁的语言和图画等。[25] 19世纪70年代末,申报馆出版了几份图画刊物,其中最成功、持续时间最长者,是创刊于1884年4月的《点石斋画报》。[26] 1895年8月,《申报》刊出论说讨论画报的教育价值,列出了应该阅读画报的人群:[27]"不特士夫宜阅,商贾亦何不可阅;不特乡愚宜阅,妇女亦何不可阅!"[28] 这些早期的自我定义表明,19世纪末以前,女性就已经成为新式媒体所设想、所接受的隐含读者群之一。数量庞大的图画同样表明女性是这些媒体的读者。到1909年,曾经的愿景变成图绘的现实:《图画日报》(上海,1909)在一幅题名为"女界风尚之变迁"的图画中描绘了"现在",两位女士坐在长凳上一起阅读一份报纸(见图4.1)。在20世纪的前二十年中,阅读中的女性成为杂志封面的常客。[29]

描绘阅读中的女性在中国并非新事物,此题材可见于诸多"百美图"集[30],但上海的新闻媒体显然想要描绘一类不同的女性:它们向"闺秀"言说或是谈论"闺秀",但

---

[24] 例见《申报》,1872年12月25日。更多例子参见 Vittinghoff, "Diskurs und Geschichte"。

[25] 插图在一些明确面向文人的刊物中起到一定作用(如梁启超的《时务报》或《清议报》),专门的画报则明确迎合下层社会及女性受众。这种情况与19世纪的英格兰略有不同。布雷克(Brake, *Subjugated Knowledges*, 129)提到,"在仅针对男性读者的知识分子月刊中,插画很少见;视觉材料更有可能是家庭和女性杂志中的重要部分"。亦可见 Altick, *English Common Reader*, 366。

[26] 关于申报馆出版画报的历史,参见《申报通讯》,1947年,第1卷第5期,第20页。在此之前,一些传教士刊物亦面向下层社会,包括妇女与儿童(马光仁,《上海新闻史》,第51—54页)。近来关于《点石斋画报》的三项重要研究,参见 Rudolf G. Wagner, "Joining the Global Imaginaire"; Nany Kim, "New Wine in Old Bottles?";以及 Henningsmeier, "The Foreign Sources of *Dianshizhai huabao*"。前两篇文章收入文集 *Joining the Global Public*。

[27] 《论画报可以启蒙》,《申报》,1895年8月29日。

[28] 画报易于理解,旨在教化,明确面向下层社会,包括女性。从画报报名就可见一斑:《图画演说报》(上海,1901);《启蒙画报》(北京,1902);《民呼画报》(上海,1907);《白话图画报》(北京,1908);《通俗画报》(成都,1909);以及《平民画报》(广州,1911)。

[29] 关于女性在民国杂志封面上的突出形象,参见 Leo Lee, *Shanghai Modern*。关于当代报纸和杂志对女性的报道,参见 Johnson and Christ, "Women Through Time:Who Gets Covered?"。

[30] 两个例子分别参见 Ko, *Teachers of the Inner Chambers*, 126;以及 Wu Hung, "Beyond Stereotypes", 344。早期与现代的女性读者形象均是高度情色化的(因此潜在地是不道德的),关于这一点的讨论参见 Ko, *Teahers of the Inner Chamber*, 59; Lee, *Shanghai Modern*。

图 4.1 女界风尚之变迁(《图画日报》12/9,1909 年)

不仅如此。虽然中国历史上有大量"闺秀"而非出身下层社会的女性识文断字、接受过教育,[31]但这一时期的一些媒体修辞以及描绘做工女性的插图(下文将予以讨论)表明,媒体言说的对象正是这些没有受过教育的下层女性群体。画报、白话刊物、报纸与女性杂志上的女性读者形象是新兴下层社会读者的转喻(metonym)。不断诉诸女性读者成为媒体努力的关键,它们尝试"承认、擘画、组织、影响一个新的跨越阶层的读者群"[32]。新闻媒体不断向这一特定的女性读者群言说自身,这样做是非常具有创新

---

[31] Ko, *Teachers of the Inner Chambers*; Mann, *Precious Records*;以及 *Writing Women* 中的文章。

[32] 这一情形让人联想到 18 世纪的英格兰;参见 Shevelow, *Women and Print Culture*, 23。关于日本早期新闻业的类似现象,参见 Altman, "*Shimbunshi*", 65。

性的。它们是否真的被这些女性广泛地读到，[33]这一点是值得怀疑的，然而，教导少数"闺秀"的愿望，和教导中国所有女性的志向，这两者极为不同。

1898年《女学报》创办之后，继之而起的许多中国早期女性刊物均在发刊词中明确表示要践行"接近女性读者"这一革命性的做法。[34]这些刊物都强调，教化下层女性读者非常重要。1907年，女性革命家秋瑾（1875—1907）创办了《中国女报》，这份刊物持存的时间很短。秋瑾在创刊号中叹道，"那二万万男子已渐渐进了文明新世界了"，因为他们能阅读书报，而二万万女同胞还依然沉沦在无知之中，这种情形导致了国家的厄运。秋瑾承诺她办的这份刊物将使用简洁的语言与风格，[35]因为"我姊妹不懂文字十居八九"。[36]1904年《女子世界》同样以相似的语言风格即"简易文言"提出，"欲新中国，必新女子；欲强中国，必强女子；欲文明中国，必先文明女子"。为何？因为"女子者，国民之母也"。这种观念让人联想到法国与美国"共和母亲"（republican motherhood）的理想。[37]

然而，报纸把什么教给"国民之母"呢？如果仔细阅读这些女性报纸和杂志就会发现，它们面向女性读者的策略（"fair-sexing"）是为她们进行文章改造，不仅包括降低语言难度，还包括变换主题。早期女性杂志刊载了极为大胆直率的关于性别平等的文章，还详细介绍了外国女性记者、红十字会工作者以及中国女英雄（比如传说中替父从军的花木兰）的事迹。但同时，这些杂志上几乎一直都有"家庭""通俗/日用科学""卫

---

[33] 这一隐含读者之理想与其此后的现实化之间，很可能存在严重的不一致；后文讨论的直接向女性读者言说的广告将极为清楚地说明这一点。只有富裕的女性才有财力购买广告中的产品，使用它们，过上一种休闲的生活，以实现这些广告指示的所有内容。它们（隐晦地，或许也是现实地）专门面向上层社会的女性，而不是经济能力更弱的女性，尽管它们经常描绘后者，以挑起读者的兴味。这些媒体革命性地希望自己能够被所有女性读到，但这一点显然并未实现。新闻媒体罔顾自己的说辞与宣称，一如既往地向"富裕的女性"说话。我们在女性杂志上同样可以看到这种不一致：只有财务状况达到一定程度的读者才需要诸如"如何挑选合适的保姆"的建议（参见《女子世界》，1904年，第6号："为母之心得"）。《中国新女界》亦有类似的情况，这是一份1907年在东京发行、月销量7000份、最成功的女性杂志之一（Beahan, "Women's Movement and Nationalism"，第238页）。《中国新女界》所设想的读者当然不只社会最底层，例如，有杂志曾向读者倡议，"救助近来的灾民……让他们免受威胁"（出处同前，第294页）。

[34] 关于早期妇女杂志的有用概述，参见刘巨才《中国近代妇女报刊小史》，其中列举了晚清和民国时期的妇女杂志；除此之外还有 Nivard, "L'évolution de la presse feminine chinoise"。拙作 "Cooking, Cleaning, Caring" 中讨论了几份早期的刊物，包括《女学报》(1898)、《女报》(1899)、《女子世界》(1904)、《中国女报》(1907)、《神州女报》(1907)、《妇女时报》(1911)以及《妇女杂志》(1915)。为方便本章的讨论，我会把为"Cooking, Cleaning, Caring"这篇文章收集的材料压缩到最精简的程度。

[35] 这一说法响应了十年之前的《女学报》（刘巨才《中国历史上第一份女报》，第216页，第224页）。

[36] 冉枚烁（Rankin, "Emergence of Women", 56）认为，《中国女报》大体的书写风格使它仅能供受过教育的女性阅读。我未能见到全部期数的《中国女报》，但仅就这里引用的文章可以推知，它使用的是非常简易的文言。

[37]《敬告姊妹们》，《女子世界》，1904年，第一期。关于中国"国民之母"观念的细致讨论，参见 Judge, "Citizens or Mothers of Citizens?"；以及罗苏文《女性与近代中国社会》，第121页，第145—155页。关于外国"共和母亲"的观念，参见 Landes, *Women and the Public Sphere*, 129-138；以及 Kerber, "Republican Mother"。

生顾问"这样的栏目。面向女性的科学教育可能是为了教会她们如何识别害虫;"家庭"栏目提供的也多是照料婴儿与管理家政方面的指导。这些杂志(特别在其创刊初期)上的理想女性是与男性平等、独立、坚强、自信的,并且,她们能解决当时中国的各种问题并能将国家从败坏中拯救出来。成百上千年来,中国女性被隔绝在国家事务之外,如今在这些出版物中,女性如此激进地表达着她们的爱国主义,这一点是惊人的。然而,这些杂志后来又将这一率直的女战士形象转变为一种极为不同的女性类型——与其说是女性公民,不如说是未来男性公民的完美母亲。在我研究的晚清所有明确表现女性主义的刊物中,早期的论说要求人们接受平等与女性解放的新价值观,但随着时间的推移,这些刊物越来越关注传统女性角色具备的"3C"技能:烹饪、清扫与照料(cooking,cleaning,caring)。[38]

存续时间不长的《北京女报》(1905—1907)是一个例外,这份刊物并非在上海出版,据说,其创办是由慈禧太后促成的。[39]《北京女报》可能是当时全世界唯一一份完全由女性编辑出版的妇女日报,且它秉持着清晰的女性主义目标。《北京女报》的目标与教育相关:例如,某一期若刊载了难解的算术题,下一期则会刊出答案。它也会刊登消息或转录邸报内容,这些内容在任何其他女性刊物上都无法见到。一般来说,女性刊物倾向于回避政治事务,所载时事新闻也只与妇女议题有关:[40]显然,它们预设女性对政治不感兴趣。[41]

由此就不难理解,1911 年 5 月《申报》为《妇女日报》刊载告白,称这份报纸的目标是"增进妇女普通之知识",但这种知识仅限于特定领域。《妇女日报》"以发挥妇女固

---

[38] 近来,欧康妮(Constance Orliski,"The Bourgeois Housewife")和王政(Wang Zheng, *Women in the Chinese Enlightenment*)的研究指出了民初女性杂志的特点,似乎彰显了这一趋势的总体连续性。但还需要仔细研究的是,20 世纪 30 年代具有极其激进的厌男倾向的《玲珑》等女性画刊,究竟是这一趋势的延续还是一个例外(参见 Mittler,"In Spite of Gentility")。如若我们翻阅英国女性杂志的内容,会发现类似的情况。约翰·邓顿(John Dunton)的《淑女信使》(*Lady's Mercury*)创刊于 1693 年。他承诺要回答"所有最美妙、最难解的问题,关于女性(无论是未婚者、妻子或寡妇)的爱情、婚姻、举止、衣着与精神状态"。于 1710 年出版的《生活记录》(*Records of Live*)或《女子每周娱乐》(*Weekly Amusements for the Fair Sex*)中亦可找到类似的说明。夏洛特·伦诺(Charlotte Lennow)的《女子博物馆》(*Lady's Museum*,创刊于 1760 年)告诉年轻女性,"不要进行任何抽象的学习或繁难的研究,这会钝化她们的聪明才智,将她们擅长的优雅精致转变为迂腐的粗糙"。这显然是"近两个世纪中杂志编辑们所遵循的公式:一些教导,加上一些时尚、美容、健康、烹饪的内容,免费提供一些诸如绣花样式、歌曲乐谱的内容,再加上一篇好读的连载小说,几则短小的浪漫故事,几幅吸引人的浪漫图片,以及一首感伤的小诗"(Adburgham, *Women in Print*, 26, 67, 117, 150-151)。

[39] 遗憾的是,我未能查阅到这份杂志,关于它,参见 Britton, *Chinese Periodical Press*, 116;以及 Beahan,"Women's Movement and Nationalism",239。

[40] "新闻"栏目往往完全由"妇女新闻"构成。"女子要闻"或"女界要事"等栏目也较少明确地涉及政治内容。例见 1912 年的《神州女报》(不是本章注释 34 中提到的 1907 年为纪念秋瑾之死而创办的那份《神州女报》)。

[41] 这在一个世纪以前的西方亦是适用的自明之理,当时女性杂志刚刚被引入社会;《淑女杂志》(*Lady's Magazine*,创刊于 1733 年)"计划模仿爱德华·凯夫(Edward Cave)《绅士杂志》(*Gentlemen's Magazine*)的创办方式,有意完全复制后者的所有特点,仅略去了议会辩论方面的报道。淑女被认为对政治不感兴趣"(Adburgham, *Women in Print*, 86)。

有之道德……使人人先知修身齐家之必要,以为爱国集群之始基……冀由组织善良之家庭,渐进而成善良之社会。上为国家树立极巩固之基础,下为国民立最正淑之母仪,是为本报唯一之宗旨"[42]。

这些早期妇女报刊指派女性在固国安邦的事业中扮演一积极角色——她们现在有责任践行《大学》教义——善政之必须是"家齐而后国治"。但女性的职责也仅限于此。冯克(Frank Dikötter)认为民国时期存在着一种典型的修辞:"男人是大脑,是公共领域里的工作者;女人是子宫,是私人领域中的妻子与母亲。"[43]这种修辞早在晚清便已有迹可循。《妇女日报》等早期女性刊物期望它们的隐含读者能够赞同那些传统上被视作女性与生俱来的道德价值。通过增强女人本性中对家庭的爱和关怀,她们能够服务于完善中国社会这一最终的爱国主义目标。这些杂志的内容可进一步证实它们对隐含读者的上述界定:她们主要对家庭、家务和母职感兴趣。"做未来国民之母"是她们关心政治与现实事务的限度。这些所谓的女性主义杂志的目标是暧昧的,它们向新的读者敞开只是为了限定她们。[44]这种暧昧性体现在对简易文言的使用上——这是一种特别为女性和底层社会创造的语言(使用这种语言就能居高临下地说理),也体现在主题的变化上。简易文言的使用和主题的转变反过来又成为刊物面向女性采用的把关过程的题中之义,成为女性阅读行为与读者身份的语码。[45]

本章余下的部分将尝试说明,除了白话刊物、画报与女性杂志以外,这些语码还越来越频繁地出现在《申报》等日报上。随着新闻媒体的日益成功,妇女以及下层社会作为报刊预期中的阅读主体,在数量和质量上都有一种新的表现,但这种表现仍然具有模棱两可之处。画报、报纸、妇女杂志将女性作为隐含读者涵括进来,于是面向女性的内容"隐含着对哪些材料适合女性读者的判断"[46]。通过揭示广告、论说与新闻报道所规定的女性形象,我们能进一步理解 20 世纪初前后,中国新闻媒体在建构女性受众的过程中对意识形态的把关具有怎样的本质。

---

[42] 《创办妇女日报的意见书》,转引自徐载平、徐瑞芳,《清末四十年申报史料》,第 273—274 页。
[43] Dikötter, *Sex, Culture and Modernity*, 29, 38-39.
[44] 17 世纪欧洲的情况类似,女性作为读者且仅作为读者得到解放,参见 Engelsing, *Bürger als Leser*, 322。
[45] 参见 Hulteng and Nelson, *Fourth Estate*, 177-178。
[46] Shevelow, *Women and Print Culture*, 177. 女性杂志上一般新闻的缺乏表明,它们认为女人绝不会像男人那样对"严肃"的主题感兴趣。因此,消闲杂志《礼拜六》建议,它应由男主人与刊物的"真正"受众——他的妻子一起阅读(参见《礼拜六》,1914 年第 1 卷第 1 期;相关讨论参见 Yeh, "Deciphering the Entertainment Press", 4)。《申报》于 1911 年 8 月开辟的消闲专栏"自由谈"中包含了非常偏向女性的栏目(比如"卫生谈",《申报》,1912 年 3 月 6 日、3 月 8 日等),亦非偶然。虽然我并不确定是什么决定了不同广告的位置以及不同广告商对于这一决策是否有影响,但"自由谈"(尽管不仅是"自由谈")中女性广告的成堆出现是惊人的。举 1912 年 9 月 25 日的《申报》为例,刊登其上的缝纫机广告图片上有一位女性,牛奶广告图片上有一位挤奶女工。这一事实本身也许就能表明广告的位置是经过仔细考虑的。同样,1907 年《申报》刊登的第一篇连载小说的主人公是一位女侠(徐载平、徐瑞芳,《清末四十年申报史料》,第 109 页,第 367 页),"自由谈"刊载的许多小说也都是关于女性的,例如《自由女之新婚谈》(载于《申报》,1912 年 9 月 19 日),这些可能均非偶然。

描绘读者

> 解放的代价本身并不具有解放性。印刷文化可以提供建造监狱的砖块和灰泥,也能供应炸毁其墙壁的炸药。
>
> ——凯瑟琳·希维洛(Kathryn Shevelow)[47]

女性广告:美容、性与生育

到20世纪10年代,美国新闻媒体上的大部分广告均"面向女性"。事实上,"广告与营销人士习惯用'她'指代消费者"[48]。刊登在《美国杂志》(American Magazine,1932年10月)的一则广告或能作为例证说明广告中的女性化导向。[49] 该广告图片展示了一位身着时髦连衣裙的漂亮女郎。标题写着"当可爱女子投票时",突出她的美丽与思想独立(因为她投票)。图片说明的头几行对这位女性进行了描绘,强调了上述特质,她"有魅力、受过教育、富有,在城市中过着成功的社会生活和市民生活"。这位女子身上结合了特定的传统女性气质(她是美丽悦人的),又具有力量与解放性(她受过教育、富有,是一位积极的公民)。从中折射出的隐含读者,在视觉和语言上都是含混不清的。

这种模糊性在下一段图片说明中变得越发明显。这段文字本来要说的是选举与投票。"相当数量"的女性被问到一个"关键问题",其中"大多数人"给出了相同的回答——现代女性为李施德林(Listerine)牙膏"投票"。为何?因为李施德林能"迅速去除牙渍牙斑";同时能让牙齿"亮白","口气清甜"。于是,那些想要变漂亮的人便有了一个明晰的选项。广告还直接对隐含读者说话:"你为什么不试试李施德林牙膏呢?"这一心理学的把戏让现实中的读者感到她们可以成为隐含读者(以及图中女性)的镜像(mirror-image),她们可以时髦又独立——她们离完美只差一管李施德林牙膏。

这则广告的意图在于倡导,不管女性多么摩登、在经济上多么独立,都不能不注意美容与清洁的需求。这是报纸通过广告设定"完美女性典范"的典型例子。[50] 早期中国报纸上面向女性消费者的广告中,亦存在一种类似的意识形态规定。但是,在晚清上海,由于广告商进行了特殊的意识形态把关,消费者并不仅限于"她"。以下对1872至1912年的广告的研究表明,[51] 女性消费者被唤起以及报纸将女性作为读者

---

[47] Shevelow, *Women and Print Culture*, 198.
[48] Cott, *Grounding of Modern Feminism*, 172.
[49] 这则广告的翻印件见前注。
[50] Cott, *Grounding of Modern Feminism*, 174.
[51] 关于《申报》广告事业之技术与经济方面的细致研究,参见 Vittinghoff, "Am Rande des Ruhms", chap. 4, pt. 2.

对其进行公开言说,是进入20世纪之后的事了。同时,女性也没有被当成一般的消费者,在广告的描绘中,她只对特定产品感兴趣。

因此,可能跟想象的相反,早期专门的妇科药物广告并不单单面向女性受众。在一则题为"妇科第一"(《申报》,1877年5月30日)的广告中,一位丈夫说:"余妇十载久不孕育。"(第2行)最后,一位沈姓医生用广告中的药物对她进行治疗后,她怀上了男孩。妇人患病的各个阶段、治疗过程以及几次到沈医生处就诊的情况,均被生动地描述了出来。虽然我们没有直接听到妇人的问题,但医生的回答却总是以直接引语说出(第4行、第6行:"先生云……")。

上述文本是由男性主导的独白。读者通过妇人丈夫的讲述以及医生的回答听到"她"的声音。女性话语在男性的语词中被驯化,这在"女性叙述者"长久缺失的文化中(特别在医学手册中)或许并不奇怪。[52] 同时,这一情境还反映了上层社会的现实:医生为生病的女性切脉或直接望诊被视作不合宜的举动——这些行为实际需要"她"丈夫的中介。[53] 但是这一文本结构还展示了它被接受的可能情况:女性通过她的丈夫"读"到这些信息。

1882年5月26日《申报》刊载的"神效白带丸"广告亦采用了类似的修辞。广告首先详细解释了经期各天的重要差别(第1—3行)。接着又说明女性月经或白带不规律就无法生育小孩。广告作者陈述这些事实并进行耐心解释的举动,表明广告的隐含读者对于女性身体功能缺乏个体经验。广告介绍性地评论说,以上因素使女性的生育能力"不俟男人也",这也指向了广告的隐含读者——广告正在告诉一位丈夫如何通过特定症状辨明妻子的生育功能是否失调,以及万一出现这样的症状该如何应对。这里的话语同样是由男性主导的;广告通过丈夫或家庭中男性成员的中介向女性患者说话。

这种表现方式在早期广告中很典型。这些广告只有通过男性隐含读者才能对女性公众言说。[54] 与此同时,这些广告再生产了一个公众熟悉的女性形象,即将女性化约为仅具生育能力的存在。[55] 这一特点主导了晚清至20世纪10年代初的医药广告。[56] 然而,20世纪初前后,一些广告发生了质的变化。1902年一则题为"古今第一妇科"的广告(《申报》,1902年5月23日)说,"凡妇人望子者……"(第6行)就是

---

[52] 关于"缺失的女性叙述者",参见 Widmer, "Ming Loyalism", 395-396;关于医学手册,参见 Furth, "Rethinking Van Gulik"。关于中国小说与新闻中"言说的女性",参见本章注释157与159。

[53] Bray, *Technology and Gender*, 312, 323.

[54] 例如以下广告:"乐善堂妇科四宝",《申报》,1882年5月31日,其中称:"妇人之药与男子异者,其病不同也。""妇人调经丸",《申报》,1882年5月31日,其中称:"尝谓妇人之病与男子颇相异者"(第1行)。"调经种子坤顺丸",《申报》,1882年5月31日。亦可见:"参茸坤顺丸",《申报》,1892年5月12日,其中引用了《易经》"乾健坤顺"的说法。以及"广东接元堂应验八集",《申报》,1887年5月4日。

[55] 关于医药文献中这一形象的泛滥,参见 Furth, "Rethinking Van Gulik"。

[56] 类似论调的广告可见:"包治经期腹痛丸",《申报》,1887年5月2日;"种子最速人参必孕丹",《申报》,1897年5月8日;"妇女白带圣药",《申报》,1902年5月23日;"保赤灵丹",《申报》,1907年5月17日;"妇女之责任",《申报》,1912年5月16日。

直接向女性说话。越来越多的文本提及女性或直接向女性言说["(凡)妇女"]。女性似乎已被报纸接受为可能的读者。[57] 类似地,1907 年的"每月丸"广告提到此药针对有"……(某症状)之人"(第 4—5 行)并建议这些人服用,也是直接对其说话(《申报》,1907 年 5 月 30 日)。由于这里描述的症状均是女性独有的:痛经、血块、月经不调等,[58] 所以这里谈到的"……之人"显然不是男性。这一表述不再将女性的病症客体化进而向读者解释之;而是将它们归到读者身上从而使之个体化(personification)。个体化到隐含读者身上并直接对其说话,是进入 20 世纪后女性医药广告的惯用修辞。[59] 也许同样重要的还有,不少明确面向女性的广告是有标点的,而同一时期,广告很少有标点。[60] 标点使广告变得易读,就像以女性为目标读者的出版物使用简单的语言一样。这里,标点的使用表明这些文本的隐含读者是女性。

渐渐地,隐含读者的女性化变得越来越明显。20 世纪的头几年中,"女界"(它常常伴有视觉方面的呈现)已是一确定的范畴,可与"商界""学界"相提并论。[61] 一则日本药茶"中将汤"的广告(《申报》,1912 年 5 月 10 日)就描绘了这样的隐含读者。广告图片中,一位小脚女性正走向写着"康健"二字的里程碑(见图 4.2)。广告直接向"有病之妇人"(第 3 行)言说。当然,只有一条道路能通向康健,就是喝中将汤(第 1 行,第 7 行)。一周后,《申报》(1912 年 5 月 16 日)又刊出另一则"中将汤"广告,题为"妇女之责任"。广告不仅在视觉上呈现了隐含读者,并再次直接对她们("欲期康健之妇女")说话,劝说她们饮用此茶,"康健完全之身体,所以为闺女之勤事,为主妇侍其良人及教育儿童等事"(第 11—12 行)——这是"女性的职责"。

---

[57] 1907 年 5 月 28 日《申报》登载的一则日本药茶"中将汤"的广告中说:"妇女诸症若用此药……"(第 16 行),并暗示,那么"你"将与广告图画上的三位女性一样美丽健康,她们正愉悦地倒出药茶。

[58] 这些广告对女性生理过程进行了半科学的表述。冯克(Dikötter, *Sex, Culture and Modernity*)将此类表述的出现看作民国时期广告的新发展。此类表述在民国以前就出现在《申报》中了。关于清代与民初医药广告的详尽研究,参见 Hess, "Anzeigen";关于民国时期广告的研究,参见黄克武,《从申报医药广告看民初上海的医疗文化》。

[59] 例见 1907 年 5 月 30 日的《申报》:中英大药房新药的广告中,有"妇女调经药",其中称"凡妇女"皆建议服用此药。另一则 1919 年 7 月 24 日《申报》广告"妇人白带药球"也直接对隐含读者说话[帕特里克·海斯(Patrick Hess)提醒我注意这则广告,并提供了德文译文]。广告说:"药力直达病所,而且毋须医生着手。"(第 7—10 行)广告还说,"吾国妇女得此病者十人而九,因病属下体,羞以告医,终身隐忍而不治者,比比然也"(第 14—18 行)。接着,广告劝说道:"患此病者,幸速试之,勿观望而自误也。"(第 27—30 页)由此,广告明确指出了女性长久以来的忧虑,即看医生可能会损害她们的贞节。另一方面,广告呼吁女性要更积极地为自己做决定,像一名现代女性一样独立服用药物,疗愈"自己"(第 11 行)。

[60] 例如,"每月丸",《申报》,1907 年 5 月 30 日。还有有关日本药茶(例如"中将汤",《申报》,1907 年 5 月 23 日)的一些广告。当然,为数不多的加标点的广告中,有些不是面向女性读者的,比如"劝中国青年",《申报》,1907 年 5 月 30 日;"健脑丸",《申报》,1907 年 5 月 25 日。到了 1912 年,标点在广告中已变得非常普遍,不再是辨别特定受众的标识。

[61] 例见《申报》,1907 年 5 月 31 日。亦可见"妇女卫生书",《申报》,1912 年 5 月 1 日;以及"女界宝",《申报》,1912 年 5 月 7 日。1907 年以后"女界"一词的频繁使用可能与 1907 年 3 月正式引入女子教育有关,也与越来越多人意识到女性在公共空间中出现有关。

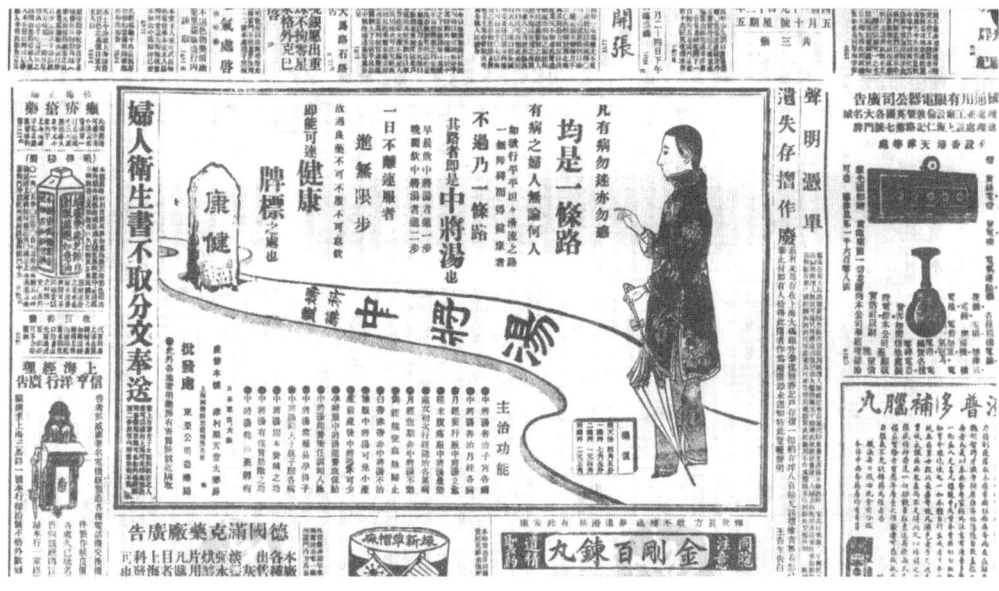

图 4.2 通向康健之路（《申报》,1912 年 5 月 10 日）

报纸在广告中直接对女性说话的这一转变在 20 世纪 10 年代初变得更为明显。[62] 但这是否使广告隐含的价值观同样发生了变化？这些广告聚焦的是一种古老的需求：繁育后代。[63] 隐含读者的变化仅在于广告对话对象的变化，广告的规范性内容并没有改变。这些广告提醒女性注意自己的生育功能，将她们的职责缩减为维护好这一功能。广告将女性健康等同于她们对家庭的"职责"。[64] 这种意识形态同时通过语言与视觉手段呈现：女性总是与她的孩子在一起（见图 4.3）。[65] 因此，这些广告的意图是暧昧的：随着时间推移，广告的读者群被重新调整，其价值观却没有变化。在上海新闻媒体的广告页上，女性解放被局限在生育和家庭生活领域。[66]

---

[62] 这并不是说所有的女性医药广告均直接向女性说话。1912 年 5 月 31 日《申报》登载的一则"韦廉士红色补丸"（Pink Pills for Pale People）的广告即以"余妻王氏"开头，这立即让人联想到本节提到的第一则广告，其中女性以丈夫的声音为中介。这则广告还以图画描绘了女性的痛苦经历，同样是从其丈夫视角叙述的。

[63] 对于专注调节月经来确保生育的传统，参见 Bray, *Technology and Gender*; Mann, *Precious Records*, 62; 以及最突出的研究, Furth, *A Flourishing Yin*。

[64] 后来《妇女杂志》的广告同样保留了这一需求。例如，第 1 期中"韦廉士红色补丸"的广告（题为"妇女疾病"，1915 年）中，提醒隐含读者"身体康健则家庭怡乐，妇女不知此理者比比皆然"。

[65] 参见《新闻报》，1897 年 8 月 11 日，其中的广告展示了女性与孩子在一起；"保赤灵丹"，《申报》，1907 年 5 月 17 日，也展示了一位和孩子在一起的女性；"产妇"，《申报》，1912 年 5 月 3 日，展示了一位正在哺乳的女性；《妇女杂志》第 2 期（1915 年）中日本药茶"中将汤"的广告同样展示了与孩子在一起的女性。甚至 1912 年 8 月 23 日《申报》登载的蚊香广告的配图中都有一位在哺乳儿童的妇女。

[66] 冯客（Dikötter, *Sex, Culture and Modernity*, 43）对于民国时期的考察得出了类似结论。亦可见 Mann, "The Cult of Domesticity"。

图 4.3　面向母亲的广告（《申报》，1907 年 5 月 17 日）

基于这些发现便不难理解，在其他传统上被视作属于女性的领域（育儿、家务管理与美容）中，女性读者同样开始扮演日益重要的角色。1882 年的一则"傅发水"广告宣称"凡妇女发上所用之油胶物所有之美物，此水兼而有之"[67]。却没有提到男子的头

---

[67]　"老德记傅发水"，《申报》，1882 年 5 月 28 日。

发。因此,广告虽未直接对女性读者说话,但暗示拥有一头秀发是女性独有的需求。不少化妆品广告通过图画传达这一性别化的信息:画中总是有一位女性。[68] 然而,隐含读者的身份最终仍然是模糊的。1912 年,一则"花颜水"广告画着一只持镜子的手,在镜中我们能看到一女郎的面孔。广告并没有径直向女性说话,而是向"欲求自己容颜艳美"者说话,其中明确包括男性和女性(第 15 行;亦可见第 23 行,其中提到"男女")。有时,广告文本似乎是面向女性读者的,比如它说自己的这款产品能预防女性所搽扑面粉中的铅毒(第 18 行),另外,"花颜水最有效儿童"(第 22—23 行)。图画支撑了这一女性化的视角,广告的信息最终却是模糊的。[69]

因此,尽管女性在 20 世纪初中国的广告中作为隐含读者获得重要性,尽管广告日益用"诸君"这一称呼隐晦地对"诸女士"说话,但作为隐含读者的男性绝对没有消失。[70] 在晚清时期的上海,女性消费者并没有"挤走"(edge out)[71]男性消费者。相反,女性仅在特定广告中才作为隐含读者而获得重要性。如果比较性地考察广告中的男性偏向,会发现大量产品的广告并未将女性预设为读者。例如,报纸认为技术和科学方面的东西只能引发男性的兴趣:"水龙及器械"的广告图片上就是一位男子(《申报》,1882 年 5 月 20 日),印刷机广告也是如此(《申报》,1887 年 5 月 4 日)。[72] 男性还是书籍(《申报》,1902 年 5 月 7 日)和报纸(《申报》,1907 年 5 月 15 日)广告的主要隐含读者。伦敦《泰晤士报》出版的大英百科全书的广告插图中,也是一位男性读者坐在精美的西式书房里。[73] 只有特定主题的书籍才会被推介给女性:歌谣集、女子教

---

[68] 参见 1887 年 5 月 2 日《申报》的一则散粉广告,其他化妆品广告参见《申报》,1887 年 5 月 4 日。后一则广告没有真正意义上的文本,只是告知读者有哪些产品。这些广告上的女性图像传递了明确的信息;类似的还有 1897 年 1 月 21 日《申报》登载的香水广告和 1887 年 8 月 22 日《申报》登载的牙粉广告。

[69] 有些广告同时面向两性读者,但在实际表述中只对一方说话,比如早期的女性药品广告实际只对男性说话,再比如"花颜水"广告只对女性说话。这种模糊性可见于家庭用品、食品与育儿用品的广告中。还有一些面粉广告(例见《申报》,1892 年 5 月 20 日)、"鹊巢曜牛奶"广告(例见《申报》,1892 年 5 月 21 日)、肉精广告(例见《申报》,1897 年 5 月 3 日)、裁缝制品广告(例见《申报》,1897 年 5 月 18 日)、"企公牛乳"广告(例见《申报》,1907 年 5 月 31 日),以及"麦精牛乳"广告(例见《申报》,1912 年 5 月 2 日)等,尽管上述广告图像上是女性,却并不专门针对女性受众。

[70] 广告中明显的女性化偏向似乎日益增长。1912 年 5 月 1 日《申报》登载的一则"爱兰百利代乳粉"(Allenbury Foods)的广告开篇就解释了为何不能亲自哺乳的母亲要用爱兰百利代乳粉(第 13 行)。一周后,《申报》(1912 年 5 月 7 日)又刊出面向"诸君"的"爱兰百利代食粉"(Allenburys Diet)广告,但又说代食粉最适宜婴儿(第 8 行)、小儿(第 2 行)、患病之人(第 1 行)以及年老者(第 6 行)。这些人均是一般期望中,孝顺的媳妇与优秀的母亲应该照料的人,就像代乳广告中必须被哺乳的婴儿一样。

[71] 这一表述的使用比照以下文献:Tuchman and Fortin, *Edging Women Out*。然而,女性取代男性消费者的这项进程也许最终在民国时期发生了:李欧梵(Leo Lee, *Shanghai Modern*, chaps. 2-3)观察到民国时期的广告有愈益倾向女性消费者的趋势。

[72] 在我所见到的机器广告中,缝纫机广告是唯一将女性形象放在图片中的(例见《申报》,1912 年 8 月 12 日、9 月 25 日)。这些广告的标语是"中国已醒",将女性工作与国家大业联系在一起。

[73] 描绘男性的广告可进一步参见男士服装广告(例见《申报》,1912 年 11 月 23 日)和秘方药广告(例见《申报》,1907 年 3 月 22 日、3 月 29 日,1912 年 3 月 10 日、11 月 22 日)。

育与儿童教育方面的书籍,以及关于"家计"的书。[74]

因此,19世纪末、20世纪初的中国的广告依据性别被划分得越来越清楚。广告所使用的插图、语言以及它们直接进行述说的预期对话者,均表明报纸编辑感到有必要承认女性读者,并将女性纳入其消费群体。与此同时,面向女性的广告规定了一种特定的完美女性典范。它们不断强调美容、性与生育,这也许与以下事实有关:许多潜在读者(受过教育或有工作的女性)并没有成为"国民之母",而是保持不婚(许多丝业女工便倡导拒婚),或是解除婚姻(秋瑾是最典型的例子)、弃养孩子(例如作家萧红,1911—1942,但她不是第一个这样做的人),报纸必须说服她们做出不同的选择。[75]出于这些原因,女性或许没有成为上海新闻媒体广告的唯一目标——她们不是唯一的参与对话者,却是特殊的对话方。正当女性读者的地位在广告中被犹豫不决地确立起来的时候,她已经在意识形态上被塑造为一个特定的形象。就这样,这一建构的控制权留在了旁人手中。广告商监管了女性解放的本质。通过强调培养"国民之母"的首要性,报纸广告成为浓缩的教科书(encapsulated textbooks)、教导性信息的知识库。[76]从广告的视野看晚清中国女性的生活,能发现它更多是对上海现实的一种反应而非反映。

谈论女性:国家荣光

1905年抵制美货运动对广告的性别化特质起到重要的增进作用。[77]女性被认为比男性更多地使用美货,包括珠宝和化妆用品,她们还购买美国公司售卖的家庭用品。因此,针对这些女性的广告被看成加强抵制的一种有效手段。[78]保全中国的问题被视为既关系到男人,也关系到女人。显然,广告话语越来越多地将女性作为对象与主体的做法,有其隐秘的目标。它承载着拯救中华民族这一隐性话语。为了国家的荣光,女性被设想为读者,而这一社会框架又形塑了晚清民初报纸广告的内容。因此,正是

---

[74] 例见1907年9月4日《申报》登载的"国文教科书"广告和1912年5月1日《申报》登载的"妇人卫生书"的广告。

[75] 关于历史上上海女性的工作,以及工作带来的对怀孕与养育子女方面的影响,参见罗苏文《女性与近代中国社会》,特别是86—103页。她还在书中描述了几位早期女学生的命运,她们被家长勒令退学而渐渐疏远家庭(出处同前,第142—145页)。这类女性中的一例来自《申报》,一位周姓女堂倌,单身,据说也很"孤独",她为了追求自己的事业而离开了家庭(《论女堂倌周小大结案事》,《申报》,1873年2月12日)。

[76] Shevelow, *Women and Print Culture*, 177.

[77] 关于抵制运动的详情,参见本书第六章。

[78] 这些研究发现参见 Rankin, "Elite Reformism", 31;以及 Beahan, "Women's Movement and Nationalism", 276。关于这一时期性别化广告的增长,还没有细致的研究,但我发现,1907年面向女性的广告激增。

民族主义——从字面上说亦然——为女性开辟了新的道路,又为她们新的公共角色正名。[79] 通过改变购物方式,女性可以在家中积极参与民族事业,比如抵制美货。[80]

这里表达的暧昧性是有意为之的:女性是在家中还是在外面活动,这在上海媒体上是一个极为重要的话题。《周礼》将女性阐述为"内人",这一观念得到新儒学的再次肯定,且在历代面向女性的说教文学中一直非常盛行。实际上,这一观念是一种最突出的阶层标识,因为只有士绅家庭能让身处其中的女性不可见,从而让阶层区分清晰可见——他们也的确是这样做的。媒体讨论女性在中国民族工程中应扮演何种角色时,常常援引"内人"这一观念。[81] 下文将考察《申报》的社论与短评,并说明民族关切是如何影响并决定了"让各阶层女性加入公共生活、同时成为上海报纸读者之一分子"这一话语的。

《申报》早年有不少论说讨论了允许女性造访公共场所的利弊。上海,以及人们在这里能够感受到的"西风渐染"成为讨论的焦点。在无休止的讨论中,上海的街道、郊野、寺庙、茶楼、工厂与烟馆均成为可疑的地点:初读这些论说,人们会觉得品行端正的妇女不会造访上述任何一处地方。这些论说中满是道德衰败的情景。但多数论说仍对妇女事业抱持同情。论说对女性问题的讨论从一开始便涉及中外风俗的细致比较,且它们正是在比较中最终走向对中国女性的支持。

1873年1月的一篇文章中,论者愤然批评了开始流行于上海的不得体行为:男女"碰头"。文章开头引用古语称"男女授受不亲",提醒读者注意"严格限制男女接触"这一先贤建立的礼仪规范。[82] 作者抱怨说,枉顾此古训,上海"终日终夜男女混杂,形其形,状其状……旁观之人固难为之分形别类"。作者对如今的世道发出感叹,并得出结论:这些新现象导致女性的处境更加危险艰难,最近发生的通奸案就是例证。[83]① 1884年6月,《申报》刊出《烟馆茶楼宜禁妇女说》,警告"风俗之坏愈趋愈甚"(第1行),"莫甚于妇女廉耻道丧防检溃决"(第2行)。正是西人在上海的司法管辖权导致了目前这一危险情形(第3行、第5行)。不像西人男女,华人从未习得如何在公共

---

[79] 关于在公共女性之主体性发展过程中,民族主义所起到的同时具有解放性与压制性的影响,详细讨论参见 Judge, "Talent, Virtue and the Nation"。关于民国时期的后续情况,以及一种有力的观点(也可能略有夸大地)指出的民族主义诉求可能带来的不利于中国妇女运动之处,参见 Wang Zheng, *Women in the Chinese Enlightenment*;亦可见我对此书的评论,收入 *American Historical Review*。这里出现的民族主义,比第六章讨论的与特定政治事件相联系的某些民族主义早了几十年。

[80] Beahan, "Women's Movement and Nationalism", 277-278, 364;亦可见 Rankin, "Elite Reformism", 30-31。

[81] 关于"内人"这一概念,参见 Ebrey, *Inner Quarters*, 25;以及 Bray, *Technology and Gender*。

[82] 宋代之后,尤其在上层社会成员中,男女之分得到人们严格、谨慎的遵守,相关讨论参见 Ko, *Teachers of the Inner Chambers*;以及 Bray, *Technology and Gender*。

[83] 《严责碰头风俗论》,《申报》,1873年1月21日。1878年下半年出现了不少文章讨论同一个问题,即男女之间的社会交往。《申报》报道了郭嵩焘在伦敦与如夫人在招待会上一起会见宾客的大胆举动(后又称之为有失礼节)。相关讨论参见 Wagner, "*Shenbao in Crisis*", 120-121。

① 论说中提及的案件,是陆姓妇为公廨讼刘某硬取其首饰,而两人实际上有奸情。论说作者批评"碰头"之随意,竟可到"两不遂意即讼涉公堂"的地步。论说最后道:"夫军民和奸例各枷责,此等案件讯有端倪,只宜酌量各责惩而驱逐,否则更为若辈妇女作逞刁讹诈之地步耳。"——译者注

间与异性接触。因此,中国妇女若是像西人妇女一样在街上闲逛,未免招致麻烦。但这实际并非妇女之过错。作者最后感叹道:"尚可久乎,能勿禁哉!"(第29行)[84]

许多论说(这些论说经常在读者来函和竹枝词中被讨论、驳斥甚或嘲讽)[85]参照的是一套已被男女读者内化的传统价值观:女性在道德上易被怀疑,因此她们应尽可能地被隔绝起来,她们的角色应是秘密的,公共领域应是专门为男性保留的。[86] 论说者常常承认,中国将女性约束起来的习惯可能不被国际所接受。[87] 诚然,有不少论说明确讨论了西人对于华人某些观念的鄙夷,因为华人认为女性的存在次于男性。[88] 许多论说批评华人施加于女性身上的限制,认为一些华人妇女在逾越内闱与外部世界的界限后做出的失德之举,应归咎于旧的限制:如果人们从来不允许男女碰面,女性又如何学会以合宜的方式与男性打交道呢?[89] 但即使是最坦率地站在同情立场上的论说,亦(或直接或从反面)证明了存在一种传统的忧虑:"放纵"女性可能招致灾祸(传统中将这种现象称为"女祸")。[90] 而在上海,所有阶层的女性似乎都在打破旧秩序、采用西方的行事模式,这又加重了上述担忧。举例来说,包括禁止女性进入戏院在内的一系列禁令,在现实中总是先被制定、再被打破、又被重申,这绝非偶然。[91] 值得注意的是,在《申报》论说中,最频繁地出现在公共空间中的女性,是卖艺者、堂倌、工厂工人、女佣和妓女——她们都是下层社会的代表。[92]《申报》谈论她们

---

[84]《烟馆茶楼宜禁妇女说》,《申报》,1884年6月23日。另一篇登载于1873年2月12日《申报》的论说《论女堂倌周小大结案事》同样称妇女"习染"租界道德风气(第7行),但最后仍对周小大这样的女性持同情态度。

[85] 一些早期的争论,参见 Vittinghoff, "Diskurs und Geschichte"。

[86] 例见《论礼别男女》,《申报》,1878年8月9日;《书禁妇女拣茶示后》,《申报》,1882年12月30日;《禁淫戏议》,《申报》,1887年2月21日;以及《妇女不宜轻出闺门》,《申报》,1893年8月21日。

[87] 例如,1884年6月23日的《申报》文章《烟馆茶楼宜禁妇女说》第9行提到,西人可能对华人施加在妇女身上的限制观感不良。

[88] 例见《述西人论中国贵男贱女之俗》,《申报》,1882年4月17日。这篇论说承认并解释了华人对女性的态度,也考量了关于租界中男女进行不道德交往的胡乱评论,并得出结论,中国长期形成的传统不容易改变,但作者强烈建议读者去改变,因为这已沦为外国人的笑柄。

[89] 例见《书禁妇女拣茶示后》,《申报》,1882年12月30日,其中强烈批评了"禁妇女拣茶"这一禁令,并(引用孔子语)力争淫乱未必是男女接触的结果;并非所有妇女都"足以动人"。1897年3月24日的另一篇《申报》论说《论中国妇女佞佛陋俗》提出了相似的观点,它批评了中国佛寺中有失检点的行为,但同样将之归因于中国女性长期被隔绝起来、从未与男性接触的事实:当女性被允许拜访寺庙时,无怪乎她们不知道如何表现得体。

[90] 参见《述西人论中国贵男贱女之俗》,《申报》,1882年4月17日,第5行;半月后的另一篇论说(《论老男勿贪少女》,《申报》,1877年5月31日)亦是此方面的例证,它讨论了年轻漂亮的女人对于年老枯槁的男人来说是危险的。关于晚清"女祸",参见 Beahan, "Women's Movement and Nationalism", 72-73; Lin Yu-tang, "Feminist Thought";以及 Witke, "Transformation of Attitudes", 227,其中将"女祸"称作"遗留下来的人们对女性道德稳定性的怀疑"。关于这一喻说之使用的可信研究,参见 Edwards, "Represetations of Women", esp. 36-37;以及 Ahern, "Power and Pollution of Chinese Women"。

[91] 参见 Vittinghoff, "Readers, Publishers and Officials",其中讨论了1874年上海道台发布的禁止妇女进入戏院、茶楼的禁令。

[92] 例见以下刊于《申报》的论说:1877年5月31日、1881年2月13日、1882年4月17日、5月20日、1887年6月6日、1897年1月2日、1899年10月27日。下一节以及第五章将更详细地讨论妓业的议题。

的框架全然被/为（by and for）上层社会设定，这表明这些女性的案例具有跨越阶层的意义。许多论说在说理过程中流露的焦虑感，以及它们所引发的刺耳且旷日持久的争论表明，这些论说中反复述说的话语同样是对上海现实生活的一种回应而非反映——就跟在广告中一样。[93]

《申报》的论说者并没有反对女性公开露面这件事本身，但他们小心地容纳了反对者的意见。《点石斋画报》上的图画与同一时期《申报》论说中一些较为保守的观点形成微妙的对比。在整个19世纪80年代，《点石斋画报》都在展示中外女性出入公共场所的场景，她们跳舞、嬉戏、承担着公共职责，甚至参加投票，[94]进入20世纪后，上述趋势在其他画报中愈益成为主流。《图画日报》描绘了女性在餐馆或茶园中开展娱乐生活的图景，她们还出现在赛马场、学校和公共集会上。[95]她们是人力车和手推小车最典型的乘客（参见《图画日报》，56/7，20/7，118/7，20/8），甚至还骑脚踏车（见图4.4）。[96]

图4.4　女性的一项新运动：骑脚踏车（《图画日报》，204/7）

[93]　罗苏文（《女性与近代中国社会》，特别是第86—103页）的讨论在这里仍具启发性，因为它说明了报纸讨论中对女性的期待与其他历史材料所展示的女性实际行为之间的显著差别。
[94]　我们会发现《点石斋画报》中的女性，是戏剧、马戏和说唱表演的观众。通常，她们与男性分开坐，比如坐在楼座上，但有时她们也混坐在主要为男性的观众之中。关于《点石斋画报》中的女性，参见 Jungmann, "Traditionelle Muster"。
[95]　参见《图画日报》，41/7，63/7，19/7，79/7，64/2，以及6/7。
[96]　关于20世纪初脚踏车在中国女性中的风靡，参见 Zamperini, "But I Never Learned to Waltz"。

到 1909 年,至少从《图画日报》来看,各阶层女性已不再仅仅是"内人"。许多图画表明,家宅以外有多种工作适合女性:她们可以卖花、卖扫帚或卖中式甜食。[97] 在这些图画中,阶层的问题同样重要。如前文所述,报纸对阅读女性的呈现——在吸引下层女性阅读公众的同时——让人联想起早前对上层女性读者的图绘,而画报表现做工的妇女,反过来将下层社会女性树立为可供富裕家庭的女性思虑和效仿的榜样。阶层界线的彻底打破导致看待女性公开露面的方式发生了彻底的革命,这在《图画日报》的一幅图画中被表现得淋漓尽致:画中有三位(上层社会的)女性——过去的妇女,是放低家中窗帘、站在后面羞怯不安地向外窥视的"内人";现在的妇女会乘坐黄包车(一度只有名妓会乘黄包车);而未来的妇女则在街上漫步(只有女性职员会这样做),毫不羞怯地与身旁的男性交谈(见图 4.5)。这类图像向其隐含读者言说。它展现了演变的图景,这种演变在 20 世纪 10 年代初必然意味着进步。这幅图画教导《图画日报》的女性读者应该希求些什么。它为女性建构甚至向其推销一种新的角色和职责。通过描绘女性身处以往被认为是男性专有的空间与领域(至少在士绅眼中及正统实践中是如此),这些画报为读者提供了新的角色典范。从画报的描绘来看,关于"正派"女性及其安适之位的看法正在变化。她们不再仅仅被限定为家庭中的妻子与母亲,

图 4.5 《女界之过去、现在、将来》(《图画日报》,10/9)

[97]《图画日报》,6/8,43/8,1/8。

而是逐渐转变为能对更广泛的社会作出积极贡献的有见识者。画报从19世纪80年代开始显露的这种重要趋势,到20世纪初前后明显地加快了。与广告话语不同,我们可能无法轻易认定报纸论说的隐含读者是女性,亦无法轻易认定,是女性在观看描绘女性公开露面的那些图像。日益向女性开放的外部世界带来新的可能性,论说或图像则表达着、议论着这些可能性与传统之间最显而易见的矛盾,它们勾勒出的隐含读者正为这众多的可能性以及如何从中选择正确的道路慎重地考虑着、苦恼着。这个读者可以是男性,也可以是女性。[98]

推动外部世界向各阶层女性开放的重要因素之一,是对学校教育的引入。[99] 19世纪中期,传教士为女学生开办了最早的公共学校,[100]其明确的目标是让学生准备好"成为好太太、好母亲,从而使家庭幸福"[101]。虽然这种学校教育与汉代班昭(约49—120)之后流行的中国女性教育观念并没有太大差别,[102]但是,传教士校舍向女孩开放成为一种非常有效的方式,能将她们从家庭的身心禁锢中解放。[103]第一所由中国人创办的女校是维新烈士谭嗣同之妻于1897年创办的中国女学堂。[104]在这所学校每月一次的集会上,学生们必须就事先指定的主题进行论辩。教授公共演说之道,在训练年轻女性方面是一种激进的革新。长久以来,在家庭范围以外,她们很少被看见,更别说被听到了。[105]而中国女学堂的理想毕业生却要做好准备成为公共人物。另两所同类学校分别成立于1898年和1899年,但在1900年因清廷政令不得不关闭。[106] 1902年,中国教育会在上海创设爱国女学校。[107]据《北华捷报》报道,到

---

[98] 例如,女作家丁玲笔下饱受痛苦的女主人公莎菲身上便体现了这种焦虑。Mittler, "Verführung Emanzipation: Befreite Frauen und die chinesische 4. Mai-Bewegung." 亦可见 Beahan, "Women's Movement and Nationalism", 1。

[99] 女性教育在很大程度上受到士绅阶层的限制。关于宋代的女性教育,参见 Ebrey, *Inner Quarters*;关于明清时期的女性教育,参见 Ko, *Teachers of the Inner Chambers*;以及 Mann, *Precious Records*;晚清的情况参见 Bailey, "Active Citizen or Efficient Housewife?";以及 McElroy, "Forging a New Role for Women"。

[100] 罗苏文,《女性与近代中国社会》,第113—167页;Ross and Telkamp, "Introduction"。最早的一所教会女校在1844年创办于宁波;随后,更多女校开办(Witke, "Transformation of Attitudes", 219)。

[101] Beahan, "Women's Movement and Nationalism", 43。

[102] 关于班昭的教育理念,参见 Swann, *Pan Chao*;更晚近的相关研究,参见 Chen Yu-shih, "Pan Chao's *Nü Chieh*";以及 Lily Lee, *Virtue of Yin*。关于班昭教育理念在后世的运用(尽管常常是精英主义的),参见 Mann, *Precious Records* and Ko, *Teachers of the Inner Chambers*。

[103] 参见 Witke, "Transformation of Attitudes", 218。关于教会女校,参见 *Christianity in China* 以及更晚近的 *Education, Culture, and Identity*。巴斯蒂(Bastid, *Educational Reform*)提醒我们,不应高估传教士在中国教育体制变革中的重要性。但教会学校显然在女性公共角色的转变方面有着关键的作用。参见 Rankin, "Emergence of Women", 45:"在学校任教或从事协会管理的妇女从她们的公共活动中获得新的地位,这种地位是那些待在家中的才女所没有的。"

[104] Rankin, "Emergence of Women", 54。

[105] Beahan, "Women's Movement and Nationalism", 151 and Rankin, "Elite Reformism", 32。

[106] Beahan, "Women's Movement and Nationalism", 327。

[107] 参见《苏报》广告,1903年7月1日。

1907年7月,仅上海一地就有女子学校约100所。[108] 1907年,官方对女校的支持使其学生数量激增,到五四运动时已达几十万人,甚至大学亦开始接受女性入学。[109] 女子教育的发展——对女性公共意识的形成至关重要——亦体现在报纸评论中。从最早的论说开始,《申报》就采用了一系列我们现在熟知的包装技巧,如使用经典中的类比和语句来安抚读者面对这一激进变革的心灵。同样不出我们所料的是,直至19世纪90年代末,论说者才开始提倡女子教育的外国模式本身。相较而言,关于女性公开露面的讨论呈现了诸多保守要素,关于女子教育的讨论则始终出人意料地倾向于变革,不过这些讨论基于以下理念:女子教育被视为一味救治中国的灵药。民族主义又一次驱动了关于女性的讨论。

早期《申报》论说《论女学》(1876年3月30日)开启了关于此议题的持续性讨论。这篇文章在陈述主题时使用了有力的修辞手法。[110] 文章开头称,中国古代"早已振兴女学"(第6行)。不出所料,接着,作者又比较了中国古代与当时英、美、德等国对女子学校的重视程度,并给出了这些国家令人赞叹的女学生人数(第7—8行)。为了证明女子教育的益处,作者力争"妇女之灵性与男子同"(第10行),所以若不发掘女性的才智,"则十人只作五人之用"(第12行)。作者小心地从"阴阳"说("阴"与"阳"总是以互补的形式出现)衍生出他的论据。他批评了人们一贯以来对"阳"的偏重——"盖万物先阴后阳,不有女也男何以生?"(第14—15行),并举例说,女子能够"心静而专"(因为她们一直待在家中,不用出去做令人分心的工作),这使她们更擅长"文地舆算法诸学",至少在这些方面更有潜质。作者还批评了"女子无才便是德"这句俗语(第32行)[111]。文章结尾又复归人们熟悉的论调,提出"女学当然之理并非仿照西法,盖今之西国女学适与昔之中国暗合,夫亦犹行古之道也"(第34行)。所谓"古之道",也就是"阴"与"阳"的互补。

这篇革命性的论说将男女平等视为理所当然之事,又用折中的语言表达之。论说的隐含读者显然精通经典,因此十分了解一般(正统)的偏见。论说必须提醒读者"女子无才便是德"这句俗语是荒谬的,又用读者熟悉的理念诱导他们接受论说中的观点。作者并未冒犯读者对中国传统的敬畏,也没有对所有外国事物抱持猜忌的态度,而是诉诸读者的危机意识。这一小心的处理方式未必意味着其隐含读者是男性,但他/她

---

[108] NCH 18.7.1907.
[109] 相关数据参见罗苏文,《女性与近代中国社会》,第131—132页,第137页,第156页。
[110] 对这篇论说的分析亦可见 Vittinghoff, "Diskurs und Geschichte"。其中还提到读者对这篇论说的回应,刊于1876年4月7日和11日的《申报》。为了说明数年中报纸关于女性教育的论说数量之庞大,下面举出本章未予讨论的论说:载于《申报》,1897年3月24日、4月7日,1902年9月10日,1907年9月15日,1908年8月8日,1912年9月3日;以及《新闻报》,1907年8月23日,1909年12月27日。
[111] "女子无才便是德"这句俗语自明代便开始流行,参见 Borthwick, "Changing Concepts", 66-67;以及 Lin Yutang, "Feminist Thought", 129。关于这一俗语之演进的详细讨论,参见 Kang-i Sun Chang, "Ming-Qing Women Poets"。

极为保守,肯定不是女学的激进倡导者。

17 年后刊出的《论振兴女学》(《申报》,1893 年 1 月 20 日)一文的表达则更为积极。文章对一种普遍假设予以承认,即认为存在"男女之分"(第 16—17 行)。[112] 接着,作者引入一个假想的对话者不断给出例证以支持这一说法。论说作者又对它们进行了仔细的剖析,认为这些区分实际上都是由文化塑造的。例如,"一作女子身则从而禁锢之桎梏之"(第 20—22 行),怎能不使"男子主动、女子主静"?论说开头提醒读者男女、阴阳、乾坤不能脱离彼此而独立存在(第 1—2 行),由此向读者引介西方国家男女同校的理念。文章最后向所有"识时务者"(第 27 行)呼吁:为救中国,应打破内闱之禁锢并振兴女学。

这篇论说同样引发了一种危机意识,并引导读者认为,西人男女同校(在之后的几十年中,这种做法在中国仍持续饱受争议)的做法[113]遵循了中国的准则:让男子与女子一同受教育,是在实践"阴阳"说的"精髓"。但这篇论说通过反问句表达了反讽之意,嘲笑了假想中的保守对话者。在其衬托之下,隐含读者——很可能是女性——正偷偷哂笑这位对话者的顽固,笑他无法理解这当务之急。

随着《申报》持续刊出保守与激进两种声音,对女学问题的争论日益激烈。[114] 1897 年的论说《论中国宜广设女学塾》(《申报》,1897 年 4 月 30 日)认为,教育是一切事情的基础。因此,在西方国家,无论何种阶层,所有人均"同此学业""是能生之者众,食之者寡"(第 4 行,语出《大学》第 11 章 19 节)。作者感叹道,在中国,"通商以后势力日见屈于外邦[最近一次是在甲午战争(1894—1895)中的耻辱性战败],此皆由于不能

---

[112] 这一传统观点早在班昭的《女诫》中就被提出(Swann, *Pan Chao*, 85)。

[113] 清政府反对男女共学(Bastid, *Educational Reform*, 64)。1906 年 6 月 22 日的一篇极为保守的《申报》文章《男女分教合教平义》即持这种反对态度。文章认为,首先:"男女形体,天演异施绝不同物。其度数,其品数,女子皆弱于男子……假使男女共学,在女子程度不及,勉强追踪,先将有害于身体。"再者,"男子识人体,所持者世事;女子谙细情,所持者家事",需要教给两者的知识有分殊,所以很难共学。第三,"男女各有其天赋职分,男为社会之关键,女为家庭之关键",因此不可能合教。以上理由被公众视作普遍事实。然而,根据作者的说法,反对男女共学,还有一个中国特有的原因:在"女子教育萌芽初苗"的阶段,提倡男女共学可能致使顽固的士夫破坏女学。徐载平、徐瑞芳在《清末四十年申报史料》(第 293—294 页)中亦提到这篇文章。

[114] 另一篇敢于直言的论说《论中国欲人人识字必先以妇女识字为始并推言妇女不读书之害》刊载在 1897 年 1 月 17 日的《申报》上,由其长标题即可知文中之义。这篇论说认为,中国教育仍多在私人领域中进行,因此,母亲扮演了重要角色。但由于其知识有限,有必要对之进行教育。不能先解决男性教育问题,然后才去解决女性教育问题。文章预测,即便"中国文字较泰西为难"(文章前半部分极为细致地说明了这一点),"今诚能则效泰西之法,于各处省会创立女学堂,各处乡邑添设女学塾,令凡有女子者送入其中,训之诲之,将见不二十年而中国妇女皆能知书识字矣。逾此二十年,而中国男子乃亦无人不能知书识字矣"。几天之后(1897 年 1 月 23 日),《申报》刊出另一篇论说《申论中国妇女宜皆读书识字之益并议中国宜设女学校开女科第颁女法律》,作为对上文的回应。从标题即可看出这篇文章的立场更为激进。然而,作者通篇将其激进思想隐藏在有节制的表述之后。作者认为,受过良好教育的女性将更符合传统的道德标准,亦更善于主持家政,因为她们不易被欺骗。作者还问,当丈夫外出时,如果妻子能够亲自写信给他不是更好吗?作者将其建议(包括提倡学校教育)表达为对未来佳音的预测,并提出十年之后看女学是否有成效,若有,国家则宜采取进一步措施。

人人读书识字之故也"(第5行)。妇女教育的失败使她们无法执业,就有一半人"为无用之物";"而能执业之一半中,犹有游惰而不知自好者当居其十之二三"。因此,中国"待食者如此之多,谋食者如此之寡"(第5—10行)。妇女无业可执,是因为她们没有受过教育或所受的教育不够严格:"有力之家"使幼女入塾读书,不过三年五载,加上父母师长将她们视为次等学生,"即有稍知文理者……已目为才女"(第15—17行)。作者总结道,这一切表明"女子无才便是德"这种普遍想法是如此顽固(第18—19行)。文章最后就女塾的师资(延请男教师是不合适的)与筹款(传统家庭视出钱培养女孩为一种浪费,因为她终要出嫁、离开原生家庭)问题给出了可行的建议。

虽然作者并没有给女子教育编制一个中国式的来源(这并非偶然,这篇论说写于1895年之后,当时,为西方做法寻找中国起源已经不再流行,本书第二章对此已有讨论),但他借助《大学》的权威性,同时设想并回答了一位假想对话者的反驳,从而考虑了一些更保守的读者的感受。论说作者对潜在批评的回应中,包含了他对师资、筹款等细微事宜的周全关注,让我们觉得隐含读者最终会同意作者的结论,即女学塾有益于中国。

1903年的《兴女学说》(《申报》,1903年10月12日)延续了这种思路以及相同的论证策略。(请注意这一系列论说之间的发展:《论女学》讨论的尚是"女学"的抽象观念;《论振兴女学》倡导兴办女学;《论中国宜广设女学塾》要求扩大女学的范围;到《兴女学说》发表时,女学已经建立起来了。)但《兴女学说》的表达更为激进与情绪化:"窃叹女学之不可不兴!"(第5行)作者对传统说法持怀疑态度,不时对它进行近乎辛辣的讽刺;那些说"女子无才便是德"(第5行)者不免无情。作者以"传统主义者"之矛攻其盾,援引《列女传》[通常认为是汉代学者刘向(约公元前77—前6年)所作]与其他中国小说的例子,说明受过教育的女性是何其忠诚、孝顺、尽责、能干(第8—10行)!作者在这一部分的最后反问道:"子乃谓女子不必学。噫!女子果不必学乎哉?"(第14行)另一方面,作者只是表面上晒笑了站在另一方的维新人士及其对女性的看法,认为他们所兴之女学"陷害女子固不少矣"(第15行),引发了不少"大逆不道"之行(第22—23行),又采用另一套说辞,平实地陈述了"妇女与男子平权""妇女永脱丈夫拘束"等源自西方的观念,并描绘了解放了的女性形象——医生、船主、报馆之主笔、银行之伙友(第16—19行),以及任职于议院、朝廷者。她们是不再被囿于家庭的公共女性。论说者显然对其表示赞许。于是,要反驳文章最后的隐含观点几乎是不可能的:对传播这些西方观念或宣扬上述女性类型进行非难,就跟批评体操教育(这在19世纪最后几十年中是备受争论的议题)一样缺乏根据。原因很明显,教授体操的国家比如日本已展示其强力(最近一次是在1894—1895年的甲午战争中)(第24—25行)。这篇论说为倡导女性事业,再次隐晦地搬出了普遍存在的民族危机意识。文章最后总结说,与其专注于教育内容的细节,不如把那些聪明的女性都发掘出来,则中国幸甚(第27—28行)。

论说标题的变化伴随着观点的演进。相较《论女学》作者的踌躇、句句显示对保守读者的谦恭,《兴女学说》将关于女子教育的激进观点直接摆到隐含读者面前——他们或许意识到新的可能性并愿意冒险一试。作者期待读者同意其观点,将女子教育视作对中国有益之事。作者举出女性角色的典范,亦是在与预期的女性阅读公众交谈,她们能够由此设想自己的未来并向这些典范学习。

中国历史上关于女子教育重要性的讨论不胜枚举,相较而言,这里分析的《申报》文本中,最显著的区别在于其呼吁教育应在全中国女性中普及,而非仅限于少数人。然而,这种主张放大了假想中"不当"的女子教育可能带来的问题。[115]纵观中国历史,即使在受过教育的精英阶层中,识字的女性也只有在特定环境和条件下才会被接受。[116]对女性应该读什么、写什么、出版什么的限制已成常规,[117]因为女性受教育一事可能是危险的。[118]许多《申报》论说的言辞相当繁复,并具有潜在的争议性,这表明尽管教育制度发生了真正的变化,人们的这种态度依旧非常普遍。

因此,1907年3月8日清廷公布的女子小学堂与女子师范学堂章程中,亦试图处理这一显在问题。女子学堂要授学生以"孝弟、慈爱、端敬、贞淑、信实、勤俭诸美德"。这些关于女性气质的传统理想,几个世纪以来导致了女性对家庭权威的消极服从,亦成为官方认可的行为标准。女子学堂的教育成果,是用蕴含旧道德的新知识改造过的"贤女、贤妻、贤母"[119]。然而,《申报》论说表明,此种教育的意识形态几乎没有进入报纸。甚至最早的社论都呼唤一种新型女性。理想的女学生具有天赋,但绝不缺乏美德;她是中国未来国民之母,只因她掌握算术,或从事记者、医生等职业。《申报》作者再次利用了人们熟悉的女性形象和对女性的期待,其目的却是要颠覆它们。只有很少的论说保留了陈旧的女性刻板印象——大多数论说都重构了它们。[120]

---

[115] 高彦颐(Ko, *Teachers of the Inner Chamber*, 98)发现,明代女性教育的倡导者亦设想了一个较为广泛的公众——不如晚清时那样包容性强,但他们也对自身的勇气感到害怕。于是,我们看到的晚清时期持续性的约束机制是一种早已被确立的惯行——无论从事写作/阅读的女性离为她规定好的家庭角色有多远,人们总是存在着以下预设:她的能力与人生中的天职(callings)不同于占据公共领域的男性(出处同前, 231)。

[116] 例如,明代对"情"的崇尚使女性更容易进入知识圈(Mann, *Precious Records*, 22)。类似地,清代文人对官方儒学与官僚制度的失望使女性成为纯粹的学者所尊崇的典范,因为即使是受过教育的女性亦被禁止参加科举考试,她们未被对中举的渴望污染(出处同前, 31)。

[117] Widmer, "Ming Loyalism", 366, 373; Ko, *Teachers of the Inner Chambers*, 176.

[118] Waltner, "Writing Her Way out of Trouble", 231.

[119] 这种看法自晚清一直存续到民初,参见罗苏文《女性与近代中国社会》,第145—165页。亦可见Beahan, "Women's Movement and Nationalism", 334, 337, 338, 380。这一看法还曾出现在梁启超《论女学》一文中,此文于1897年首次发表在《时务报》上,之后经常被引用。梁启超主张女性应该接受教育,以抚养优秀的孩童,他们将能把中国引入现代世界(Witke, "Transformation of Attitudes", 30; Beahan, "Women's Movement and Nationalism", 115, 183)。1901年刊登在《教育世界》上的一篇文章亦有类似的说法,参见Bastid, *Educational Reform*, 80。

[120] 唯一一篇在根本上持保守立场的文章是《男女分教合教平议》(《申报》,1906年6月22日),这篇文章讨论男女分教相对于合教的优点,本章注释113提到过这篇文章。

虽然《申报》对女性公开露面(《申报》常常批评这一现象,但又语带辩解)和女性教育问题(《申报》经常提倡女子教育,但措辞谨慎)的态度存在明显的变奏与复调,但显然,《申报》从初创之日起就迫切关注女性议题。然而,仍旧很难弄清楚这些论说的隐含读者是谁。这些论说唤起的担忧对男性或女性来说或许一样紧迫。所有论说都围绕女性进行了大量的公开讨论,却没有一篇公然面向女性。在这些论说中,女性及其事业被客体化(objectified)了。这里考察的所有论说均唤起了一种危机意识,一种中华民族即将面临厄运的意识。所有论说作者都认为,女性是中国一切软弱和"差错"的转喻。[121] 只有女性境况的改变能够阻止中国走向崩溃。因此,改善女子教育制度并重新思考加诸女性身上的新旧限制,将有益于整个国家;女性一定是解决中国各种病症的灵药。《申报》主笔与中国的"文明界"对女性问题表示关切,是因为他们认为欧美有世界上最文明的国家,这些国家对待女性的方式与中国如此不同,且鄙弃中国对待女性的方式。于是,想要恢复中国在这些国家心目中的声誉成为他们讨论的核心。缠足、女性不识字、纳妾等现象要被废除,这样,外国人就不会再视中国为"野蛮之地"。[122] 新闻媒体讨论女性独立与平等的话语,实则是希望中国保持其独立性并重新在国际上获得平等地位。[123] 这是形塑早期《申报》这家上海新闻媒体之内容的社会框架:民族主义情绪是女性问题的线索。民族主义使新的女性角色正当化。[124]

令人惊讶的是,论说没有明确邀请女性加入讨论,她们显然没有像在广告中那样被预设为读者。女性从家庭的限制中被解放,是否仅仅事关男性的名誉?[125] 当然不是。也许在现实生活中,《申报》社论与短评所提及的女佣、妓女与堂倌有比国家前途更紧迫的个人关切。[126] 但同一时代,在比她们更富裕的女性(比如秋瑾)笔下,或是在秋瑾前后的其他女性报人笔下,国家前途同样是首要的考虑因素。[127] 所以,女性自身亦利用了民族主义工程作为一种"赋权话语"(authorizing discourse)。[128] 因此,

---

[121] 一直到 20 世纪 30 年代仍是如此;20 世纪初,中国的女性主义及文学作品中,枷锁的意象是一个固定的隐喻,用来表明对女性乃至对民族的压迫(Kristine Harris, " 'The New Woman' ",60)。

[122] Witke, "Transformation of Attitudes",155. 讨论"他人(会)如何想我们",是 1872 至 1912 年在《申报》论说中反复出现的主题。关于女性待遇,最明确的论说是前面提到的 1882 年 4 月 17 日的《申报》文章《述西人论中国贵男贱女之俗》。其他的例子,参见徐载平、徐瑞芳,《清末四十年申报史料》,第 123—125 页。另外,康有为在 1898 年关于缠足的上书中,亦明显顾及了西人的意见(参见 Borthwick, "Changing Concepts",70-71,其中讨论了康有为之请愿)。同时代的例子,参见 Harper's Weekly,11.8.1894,747。

[123] 格哈特(Ute Gerhard, "Anfänge der deutschen Frauenbewegung",196)有相似的论断。她解释了德国女性运动兴起与 1848 年革命之间的紧密联系。

[124] Rankin, "Elite Reformism",36. 亦可见 Borthwick, "Changing Concepts",75。

[125] Roske, "Geschichte eines Traumes",138。

[126] 卢汉超(Lu, Beyond the Neon Lights)说明了,上海底层社会的日常生活关切与同时期知识阶层笔下所关心之事极为不同。

[127] 最早不专门为女性杂志写作的女记者出现在 20 世纪 10 年代初(李西亭,《民初女记者》;Beahan, "Women's Movement and Nationalism",200;以及 Eva Chang, "Chinese Women's Place in Journalism")。

[128] 季家珍(Judge, "Talent, Virtue, and the Nation",765 et passim)巧妙地使用了这一表述并给出了例证。

与广告不同,这些论说并未将家庭指定为女性唯一可走的道路;但与广告如出一辙的是,这些文本拥有相同的最终目标:它们的隐含读者是民族主义者,无论男女。为国家计,中国报纸论说强调了妇女解放与女性教育的重要性,刊登这些论说的报纸由此成为另一本"浓缩的教科书",而不单纯是对现实的反映。

报道女性:性感的"失阳者"(Desirable "Emasculates")

> 一位纽约的编辑曾说,只需记住四个词,就可决定新闻故事的相对吸引力。这四个词,据他所说,即血腥、动作、名人和女人。
>
> ——约翰·杜威(John Drewry)[129]

20世纪之前的一段时间内,女性读者是上海新闻媒体论说与广告言说的对象和内容,但被以上两者规定的女性读者,与上海街头的女性是不同的。本节将考察前两节的结论在何种程度上适用于新闻报道。讨论的问题包括:女性是否作为隐含读者而在新闻报道中占有一席之地?报道如何描述女性、其目的为何?对待女性的传统态度是否得到沿袭或修正?一旦女性成为阅读新闻的主体,作为报道对象的女性是否会获得一种新的地位?这些问题的答案极其复杂不明。从一开始,女性便引人注目地出现在《申报》上。大多数文章视其为残酷命运的被动受害者,但即使在最早的报纸上,也出现过迷人而出类拔萃的巾帼英雄,她们自信、勇敢、直率甚至有些放肆。前文已经讨论过关于女性公开露面的描述,从中可以看到,这类女性出现在19世纪七八十年代,而在19、20世纪之交出现得更为频繁。虽然女性不像在广告中那样被公开提及,但她们作为隐含读者同样在新闻报道中被唤起。

可以说,《申报》前四十年关于女性的报道和评论,最常见的主题是施加于女性身上的残忍行为。这些故事涉及不同阶层、不同年龄段各种女性之"苦"。她们被虐待、被拐或被杀,[130]奸淫妇女的案例也经常出现。[131]虽然许多文本怨叹,应有某种救赎女性的方式,但这些文本又不约而同地得出"人生不幸而为女子"的结论。[132]这些作者在喟叹的同时,承认女性的命运是被决定的,从而将女性限定、捆绑在这种客体位置

---

[129] Drewry, *Concerning the Fourth Estate*, 138.
[130] 参见《申报》,1872年5月10日、5月31日,1877年5月7日、5月26日,1882年5月8日、5月10日、5月13日、5月20日、5月23日、5月24日、5月25日、5月27日、5月28日、5月17日,1902年5月14日,1907年5月31日,1912年2月23日、5月15日、5月16日;以及《上海新报》,1872年11月14日、11月16日、11月28日。徐载平、徐瑞芳在《清末四十年申报史料》中(第301—302页)提到若干其他例子。《点石斋画报》与《图画日报》(例见35/7,39/7,40/7)亦经常描绘男性袭击女性的场景。
[131] 参见《申报》,1877年5月29日,1882年5月11日、5月18日、5月19日、5月31日,以及1907年5月22日。
[132] 引文参见《申报》,1897年5月15日,第1行,以及1899年10月27日,第8行。关于女性痛苦遭遇的报道、社论与短评(其中许多使用了诸如"虐待""肆行暴虐"等抓人眼球的短语来吸引读者),参见《上海新报》,1872年12月24日;以及《申报》,1873年7月28日,1882年5月5日、10月16日,1888年5月25日,1891年3月16日,1892年5月5日,1897年1月2日、1月12日、5月6日、5月26日。

上。1872年一篇关于缠足的论说便是持这种态度的典型。[133] 这篇文章以悲观的基调得出结论,缠足的习俗"业已历一千余载……吾恐相习成风,将与天地同休,历千亿万年而不改也"(第18—20行)。根据作者的说法,虽然缠足使一些女性行走困难甚至引发疾病(第8—9行),但审美观念一直没有改变(第18—20行)。[134] 尽管作者的语气充满了哀叹和同情,但其评论却划定了一个既定的女性角色,这个角色将在以后几十年中延续下去:[135]在中国社会中,女性是被动的受害者,是无助的、依附性的客体(她的身份通过在家庭中的地位得以确认)。[136]

一个典型的例子是1882年的一则新闻报道《孕妇踏毙》(《申报》,1882年5月13日)。它描述了一起发生在福州港口的残酷意外:一伙船员上岸时"意态狂荡""趾高气扬""误将艇上之孕妇踏伤,登时鲜血淋漓,胎随堕落"。报道的标题也表明孕妇已殒命。翌晨,负责调查此事的通商局陈委员"闻知,以事关人命……"(第4行)这里,女性被客体化了,报道没有将她作为个体的人来介绍,亡殒的是"人命"而不是"她的生命"。事实上,这则报道长达七行,但仅有三分之一行提及孕妇的遭遇(第3行)。报道主要讲的是港口管理的腐败:船员罔顾规定,"私自登岸宴宿",而主管人员"约束不严,向来骄纵"(第1—2行,第5—6行)。报道的重点并非孕妇之死,却仍以"孕妇踏毙"为标题。这显然是为了以性别与犯罪元素吸引读者。如果死亡还不能引发读者的关注,那

---

[133] 《缠足说》,《申报》,1872年5月24日。《申报》经常刊载关于缠足问题的报道、社论与短评(例如刊于1877年9月7日《申报》的新闻报道,以及本章注释135将讨论的、刊于1907年5月29日的文章;更多例子在徐载平、徐瑞芳《清末四十年申报史料》中有讨论,第303—308页)。

[134] 顺便提一下,郑观应(1842—1922)在《盛世危言》中谴责裹足"酷虐残忍",致使妇女"两仪不完",且这种做法"稽之三代,考之经史,无一言美之者"。这些批评均是传统主题的变调。但同时,郑批评缠足的理由还包括,这种做法会使中国招致外国的嘲笑,这是一种新的思虑(Beahan, "Women's Movement and Nationalism", 81)。这让人联想起本章注释122中提到的女性公共职能的合理化问题。这些观点,还有1897年梁启超发表在《时务报》上的看法,以及张之洞为不缠足会所作序文(译文参见NCH 19.12.1897, 1093),均值得进一步研究;近来,众多学者已开始研究这一主题,尤其是高彦颐(e.g., Ko, "The Written Word and the Bound Foot")。

[135] 1907年5月29日,《申报》刊载了一篇关于两江总督示禁缠足的报道(《江督示禁缠足》)。从其训诫的语气可以推断,缠足的风气一直持续到20世纪初。报道承认缠足"行之已久"(第4行),是中国独有的"陋习"(第5行)。报道提及缠足的害处,指出它会"致弱"而使妇女生疾病(第9—10行),且"缠足之意无非欲以取媚于人,可耻孰甚"(第8—9行)。接着,文章援引传统的理由来说明放足这一现代观念,此观念要为妇女打开大门,使她们能够离开家宅。但这篇报道请求家长为女儿放足的理由是为了更好地遵从儒家教义。只有未缠足的妇女才是真正端庄的(第8—9行),只有她们能孕育健康的后代,这对于国家与家庭来说都是重要的目标(第9行),也只有她们才善于操持生计进而有益于家庭,而不是仅仅当一个寄生者(第17行)。

[136] 可参照20世纪70年代美国妇女从属于家庭或丈夫的情况(Hearth and Homes, 145 and 146):"少数情况下女性的名字会在报纸的常规版面上出现,是从'更衣室谈话'(locker-room talk)的视角出发的。此种情况以外,美国报纸会将女性化约为'那个被刺死的无名褐发女子'。""她们仍是男性的性对象、围着男性转,女性不会构成独立意义上的'真正的新闻'。她们从属于男性的世界,是妻子、母亲、女儿,是无名的金发或褐发女郎。"

么孕妇之死肯定可以。[137] 女人有利于丑闻的形成,而丑闻有利于报纸销数。[138]

本章所考察的时期内,新闻报道中的女性一次又一次地像这样被客体化。[139] 关于妇女受侵害的文章频繁见报,并在标题中明确写出性别,这表明报纸有意将女性当成吸引特定阅读公众的诱饵,[140]但并不意味着报纸想要改善她们的命运。[141] 事实上,报道作者这样写作根本不是为了吸引女性读者,甚至不是为了向她们言说。相反,这些报道唤起的隐含读者对女性的可怜命运感到既着迷,又痛恨。在许多早期报道中,女性是男性凝视的客体,而不是这些文本要进行交流的阅读主体。许多报道标题中点明"女性",正是为了吸引男性读者。[142] 因此,让女性进入报道并不是一种民主化的手段。这些故事背后的思想暗示了一个软弱但迷人的女性形象,她们需要男性的支持才能生存并生活下去。

《申报》尤为频繁地刻画名妓与普通妓女这一特殊类型的女性,她们也被称为"引领风尚者"(trendsetters)[143],这一事实证实了上述描绘女性的角度。单纯从数量上

---

[137] 杨乃武的故事就是将女性客体化的最为臭名昭著的典型。董玥(Dong, "Communities and Communication")对之有巧妙的分析;更晚近的研究参见 Vittinghoff, "Am Rande des Ruhms"。董玥的研究表明,尽管涉事的女性是《申报》报道的中心,但"她"自己的声音从未出现在报纸上。报纸整页整页地发表男性话语,但"她"从头到尾是无声的,是满足男性读者想象的欲望客体。

[138] 在 20 世纪 30 年代的中国,这种使用或滥用女性作为引发人们新闻兴趣之对象的做法,成为讨论的热点。1934 年的电影《新女性》"纽结起关于都市新闻媒体责任的争议:它们作为现代舆论的制造者应如何对女性和社会负责"。电影"在屏幕上重申了女性与现代性的问题,既批评了加诸女性身上的传统束缚,也批评了大众媒体与都市社会中女性遭受的不公待遇"(Kristine Harris, "'The New Woman'", 56, 57)。

[139] 例如 1912 年一篇关于两个女孩(一位 15 岁,一位 16 岁)被拐失的报道,其语言完全是中性的:"以巡捕被告知拐失事,捕头允为查辑。"(《拐失女子》,《申报》,1912 年 5 月 16 日)

[140] 相较而言,一些涉及被侵害的男性的报道似乎更多地给予男性主体地位,却未在标题中明确提及他们的性别,这一点很明显。第一章讨论的两则消息便是如此:1877 年 2 月 8 日的《申报》文章《失银伤命》讲的是一位男子的不幸遭遇,他被窃去了借来的钱。报道并未为了吸引读者注意而在标题中指明受害者是男性。类似的还有 1873 年 4 月 29 日的《申报》文章《无属浮尸》,它对一具男性尸体进行了详细描写,但亦未在标题中标明性别。亦可见《申报》,1892 年 3 月 7 日。

[141] 实际上,这类报道的频繁出现甚至可能对女性造成危险。某些事件如果被报道得太多,读者就会变得麻木进而接受它们。如果报纸三天两头提及男性殴打妻子、诱拐以及强奸女性,它们就会变成像自然灾害一样平常的事件。

[142] 第三章已指出,京报对杀妻者与贞妇的描述具有类似的功能。亦可见 Lent, *Women and Mass Media in Asia*, v。

[143] 参见 Yeh, "City, Courtesan, and Intellectual", esp. chap. 2。其中附和并扩展了何杰尧(Virgil Kit-yiu Ho, "Selling Smiles", 120)的观点,何引用了当时一位观察者的话:"在街上,她是引人注目的对象——大家想在她身上看到最新式的女装";叶小青(Ye Xiaoqing, "Popular Culture", 13, 15, 274)亦认为,当时上海的名妓引领了时尚,而上层社会的女性追随之。亦可参考 Henriot, "Chinese Courtesans"。文学研究方面的意见,参见 David Wang, *Fin-de-siècle Splendor*, chap. 2。其中称,晚清狎邪小说创造了新的价值观:"溢"(excess)成为美德,女性不再是"内人"。高彦颐(Ko, *Teachers of the Inner Chambers*, 282)则呈现了明代名妓的类似形象。高认为,名妓是唯一能够像男性一样生活的女性。然而作为回报,她们不再与其他女性接触,仅仅依赖(吊诡的是,可能比其他女性更为严重地依赖)男人。名妓兼具权力与脆弱性,这种两重性决定了《申报》文本讨论名妓的话语,下文将说明这一点。

来看,关于名妓的报道与评论如此之多,表明它们被当作一种令人愉快的消闲事物[144][事实上,自李伯元创办《游戏报》(1897)开始,消闲报纸或"小报"作为一种报纸书写类型,终于开始充分利用起读者的这种兴趣]。[145] 这些文本集中体现了人们(男性)迷恋的两个要素:性和犯罪。它们详细描述了名妓精致的着装、华美的马车,以及她们因耽溺于鸦片或落入杀人狂之手而死去的场景。名妓与普通妓女被描述为"贼",又是受鸨母虐待或出卖的受害者。[146] 其中较为特别的一篇,是1907年发表的《妓女苦况》,[147]它报道了一位妓女"通宵啼哭,为巡捕查知,恐有被鸨凌虐情事,将情报由捕头,饬探往查。嗣悉该妓以生意不佳被鸨嘲骂。"[148] 与许多此类报道一样,这篇报道以傲慢的语气,将女性牢牢放置在弱小与从属的位置上。巡捕充当了保护者的角色,但他同样无能为力。他无法改变妓业规则。与缠足的情况一样,妓业及其弊病被人们当作生活中的事实接受了。

《申报》头几十年关于妓业议题的报道与论说中,常常可以见到这种同时掺杂着同情与憎恶的态度。[149] 这种模棱两可的态度并非新事;至少从明代开始,它就是描述妓业的一种常见修辞。[150] 然而,在报纸报道中,名妓或妓女最终成为一般女性的一

---

[144] 例见《申报》报道,1872年9月12日、10月7日、5月12日,1887年5月16日,1902年5月29日,1907年5月20日、5月29日;《申报》论说,1872年6月10日,1873年7月29日,1887年11月20日,1891年3月16日,1892年5月5日,1902年11月13日;以及《新闻报》,1893年8月11日、8月27日。

[145] 一项有趣的研究,参见 Yeh, "Deciphering the Entertainment Press"。小报在民国时期仍延续了李伯元报纸所创立的传统,关于此,参见祝均宙,《上海小报》。

[146] 贺萧(Hershatter, *Dangerous Pleasures*, 17-20)大致考察了《申报》较晚时期(1919年及以后)关于妓业的文章,并得出类似的结论。

[147] 《妓女苦况》,《申报》,1907年5月20日。

[148] 残酷的鸨母是中国描述妓业时的固定形象,参见 Virgil Kit-yiu Ho, "Selling Smiles" (esp. 107-108)。亦可见 Hershatter, *Dangerous Pleasures*, 75-76;以及《图画日报》,40/7。

[149] 例如,1882年5月20日的一篇题为《论诱娼》的《申报》论说问道:"为娼者是否果真不如为盗者?"(第1—2行)"为何有女而至为娼,则家中亲人均感不齿?"(第3行)。1888年5月25日的另一篇《申报》论说《论虐妓事》讨论了虐待妓女的问题。文章开头描写了富裕繁华的上海以及那里的一些名妓(第1—3行),"香车宝马阗咽于其门,珠履绣衣熙攘于其室"(第12—13行)。这种所谓的繁华是时人熟知的主题;参见 Virgil Kit-yiu Ho, "Selling Smiles",110。另一方面,虐待或是杀害妓女的事却"寂无闻焉"(第16行);这样看来,她们的情境确是"惨于囚犯"(第23—24行)。这也就不难理解,为何妓女"或吞烟或投缳,捐生就死甘之如饴"(第24—25行)了。1897年1月12日的另一篇《申报》论说《论沪上妓女之苦》(第一章中已略有论及,第50—51页)认为,"世间妇女,惟妓为最贱,亦惟妓为最苦"(第1行)。即使是良家之女"堕溷沾泥者"(第2行)亦会被看轻。"赚人之钱莫过于妓",但她们在花粉服饰上花费甚巨——衣饰至少每月要随时尚翻新一次(第4—6行)。这篇论说也借人之口问出,"何用足为妓惜哉?"(第7行)作者说,"妓亦非生而为妓"(第8行),她们"或为父母所卖,或为蚁媒所拐"(第9行)。她们从事着压力极大的职业:"客多者,客一刻不断,妓即一刻不能自安;客少者,坐盼客来,尤不敢早安。"(第11行)论说认为不应认为妓女是无耻的,因"今日不拉一客,则明日之斧甑即生尘矣"(第14—15行)。"妓之苦亦可为至矣",使人不得不怜之(第25行)。解救"妓女之苦"的唯一良策只能是"禁倡寮"。

[150] Ropp, "Ambiguous Images of Courtesan Culture";Wai-Yee Li, "The Late Ming Courtesan".关于这种模棱两可的态度在民国时期的发展,参见 Virgil Kit-yiu Ho, "Selling Smiles", esp. 106-107, 122, 127; Hershatter, "Courtesans and Streetwalkers";以及 Henriot, "'From a Throne of Glory'"。

种极端范型。对名妓的刻画保留了对待女性的传统态度:在两性中,她们是更脆弱、更不道德的一方,因此,她们是"女祸"的缘由与受害者。[151] 故而,即便报纸报道的部分隐含读者可能是女性,但她们仍然受到特定的限制。这些文章作为训诫故事,将女性描述为受害者,灌输恐惧并给出传统的价值观。它们提醒女性注意其身份并约束她们。然而,由于晚清部分男性的软弱备受中国公众诟病,这些文本的出现也许更多是为了增强这类男性之自信心,而不是出于保护女性的需要(遑论当时男性保护女性的能力)。[152]

报纸(广告也一样)将女性描绘成受害者并对之加以限制,可被视作对上海街头正在发生的革命的一剂解药:在上海报纸上,女性是受害者,这很可能表明现实情况恰恰相反。证据之一是,在本章目前已经考察过的三类报纸文本中,均可观察到"狂欢性的迹象"(carnivalistic signs),表明时人正面临着精神压力。广告公开将女性确立为言说对象,论说之讨论以及画报之描绘,又将女性确立为受过教育的读者与公共论辩的参与者,这些声音在新闻报道中亦有回响。即使是在无数揭露女性苦况的报道中,我们仍能看到女性在发声与行动。显然,对女性作为读者(以及社会行动者)的评估与构建仍然处于较大的变化之中。

一个典型的例子是1872年5月的一则讲述某"陈女"故事的报道。[153] 报道评价她是非凡的人物:"守节一道为巾帼之光,然拼一死而善完其节者,尤非寻常所能及。"(第1行)陈氏是黄某家中幼子之妻。当幼子夭亡时,她"执妇人从一而终之义,欲为黄氏未亡人"(第1—2行)。黄家并非由黄某(他只是一个"酒蛆")而是由其妻主持,她平素溺爱长媳(第2—3行),"而长媳又与陈氏臭味不相投也"(第3—4行),"夫弟亡后,视其娌为赘疣"。根据报道记录的一段对话,长媳甚至想将陈氏逐出家门(第4—5行)。陈氏固父母俱亡(第5行),本家尚有兄在,却没有给予她帮助(第5—9行)。最后,陈氏回到黄家服洋药(即鸦片)求死,所幸被救。"询得其故,翁皆为感动,着令守节焉。"(第9—10行)

这篇报道将陈氏刻画成"烈女",这是传统的巾帼英雄形象。[154] 陈氏因守贞而成为典范。贞节在宋代成为女性的重要美德。[155] 前文已述及,邸报和正史"列女传"收

---

[151] 关于这一概念,参见本章注释90。这种对待名妓/妓女以及一般女性的模糊态度,在中国持续占据主导地位长达半个世纪以上。这些模糊之处,在1934年电影《新女性》的三位女主人公身上仍有所体现(参见 Kristine Harris, "'The New Woman'", 67)。

[152] 伊沛霞(Ebrey, *Inner Quarters*, 8)认为,明清作品中将女性受害者化只是一种喻说。在她看来,明清社会、经济与文化层面的急遽变化显著地影响了性别关系,女性在社会中的地位亦会随之改变。

[153] 《陈女苦志》,《申报》,1872年5月31日。

[154] 刘向的《列女传》是女性传记书写的典范,并使"列女传"成为正史中的既定部分。参见 Balfour, "Fragments"; Sung, "The Chinese Lieh-nü Tradition"; 以及更晚近的,Raphals, *Sharing the Light*。

[155] 关于妇德以及自宋代开始对妇德的利用与滥用,参见 Elvin, "Female Virtue and the State"; Borthwick, "Changing Concepts"; Linck, "Hätte anstelle des Herzogs", esp. 15; 以及 Carlitz, "Desire, Danger, and the Body", 108, 114, 117。

录的道德故事中,有不少是以贞节为主题的。《申报》早年同样关注这一话题。[156] 然而,陈氏成为传统巾帼英雄的方式却是现代的:服用洋药。这里,传统故事中的固定角色——恶婆婆、恶妯娌,亦在现代媒体即报纸中得到呈现。表面上看,这条早期消息已然融合了中外元素。

如果继续深挖文本,我们会发现这些不同元素之间存在着紧张的迹象。固定人物及其固定行为,包括最后的大团圆结局,似乎应更多地归于小说而不是新闻书写(第一章已经说明,这是《申报》报道中的典型现象)。同样令人惊讶的是,在这篇表彰女性顺从品质的文章中,女性对话占据了主要篇幅:姑媳之间和妯娌之间的对话占据了一半以上的篇幅。报纸记录对话很平常;毕竟报纸是会登载采访的一般媒体(本书通篇均表明,在《申报》论说、广告与新闻文本中,对话结构占据了重要篇幅)。但是,通过对话来描绘女性,她们在文本中商讨、操纵、规划着自身的情况(这一做法在《列女传》之后就湮没不彰了),当然是一种创新,特别是在一个宣称要获取事实、希望能比传统小说更受重视的公共媒体上。[157] 一篇这样的报道通过再现人物行动,公然承认即便在家庭之外,女性也会是一股力量。无论这多么符合中国的实际情况,[158] 都不是应该出现在印刷品上的那类事实:虽然根据《周礼》,"妇言"是女性四德之一,但更晚近的儒家教义认为,为了不威胁既定的秩序,女性不应公开发表言论。[159] 晚清时期,妇人言论一般被认为是"流言蜚语","长舌妇"(这一形象在《诗经》中已经出现)应该受到压制。尤其是妯娌之间的争论,往往被视为大家庭的一种主要纷争,[160] 一般认为女性言论

---

[156] 《申报》转载京报关于节妇/烈女事迹的报道,参见本书第三章,第 124—125 页。关于节妇/烈女的其他报道,参见《金节妇传》,《申报》,1872 年 5 月 6 日;《烈女殉节》,《申报》,1872 年 9 月 13 日;《马烈女行》,《申报》,1872 年 10 月 8 日;《李烈女金烈妇合传》,《申报》,1872 年 10 月 10 日;《张贞妇传略》,《上海新报》,1872 年 12 月 19 日;以及《余节妇传》,《申报》,1877 年 9 月 7 日。

[157] 因此,报纸呈现商谈中的女性相较中国小说中的类似描绘,前者的意义更为显著。小说的确塑造过"直言的女性"形象,但她们通常被描绘为例外而非常规;在元明戏剧、《水浒传》等白话小说以及一些早期的才子佳人小说中,直言的女性是尤为特殊的[也是更不"真实"(real)的]女性。马克梦(McMahon, "The Classic 'Beauty-Scholar' Romance",227)明确地称她们为"一种对规范性的男性及女性角色话语的偏离"(a deviation ... from the discourse of obligatory male and female roles)。言说的女性在晚清小说中出现得越来越频繁。在王德威看来,表现女性言说的场景"一次又一次地出现",它们提供了塑造一种新女性的"对话条件"(interlocutory conditions)(David Wang, *Fin-de-siècle Splendor*, 166;更多例子参见 McMahon, "The Classic 'Beauty-Scholar' Romance",172)。然而,同样可以说,迟至 20 世纪 30 年代,报纸对一种"强有力的女性叙述声音"的塑造仍然不常见(参见关于《新女性》的讨论,Kristine Harris, "'The New Woman'",58)。

[158] 关于中国女性的人类学研究发现,女性是掌管家政者;例见 Freedman, *Study of Chinese Society*; Olga Lang, *Chinese Family and Society*。

[159] Mann, *Precious Records*, 89, 101, 119. 根据班昭的说法,"妇言"并不意味着她是好辩的。参见 Ko, *Teachers of the Inner Chambers*, 145. 甚至《列女传》所褒扬的女性"辩通"也仅被视为例外。对好辩女性的指责参见《申报》,1873 年 3 月 20 日(本书第 56—57 页对此有过讨论)。

[160] Dong, "Communities and Communication",90. 曼素恩(Susan Mann, *Precious Records*, 77)记录的关于女诗人的激烈讨论表明,女性的言说与书写总被认为具有潜在的破坏性:女性诗作在维护儒家名誉的同时,也表达了可能侵犯儒家名誉的激情和情感。

不应在内闱之外被听到,即"内言不出门外"。[161] 如果考虑到这一社会背景,报纸这一公共媒体刊登女性对话的做法就发挥了狂欢式的作用,它们展示了一种"第二重真理",[162]将"主语言系统"相对化了,由此创造出一种常在变革时期出现且至关重要的复调。[163]

这里,新旧两种声音同时出现。无论报道在圆满结局处如何强调回归传统的价值观,对话中的狂欢元素都是一种对未来的预兆。在这些报道中,过去、现在与未来相遇并相互竞争。[164] 当人们读到这篇报道时,要紧的问题不在于它是否"重复"或"唤起"了女性典范的传统(文章确实也如此做了)。要紧之事发生在它与经典的这种相似性之外,且其发挥作用的方式类似于第二章讨论的对经典的引用。对传统意识形态的明确重申,不能被读解为又一个熟悉的实例,或是即刻可被理解的意识形态闭环,它实际上可能是一种断裂、通向另一种话语的出发点,且预示着对以往意识形态的远离。[165] 隐含读者显然坚信包括贞节在内的传统价值观,坚信贞节的价值与必要性,但他同样能够意识到他身边正在发生着的变革,听到女性狂欢式的、具有颠覆潜能的声音。文本中的紧张迹象也许预示了变革,这些变革最终将使女性不仅能在(on)新闻纸上说话,并且能跨出(over)新闻纸说话。

约三十年后,1902 年 5 月,《申报》刊载了另一篇记述女性"苦况"的报道,[166]证明上述变化确实发生了。狂欢已变为(文本上的)现实。这则报道长达三行,说的是一位名叫林毛毛的船户在浦江溺亡了。其妹林阿多"投马路工程局报称,当夜金顺兴船户陈才林、倪桂生、朱阿双见毛毛,以篙挽住其船,同声漫骂。毛毛惊惧之下,失足堕河。"林阿多做了女性应该做的:帮助其男性亲属。因此,她的举动是在坚守特定的传统社会规范。但根据报道的描述,其举动同样是革命性的:不仅因为她的控诉被报纸这一公共媒体记录下来,更因为她是在公共机构而非自己家中发出控诉的。林阿多是一位积极、自信、无畏的女性,她具有对男性进行公开指控的意志并能取得成功;此事被报告给了上级官员。显然,这里,主人公不再遵守"内言不出门外"的古训。这篇报道的隐含读者不仅会赞同林阿多对兄长的悌敬之举,甚至会赞许她作为一位公共女性的勇敢自信。隐含读者自己可能就是这样的女性,因为敢于造访公共机构的女性也敢于阅读报纸。

必须承认,多数《申报》文章并未将女性描绘成自身命运的积极创造者。但在本章所考察的时期内,这种诉求出现得越来越频繁。这些报道有力地反驳了"女性受苦"这

---

[161] Mann, *Precious Records*, 89.
[162] Bakhtin, *Rabelais und seine Welt*, 9, 14.
[163] Cf. Bakhtin, *Dialogic Imagination*, 368.
[164] 这里沿用了巴赫金(Bakhtin, *Probleme der Poetik Dostoevskijs*, 101)的表述。
[165] Rey Chow, *Woman and Chinese Modernity* and Levenson, *Confucian China and Its Modern Fate*.
[166]《女婴诉苦》,《申报》,1902 年 5 月 14 日。

一主流讯息。这一点在20世纪10年代初、民国成立之后表现得最为明显：与女性相关的报道不再仅仅将她们与性或犯罪挂钩。例如，许多报道涉及新的、更平等的结婚与离婚观念，[167]支持女性经济独立，推动妇女选举权运动，以及鼓励女性参与政治与体育活动。[168] 以往，女性唯有通过对其"苦况"的报道才能出现在公共领域中，而通过现在的报道，公众可以看到她们投入各类活动与职责之中。她们不再被家庭中的从属关系界定，不再被局限为"婆"（妻子）或"养媳"，而是"新女界"（例见《申报》，1912年5月1日）的一员。现在，这些女性是"女公子"（《申报》，1912年5月8日）或"女士"（《申报》，1912年5月21日）——甚至在称呼上，软弱的、作为附属的"去势者"（emasculate）现在都变得阳刚起来。[169] 虽然在民国时期，关于女性遭受不公对待的报道并没有完全消失，但关于女性的报道常常围绕"自由""平权""参政"等话题展开，而不再仅仅关于"苦""羞耻"或"自杀"。[170] 尽管关于女性的文章更为集中地出现在消闲栏目"自由谈"中，但女性亦持续在报纸其他栏目内占有一席之地。不过，即便到此时，狂欢元素、复调与多声性（heteroglossia）可能仍然存在，例如在一些描绘女性的图画中，她们穿着女式长袍，又剪了男子发式（见图4.6）。

再如，有新闻记录了一次公开会议上的大量演说内容，会议乃关于两名留日归国女士吴淑卿、陆国香筹建女校的事宜。[171] 根据报道，会上的女性讨论活跃且态度强硬。男性在女校的组织工作中则没有发言权："女学以女界主政，男子不得与闻。"（第16行）报道描绘了女性在公共集会上的理性论辩，这曾经是只由男性占据的场合。然而，会议快结束时，女校创始人之一陆国香"伤风败俗"的行为（她曾与孙中山行握手礼）成为争论的关键，最终导致她禀请辞职。陆无法接受的是，人们将她的"现代"举止

[167] 例见《订婚之改良》，《申报》，1912年5月7日，这篇文章详细讲述了发生在一天前的一场订婚仪式，描述了订婚双方相见细谈，交换饰物的情景，还提到备受争议的"握手礼"（参见本章注释172）。《离婚之习俗》（《申报》，1912年5月8日）则提到美洲妇女婚姻极其自由，"离婚案几达国内缔婚全数百分之十五"。文章又详细讨论了三起著名的离婚诉讼案。另一篇报道转载了"自由结婚"的法律，参见《自由结婚》，《申报》，1912年10月3日；《申报》亦以小说形式讨论了自由结婚的问题，参见《自由女之新婚谈》，《申报》，1912年9月19日。

[168] 关于妇女参政，例见《申报》，1912年1月26日、3月24日、3月25日；关于体育运动，例见《申报》，1912年12月22日（配图为一位女士在骑脚踏车）；关于经济独立，例见《申报》，1912年9月24日。

[169] 冉枚烁（Rankin, "Emergence of Women", 45）谈到，20世纪初前后，"女士"一词使用得越来越频繁，最后甚至成为一种常用称谓。事实上，"女士"不是新出现的词汇。至少从晚明开始人们就用它指称受人尊敬的家庭妇女、之后又用它指称名妓，由此她们便如同受人尊敬的男性。"女士"一词表明在某种程度上，女性为了达成某些作为，必须先成为男性。无论是谁，因其能够言说与写诗而在男性世界中被"真正接受"的人，最终均会被誉为"士"（参见 Ko, "The Written Word and the Bound Foot", 80；Mann, *Precious Records*, 67；Ko, *Teachers of the Inner Chambers*, 117, 139ff）。

[170] 例见《女士造福社会》，《申报》，1902年2月3日；《发起中华民国女子国学会启》，《申报》，1912年3月27日；《论女子要求参政权问题》，《申报》，1912年3月25日；《时评三》，《申报》，1912年9月6日，文章讨论了妇女政治权利的问题；以及《时评三》，《申报》，1912年9月24日，讨论了女性工人的问题。关于《申报》持续刊登文章讨论女性受到的虐待，参见本章注释130和132。

[171] 《两女士权利之竞争》，《申报》，1912年5月21日。

图 4.6 可见的复调(《申报》,1912 年 4 月 3 日)

(正如另一位发言者所强调的那样,在男女平等的时代,这种行为应该得到完全的接受,但事实上,即使在 1912 年,这种行为仍成为这次论辩的争议所在)[172]看得比另一位创始人吴淑卿之侵占及犯罪行为更严重。吴侵吞了建校用的拨款,还利用裙带关系让其兄临时"总理校务"。这一传统道德要素以狂欢的方式提醒人们过去的存在,并让人们更加强烈地意识到在 20 世纪 10 年代,男性凝视(常常被女性挪用并表达,这里便是如此)以及伴随这种凝视确立的传统的行为模式,仍然确保了女性未被完全"去女性化"(defeminized)。[173]

如此看来,这则报道的标题"两女士权利之竞争"就变得耐人寻味。"竞争权利"在国人听来有一种不好的意味:以追求私利为目的,是庸俗之人的惯行。报道中的发言者之一周女士提醒在场的女性注意不要落入这一陷阱:"勿令人笑我女界亦有俗夫争

---

[172] 《申报》及其他报纸总是在就"可怕"的外国习惯(比如作为一种问候方式的握手,或更可怕的贴面礼)进行争论,认为这些习惯将很快"传染"中国的现代派人士(例见 Mateer, *New Terms*, 116-117)。一种典型的看法(也许具有讽刺意味),参见 Lin Yutang, *Importance of Living*, 256-257:"也许我是非常进步的,能够欣赏西方艺术、文学,美国的丝袜,巴黎的香水,甚至英国的战舰,但我无法理解如此进步的欧洲人为何能让握手这种野蛮的风俗持存至今。"

[173] 另外一例,参见《论女子宜注重道德》,《申报》,1912 年 9 月 5 日。

权逐利之恶习。"(第12行)这篇报道的主人公是积极参与公共事务的女性,其标题却蕴含着如此消极的意象,这种语言选择展现了一种刻板印象。此标题再次表明,报纸文本中存在着复调。

在19世纪70年代初的报道中,我们就已经可以发现新旧两种声音。此后,这种复调的本质当然发生了改变。到上文讨论的时期,"现代"价值观已经主导了关于女性的书写,但"传统"价值观却未被完全抛弃。在《新女界杂咏》(《申报》,1912年5月1日)一文中,这种复调同样明显。该文反复使用了中国传统与现代元素。作者讥讽所谓的"三从"——即未嫁从父、即嫁从夫、夫死从子(第1行)是一种"奇观",甚至是一种"邪说",但他同样对"平权"(第2行)和女性参与政治(第4行)充满不屑。另外,作者确又认为嘲笑女性"无夫"(第8行)或"着洋鞋"(第20行)的行为几近荒诞。[174]

《申报》新闻报道对女性的建构同时面对着来自传统与现代的压力,而这些压力又逐渐随时代改变。20世纪10年代出现的"新"事物,实际上并不是对"旧"事物的改写,而是一种替换,一种重点的移置。许多文本持续呈现着一种同时以现代与传统价值观为依据的规定性,这使我倾向于认为,女性也是这些文本的隐含读者。但事实证明,要遵守这些文本的规定可能是困难的,因为不同文本构建了不同的女性范例。这些报道的隐含读者及其传达的信息本身仍然是模糊不清的。

限定读者

> 生活是一个世界,而我们在报纸上看到的生活又是另一个世界。
> ——G. K. 切斯特顿(G. K. Chesterton),1908[175]

迟至20世纪70年代中期,盖伊·塔克曼(Gaye Tuchman)终于谈到美国报纸将女性平庸化并对其进行象征性消灭(symbolic annihilation)的事实。[176] 她发现,尽管女性构成美国40%以上的劳动力,但在报纸与杂志的描绘中,她们仍栖身于炉灶与家庭这一女性田园之中。不过,女性似乎无视了媒体所传达的信息,越来越多的女性加入劳动大军。塔克曼的这一结论,与所有既有的大众媒体理论相矛盾,后者的主张是大众媒介具有反映进而影响社会的力量。[177]

---

[174] 《申报》中有很多关于现代女性范例的报道。1911年后,此类报道大多数出现在"自由谈"中。关于《申报》所刊秋瑾作品以及谈论秋瑾的文字,参见徐载平、徐瑞芳,《清末四十年申报史料》,第196页。1907年7月22日,《申报》转载了《中国女报》的《发刊辞》以纪念秋瑾,并在后续几天中重刊了她的文章,特别是她的诗作(关于秋瑾之死的评论,参见《申报》,1907年9月1日)。1908年12月,《申报》又刊登了缅怀秋瑾的悼亡诗。
[175] Chesterton, *All Things Considered*.
[176] Tuchman, "Introduction", 3.
[177] 同上,37, 30。

既有的媒介理论常说,19世纪被引入中国的西式报刊在中国的变革、现代化与民族国家化进程中具有相当的威力与影响。而基于塔克曼的研究结果,对于这些媒体的所谓威力,我们至少可以提出两个问题:这些媒体具有何种切实的力量以反映、影响并改变中国的现实?历史学者发现,大约在19、20世纪之交,女性阅读公众发生了质的变化,这通常被视为女性教育的首要成果。[178] 这里,报纸书写着女性及其关切这一事实是否同样发挥了作用?报纸促使女性阅读了吗?对上海媒体发刊词、广告、论说、图画与新闻报道的分析表明,大约在1900年,隐晦的女性读者形象变得更为明晰。同样有证据证明,关于女性读者的观念变革早已发生。19世纪的最后几十年中,越来越多的新闻媒体(例如,19世纪70年代包括《民报》在内的白话报刊,以及19世纪80年代包括《点石斋画报》在内的画报)开始关注女性,将女性构想为读者之一。广告、论说与新闻报道或明确或隐晦地向女性读者说话。[179] 她们可能是脆弱或美丽的,有主见的或慈母般的;她们可能是这些报刊直接言说的对象,或是间接地通过男性中介者传话的对象;她们可能作为对话中的女性叙述者出现,或被描绘为可见的公共人物。她们出现在经过编码而面向女性的文本中,出现在文体不太复杂的,或甚至是用白话或简易文言[180]写就的带有标点的文章中,或被划定为特定体裁或主题(比如家政、轻小说,而非直接关涉政治)的读者。世纪之交时,女性杂志的引入可能促发了各阶层女性开始成为阅读的对象和主体,但这场革命早在1900年这个奇妙的年份之前的一段时间就已经发生了,只是当时没有对实际的读者数量产生任何影响。

本章考察了自晚清开始上海女性杂志与日报所描绘的女性和女性读者,由此试图证明这些印刷媒体在中国社会现代化进程中的潜在影响力。如果这些媒体在女性被视为真正的读者之前,早已将之预设为读者——事实也的确如此,那么,这些媒体是否由此想象并创造了"新女性"?她是谁?

对于这个问题有两个答案。在这些新闻媒体纸页上被构建起来的女性隐含读者是一类受到特定限制的特殊女性,但媒体有若干种不同的可能方式来限定她。新闻报道与论说从不明确地将女性确立为隐含读者。它们将女性(特别是下层社会女性)当作谈论的对象;为了吸引仍以男性为主的读者阅读特定的文章,女性成为修辞标记(rhetorical markers),她们承载着同情与吸引力,是对弱势的国家的隐喻。尽管这些文本征召了早已确立的女性道德规范与传统,但往往仅是为了衬托文本所展现的、更

---

[178] Nivard,"Women and the Women's Press",48.
[179] 林乐知的《教会新报》(后来的《万国公报》)就是一个典型的例子:林希望他的刊物被大吏、文人及其妻、子读到。在向这一刊物投稿的中国人中,已知至少有一位女性。1869年9月,林乐知发起了关于女性地位议题的讨论,在19世纪70年代,他还发表了一系列文章批评缠足的陋习(Beahan,"Women's Movement and Nationalism",53-54,57;Adrian Bennett,*Missionary Journalist*)。
[180] 罗友枝(Evelyn Rawski,*Education and Popular Literacy*)认为小学课本训练学生读的是简易文言而不是白话。这种尝试进而为社会下层受众创造出一种新的白话,也许会进一步为他们带来阅读上的困难而不是解决已有的问题。这里分析的文本似乎也是用简易文言书写的。

为激进的思想和形象。这些文本流变的、但始终是复调的本质,最终承认了女性成为一个主体(而非客体)的必然性,她们不再是顺从的,隶属于一度被压抑、但如今已不再仅是空想的愿望;文本变化着的、复调的本质也的确在倡导这种变革。在这些文本中,女性同时是中国现代性的受害者与英雄。另一方面,妇女杂志与广告征召女性作为它们言说所面向的主体;它们建构了女性作为读者的形象,但仅限于特定话题,这些话题大多数与女性传统的家庭职责有关。上海的新闻媒体以诸多不同的声音与形式描绘女性,同时将某些女性类型规定为新的女性典范。

居家女性的模范可见于妇女杂志与广告,它针对的是有阅读能力的女性(她们又会将这一模范推及其他女性)。这可以被我们理解为一种支配(hegemonic)法:将总是惧怕女性力量的男性从女性那里解救出来。1912年的一幅漫画以视觉方式呈现了这种恐惧,并对之进行了有力的嘲讽。画中,一位身形高大的勇武女子将一位极小的警察踩在脚下(见图4.7)。[181] 我们不妨将这幅漫画视为不同于论说与新闻的"另一种"媒介范式(media model)的一部分——论说与新闻描绘了有吸引力、迷人

图 4.7　可怖的女子(《申报》,1912年3月30日)

---

[181] 参见 Ahern, "Power and Pollution of Chinese Women";对于这幅漫画所绘勇武女子(她既让人着迷,又被人恐惧和嘲讽)的图像学研究,参见 Altenburger, "Die Schwertkämpferin", 167。

的巾帼英雄形象(有时是可叹的受害者),但其主要面向的并非女性读者。报纸与杂志文本对女性的限定不只是说教性的:中国当时正逐渐接受外来的价值观,中国男性——通过与女性打交道——能够提升自己的地位并成为"新男性"。民族主义的要旨为"新女性"正名并呼吁这类女性的出现,但亦对她加以规定。[182] 这些文本从未公然对女性说话,这一事实表明:它们不期望与女性分享这些思想,或者只能与之分享扮演中介角色的男性读者认为适合她们听取和理解的部分。女性仅仅是一种话语符号,是中国现代性的象征。

对女性杂志的分析表明,即便是少有的为女性写作的女性,亦遵循特定的规范性标准,将家政管理表现为女性的理想追求。[183] 如果秋瑾(以及许多其他类似的作者)在其教导女性的论述中继续采用救国这一民族主义修辞;如果为女性提供的信息尤为迎合所谓的女性兴趣和需求;如果面向女性的广告强调女性的职责是为了生育后代而保持健康,那么显而易见,这些(文本的)作者无论男女,均是从特定的视角为女性写作的。[184] 刊物中,尤其是女性刊物中"话语的女性化"乃遵循了一套特定标准的女性化——应该说这些标准是保守的、儒家的、传统的、男性的吗?男性需受到训练,以便在技术的世界中发挥作用;而女性需受到训练,以便在技术的家庭中发挥作用。上海的媒体中,家庭可以说是一个"承载了更高期望值的"场所,国民经济"从一种内生的能力转变为一种'科学',一种学习和智力的产物",由此,它"更接近于对男性能力的定义——男性能力是通过学习得以创造或加强的"。[185] 可是,正如我们在女性杂志的"日用科学"等栏目(或是《申报》上那些强调产品科学特质的广告)中见到的,将男性的科学技术观念及工具引入女性世界(即家庭)从而抬升女性的劳动,这一过程赋予女性

---

[182] Rankin,"Elite Reformism",36. 阅读希维洛的专著(Shevelow, *Women and Print Culture*,5)我们就能意识到,19世纪末,中国出现了一种自相矛盾的"解放了的家庭妇女"。这与十年之前英国的情况极为相近,在那里你能够找到:"一种高度理想化的女性气质的建构物,它是在对女性进行文学再现的悠长传统中形成的,但近来又得到重构,其方式是让女性同时成为读者与作者,主体与对象,其目的是为一种尚未确立但正在凝聚的意识形态服务。"

[183] "不同于男性,女性从未被赋予界定优秀文学的本质的权力;当女性成为评论家时,她们展示的是一套内化的男性标准,并将之视作普适性的"(Tuchman and Fortin, *Edging Women Out*,204),中国的情况同样如此。因此,希维洛呈现的关于18、19世纪英国女性杂志的故事可直接与中国的情况相提并论。希维洛(Shevelow, *Women and Print Culture*,198)写道:"这一历史始于男性写作,它由女性、为女性写作,作者们也从女性身份出发来写作。男性写作得到女性的补充,她们是在男性主导的结构中(无论是文本层面还是文本之外的层面)进行写作的。我按时间顺序记录了女性承用这些结构并以某些方式改写它们的历史;但女性仍被这主导性的男性框架牢牢限制其中。"

[184] 当然,这与传统的女性书写(比如班昭写作的女性启蒙读物)没有区别。但显然,女性极少批评女性作家(比如班昭)强加给女性的东西;参见 Ono, *Chinese Women in a Century of Revolution*,67。

[185] Shevelow, *Women and Print Culture*,166.

的与从她们身上剥夺的一样多。女性媒体将成为为她们设想和建构的女性领域。[186]于是,晚清女性杂志与广告中女性读者的兴起,可被理解为"一种符号,很大程度上承载了儒家性别体系的力量;而非其消亡的标志"[187]。受过教育的女性能利用新的文化资源,却是为了服务于履行其作为母亲与卫道士的"天然"职分。因此,女性成为阅读主体是一场只完成了一半的革命。中国新闻媒体所构建的女性形象被困在一张充满性别规定的罗网中:她在试图扮演"新女性"这一角色时,来自社会与家庭的期待、来自国家的冀望形成种种压力,使她身陷繁重职责的束缚之中。

在19世纪末、20世纪初的中国,无论男女均生活在一个"急遽变化的世界中,关于女性的旧观念经常受到挑战"。因此,他们"面临着前所未有的任务,即要重新定义女性、寻找一种新的(女性)身份认同"[188]。在《申报》创刊的头四十年中,这种重新定义扮演了关键角色。报纸塑造了女性作为隐含读者的形象,从谈论女性转变为对女性说话。吊诡的是,报纸更多的是在谈论女性的论说与新闻中,而非向女性说话的过程中,创造了解放了的"现代女性"形象。这里发生的革命并未面向女性读者,也许还有意对其隐藏。

接下来的几年中,中国媒体对新的女性气质的构造维持了其复调性。新旧声音相互交织,要确定哪一种应被称为"狂欢式的"常常并不容易。在讨论现代女性事业的论说与新闻报道中,作者们仍然囿于传统观念与价值体系,又试着从中挣脱,甚至为了自己的目的对它们进行讽刺与颠覆。这种趋势在上文讨论的多篇文章中均显而易见,且一直延续到整个20世纪的头20年。[189]在考察演变着的、复调的"新女性"形象时,我们得以理解同样处于变化中的男性与女性、男人与女人之间的关系。在20世纪初前后的中国,这种关系是很难被界定的。其中,传统的思想观念、恐惧、关于文明行为的现代观念以及中国的国际形象,均扮演了重要角色。

如果说塔克曼发现了20世纪70年代的美国媒体将女性平庸化,并象征性地湮没

---

[186] 这种情况与17世纪欧洲的情况完全一致,参见 Engelsing, *Bürger als Leser*,332:"智识生活将女性解放为读者并让她们从这一事实中获得力量,但她们仅作为读者,甚至不是真正的读者,只是道德与人性的理想载体——男性会因此赞美她。"希维洛(Shevelow, *Women and Print Culture*,1-2)亦主张,18、19世纪,"女性成为可见的读者与作者,其程度在西欧是前所未有的。但在同一历史时刻,文学对女性的表现——无论是作为其预期受众的一员,作为写作主体或是文本书写的对象——生产着愈益狭隘、受到束缚的女性典范……以关注女性及'女性'关切之事为特色的刊物[这一编辑方针被斯威夫特轻蔑地称为'女性化'(fair-sexing it)],服务于一种逐渐浮现的意识形态:它们在不断宣称女性有能力、有社会重要性的同时,将女性建构为在本质上(既在生理层面,亦在社会层面)是与男性'不同'的"。

[187] Ko, *Teachers of the Inner Chambers*,67.

[188] Ye Weili, "'Nü Liuxuesheng'",339.

[189] 这一点亦显见于鲁迅的文章《我之节烈观》(载于《新青年》,1918年8月)。关于这篇文章的详细讨论与英文译文,参见 Witke, "Transformation of Attitudes",117-118,鲁迅在文中使用了讽刺的修辞手法。他谴责对妇女节烈的崇拜:"首先的疑问是,不节烈的女子如何害了国家? ……其次的疑问是:何以救世的责任,全在女子? 照着旧派说起来,女子是'阴类',是主内的,是男子的附属品。然则治世救国,正须责成阳类,全仗外子,偏劳主体。决不能将一个绝大题目,都阁在阴类肩上。"

了女性及其真实的活动范围,那么她可能会发现,19、20世纪之交的上海媒体亦是如此。很显然,在我讨论的新闻媒体蓬勃发展的上海,女性的存在与她们在中国传统社会中的存在是不同的。确如过往研究指出的,晚清上海的女性是否真的被圈定在家庭这一私人空间中,这一点仍有待商榷。[190] 不同于晚清中国其他地方女性的一般境况,在上海,相当一部分劳动力是女性:丝厂工人、名妓与表演艺人、教会工作者、用人与士兵,以及银行职员、记者、护士与医生。[191] 20世纪初前后,上海是精英主义女性运动的主要中心。[192] 显然,上海是一座处于两个世界之间的城市,而居住在上海的女性对于加诸她们身上的传统社会准则与习俗的束缚,无须忧虑过多。

由此,我们能够推断,这些女性中至少有一部分也会阅读上海的新闻媒体。[193] 但她们能从中了解什么呢?媒介是否能反映、改变或影响上海及其他地方女性的生活?媒体为何选择刊载它们所刊载的内容?也许有人会说,这些媒体保守又开放、激进又封闭的话语表明,存在一个越来越焦虑的公众,包括男性与女性,均目睹着女性人生与女性生活方式的急遽变动。[194] 关于女性履行"3C"职责的广告与文章,以陈腐保守的语言讨论女学的论说,以及记述果敢女性对亡兄或亡夫履行旧有道德责任的报道……这些文本并没有提供现实的镜像,却在这急遽变革的时代中生产着慰藉性的、能鼓舞人心的女性形象。[195] 媒体文本复调的、模棱两可的本质折射了中国进入现代的痛苦与困难。媒体文本也许没有反映上海街头的现实,却非常明确地捕捉到晚清民众的现实心态。上海新闻媒体的男女读者(显然,男性与女性一样爱看女性刊物,或许更甚)[196] 偶尔会因上面刊载的女性主义行动而感到刺痛或兴奋,也可能会觉得关于女性道德、美容与职责(比如育儿)的规范性言说轻松而有趣。从《申报》文本来看,中国与西方的情况一样,从以前到当时,报纸和女性杂志在商业上的生存能力始终与其女

---

[190] 参见罗苏文在《女性与近代中国社会》中的描述。我也同意冉枚烁(Mary Rankin, "Elite Reformism", 29)的观点,她提出妇女解放的成功是地方性事件而不是全国性事件。上海即这样的地方之一。
[191] 参见 Honig, *Sisters and Strangers*;Hershatter, *Dangerous Pleasures*;Henriot, *Belles de Shanghai*;Lu Han-chao, *Beyond the Neon Lights*;罗苏文,《女性与近代中国社会》;Chu, "Biographical Notes on Lady Xie Yao Zhilian";李西亭,《民初女记者刘韵琴》;Vittinghoff, "Am Rande des Ruhms";Hu Ying, *Tales of Translation*。
[192] Rankin, "Emergence of Women", 53.
[193] 瓦格纳(Rudolf G. Wagner, "First Encounter")深挖到更多证据,证明女性在新媒体产品的阅读与写作方面有着强烈兴趣,申报馆部分出版物在商业上取得的巨大成功表明了这一点;例如女性作者邱心如撰写的弹词《笔生花》(1857),以及一本指导女性书写信件的指南《尺牍集锦》(1878)。
[194] 高彦颐(Ko, *Teachers of the Inner Chamber*, 292)从女性视角描述了明代,认为那是一个被自由与成就感点缀的局限世界。而在晚清,特别是在上海这样的口岸城市,情况似乎是相反的:女性面对着一个充满自由的世界,而这个世界需要得到限制——不仅在男性看来是如此。
[195] 关于20世纪70年代美国女性杂志的类似发现,参见 Phillips, "Magazine's Heroines", 124。
[196] 林培瑞(Perry Link, *Mandarin Ducks*, 1250)基于对《妇女时报》(1911—1917)主编的访谈得出的结论是,这份刊物的读者中,女性占比可能少于10%;它之所以能吸引超过90%的男性读者,不是因为该报的进步性,而是基于它对"新式女性"的描述,她们充满令人好奇的魅力。

性主义倾向呈负相关(这解释了为何许多早期的女性刊物在出版头几期之后忽然转变了风格)。[197] 消闲的问题不容搁置;对于一些人来说,读到备受认可的行为模式和熟悉的角色典范,无论作者是对之加以讽刺还是佯装无知地赞同,一定会让他们觉得很有意义——或者说至少报纸主创是这样设想的。[198] 这些新闻媒体隐而不显地——可能出于对现实的考虑,但背离了它们曾宣称的原初意图——特意面向上层社会女性而不是经济实力较弱者说话,尽管报纸不时报道后者以挑起读者的阅读兴味。这些媒体表达过的想要被所有女性读到的革命性冀望,显然还没有实现。[199]

311　　《申报》关于女性问题的声音并非单一的。我所分析的文本有着不同的来源:广告是由投放广告的商号创作的;论说出自几位主笔或投稿人之手;新闻报道则由许多作者独立书写。不同来源、不同形式的文本都构建了一个特定的、独一无二的隐含读者与"新女性"形象,它们加在一起便产生了一种暧昧性,包含了完全的保守主义与审慎的激进主义,由此看来,报纸显然不是女性解放背后的首要推动者。就中国女性领域的发展历史来说,报纸上的一些话语相较同时代或更早时期的一些论述甚至可被认为是倒退的。[200] 女性杂志或报纸均未创造中国的女性运动。然而,这些媒体始终通过反映正在发生的变化持续进行鼓动——即便仅是为了增加报纸销量。由此看来,与既有的媒介理论相反,上海的报纸与女性杂志并未真正映照上海女性生活的现实,它们也没有能力对女性生活形成重大影响。尽管将女性纳入报刊这一做法背后隐藏着的议程可能是为她们提供浓缩的教科书——报刊对她们的描述几乎不可避免地伴随着对她们的规定,但显然,上海的女性忽略了这则媒介讯息。

---

[197] 更全面的论证参见 Mittler, "Cooking, Cleaning, Caring"。亦可见 Nivard, "Women and the Women's Press",42;Nivard, "Histoire d'une revue feminine chinoise: *Funü zazhi*, 1915—1931"。关于欧洲与美国的情况,参见 Braithwaite, *Women's Magazines*, 12。亦可见 Peterson, *Magazines*, 445;"一般说来,商业杂志倾向于维护在其看来被大众接受的社会与文化标准。杂志(尤其是那些发行范围广的杂志)为了生存,需要吸引和维持读者群,它们处于要尽可能建立广泛受众的压力之下,因此不太可能成为变革的支持者,这些变化可能会吓到读者或使他们远离。"

[198] 关于娱乐与意识形态之间的边界,参见以下富有洞见的女性杂志研究:Ballaster et al., *Women's Worlds*,关于意识形态,尤见此书第 106—107 页。

[199] 有诸多例子表明,新闻媒体发刊词中构想的公众,与其后它们所刊文章所面向的隐含公众之间存在相当大的差异,参见本章注释 33。

[200] 有假说认为女性的境况"一直不好",直到梁启超等改革者出现,以及继其之后五四运动的发生,情况才有所好转。不过近来的(特别是高彦颐、伊沛霞、白馥兰与曼素恩的)研究清楚地表明,这种假设只是改良主义与五四修辞的一部分,与历史现实相去甚远。这些学者指出,在中国历史上,女性的社会地位从不同层面来说都是坚实的(strong);女性接受教育在汉代很常见;女性在唐代是积极的巡行表演者;宋代女性与男性在法律上相当平等(即便这一时期女性开始缠足);而在明代,女性又受益于社会对"情"的崇尚(即便此时节烈已成为基本的美德)。许多开放之处都遭到强烈的反对。因此,我所研究的文本中的复调特征,很可能是中国历史上所有讨论女性平等之文本中的一个重要特征。

第五章 "多重人格":上海人的形象与声音

尽管上海的报纸(Shanghai's newspaper)在全国范围内得到发行与阅读,[1]但它公开而明确的是"上海报"(newspapers of Shanghai)。其表现为:报纸广告与新闻具有本地属性,绝大部分论说关涉上海。另外,报纸经常刊载与上海有关的诗词、[2]小说与漫画。上海报纸是一种非常宝贵的城市指南。[3]事实上,它们是这座城市本身的完美转喻。这种用中文书写的外来媒介,反映了上海内在的二分(dichotomy):它同时接受与拒斥外国事物。[4]前面几章展示了上海报纸的语言、文学形式、内容甚至对女性的描写是如何呈现这些暧昧之处的。然而,在报纸描绘上海及上海居民时,这种暧昧性得到最直白的表达。

有人说,是人而非城墙塑造了城市。显然,上海媒体坚信这句格言:它们不仅塑造了上海城市的形象,亦塑造了其寓居者的形象。报纸通过描述上海的独特性与重要性,刻画了上海居民独特而重要的特点:用清末几年才出现的词语来说,他们是"上海人"。[5]然而,报纸上的上海人是分裂的。报纸规定了一个有道德、高雅、干净、老练、理性的上海人形象,但也描绘了一个恶毒、庸俗、肮脏、缺乏经验、非理性的新到上

---

[1]《申报》初创时期就在超过22个地方进行售卖,并且有自己的访事员(记者)。大部分访事员分布在大城市和通商口岸(参见宋军,《申报的兴衰》,第38页)。《申报》亦建立了复杂的区域邮递代理系统,将报纸发行到中国内地的各城镇中(参见 Vittinghoff, "Am Rande des Ruhms", 189-191)。

[2] 顾炳权,《上海洋场竹枝词》收录了《申报》及其他来源的竹枝词。我自己对《申报》的阅读也发现,特别是在《申报》初创时期,描写上海的竹枝词几乎每周都会在报纸上出现。20世纪10年代初,有独立的栏目"海上闲谈"专门刊载描写上海的诗作。

[3] Fritzsche, *Reading Berlin*, 8, 其中注意到柏林报纸亦是如此。

[4] 对于许多其他通商口岸城市来说亦是如此,尽管它们的西化程度可能不及上海。汉口的情况,参见 Rowe, *Hankow*, 50, 51;香港的情况参见 Sinn, "Fugitive in Paradise",这篇文章有不少地方与这里对上海的描述有类似之处。

[5] 叶小青(Ye Xiaoqing, "Shanghai Before Nationalism", 42)发现,这一语词最早出现在1911年的一篇小说中,用来指一名移居上海者。关于上海身份认同的缓慢发展,以及移居上海者通过在上海建立同乡组织使许多地方身份认同得以延续下来的举动,参见 Goodman, *Native Place*, esp. chap. 6。关于"上海人"这一称呼的讨论,参见 Liu Tao Tao and David Faure, "What Does the Chinese Person Identify With?", 7。上海的外国人则更为自信,自其寓居上海之初便称呼自己为"上海人"(Shanghailander);关于这方面的详细研究,参见 Bickers, "Shanghailanders"。

海者形象。在上海报纸上,上海人同时生活在美好的梦境与丑陋的现实中。"上海人"从未被报纸明确地道出名姓,这一事实本身便说明了问题。下文将会表明,我们永远无法弄清楚,那些吹嘘自己在上海生活的人,是在赞扬上海开化的冒险生活,还是在庆贺自己从这座城市烦扰的挑战中幸存下来的事实。

上海是外国在华机构最早的试验场之一。媒体对上海及上海人的迷恋可被视作地方爱国主义的反面:这座城市是中国现代性的典范,捕获了全国隐含阅读公众的想象并使他们着迷。上海的报纸之所以是"上海报",正是由于它们的读者遍及全中国。上海报纸上的广告、诗作与论说并没有呈现上海社会的准确镜像。相反,它们描绘的是:上海的生活可能如何——如果人们能买到或实现广告上展示的一切的话;上海的生活将是如何——如果上海就像许多诗作描绘得那般梦幻的话;以及上海的生活应该如何——如果人们都按照论说的规定行事的话。这种生活愿景不仅面向上海,亦面向全中国。尽管上海作为半殖民地令国人感到羞耻,但这里亦被认为是形成现代中国式公民社会(civitas)的典型环境。[6] 上海报纸将上海人本质化了,他们对于上海内外的中国人来说,是既动人又骇人、既具异国情调又实为必要的典范。与女性的情况相同,报纸所反映的并非现代化过程中中国街头的现实,而是现代化主义者(modernizer)心灵中的现实。上海人扮演了"文化实验动物"的角色,在他们身上进行着的中国文明的转型过程往往是非常痛苦的。[7]

描绘上海:上海人的形象

> 在我的心目中,外国人是半神半鬼的怪物,很像三头六臂的千手观音,三只手分别拿着电灯、轮船、洋娃娃,另外三只手分别拿着巡棍、手枪、鸦片。从某一边看,他是天使;从另一边看,他却是魔鬼。
>
> ——蒋梦麟(1886—1964),1947[8]

在晚清民初的城市指南、个人回忆录与小说中,上海拥有许多固定的特征。首先,

---

[6] 关于上海现代性较早的表述,参见 Frühauf, "Urban Exoticism in Modern Chinese Literature", 204。这篇文章对以下两项研究来说至关重要:Leo Lee, *Shanghai Modern*; Lu Han-chao, *Beyond the Neon Lights*。这三项著作所塑造的上海形象大致基于民国时期的材料,但这种上海形象实则建立在本文所考察的早期报纸话语之上。

[7] Cf. Frühauf, "Urban Exoticism in Modern Chinese Literature", 205. 因此,上海不仅成为其他租地或通商口岸及其特有文化的"替身"(stand-in)(Feuerwerker, *Foreign Establishment*, 8),甚至最终成为中国的"替身"。

[8] Chiang, *Tides from the West*, 43.

它是"东方巴黎",是中国土地上的洋场,因而也是极为现代的城市。[9] 再者,这座城市有着其他地方无法比肩的多种娱乐方式(一定程度上是由于外国人的存在),[10] 最后,它也是一个存在巨大矛盾的地方(亦是由于外国的影响)。[11] 上海早期报纸及其刊登的广告、诗作与论说,帮助创造了这些喻说。[12]

广　告

报纸广告展示了在上海与上海人生活中发挥作用的物品与习俗。[13] 电报是实用的(《申报》,1872年9月16日);新近靠岸的外国轮船满载待售的货物;跨国保险公司提供担保服务(《申报》,1872年9月16日)。19世纪70年代末,广告掀起了一股对机器的狂热:它们推荐着"火轮织布机"(《申报》,1877年9月4日)、秤(《申报》,1877年9月12日)、"水龙"和印刷机器(《申报》,1877年9月19日)。从一开始,报纸广告就被洋货、洋商及其服务所占据。中国广告商在早期明显地缺席了,即便《申报》对后者报价更低,仍未能成功吸引本土广告商。[14]

早期广告大多数似乎都是针对批发商的。拍卖广告也是如此,其中提到拍卖现场有白兰地酒、牛油、陈酒、火腿等外国佳肴供应(《申报》,1877年9月19日),还有报时钟(《申报》,1882年10月30日)等西洋家什可供购买。19世纪80年代的广告愈益面向私人顾客:英国的费德里四美司公司(Frederick Smith & Co of Halifax, England)能为"最好的电报与电话"(Best Telegraph and Telephone)提供电线;人们可以试着使用

---

[9] 例见 Hardy, *John Chinaman at Home*, 70; Leo Lee, *Shanghai Modern*, chap. 1; 批判性的观点参见 Wasserstrom, "Questioning the Modernity of the Model Settlement"。

[10] 参见 Dyce, *Personal Reminiscences*, 这本书记录了不少作者自1870至1900年寓居上海及其周边地区时那里的娱乐活动。亦可见 Hickmott, *Guide to Shanghai* (1922), 27 and chap. 21 and idem, "Foreign Devils at Play", in Crow, *Foreign Devils* (1940)。上海被称为"冒险家乐园"的原因之一便是它对娱乐生活的重视。"冒险家乐园"是指称上海的常见表述,相关讨论见 *Anecdotes of Old Shanghai*; 徐载平、徐瑞芳,《清末四十年申报史料》,第1页;以及顾炳权,《上海洋场竹枝词》,第7页。

[11] 例见 *All About Shanghai*, 43, 44, 这是一本20世纪30年代初的城市指南。甚至更早的城市指南已将上海称为"中国环境中世界主义的西方大都会"[*Hotel Metropole Guide to Shanghai* (1903), 1]。类似的看法参见 Crow, *Traveller's Handbook* (1913), 93: "上海,远东的商业大都会……是独特的东西杂糅体。" 关于晚清时期中外文城市指南书的细致研究,参见 Yeh, "City, Courtesan, and Intellectual", chap. 1。亦可见 Wasserstrom, "Locating Old Shanghai"。

[12] 本章将对《申报》与《新闻报》进行读解。根据罗苏文在海德堡大学(Heidelberg University, 17.5.1996)的讲座"上海生活:阅读《上海新报》,1862—1872",罗在更早的《上海新报》中也观察到许多类似的现象。

[13] 关于上海中英文报纸广告及其内容与手法的详细研究,参见 Mittler, "'Stay Home and Shop the World'"。由于《申报》在全国范围内发行,上海以外的读者亦能感受到这些商品的文本与视觉呈现。因此,进入20世纪后,越来越多上海以外的商户开始在《申报》上刊登广告(例如,1902年10月5日和1907年9月13日的《申报》分别为香港与新加坡的公司刊登了广告)。

[14] 关于本土广告的缺失,参见 Vittinghoff, "Am Rande des Ruhms", chap. 4 Patrick Hess, *Anzeigen* and Mittler, "'Stay Home and Shop the World'"。

电灯(《请试电灯》,《申报》,1882 年 10 月 13 日);[15]从英国药房可以买到药品、化妆品和香水(《申报》,1882 年 9 月 22 日);保牙药膏亦值得称道(《申报》,1887 年 10 月 9 日)。

20 世纪初前后,广告上出现了更多洋货:怀表(例见《申报》,1907 年 9 月 25 日、10 月 6 日)、眼镜(《申报》,1907 年 10 月 6 日),[16]甚至还有假牙(《申报》,1907 年 9 月 13 日)。20 世纪 10 年代则有针织机(《申报》,1912 年 10 月 29 日)、直接从伦敦进口的帽子(《申报》,1912 年 10 月 15 日)[17]和长棉袜(《申报》,1912 年 10 月 29 日)。[18] 还有:一种于"卫生有益"的新式灯具(《申报》,1912 年 9 月 16 日)、一种能在一分钟之内提供"价廉之热水"的煤气煲水器(《申报》,1912 年 9 月 5 日)、脚踏车(《申报》,1912 年 10 月 22 日,亦可参见更早的 1902 年 9 月 20 日的《申报》),[19]甚至还有一辆斯特台巴克汽车(Studebaker),"此为诸君所需之车也"(《申报》,1912 年 10 月 21 日)。

这些物品鼓励了一种明显更为洋派而非中式的生活方式,这种生活方式在(常常是由中国人经营的)商店里随处可见,它们专营外国产品,如玻璃与陶瓷器物、地毯、窗帘、铁架床和其他家具(《申报》,1912 年 9 月 19 日)。广告本身亦常常描绘这种生活方式:例如,一则助消化药物的广告插图(《申报》,1912 年 9 月 1 日)描绘了一对中国夫妇坐在铺着桌布的西式餐桌旁用餐的景象,桌上摆着玻璃酒瓶,椅子也是西式的。

由此,中文报纸让读者面对源源不断的西洋物品与图像。至少从 19 世纪 70 年代中期开始,读者似乎自然而然地接触到外语:英文、法文或德文的文本、标识、商标及地址经常在广告中出现,19 世纪 80 年代初开始,这一现象越来越明显。[20] 刊登广告的公司常常会给出它们在伦敦、纽约或巴黎的地址,有时会译成中文有时不译,后者的情况可参见如 Sir W. A. Rose's 或是 Thomas Hubbock 的广告(《申报》,1877 年 4 月 11 日,1882 年 10 月 22 日,1887 年 10 月 9 日)。在广告中,上海与这些异域城市比邻,是一个中国土地上的异域实体。上海亦是一座新潮之城,因为它拥有的许多物品(比如煤气炉、自行车和汽车)不仅在中国,在哪里都是新事物。

上海的现代性在娱乐活动广告中更为引人注目,且不仅限于中式娱乐。告知人们

---

[15] 随着煤气灯的出现,以及 19 世纪 80 年代起电力在上海的应用,上海开始有"不夜城"之名。这一称号出现在 1872 年 7 月 12 日和 1885 年 1 月 28 日《申报》刊载的竹枝词中(与之略微不同的表述还有"天不夜",参见 1872 年 8 月 12 日和 1874 年 3 月 9 日的《申报》;以及"申江无夜",参见 1873 年 2 月 13 日的《申报》)。Vittinghoff, "Shanghai unter Strom",其中讨论了其他竹枝词以及电力对上海带来的影响。参见本章注释 58。
[16] 尽管眼镜在此前就已被国人使用,但它仍在 20 世纪前后成为外国现代性的象征。
[17] 关于着帽风潮,亦可见《申报》,1912 年 9 月 27 日、10 月 7 日;以及 Harrison, *Republican Citizen*。
[18] Secker, *Schen*, 58;西式鞋袜是中国人的第一种"文明穿着"(civilized attire)。
[19] 关于脚踏车引入中国所遇到的困难,参见《脚踏车将来必盛行说》,《申报》,1898 年 4 月 1 日,以及附录 A,第 269 页。
[20] 例如:Sanatogen 的广告标语为"I have received a second life",《申报》,1912 年 9 月 4 日(标识与标语原文均为英文);"Devoes Brilliant Oil",《申报》,1877 年 9 月 4 日(产品名称为英文);"J. B. White & Brothers, Portland",《申报》,1897 年 10 月 2 日(商标为英文);"Sir W. A. Rose & Co, 66 Upper Thames Street, London",《申报》,1882 年 10 月 22 日(地址为英文)。

茶园当日有哪些中国戏曲演出的广告不可胜数(例见《申报》,1872年9月16日),在它旁边刊登的是外国戏院兰心大戏院(Lyceum Theatre)的告白(《申报》,1877年9月19日)。广告还涉及每年举行两次的西式赛马(《申报》,1882年9月22日、10月16日);新出版的《沪上评花录》提醒读者最新的花界指南出炉了(《申报》,1882年10月13日)。报上还有日本或西方的著名艺人现身茶园表演的消息(《申报》,1892年9月1日,1897年9月6日);以及中国现代"新剧"或"文明剧"将在"新新舞台"上演的公告(例见《申报》,1912年9月6日、9月16日)。

就娱乐广告来说,上海生活显然充满了矛盾:跑马票广告中的洋人在洋楼前跑马,吹着小号,马尾飞扬(《申报》,1882年9月24日),这一图像下方是一家中国票号登载的广告,其中画着一位手持布招的类似中国官员的形象,这是经常出现在报房邸报即京报上的形象(见图5.1)。[21] 广告版面在一个想象空间里将中国与"西方"的形象并置,正如两者在城市现实中的并置。

甚至在同一则广告中,我们都可明显看到上海生活的矛盾本质,这是一种被夹在多重意义系统中的存在。一个极为典型的例子是,拍卖广告会给出拍卖举行的中国农历日期和西方星期日期(《申报》,1872年9月16日)。一位外国人刊登告白找寻失狗(《申报》,1877年10月8日),提供了他丢狗的农历日期以及确切的西洋钟表时间(这清楚地表明当时钟表的时间规则已经在上海出现)。[22] 登载于寻狗告白两边的"马地尼枪"(Madini guns)和德富制造公司(Devoe Manufacturer)的广告,分别采用了西历和农历。由此,无论是广告本身还是登载广告的版面,都遵循几种不同的时间计量方法。

这种时间、空间、语言与意象方面的多元混杂是洋货在上海日益增长和即时协商的结果。广告商意识到用西方外衣包装以及用外语展示商品的效果。一则推销外国布料的广告(《申报》,1912年10月5日、10月7日)使用了一位外国美人的形象,她头发卷曲、眼窝深陷,穿着紧身的晚礼裙。图像的异国情调显然是为了使产品更具吸引力,并赋予它可信度。[23] 另一方面,这则广告还以文字告知读者:"本公司店伙均能操中国语。诸君不知英语,有华语店司招待。"这位广告商就广告中的西化程度进行了协商,使其既能吸引潜在顾客,又不会吓跑他们;他回应了国人对上海西洋面孔与器物的凝视,并依循这种凝视采取了行动。[24]

这种形象与文本(image and text)、图像和语言(iconography and language)之间的创造性(或许是有些分裂的)转换,在日本森下仁丹公司(Morishita & Co.)推销其

---

[21] 亦可与图3.2中报房京报上的人物形象进行比照,第129页。
[22] 早期的《上海新报》提到,正午时分有炮鸣声表示时间(Mittler, " 'Stay Home and Shop the World' ")。
[23] 相关例子,参见 Mittler, " 'Stay Home and Shop the World' ";以及 Patrick Hess, *Anzeigen*。
[24] 根据周蕾(Rey Chow, *Woman and Chinese Modernity*, 78)的说法,"中国市场日益被洋货占据,它们并没有回应国人的凝视,兀自存在在那里"。我认为报纸广告中(或多或少)具有创造性的多元混杂表明这种凝视是被回应了的;参见 Mittler, " 'Stay Home and Shop the World' "。

图 5.1 广告版面上的中西意象(《申报》,1882 年 9 月 24 日)

专利药品"仁丹"的广告(例见《申报》,1912年10月29日)中特别突出。日本森下仁丹公司的标识是一位身着制服、戴着帽子、有两撇髭须的男性头像,这显然是威廉二世的形象(见图5.2)。[25] 图像的轮廓像是一个写着产品名称"仁丹"(Jintan,jin是"仁"在日语中的读法,"仁"是儒家经典倡导的基本美德之一;tan是"丹"的日语读法)的盒子。商品名称使用了三种书写系统:汉字、注出日语读音的片假名,以及罗马式拼音。在这个标识中,还有其位于日本的总店地址,以及宣称此药能"起死回生"的标语。由此,这一标识集合了源于东西传统的不同能指(signifiers)。皇帝、日本地址、罗马拼音等共同证实了该产品的效力和现代性;其道德礼教上的权威性则由标语和产品名称来证明。

图5.2 仁丹广告中多层次的指意(signification)过程(左);
放大后的日本森下仁丹公司的标识,可以看清细节(右)(《申报》,1912年10月29日)

在其他医药广告中亦可看到类似的矛盾性。"散拿吐瑾延年益寿粉"的广告标识是一位身着长袍马褂的中国人形象。在不同的广告中,与其"中式"标识相搭配的图像不断变动,不过始终看上去不太中式。图5.3(《申报》,1912年9月4日)即典型。这则广告描绘了一位古希腊女神被人群簇拥着的形象,她在散发妙药"散拿吐瑾",人群中有不少中国人,最为清晰的是一位穿着衫裤的妇女。[26] 药品来源于外国凸显了它的权威性。每一则广告都会提到这种药品是由柏林或维也纳的大学的博士研制的。

---

[25] 这一形象不是俾斯麦(Bismarck,他在这一时期的日本与中国均为炙手可热的人物),参见 Patrick Hess, Anzeigen, 36-37.

[26] 1912年9月2日《申报》上"散拿吐瑾延年益寿粉"的广告也展示了一位着衫裤的中国妇女,站在她前面的是一个小男孩。而刊载于1912年9月4日《申报》的广告插图(图5.3)中,也画了一位着衫的中国女人。刊载于1912年9月10日《申报》的广告中,有几位医生(特别是从前至后的第五位),看上去像中国人。

图 5.3 "散拿吐瑾"广告中的希腊人形象(《申报》，1912 年 9 月 4 日)

不少广告商轮番使用中外形象。例如,兜安氏西药公司(Foster McClellan Company)[27]用不同的形象推销"兜安保肾丸":有时是被疼痛所扰、身着燕尾服的外国人(《申报》,1912年9月5日);有时是着长衫马褂和无檐便帽的中国人(《申报》,1912年9月19、22日);有时是蓄八字胡、着西装的外国人(《申报》,1912年10月13、17日);有时又是穿长衫(《申报》,1912年10月20日)或穿长衫、戴便帽的中国人(《申报》,1912年10月26日)。于是,读者能在同一广告页或单个广告中、有时在数周内同一产品的不同广告中,遇到多种形象。

广告中呈现的上海,首先是洋场,是逸乐之城,但最重要的,它还是一座矛盾之城。广告为上海内外的中国受众提供外国的形象、历法、商品与地址,同时也协商着外国商品的吸引力与威信——部分是有意为之(例如外国布料广告,以及医药广告对中西形象的交替使用);部分是无意的(因为广告商无法决定其广告在版面上的位置)。这导致了语言、时间甚至空间的多元混杂性。

因此,《申报》广告的跨文化、跨语际对话催生了象征着现代性的上海。[28] 读者能接触到他们习以为常以及更加不同寻常的丰富事物。广告由此创造了上海与中国的可能形象——一个"美丽新世界",它可能就存在于上海人身边,并将最终存在于所有中国人身边。这个世界的标志是,自外国闯入的事物适应着中国消费者。这是一个崭新、低廉、卫生、科学、先进以及越来越"文明"的世界。广告给出了有关人们行何事以及如何行事的建议:如何发送电报、如何刷牙、如何除去细菌,以及如何使用缝纫机。因此,广告描述和反映了上海人的困境和矛盾,他们正在中国传统和西方代表的未来之间左右为难;广告也创造了行为规范——它们规定了新的、卫生的、理性的上海人。

竹枝词和其他诗作

与广告一样,上海报纸刊载的诗词,尤其是竹枝词,也映现着这座城市的异域氛围。[29] 1872年的竹枝词即是典型,其中提到电扇(第3首)、显微镜(第4首),以及被浪漫地称为"水晶宫"的玻璃房子(第8首)。竹枝词中的升降电梯是"仙梯"[30],能将

---

[27] 关于这家公司的广告营销策略,参见 Patrick Hess, *Anzeigen*, 38。
[28] 这里,我沿用了王德威(David Wang, *Fin-de-Siècle Splendor*, 4)的说法。
[29] 竹枝词的出现至少可追溯至唐代。它们通常描写当地的风俗环境,不拘于展示大都繁市或一乡一里。竹枝词的句子数量很灵活,每一句由一对押韵的七言短句组成(顾炳权,《上海洋场竹枝词》,第1—3页)。这里讨论的不少竹枝词是读者寄给《申报》的。《申报》在发刊词中征集不同形式的文稿,其中就有竹枝词。顾炳权编纂的《上海洋场竹枝词》收录了大量描写上海的竹枝词,大多数出自《申报》。费南山对顾炳权书中收录的一些竹枝词(Vittinghoff, "Am Rande des Ruhms", chap. 6, pt.2)做过解读。
[30] "仙"与"鬼"是上海竹枝词常见的主题;例见《申报》,1872年5月18日、10月18日,1877年2月14日,以及1889年7月4日。

人带到"层楼重叠接云霄"之处(第13首)[31]。还有竹枝词[32]讽刺性地暗示自鸣钟"能唤醒人间梦"(第3首)[33]。或是提到"鬼火"让上海夜色清明,"鬼火当年夜夜明"(第19首)。但大体来说,竹枝词赞叹这座城市"沧海桑田事易更"(第19首)——这一早期表述在后来成为描绘上海的陈词滥调[34]。这座城市叫人"最心惊"(第19首),它是"最繁华处"(第19首)[35]。上海常常被描写为具有吸引力的、迷人的、令人陶醉的,这里汇集了引人入胜的外国事物,它们无时无刻不在变化,令人兴奋,读者被引导着穿越上海,那里看起来一定是一个奇幻世界。[36]

四十年之后,描写上海的诗文出现在独立的栏目"海上闲谈"中,这些诗文从不同的角度思考了外国事物的存在。一位作者甚至感叹道:"呜呼!上海人日处于洋人势力范围之中,目所见者洋派,耳所闻者洋势。"上海似乎比中国其他城市更优越,因为它不是中式的——但仅仅是乍看上去如此而已。[37]

> 譬如房屋,老式房子不及洋房之阔气;譬如衣服,本国绸缎不及洋货之时髦;譬如饮食,本国酒席不及洋餐之写意。

这段话明显带有讽刺的意味。更早的一些诗文,虽多将上海呈现为一座"奇"城("奇"字总括了"奇"异的外国知识与科学成就),[38]它神秘而不同寻常,是华屋、仙境与幻梦之城;但这些诗文亦不仅仅将上海描绘为奇观之城而已。我们已经看到,一些诗词语带讽刺地提到"鬼火"。往后,上海将日益被描绘成一个汇集了外国习惯与外来物品(一些人不公正地认为它们优于中国的相应事物)的可疑之地。[39]

赞美与谴责,这两个越来越不可调和的层面,在对上海作为一个娱乐之城的描写中体现得最为明显。1911年,另一篇《海上闲谈》既提到"戏园书场之喧闹",亦言及

---

[31] 《续沪上西人竹枝词》,《申报》,1872年5月30日。
[32] 《沪北竹枝词》,《申报》,1872年9月8日。它似乎是由一位读者寄给《申报》的。其中再次出现了"水晶宫"的意象(第15首)。
[33] "钟"经常出现在竹枝词中;例见《申报》,1872年5月18日、5月28日,1874年4月27日。一些论说亦提到"钟",如《徐园品兰记》,《申报》,1887年4月4日[本书第一章讨论过这篇文章(第49页)]。
[34] 李晓华,《百年沧桑话建筑》。竹枝词经常将上海描绘成一个快速变化的、转瞬即逝的世界(例见《申报》,1872年5月18日)。参见下文的讨论。
[35] "繁华"成为这些诗作中的关键词。例见《申报》,1872年5月18日、6月13日、7月19日、9月13日、9月20日、9月28日、11月17日、11月26日,1874年7月4日,1883年1月1日。
[36] 有时竹枝词的作者会以评注的形式给出解释(例见《申报》,1872年5月30日)。这一篇以及其他带有注解的竹枝词均转引自顾炳权《上海洋场竹枝词》),它们成为真正的城市指南之名副其实的前身。
[37] 《海上闲谈》,《申报》,1911年9月24日。
[38] 关于"奇书"(即晚清时期关于西方知识的书籍)的大量出现,参见 Ming, "Scholars in Wonderland", 27, 29-30。
[39] 关于书写上海的文本中愈益增加的辛辣批评,参见 Yeh, "City, Courtesan, and Intellectual", Chap. 7。

"四马路野鸡之熙攘"。[40] 在这里,人们感知到的是噪声,而不是乐音,后者在更早的描写上海魅力与逸乐的诗文中占据主导地位。[41] 早期上海诗文中的名妓形象虽有暧昧之处但还算高雅(下文将详细讨论),现在作者耳目之所及只有最低等的妓女。这便是"久居上海者"对这座城市及其娱乐生活的看法。他们的视角相较新来者或临时访客来说截然不同:"吾闻内地之人,每以上海为极乐世界。一至上海,则耳所闻、目所见皆足以快其心胸。"作者记录并讽刺了这种对上海的迷恋。包括作者自己在内,那些"久居上海者"却觉得"耳目之所接者,甚多可厌"。他们观望着上海,并意识到它是如此"湫隘嚣尘"之处。[42] 这一表述出自《左传》,其中,景公要晏子移居到更为爽垲之宅,晏子却不愿离开他原本的"湫隘嚣尘"之所。晏子给出的理由是便利。与此类似,久居上海者虽意识到这座城市真正的险恶本质,却仍然选择留在这里。作者对这座奇异之城表现出讽刺性的疏离,他似乎并未过多涉入这座不同寻常的城市,但这是真的吗?如果他的遣责之情如此强烈,为什么不干脆搬走?他对这座城市的长期依恋,是否亦与便利有关?或者他像晏子一样,接近上海是要为民众效力?[43] 晏子告诉景公,为受过刖刑的人制作的鞋子卖得很贵(他之所以能知道此事就是因为他的狭小居所靠近市场)。晏子的陈说使景公"省于刑"。上海的这些诗文作者亦是在向治理者与民众讲述一个个警世故事。

作者们对上海的描述存在暧昧之处,且它们随着时间的推移变得越来越明显。这表明即使在 1911 年,在上海生活都不是一件简单明了的事。作者们对上海的权宜性的亲近(marriage of convenience)建立在一种爱恨交织的关系之上,这在《申报》最早期的诗文中就可看到。前文讨论过的《沪北竹枝词》中有一首开篇就坦白说:[44]

无边风景话申江,笑我重游到此邦。

作者经常探访上海,但不是上海居民。他发现这座城市非常热衷效仿洋人,认为这是可鄙的。① 但接下来,作者又用寥寥几行描绘了上海充满异国风情的胜景,并简

---

[40] 《海上闲谈》,《申报》,1911 年 5 月 10 日。
[41] 关于乐音作为与上海相联系之正面主题的其他例子参见《申报》,1872 年 5 月 18 日、6 月 12 日、7 月 5 日、7 月 19 日、9 月 18 日、9 月 20 日、10 月 18 日、12 月 11 日、1873 年 10 月 16 日、1874 年 2 月 5 日、1875 年 1 月 4 日、5 月 15 日、1877 年 2 月 14 日、3 月 11 日,以及 1883 年 1 月 1 日。
[42] "湫隘嚣尘"出自《左传·昭公·昭公三年》。这里采用的英文翻译参见 Legge, *Chinese Classics*, 10: 586, 589。"湫隘"一词还出现在 19 世纪 80 年代(1882 年 2 月 23 日)讨论上海良好市政治理的《申报》文章《风气日开说》(第 13 行)中,这篇论说的态度极为正面。此文概要参见附录 A,第 268 页。
[43] 这的确是看似最合理的观点。我将在下文对论说的讨论中进一步阐述这一论点。根据一些人的自我塑造(例如,长期担任《申报》主笔的黄协埙摆出谏官的姿态;或如梁启超,他希望能启蒙民众),这似乎是一个他们选择在上海寓居的可能原因。
[44] 《沪北竹枝词》,《申报》,1872 年 9 月 8 日。
① 原文为"强把颦眉效西子,新诗高唱竹枝腔"。——译者注

短地总结:"不须画笔写丰姿。"显然,作者对上海既着迷、又持批判态度。值得玩味的是,作者在竹枝词开头称上海有"无边风景",是一个梦幻的无边界空间,但它又是中国土地上有边界的异域之"邦"。当时的上海一面被称赞为充满机遇之地,又因它部分受外国司法管辖而被人鄙夷。

《沪北竹枝词》用大量篇幅歌咏名妓,她们拥有上海娱乐世界中最"具感官吸引力的美"。作者描绘了她们的技艺与品德、优雅与艳丽。名妓因其自由的生活方式而受人倾慕,又因为身陷最低等的职业而被人轻鄙,她们成为上海这座城市的隐喻。[45] 作者对名妓既爱又恨,这也代表了他对上海的态度。两者都"不须画笔写丰姿",但他必须要写;即便"笑我重游到此邦",但他依然要重游。他为上海感到痴迷(到了几近疯狂的程度),这是描写上海的竹枝词中又一常见的主题。[46] 竹枝词在完全的惊奇快乐与悲哀自嘲之间摇摆不定,反映着作者的自我沉醉,也反映着他因自己既不能与上海决裂、也无法毫不含混地赞美这座城市而陷入的疑惑和绝望。[47] 诚如叶凯蒂(Catherine V. Yeh)所言:"上海名妓是否值得书写的问题,连带出上海是否值得居住的问题。"[48]

名妓的生活、她的青春与美貌,是一个瞬逝的梦,这恰恰与上海一样,这个逸乐世界是一个瞬逝的宇宙:"玉局他年深怕改,诗成留与后人看。"《沪北竹枝词》最后如此说道。这是一首"一唱三叹"(第20首)的诗歌。作者意识到他文字中暧昧的本质与主题。他一次次地被上海的大自鸣钟从无拘无束的梦境中敲醒,不安地意识到时间和空间的限度。

早在19世纪70年代,名妓就已被文人用于喻说上海及其暧昧性。[49] 1872年的《上海竹枝词》描绘了上海名妓的技艺、魅力与美,其中掺杂着对上海生活的沉思。[50] 竹枝词开头写道:

> 海市由来幻景虚,谁将覆辙鉴前车。

---

[45] 关于把"名妓"用作隐喻,参见 Hershatter, "Courtesans and Streetwalkers", 246。叶凯蒂在其论著中(Catherine Yeh, esp. "City, Courtesan, and Intellectual", chap. 3; "The Life-styles of Four Shanghai Wenren in Late Qing China")亦探讨了名妓作为一种喻说的使用及其历史背景,甚至讨论了它在晚清成为上海与上海文人的转喻。相似的观点参见 David Wang, Fin-de-Siècle Splendor, 86。

[46] 例如,"狂"和"痴"经常被用于描写对上海的反应,参见《申报》,1872年9月18日、10月18日、1874年2月5日、7月4日、11月26日、1875年5月15日、1877年2月14日、3月11日,以及1885年1月28日。

[47] Catherine Yeh, "City, Courtesan, Intellectual", chap. 3.

[48] Catherine Yeh, "Creating a Shanghai Identity", 111 and idem, "How to Become Shanghai", ms., 15.

[49] 无数竹枝词通过名妓来描绘上海,其中一些可参见《申报》,1872年5月18日、5月29日、6月12日、6月13日、7月5日、7月12日、7月17日、7月19日、8月12日、9月18日、9月20日、9月28日、10月18日、1873年4月7日、10月16日、1874年7月4日、1875年1月4日、5月15日、1877年2月14日、3月11日,1883年1月1日。

[50] 《上海竹枝词》,《申报》,1872年9月20日。这篇同样是读者来稿。

繁华今古都成梦,花貌休夸玉不如。

第一、三分句说上海是一个奇异的幻景,一个梦境;反之,第二分句暗示了危险,第四分句则引出了愧悔之情。竹枝词接着写道:"红楼彻夜奏笙箫,醉月迷花舞细腰。只恐床头金尽后,更无人伴可怜宵。"欢愉与训诫同样交替出现在后面几首竹枝词中。

《上海竹枝词》(《沪北竹枝词》也一样)通篇表明,"脂粉丛"(即上海)中的欢愉世界很容易遭逢突如其来的意外与残酷的变化。这在第六首中体现得最为明显:

如云幻态易榛荆,脂粉丛中亦有兵。

这一思绪在第七首的最后一行中得以延续:

凭谁借与仙家枕,唤醒邯郸梦一场?

又在全文最后再次出现:

安得删除尘俗态,桃源仙境换清幽?

要捍卫上海生活之美(尽管它带有"榛荆"),要为享受这种生活进行辩护,就必须将它称为"梦境""幻景"(第1首)[51]"桃源""仙境"(第10首),[52]它们是疯狂而不真实的。既然上海生活是一个梦境,何不沉醉其中呢?这样就可以毫无羞愧地赞美与热爱上海。但上海可能只是一个转瞬即逝的桃源。这里并非真正的安居之地,人们也无法对周围发生的事情视而不见。这些竹枝词的作者承认他们正在逃避现实、自欺欺人,"榛荆"存在于上海的"脂粉丛"中,也存在于上海的外国事物上。他们了解这座城市,它就像一场幻梦,也许不值得对之投入感情。这就是为何他们表明在这个梦幻世界中停留是不可能的。就像做黄粱美梦的邯郸卢生[这里使用了沈既济(约741—约850)《枕中记》的典故],他们终将醒来。[53]

耐人寻味的是,《上海竹枝词》用的是"邯郸"而不是"枕梦"(亦经常用于指涉同一则故事)。[54]有一个人来到邯郸,学到时兴的事物,随即忘掉他从前所知;邯郸学步,

---

[51] "梦"在不少上海竹枝词中出现,这类竹枝词的结局通常是作者必须醒来面对不快的现实;例见《申报》,1872年9月6日、11月7日,1874年11月26日,1875年9月4日,以及1876年2月12日。
[52] 上海竹枝词反复将上海与"桃源""仙境"类比,例见《申报》,1877年3月11日,1888年2月27日,1889年7月4日,1891年11月4日。亦可见 Ming, "Scholars in Wonderland",16n18。
[53] 类似的忧虑,参见 Ming, "Scholars in Wonderland",21。
[54] 这一典故同样出现在1887年9月9日《申报》刊载的《戏梦说》中,讨论了上海生活如戏如梦。

失其故步,直匍匐而归耳。[55] 因此,"学(邯郸)步"[56]或做"邯郸学徒",意思是模仿他人而失去原本的东西。这些不正发生在上海人身上吗?人们鄙弃上海人抵挡不了洋场的诱惑,失掉其原初的本质,这正是令人忧惧、羞愧之处。

在这篇早期诗作中,"名妓"模糊不明的本质,是中国人与上海洋场文化之关系的寓言。早期诗作描绘了一个即将来临的世界,它们向从未到过这座城市或不熟悉洋场生活的读者(因为即使在上海,也不是所有居民都可以享受到照明)[57]展示并说明上海的种种奇景:1865年开始有煤气灯,19世纪70年代开始有电报和电话线,80年代开始有自来水和电[58]。因此,这些诗作将上海看作一个混合了种种"奇"异[59]事物的胜地。但与此同时,它们又提醒读者注意:使人迷醉的上海可能是恐怖、危险、疯狂的。生活在上海甚至经常造访上海显然成为需要解释的行为,选择便利、挪用西方事物、舍弃相对传统的价值观,成为需要辩解的行为。因此,诗词作者将上海描述为仙境(他们并未真正生活在其中)或是活地狱(他们并未选择生活在其中)。在这些诗词中,上海洋场同时呈现为美丽的梦境与丑陋的现实。

论 说

上海洋场亦是论说激烈讨论的主题。一篇论说认为,上海"不同旧日之规"(第15—16行)。[60]这座城市中的外国人建造了精美的教堂、木桥,带来了时钟、音乐盒、自动售货机、电报线、火轮(汽船),以及能说数种语言的机器。[61]上海是"怪怪奇奇,无所不有,亦足畅我心目"(第4行)之地。[62]从许多方面来说,上海都是一座模范城市。一篇1903年的文章注意到:"以外面观之,道路之平砥也,灯火之光明也,居处之

---

[55] 《庄子·秋水》与《汉书》均讲述了这则故事。
[56] 这一表述亦出现在1883年5月28日《申报》所刊竹枝词中。
[57] 上海大多数华人在日常生活中并未与上述商品接触。从一则关于自来水的报道(《自来水》,《申报》,1882年9月17日)便可知道这一点,报道将自来水解释成魔法:"鬼斧神工乃有此。"
[58] Cochran, "Inventing Nanjing Road",3;Leung, *The Shanghai Taotai*, 88. 其他通商口岸直到20世纪才有电。上海的外国居民与上海道台刘瑞芬(1878至1882年在任)之间有过激烈的争论:道台反对电力的应用,担心它不安全,可能引发火灾。他下令即使是居住在外国租界的中国居民亦不允许用电。而上海电力公司经理担心失去顾客与利益,促使英国驻北京公使向总理衙门施压。禁止用电的命令便被废除了(Leung, *The Shanghai Taotai*, 78)。
[59] Hauser, *Shanghai*, 10-11,其中提到英国首任驻上海领事巴尔富(George Balfour,1843至1846年在任)抵达上海后暂时居住在上海县城:"外国人的住所很快成为城内的一处主要名胜。头几天,来参观的中国人似乎是在访问博物馆……他们爬到楼上,近距离地、非常细致地观看白人及其日常生活:吃饭,刮脸,洗脸,阅读,睡觉。"1885年开放的上海张园为了满足上海内外人们对"奇"的喜好,设一"电气屋,安装电灯、电灶、电扇、电铃等时髦的电器设施……最具魅力的是电叫子,一按即闻狮吼,声震屋宇,游人趋之若鹜"。那时电灯还没有进入寻常百姓家(*Anecdotes of Old Shanghai*, 159)。
[60] 《上海洋场序——仿滕王阁序》,《申报》,1872年9月13日。
[61] 同上;《论机器能言》,《申报》,1877年5月24日;《房屋当以时修葺说》,《申报》,1887年10月5日。
[62] 《上海乐事解》,《申报》,1877年10月13日。

清洁也,侦察之严密也,似中国各处无此善政也。"(第1—2行)[63]中文报纸自诞生之始,便以此类措辞描绘上海。1882年的一篇文章称赞这座城市富庶、善治,并以提问作结:"各处仿效……岂不大快也乎?"[64]

上海亦是追求逸乐的典范。一篇19世纪70年代的论说写道:"余观于上海而知人生行乐之地,固在目前也。"作者接着说,人们在这里轻易地挥霍。傍晚,可"赁马车一辆……鞭疾马骤,周浦滩西北郊地"[65]。上海的夜生活确如论说所描绘的,"晚上遨游各里……车马星驰"[66]。这一活动显然流行了很长一段时间。1903年的一篇论说请读者自行验证:"今试于晚间二三点查各马车行之马车,大半未归。"[67]

这些夜间漫游者都在做什么呢?他们"或登茶楼酒肆,闲坐对饮,凭栏眺望,见游人如蚁,东撺西屯";"又徐步以入书馆,听吴姬拨弦度曲";[68]或"宿妓",或"打弹子以消闲""同侪相值……拉吃大餐"。[69]对那些想要继续挥霍的人来说,"上海茶寮烟馆之多,每路必有数家"[70]。

以上简短的考察表明,与诗词、广告一样,论说亦制造了上海作为逸乐之城、异域飞地(enclave)的意象,同时涉及了上海的矛盾之处。但它们在讨论中加入了新的维度:论说不仅呈现了上海的暧昧之处,同时从道德的角度对之进行了讨论。

例如,19世纪80年代末一篇讨论西人喜好修葺房屋的文章,最后转变为对国人的含蓄批评。[71]作者开篇道:"余初至上海,见洋场房屋常有翻造之举。窃尝疑之,以为洋人何其喜新厌故一至于此。"(第1行)对于新到上海者来说,西人这一做法着实奇怪。但随着作者在上海长住,了解到在一次事故中一栋三层房屋倒塌并"伤人无数"(第2行)之后,作者反思说:"而后知房屋之取新而不贵故。西人之翻造房屋,初不专为喜新而厌故,实亦有远虑存焉。"(第2—3行)房屋之所以会坍塌,是由于聚集其中的

---

[63] 《论上海风俗》,《新闻报》,1903年8月27日。发表于1907年的类似看法,参见 Xiong, "Image and Identity", 100-101. 当然,西人坚信上海是模范租界(例见 Lang, *Shanghai Considered Socially*, 58;亦可见外国旅游指南中对上海的讨论,收于 Yeh, "City, Courtesan, and Intellectual",chap.1)。

[64] 《风气日开说》,《申报》,1882年2月23日,第21行。关于类似的对印度的积极看法参见《论印度法国二处传来奇谈》,《申报》,1877年11月9日。这两篇文章的概要见附录A,第267—268页。

[65] 《上海乐事解》,《申报》,1877年10月13日,第3行。类似的描述参见《上海洋场序——仿滕王阁序》,《申报》,1872年9月13日。

[66] 《上海洋场序——仿滕王阁序》,《申报》,1872年9月13日,第3行;亦可见《徐园品兰记》首尾几行,《申报》,1887年4月4日(第一章讨论过这篇"记",尤见第49页)。1887年8月22日的《申报》文章《砭俗论》亦提到"沪北少年……坐马车而遭讥"(第19—20行)。亦可见《论夜游之害》,《申报》,1887年9月2日。

[67] 《论上海风俗》,《新闻报》,1903年8月30日,第15行。

[68] 《上海乐事解》,《申报》,1877年10月13日,第3—4行,第5—6行。亦可见《上海洋场序》,《申报》,1872年9月13日。

[69] 《砭俗论》,《申报》,1887年8月22日,第15—16行。

[70] 《论上海风俗》,《新闻报》,1903年8月30日,第11行。亦可见《上海洋场序——仿滕王阁序》,《申报》,1872年9月13日。

[71] 《房屋当以时修葺说》,《申报》,1887年10月5日。

人群拥至沿河一侧争看轮船(第 5 行)。这起悲剧性的事故使作者接受了他以往反对的西人惯行。文章最后,他呼吁对上海年久失修的房屋进行翻新。

作者作为上海人,有向西方范例学习的意愿,并认为西人的做法富于"远虑"。他还引入了一种自我批判的论调:"或曰中国之人少见多怪。"(第 3 行)自己"初至上海"时就是如此。隐含的自我批判进一步展开。中国人"多怪"的习性转变为对"看热闹"的热衷,这是酿成这起悲剧性事故的原因。[72] 如果不是所有人"一闻轮船吹号拥出争看",房屋就不会坍塌(第 3—4 行)。作者转而呼吁对待外国事物与理念要采用一种理性与知情的态度。[73] 他认为自己的亲身经历表明存在一段学习的过程:对待"奇"事,从抱有一种错误的态度转变为正确的态度需要一段学习的过程。他告诫人们不要对陌生事物产生危险的迷恋,并呼吁人们对新"奇"的和可能有价值的事物进行理性评价。

上海新闻媒体上能找到许多诸如此类的警世故事。显然,上海报人认为他们有重要的信息要传达:"奇",奇异、陌生的异国事物,只有在对其进行妥善处理后才会有益。一篇关于法租界展出机器的文章即持这种态度的典型。[74] 这台神奇的机器可以用任何与之对话的语言进行交谈。作者对它极为着迷,并详细描述了此类机器。行文至半,作者叹道:"夫人心之灵至此,亦可谓极矣!真所谓巧夺天工者!"(第 8 行)但没有任何成就能够超越天工。外国发明者试图证明人类可以接近这个卓越的顶点,这是一种自负和傲慢的行为。"夺天工"意味着人力堪比天工,这是一种危险而"极端"的不合理行为,因此在儒家观念中是一种极大的恶。

作者认为,西人总是极力讲求这些发明,而"中国自古至今不尚奇技淫巧"(第 11 行)。这里,作者不仅用"奇"、还用"淫"来形容外国技术的成果,"淫"[75]是"节"的反面,而"节"亦是儒家经典提倡的基本道德之一。[76]

尽管"西国皆于机器极力讲求,故能使奇巧之物层见叠出"(第 12 行),如自鸣钟、八音琴等,这并非全然无益,但这些物件"均有一定之则"(第 13 行)。作者认为,能言

---

[72] 除了鲁迅为其短篇小说集《呐喊》所写的著名序言之外,还有不少文化批评(例如梁启超的《新民说》、柏杨的《丑陋的中国人》)痛斥了国人的这一惯行。来自西人的批评,例见 Gilbert, *What's Wrong with China*, 193-194。

[73] 关于上海在中西文化交融中扮演的"启蒙者"角色,李欧梵有过慎重的评价,参见 Leo Lee, *Shanghai Modern*, chap. 2。

[74] 《论机器能言》,《申报》,1877 年 5 月 24 日。哈佛大学中国文化工作坊(1996 年春)的与会人、尤其是李欧梵提出的批判性意见,对我解读这篇文章裨益良多。

[75] 外国人(以及与其相关联的外国机器与产品)经常被认为具有这种不道德的品质(参见 Wakeman, *Strangers at the Gate*, 55;以及《申报馆赋》,《申报》,1873 年 2 月 15 日,第 11 行)。前一章已提及(参见第四章注释 172),人们对于这种不道德品质的质疑出于两种可疑的西式习惯,即通过握手礼和贴面礼相互致意。

[76] 蒋梦麟(*Tides from the West*, 32)记录了类似的反应。蒋父"一心一意要让他的儿子受现代教育,希望他们将来能有一天学会洋人制造神奇东西的'秘诀'"。蒋的老师却反对蒋父的看法。"他说:'奇技淫巧是要伤风败俗。先圣前贤不就是这样说过吗?'"

之机器也只不过能言一定之言。他怀疑若是愚鲁之人使用这台机器,机器是否还能听懂,质疑这台机器是不是只会说经人教习之言语(第14—17行)。他不相信机器本身是有意识的。[77] 作者承认谚语说的"洋人多巧",接着又自问道,"不亦信乎?"(第21行)他的答案是,应有一定的限度:洋人奇巧固然值得赞赏,但亦应用批判的眼光考量它是否对中国"大有利益"(第21行)。至于能言之机器,"若再能使之为有用之物,则更善矣!"(第22行)比如轮船就是一种有用之物。

这篇文章以理性的方式进行论证,其道德基调又非常尖锐。[78] 某些外国机器明确受到指责,不是因其失灵,而是因其展示了人类的狂妄。能言之机器因"淫巧"和具有欺骗性的创造性而受到指摘。然而,这绝不是在攻击所有的外国机器、技术和创造性。与前面《房屋当以时修葺说》的作者一样,《论机器能言》的作者同样认为应慎重对待上海的异域奇物,并警告读者不要被欺骗。然而,这一次,应慎重对待之原因并非读者自己的轻信,而是西人的故意欺骗,再加上该机器具有令人赞叹的魅惑力。读者被告诫,过于轻易、不加辨别地赞赏外国的技术成果是危险的,对于生活在充满极端的上海洋场中的人来说,这种危险又是不可避免的。[79]

与前面考察过的诗词一样,在这些论说中,"奇"从未得到明确的赞赏。诗词在言述"奇"时运用了讽刺,而这里的两篇论说则是警世故事,将"奇"描写为诱人又危险的。另一篇类似的训诫性论说试图阐释"上海乐事"[80]。论说以作者的观察开头(前面已经引述过),"人生行乐之地,固在目前也"(第1行);最后却得出不同的结论,"呜呼,余又观于上海,而知人生行乐之地终未得于目前也"(第11行)。与一些诗作中的久居上海者一样,这篇论说的作者同样意识到,人们对上海的第一印象未必能传达出上海的全部真实情况。他称之为"性情之乐"的东西在上海不值一提;而"形骸之乐可云盛矣"(第11—13行)。[81] 作者问道,上海的娱乐生意"尚可谓乐乎?"(第25行)文章最后

---

[77] 这里,作者诉诸中国历史,认为即使将军诸葛亮(181—234)复生、能造"木牛流马,亦不能独擅其美矣!人心之灵至于如此,是直与造物争造化矣"(第17—20行)。

[78] 晚清小说对科学、对追求西方知识亦表现了类似的道德立场,参见 Ming, "Scholars in Wonderland", 28, 30。山西乡民刘大鹏的日记(相关讨论参见 Harrison, "Newspapers and Nationalism", 96)中也对欧洲人一味追求"技术创造与炫耀性消费"有讨论。

[79] 这篇文章颇具预见性,旨在为接受洋货引入适当的标准。在1919年五四运动与新文化运动时期,关于是否可以接受全盘西化[其中包括接受一系列劣质商品,这是一种新的"船货崇拜"(cargo cult)]的争论十分激烈(参见 Lin Yusheng, Crisis of Chinese Consciousness, 111)。

[80] 《上海乐事解》,《申报》,1877年10月13日。

[81] 论说作者认为这还不够:部分上海寓居者无比放纵这种"形骸之乐",仅取其最远离道德、最原始、最野蛮、最奢靡的特质。另一篇《论乐中苦境》也同样反对上海逸乐的极端本质,参见《申报》,1882年2月11日。这种痛斥亦常常出现在上海城市指南书上:1913年的一本中文指南书(黄人镜,《沪人宝鉴》)中说,沪人对文明的消闲方式不感兴趣,他们只想着放纵。类似的批评还可参见1885年的《海上灯市录》,其中谴责了那些仅习得西人陋习(比如打弹子)的中国人,痛斥了部分国人吸食鸦片的恶习,还批评了纨绔子弟与名妓坐在敞篷马车里招摇过市的行为(Yeh, "City, Courtesan, and Intellectual", chap. 1)。

呼吁读者不要相信关于上海的美妙奇谈;请亲自到上海一见。[82]

这篇论说同样传达了明确的警示。作者在上海工作、生活,担忧着自己和上海的声名。上海是能够腐蚀所有人(甚至包括作者在内)的危险之地。作者对上海的各种诱惑有所防备,他在孽海中是一孤独的先知。与上海新事物的诱惑一样,上海的各种娱乐也是既吸引人、又具有危险性的。将上海视作罪恶与错乱之城加以谴责,与将其视作盲目西化之城加以谴责是并行的。上海人孜孜不倦地追求逸乐,就如同他们盲目追逐外国的新奇事物,都是不好的。与冶游诗的作者一样,这篇论说的作者并未公开指称洋场是危险的根源,但我们仍然要问:为何上海尤其容易滋生不当、腐化的娱乐方式?

《砭俗论》一文(《申报》,1887 年 8 月 22 日)再次提出了这个问题。这篇论说开头从理论上详述了何谓"雅""俗"。行文过半,作者又引入具体案例说明他的观点。与前面提到的论说一样,这里,作者没有立即展示他上海人的身份,而是自许为一位窥探者(voyeur):"我观沪上之俗人"(第 15 行)——不仅包括市井子弟,还有达官巨宦。作者希望教导他们(第 23 行),并对自己的说教任务解释如下:"自居于清流而贬人为浊流,其量隘矣,隘则不免邻于俗。"(第 24—25 行)作者若不说教,自己也会受"俗"之传染,"无言是而行非也"(第 29 行)。论说结尾流露出不妙的预感:"是之谓夫惟大雅卓尔不群。呜呼!其谁能之?"(第 29—30 行)

显然,寓居上海的作者将自己视作这座城市的良心(尽管他把自己描述成旁观者)。要想在上海这座罪恶之城不入俗流地活着并不容易。因此,论说作者感到有必要展示,存在不同类型的上海人。这种自我辩解的需要——即表明自己虽身处孽海却仍葆有道德——变得越来越明显,"成为上海的良心"日益成为上海新闻媒体不断重复的主题。

刊载于《新闻报》的系列论说《论上海风俗》进一步证实了这一现象。[83] 其中特别抨击了三种上海的恶俗:赌博(1903 年 8 月 27 日,第 12 行)、惰游(1903 年 8 月 30 日,第 10 行),以及迷信(1903 年 8 月 30 日,第 1 行)。作者谴责赌博"伤精神,荒正业",会导致"失德"(1903 年 8 月 27 日,第 14—15 行,第 16 行)。为了根绝这一恶俗,租界的"文明政府"颁布了强力禁令。[84] 但这些禁令总是无法得到人们的遵守(第 12—13 行)。惰游受到批评是因为乘马车夜游失睡很危险:疫疾易在疲乏者之间传播(1903 年 8 月 30 日,第 15—16 行)。"工部局欲为不禁之禁,而华人恬然不知耻"(1903 年 8 月 30 日,第 16—17 行)。

---

[82] 极为类似的观点参见《及时行乐说》,《申报》,1877 年 9 月 29 日。
[83] 这里,我仅讨论此系列论说中的头两篇,分别载于 1903 年 8 月 27 日和 8 月 30 日的《新闻报》。
[84] 根据《上海掌故》(Anecdotes of Old Shanghai,142)的记载,"清末时,虹口地方已赌台林立",并很快"蔓延到中区"。然而,"工部局迫于舆论,明令禁赌。可是换个好听名称,赌台改叫总会、俱乐部之类,付出较高的捐税,仍可以领到'合法'的'照会'"。

作者在讨论赌博与惰游恶习时,未能对文章开头提出的问题给出明确的答案:

> 上海为文明地方耶,抑为化外地方耶?
> 为内地之表率耶,抑为害人之陷阱耶?(1903 年 8 月 27 日,第 1 行)

西人强制施行严格的管制措施,似乎成为德行的典范,其治下是"文明地方""内地之表率",但同样显而易见的是,他们也创造了滋生游手好闲者与赌徒的环境。上海作为"化外地方",亦是"害人之陷阱"。[85]

对迷信的批评同样模棱两可。论说认为不应相信迷信活动:据"久居上海者"所目见,西人不求诸迷信活动亦能贸易致富、安居乐业(1903 年 8 月 30 日,第 5—6 行)。[86]然而,中国官员卜居上海者"皆以明达不顽固自诩",却孜孜于迷信,一边求取私利(1903 年 8 月 27 日,第 4—5 行)。② 这里,像西人一样获得贸易的繁荣,被作者视为文明的象征、破除迷信的标志。另一方面,作者又批评部分中国官员只追逐私利,不具德操。[87]虽然迷信不可取,在这一点上国人应以西人为榜样,但显然中国官员的行事准则亦不应与憎恶私利的儒家道德规范背道而驰。人们生活在上海即生活在"西化之地",意味着接受西方的行为方式的同时,自身也不可避免地被西化,而西化既意味着"文明",也意味着受到腐蚀。

尽管作者试图用明确的是非二分法来评价上海生活的矛盾之处,但他使用的二分范畴往往又为文章引入了更多的暧昧性。于是,关于上海之于中国的地位与功能,作者最后给出了几种相互矛盾的定义并提供了佐证。西人同时是正面与负面的存在;上海既是一个典范,又是一种警示。[88]由于/尽管存在洋场,上海才能/仍能走向文明;因为/虽然上海是内地效仿的典范,所以是/但也是害人之陷阱。

作者呈现了大量视角,增加了这种描述上的丰富性。文章展示了不同类型的上海寓居者的声音:游客、暂居者如官员,或是像作者这样的长期寓沪者。作者同样提及了

---

[85] 参见一本 1913 年的中文城市指南书(黄人镜,《沪人宝鉴》),该书认为当时的上海人较西人更为堕落。该书以各种娱乐方式作为各章标题("茶馆说""酒店说"等)并加以介绍,只有在最后涉及妓馆与妓业的一章没有用"花界指南"为题,而是代以"道德指南"。此章以愤怒的声讨结尾,敦促华人努力工作,不要经常造访妓家。作者称,就算在西方,也只有社会底层的未婚男子才会光顾这类场所。他称光顾妓院者"不诚实、无廉耻,不知礼节,不正派"(第 105—106 页)。
[86] "各国之人大半不信卜、命相、风水、鬼神、巫觋之类,而其贸易致富、安居乐业尤胜于华人。"
② 原文为"而我则谓变俗尤先于变政,未有俗不变而能收变政之效者也。中国之侯伯将相督抚司道卜居于上海者甚多,皆以明达不顽固自诩。然其至申以来,固尝于身心有丝毫之益耶?"批评这些官员不能振风俗。——译者注
[87] 本章没有详细讨论上海作为商业文化之城的问题。从第二章关于"利"的讨论中可以看到,上海的商业文化亦给上海人增加了污名。
[88] 与之类似,1907 年 3 月 6 日《申报》刊载的《说嫖》一文的态度同样令人迷惑。该文以一组矛盾的表述开头:"上海有一事焉,无老无少,无贵无贱,无尊无卑,营营焉,逐逐焉。"

局外人的观点。例如,包括改革者与学生在内,人们自其他城市来到上海,是因为他们将上海视作"最开化之处"(1903 年 8 月 27 日,第 5—6 行),这里有"平砥之大道""光明之灯火""清洁之居处",以及"严密之侦察"(1903 年 8 月 27 日,第 1—2 行)。

不过,文章接着写道,"上海风俗之坏亦达于极点矣。"(1903 年 8 月 27 日,第 2 行)且这种败坏是上海特有的:"为内地所未有之恶俗。而将以上海居人之恶俗为内地之表率耶?"(1903 年 8 月 30 日,第 18 行)只有局内人才知上海乃"害人之陷阱"。作者不断变换表述的角度,并详细阐明彼此解构的不同观点,不做绝对的判断。例如,作者称:"凡居上海者,平日吁嘻时局,辄能言官场之如何腐败、政事之如何腐败,而其沉溺于腐败之风俗中则若不自知焉。"(1903 年 8 月 27 日,第 8 行)作者对"居上海者"的这种态度不屑一顾,随后又对其加以赞赏,因为他们批评了本土商人的迷信活动。于是,作者对上海新移民与久居者的看法都不明确,他批评了官员、也批评了批评官员者,赞扬了洋场的存在、又承认它导致了严重的恶习,由此,作者提出了大量令人困惑的、不一致的重叠论点,对他在文章开头提出的问题给出了相互矛盾的答案。

而当作者评论说"吾为上海惜,吾不独为上海惜也"(1903 年 8 月 27 日,第 2—3 行)时,就更令人迷惑了。作者实际考虑的是整个中国。在他看来,"今之策中国者辄曰变政",这是不对的,"变俗尤先于变政"(1903 年 8 月 27 日,第 3—4 行)。作者借用《大学》开篇的语句,认为"不能变俗,何能变政?不能身修家齐,何能国治?"(1903 年 8 月 27 日,第 9 行)如此看来,上海是"变俗之城"的一个典范。只有那些"不居上海者",才认为"国家不变政,故风俗不能变耳"(1903 年 8 月 27 日,第 9 行)。作者似乎确信,得体的行为是善政的核心,而不断"变俗"的上海是善治的典范。但作者接着又说:"而上海之政治似较内地为善矣,及考其风俗之坏,则内地无若此之甚者也。"(1903 年 8 月 27 日,第 10 行)如此说来,"上海之政治"又如何成为中国其他地方的典范呢?作者对上海的不满是否暗示了,亟须去除使上海走向文明的西人治理机构?作者的所有观点乍看之下言之凿凿,但仔细推敲又自相矛盾,表露着作者内心的挣扎。伴随层层质询,作者的是非观被动摇了。

这篇论说充满无数未回答的问题以及前后矛盾之处,这也许是上海人(更宽泛地说,是中国人面对西方时)的典型心态。作者实则是在借描绘上海阐明自己内心的困境。文本中呈现的不断变化的视角以及不断转换的作者的声音,都是紧张的表现。是与非之间的区分是模糊的;文本是多层次的,某种价值观一经明确表述,就立即被另一个文本层次所解构。文本通篇充满矛盾,作者自己的态度亦碎裂成不同的视点。与其说作者是使用语言的主人,不如说语言将作者的论说解构、分割成不同的层次。文本的含混映射着上海生活的模棱两可之处。不同的视角有时能互相调和、有时不能,这(几乎顺理成章地)表明存在无数种解释上海与上海人的方式,且人们无法判断哪一种最为准确。但作者确信,他所论之事至关重要。他试图为上海找到一个合适的定义,又批评上海道德败坏,这些做法均体现着一种紧迫感。作者感到他必须以先知的身份,立足上海、向全中国说话。

整个晚清时期,这种责任感在讨论上海的论说中是不变的基调。显然,上海文化被看作一种"窗口文化"。[89] 通过上海,人们能够瞥见并体验西方生活。上海呈现为现代性的缩影;上海生活指出了中国可能的现代化方式。这些论说描述着上海以及上海人的经验,由此教导读者如何最恰当地与西方的人事物打交道——不仅在上海,亦在中国的其他地方——并从中获益。

人只有在内部才能从"窗口"看出去。这些论说均站在局内人的角度,作者因自身的经验而成为有资格进行解释的内行。渐渐地,局内人看见的上海,不仅充满各种令人赞叹的奇观与文明制度,还充斥着堕落与放荡。[90] 在这些论说中,西方势力的存在既是幸事,亦是灾祸。值得玩味的是,论说作者从未明确称自己为上海人。显然,对"居上海"这件事进行吹嘘是不可能的。因此,在上海人对其城市的书写中,最显著的特征之一是作者不承认他与上海的密切联系,尽管其他人均意识到这种联系。[91] 许多论说暗示上海人道德败坏,实在不算"真正的中国"居民。[92]

这些论说的主旨均是一种警告,其潜台词是小心上海存在的西方势力。因此,在提及已入俗流的上海人时,论说作者总是谈到其道德败坏,但不会言及自身。他感到身处这座城市的危险;他可能受到影响而成为一介俗人,单是身居洋场这一事实就能腐蚀他。因此,论说作者不断宣扬着一个庸俗的上海的传说,不仅向他人、亦是向自己。作者作为上海的良心,描绘了不经事的、落入平庸的、迷信的上海居民,亦向他们

---

[89] 这一表述出自 Lynn White and Li Cheng, "China Coast Identities", 173。

[90] 19世纪70年代与80年代初的大多数文章将上海与西方视为积极的力量(例见前面讨论的论说;以及《轮船论》,《申报》,1872年5月30日;《海外奇论》,《申报》,1873年8月1日;《论欲效西法》,《申报》,1877年9月8日;《再论欲效西法》,《申报》,1877年9月11日;《风气日开说》,《申报》,1882年2月23日。其中,《风气日开说》相当详尽地说明了中国需要改革,需要引入西方知识、机器和设施)。同时,怀疑的声音亦始终不绝,例见《洋场求食论》,《申报》,1872年9月4日[甚至可见于《男遭妇辱》这样的消息中(参见《申报》,1873年2月19日,本书第一章讨论过这篇报道,第55—56页)];《严责碰头风俗论》,《申报》,1873年1月21日;以及前文讨论过的《上海乐事解》,《申报》,1877年10月13日。随着时间的推移,批评的倾向有所增长,例见《论乐中苦境》,《申报》,1882年2月11日;《论夜游之害》,《申报》,1887年9月2日;《蒙养篇》,《申报》,1887年9月30日,其中论及上海"风俗败坏,不特男子",甚至在妇女、小孩中也是如此;《论台基之难禁》,《申报》,1887年10月25日;《用财说》,《申报》,1897年3月10日,此文讨论了上海挥霍金钱的风气,对这篇论说的详细讨论参见本书第二章,第89—90页;《论敝俗》,《申报》,1897年8月12日;《论居沪之不易》,《申报》,1898年6月28日,讨论上海市价高昂;《论沪上小钱店之可恶》,《申报》,1902年10月15日;《说嫖》,《申报》,1907年3月6日。但即使在后期,关于西方人事物在上海的存在,也有一些正面的文章,例如《效法泰西以行善举议》,《申报》,1897年5月31日;《论中国宜仿西俗设戒酒戒烟等会》,《申报》,1897年8月30日。

[91] 有关很长时间内,上海人拒绝承认自己是上海人的这一观点,参见 Xiong, "Image and Identity";以及 Liu Tao Tao and David Faure, "What Does the Chinese Person Identify With?" 7。

[92] Pye, "How China's Nationalism Was Shanghaied", 114。我将在下一节讨论他对通商口岸人口所做的历史考察的意义,其中涉及的现象在报纸上亦有清晰的反映。

发出警示。与此同时,作者设定了一个高雅理性、具有"文明"潜质的上海寓居者形象:他观赏西方的奇物乐事并从中学习;他懂得如何处理、辨别这些事物。论说教导读者不要太轻易上当,不要太惊讶,不要固守"旧"的错误做法,比如迷信或沉溺于演出,也不要养成"新"的坏习惯,比如追求奇技淫巧或坐马车。这些论说规定了上海人(亦暗指当时的中国人)应该或不应该如何。因此,在上海报纸上,对于上海内外的中国人来说,上海人是既具魅力又叫人焦虑、既遥远又无法避开的典范。

居上海:上海人的声音

> 19 世纪末期,人们去往上海发明生活、寄放梦想。
> ——叶凯蒂[93]

本章开头我已提及,是人而不仅仅是城墙造就了城市。但我们也可以说,城市造就了人。我们已经看到,在上海报纸的话语中,这座城市蕴含着多重世界。报刊叙述中的上海是洋场,是逸乐之城,它由许许多多矛盾的面向构成。从隐喻的层面说,关于上海的"叙述的不稳定性"(narrative instabilities),显示着这座城市具有多重多变的个性。[94] 这种特质使我们很难识别一个简单明了的上海人形象。多重的上海塑造了多重的上海人。

但是,报纸对上海与上海人的固有意象是否反映了人们在此生活的真实情况?我们不妨听取历史上上海人的声音,在我所考察的时期内,他们正居住在上海。由此可以看到,报纸所呈现的多重上海是否以及如何折射着晚清中国的"现实"。

19 世纪晚期,居住在上海的外国人仅几千人。而开埠早期,沪上华人人口达几万之众;到 20 世纪初又涨到几十万人。例如,1876 年,有人统计公共租界有华人 95,662 人,外国人仅 1673 人;到 1910 年,华人、外国人口分别为 488,005 人与 13,526 人。[95] 但在绝大多数关于这座城市的叙事中,上海的洋气(foreignness)仍成为一种重要喻说。上海报纸就像一面"超级镜子",聚焦上海的这一特质:"从字面义和比喻义来说,当时上海的日常'风味'是由外国原料构成的。"[96] 作家曾朴(1872—1935)于 19 世纪末寓居上海,在其回忆中,上海的街道和公共场所满是身着西式服装的年轻男女,"用异国语言跟洋人交谈";"甚至穿长袍戴官帽的尊贵大人"亦在"番菜馆用刀叉吃饭,喝

---

[93] Catherine Yeh, "The Life-styles of Four Shanghai *Wenren* in Late Qing China", 450.
[94] Ming, "Scholars in Wonderland", 细致探讨了晚清科幻小说中的这种"叙述的不稳定性"。
[95] 这些估算的数字参见 Leung, *The Shanghai Taotai*, 195;亦可见 Lang, *Shanghai Considered Socially*, 24-25; Pye, "How China's Nationalism Was Shanghaied", 118;以及徐载平、徐瑞芳,《清末四十年申报史料》,第 2 页。
[96] Feuerwerker, *Foreign Establishment*, 5.

着香槟与咖啡"。[97]

　　这些身处上海洋场的中国人并不是被"诱拐"(shanghaied)到那里的。即使是为了避一方兵灾而逃至上海的难民或是去那里求职的文人,都不是被强迫去上海的。但正如19世纪80年代初的一篇论说所言:"必来者不去,必去者复来。"(第19行)[98]此类行为既发生在现实中,亦出现在报纸的陈说中,很大程度上与上海的外国人事物有关。[99]正如白鲁恂(Lucian Pye)所说,历史上通商口岸的人口"用脚投票,对西方的治理方式表示赞成"[100]。在当时,赞赏、重视一切西洋事物,是在这座城市生活的"要诀"(clues)。1911年的一篇文章开头道:[101]

　　　　有称上海为上洋者。余为之解曰:上洋者,以洋为上也。

　　尽管他们有计划地选择寓居洋场,但在沪华人并不总是感到他们身处最合意的境地之中。1849年赴沪生活的王韬,在日记中记录了不少上海人在上海受到的待遇,他们在许多方面依赖西人谋生。

　　　　西人隆准深目,思深而虑远,其性外刚狠而内阴鸷。待我华民甚薄,佣其家者,驾驭之如犬马,奔走疲困,毫不加以痛惜。见我文士,亦藐视傲睨而不为礼。而华人犹为其所用者,虽迫于衣食计,亦以见中国财力之凋敝,民生之穷蹙也。故西人之轻我中国也日益甚,而中国人士亦甘受其轻而莫可如何。[102]

　　这一叙述与来自西方的上海人欧内斯特·霍塞(Ernest O. Hauser,1910—1997)的说法一致,霍塞称,在上海,"客随主便这一简单的人间常埋被有意识地搁置一边"[103]。报纸同样提到这种情况。1911年《申报》发表的《海上闲谈》解释道:"轮船上之大菜间,官舱在其下。浴室中之洋盆,官盆半其价。"(第5行)对于中国人来说,在上

---

[97] Peter Li, *Tseng P'u*, 69.
[98] 《风气日开说》,《申报》,1882年2月23日。对该文更完整的释义,参见附录A,第268页。
[99] 正如叶小青(Ye Xiaoqing, "Popular Culture",323)所说:"上海人对西方感兴趣,特别排外的人根本不会移居上海。"
[100] Pye, "How China's Nationalism Was Shanghaied",121, 114.
[101] 《海上闲谈》,《申报》,1911年9月24日。前文已简要提到这篇文章,第204—205页。
[102] 转引自 McAleavy, *Wang T'ao*, 6。
[103] Hauser, *Shanghai*, 27-28. 霍塞敏锐地分析了外国势力进入中国带来的影响,他接着写道(第29页):"他们在中国的土地上享受权利和优越待遇,并在上面建造房屋。他们的到来深深地破坏了中国的内部平衡……但他们并未想到这一点。"一篇傲慢的论说(《海外奇论》,《申报》,1873年8月1日)讨论了中国军队"无意习练西国兵法",其中亦表现了这种态度。这篇论说的作者可能是英国人(可能不是美查),因他在文中反复称"我西人""我英国"。

海生活、享受某些便利的同时,也意味着要依据少数外国人的规则行事。[104] 对当时这里的中国人来说,表现得像西人会更好。《海上闲谈》接着写道:

> 店伙遇洋人购物,则逢迎贡媚。车夫得洋人雇用,则暴横凌人。(第6—7行)

1906年,另一位外国观察家戴义思(Charles Dyce)注意到,当时上海的中国人普遍受到同胞的次等对待:"毫无疑问,你的仆人经常假西人之威占同胞的便宜。"[105]作为上海生活的一部分,上海人的行事方式在中国其他地方是无法被接受的。奉承西人被视为可鄙的,但《海上闲谈》的解释是:

> 呜呼!上海人日处于洋人势力范围之中,目所见者洋派,耳所闻者洋势,加以发洋财之思想日营营于脑中,无怪其重洋而自轻也。(第7—9行)

《海上闲谈》流露着人们针对效仿西人的上海人普遍存有的鄙夷。显然,这种轻鄙影响了上海人。王韬开始为上海伦敦会(London Missionary Press)工作之后不久,便发现"很少有人来拜访他……他立即猜到原因。由于同意为外国人工作,他在某种程度上成为被社会排斥的人"[106]。上海自1842年被开放为通商口岸起,便在一定程度上成为一种耻辱的象征;寓居上海并不是什么值得称道的事。[107] 因

---

[104] 据蒋梦麟(Chiang Monlin, *Tides from the West*, 43)回忆:"上海在1899年前后还是个小城,留居此处的外国人也只不过三四千人,但是这些洋人都趾高气扬,自视甚高。市政倒办得不错,街道宽大清洁,有电灯,也有煤气灯。"同一时期,体现西人这种倨傲态度的例证,参见 Dyce, *Personal Reminiscences*;更晚一些的例证,参见 Gilbert, *What's Wrong with China*。

[105] Dyce, *Personal Reminiscences*, 158. 1910年的《中国学生月刊》(*The Chinese Students Monthly*)声明,在上海租界,中国人还会受到印度巡捕的不公对待,这种情况是令人无法容忍的(参见 Chu, "Shanghai Foreign Settlement", 307-309)。叶小青(Ye Xiaoqing, "Shanghai Before Nationalism", 41)给出了类似的证据,提到当时上海的"外国公司雇员甚至西人家仆亦自视高人一等"。

[106] McAleavy, *Wong T'ao*, 5. 更多证据参见 Leong, "Wang T'ao", esp. 103. 亦可见 Fairbank, *Trade and Diplomacy*, 176-177;"新来的专员……似乎得到共事者的宽容,他们做着令人厌恶不快的工作,比如下水道检查员。"郭嵩焘亦是一例,他于1876年出使英国,文人们取笑他,因他将离开"圣贤之地,为洋鬼子效力"。郭的乡人对他的行为感到非常气愤,甚至试图毁其房屋,郭本人亦不断受到弹劾,被指斥为朝廷和中国文化传统的叛徒(Hao and Wang, "Changing Chinese Views", 187;Hu, *Tales of Traslation*, 31)。

[107] Frühauf, "Urban Exoticism in Modern Chinese Literature", 69,其中注意到上海作为"中国面向西方的最重要的窗口,不断提醒着国人清政府签订不平等条约造成的屈辱处境。在20世纪前四分之一的时间里,上海主要用于提醒人们不忘耻辱,而不是用于催生异国情调"(亦可见 Leo Lee, *Shanghai Modern*, chap. 3)。对民国时期的观察同样适用于晚清。亦可见 Catherine Yeh, "City, Courtesan, and Intellectual", chap. 3:"新上海是在外国干预下创生的,且它在很大程度上受西人影响。这一事实对于上海所有中外寓居者来说都是一个根本的议题。如何评价上海,对于中国知识界的自我认同及其作为一个社会阶层的合法性来说至关重要。他们居住在这座象征着耻辱的城市中,要如何为这件事辩解?"

此，王韬在《海陬冶游录》的序言（此书出版于1879年，序言写于1860年）中写道，"上海实彝夏之冲，胜地荟宴游之盛"。他又解释道，"洋氛已息……其近虹口处，有西洋妓艘，岁一二至"。[108] 抹去西方在上海显而易见的存在，本身就是一种引人注意的辩解之辞。上海人对自己的看法与其说是骄傲，不如说是厌恶。

1912年的一组系列讽刺漫画直白地表露着这种态度，这组漫画描绘了"背叛中国纯正性"、模仿西人的那些人——暗指上海人。[109] 其中一幅画描绘了一个人试图拉拽鼻子使它增高的情景，嘲讽他对高鼻梁的渴求（见图5.4）；另一幅画中，一个人将猪鼻子黏在脸上以支撑夹鼻眼镜，漫画借此嘲讽了戴眼镜的时尚（《申报》，1912年4月22日，4月27日）。漫画似乎在反问：真的有人会为了让自己长高一英寸而在脚上挂几个小时的重物吗（《申报》，1912年4月23日）？真的有人会因为想要一头金色卷发便以火炙发吗（《申报》，1912年4月24日）？为了要双目深邃便让人用锤子敲打自己的眼睛是否值当（见图5.5）？漫画家亦未忽略女性，讽刺她们不顾疼痛也要穿高跟鞋的执念（《申报》，1912年4月24日）[110]以及对沙漏型身材的渴望（见图5.6）。后一幅画中，有两个人拉扯着绳子为一位女性束腰。而此前刊出的一幅漫画揭穿了这位女性丰腴的胸部实际上是塞了烹饪锅的效果。那幅漫画的标题赞叹这一权宜做法颇具实

图5.4 《摹仿西人：高鼻法》（《申报》，1912年4月22日）

---

[108] Catherine Yeh, "Creating a Shanghai Identity", 110, 114 and idem, "City, Courtesan, and Intellectual", chap. 3.
[109] 《摹仿西人》，《申报》，1912年4月22—30日。亦可见《箴志士》，《申报》，1907年1月1日，其中公然谴责了上海人之西化。
[110] 参见 Harrison, "Republican Citizen", 25-26：在新的共和时代，年轻女性接受了作为公民应遵循的风俗，她们用她们天生的双足，走得坚实而稳健。而现代年轻女性穿着高跟皮鞋走路时发出的响亮声音，却不断受到男性作家的品评。

用性,特别是在旅行时,这些锅可以用来做饭(《申报》,1912年4月28日)。[111]

图 5.5 《摹仿西人:深睛法》(《申报》,1912 年 4 月 26 日)

图 5.6 《摹仿西人:细腰法》(《申报》,1912 年 4 月 29 日)

---

[111] 对于上海人着装风格的幽默描述,参见 Lin Yu-tang, *Importance of Living*,261:"所有学者、思想家、银行家,以及在中国取得成就的人,要么从未穿过洋装,要么迅速穿回中装……因为他们对自己有信心。"作者继续说(第263页),那些刻意着洋装者只是在装腔作势:"对于真正崭新、自信的中国来说,他们算不上真正的公民……头脑清醒的人不会矫说西装的硬领是一种有益健康的东西,而西方许多有思想的人亦屡次表示他们对硬领的反对。能发明霓虹灯和第塞尔柴油引擎的聪明的西方人,怎会缺乏常识到这个地步,以至于桎梏人的全身,仅仅留出头部的自由?"(此处翻译参考了《林语堂全集》第21卷《生活的艺术》,越裔汉译,长春:东北师范大学出版社,1994:257—259。——译者注)

这类漫画表明了时尚的道德维度。[112] 图像中十足的丑陋现象,反映了白鲁恂所说的通商口岸居民"无法逃脱的罪恶感"[113]。从1912年的另一幅漫画中亦可明显看出这一点:一位身穿时尚西装的男子对镜自照,却看见一个怪兽般的镜像向他做鬼脸(《申报》,1912年4月15日)。不少历史研究印证了这一形象:晚清时期的上海人是一种"愤恨又软弱的少数群体"[114],"他们被同胞孤立"[115],是"社会反常的典型"[116],身上充满"自卑情节"[117]且被"意识危机"困扰[118]。例如,王韬便被描述为"不得其所之人"(displaced person)[119];"他人生的两半(作为中国知识人以及为西人工作而挣取薪资者)似乎如此割裂,以至于他竟用不同的文体分别记录之。"[120] 类似的例子还有长期寓居上海的外交官陈季同(1851—1907)。[121] 他同样扮演着"双重角色"、有着两种人格,一是"中国的发言人",二是名誉上的西方人、"西方文明的拥护者"。[122]

1907年的一幅《申报》漫画(见图5.7,上)描绘了上海人的这种特殊境况。画上,一位文人双脚分别踩在门槛两边,表现了他内心的分裂。他分裂成两半,一半是西方的,着西装,手捧题为《科学》之书;另一半是中国的,着中式衣衫(有着典型的侧面系扣),拿着《大题文府》。[123] 前一天刊出的漫画业已说明这一"分裂的人"是如何形成的:彼时,他以全然西化的形象出现,着西装、戴海军帽(见图5.7,下),却不情愿地站在一位中国官员面前,这位官员拽着他的袖子,向一位身着长衫、年老谢顶的先生打着手势。第二天,这个人再次在报上出现时已不再戴帽子,他穿着中西装各半套,犹豫

---

[112] 根据凡勃伦(Veblen, *Theorie der feinen Leute*)的说法,表现得有品位也就是按照特定标准行事。因此,品位与道德准则有关。亦可见 Lynes, *Tastemakers*, 3-4; Bourdieu, *La Distinction* and Lin, *Importance of Living*, 363。
[113] Pye, "How China's Nationalism Was Shanghaied", 121, 114.
[114] Murphey, "Treaty Ports", 65.
[115] Hauser, *Shanghai*, 28,这里尤指买办(comprador)。类似的观点,参见 Hao, *The Comprador* and Murphey, *Outsiders*, 145:"通商口岸的世界主义者被疏离了,他们和他们心中不现实的微小世界……是边缘化的,就像孕育、激励并庇护他们的通商口岸一样。"
[116] Hao, *The Comprador*, 221.
[117] Levenson, *Confucian China and Its Modern Fate*.
[118] Lin Yusheng, *Crisis of Chinese Consciousness*, esp. 6. 此书实际上旨在描述清末民初时出现在人们身上的"多重人格"(multiple personalities)。
[119] Cf. McAleavy, *Wang T'ao*. See also Cohen, *Between Tradition and Modernity*.
[120] Catherine Yeh, "Life-styles of Four Shanghai *Wenren* in Late Qing China", 430.
[121] 同上,435—449。黄协埙或许是另一个例子,关于他的研究,参见 Janku, "An Intellectual Between Modern Urban Society and Local County Community"。
[122] Catherine Yeh, "Life-styles of Four Shanghai *Wenren* in Late Qing China", 436.
[123] 明清科举考试中,"五经"是"大题","四书"是"小题"。对不同着装的强调很有意思。沈艾娣(Harrison, "Republican Citizen", 8)认为,废除科举制度、采用"现代"西式学校体系的过程伴随着对现代服装作为可见"身份标识"的采纳。

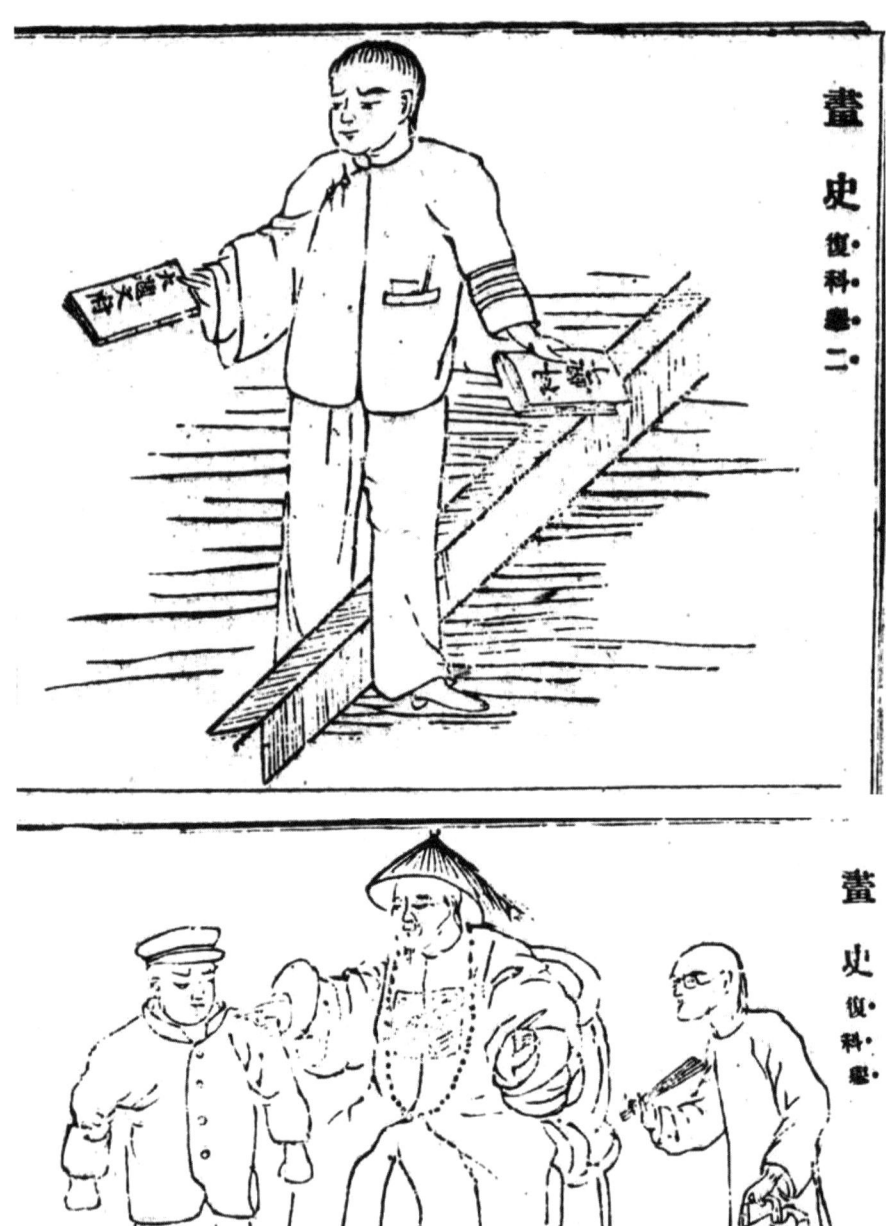

图 5.7　西化的中国人(下)以及他遭到"修理"之后(上)
(《申报》,1907 年 9 月 13 日,9 月 12 日)

不决。[124]

这组漫画告诉我们,全盘西化是可耻而无法接受的,同时,在中西之间周旋、试图协调两者亦是困难的。身份认同的分裂是由非常现实的时代困境引发的,不仅出现在上海,整个中国都可能遇到它。这组漫画影射了1905年末废除科举考试所引发的争议。此后,中国的教育体制经历了急遽的多样化,同时提供新旧知识的新式学校不仅在通商口岸与城市、亦在乡村迅速涌现。"教育……赋予人身份认同"[125],因此,多数中国文人在经历了上述漫画中文人受到的"修理"(treatment)后,形成一种分裂的身份认同。[126] 漫画中这一"分裂的人"成为"如何最好地应对西方挑战"这一问题的缩影;他体现了王德威提出的中国达至现代性的"迂回路径"(tortuous path)。[127] 这是一种碎裂式的经验,正如蒋梦麟所说:

> 新与旧的冲突,立宪与革命的冲突,常常闹得头脑天旋地转,有时觉得坐立不安,有时又默坐出神,出神时,会觉得自己忽然冲上霄汉,然后又骤然落地,结果在地上跌得粉碎,立刻被旋风吹散无踪了。[128]

碎裂且无法重组,这恰好契合了多重人格障碍者的自我形象。[129] 根据治疗师们的界定,多重人格障碍者具有几种人格,每一种都有独特的自我意识。[130] 每种人格都倾向于表现"独特的习性、价值观、生活方式和能力"[131]。当时的上海人(或现代中

---

[124] 根据欧洲中世纪的记载,疯人才穿这样的杂色服装。参见 Barthes, *Sprache der Mode*, 154:"中世纪的疯人与英国伊丽莎白时代剧场中的小丑一样,穿两色的两件套服装。这种双重性象征着他们心智的分裂。"
[125] Gellner, *Nations and Nationalism*, 36.
[126] 蒋梦麟(Chiang Monlin, *Tides from the West*, 58)记录了他在考取秀才后的庆祝活动中的感受:"两个互相矛盾的势力正在拉着我,一个把我往旧世界拖,一个把我往新世界拖。我不知道该怎么办。"
[127] David Wang, *Fin-de-Siècle Splendor*, 6. 用萨里(Saari, *Legacies of Childhood*, 215)的话说:"帝国主义统治的内在经验,或者我称之为'内在的帝国主义'(inner imperialism),以及与之相关的各种情绪——恐惧、屈辱、怨恨、羞耻、嫉妒、依赖、仇恨——在很大程度上利用了这代人的心理资源。"关于西方影响的强烈程度,类似的观点参见 Hao and Wang, "Changing Chinese Views"; Tu Weiming, "Cultural China", 4 and Elvin, "Inner World", 44。
[128] Chiang, *Tides from the West*, 59.
[129] 萨里(Saari, *Legacies of Childhood*, 202)注意到,蒋梦麟曾猜测,"我的近亲中有人曾患精神病,我有时不禁怀疑自己是否也有点神经质的遗传"。
[130] 例见 Braude, *First Person Plural*, 5; Hawthorn, *Multiple Personality*, ix and Hacking, *Rewriting the Soul*, 3, 其中说,多重人格以多种方式言说着自身,彼此之间没有关联的迹象。
[131] Braude, *First Person Plural*, 40. 大多数案例中,引发人格分裂的创伤来自身体虐待,但这不是绝对的(Hacking, *Rewriting the Soul*, 70, 82)。施加于个人身上的更大的社会压力同样会引发混乱(Hawthorn, *Multiple Personality*, 35; Hacking, *Rewriting the Soul*, 93)。关于多重人格罹患者混乱的状态、缘起以及病理过程仍有争议,但一般将多重人格导致的混乱描述为一种痛苦的、碎裂的感受,罹患者仅仅想要生存下去都变得困难。

国人)所遭遇的多重世界,是完全不同、相互排斥、不可调和的。[132] 为了生存下去,上海人需要不同的人格。[133] 萨里(Jon Saari)在研究晚清时期大众的集体童年经历时发现:"与西方思想会遇是一种复杂的经历,且常常带来损害。虽然它使人摆脱了单一文化标准的束缚(无论从多宽泛的意义上说),却又使人进入一种混乱和不确定的状态。"[134]

萨里强调了不同人格之间不可调和的紧张关系,但他也注意到,替代性视野与替代性自我的出现带来了"解放"(liberation)。正如白鲁恂观察到的,"通商口岸体系最根本、最持久的影响是,它为清朝政治统治的不足和西方治理的明显优势提供了生动而具体的证据"[135]。洋场是一种刺激。[136] 用杜赞奇(Prasenjit Duara)的话说,它创造了一种"赋能的混合性"(enabling hybridity)。[137]

为了解释这一矛盾之处,我以隐喻的方式使用了"多重人格"这一表述,同时参考了心理治疗学(therapy)和后现代理论的定义。巴特式的(Barthian)"迷醉"(jouissance)将人的自我去中心化(由此,自我成为戏谑的、能适应社会现实的),[138] 自我在多重性中得到解放,故而渴望着这种分裂,这些构成上海人的重要经验。上海报纸中的上海人(与现实中的上海人一样)迷恋洋场提供的各式冒险。他们确实因为家门口的"治外法权"而(在个人以及非常实际的事务上)得到解放。他们能够通过梳理西方传统的好坏来实践"自反性的或批判性的内在化过程"(reflective or critical internalization)。[139] 通过利用西方的替代性事物并对之进行修改,上海人最终创造了一种"新的文化设计",并重新定义了"作为中国人"意味着什么。[140] 因此,上海人从其多重身份中受益,并由此成为"进步的引领者"[141]。上海人意识到自己是中国文明变

---

[132] 这就是临床意义上的多重人格。根据霍桑(Hawthorn, *Multiple Personality*, 135)的说法:如果个体成长的环境中存在矛盾的价值体系,个体又必须在其中生存下去,他或她的内心就会走向分裂。
[133] 透过法语自传文本分析多重人格的类似研究,参见 Lidle, *Das multiple Subjekt*。
[134] Saari, *Legacies of Childhood*, 198.
[135] Pye, "How China's Nationalism Was Shanghaied", 114. 亦可见 Hunt, "Chinese National Identity"。79。参见 Murphey, "Treaty Ports", 21;"对于所有关切国家之弱势的中国人来说,通商口岸提供了一种强力刺激,对许多人来说,它是一种具有吸引力的典范。"以及 Huters, "Appropriations", 3;"如何平衡对国家的忠诚与引入他国思想的需要? 对于中国作为一个主权实体的持存来说,后者被看作政治和文化上的最大威胁。"
[136] 在上海这样的地方,人们"在破坏旧制度的同时……还提出了在旧社会中不可能实现的替代性方案"(Zürcher, "Western Expansion and Chinese Reaction", 65)。
[137] Duara, *Rescuing History from the Nation*, 158.
[138] Barthes, *Le Plaisir du texte*.
[139] Kerma, "Concept of Progress", 533.
[140] Cohen, "Being Chinese", 101.
[141] 参见 Kerma, "Concept of Progress", 533. 关于上海作为希望之城以及作为一个新的典范,当时的一种观点参见《民立报》,收录于 Xiong, "Image and Identity", 103。

革的催化剂,[142]且无论如何,他都因此受到歆羡。[143]也因为这样,上海的论说者们既能写出警世故事,亦能以先知的口吻进行说教。

我们还原了报纸上的上海人形象,并通过回忆录与历史叙述听到上海人的声音,但在这些材料中他们从未被称作"上海人"。他们更像一个范型,而不是特定城市中(事实上,甚至不一定是中国)的具体居民。[144]其堕落、其西式的行事方式、其文明程度以及对现代的渴望,使上海人可被视为(中国)现代性叙事中的一个固定形象。他们不固着于特定时空,是预示着中国之未来的试验品。上海是一座虚拟实验室,一个几乎不存在的"构想世界"(proposed world)。[145]在中国文明的转变过程中,上海人作为实验动物,心甘情愿地接受了许多不同的、有时是痛苦的操纵,这些操纵有些成功了,其他的则失败了。[146]

结　语

> 晚清作为"世纪末"(*fin-de-siècle*)的时代,既是颓废的(decadent),亦是破坏韵律的(de-cadent),这一时代以不和谐的(cacophonous)方式对传统和音(harmonies)进行了重新调整。我们知道,颓废的/破坏韵律的时代是随之而来的和谐时代的创造性前身,"世纪末"的荒腔走板已成为当代人熟悉的曲调。
>
> ——王德威[147]

---

[142] 萨里(Saari, *Legacies of Childhood*, 47)对教育转型的看法如下:"各通商口岸在这一转型过程中起催化作用,因此,它们的边缘化具有欺骗性。"墨菲(Murphey, *Outsiders*, 105)称通商口岸的华人是"一类新的华人",他们是"本土的代理人……按西方路线重塑中国"。

[143] 参见萨里所举的例子(Saari, *Legacies of Childhood*, 175):"在上海求学的学了,不管学习成绩好坏,也不管上的是什么学校,只要在寒暑假回到当地,就会引来别人的羡慕和嫉妒。"对于这一现象,李伯元的小说《文明小史》(连载于1903至1906年)给出了佐证。第十四回中,贾家兄弟启程前往上海:"他们有着保守的家庭出身与教育背景,却是新潮流的崇拜者,决心跟上时代。他们订阅上海报刊,研究有关现代思想的书籍,并结交开明的文人。从衣服到电灯,他们也是洋货和一切新潮商品的忠实消费者。出于愈益强烈的与时俱进的愿望,他们决定到上海这个现代文化圣地朝圣。"(David Wang, *Fin-de-Siècle Splendor*, 221-222)

[144] 上海人人格碎裂的形象与当时全世界的"现代城市居民"形象并无二致。上海人的分裂与当时其他处于现代化进程的城市居民的分裂,只存程度上的区别。例见 Handlin, "The Modern City", 17-18; Schorske, "Idea of the City", 110 and Fritzsche, *Reading Berlin*。韩礼德(Halliday, *Language as Social Semiotic*, 154-155)扩展了这一概念,以涵括城市中典型的语言的不牢靠和多变性(linguistic insecurities and variations)。

[145] 沈艾娣(Harrison, "Republican Citizen", 32)建议将人类学家凯斯(Charles F. Keyes)的一个概念应用于民国时期的上海,我发现这个概念在讨论晚清时期的上海时也很有用。凯斯认为,"泰国农村的学校向学生提供的知识和模式不适合这些学生的日常生活,但适合泰国的'构想世界'(proposed world)"。沈艾娣的解释是:"民初中国,教师提供给孩子的不仅是一个他们自身都没有经历过的世界,亦是一个几乎不存在的世界。在这种情况下,对构想世界的创造也是对现实世界的创造;学生学到的处事方式不仅影响着他们关于国家的观念,也会影响国家本身的建构方式。"

[146] 上海与上海人"确立了西方在中国出现的形式"(Feuerwerker, "Foreign Presence", 137)。

[147] David Wang, *Fin-de-Siècle Splendor*, 4.

本章始终在讨论上海人，却尚未说过他们到底是谁。在上海报纸上，从未出现过"上海人"这一称呼；他们隐藏在"久居上海者""居上海者""上海居人""上洋者"等惯用表述背后。[148] 上海人有许多名称、许多面孔。他们可能被描绘成怠惰者、冶游者、逐利者或谄媚者。说教的论者亦从未公开认同上海，但他们也是上海人，上海人中更"高雅"者，是"开化"的现代道德典范，是文明人。上海人的诸多名称与面孔表明，他们对自己"真正身份认同"的追寻持续进行，从无止息。

如果说"身份认同的配方需要具体和规范性的要素"[149]，那么上海报纸就提供了一系列此两种要素。晚清时期的广告展示了上海生活的可能面貌，其中充满了为中国顾客改制的西洋物品；诗词描绘了在宛若仙境的上海生活会是怎样的；论说在规定上海生活应该如何的同时，也证明了现实中它可能多么令人不安。被规定的上海身份中，具体与规范性的要素均含有多种可能的意义；是与非的区分是可以被改变的。上海是美德之城、罪恶之城，也是超越善恶之城。[150] 因此，上海身份认同成为一个模糊的概念：成为上海人意味着成为多面的人。上海人可以在一个梦幻的世界中避难，也可以通过咒骂、批评周围的一切人、一切事来发泄自己的恐惧。其苦恼和欢欣都是溢于言表的，其情感被写入文本，反映着"真正"的上海人的情感；这些感受映照着上海人的现实心态。

上海报纸利用每一个版面大肆宣扬这座城市的奇妙与可悲之处。上海报纸夸张地坚持自我反思，实则昭示了一种处于危机中的身份认同。[151] 对上海的描绘充满迷恋与矛盾，上海是奇观之城、消闲之地，是桃花源、活地狱，透露着生活在西方压力之下的中国人所经历的些许困顿与兴奋。借用奈保尔（V. S. Naipaul）的描述，上海人因为仅仅使用电话却未能发明电话而受到指责，[152] 他们既被外国吸引，又被外国排斥。尽管多重的上海是促成诸多发展的催化剂，但亦不可否认，上海的生活中存在着紧张感，且此紧张感造成了社会混乱——无论从文本或历史上来看皆是如此；在这两个层

---

[148] 亦可见 Catherine Yeh, "Deciphering the Entertainment Press"。她认为中国文人在上海习惯自称为"客"，这"表明他们在处理在沪生存问题时面临着困顿"。

[149] Lynn White and Li Cheng, "China Coast Identities", 191.

[150] 这是 18 至 20 世纪欧洲思想界相继出现的对欧洲城市的三种评价（参见 Schorske, "Idea of the City", 96）；这些评价当时也在上海出现。

[151] Trauzettel, "Exotismus als intellektuelle Haltung", 9. 从上海早期的经验来看，王赓武（Wang, "Among Non-Chinese", 128）提出的普遍假设并未成为现实。他认为，当时的上海人"外表与中国人不同、说话方式与中国人不同，又被别人看作中国人，他们自然会产生一种意识，去辨识何者是中国的、何者不是"，由此他们便能形成明确的自我认同。但后来对民国上海的研究表明，明确的自我认同在民国成立后的几十年内仍然无法形成。（参见 Lee, "Coping with Shanghai"）

[152] 参见 Said, "Representing the Colonized", 207。关于中国本土机械设备相当晚近的发展，参见 Reed, "Sooty Sons of Vulcan"。

面,"西方存在所造成的心理影响是不可否认的"[153]。萨里总结道:

> 晚清中国被驱离长久以来的停泊处,被推向世界变化的湍流中。中国需要的,是在这动荡中立足,辨别水流的深浅曲折,找到信心和勇气,进而在这个极具不确定性的时代中采取行动、进行创造的能力。[154]

这是当时的上海人试图做的,亦成为上海人的困境(既呈现在报纸上,亦出现在现实中);他们意识到世界性的上海(cosmopolitan Shanghai)的理念与制度无论具有何种程度的舶来本质,都需要应用于中国,这种需要在意识形态上是必要的,在实践层面又是不可能的。[155]

上海的报纸虽在全国范围内发行,但它们公开而明确地是"上海报"(newspapers of Shanghai)。然而,它们又不单单面向上海(newspapers for Shanghai)。报纸对多重上海的迷恋,正是它们被全国各地的华人阅读和喜爱的原因。尽管报纸所描述的上海人困顿而多面,但他们并非现代中国普通民众的镜像,更不是被后者认同的形象。上海人(有点类似于上海新闻媒体所呈现的新女性)的矛盾与模糊之处,反映并说明了西方给他们带来的心理影响。在19世纪的最后几十年里,上海人的时运与不幸变得越来越具体,或者说至少变得可以想象,并且让全中国读者感到不安;上海人成为中国在现代化进程中面对西方人事物时集体心理的喻说。这就解释了为何上海报纸几近痴迷地书写着上海这座特殊的城市,却能迎合全国的读者。报纸对上海多元性的讨论引发了全国阅读公众的关注,他们生活在上海之外的"现实"中国里,一面以通商口岸为师、赞赏它,一面又埋怨它、鄙弃它。

与讨论女性一样,讨论上海人对于讨论现代性和国家来说同样至关重要。他们是否在现代中国民族身份的形成过程中发挥了作用?人们有时说上海人只从周遭的外国人那里学到最坏的东西,指责他们是国家之耻。而一些女性形象被创造出来,则是用来证明中国有意愿按照国际标准进行变革和现代化:这些女性象征着晚清中国对现代化的渴望。其他的女性形象则可被理解为受压抑的中国的象征;另一些对上海人的描述被解读为国家崛起与现代化之道的征兆与典范。无论如何,人们都很难对新女性或上海人之多重人格中的任何一种形成认同。

盖尔纳(Ernest Gellner)在其关于民族主义起源的开创性研究中提出,多重身份

---

[153] Pye, "How China's Nationalism Was Shanghaied", 119. 尽管在这一点上也许存在共识,但萨里(Saari, *Legacies of Childhood*, 219)仍指出,"关于帝国主义在中国产生心理影响的历史研究仍非常少"。
[154] Saari, *Legacies of Childhood*, xiii.
[155] Huters, "Appropriations". 用萨里(Saari, *Legacies of Childhood*, 198-199)的话说,"超越传统的第一步已成为一种生活的境况,不再取决于个人的意愿与选择"。

的存在自然会衍生对同质性(homogeneity)的需求。[156] 本章所考察的时期内，上海新闻媒体对女性与男性、上层与下层的描述呈现明显的多元性。仍待追问的是，上海报纸是否最终成为中国的齐一声音、成为中国民族主义的齐一声音？这是我们接下来要探讨的问题。

---

[156] 参见 Gellner，*Nations and Nationalism*，46：" 民族主义并不是出于一种有意的、文化的权力需求(a wilful cultural *Machtbedürfnis*)而将同质性强加出去，民族主义只反映了对同质性的客观需要。"

第六章　中国民族主义的本质：
解读上海报纸，1900—1925

近代上海被称为中国民族主义的温床、中国最具民族主义的城市。原因之一在于上海是中国的新闻之都。人们常常认为报纸具有创造民族主义的非凡能力，因其能够制造一种关于世界的意识、一种自我与他者之间的区别。报纸唤起了一种一体的感觉和共同的兴趣：无论报纸读者生活在多么遥远的地方，他们都在想象之中汇聚于同一地点、同一时刻，使用着同一语言。[1]

前面几章已经表明，晚清时期，当然包括1872至1912年，上海报纸尤其是《申报》时常关心国家、国事：报纸所扩散的"民族主义话语"，充满了与中国之过去以及与他国之挑战进行的复杂协商。上海人受西风浸染，他们作为会理性思考的榜样被人们推崇，"以拯救民族于水火之中"，并被用来为女性教育辩护、对朝廷政令提出异议、对国人之热衷私利进行批评，或对中国贸易体系变革加以肯定。另一方面，对中国民族品位和文化偏好的关切决定了中国西式报纸的版面构成与内容，就形式和内容而言，中外权威之间的协商始终存在。到19、20世纪之交，报纸趋向于认为西方模式同样有效甚至更为优越（如前一章指出的，这种承认也许伴随着与日俱增的苦痛与讽刺性的愤懑），与此同时，报纸亦自发地指出中国政府和民众难辞其咎。中国民族主义也许确实受到外来模式的激发，但当它出现在《申报》等晚清报纸上时，则表现为一种特殊的民族主义：它在极大程度上是内倾的（introverted），指向自身甚于指向他者。

本章将把分析的时间框架拓展到民初。我将考察在中国土地上发生东西接触与冲突的敏感的历史时刻，报纸是如何进行报道的：包括1900年的义和团运动、1905年的抵制美货运动、1911年的辛亥革命、1919年的五四运动，以及1925年的五卅运动。

---

[1] 古登堡革命以及随之而来的大规模流通的印刷品（如报纸）是变革的动因和民族主义的推动器，这一观点可以追溯到 Lucien Febvre, Henri Martin, *L'apparition du livre* (1958)，以及 Marshall McLuhan and Quentin Fiore, *The Medium Is the Massage* (1967)。爱森斯坦（Elisabeth Eisenstein）在《作为变革动因的印刷机》(*The Printing Press as an Agent of Change*, 1979) 中进一步发展了这一观点。近来，安德森（Benedict Anderson）在其颇具影响力的《想象的共同体》(*Imagined Communities*) 一书中再次讨论了这一问题。亦可见 Gellner, *Nations and Nationalism*; Kedourie, *Nationalism*, esp. 115; Anthony Smith, *The Newspaper*, 71.

这些事件均被历史学者拣选出来作为"中国民族主义诞生"的标志。我无意再往前追溯,从而(像这些历史学者那样)强调民族主义在此前与此后的断裂。相反,我的研究聚焦其延续性:我希望可以展示上海报纸上的一种特定类型的话语,它自晚清开始一直持存至民初。这里所考察的历史时刻是检验这种延续性的案例。我将比较在中国近代史上的关键时刻"所发生之事"与"所描述之事"之间的出入,进而分析报纸在中国民族主义的形成与转变过程中有何影响。[2] 我将说明中文报纸上的民族主义话语很少表现反帝国主义或"排外"(anti-foreign)、"仇外"(xenophobic)的倾向。[3] 相反,如果要构想一个对应的词汇来描述,它是"自我惧憎的"(idiophobic):它主要指向"自我"(the self)而非"他者"(the other)。因此,报纸之上与报纸之外的民族主义存在着一个重要差异:上海报纸的民族主义并未挑起或制造街头发生的那种民族主义,后者在很大程度上是反帝的、仇外的。因此,我认为,通过报纸回望中国历史,要紧的并非中国民族主义的诞生时刻,而是其本质。

叙述民族事件

1900

根据标准的历史叙事,义和团运动标志着真正的民族意识和情感(这里尤指仇外与反帝国主义情感)在国人中"第一次出现"[4]。虽然一般认为报纸在民族意识的形成过程中具有相当大的影响,但义和团运动的起落并没有报纸的参与。白瑞华在其出版于1933年的中国报刊史论著中注意到,"报纸并不偏袒义和团"[5]。义和团采用了传统的宣传手段:他们在排外与反基督教的演剧及木偶戏中将信息"展演"(staged)

---

[2] 霍米·巴巴(Homi K. Bhaba, *Nation and Narration*, "Introduction", 2)认为,民族及民族主义的形成过程很少是单一声音的(single-voiced);其结构是多层次的(multiple construct)。他提议,"我们应在书写民族的文本中与之相遇",以呈现民族主义的复调。本章就在尝试追随这一思路。

[3] 这里使用的"仇外"(xenophobia)或多或少可与"排外主义"或"反帝国主义"(anti-imperialism)互通,三者均有"恐惧、憎恶外国人"之意。有说法认为"仇外"是民族主义发展到后期的一种扭曲心态,在民族主义的诞生阶段并不明显。这一说法已经被推翻了,参见 Herrmann et al., *Machtphantasie Deutschland*。下文将引用许多历史学者的说法,在他们看来,仇外是中国民族主义形成过程中的一种核心要素。

[4] 周锡瑞(Esherick, *Origins*, xiii)称:"义和团运动是普通中国农民为了将可憎的外国势力驱除出中国而起义的突出例子。"薛君度(Hsueh, *Huang Hsing*, 94)认为,"义和团运动唤醒了中国,标志着中国人对于外国统治的态度发生了转变"。根据丁名楠(Ding, "Some Questions", 35)的说法,拳民"非常清楚帝国主义势力日盛"。亦可见 Paul A. Cohen, *History in Three Keys*; Jeffery Wasserstrom, "'Civilization' and its Discontents"。

[5] Britton, *The Chinese Periodical Press*, 111. 根据白瑞华的说法,正是由于报纸不偏向义和团,故"报业发达的城市较少受到义和团运动的影响"。叶小青(Ye Xiaoqing, "Shanghai Before Nationalism", 34)证实,上海便是如此,但这与城市(尤其是上海)是民族意识的温床这一观点相悖。

出来，[6]或张贴揭帖。其内容诸如：

> 折铁路，拔线杆，紧急毁坏火轮船。
> ……
> 洋鬼子，尽除完，大清一统靖江山。[7]

这一文本是煽动性的，供人们在街头阅读与演绎。它直接向读者喊话，主张立即摧毁（"紧急毁坏"）中国所有象征外国势力的事物，并驱除所有外国人。这里，"排外"一词的字面意思得到戏剧性的演绎。诗歌开篇摧毁性的紧迫感在结尾消解了，转变为"吾国"江山平靖的田园画卷。

义和团运动期间，像《申报》这样的报纸是如何进行书写的呢？《申报》刊出了一系列题为"愤言"的评论（1900年6月17日、7月1日、8月19日），对满清政府对义和团之支持提出了严厉批评。[8]文章指斥"政府诸王大臣""昏庸谬妄"（《申报》，1900年6月17日，第1行），因为他们"如醉如梦，闇于事情""畏葸无能，不知振作"，最糟糕的是，他们"仇视外邦，不量势力"（第2行）。由此，文章公开指责朝廷官员仇外。[9]与揭帖不一样，这些评论警告公众不要攻击洋人。[10]"愤言"系列的第一篇结尾说（第23行）：

> 拳匪不剿，吾知各国将大举以入中国，而土崩瓦解之象将转瞬而即见也，此贾生所为痛哭流涕而不胜为吾中国瞆瞆然悲惴惴焉忧之也。

非常清楚的是，义和团运动进行的整个夏季，报纸论说始终萦绕着民族主义情绪，其中，系列评论"愤言"最为突出。其书写具有戏剧质素，与义和团采用的修辞有异曲同工之处；与前引文章类似、以动情的民族主义姿态作结[仿贾谊（前200—前168）为

---

[6] Doar, "Boxers and Chinese Drama", 97, 99.
[7] 关于这份揭帖，参见 Esherick, Origins, 300。
[8] 如若对比《申报》早几年的态度（1898年，《申报》毫不犹疑地支持慈禧太后及其背后的保守官员，参见 Janku, "Der Leitartikel der Shenbao"），这里对慈禧太后政策的批评便显得尤为有趣。文章未对太后直接进行批评，这印证了一种普遍观感，即这一时期的《申报》是支持太后的。后来有文章要求太后为支持义和团负责，在该文章的作者看来，这种做法"恐必致祸"（第17行），句首仍用了比较客气的"恐"字；参见《纪客述京师乱耗》，《申报》，1900年6月24日。《纪》一文亦指出太后受到"昏庸谬妄"[这一表述与"愤言"第一篇相同（参见《申报》，1900年6月17日）]之臣的欺骗，以致相信拳民为"义民"（第21行）。亦可见"愤言"第二篇（参见《申报》，1900年7月1日），本章注释11将对之进行讨论。
[9] 这篇文章称仇外为"妄"，并认为："则欲以平日嫉视洋人之心，假手拳匪，妄冀剪灭各国，以致各国纷纷调兵入京而患且不测。"（第8—9行）
[10] 1900年8月19日的另一篇《申报》"愤言"系列的文章（第18行）亦给出警示，提醒人们外国可能会借此出兵，觊觎中国领土、从中渔利；亦可见《剿拳匪宜调外兵说》，《申报》，1900年6月23日。

"吾中国"而痛哭]的评论还有不少。从这一层面看,它们与义和团揭帖未必不同。[11]《申报》论者与揭帖作者均唤起一种危机感。[12] 他们"大声疾呼";[13]"拉杂书之,弁诸报首"。[14] 其文字令人屏息,透出裹挟一切之势,又极富情感。然而,论说表达的情感又与义和团的文字有所不同。论说作者看到的是仇外的后果。他们没有批评西人,而是以贬抑之辞责备清政府的最高掌权者。[15] 他们引述权威性的材料以支撑其论点。例如,前引"愤言"系列第一篇的作者便使用了贾谊的典故——他是汉文帝(前203—前157)的忠心策士[16],以此使自己的情感合法化,并将这种情感与朝廷中人的昏庸谬妄作对比。[17]

因此,这些论说中的民族主义与义和团在街头展现的民族主义相去甚远。《申报》在批评清政府的同时,还站在西人的立场考虑。许多文章生动地描述了传教士的不幸遭遇。[18] 所以,《申报》并没有将他者妖魔化,也没有大肆宣扬反帝国主义。至少在义和团运动期间,《申报》等中文报刊对 1900 年前后中国街头排外民族主义运动的兴起,未曾起到任何作用。

导致街头民族主义与报纸民族主义之间存在差异的一个显在原因是,这些中文报纸正是因为通商口岸的外国势力才能存在。如果报纸攻击其赞助人,无异于自毁前程。这就不难理解,为何《申报》对义和团的评论更接近西文报纸的报道,而与义和团的宣传相去甚远。英国媒体不仅对许多中文报纸呈现的批评视角加以赞赏,[19] 在其

---

[11] "愤言"系列的第二篇(参见《申报》,1900 年 7 月 1 日)亦持类似的观点。文章再次指责朝廷官员误信拳民为"良民",进而误导了太后(第 15 行)。文章亦警告不要酿成"中外交哄之大变",结尾则颇带情感——"此吾所以重为国家虑且忧也。"(第 23—24 行)

[12] 例见《纪客述京师乱耗》,《申报》,1900 年 6 月 24 日,此文作者抒发了"叹愤""惊危"之情绪(第 28 行)。《论义和拳匪万无可抚之理》,《申报》,1900 年 6 月 21 日,其中作者讨论并感叹面困难、国家临近危机(第 15 行,"危之际";第 19—20 行,"呜呼,事急矣!")。此文标题透露的自信意味表明,《申报》甚至在最高决策问题上都愿意采取批判的观点。

[13] 《论义和拳匪万无可抚之理》,《申报》,1900 年 6 月 21 日,第 21 行。

[14] 《纪客述京师乱耗》,《申报》,1900 年 6 月 24 日,第 28 行。

[15] 有固定表述反复用于形容这些官员(亦可见本章注释 8)。例如,1900 年 6 月 17 日《申报》"愤言"系列的一篇文章(第 1 行)与 1900 年 6 月 21 日的《申报》文章《论义和拳匪万无可抚之理》(第 20 行)均谈到朝廷官员消极被动,"如醉如梦"。进一步的批评,亦可见《剿拳匪宜调外兵说》,《申报》,1900 年 6 月 23 日;《与客谭京师匪乱事慨而书此》,《申报》,1900 年 8 月 17 日。

[16] 贾谊在其所在王朝衰落的年代创造的"忧国"表述,后来成为文学书写的一个主题,特别是在唐诗中。

[17] 这些文章中,主笔者反复宣称他们有责任将他们能得到的、基于事实而非谣言的所有消息提供给公众。参见《剿拳匪宜调外兵说》,《申报》,1900 年 6 月 23 日,第 1 行;《补客述大沽交战情形》,《申报》,1900 年 6 月 26 日,第 1 行;尤见"愤言",《申报》,1900 年 8 月 19 日,第 12 行。

[18] 例见《论义和拳匪万无可抚之理》,《申报》,1900 年 6 月 21 日,第 11 行;《剿拳匪宜调外兵说》,《申报》,1900 年 6 月 23 日,第 4 行。

[19] 《文汇报》(*Shanghai Mercury*)写道:"港口报纸和外国控制下的本地报纸禁止中国人阅看,这是一种罪行,但亦表明存在着一股进步的暗流……本地报纸相较以往,发行量变得更大了,它们在禁言的话题上直言不讳,揭露了官员们最败坏的行为,且日日批评慈禧太后的作为。每天都有几百份这样的报纸被送到北京,它们一定会产生影响。"(收录于 *Boxer Rising*, xvi)

自身的报道中亦反映着这种视角。例如,《北华捷报》同样对中国官员进行了严厉的批评:一群无知僵化的文人盲目地憎恨变革,把一个古老的帝国推向毁灭;这些人没有能力打破现状并引领一个大国。[20]

《北华捷报》甚至捕捉到中国论者在《申报》上表达的关于领土的担忧:"如果暂且采用中国人看待我们的眼光,我们应立即认识到,我们毫不掩饰的掠夺……在'势力范围'(spheres of influence)一语的掩盖下,足以引起每位本土爱国者心中最强烈的敌意。"[21]这篇文章用与前引《申报》论说相似的熟悉基调作结:然而,目前我们的职责、我们所有人唯一的目标是使这个国家恢复安定。

序曲:1902

然而,中国却不那么容易恢复安定。在接下来的几年中,在中国的外国社群经历了一系列民族主义冲突,冲突在1905年的抵制美货运动中达到顶点。这场运动意在回应美国对中国移民的歧视、美国限制华人赴美的排华法案,以及一系列骇人的、针对在美华人的犯罪行为,包括纵火与谋杀。[22]《申报》论说和新闻报道经常提醒读者注意中美签订限制来美华工条款的影响。[23] 1902年出现了不少关于排华法案的报道和论说,申报馆还发行了小说《苦社会》,控诉中国移民在美国遭受的悲惨待遇。[24]这些文字为《申报》三年后抵制美货运动期间的言论提供了有趣的前奏。报纸少见地表现了带有批判性的(但仍是理性有礼的)排外态度,不过在这个时间点上,这种态度也并没有转变为街头行动。我们再次看到,报纸话语和街头现实之间存在明显分野。

1902年1月14日《申报》发表的一篇尤为大胆的论说就说明了这一点。[25]文章认为:"自五大洲通商以来,各国之人之履我土地者日益众,我国之未尝有所禁止者。诚以既经通商,立有条约,共敦和睦,视若一家,非但不为禁止,且游历者必予以护照甚且派兵护送。"作者承认,不幸的是,近来情况有所变化,国人或也有欺侮西人之事,包括义和团运动,但他强调这"并非专仇西人也""拳匪之祸诚不得不谓华人之无礼……而不能谓华人皆有歧视之见也"。作者总结道:"中国之待外人如此之诚,则外邦之待

---

[20] "The Crisis", *NCH* 20.6.1900.
[21] "Who Is to Blame for the Boxer Movement?", *NCH* 4.7.1900.
[22] 排华法案最初起草于1882年,于1884年修订后施行了十年;1894年又延长了十年。1904年对条款的重新修订引发了讨论,导致了1905年的抵制运动(Remer and Palmer, *Chinese Boycotts*, 29)。对于1882、1888、1892与1894年排华条款的连续性及内容,参见 Fields, "The Chinese Boycott of 1905", 64-65。
[23] 同样在1892年,在第一版条约签订十年后(且即将续约之际),出现了许多涉及该主题的颇具批判性的论说;参见《申报》,1892年4月5日、4月12日。单从《申报》文本来看,我不能同意以下观点(Liao Kuang-sheng, *Antiforeignism and Modernization*, 58):19世纪八九十年代,中国很少有针对这些条约的公众抗议声音。
[24] 徐载平、徐瑞芳,《清末四十年申报史料》,第139页,第142页。
[25] 《论美国议禁华人事》,《申报》,1902年1月14日。

华人当亦不外是也。"(第1—9行)

作者公开承认国人的一些过失,但仍称排外事件只是例外而非普遍现象,它们只是部分暴徒的行为,这样的表述旨在预先阻绝可能的回击。作者使用了一种相当老套但非常有效的修辞手法,将中国树立为一个积极的榜样,一个正在履行国际义务的国家。那么,中国当然也应该得到同样的回报。

文章接着说,但是,有报道称美国禁止华商入境,甚至华商试图假道美国去其他国家也不行。作者故而问道:"尚得谓为通商和好之国耶?"(第13行)在这一段中,作者将美国塑造为中国的反面:作者列举了美国日益出现的不当行为,进而使读者逐渐产生疑虑。最后,作者以反问的方式明确表达了这些疑虑,并预设了读者应有的反应:"华人闻之,其有不心灰而足裹者几希矣!"(第14—15行)

作者在抓住读者的思维和心绪之后,又指出外人"以文明自许,其期望中国尤必殷殷,而乃订此苛例,是阳欲望中国之强,阴实愈望中国之弱也。文明之邦果如是乎?"(第16行)作者先是指出美国人有意进行和平贸易这一说法站不住脚,又质疑美国作为文明国家的名声。

在抨击美国之后,文章详细引用了一位美国牧师带有辩解意味的发言:

> 谓今之禁华人,非憎恶华人,实欲保我美风俗,欲我美子弟免染华人陋俗,此禁诚不可不续行……应禁者禁,不应禁者勿滥禁,凡宣教、游学、经商、品行端方者仍宜待之以礼云云。(第16—19行)

作者引入美国人的意见,以此凸显自己的立场是公正客观的。他勉强承认此"议论非不堂皇"(第19行),但又抱怨说,这位牧师描述的情形显然与现实不符。华人不许踏足"美境","并不许假道"是事实,如若华人这样做甚至可能被当场击毙(第19—20行)。[①] 作者巧妙地以彼之矛攻彼之盾,并断定"美人来华既未尝染华人之风俗,岂华人至美反能坏美人之风俗?"(第20—21行)《孟子》(卷六"滕文公章句下"第6段)印证了这一论点:孟子说明了通过树立好的榜样、让善士"居于王所"进而影响君主是多么重要。孟子认为,向生活在楚人中间者传授齐国语言,终究不会成功。论说作者于是说:"众楚人之咻,不敌一齐人之傅,此必无之理。"(第21—22行)[26]

作者在与读者的交流中对美国人嗤之以鼻,不仅把他们比作"楚人之咻",还指出他们认为几个华人移民会败坏其风俗的观点是不可理喻的。牧师的第一个观点是错误的,第二个则"实终未必至"。

---

① 原文为:"试问既不能免续禁,则华人初至美境即不使之登岸,并不许假道,仓卒之间,何由而知其品行乎?"——译者注

[26]《孟子》原文为:"一齐人傅之,众楚人咻之,虽日挞而求其齐也,不可得矣。"

这篇文章即便讥刺了美国及其发言者,却仍保持了礼貌的距离。作者写这篇论说并非为了冒犯;事实上,他谨慎地与仇外的义和团保持了距离。该论说的说理是理性而非情绪化的。作者摆出了两方的论据并进行了权衡;他反复强调道德和法律义务,如条约的遵守和合理的互惠行为——西人常常援引之,用以反对"不文明"的、"肇祸"的中国人。

关于这一主题,同年的许多其他文章亦呈现了类似的特点。[27] 在《申报》对读者的呼吁中,并没有号召他们针对美国采取暴力行动;相反,它警告、威胁和讥讽美国,同时建议华人和中国政府不要受美国人欺骗。《申报》等报纸对他国表达的这种客气有礼的(但当然是自信的)愤慨,构成1904年美国准备修订十年期满的排华法案的背景,这一修订计划最终激发了1905年的抵制美货运动。[28]

1905

1905年的抵制美货运动常被视为中国早期民族主义发展的重要一步,[29]它标志着中国人中间第一次出现了"真正的"民族主义情感。[30]一位同时代的外国人后来回忆说,1905年,中国人表示"他们不愿再被动地服从在其看来侵犯其权利者"[31]。商人发起了抵制,学生奋力推动之,许多通商口岸居民,从码头工人到小店主亦加入其中,抵制运动据说还得到"大众媒体运动的支持"[32]。有研究称大众媒体的主要武器

---

[27] 参见《记美人虐待华人事》,《申报》,1902年9月28日。它报道了游学华人进入美国领土之不易:"除另有确实护照外,更须随带洋银三四百元足敷一年之用,又须在美国觅人担保,确系游学并非作(做)工之人方准登岸。"他们甚至可能被关进监狱。后一天(1902年9月29日)的《申报》论说《论美人虐待华人事》(尤见第16—17行)亦谈到这篇报道。文章问道,为何华人移民美国已数十年,问题与歧视突然凸显?美国人自满于其文明程度(第8行)却做出这样的事情,这极其令人震惊。这里,作者的目的在于劝告,美国强调公法的重要性(尽管可能出于其他目的),中国政府在与美接触中要争取自己的权利。这种说法在1905年关于抵制美货运动的一些报道中再次出现;例见《申报》所录函电,1905年7月18日和7月28日。

[28] Remer and Palmer, *Chinese Boycotts*, 29.

[29] 这一观点参见 Iriye, "Public Opinion and Foreign Policy", 223; Liao, *Antiforeignism and Modernization*, 58; Fields, "The Chinese Boycott of 1905", 88, 这篇文章(第90页)将抵制运动称为其后二十年间"成熟的民族主义"兴起的序曲。

[30] Bergère, *Bourgeoisie chinoise*, 50. 亦可见 Goodman, *Native Place*, 183-184; 以及 Remer and Palmer, *Chinese Boycotts*, 35: "零星的估计表明……抵制活动对于使用这一手段的团体来说涉及花销问题。这展示了一种意志,标志着中国民族主义精神的不断增强。"

[31] Pott, *Short History*, 164. 墨菲(Rhoads Murphey, *The Outsiders*, 224)认为,"西方对于中国人来说更像是一个目标,而不是愿景的成因或塑造者。外国的威胁将中国人团结起来,结果创造了一种新的民族主义"。

[32] Furth, "May Fourth in History", 60. 类似的观点参见 Fields, "The Chinese Boycott of 1905", 64。

是"笔"。[33] 报纸,尤其是《申报》,被视为对这种民族主义意识的创造有至关重要的作用。[34] 包括于 1905 至 1909 年驻中国的美国特使和全权公使柔克义(William Rockhill)在内的外国人以及《北华捷报》等外文报纸,均"把抵制运动归因于上海报刊的煽动"。[35]

然而,1905 年 6 至 8 月反美抵制运动达到顶点时,《申报》的报道仍是相当事实性的。《申报》转载、翻译了不同版本的条约,而未给出太多的评论。[36]《申报》还引用了英美报纸的报道,其中一些试图为美国的行为辩护,其他的则持批评态度,《申报》同样没有给出实质性的评论。[37]《申报》使用一贯的表述方式称,虽然美国"苛待"或"虐待"华人,但中美续订条约,"曲在中国政府"[38]。1905 年 7 月初的一篇报道流露了些许讽刺的语气,但绝无排外的愤怒之情,"闻外部初拟于美使柔克义君来京履任时,与之磋商华工禁约""讵美国政府不将条约交涉之权委之于柔使"[39],磋商不得不在华盛顿进行。[40]①

---

[33] Fields,"The Chinese Boycott of 1905",71. 此研究的问题在于作者讨论中文报刊时,未能直接引用报刊原文,只引用了二手材料如林语堂的记录(其中也没有对 1905 年情况的明确说明)。作者展示了一系列表现美人虐待华人的报刊漫画,这些漫画呈现极强的排外情绪。但在《申报》这样的报纸中,是看不到这类漫画的。

[34] 同上,第 71 页;在抵制运动中,本土报刊是一股显而易见的新力量(但作者又说,相比广东报刊,上海报刊的影响更小)。亦可见 Kim Heun-Chun, *Aufmachung*, 46。徐载平、徐瑞芳《《清末四十年申报史料》,第 139—142 页)认为《申报》是向全国宣传抵制运动的最重要的机构,要求对《申报》在抵制运动中的角色进行重新评价。类似的观点参见 Liao, *Antiforeignism and Modernization*, 59。

[35] Wei, *Shanghai-Crucible*, 191.《北华捷报》("An Educational Peril",30.6.1905)写道:分散在中国各地的学生愈益意识到自身的力量,于是,他们在思想和感情上越来越趋于团结。据说,中文报纸表达了这种团结精神:"人们发现,强烈的热情几乎没有得到控制,粗暴的意见表达受到不良的导向或根本不受约束。"文章接着说:"当人们谨慎行动的才能还处于萌芽状态,就培养言说和破坏性批评的才能是极为危险的。"

[36] 例见《申报》,1905 年 6 月 23 日。

[37] 例见《申报》1905 年 7 月 4 日译自《泰晤士报》的消息;1905 年 7 月 8 日收录的某"纽约商务报"的消息,它呼吁调整法案以容纳华人的一些要求;1905 年 7 月 16 日转载的持同情华人立场的美国报纸文章,虽然其中也提到华人为条约的缔结制造了许多障碍;1905 年 8 月 11 日汇录的不同外报对排华法案的批评。这种引用不同来源的资料而不加评论的做法(早在第三期《申报》中已有明显体现,其中翻译并详细说明了一项中日和约),与《北华捷报》有明显不同。《北华捷报》针对从中国报纸上摘录的内容,通常加以解释性的评论,并有明显的编辑痕迹(例见《北华捷报》,1919 年 5 月 10 日)。

[38] 例如,伍廷芳就使用了"苛待"等表述,参见《伍侍郎论美国华工禁约》,《申报》,1905 年 6 月 21 日,第 3—5 行。

[39] 《华工禁约仍须在美磋商》,《申报》,1905 年 7 月 4 日。

[40] 1905 年 6 月下旬(23 日)《申报》刊载的《驻美梁使电陈等抵华工禁约办法六款》中,亦能发现类似的讽刺论调。文章称华人的抵制意愿已给美国人带来影响(最后证明这是过于乐观的看法)。文章报道了"旅美华民联会"提出的修改条约的建议。作者礼貌地表示,希望文章中的这些建议至少可以使会谈稍微公平一些。

① 注 40 提到的《申报》原文(《申报》为具体条款加了括号,其余标点为译者所加)为:"日前驻美梁星使电致政府云:自沪粤各埠倡禁美货,美总统力主修例通融,惟谓订约过宽恐招议院限驳。近日旅美华民联会拒约,势非废不可餍众意,细察情形前后迥异,不如不与订约,由我自禁较为得体,无已,亦须严定办法实行施始免或蹈覆辙。(一工外不禁)(二标列工类)(三禁外人及合例工人来往居游均按最优条约与各国人民一律相待不得稍异)(四合例工人抵境留难准赴法庭控诉)(五檀香山飞猎宾两处宽禁)(六禁例章程我可照行)以上六款似不可缺。前稿载工商部派员赴华查签护照一节,亦宜酌改限制。当否?乞裁。柔使在美曾论约事,持论颇公,闻外部得此电后尚须集议善全之策也。"——译者注

《申报》与其他报纸每天都刊出报道,解释抵制的必要性,或是说明将抵制付诸实践的办法;不同群体(尤其是海外华人、妇女、行会、士绅与同乡组织)亦对这场运动有明显的兴趣,[41]他们公开参与抵制活动,在《申报》上刊载告白或自述其行动,[42]以上种种都表明抵制活动具有一定程度的威胁性,力度大且范围广。美国和英国的担心自然是有道理的。但报纸却从未发出过真正具有威胁的声音。1905年6月的一篇报道即典型:[43]

> 美国苛待华工,续修禁约,我华民均议不售美货,竭力抵制,以冀挽回。五月二十三日,镇郡学界及商业中人咸集于城内红梅阁,筹议坚拒之策。众情甚固。拟定期将美货止销。

这篇报道是事实性的,直截了当。报道者以惯用的"苛待"一词形容美国对待华人之不公,这是一种常用的表述,从修辞角度来说意义不大。[44]虽然"众情甚固",但报道的基调毫不情绪化,亦未公然表达排外态度。

在该报道几天前刊出的另一篇报道与此文类似。[45]报道转载了一份"指明美货牌号"的揭帖,向读者指明购物时若看到货品上有"United States""United States of America""United States of North American""U. S. A."等记号即为美货。报道者坦言,有人在市廛稠密处张贴这些揭帖,号召人们抵制美货。他极为讽刺地评论道:"可见公心未死,人有同情,国民前途未必无望也。"这里使用了否定而不是肯定的表述(例如用"未死"而不是"仍存"),使用了双重否定而不是单纯的正面表述("未必无"),突出了论调的偏向性。文章没有批评美国人,而是抨击中国人的被动和迟缓。同样,该文章所转载的揭帖开头便直接喊话"众位弟兄们啊",[46]并重复三遍以增强效果。但即使是这样一份揭帖,也没有对美国人恶语相向;而是简单地陈述事实。

那么,如果有人认为中文报纸含有"强烈的激情"或"表达了冒犯的意见",它们究竟体现在哪里?人们可以争论说,新闻报道本就应该是客观的、讲求事实的。然而,我们已经看到,早期中文报纸与同时代的外文报纸一样,并不总是遵循着这一规则,这些

---

[41] 关于行会与同业公会的抗议活动,例见《申报》,1905年6月28日、7月29日和8月11日;海外华人的情况,例见《申报》,1905年6月29日;妇女的情况,例见《申报》,1905年7月19日;各省士绅组织的情况,例见《申报》,1905年6月23日、7月20日和8月11日。

[42] 参见《汇录抵制美禁华工各函电》,《申报》,1905年7月18日。《申报》亦刊载过几篇出自西人的持支持立场的文章,例见1905年7月28日和8月11日。

[43] 《镇郡抵制华工禁约》,《申报》,1905年6月28日。

[44] 另一反复出现以至于丧失其情绪影响力的关键表述,是因华人遭受不公对待而感"热心"(例见《申报》,1905年7月29日)。

[45] 《松郡抵制华工禁约传单》,《申报》,1905年6月23日。

[46] 尽管妇女深度参与了1905年抵制活动的组织和执行(相关讨论参见本书第四章,以及Fields, "The Chinese Boycott in 1905",80),但这份揭帖却显然只面向男性说话。

文章中的一些讽刺性表述也称不上是"全然客观"的。即便如此，这一时期的论说也并未带有排外的色彩。[47] 事实上，有些论说呼吁人们保持克制：7月，有论者提出这样的问题，"今试问此次之会议抵制美货也，非以其有损美人之利益而为之乎？"（第28—29行）他认为，现在本埠积存的美货如果卖不出去，损害的是中国商人的利益。作者最后愤愤道："怒于他人而迁于我物，天下岂有是理乎？"（第34—35行）[48]

显然，这场抵制是针对美国的，[49]但报纸并未倡导反美的仇外情绪。[50] 排外行动的确发生了[51]——暴徒破坏外国人的房屋和货物，甚至杀害外国人，[52]报纸对之亦有报道，[53]但报纸并未发起这种行动主义。报纸最多只是因报道抵制活动而间接地再次促发抵制活动。报纸更倾向于批评同胞与中国政府而不是美国人。中国报纸上的反美宣传是温和的（甚至比抵制运动发生的几年前更温和），不像美国的反华宣传那样歇斯底里，后者想象了无数种排外行动的方式：用来排除、消灭华人的妙法，比如一种"无敌绞拧机"（见图6.1）；或是由"嫉妒""不互惠"或"竞争"（这有一点反讽的意味）之砖块搭建的反华墙（见图6.2）。[54] 然而，虽然《申报》不怎么具有"煽动"能力，却还是被西方视为民族主义的危险动因。

---

[47] 一些论说忽略了这一争论；例见《申报》，1905年6月23日和6月30日。在抵制运动期间，温和而十分消极的论说风格在多大程度上反映了清廷的被动（清廷拒绝表明立场），这一点还有待研究。迟至8月31日，经美国政府和柔克义再次施压，清政府才发布了禁止抵制活动的政令，但此时抵制运动的热潮已经开始衰退。关于京报对抵制活动的反映，参见大英图书馆藏手抄本（box 173，八月初二，"奉"部分）。

[48]《正美货之名以定实行抵制办法说》，《申报》，1905年7月24日。另一篇论说提到抵制过程中"万众一心"，并竭力详尽地说明如何在技术上识别真正的美货以及如何抵制之，但没有攻击抵制的对象。参见《杜绝美货实行抵制条议》，《申报》，1905年8月15日。

[49] Cf. Remer and Palmer, *Chinese Boycotts*, v-vi.

[50] 雷默和帕尔默（出处同前，第173页）提到，与后来的抵制运动一样，抵制美货运动使用了短剧与戏本的方式进行鼓吹。《申报》"函电汇录"中亦提到有与抵制相关的图书和歌曲出售（1905年7月18日）；1905年7月28日的另一篇《申报》报道提到相关图画。

[51] 现实中1905年的抵制运动（因其中包含了各种精心策划的抵制洋货运动），究竟在何种程度上比之后的抵制运动更为排外，这一点尚待研究。阅读这一时期的广告会发现，1905年的抵制运动试图禁绝洋货，而后来的抵制运动则将重点放在呼吁大众购买国货上，两者是有区别的（参见 Remer and Palmer, *Chinese Boycotts*, 46；1919年5月17日《申报》广告"泰山牌香烟""大吉牌香烟"和"黄鹤楼牌香烟"；以及《哭南京路被害的学生》，《申报》，1925年6月1日，对其讨论参见本书第249页）。

[52] 例如，1905年10月28日，广东一布道所五名成员被杀，一些建筑被烧毁，因为布道所负责人试图阻止华人在教会医院前举行打醮仪式。此即"连州教案"，关于这一事件的重要性，参见 Fields, "The Chinese Boycott of 1905", 87-89。

[53] 关于运动各阶段的逐周准确记录，参见 Fields, "The Chinese Boycott of 1905"。其中提到一些仇外的揭帖，但仍判断这些揭帖总体上是温和的，尽管有领事称其为"煽动性的"（出处同前，73）。

[54] 关于此现象的研究，参见 Appel and Appel, "Sino-Phobic Advertising Slogans"（图6.1与图6.2即转引自这篇文章）；以及 Hardin, "American Press and Public Opinion", 57。

图 6.1 隐喻性的商业卡片
(trade card,约 1880 年)

图 6.2 《反华墙》(*Puck*,1882 年)

插曲:1911

这时,另一股中国民族主义正在酝酿,却较少受到外人的注意。1905 年夏天,抵制美货运动进行期间,同盟会在东京成立。这一组织致力于推翻清朝,此目标于 1911 年 10 月成为现实——当然不仅仅因为同盟会。

白吉尔(Marie-Claire Bergère)称辛亥革命"首先是民族主义的"(*avant tout nationaliste*),此观点被大多数学者认同。[55] 在这一民族主义运动中,反帝国主义与排满主义汇合(在许多方面,排满甚至使反帝显得无足轻重)。[56] 在这个中国民族主义(再次)诞生的时刻,[57] 报纸再度被视为"主要的革命机关"。[58] 正如梁启超所说,"中华民国成立是笔墨革命而非流血革命的结果"[59]。相似地,季家珍(Joan Judge)

---

[55] 白吉尔(Bergère,*Bourgeoisie chinoise*,12)认为,民族主义的驱动力来自中国所处的半殖民地环境,因此是反帝国主义的。类似的观点参见 Gasster, *Chinese Intellectuals and the 1911 Revolution*, 231-233; Mary C. Wright, "Introduction",60, 63; Rankin, *Early Chinese Revolutionaries*, 227-228。

[56] Bergère, "Issue of Imperialism",270:"尽管帝国主义者被视为最危险的敌人,但经常受到攻击的却是满人,因为把后者当作攻击目标更容易。因此,排满斗争可被视为一种逃避,在暴力的反满情绪与不可能的反帝斗争之间存在着根本性的矛盾,排满斗争是针对此矛盾的一种非理性的解决方式。"关于排满主义的发展,参见 Zhang Kai-yuan, "The Slogan 'Expel the Manchus' and the Nationalist Movement in Modern Chinese History"; Dikötter, *Discourse of Race*, esp. 97-125。

[57] See, e.g., Chang Yu-Fa, "Nature and Significance of the Revolution of 1911",9; Gasster, *China's Struggle to Modernize*, 29.

[58] 冉枚烁(Rankin, *Early Chinese Revolutionaries*, 97)提到一系列相当短寿的革命报纸,比如《苏报》及其后继者《国民日日报》《警钟日报》,还有存续时间较久的《时报》。冉枚烁将这些报纸与《申报》进行了政治取向上的对比,下文将对她的观点提出质疑。亦可见 MacKinnon, "Toward a History of the Chinese Press",18。

[59] 语出《时报》,转引自 Judge, "Public Opinion",70。

提出,"支持、参与推翻清王朝的公众,很大程度上是阅读公众"[60]。但仍未得到解答的问题是,公众在阅读报纸的过程中生发的种种观念,与引发街头革命的观念是否相同?报纸是不是点燃革命之火的火星?

就《申报》自身而言,它定然不具有此种煽动性:直到10月12日、辛亥革命爆发两天后,《申报》才转载了相关的电传新闻(但它占据了一整版),讲述了炸弹爆炸、总督逃至汉口,以及黄兴(1874—1916)指挥革命行动展开等事情。其中有电传新闻这样描述革命:"猛勇力前,虽死弗却。"[61]对10月10日起义的第一篇长篇报道《记本埠惊闻武昌失守情形》(《申报》,1911年10月12日)措辞相当谨慎,避免言说太多——事实上,报道小心地说明,过去几天里,《申报》克制自己不去报道武昌的任何消息,因为"谣言蜂起",所以"未敢遽行发表"。报道指出,在目前的情形之下,获得可靠消息存在困难,这篇报道的信源为鄂省访员来电。文章称革命者为"乱党","新军叛变,据城焚署"。接着,报道变得情绪化:"呜呼!川乱未已,鄂乱又起。何今日祸变之多耶!"报道将此极端严峻的情形归咎于"革党"日益蔓延的势力。报道最后表达了热切的希望,"于此愿当道者速有以敉平之也"。

《申报》收到的电报以及这篇报道均显示了一种对革命的恐惧甚至批评态度。但同一天发表的一则短评却相反。[62]这篇评论基于早前的报道(《申报》,1911年10月9日)进行了思考,报道称在武昌"拿获革命党多人……搜出炸弹三十箱,已将党领彭泽藩等三人正法"。评论作者感叹:"呜呼!革命党人又遭失败矣!"(第13—14行)至此,评论的第一段交代了背景。作者加入了许多生动的细节以吸引读者的兴趣。他描绘了革命者、给出了他们的名字,并提到被捕的革命党人中有女性——这些都是为了一个目的:他想让读者同情革命者及其事业。

接着,作者又提醒读者,同年3月29日革命者扑进两广总督署之后,广州发生了可怕的大屠杀。经过这次失败,革命者仍继续谋划革命:"其任事不可不为勇猛精进。然而,每次之起,必于事前为官吏发觉……勇敢有为之少年,悉断头以死。"(第19—22行)这里,作者提出了一个悖论:革命者可资敬佩,但他们却从未获得成功。"此其何故哉?岂官吏侦探之能力果有愈于革命党之经营秘密耶?抑革命党中多内泄耶?"作者激愤地逐一提出这一连串的问题,暗示局势无望,并将自己的(亦是革命者的)焦虑传递给读者。"夫革命党人之每次被获而被杀,非特有伤革命党之元气,而于中国之元气,亦大有伤焉。"(第26—28行)何故?"彼党人者……不畏杀戮,不畏艰难,勇往任事,则固中国难得

---

[60] Judge, "Print and Politics", 57. 相似的观点,参见 Zhang Kaiyuan, "Characteristics of the Trend of Patriotism", 1;"浏览辛亥革命时期的书刊,里面的诗文表达了炽热的爱国精神、紧迫感与历史使命感,今天的我们仍能为之动容,这些诗文铭写在当时怀有崇高理想者的鲜血与生命里。"

[61] 《专电:武昌失守》,《申报》,1911年10月12日。

[62] 《革命党又事泄》,《申报》,1911年10月12日。

之少年也。"文章最后谏请官吏"勿肆杀戮,留以御他日之强暴也。则亦中国之幸也!"

与同一天发表的希望恢复和平宁静、恢复现状的谨慎报道不同,这篇评论以中国的名义公开呼吁革命行动。它没有将暴行归咎于革命者,而是在文章最后警示说,暴力事件的责任在镇压革命的官员身上。而第二天,《申报》(在"清谈"栏目中)又发表了一篇短文,开头道:"今日东也闹革党,西也闹革党。其小者则捕革党数人而杀之,大者非戕官劫械流血满地不止。"[63]作者用一声"呜呼"哀叹革命党人催生的混乱。显然,《申报》编辑部的态度相当暧昧,这种情况持续了数日。

在收到更多革命党人取得胜利的电传消息之后,前述同情革命的报人[64]又于10月13日发表了另一篇评论(两篇评论皆署"无名",但后一篇在第1—3行提到"余昨日方评武昌革命党之泄事失机")。作者从"武昌之革命已成一发难收之势"(第3—4行)切入,评论"四川之事"。[65]作者断言:"前之川人仅以文明抗争,未尝有心叛乱也。后为官吏所惨杀,其蕴怒已深……今闻武昌之事已经得手,则胆气顿张。"(第13—18行)"安有不受燃而火发者?"(第30—31行)从整体上看,文章表达了遗憾之情。它指责的不是革命党人的暴力行动,而是那些试图镇压他们的人。革命者,就该文而言,不仅是勇敢的,而且是文明的。

另一篇报道[66]亦证实了这一点,其中提到革党"不仇外人,不扰商务"(第16—17行)。报道转述道:"革党领袖已出示谕,告诫人民凡有扰及外人或外国租界者,均须枭首。"作者认为这是"极文明之法"(第19行)。报道称,"寓汉口华界及汉阳教会妇孺,已劝令移居汉口外国租界"。强调这一举动表明《申报》并不支持反帝,亦未进行反帝宣传。[67]显然,由于担心义和团的惨败重演,[68]在报端或街头均可看到这种努力避免反帝的意识:比如,被革命者推举为湖北军政府都督的黎元洪(1864—1928)向武昌人民发布公告说,任何扰及外国人、损害其财物者,都会受到严厉的惩罚。[69]上海的英文报刊亦发表了一些文章对革命者表示真诚的同情,这表明以上避免仇外情绪爆发的努力是成功的。[70]

---

[63] 《清谈》,《申报》,1911年10月13日。
[64] 《革命党又事泄》,《申报》,1912年10月12日。
[65] 《武昌革命》,《申报》,1911年10月13日。
[66] 《续记本埠惊闻鄂乱情形》,《申报》,1911年10月13日。
[67] 因此,报纸反映了(且登载其上的评论赞同了)革命者的自我认知,他们"相信自己不是在从事'野蛮的'排外行动',而是在模仿外国中产阶级为自由和独立而进行文明有序的革命"(Hu Sheng, "The Issues of Anti-Imperialism, Democracy, and Industrialization", 22-23)。他们这样做是因其坚信,只有如此,列强才会同情此革命而不加以干涉。
[68] 贾士杰(Don C. Price, "Anti-Imperialism", 61)认为,"革命党人明白,直接的反帝抗争需要对'大众'进行动员,但他们又不信任大众,害怕重复义和团的惨败"。
[69] 规定一禁止藏匿官员,二禁止伤害外国人,三禁止干扰商业,四禁止袭击外国军队,五禁止杀害同胞。不服从者将被处以死刑;相反,帮助、保护西人及其财物者将得到奖赏。这段文本似乎转引自报纸,但没有说明来源,收录于Mateer, *New Terms for New Ideas*, 87。
[70] 参见《北华捷报》1911年10月14日和10月21日的报道,尤其是《武昌之行》("A Visit to Wuchang")这一篇。

街头革命虽不是反帝国主义的,但的确是反满的。这同样体现在黎元洪发布的安民布告中,这份布告贴遍武昌全城并被上海报纸转载。布告开头道:

> 我为救民而起,并非贪功自私。拔尔等于水火,补尔等之疮痍。尔等前此受虐,甚于苦海沉迷。只因异族专制,故此弃尔如遗。须知今日满奴,并非我家汉儿。纵有冲天义愤,报复竟无所施。我今为此不忍,赫然首举义旗。

布告一开始便考虑了阅读者的期望,保证举事是为公益之目的,更断然强调满人(被贬称为"满奴")要对人民的苦难负责;对他们进行报复是正义合理的。布告接下来的内容更为激进:"所有汉奸民贼,不许残息久支。贼昔食我之肉,我今寝贼之皮。"在进行过这一激烈的宣告(引用了《左传》"食肉寝皮"之语)之后,布告巧妙地以国人共有的憎恶情绪将读者联合起来,再次以反满论调呼吁团结与行动:"有人急于大义,宜速执鞭来归。共图光复事业,汉家中兴立期。建立中华民国,同胞无所差池。士农工商尔众,必定同逐蛮夷。"这则布告使用的语言迥异于包括《申报》在内的报纸。报纸在支持革命党人的同时并不反满,而是表达了对国人的失望情绪。报纸上即便有激烈的反满话语,也是以转载的形式出现的。

人们的共识是,"从19世纪后半叶开始,民族主义在中国的政治、经济和思想发展中发挥了越来越重要的作用"[71]。19、20世纪之交,"上海新创办的报刊数量激增",据说"其中绝大部分满载民族主义的文章和评论,有些甚至鼓吹彻底的革命"[72]。相应地,报刊史也就被人们称为"政治动员的历史"[73]。辛亥革命前后,在上海报纸上可以看到民族主义的言论,《申报》新闻工作显然"与当时的政治活动密切相关"[74],但它没有制造这些政治活动。武昌起义"纯粹是意外事件"。武昌起义三天后,《申报》大致报道了起义经过。《申报》虽不确定它所收到消息的真实性,但仍然发表了一篇相当矛盾的评论,哀叹革命者屡受挫败。[75]《时报》对革命的反应迟了一些,但也与《申报》类似。10月14日,《时报》刊登社论表示支持起义所代表的政治变革力量。显然,无论是《申报》还是上海其他多家报纸,都不对武昌起义或随后的反满宣言负有责任:报纸从未在现场制造过革命。

相反,我想说的是,并非报纸制造了革命,而是革命制造了报纸。武昌起义后,《申

---

[71] See, e.g., Lee En-Han, "China's Response to the Foreign Scramble for Railway Concessions", 1.
[72] 同上, 11. 李恩涵(Lee, 13)给出的例子来自《东方杂志》。
[73] Nathan, "The Late Ch'ing Press", 1285. 其论断是就1895至1909年这段时期来说的。
[74] Narramore, "Making the News in Shanghai", 2.
[75] 参见另一类似事件与相对滞后的报纸报道(Stephens, A History of News, 121):"《纽约时报》报道了1919年布尔什维克在俄国的一次又一次失败,最终却不得不承认,这些报道过的失败累加起来,成为布尔什维克的胜利。"

报》版面被革命新闻占据。电传消息、新闻报道、短评与社论都在谈论革命,《时报》也是如此。10月15日开始,《时报》甚至推出了新栏目"中国革命消息",认可了新近发生事件的历史重要性。[76] 事实上,武昌起义"催生出上海多家小报,均致力于宣传革命事业、倡导共和政府的必要性"[77]。

关于《申报》对革命接受情况的解读进一步表明,大型商业报纸实际上比人们一般认为的更同情革命。[78] 报纸关于革命的评论可能充满了含混与矛盾之处,但基调是对"文明"革命党人的批判性接受。[79] 虽然报纸不一定制造了大众的革命情感,却响应了它们,并通过其大规模出版放大了其中的某些方面。因此,尽管《申报》与其他上海报纸没有引发革命,也从未公开表达激烈的排满或反帝国主义,但报纸确实做到了为革命之火积薪。

1919

八年之后,即1919年5月4日,民族主义之火再次燃烧。研究五四运动的专家同意"现代中国的民族主义形成于1919年5月4日"[80]。当时的英商报纸比如《北华捷报》称,这是"民族义愤的爆发"[81],并发表评论指出示威活动的排外性质。[82] 同样,学者们认为报刊在这场运动中发挥了关键作用。[83] 那么,在民族主义和反帝国

---

[76] Cf. Judge, *Print and Politics*, 194.
[77] Narramore, "Making the News in Shanghai", 83. 法国大革命时期的报纸也有类似现象,参见 *Französische Revolution und deutsche Öffentlichkeit*。
[78] 一般的看法,参见 Rankin, *Early Chinese Revolutionaries*, 101.
[79] 参见徐载平、徐瑞芳,《清末四十年申报史料》,第185—201页,其中详细记录了1911年之前《申报》对革命党人[例如徐锡麟(1873—1907)、秋瑾,他们因试图在浙江煽动革命而被处决]持同情态度的报道。辛亥革命一周年的一些纪念文本亦响应了这种批判性的同情态度[例如,1912年10月10日的《申报》刊载了两篇社论《民国创造一周年之纪念》和《今日之日》)以及一系列时评,强调这个艰苦奋斗得来的日子极为重要,它代表了民国之创建,以及人民的和平安定(五族共荣)与福祉]。当天整个"自由谈"栏目均是纪念这一日的诗词、漫画与其他形式的文字,但其内容更为模棱两可。尤其是1912年10月10日《申报》刊登的漫画《纪念会中之纪念品》讽刺性地呈现了辛亥革命带来的某些"文明成就",如"英雄枯骨""烈士头颅""吹牛皮议员"等。
[80] 参见《反思五四运动》(*Reflections on the May Fourth Movement*)前言,第vii页。亦可见Ch'en, *The May Fourth Movement in Shanghai*, 26, 198-199; Chesneaux et al., *China from the 1911 Revolution to Liberation*。
[81] *NCH* 10.5.1919。实际上,《北华捷报》称之为"第一次爆发"。类似地,很多历史学者称现代中国民族主义诞生于五四运动(例见 Clubb, *20th Century China*, 81)。
[82] 《北华捷报》称示威游行是"骚乱",是"粗暴"的行为("The Peking Riot", *NCH* 10.5.1919),是试图对韩国独立运动的模仿("The Shantung Question", *NCH* 17.5.1919)。对这一联系的细致梳理,参见 Wagner, "Canonization of May Fourth"。报道称,学生持旗帜,上面写有"卖国贼""誓死力争,还我青岛"等标语(*NCH* 10.5.1919)。对五四运动及其政治特征的清楚描述,参见 Chesneaux et al., *From the 1911 Revolution to Liberation*, 68-71。从报纸提供的证据来看,我强烈反对以下观点:五四运动与之前的民族主义运动不同,因五四运动将反帝与批评政府结合起来;而义和团运动或1905年的抵制美货运动则"忠于清廷,或至少对国内事务保持中立"。从街头的情况来看也许的确如此,但从报纸发表的内容来看却不是这样。
[83] MacKinnon, "Toward a History of the Chinese Press", 18; Ch'en, *The May Fourth Movement in Shanghai*, 29-30, 98, 更可疑的表达参见第61—63页,第73页。

主义态度的形成与维持过程中,《申报》扮演了怎样的角色?

报纸上的中国民族主义是紧迫、与国人密切相关的:巴黎和会的消息"谁能忍此""真令人不寒而栗"。山东为"邹鲁之名邦""孔孟之圣迹",竟要交与日本![84]"听到这一消息却不感愤怒者,为无情无义之人。"[85]《申报》满腔愤慨:

> 欧洲和平会议开始时,我们听到了很多调论……比如,"正义与公道的胜利"……"对小国、弱国权利的维护"……现在,和平条约的草案已经披露,(这些理想)变成了什么?
>
> 期望从别人那里得到帮助,就注定要失望……今天,要让我们的同胞明白,他们唯一的出路是向自己寻求帮助。如果我们的同胞不放弃自己的利益,谁能侵犯到他们呢?如果我们的国人决心寻回其利益,谁又能阻止他们呢?[86]

虽然这篇文章公然抨击外国违反约定,但作者撰写它的核心原因更多的是要批评国人的软弱,批评他们轻信外国曾许下的要给以支持的承诺。

5月5日占据《申报》各版的对"山东问题"的报道,大致基调便是如此。其中一篇文章评论说,人们热切期望巴黎和会将为中国恢复正义公道。[87]让山东回归中国是"生死攸关"之事。[88]因此,谈判失败"是为吾国死刑之宣告""世界复酿战乱之左券"(第41—42行)。[89]文章结语意味深长,是对身处凡尔赛的中国外交官说的:"失败之恶消息则已至矣,诸公其何以对吾国民乎?"其他许多文章均重复了这种强烈的紧迫感与此事生死攸关的重要性。[90]大多数文章亦同意,问题的症结不在于其他国家,而在于中国自身。杂评《山东问题警耗》[91]认为,巴黎和会的失败应在国人意料之内:"国内多数之人奋全力以争自利,每一恶消息至,则哗然以骇,稍稍戢其私心,事过又依然故态矣。"(第7—9行)国人是短视、自利而贪财的。即使处在当下的危机之中,

---

[84] 参见《外交协会之最近宣言》,《申报》,1919年5月10日。
[85] 语出《时报》(*China Times*)报道,转引自《北华捷报》(1919年5月17日)"本地报刊"栏目,报道题为《让吾同胞为人道而死》(Let Our Countrymen Die for Humanity)。类似的情绪爆发,参见《外交协会之最近宣言》,《申报》,1919年5月10日。不独《申报》如此愤慨;亦可见译自《时报》的文章《中国之失望》(China's Disappointment),载于《北华捷报》"本地报刊"栏目,1919年5月17日。
[86] 参见《北华捷报》"本地报刊"栏目的报道,"The Leopard Shows its Spots",*NCH* 17.5.1919。
[87] 《欧会中山东问题之经过》,《申报》,1919年5月5日,第43行。《申报》第二天发表的学生宣言重述了这种理想主义的想法,参见《京中各界对山东问题之奋起》,《申报》,1919年5月6日。
[88] 《欧会中山东问题之经过》,《申报》,1919年5月5日,第4—5行。
[89] 类似的警告,参见《外交协会之最近宣言》,《申报》,1919年5月10日。
[90] 例见《外交协会陈述山东问题》,《申报》,1919年5月5日。其中认为山东问题"实中国存亡之关系""当国家生存关系",日本可能会利用局势,很快夺取全中国。第二天学生发表的宣言中表达了类似观点,参见《京中各界对山东问题之奋起》,《申报》,1919年5月6日。
[91] 《山东问题警耗》,《申报》,1919年5月5日。

国人各自的私心亦使共同行动不可能发生。绝望之中,作者呼吁国人要有"决心",否则中国将"真陷于万劫不复耳"(第12—16行)。这篇文章用激烈而形象的语言,生动地描绘了即将到来的黑暗未来,进而将国民决心(一种现代品质)的缺乏与"私""利"作对照,[92]认为国民的这些弱点是国家陷入困境的原因。

这种道德化的口吻亦出现在吁请读者"牺牲私利以致用国货"的国货广告中(《申报》,1919年5月10日),同样出现在《申报》的评论与新闻报道中。[93]一则时评认为国人应有意愿表示他们对以凡尔赛和约"解决"青岛问题的愤怒,这才是自然之举。[94]作者使用了双重否定的修辞手法强调了这种"自然性":"青岛问题至于今日,国人不能无一种表示之态度"(第1—2行)。且"此为各国常有之事,亦人类共有之性,无可遏也。"(第2—3行)

然而,政府对待这些"自然的愤怒表达"过于严苛,政府殴打游行者,解散大学,还以军法处置学生。[95]民气激愤进而形成的表达应被视为一种有益于国家的反馈。作者以传统的譬喻(这让人联想到《申报》的一些早期论说)警告,民气"若欲消灭,不但横溢而愈甚,于国家本原大有所损害焉"(第6—11行)[96]。

第二天的杂评《决心》延续了这一说理路数。[97]文章称"决心"乃"表示之前提"。作者援引儒家格言:"其所表示之者,必心口相符。"这与"虚"伪的表示相对,"虚"是一种传统恶习。因此,文章喊话的对象是当代国民——他们因坚持传统恶习而被指责徘徊于过去,而不是用现代道德来处理危机。

另一篇杂评称,道德高尚而自信的现代中国国民胸中充溢着"民气",怀抱决心是其心态,有所表示则是其行动。[98]但报人们认为,有"民气"者仍非多数,[99]国人还被愚昧的政府所阻。这些文章均对这一情形表示哀叹,其进路是通过严斥自身,即批

---

[92] 关于"利"的讨论参见本书第二章。
[93] 青岛问题被称为"万目所注,万口所号呼"(《北京通信(二)》,《申报》,1919年5月6日,第1行)。对于山东之损失,"中华国民全体誓死不能承认"(《北京通信(一)》,《申报》,1919年5月6日,第2—3行)。
[94] 《表示》,《申报》,1919年5月6日。
[95] 时评《解散大学之无识》重了这一观点,《申报》,1919年5月7日。
[96] 1919年5月7日《申报》刊载的《解散大学之无识》也以水来比喻舆论的兴起。文章指责政府愚蠢地压制学生,导致更大的后祸。"水"之譬喻在《申报》及其他文本中的使用,参见本书第一章,第39—40页。
[97] 《决心》,《申报》,1919年5月7日。
[98] 《民气》,《申报》,1919年5月6日。文章开篇道:"民气何自生?生于公理也。公理屈抑而不生,则民气作焉。然公理久被压迫之世,虽有民气而无所用。何则?强权势盛,民气遇之,不啻如汤沃雪耳。……用民气于公理伸张之日,则民气获效实巨。"文章结尾说:"今果为公理战胜之世乎?则青岛之争之用民气,此其时矣。虽然一亦无益耳。"文章结尾的表达相当含混。一方面,人们可以将它解读为对中国政府的抨击,因为政府说要维护、支持公理,实际上却压制公理。另一方面,这个结尾也可被理解为是在批评中国国民没有发展出"民气"。
[99] 然而,《申报》上关于妇女团体、学会、行会与同乡会的一些文章表明,街头存在着相当多真正的"民气",主张废除凡尔赛和约;例见《山东旅沪商人电争青岛》,《申报》,1919年5月6日;《专电》,《申报》,1919年5月7日;《都人对青岛问题之奋起》,《申报》,1919年5月7日。亦可见Wasserstrom, *Student Protests in Twentieth Century China*, chap. 2.

评当时的政府（残酷地镇压舆论）[100]与国民（未能发展起"民气"[101]且将私利置于公益之上），而非抨击外国尤其是日本政府。

这些评论将学生视为唯一值得赞扬的中国人。新闻报道亦有这样的倾向，表扬学生"有秩序之示威运动"[102]以及"极文明之行为"。诚然，时任交通总长曹汝霖（1877—1966，他曾负责与日本谈判）的宅第被焚毁，责任不在学生而在警察。报道称学生以"公愤"回应警察的镇压，[103]并引用学生讲演与传单中的说法称其爱国，还称赞学生的受教育程度，因其海报"有用英文法文书者"（第10—11行）。[104]报纸褒扬走上街头的学生（相比几年前对革命党人的形容，这里的含混之处明显更少），同时批评民众与政府，进而公开支持学生及其事业。因此，五四运动期间，《申报》等报纸并未在学生中引燃民族主义之火，但同样再次拨旺了它。报纸的基调始终是相当温和的，它们努力避免仇外报道。[105]

五四运动的民族主义就其目标来说是含混的：它将反帝主义与世界主义（cosmopolitanism）结合；[106]在行动上，它常常破除传统，在言辞上却仍然是传统主义的（反之亦然）；[107]它倡导一种民族语言，又借用其他语言中的表述污染（或装饰）了它。[108]我对《申报》的解读使这幅图景变得更为复杂。清楚的是，《申报》的民族主义报道并非是反帝的，而是针对国人的：《申报》抨击国人与当时政府盲目轻信，无法实践现代道德，反而溺于传统恶习。我们再次看到，报纸上的民族主义与街头的民族主义在不同层面运作：前者既未容纳、也未抵触后者。毋宁说，报纸上的民族主义残酷地撕开了自我。

---

[100] 这一说理路数在大约十天后的一篇时评中得到延续。参见《传闻误会》，《申报》，1919年5月17日，文章开头即连续发问："政府尚以此次之事为传闻误会也耶？然则非传闻误会者，其确之消息安在？欧洲和会中国之提案果未失败耶？青岛果由中国收回耶？不然何所云而知人误会也。"文章继续评论说，真正的错误在于政府，他们误解了学生的行为，并对之作出了过度反应。

[101] 《申报》早前对"民气"（未用这一表述，但体现了这一观念）的呼吁，以及《申报》中的大众民族主义，相关讨论参见 Goodman, *Native Place*, e.g. 170-171。

[102] 《京中各界对山东问题之奋起》，《申报》，1919年5月6日。

[103] 例见"专电"第一条，《申报》，1919年5月6日，第4—5行。一篇转引自《晨报》的报道亦暗含这一看法，参见《北京学生示威行动之别报》，《申报》，1919年5月7日。

[104] 例见《北京学生示威行动之别报》（转引自《晨报》），《申报》，1919年5月7日。

[105] 这一点在国货广告中尤为明显。这些广告并不批评洋货，而是提倡国货。国货广告号召读者"提倡""注意"国货，以"强国""救国"。例见《申报》1919年5月17日刊登的"泰山""大吉"和"黄鹤楼"牌香烟广告。同一期报纸上刊登的戒烟药广告亦巧妙地以"救国救民"为标语。

[106] Cf. Chesneaux et al., *From the 1911 Revolution to Liberation*, 71.

[107] 迈斯纳（Maurice Meisner, "Cultural Iconoclasm", 22）曾论及"民族主义与国际主义之间不稳定的联合"。亦可见 Chesneaux et al., *From the 1911 Revolution to Liberation*, 70; 尤见 Wagner, "Canonization of May Fourth"。

[108] 关于民族主义形成过程中语言的重要性，参见 Kedourie, *Nationalism*, 61; Benedict Anderson, *Imagined Communities*。关于五四运动中民族主义者对语言的混用，参见 De Francis, *Nationalism and Language Reform*, esp. chaps. 13-15。对此现象的语言学分析，参见 Gunn, *Rewriting Chinese*。

1925

到五卅运动(它被视为中国民族主义情绪的关键转折点)时,上述情况是否发生了变化?一般认为,五卅运动促使大众意识到帝国主义的罪恶。[109] 运动期间,"上海人之上海"(Shanghai for the Shanghainese)这一口号[110]响彻大街小巷,而"'我是英国公民'(civis Britannicus sum)不再是在华英人可以自豪地使用的表述"[111]。当时,著名观察家、长期担任《字林西报》(North China Daily News)驻北京记者的甘露德(Rodney Yonkers Gilbert,1889—1968)判断,"这一代中国人……是如此暴力地排外,以至于他们对自己的处境完全丧失了认知"[112]。的确,上海民族主义者进行的"打厂"等活动,几乎直接针对外国企业,这让人想起曾经义和团对进口机器的破坏行为。[113]

义和团狂暴排外的民族主义并不被报纸所支持。而在五卅运动期间,"人们普遍认为上海的报纸不够爱国"[114]。这可能是因为工部局曾警告中文报纸不要发表"可能激起不良情绪"的新闻,违者将被逐出租界。[115] 因此,报纸不可能成为排外行动的动因,甚至不能为之设置议程,它们唯一能做的大概就是通过缺席与缄默来引发注意。[116] 吊诡的是,由于这项禁令,学生们被煽动起来,越发"采取在街头公开演说的策略",禁令本身成为"导致暴力事件最终爆发的重要因素"[117]。

报纸上的情绪反应是对国人的行为表示愤慨,但报纸仍然是爱国的。报道既带有情感色彩,又是事实性的。[118] 《申报》将示威活动及其血腥结果概括为"惨剧"。同

---

[109] 任格瑞(Richard Rigby, *The May 30 Movement*, 113)认为,"五卅运动的后果之一……(是)运动之前仍然陌生的一个词语(帝国主义),从此被全中国所熟知"。亦可见 Jeffrey Wasserstrom, *Student Protests in Twentieth Century China*, 121-122。

[110] Rigby, *The May 30 Movement*, 35. 相关轶事记录,参见 Pott, *Short History*, 288, 其中提到当时的口号包括"废除治外法权""取消不平等条约",以及"归还外国租界"。

[111] Rigby, *The May 30 Movement*, 70.

[112] Gilbert, *What's Wrong with China*, 22; see also ibid., 20.

[113] Rigby, *The May 30 Movement*, 14.

[114] Ibid., 238. See also Dulioust, "Quelques aspects de la presse parallèle chinoise pendant le movement du 30 mai 1925".

[115] 报纸受到威胁,有些甚至被停刊,比如《民国日报》。Rigby, *The May 30 Movement*, 25. 亦可见《中国现代出版史料》,甲编,第 259 页。

[116] 斯蒂芬斯(Stephens, *A History of News*, 193)对于美国革命亦有类似看法:"事实上,缺乏一个进取的、合乎现存体制的新闻媒体来报道事件、引导异议,这本身就促成了革命。"

[117] Rigby, *The May 30 Movement*, 29-30. 亦可见 Wasserstrom, *Student Protests in Twentieth Century China*, esp. chaps.3 and 4, 此书亦提到五四运动早期街头发生的讲演活动。

[118] 这种事实性的报道方式与 1874 年对法租界枪击案(造成数人死亡,多人受伤)的报道方式类似。《申报》对此事件进行了数次报道,但从未真正表达过对西人的愤慨(《申报》,1874 年 5 月 4 日和 5 月 5 日)。关于这一事件,参见 Goodman, *Native Place*, 158-162;徐载平、徐瑞芳,《清末四十年申报史料》,第 176—178 页。这些事件尚待更细致的比较研究,特别是每起事件中民族主义情绪的特质到底为何。任格瑞(Rigby, *The May 30 Movement*, 19)则反对进行这种比较,在他看来:这些早期事件并不能反映中国人中的普遍情感;只能反映他们对"特定事件"的不同看法,他认为"没有更广泛的深层原因"。

时,它简单列出了学生、路人与其他受害者的姓名、年龄、职业、地址和着装,大致交代了他们的受伤情况。[119] 报道的确提到一名外国巡捕开了枪,但也提到学生们举着写有"打倒帝国主义"的揭帖,还指出示威活动造成极严重的交通堵塞。尽管《申报》与其他商业日报的报道及评论对事件的受害者表示了同情,[120]但它们对外国人的举动关注较少、对同胞的行为关注较多。[121] 这些持爱国立场的文章讨论的是中国人的惨剧,而不是制造惨剧的外国人。[122] 例如,有评论写道:[123]

> 地上一抹一抹的血痕,被一夜雨水冲洗去了。但愿我们心上所印悲惨的印象,不要也和血痕一样淡化。
> 邻家的一头狗死了,那爱狗的主人抚着狗尸,抽抽咽咽地哭着。我道:"现在的人命也不稀罕,何必怜惜这么一条狗。"
> 一个疮痍遍体的青年,哭着嚷着道:"痛啊,痛啊!为什么如此欺侮我?"
> 一个在旁叱道:"谁叫你做这五色国旗下的国民?"

这篇文章的情感冲击虽强烈,却没有公开抨击外国人。其含义极为丰富,读者不能照字面意义理解。文章语带嘲讽,隐含对时人的批评,他们为一条狗而不是为周遭被杀害的学生而哭泣,他们在血痕被冲洗之后就忘记了流血事件,他们没有支持祖国。[124] 这里,文章抨击的不是造成惨剧的他者,而是承受惨剧的自我。

同一时期《申报》广告亦呈现了类似的特征。大多数广告不会谈及为何它们一再

---

[119] 参见"本埠新闻"栏目中的报道,《申报》,1925 年 5 月 31 日。接下来几天内,"本埠新闻"刊出了几篇类似的报道。1925 年 6 月 1 日,《申报》报道了学生对外国政府的要求,包括对早前(尤其是在日本工厂中)死去的工人进行赔偿,以及公开游行遇害者的姓名与医疗情况。1925 年 6 月 2 日,《申报》报道了罢市开始的消息,并发文纪念死者。

[120] 《时事新报》(这份报纸受到知识界的青睐,尤其在 1911 年以后,参见《上海地方史资料》,第 17—19 页)对五卅运动的报道与之类似。《时事新报》对尚未确认身份的学生之亲属示以同情。它报道了一次学生集会,并说这些"爱国学生"在发言过程中"纷纷泪下、痛哭失声"。报道描述示威之后罢市的气氛令人"甚为感动",突出了学生和商家之间的团结,"各商店门首均贴有'惨杀学生'表示哀思"(参见《时事新报》本埠消息,1925 年 6 月 1 日和 6 月 2 日)。同样,报道呈现了惨案及其余绪带来的情感冲击,却未严格追究惨剧制造者的责任。

[121] 《时事新报》的评论大体上对学生持批评态度,将无辜旁观者的死部分归咎于学生。这些文章的概要,参见附录 C,第 272—273 页。

[122] 《时事新报》刊载的短文《大马路的枪声》(1925 年 5 月 31 日)尤其体现了这一点,这篇文章从枪击发生地"大马路"的视角开始叙述,只字不提何人为枪击事件负责;此文概要参见附录 C,第 273 页。

[123] 《三言两语》,《申报》,1925 年 6 月 1 日。

[124] 类似地,《申报》关于"罢市"的评论(1925 年 6 月 2 日)亦呈现含混性。文章含蓄地指出先前罢市的发生(最后一次罢市是五四运动的一部分;参见 Wasserstrom, *Student Protests in Twentieth Century China*, 60-65)总是与外国对中国的羞辱有关,却没有明确说明这一点。另一方面,文章称罢市是"消极之表示",怀疑它的有效性,担忧未来是否还会一次次地发生这样的惨剧。文章所展望的未来是暗淡的,几乎没有给出希望的空间,也没有呼吁人们采取积极的行动。

重申倡导国货。[125] 例如,长城牌香烟广告以一种熟悉的论调号召"爱国同胞""救中国之法唯有提倡国货"。《申报》甚至出现了情绪化的、相当直白的广告,题为"哭南京路被害的学生"(《申报》,1925年6月1日),插图是一张脸,既呈心形,又像是一张正在哭泣的、轮廓粗糙的中国脸谱。广告并未明确说出它真正抨击的对象(见图6.3)。它以"呜呼"开头,且这一叹词在全篇反复出现。学生是"中华将来之主人,亦中国前途之救主也",他们的死意味着中国又一次失去了被拯救(或自救)的机会。广告以全球化的措辞描述了这一事件:"道德公理之沦亡,世界人类之浩劫!"(加粗大字印刷)实际上也是"中华民国之耻辱而亦四万万人之所悲愤也"(小字印刷)。然而,这则广告认为事件应归咎于国人自身,因他们未能避免又一次的耻辱,且不能"一醒睡狮之梦,三省戴天之仇"(加粗大字印刷)。因此,这则广告公开号召雪耻,却未提及雪耻的对象,而是转而空洞地哀怨"苍天之不恤""子弹之乏情"。广告问读者:"此后尔愿着外货之毛丝纶乎,抑愿着国货之自由布乎？尔愿用外货之珠罗纱乎,抑愿用国货之透凉罗乎？尔愿作(做)冷血之动物乎,抑愿作(做)热血之人类乎？"进而迂回地表达其意图。广告没有明确说外国人是冷血的;相反,它把中国人归为冷血的一类——广告质询的是中国人。

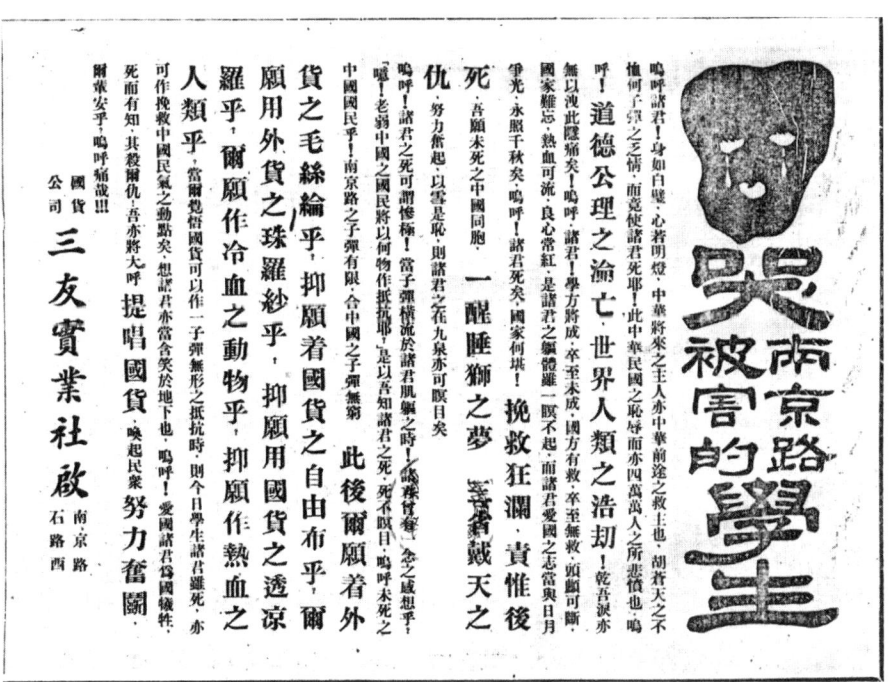

图6.3 爱国广告(《申报》,1925年6月1日)

---

[125] 例见长城、联珠香烟广告,《申报》,1925年6月3日。

五卅运动期间,上海商业报纸极少发表排外报道,但《北华捷报》仍对它口中所谓"中国人的仇外心理"进行了猛烈抨击。[126] 简单比较中英文报道即可发现两者讨论民族主义时采取了不同路径。《北华捷报》喊话"爱好和平的上海华人"[127];大肆抨击"煽动者",并警告如果上海市民支持他们,"则穷苦人尤受其害"。该报巧妙地转移了话题,它向中国读者发问:"这要归咎于谁呢?他们不是上海人,而是来自遥远的省份……他们对上海华人的命运毫不关心。"《北华捷报》将上海的中国公民当作一个共同体,对之进行呼吁,将示威者排除在这共同体之外,并提醒上海公民,如果他们不遵从英国人的意愿,他们不仅会伤害自己,还会伤害那些最无力自保的人,即穷人。由此,文章提出了强烈的道德吁请。它继续道:"警察对你们所有人的安全负责。如果暴徒战胜警察、冲出去抢劫纵火的话,会有什么后果?在这种时刻,没有人知道暴徒会做什么,我们只知道他总是做最坏的事。"文章称示威者"并非来自上海",希望以此激发一种群体团结,又进一步将示威者称为"暴徒"、将其描绘成极度危险之人,从而使读者与之疏离。文章建议人们复工:"如果工部局向你们表明……它可以平息<u>叛乱</u>并保护你们正常工作,难道你们不愿意对多年来享受到的公正和平的管理表示感激、以此作为回报吗?"[128] 报纸巧妙地提醒读者生活在文明政府治下的好处,但紧接着又发出警告:"此次影响你和平、福利与安全的威胁会持续多久,主要取决于你。"同一期报纸刊登的另一份宣言则警告中国人不要从事"暴力行动"(说得好像是中国人先采取暴力行动似的),英国报纸还引用店商的话,说学生是"麻烦制造者"。[129]

6月6日的《北华捷报》在对示威活动及其血腥结局的描述中,进一步离间了"敌人"与普通上海人。该报在描述"星期六暴乱的爆发"时,突出描述了"煽动性的横幅"和"狂热的暴民"。[130] 另一方面,新闻标题与小标题写道:"南京路枪击案——对中国死者的调查:证词表明巡捕表示过耐心""巡捕下令开枪前已向群众发出三分钟警告",以及"开枪是不可避免的"。最后一篇报道赞扬了英巡捕总长,他"自始至终都很冷静,在最后一刻才下达了开枪的命令"[131]。文章认为,人群中喊出"杀死外国人"的口号,是巡捕最终被迫开枪的原因。学生们被描述为杀人的暴徒:"他们用尖利、聒噪的语调喊着他们最喜欢的口号……'消灭、罢工、打倒他'等等。这似乎是一场大规模的杀戮

---

[126] 作为"一份由外国社群掌管的报纸"(Clifford, *Spoilt Children*, 66),五卅运动(以及许多其他事件)中《北华捷报》的很多表现都让英国政府感到尴尬。

[127] "To the peaceable Chinese of Shanghai: Will You Side with Rebellion?", *NCH* 6.6.1925.

[128] 下划线为后加。

[129] "In Chapei and the Native City: All Quiet Shopkeepers Forced to Close but Doing so with Reluctance", *NCH* 6.6.1925.《北华捷报》还援引了以下说法:"中国总商会和中国纳税人联合会等负责机构在一起非法事件中联合起来,这是不对的。"据称,工人是在压力之下参与罢工的(参见"A More Reassuring Outlook", *NCH* 6.6.1925)。

[130] "Student Outbreak in Nanking Road: Several Chinese Killed", *NCH* 6.6.1925.

[131] "Vivid Story by an Eyewitness-Forbearance of Police to Last Moment: When the Firing Became Inevitable", *NCH* 6.6.1925.

演习,他们以疯狂的节奏振臂高呼,仿佛在持刀击打。"与此相反,警察表现出令人难以置信的忍耐力,坚决顶住直到最后一刻,"开枪已无法避免"。

> 这是一个关键而又英勇的时刻,五名外国警官手持警棍或赤手空拳——没有任何目击者看到现场有一把手枪——迫使暴徒从捕房门前退了回来……英勇的五人无法承受压力……其中一人倒下了,而且似乎要被学生们踩死了,但他又晃晃悠悠地站了起来……一如既往的果决,敦促大家要和平。[132]

如果1925年的上海报界有排外报道的话,这就是排外报道:民族主义的外国媒体在自我和他者之间,在黑与白、好与坏之间划出了一条清晰的界线。也许出于这个原因,它们认为中国报纸也会这样做。

报纸民族主义的本质

从前文提到历史学者们的表述来看,中国民族主义总是一次次地重新诞生。本章所讨论的每一个事件,都被标举为民族主义诞生的标志。[133] 我认为,包括《申报》在内的上海报纸从一开始——即在这些事件发生数十年之前——就是民族主义的(只是它们的民族主义也许和历史学者们认为的不一样)。比时间问题更重要的是性质的问题。以报纸报道为材料,我已经描绘出报刊民族主义的独特本质。"最易识别的民族主义表达"也许就在"反帝运动"中,[134] 而早期中文报纸并未参与反帝运动。即使在19世纪10年代,"排外抵抗与日益增长的民族主义在上海凸显"[135],上海报纸亦未助力这一过程。人们常常认为,"与在许多其他国家一样",中国报纸"成为唤醒公众的主导力量",报刊是"动员公民行动起来的工具",[136] 但本章对《申报》与其他上海报纸的读解表明,尽管它们支持中国甚至表现为爱国的,但它们并不是对外斗争中的领导者。事实上,在义和团运动与五卅运动中,报纸批判了仇外的民族主义,甚至在1905年、1911年和1919年,报纸亦未鼓吹沙文主义。因此,报端与街头的中国民族主义是相

---

[132] 类似地,另一篇文章称一名"勇敢的日本巡捕"在被推入水中之后仍能朝一位学生开枪。参见"Plucky Japanese Constable: Thrown Into Creek by Rioters But Hanging to Boat and Shooting Them Down", *NCH* 6.6.1925。

[133] 法思(Joseph Fass, "A Few Notes on the Birth of Nationalism",376)将民族主义的诞生时间问题称为"中国历史研究最困难的问题之一"。

[134] Duara, *Rescuing History from the Nation*, 15.

[135] Cf. Goodman, *Native Place*, 174.

[136] Tseng, "China Prior to 1949", 34; Andrew Nathan, *Chinese Democracy*, xiii. 亦可见其中收录的文章"Late Ch'ing Press"(1397),此文认为"虽然大众是愤世嫉俗的,但报刊亦的确在动员国民"。

互分离的。报纸呈现了另类的民族叙事:在行动中展演民族主义的人并非在报纸上记录民族主义思想的人。[137]"政治现实"必然"超出印刷的世界"。[138]

从1900年试图"灭洋"的义和团,到1925年打出"拒说英文日文"标牌的黄包车夫,政治现实无疑是仇外的。[139]甚至可以说,报纸的行动比其书写更加排外:1919年5月中旬,《申报》与多家上海报纸宣告将不再刊印日商广告,鉴于日商广告是这些报纸重要的利润来源,这显然不是"无关紧要的举措"[140]。但同样是这些报纸,更多地将愤慨聚焦国民与统治者,而不是指向外国人及其政府。进入20世纪,报纸刊登的漫画亦体现了这一点。例如,垄断铁路的外国人并未被描绘成丑陋、骇人或可怕的动物——就连《民呼日报》等激进报刊也没有这样做(见图6.4)。[141]而漫画中的中国官员就不同了,他们被画成丑陋、骇人、可鄙的动物,更重要的是,他们还蠢。《民呼日报》

图6.4 作为国际事务的中国铁路(《民呼日报》,1909年7月5日)

---

[137] 季家珍(Joan Judge, "Print and Politics", 293)发现,报纸内容与街头行动之间有更密切的关系:"报纸论说与报道日益详尽地讨论道德方面的反叛,由此,报刊为改革者提供了一种方式,能将大众词不达意的、常常是暴力的宣言转译为需要认真考虑的舆论表达。"

[138] Friedman, "Oppositional Decoding", 130.

[139] Vishnyakova-Akemova, *Two Years in Revolutionary China*, 62; Rigby, *May 30 Movement*, 68.

[140] Narramore, "Making the News in Shanghai", 259. 穆德礼(出处同前, 263)指出:"(即便此时)《申报》与其他大型日报拒登日商广告、支持学生诉求的举措,也几乎不能反映一种激进的反帝国主义。这充其量是一种有选择的反帝国主义,总是着眼于促进中国商业与产业的利益。"

[141] 《民呼日报》(创刊于1909年),"竖三民"(持续时间极短且经常遭到审查的报纸)之一,由于右任(1879—1964)主编,他是同盟会成员、国民党元老。

的系列漫画描绘了一位中国官员的不同身体部位：他巨手遮天，使中国公民不见天日；他足践国民；他故意蒙蔽自己的双眼（见图6.5）。故而，中国报纸的民族主义并没有与他者抗争，而是在与自我抗争。这是一种高度紧张的、情绪化的民族主义，对那些从外部侵犯中国主权者，它从未表现得咄咄逼人；相反，它沿袭了言官的传统，对那些没有从内部捍卫中国主权者表达愤慨。报纸上的民族主义是自我惧憎而非仇外的。[142]

图6.5　（左、中、右）中国官员之手、足、眼
（《民呼日报》，1909年5月20日、5月28日、5月22日）

到1925年为止，上海报刊对外国人的态度相当温和，也许可以从以下方面进行解释：首先是由于上海人之特质，正如前一章所言，上海人选择与外国人生活在一起，故而很少在表面上流露仇外情绪。事实上，上海人更倾向于批判国民与中国政府，因为他们所处的位置使他们能看到西式体制和管理机构的众多优点并予以评价。[143] 上

---

[142] 白瑞华（Britton，*The Chinese Periodical Press*，111）赞同这种关于上海报刊的看法："报纸大量报道了许多列强的掠夺策略并预测了中国被完全瓜分的前景，并表现了相当的苦痛与反基督教情绪，但总的来说，对外国人的恶意出奇地少。进步华人更倾向于指责中国政府在外交和国防方面的不足。"亦可见 Duara，*Rescuing History from the Nation*，53；相应地，杜赞奇认为，"不仅是，或不主要是印刷媒体使……中国人发展起一种对他者的敏锐感觉"。20 世纪初的中文报纸表明，自我惧憎并不限于受租界保护的上海报纸［Godley，*Mandarin-Capitalists*，13，其中提到 20 世纪早年间，《海峡时报》(*Straits Times*)、《马来邮报》(*Malay Mail*)等报对清朝的刻画"几乎全是负面图景"］。

[143] 柯文（Paul Cohen，"Wang T'ao and Incipient Chinese Nationalism"，573）认为："居住地远离通商口岸的中国人也许亦共享着王韬的一些激进思想。但他们却不能像王韬那样公开表达之。"柯文深信，当时人们认为有必要熟悉"西法"，以便看到中国的界限与不足："王韬对朝廷与官僚体系的批评是他所持民族主义之不可分割的部分。然而，正是此种基本的政治批评，一般的中国官员即使有批评的意愿，也无法参与其中。"

401　　海报界仇外心理缺失的第二个重要原因，前面已经说过，是租界实施的审查以及报界的自我审查。许多上海报纸在外国租界内出版，由此便可享受外国势力带来的保障。为此付出的代价则是，至少在特定时刻，报纸必须遵守西人的规定。[144] 上海工部局也时常警告中文报纸，不要发表任何可能激起中国人敌意的内容，违反者将被逐出租界。[145] 本书所涉及的时间段内，许多报纸因发表所谓的"反外宣传"而遭到罚款、起诉，受到停刊的威胁，甚至真的被关停。[146] 然而，我们不能就此推断，多疑的通商口岸管理者们声称这些报纸所出版的内容，确实出现在了报纸上。

402　　尽管中文报刊上明显缺乏排外内容，外国的在华管理机构却一再流露对中国报纸民族主义排外情绪的恐惧。这样看来，报纸实际上说了什么并不重要。[147] 或许确实如此，因为外国媒体——最明显是在 1925 年、但亦在更早的事件中——自身就是仇外的。因此，它很容易认为中国报纸也是如此。上海报纸显然没有"挥舞棍棒或石头",[148] 但它仍被视为一种威胁。在中国，报纸周围的阐释社群（interpretive community）已经认定它们是有影响力的。[149] 影响力同样存在于观看者眼中。[150]

尾　声

　　近年来，民族主义作为一个单一实体的观念愈益受到批评。[151] 民族主义不再被认为是一种单一的意识或身份认同；[152] 它对众多不同的人来说可能意味着许多不同的事物。报纸只是展现某种特定类型的民族主义的一个场所。[153] 本章强调了中国街头与报端的民族主义是互补的、矛盾的。《申报》等报纸并没有号召人们破坏铁路或

---

[144] 穆德礼（Narramore, "Making the News in Shanghai", 257）写道：这种分裂式的存在，迫使为中国受众出版的报纸省略重要的本地新闻，因为害怕引起外国管理者的指责。类似地，为《申报》工作的最著名的报人之一陈冷（1877—1965）在 1928 年 11 月 19 日的《申报》文章《申报二万号纪念感言》中亦提到在上海办报之艰难。他指斥《申报》尤其在最近几年中，被滥用为一种宣传工具。
[145] Rigby, *May 30 Movement*, 29.
[146] 参见 Pott, *Short History*, 180; Vittinghoff, "Am Rande des Ruhms", 其中提到因进行排外报道而被停刊的《汇报》。
[147] 关于这种看待报刊的观点，参见 Mattelart, *L'Invention de la communication*, 148, 其中将报刊称作"展露对他者之恐惧的场所"。
[148] Stephens, *A History of News*, 190.
[149] 关于这一阐释社群的动态与构成，参见 Fish, *Is There a Text in This Class?*
[150] 克兰菲尔德（G. A. Cranfield, *Development of the Provincial Newspaper*, 141）提到类似的情况："如果说现代历史学家倾向于认为地方报纸的政治影响可以忽略不计，那么至少在 18 世纪，当局并不赞同这种观点。"
[151] 例见 Duara, *Rescuing History from the Nation*; 或 *Nation and Narration* 中的文章。
[152] Duara, *Rescuing History from the Nation*, 7.
[153] 同上，7—8。亦可见 Kedourie, *Nationalism*, 76。

工厂。与许多历史学家的判断相反,报纸并没有煽动反帝情绪,也没有鼓动排外行动。[154] 如果说《申报》在这件事上有任何作用的话,它可能只是扮演了监察官的角色,它不是排外主义的鼓动者。本章再次说明了报纸作为文本与作为历史语境之间存在着不协调的关系。

当然,我的论证存在不少内在的弱点。首先,我将民族主义化约为街头民族主义,忽视了改良者、革命者、文人与士绅笔下的大量民族主义文本,这些文本呈现了更多当时民族主义的不同变体。[155] 但我仍然这样处理是因为,我想考量报纸作为社会行动者(acteur social),在多大程度上跨越了大众与精英的鸿沟;对街头的情况产生了多大的影响。[156] 第二,我将街头民族主义化约为仇外与反帝国主义。这样处理是因为,根据主流的历史撰述,这是大众民族主义的普遍特点。许多学者将反帝运动称为中国大众民族主义的最重要因素:现代中国民族主义基本上被视为排外的。[157] 第三,也许是最重要的一点,我将"报纸"的范围限定在一种特定类型的出版物即商业报刊上。即便是上海报界的第一批研究者,也认为这一行业"很少或从未干预公共事务,也鲜有试图推动舆论的倾向"。[158] 在这些公认的未曾制造舆论的报刊中,我聚焦《申报》——正是因其在20世纪10—20年代持中立立场。[159] 我选择《申报》是想展示,虽然它的报道中缺少仇外情绪,但认为《申报》不"干涉公共事务"[160]的一般观点并不可取。本研究以及最近的一系列其他研究清楚地表明,清末民初的《申报》批判性地讨论了所有重要的改革和现代化议题。[161] 与许多其他商业报纸一样,《申报》具有强烈的民族意识。但其民族主义的基本方向是批评当时的国人及政府。

---

[154] 库兰(James Curran)与瓦梅尔(Angus Whamel, "Human-Interest Story",315)进一步发展了这一论点并将之概括为:"报纸刊载的、读者读到的大部分内容,与历史学者、社会学者与政策制定者眼中报纸通常具有的重要内容无甚关联。"约翰逊(Owen Johnson, "Mass Media and the Velvet Revolution",220)用这一论点分析了1989年的天鹅绒革命,"媒体并未明显改变辩论的措辞,没有把人群带到街上,也没有破坏政府的稳定。"华志坚(Jeffrey Wasserstrom, "Mass Media and Mass Actions",189)提出了一个更具普遍性的论断:"尽管媒介革命可能的确是与政治革命并行的,但认为技术更新一定会改变街头政治的基本驱动力,这一假设是危险的。"

[155] 西格尔(Louis Sigel, "The Treaty Port Community," 82)对民族主义进行了多重描述,他称政府是实用主义的,进行清议的知识分子是保守的、仇外的,通商口岸社群则拥抱西方价值观。

[156] Farge, *Dire et mal dire*, 23.

[157] 这一观点,参见每节开头所引文献;尤见于 Don Price, *Russia and the Roots of the Chinese Revolution*, 164; Rhoads, *China's Republican Revolution*, 267; Schiffrin, "The Enigma of Sun Yat-sen", 442; Bergère, "Issue of Imperialism",270; Ch'en, *They May Fourth Movement in Shanghai*, 28, 196。对于这一问题当然有不同的观点,最突出者参见 Duara, *Rescuing History from the Nation*。杜赞奇(出处同前,116)认为,仇外心态是自上而下地印刻在大众运动中的。

[158] Britton, *The Chinese Periodical Press*, 81.

[159] Narramore, "Making the News in Shanghai",366:"事实表明,《申报》等报纸对反帝民族主义表达的回应之慢是出了名的。"

[160] 这一观点,例见 Britton, *The Chinese Periodical Press*, 81;白瑞华认为商业报纸一般不涉及政治。

[161] See Janku, "Nur leere Reden"; Mittler, "Verkehrte Welten"; Vittinghoff, "Am Rande des Ruhms"; Wagner, "The *Shenbao* in Crisis".

报刊——仅因其具有普遍存在这一特质——就对民族（主义）话语具有相当重要的意义：公众通过阅报知晓地方事件，这一过程将地方事件放大，甚至引发全国其他地方的模仿。因此，报界确实**能够**仅仅通过对全国公众进行告知而扮演一个关键角色。[162] 但在清末民初的中国，同样存在其他传播新闻的方式，特别是还存在半口头传播的传统：戏曲与说书、歌谣与揭帖，以及谣言，它们构成一个"口口相传的消息网络"（oral news network），即便报纸日益遍及全国，这个网络亦未失去其影响。[163] 尽管报纸正在兴起与扩散，但实际上，上述大众传播的某些形式在扩散消息方面也许更有效。这些大众传播形式对大众民族主义情绪的影响程度，仍待进一步研究。

本章所考察的时间段内，正如沈艾娣所说，报刊将自身确立为一种重要的沟通渠道，甚至可达至远乡。报刊开始与"口口相传的消息网络"共存，并在进入民国之后逐渐取代后者。报刊的力量是强大的，因为它能将信息传播得很远很广。但即使是这种只在理论上存在的力量也是极为飘忽不定的。在德布林（Alfred Döblin）1929年的小说《柏林亚历山大广场》（*Berlin Alexanderplatz*）中，卖报人毕勃科普夫（Biberkopf）看着一则广告沉思。这则广告邀请柏林市民去看一场戏剧表演。但也许他们正在度假故而没有看到这则广告，也许他们在柏林但没有机会读到这则广告，也许他们看到了但认为它非常愚蠢，也许他们因为生病无法前往观看表演。所以广告的存在并不意味着：(1)许多人读到了它，(2)人们同意广告的内容，(3)人们将根据广告采取行动。[164] 广告意味着上述三种情况可能发生，但无一是必然发生的。也就是说，广告产生的受众效果"并不直接遵循或等同于传播者的意图或传播的内容"[165]。信息本身无法成为有效力的消息。因此，即便上海报纸鼓动了仇外情绪，也不一定会导致仇外行动。[166] 即便惧憎自我的报纸（比如《申报》）所制造的特定类型的民族主义确实在中国街头出现了，我们也不能认定报纸要对此负责。例如，一位山西乡民在日记中记录的想法与他在报纸上读到的内容之间存在着相当大的鸿沟，认识到这一点很重要。报纸使用中性词汇来描述外国人，但这并未动摇这位乡民将外国人视作"蛮夷"的观念。他的民族主义深入骨髓，并不是被煽动起来的，也未受到报纸话语的挑战。[167]

如果说《申报》这样的报纸并未煽动中国民族主义，那么改良派或革命派的报纸呢？根据安克强的研究，许多所谓的革命报纸在基调上比人们预期的温和得多。[168] 粗略浏览《民呼日报》等革命报纸所刊载的文章与漫画，同样会发现中国报纸民族主义

---

[162] 类似的观点，参见 Gellner, *Nations and Nationalism*, 127; Hulteng and Nelson, *The Fourth Estate*, 151。
[163] See Harrison, "Newspapers and Nationalism"; Barend ter Haar, "Telling stories".
[164] Döblin, *Berlin Alexanderplatz*, 168-169.
[165] Berelson, "The Variable Influence of Communication", 168.
[166] 法尔热（Arlette Farge, *Dire et mal dire*, 290）简地概括道："可以说，新闻的增多并不一定导致个人意见的增多，甚至个人意见也不一定与新闻内容一致。"
[167] See Henrietta Harrison, "Newspapers and Nationalism".
[168] See Henriot, "Nouveau journalisme".

(Chinese newspaper-nationalism)中存在自我惧憎的面向;[169]而其中的仇外要素并不像人们依据历史学者之一贯判断而预想的那般惊人。或许蔡元培《警钟日报》中的一些极端表述或《革命画报》上的仇外漫画展示了不同的情况,[170]但认为"报纸"而不是"特定报纸"要为制造仇外主义负责这一说法是缺乏根据的。显然,一些上海报纸可能鼓吹了仇外的民族主义,却不能代表所有"报纸"。进一步说,革命派与改良派报纸明确地迎合了精英读者;其发行量比商业报纸小(20世纪20年代初至中期,《申报》发行量从约30,000份增长到140,000份,对照当时约100万的人口数量,这一发行量并不突出);[171]同时,它们大部分极其短寿。因此,这些出版物的革命潜力被夸大了。[172]尽管它们是激进的、反帝国主义的,但它们对普通民众的潜在影响甚至比《申报》这样的报纸还要小。[173]对于革命以及商业报纸的文本还有待更细致的研究,但已经明确的是,这里所考察的报纸给出的民族叙事,与街头行动者所给出的民族叙事相反,是一种反叙事(counter-narrative)。[174]我们已经追溯了这些文本中的民族叙事,可以清楚地看到,它们是民族主义的——一种特定形式的民族主义。但报纸自我惧憎的民族主义并没有煽动街头其他类型的民族主义——根据许多历史学者的说法,是后者创造和决定了中国历史。

---

[169] 如果能更仔细地研究一些由同乡组织出版的激进刊物,将会很有意思,顾德曼提到过这些刊物,参见Goodman, *Native Place*, 196n50。其中所引用的段落似乎同样相当地自我惧憎(出处同前,197)。

[170] 特别感谢柯文,让我能够读到这份报纸的特定期数(1926至1927年)。这份报纸亦含有一些自我惧憎的图画(例如第42号,第84页,其中质疑了对待妇女的封建方式),即便它在很大程度上是仇外的。

[171] 关于《申报》发行量的详细列表,参见Narramore, "Making the News in Shanghai", 373。

[172] 参见Lee En-Han, "China's Response to the Foreign Scramble of Railway Concessions", 11, 13; Rigby, *May 30 Movement*, 33, 100。关于短暂存续的改良派与革命派报刊的案例,参见Janku, "Nur leere Reden", 260-261。

[173] 发行量低也许的确是报纸话语与街头行动之间存在罅隙的原因;根据黄天鹏(当时的一名记者)的说法,报纸"很少与舆论一致,因为报刊发行量很低"(转引自Narramore, "Making the News in Shanghai", 207)。

[174] 最后一个仍待解决的问题是,这种"不断唤起和消除(实际与观念层面的)总体化边界"的民族"反叙事",如何"扰乱了那些赋予'想象的共同体'以本质主义身份的意识形态操纵"(Bhaba, "DissemiNation", 300)。

结语　报纸影响力再探

> 批评家将报刊视若"超人",但它实际上只是克拉克·肯特(Clark Kent)①。
> ——迈克尔·舒德森

1909年,《北华捷报》刊登了《中国报业与政府》(Chinese Journalism and the Government)一文,其中引用了1898年10月发布的一条上谕:

> 天津、上海、汉口各处,仍复报馆林立,肆口逞说,捏造谣言,惑世诬民,罔知顾忌,亟应设法禁止。著各该督抚,饬属认真查禁;其馆中主笔之人,皆斯文败类,不顾廉耻,即饬地方官厉行访拿,从重惩治,以息邪说而靖人心。[1]

当然,这一上谕并未成功实施。事实上,1898年夏天的百日维新失败之后,报纸开始在上海及中国许多其他城市中发展得更为蓬勃。然而,该上谕证实了当时的最高统治者对报刊影响力的极大敬畏。该上谕设想报刊能吸引公众的注意力,因此它也能煽动变革,或者更糟的是,会"莠言乱政"。显然,清廷相信,民众通过读报获得的知识具有效力;[2]在清廷看来,报人不顾廉耻且可怕,[3]他们能够召唤人民采取行动。[4] 由此,清廷承认了新闻媒体的重要性,并认为它们有巨大的能量。[5]

然而,1909年《北华捷报》发表《今日中国之报刊》(The Press of China To-Day)一文,又作出了令人不解的陈述:

---

① 超人(Superman)在地球上生活时使用的姓名。他被肯特夫妇抚养长大。——译者注
[1] NCH 25.9.1909. 此上谕发布于1898年10月8日。
[2] Cf. Schudson, *The Power of News*, 21.
[3] 关于这一(不只在中国)一般刻板印象的背景,参见 Vittinghoff, "Am Rande des Ruhms", chaps. 1 and 3。
[4] 类似的描述,参见 Popkin, "Media and Revolutionary Crises", 22。
[5] Cf. Schudson, *The Power of News*, 33.

中国大众还没有表现出对新闻的巨大渴望。与西方人相比,他们对发生在个人知识范围之外的事情更加无动于衷、漠不关心。他们对影响自身周遭的最琐碎的事务感兴趣,而对与他们没有直接关系的事务兴趣不大……中国人尚未贪婪地渴求所有能满足其好奇心的事物,正是这种渴求,使特定的阅读阶层能够每日辛苦读完整整三十二页关于世界的感喟、痛苦与悲哀,再加上周日的特别增刊。这种渴求目前在中国还是未知的东西,并且就目前普通中国人的状况来看,是无法实现的东西。这一事实与其归因于中国人的心智,不如说是……文人的傲慢使他们对世界的一般事务不感兴趣。[6]

如果中国人不读报,为什么朝廷会如此害怕报纸?《今日中国之报刊》对20世纪初中国(特别是上海)人新闻品位的描述并不确切。许多报纸专门报道中国与世界的"感喟、痛苦与悲哀",这些报纸蓬勃发展,读者数量不断增长(《申报》的读者数量从最早的600人增长到1912年的7000人)。当时的日记、书信与学者著述提供了证据,表明中国人阅读报纸是为了消闲,更重要的是为了获得指引。显然,至少部分中国公众已经接受了报纸言说的重要性与合法性。因此,在当时中国的沟通等级次序中,上层或下层均认可报界具有影响力。只不过阅读公众认为报刊言论是一种权威的声音,而清政府却认为报刊是为人民说话的。[7]

19世纪,中西都将报纸描绘成一种强大的工具,能够解决(或制造)国家、政府和人民面前的诸多问题。甚至今日,人们仍然相信报刊作为"纸弹"(paper bullets)[8]具有巨大而普遍的影响力:[9]报刊反映舆论,因此有助于形成理性的公共领域;[10]

---

[6] *NCH* 6.3.1909.
[7] Cf. Matthews, "The Power of the Press?", 185.
[8] Hung, "Paper Bullets".
[9] See, e.g., Eisenstein, *Grub Street Abroad*, esp. 149; Hardt, *Social Theories of the Press*, 66; Stephens, *History of News*, 185-190.
[10] 1881年,舍夫勒(Albert Schäffle, *Bau und Leben des sozialen Körpers*, vol. 1, 460)写道:"在报刊的帮助下,人们至少'形成'了当天的公共意见。"这一观点到20世纪初依然流行,例如,在滕尼斯(Ferdinand Tönnies)看来(对其的讨论参见Hardt, *Social Theories of the Press*, 153),"报刊是社会的一股中坚力量,公共意见在报刊上成为引导性的精神"。20世纪20年代,李普曼(Walter Lippmann)的《舆论》(*Public Opinion*)、《幻影公众》(*The Phantom Public*)等著作提出了相反意见。然而,随着哈贝马斯《结构转型》(Habermas, *Strukturwandel*)一书的出版尤其是此书被译成英文后,先前的观念再次成为经典。哈贝马斯认为,如果没有期刊与它所促成的积极而持续的思想交流,舆论就不可能在18世纪末取得其重要性。这一范式亦可见于后来关于日本报刊的历史著述:Huffman, *Creating a Public*; Altman, "*Shinbunshi*", esp. 53, 54。关于此问题的一种历史的视角,参见Schiller, *Objectivity and the News*, esp. 15, 40, 73。

报刊创造身份认同与民族主义情感;[11]报刊激发情绪、动员民众,[12]进而煽动变革[13]甚至制造革命。[14]至少自卡莱尔(Carlyle)与麦考利(Macaulay)将"第四等级"(Fourth Estate)确立为一种受人尊敬的强大机制以来,[15]以上论断就经常被反复提起,以至于成为不证自明的道理。但是,对于这些听起来很好的假设,人们却很少寻索证据来证明之,更不用说给出证据了。历史学者偶尔会论及,某次社会运动与周遭报界对它的讨论之间明显缺乏联系,但这种情况被认为是偏离了规范的特例。[16]奇怪的是,至少历史学者很少用这些案例来反驳或质疑既定的范式。他们只是说报界很强大,却没有问过它为何以及如何获得这种影响力的。

直至 20 世纪 30 年代,媒体的影响力在从业者与传播学、新闻学学者中均被认为是不言而喻的。[17]然而,20 世纪 40 至 60 年代的大量经验研究探讨了媒体影响力的

---

[11] 第五章已讨论过,安德森(Benedict Anderson, *Imagined Communities*)认为,人们在不同地方同时阅读相同的新闻文本,会发展出一种拥有共同身份的感觉。类似地,布伦南(Timothy Brennan, "National Longing for Form", 48)表明,"文学通过创造'全国性的印刷媒介'——报纸与小说,从而参与了国家的形塑过程"。亦可见 Peake, *Nationalism and Education*, 120; Argus, *The Fourth Estate*, 6; Gellner, *Nations and Nationalism*。

[12] 根据舍夫勒(Schäffle, *Bau und Leben des sozialen Körpers*, vol. 1, 459)的看法,报刊可以激发大众运动。亦可见 Andrew Nathan, *Chinese Democracy*, xiii.《上海近代文学史》的编纂者认为,香港与马来西亚的早期传教士刊物是太平天国运动发生的缘由之一。

[13] Eisenstein, *The Printing Press as an Agent of Change*; Cranfield, *Development of the Provincial Newspaper*, v-vi. A. C. Smith et al., *Paper Voices*, 11:"从以下假设出发:在所有时代,但尤其是在社会急遽变革的时期,报刊扮演了社会教导者的重要角色。"

[14] 据说,如果没有报纸,18 世纪末、19 世纪初的一些重大革命可能不会成功。1830 年,迈尔(Moses Myer, *Celebration of the Revolution in France*, 22)说:"人们承认,主要是通过报刊……法国近来重要而光荣的革命才得以发生。"史密斯(Anthony Smith, *The Newspaper*, 116)称:"1848 年 2 月在巴黎发动的革命扩散到整个欧洲,给新闻界带来了一场变革。"报纸是它的载体,并为这之后 19 世纪的政治行动奠定了基础。斯蒂芬斯(Stephens, *History of News*, 185)道:"报纸有投资与声誉要维护,为什么它会领导革命? 像塞缪尔·亚当斯(Samuel Adams)这样的反抗者又是如何能将新闻这一社会的伟大统一者锻造成他们的武器,以反抗、推翻'暴君'的呢?"中国的案例,参见 *Land Without Ghosts*, 97:"革命行动——某种程度上受梁启超批评性新闻业的激发——导致 1911 年满清王朝被推翻。"类似的判断参见 MacKinnon, *Press Freedom and the Chinese Revolution*, 174:"中国报刊是中国革命进程中不可缺少的部分"。亦可见 Chartier, *Cultural Origins of the French Revolution*;以及 *Media and Revolution* 中的一些文章。

[15] 这种表述可追溯到英国议会早期,前三个等级为精神之主(Lords Spiritual)、时间之主(Lords Temporal)和"下院"(Commons)。麦考利勋爵(Lord Thomas Babington Macaulay,1800—1859)认为,"记者们所坐的旁听席已经成为王国的第四等级"(转引自 Hulteng and Nelson, *The Fourth Estate*, 75)。卡莱尔(Thomas Carlyle,1795—1881)以略微不同的说法表达了同样的意见:"伯克(Burke)说,议会中有三个等级;但是,那边记者旁听席上的第四等级,比前三个等级都更重要。"(Drewry, *Concerning The Fourth Estate*)

[16] 例如在义和团运动与五卅运动期间;参见本书第六章。

[17] 1899 年的一种观点,参见 Yarros, "The Press and Public Opinion", 380:"没有任何方法能让我们减弱日报的巨大影响力。"1926 年,新闻写作手册(Ross, *The Writing of News*, 19)中仍然有"报刊有巨大的影响力"这类表述。迟至 1937 年,在关于报刊的文本中,这一观点依旧很流行;在布莱克(Tiffany Blake, "The Editorial", 445)笔下,报刊"巨大的、不断扩张与深化的善恶力量,正被越来越多的人忧虑地认识到"。这一观念的形成并非基于科学调查,而是由于布莱克偶然观察到的受众与大众媒体吸引力突然扩张的现象。

原因与机制,并就媒体是否具有影响力得出否定结论。[18] 尽管研究证明,媒体远没有学者通常所认为的那么重要(为何美国的女性劳动力稳定增长,但女性工人却始终在媒体上不可见？世俗主流媒体日复一日刊发的消息里从来没有关于魔鬼的内容,为何许多美国人仍相信魔鬼的存在？),[19] 媒体影响力的迷思却呈现着令人费解的韧性。虽然有大量证据表明,报刊影响力有限,但当代学术界仍在讨论这个问题。[20] 将报刊作为"超人"的迷思有增无减,关于媒体影响力"令人窒息的描述"[21]仍在增加。[22]

本研究采用了一些传播学者提倡的现象学路径,[23] 试图从特定环境、特定文化(即晚清中国)的角度来探讨关于报纸影响力的论断。与历史学家将报纸当作构建历史(historical constructions)的参考和材料不同,我将报纸视为一个有结构的文本集合体(a structured body of text)而非事实的汇集。[24] 通过强调中国报刊的文本而不是其书写的语境,我试图探索的是中国报刊是如何运作的,以及它如何、为何具有影响力。[25]

在导论中,我已表明报纸这一外来媒介经常夸大自己的影响力。本书第一部分详细说明了报纸为获得文化上的可信度(plausibility)与中国阅读公众的接受(进而对其产生潜在影响)而使用了不同的手段。《申报》等新报努力改写了人们熟知的文学形式与版式,并在论理时使用了圣人的赫赫之言与中国历史上的有力意象。新报甚至重印邸报,以此汲取当时最高权威的声音。我已证明,中文报纸在中国获得影响力,并非因它是一种西式媒介,而是因其中国质素:它被汉化了,以至于它与一般的中文文学、学术甚至官方出版物没有什么区别。新报采用了上述方式,进而变得可信、有说服力、有吸引力。通过研究作为一种文本的新式中文报纸的特质,我们能够理解报纸为何可能

---

[18] 例见 Raymond Bauer, "The Communicator and the Audience", 126; Rogers and Dearing, "Agenda-Setting Research"; Klapper, "What We Know About the Effects of Mass Communication"。这项研究并未表明媒体完全没有影响力,但确立了其他社会事实的首要地位,并表明媒体的力量存在于既有的社会关系结构以及文化与信仰体系之内。

[19] See Tuchman, "Introduction"; Schudson, *The Power of News*, 17.

[20] 参见最近的一些论著,比如 McQuail, "The Influence and Effects of Mass Media", esp. 9-11; Schudson, *The Power of News*; *Media Power in Politics*; Reardon, *Persuasion in Practice*.

[21] 这一术语转引自 Schudson, *The Power of News*, 23。

[22] *Media Power in Politics*, xiii.

[23] See, e.g., Klapper, "What We Know About the Effects of Mass Communication", 468, 471.

[24] Popkin and Censer, "Lessons from a Symposium", 3.

[25] 有人认为,无论其文本如何,媒介作为一种媒介都拥有强大的影响力。例见 Gellner, *Nations and Nationalism*, 127:"正是媒介本身,是抽象的、集中的、标准化的一对多交流的普遍性与重要性本身,自动产生了民族主义的核心思想,它在很大程度上与媒介传达的具体讯息无关。"我们不禁要问,这是如何做到的？在我看来,这些说法只不过是未经证实地延续了一种人们长期持有的信念。

具有影响力。报纸的文本特质本身构成了报纸的潜在力量。[26]

然而,以上举动都表明,与其说媒体鼓动了变革,不如说媒体被鼓动着去变革自身:中国报纸形式与内容之间的不一致最终导致了一种新文体的创生,但它的一个突出特点是,极其依赖对传统元素的折中选择(eclectic selection),例如论说常常引用经典文本以倡导激进的变革。但大多数情况下,当涉及重大革命、贸易制度或女性教育等议题时,报纸多是随时代的车轮而动的:报纸没有启动这辆车,甚至没有引导其方向。[27] 同样,重印京报也为邸报带来了一系列技术方面的改进——印刷品变得清晰易读,且相比以前,读者能够更早、以更便宜的价格购阅之,但邸报从未改变其内容与风格,传统版本的邸报在1912年之前始终流通着。因此,与其说外来媒介改变了国人的意识、创造了新的身份认同,不如说在强大的、已经存在的中国身份的压力之下,外来媒介本身发生了变化以适应它。外来媒介的改弦更张展示了读者对报人的影响而不是报人对读者的。[28] 中国应对报纸的经验,是"中国对西方的反向回应"。外来媒介与其说是刺激者,不如说是受刺激的对象。[29]

本书第二部分从形式转向内容,我希望察看报纸的汉化是否可能使它成为一个主体,以及改造过的媒介如何成为具有影响力的、中国身份的喉舌。它是否成了中国女性运动的催化剂?它是否宣传了中国与外国列强的冲突?是否真的是报纸使上海这座国际化大都市成为中国民族主义的温床?简单来说,答案是否定的。报纸从未写下革命宣言,从未制造明确的性别认同,也从未煽动排外主义。细读《申报》与其他上海新闻媒体的文本会发现,尽管报刊似乎触到公众的脉搏,但它始终是"观察者而非领导者,批评者而非发起者"[30]。事实上,将一定时期内的新闻报道和历史现实并置可以推测出,报纸对弱者和家庭妇女的描绘,是在回应正在女性身上发生的激进变革所带来的共同焦虑;对上海及其居民的自我嘲讽式剖析,流露着通商口岸社会的内在恐惧;[31]对部分国民不负责任与腐败性格的抨击,是在表达人们共有的假定。尽管上海新闻媒体中一些受限制的女性可能成为优秀的女性主义者,但没有证据表明,女性因为读到上海新闻媒体对她的规定性描述而变得更贤惠或更具母性。关于上海人的

---

[26] Arensberg and Niehoff, *Introducing Social Change*. 传播学研究表明,人们对媒体的信任程度是一决定因素,决定媒体影响人们态度变化的能力(Andreoli and Worchel, "Effects of Media, Communicator, and Message Position on Attitude Change")。

[27] 这一隐喻参见 Matthews, "The Power of the Press?", 183。

[28] 关于这些影响的研究,参见 Pool and Shulman, "Newsmen's Fantasies"。

[29] 因此,本书第一部分探讨了外来媒介对中国环境的反应,得出的结论颠覆了对19世纪中国的常见描述。这些研究将中国作为对象,研究其如何回应由西方引入的现代化刺激。采用这一研究路径的典范是 Teng and Fairbank, *China's Response to the West*。关于这种研究方法中存在的问题,参见 Cohen, *Discovering History in China*。

[30] Salmon, *The Newspaper and the Historian*, 283-284. 亦可见 Matthews, "The Power of the Press?", 183-184。Schudson, *The Power of News*, 6;"报界跟从多过引导;支持传统智慧多过挑战它。"

[31] 这一表述参见 Stephens, *History of News*, 9。

报道中令人困惑的道德说教,当然不能构成上海或中国普通民众日常生活的范本;上海媒体所描绘的多样的上海人,无法成为创造一种明确的现代中国人身份的基础。另外,中国街头的排外情绪与中国报纸传播的自我惧憎之间亦没有直接关系。

将新式中文报纸的内容作为一个文本来研究,就是要明白,如果这一媒介有可能成为一股强大的力量,那也只能通过否定的方式。也许有些读者对报纸上的内容感到非常不适,以至于不顾(而不是因为)自己所读到的内容而去反抗外国人。报纸的内容本身就反驳了人们所假设它拥有的力量。[32]

本书旨在研究像报纸这样的舶来媒介移植到中国土地之后,在中国公共领域、中国民族主义、中国革命和中国身份认同的形成过程中,是如何成为一个重要工具的。本书汇集的文本表明,报纸没有直接创造出上述任何一种事物。报纸制造了语境,但没有提供变革和革命的文本。[33]

诚然,报纸向中国读者引介了一种新的文本类型。报纸将自身呈现为民主的媒介,人人(商人、妇女、贩夫和儿童)都可以获得,这不仅因为它价格低廉,[34]同样缘于它的性质。报纸不再以高高在上的口吻对读者说话;男女读者均是其抽象阅读公众的一部分,从皇帝到苦力,每个人都平等地被报纸欣然接受。人们的思想和观点不再只因受到皇帝认可、用"钦此"字样批复之后才得以发表;报纸会刊载出自一切人的一切内容。然而,报纸这种"平等主义"话语在多大程度上是对现时或未来现实的反映?毋宁说,报纸创造了一种假定的情况,用舒德森的话说,一种"好像"(as if)(……发生了的情况),其真实性是值得怀疑的。[35]② 论说中关于吴淞铁路的讨论非常热烈,这种讨论在上海茶楼中是否也出现过?[36]

在报纸广告之外,详细讨论女性月经功能与其他禁忌话题是可能的吗?[37] 在上海内外,有多少女性乘坐过敞篷马车或骑过脚踏车?或反过来问,这些女性之中,有多少人关心一份银行的工作甚于母职?除了《申报》论说作者之外,是否有人真的敢以

---

[32] 不仅中国如此。例见 Curran and Whamel, "The Political Economy of the Human-Interest Story", 315;以及第六章注释 154。

[33] Schudson, *The Power of News*, 18:"新闻媒体作为文化的行动者,对更广泛社会做出的主要日常贡献在于,媒体是意义、符号(symbols)和讯息的生产者与信使。正如格尔茨(Clifford Geertz)观察到的:文化本身'不是一种力量,社会事件、行为、机制或进程不能简单地归因于它';而是'一种情境,上述事物在其中可被清晰地……描述'。"

[34] 在《申报》出版的第一年,其售价约为《上海新报》的四分之一,这导致了《上海新报》的倒闭;《申报》用价格低廉、成本为 8 文的毛太纸印刷,而《上海新报》的用纸成本为 30 文。

[35] 这一表述可见于 Schudson, *The Power of News*, 25。舒德森(第 26—27 页)认为,"能够获取信息的公众不等于知情的公众"。

② 括号内的中文为译者所加。——译者注

[36] 关于铁路的讨论(参见 Wagner, "The Role of the Foreign Community"),也许从未在茶馆中发生过,这让我想起塞缪尔·约翰逊(Samuel Johnson, 1709—1784)对"小人国议会"(Parliaments of Lilliput)的报道,其中虚构了议会中发生的对话,而记者被禁止进入议会(参见 Koch, *News as Myth*, 1)。

[37] Patrick Hess, *Anzeigen*, 78.

"有客问于执笔人"这种放肆的方式切入、谈论高层政策问题并声称"此非吾一人之言"？是否还有人会指名道姓地公然抨击皇帝及诸位大臣"昏庸谬妄"？[38]

将报纸上的可能性与报纸所创造的现实可能性联系起来并非易事。邸报被收录在新式媒体中，旁边刊载着权威性较低的消息，这一事实表明，报纸有意彻底改变人们对邸报之重要性与权威性的看法。同时，报纸不得不刊登长篇论说为这一做法进行辩解，甚至迟至1905年2月，还要将电谕印在论说前面的显著位置，试图平息朝廷的愤怒。同样，通过分类、改版、使用标点符号与插图，报纸语言变得越来越可读，这表明媒体愿意变革，愿意改变其隐含阅读公众的构成和意识。另一方面，报纸通过宣扬夹杂着保守价值观的信息来限定这个读者群体，也许是为了努力安抚那些不想泯为大众读者一分子之人的不安心理。因此，报纸文本（无论在形式还是在内容方面）的种种变形，都可被解读为压力的表征：报纸文本这一意义系统既具改变作用，又被外力改变着，既是一种刺激也是一种回应。报纸文本的变化可以表明报界为获得影响力而参与了一场持续的斗争，它围绕"好像"（as ifs）与"假如"（what ifs）展开。因此，报纸作为参与者，对中国公共领域的其他参与者做出反应，试图垄断对其生存来说至关重要的信条：对报刊影响力的信仰。

事实上，要衡量媒体的影响力是极其困难的，可能会让对媒体威力深信不疑的上海报人大吃一惊。[39]本研究发现的矛盾之处表明，报刊的影响力不能仅由报纸文本来完全把握。报纸文本的一些特质可以解释报纸如何、为何具有影响力；其他特质则否定了这种力量。很明显，媒体作为一种文本并未直接形塑晚清中国的"精神地理"（soul's geography），而仅以一种相当迂回的方式参与其中。[40]因此，我们需要警惕那些将清末中国发生的许多变化归因于印刷媒体兴起的自信言论，因为它们没有考察印刷媒体说了什么、怎么说的。

一种默认的理解是，通过新开发的机械化印刷技术，结合高度资本化的商业出版机构以及新的运输和发行系统，加上不断增长的识字率，中国报纸慢慢开始与大众读者沟通，不再只面向精英群体。本书所做的只是解释"报为中用"的发展过程如何创造了大众传播的可能性。然而，我们在文本和语境之间观察到的若干不一致之处已经表明，大众传播本身并不能作为受众效果的必要或充分原因。大众传播的运作并非直接由文本自身的特质决定，而是经由诸多中介因素的联结（a nexus of mediating factors）发挥作用。通过考察报纸作为一种文本的形式构成，我已辨明了其中的一些因素，它们使传播的开启成为可能——但这种传播行为成功了吗？

---

[38] 例见《愤言八首》，《申报》，1880年10月8日，其中谈到无耻的官员只对利益感兴趣。亦可见《申报》论说，1900年6月17日、7月1日、8月19日，第六章讨论过这些论说，第231—232页。
[39] Schudson, *The Power of News*, 22.
[40] Reardon, *Persuasion in Practice*, 195.

本书探讨的是报纸如何应对出版市场之种种可能性的问题,而不是报纸是否真正改变了什么的问题。我将中国报纸作为一种文本进行研究,指出了这些新媒体的文化情境,即它们的生成条件。但若要找出关于这些媒体之影响力问题的完整答案,还须更细致地考察其接受条件。我们需要知道是何种人际网络传播了信息;需要检视媒介与受众之间的过滤与曲解——观看或阅读的物质情境——以及介于报纸讯息及其可能影响之间的社会和文化情境。因为报纸文本会变成什么取决于读者心中的想法,所以报刊的影响力是不可预测的。因此,最重要的是,我们需要讨论这些报纸的真正受众。他们到底是谁?他们为什么要阅读这些报纸?他们对自己所读的内容有何看法,为何这样看?他们就自己所读议题如何展开行动、为何这样行动?只有当我们(在仔细阅读文本之外)解决了这些问题,才有可能对一些报纸(《申报》就是其中之一)为何能取得商业成功提出解释,并回答它们在传播价值观和思想方面是否也取得一种文化上的成功。本书提供了一种从文本出发的视角,只是朝上述方向迈出了第一步;我希望将来会有其他学者完成这项任务。

　　我们无法追溯媒体文本与历史现实之间精确的因果关系,不过这一事实并不能抹杀报刊在中国的重要性或切实力量,它清楚地表明,早期新闻媒体在中国被公众接受的最关键因素之一是,无论其言论多么保守、令人费解或充满自我批评,中国公共领域的所有参与者都相信媒体是强大的,并一如既往地将它视作一股中坚力量。

　　有一种共识认为,报纸在中国现代性的形成过程中扮演了关键角色。[41] 人们认为报纸是符号环境(symbolic environment)的主要构成因素;进而相信报纸培养了国人的一种现代意识。事实上,尽管《申报》并未反映街头现实,却相当准确地反映了当时中国人混乱的心灵现实。因此,这项对报纸作为一种文本的研究表明,报纸的影响力首先是想象中的而非有形的。报纸没有构想出中国街头存在的仇外情绪——那么,仇外情绪来自哪里?更重要的是,为何将之归功或归咎于报纸?本书无法完全回答这个问题。但我所阅读的报刊文本表明,报纸影响力的强大在于人们想象它强大。不管报纸上写了什么,这种影响力都在那里;它存在是因为人们相信报纸。中国报人诉诸各种传统喻说(尤其是"言路",它在晚清时期被朝廷肆意封锁)而获得的权威立场,越发增强了存在于想象中的报纸力量:它拥有道德上的支持。

　　用19世纪的一位重要报人、《国家》(*The Nation*)和《纽约晚邮报》(*New York Evening Post*)主编戈德金(E.L.Godkin,1831—1902)的话来说,报刊具有力量这一观

---

[41] 从外国的角度看待报刊推动中国现代化的力量,参见20世纪10年代初潘纳禄(Wilfried Pennell,转引自Chao, *The Foreign Press in China*, 56)为《孖剌报》(*Hongkong Daily Press*)撰写的文章:"在华外报,尤其是英文报刊,已经形成来自西方的最强大力量之一,它效力于中国现代化的历史使命。"

念是建立在它能够影响大量民众的这一"妄想"(delusion)之上的。[42] 布尔迪厄已扼要地解释了这类妄想可能是奏效的,他认为对日常仪式的信仰是其有效性的前提。"只有皈依之人才听得进布道。"[43]无论何地,人们都觉得报刊是强大的,这种虚构、这种高估,只在媒体自己发明并维持的拟态世界(pseudo-world)中成立,正因如此,媒体才具有效力。新式中文报纸的影响力并非与生俱来的,而是人们默认的。

---

[42] Caudill,"E. L. Godkin",1045. 对于报刊影响力的此种态度乃基于"第三人效应",即相信他人会受到媒体的影响,从而对自身构成危害(Davison,"The Third-Person Effect")。类似地,阿特伍德(L. Erwin Atwood,"Illusions of Media Power",278)认为,这种妄想在某些情况下确实可以激发人们行动。

[43] Bourdieu, *Was heißt sprechen?*, 92.

附录 A

第一章文本

I 《论印度法国二处传来奇谈》,《申报》,1877 年 11 月 9 日

论说以警句开头:"天道实至难测也。"结尾道:"夫生杀之权,操之自天,虽君父亦退处于无用……何可怨及君父哉?"(第 32 行)

作者以一则关于印度的"骇人之谈"切入:"有友谈及印度近来几年迭遇饥荒之事,以为如许千万生灵罹此大患,实为英国之故。当英未莅政此方之前,各处土王互相争战杀戮为常,以至百姓不得过于孳生,故虽有兵燹之患而大饥荒之灾反见轻矣。"(第 4—6 行)

作者认为:"此诚大谬之语也。岂有太平之时不胜于兵燹之时乎?然而其谈亦有惊人心动人听者焉。[1] 盖谓太平之时百姓蒸蒸日繁一日,若过几年其数已加倍矣。田地有限,尽生长其之力,即年岁大熟,仅敷供食而已。于此倘一遇有年岁不佳,其患不可说焉。"(第 6—8 行)

"夫人无不以生子为乐,特在中国为尤甚。故于太平之时,人丁必一年多一年,是亦一定之理。因而开垦田地凿辟山岭,不肯留一隅之旷地,而树林则几乎其无之。遂不能招天雨,或既招矣,沛然而来,又以无集之处,奔腾而去,以至或成旱荒,或为水灾。此皆由百姓过繁之所至也。"(第 9—11 行)

"按康熙年间系太平之世,计于六十年内人丁之数,增加一倍,以后亦仍有增,及至于二十年前,因上下之人不尽其职以管束之,遂有发逆之乱,因之死而不生者,数以万万兆计,此亦可谓天助人以减其数乎?抑天惩人以示儆戒之意乎?"(第 13—15 行)接着,作者开始讨论应对人口过剩的具体方法。由印及中,这是一种源自桐城派的说理

---

[1] 显然,论说作者认为英国对印度的影响是积极的,这种态度一直延续到他对英国在沪威权的感觉中。时人对西方对华影响怀抱接受、赞赏以及憎恶的暧昧态度,相关讨论参见第五章。

方法:"其法一为振兴一国之手艺贸易,而后能以我之余物可购别国之余粮。二为设善局以助无业之人往别地谋生也。[2]再查别国于民生过繁之事,则英布等国尝患此病,而因设局助贫民谋生于花旗新金山等地。兹虽此两地之民于几年内亦皆繁衍,然本国之民亦仍觉过繁,倘本国原来不劝贫民出国往此新地,则万兆之民不更增生乎?抑或既生,必仍以兵乱瘟疫饥荒死乎?"(第22—25行)作者首先陈述了他的个人建议,然后给出与之相匹配的国外的事实,这一次序亦遵循了桐城派的写作义法。

"至于法国又有一奇谈焉,其民虽肯出国之人少,然其民数亦不觉过于繁多不至为兵乱饥荒瘟疫所减,乃因各夫妻既生子至二三,不肯再生,其法吾亦不知。若当道有心于此事者,吾劝其商之法国,而或可得其策也。"(第26—28行)发生在远方之事再次被视作近旁应做之事的示范。这篇桐城派风格的论说提示中国官员应如何行事。然而,这里给出的实用建议在最后一段中却出现了讽刺性的转折,作者按照桐城派先引述再阐发的写作惯例解释了开头的警句,以充满哲理的口吻作结。

"若印度之怨英国谓死于饥荒不如死于兵乱,是可谓不知命矣。至法人恐丁口日多,一人仅欲生子二三,岂知古人早已言及一人生二子、十代一千丁,何况再增为三而尚欲不繁乎?故此二说皆可谓为奇谈矣。"(第30—32行)

II 《风气日开说》,《申报》,1882年2月23日

这篇"说"以警句开头:"大凡国家欲长治久安、富庶强盛,必主圣臣贤励精图治,而后可中国为声名文物之邦,为海外各国所景仰。"作者以桐城派典型的"先远后近"的风格,力陈中国被誉为"文物之邦",须对外国的种种进步事物持开放态度,以获得治理上的成功。在此方面,作者将辉煌的过往与糟糕的现时进行了对比。当他谈及"中外为一家"(第2—3行)或是中国了解对外贸易、外国机器及技术的必要性时,总流露着讽刺的意味。只有在"铁路一事,中国犹迟疑未决"(第7—8行)——显然,这时的人们还记得1876年《申报》上关于中辍之铁路的论辩。[3]同样具有暧昧与讽刺意味的是,上海因其平坦道路、铁桥与自来水而扮演了一模范角色:西人治下的上海租界被认为优于华人治下的其他地方(第13—21行)。文章以诙谐的反问结尾:"各处仿效,使中国竟成极乐世界,岂不大快也乎?"这篇论说清楚地表明了作者的信念,即只要人们开阔眼界、开拓心胸,采纳他的建议,中国之崛起就不是难事。[4]

---

[2] 这可被视作对当时政府不鼓励移民政策的直接批评。关于这一问题,参见 Godley, *Mandarin-Capitalists*,以及第二章关于晚清中国贸易限制的讨论。

[3] 关于此论辩的讨论,参见 Ye Xiaoqing, "Shanghai Before Nationalism"; Wagner, "The Role of the Foreign Community"。

[4] 类似的批评政府、并以过去为例呼吁对糟糕现况进行变革的"说",参见《申报》,1887年4月14日和11月25日。

III 《脚踏车将来必盛行说》,《申报》,1898年4月1日

　　论说以谚语开头:"水用舟,陆用车,此合中外古今而万不可易者也。"(第1行)接着误引了《诗经》中的文字。文章用简要的导论说明了不同交通工具的优缺点;例如,以畜力拉车会遗留粪便在街道上,而有些交通工具相较其他则更为嘈杂。在各种工具中,脚踏车是最快、最实惠、最方便的(第2—6行)。这一对脚踏车的赞美引出了论说的叙述部分。西人从小就开始骑脚踏车。因此,他们变得"得心应手,驰骤自如",不受"高下不平之处"之阻碍(第6—10行)。一些骑脚踏车游历世界者表明,"无论何处均可驰行";此外,骑脚踏车亦有益于健康(第10—14行)。

　　接下来的段落介绍了脚踏车的另一益处:脚踏车可能是最适宜、最方便、最快的行军工具。因此,日本已决定购入脚踏车训练军士(第14—21行)。但有破解之法,即训练犬只,"见敌则噬之下车,以乱其军"。

　　最后,作者呼吁大家考虑脚踏车的益处并使用它,而不是在中国的现代化过程中轻视它。这是一篇典型的"说",它提供了令人眼花缭乱的有趣细节,同时利用了传统的喻说(例如引用经典,以及将辉煌的过去与暗淡的现时作对比),进而自信地论证了自己的观点。

附录 B

第二章文本

《共和民国大总统履任祝词》,《申报》,1912年1月1日(文中用典之处均以下划线标示)

今日何日？共和民国纪元之第一日,大总统履任之首日,亦我四万万同胞托命攸资、永享共和之元日也。

属当阳历春回之际,适值民主开幕之辰,<u>熙熙乎！皞皞乎</u>！上追<u>中天群治之休风</u>,下开奕祀共和之幸福,永永为吾中华民国纪念之一日也。

溯自专制虐焰毒痛四海以来,<u>北虏之横行</u>,未有甚于此日者也。<u>民之憔悴于虐政</u>,未有甚于此时者也。一国之农工商界,无不疾首蹙额,日缩小其生产之范围而受制于他族势力之下,上无保护之方,下无扩充之法,继此以往,势必有四万万同胞沦胥以尽之一日。

今何幸而以夙持民生主义之孙中山,膺中华民国第一任总统之选,纪元伊始,丕<u>焕新猷</u>,吾知必有于民生疾苦三注意焉者矣。记者不敏,敢进一言,以祝今日大总统履任之典,以为他年我四万万同胞出水火而登衽席之左券。

<u>惟王建国</u>,以为民极。

<u>立人达人</u>,牧民天职。

于铄中山,<u>胞与民物</u>。

三大主义,[1]研究有日。

<u>民族民权</u>,民生是亟。

武汉兴师,摧覆满室。

---

[1] 同盟会(1905)机关报《民报》第一次明确阐述了"三民主义"。20世纪20年代,"三民主义"成为国民党的根本意识形态(参见 Frank W. Price, *San Min Chu I*)。

一十四省,旌飞五色。[2]
共和造端,一人首出。
谷我烝民,振兴实业。
四万万众,人足家给。
轶美驾欧,恢扬我国力。

---

[2] 民国旗帜由红、黄、蓝、白、黑五色组成,一说它代表中国主要的五个族群:汉、满、蒙、回、藏。

附录 C

第六章文本

I 《血染南京路别录》,《时事新报》,1925 年 5 月 31 日

文章开头动情地写道:"这是我生平仅见的惨剧。现在我执着笔,心中还在别地跳着。"作者描写了他试图骑自行车通过南京路时,道路被学生们堵住的情景。他记录了围观者的言论:"'看啊!学生演说……''工人的事,本来要学生管什么?''唉!日本人太欺侮我们啊!'"在看到学生未被安抚住,管事者也未能驱散他们离开街道之后,作者喊道:"嘿!学生们真不识相啊!……还敢用旗杆做武器和有枪有阶级的先生格斗,该死!"作者继续描写道:"砰的一声枪响……接着就是劈劈拍拍地大响起来了!华捕……有些懒洋洋地放了一枪,面容上就现出灰白色了!"尽管作者认为应该同情死难的学生,但话说回来,"谁叫他们吃饱了饭没事做,要来扰乱人家的安宁?"在他看来,人们更应该可怜无辜死去的路人,其中还有怀抱小孩的妇人。文章对学生进行了明确的道德谴责。他们有必要制造这种伤害无辜者的混乱吗?

II 《治安与无辜》,《时事新报》,1925 年 6 月 1 日

文章开头便动情地指出,"南京路之大惨剧颇足使一班人神经上受一种剧烈之刺激,余亦为此刺激所激励之一人。顾余之所惑不在学生之死伤,而在行人之被累。"

"吾细检各报所载伤者之调查,觉其中店伙厨司成衣等居多数……此等人谓其散发传单、高呼打倒帝国主义,必无其事也……今纯粹无辜者竟公然受伤矣。"

"此一役也,无辜之被累若许其多者,其原因似有二:一曰中国人有'看热闹'之天性……二曰南京路本为交通冲要……于行人众多之通衢,开放鸣枪,实不能不负责任。"

刊载于同一期报纸上的短评《南京路共和路之枪声》(《时事新报,1925 年 6 月 1

日》同样围绕治安以及当局无力提供治安这一主题发出激鸣,这篇短评通篇是诸如"呜呼""噫"等语词。

III 《大马路的枪声》,《时事新报》,1925年5月31日

这篇文章将大马路人格化并追溯其遭际,形成一种递进的效果:去年以及若干年前,这里发生过抢劫和枪击事件,路上还有一堵墙被警察的子弹打中。"致于对着群众开放排枪,这确是大马路上的新纪元阿!"值得注意的是,这篇文章并没有提及是何人开的枪。

参考文献[*]

本书正文及注释所引《申报》文章,见第 329—341 页"《申报》文章条目"。"参考文献"部分列入出自以下报纸的文章:《妇女杂志》《南洋官报》《北华捷报》《努力周报》《女子世界》《上海新报》《时事新报》《新闻报》《益报》《甬报》《游戏报》。"参考文献"部分列入的期刊缩写,参见本书"惯例与缩写"。

Adburgham, Alison. *Women in Print: Writing Women and Women's Magazines. From the Restoration to the Accession of Victoria*. London, 1972.

Ahern, Emily M. "The Power and Pollution of Chinese Women." In *Women in Chinese Society* (q.v.), pp.169-90.

Alcock, Sir Rutherford. "The *Peking Gazette*." 2 pts. *Fraser's Magazine* 7, no.38 (1873):245-56;7,no.39(1873):341-57.

Alford, William P. *To Steal a Book Is an Elegant Offense: Intellectual Property Law in Chinese Civilization*. Stanford, 1995.

All About Shanghai and Environs. A Standard Guide Book. Shanghai, 1934-35. Reprinted—Taibei, 1973.

Allen, Eric W. "International Origins of the Newspapers: The Establishment of Periodicity in Print." *JQ* 7, no.1(1930):307-19.

Alt, Wayne. "The Eight-Legged Essay: Its Reputation, Structure, and Limitations." *Tamkang Review* 17, no.2(1986):155-74.

Altenburger, Roland. "Die Schwertkämpferin(nüxia)in der Erzählliteratur der frühen Republikzeit." In *Zwischen Tradition und Revolution* (q.v.), 153-67.

Altick, Richard D. *The English Common Reader: A Social History of the Mass Reading Public, 1800—1900*. Chicago, 1957.

---

[*] 编者注:本书参考文献均按原书照录。

Altman, Albert A. "Shinbunshi: The Early Meiji Adaptation of the West ern-Style Newspaper." In *Modern Japan* (q.v.), pp.52-66.

Anderegg, Johannes. *Fiktion und Kommunikation*. Göttingen, 1977.

Anderson, Benedict. *Imagined Communities: Reflections on the Origin and Spread of Nationalism*. London, 1983.

Anderson, Marston. *The Limits of Realism: Chinese Fiction in the Revolutionary Period*. Berkeley, 1990.

Andreoli, Virginia, and Stephen Worchel. "Effects of Media, Communicator, and Message Position on Attitude Change." *Public Opinion Quarterly* 42, no.1 (1978): 59-70.

Anecdotes of Old Shanghai. Ed. Shanghai Cultural Publishing House. Shanghai, 1985.

Aneignung und Selbstbehauptung: Antworten auf die europäische Expansion. Ed. Dietmar Rothermund. Munich, 1999.

Appel, John, and Selma Appel. "Sino-Phobic Advertising Slogans: 'The Chinese Must Go.'" *Ephemera Journal*, no.4 (1991): 35-40.

Approaches to Modern Chinese History. Ed. Albert Feuerwerker, Rhoads Murphey, and Mary C. Wright. Berkeley, 1967.

The Appropriation of Cultural Capital: China's May Fourth Project. Ed. Milena Doleželová-Velingerová and Oldřich Král. Cambridge, Mass., 2001.

Arensberg, Conrad M., and Arthur H. Niehoff. *Introducing Social Change*. 2nd ed. Chicago, 1971.

Argus, pseud. *The Fourth Estate: Pressures and Privileges*. Indian Institute of World Culture, Transaction no.49. Bangalore, 1978.

The Asian Newspapers Reluctant Revolution. Ed. John A. Lent. Ames, Iowa, 1971.

Atwood, L. Erwin. "Illusions of Media Power: The Third-Person Effect." *JQ* 71, no.2 (1994): 269-81.

Austen, Jane. *Northanger Abbey*, London 2003.

Außereuropäische Frauengeschicbte. Ed. Adam Jones. Pfaffenweiler, 1990.

Bailey, Paul. "Active Citizen or Efficient Housewife? The Debate over Women's Education in Early-Twentieth-Century China." In *Education, Culture, and Identity* (q.v.), 318-47.

——. "Translator's Introduction." In Bastid, *Educational Reform* (q.v.), pp.vii-xiii.

Bakhtin, Mikhail M. (Bachtin, Michail M). *The Dialogic Imagination: Four Essays*. Ed. Michael Holquist. Austin, Tex., 1981.

——.*Probleme der Poetik Dostoevskijs*.Trans.Adelheid Schramm of *Problemy poetiki Dostoevskogo*.Munich,1971.

——.*Rabelais und seine Welt:Volkskultur als Gegenkultur*.Trans.Gabriele Leupold of *Tvorcesto Fransua Rable i narodnaja kul'tura srednevekov'jai Renessansa*. Frankfurt,1987.

——.*Toward a Philosophy of the Act*.Trans.Liapunov Vadim of *K filosofii postupka*.Austin,Tex.,1993.

Balfour,S.F."Fragments from *Gallery of Chinese Women*."*Tien Hsia Monthly* 10, no.3(1940):265-83.

Ballaster,Ros;Margaret Beetham;Elizabeth Frazer;and Sandra Hebron.*Women's Worlds:Ideology,Femininity and the Woman's Magazine*.London,1991.

Bao Tianxiao 包天笑.*Chuanyinglou huiyilu* 釧影樓回憶録 (Reminiscences from the Chamber of Bracelet Shadows).Hong Kong,1971.

Barthes,Roland.*L'Aventure sémiologique*.Paris,1991.

——.*Essais critiques*.Paris,1964.

——.*Le Plaisir du texte*.Paris,1973.

——.*Die Sprache der Mode*.Trans.Horst Brühmann of *Système de la mode*.Frankfurt,1985.

Bartlett,Beatrice S.*Monarchs and Ministers:The Grand Council in Mid-Ch'ing China,1723-1820*.Berkeley,1991.

Bastid,Marianne.*Educational Reform in Early Tventieth-Century China*.Trans.Paul Bailey of *Aspects de la réforme de l'enseignement en Chine au début de 2œ siècle*. Ann Arbor,Mich.,1988.

Bauer,Raymond A."The Communicator and the Audience."In *People, Society and Mass Communication*(q.v.),pp.125-39.

Bauer, Wolfgang. *Das Antlitz Chinas:Die autobiographische Selbstdarstellung in der chinesischen Literatur von ihren Anfängen bis heute*.Munich, 1990.

Beahan,Charlotte."Feminism and Nationalism in the Chinese Women's Press,1902-1911."*MC* 1,no.4(1975):379-416.

——."The Women's Movement and Nationalism in Late Ch'ing."Ph.D.diss.,Columbia University,1976.

Die Begegnung mit dem Anderen:Plädoyers für eine interkulturelle Hermeneutik. Ed.Theo Sundermeyer and Werner Ustorf.Gütersloh,1991.

Bennett,Adrian A.*Missionary Journalist in China:Young J.Allen and His Magazines. Athens, Ga., 1983.

Bennett, E. A. *Journalism for Women: A Practical Guide*. London, 1898.

Bennett, Ellen M.; Jill Dianne Swenson; and Jeff S. Wilkinson. "Is the Medium the Message? An Experimental Test with Morbid News." *JQ* 69, no.4(1992):921-28.

Bennington, Geoffrey. "Postal Politics and the Institution of the Nation." In *Nation and Narration* (q.v.), pp.121-57.

Berelson, Bernard. "The Variable Influence of Communication." In *Mass Media and Mass Man* (q.v.), pp.162-68

Bergere, Marie-Claire. *La Bourgeoisie chinoise et la révolution de 1911*. Paris, 1968.

——. "The Issue of Imperialism and the 1911 Revolution." In *The 1911 Revolution* (q.v.), pp.267-72.

——. "'The Other China': Shanghai from 1919 to 1949." In *Shanghai: Revolution and Development* (q.v.), pp.1-34.

Berner, R. Thomas. *Literary Newswriting: The Death of an Oxymoron*. New York, 1986.

Bhaba, Homi K. "DissemiNation: Time, Narrative, and the Margins of the Modern Nation." In *Nation and Narration* (q-v.), pp.291-322.

——"Introduction: Narrating the Nation." In *Nation and Narration* (q.v.), pp.1-7.

Bickers, Robert A. "Shanghailanders: The Formation and Identity of the British Settler Community in Shanghai, 1843-1937." *Past and Present* no.159(1998):161-211.

Bickers, Robert A., and Jeffrey N. Wasserstrom. "Shanghai's 'Dogs and Chinese Not Admitted' sign: Legend, History and Contemporary Symbol." *CQ*, no.142(1995): 444-66.

Biggerstaff, Knight. *The Earliest Modern Government Schools in China*. Ithaca, N.Y., 1961.

Biot, Eduard. *Essai sur l'histoire de l'instruction publique en Chine et de la corporation des lettrés, depuis les anciens temps jusqu'à nos jours*. Paris, 1847.

——. *Le Tcheow-li, ou, Rites des Tcheou*. Beijing, 1939.

Bishop, Robert. *Qi Lai! Mobilizing One Billion Chinese: The Chinese Communication System*. Ames, Iowa, 1989.

Blake, Tiffany. "The Editorial: Past, Present and Future." In *Interpretations of Journalism* (q.v.), pp.436-45.

Bloodworth, Dennis. *The Chinese Looking Glass*. New York, 1967.

Bock, Gisela. "Historische Frauenforschung: Fragestellungen und Perspektiven." In

Frauen suchen ihre Geschichte(q.v.),pp.22-60.

Body, Subject and Power in China. Ed. Angela Zito and Tani E. Barlow. Chicago, 1994.

Bogart, Leo."Editorial Ideals, Editorial Illusions."In *Neuspapers and Democracy*(q.v.),pp.247-67.

Booth, Wayne C.*The Rhetoric of Fiction*.Chicago,1983.

Borthwick, Sally."Changing Concepts of the Role of Women from the Late Qing to the May Fourth Period."In *Ideal and Reality*(q.v.),pp.63-91.

——."Students and Revolutionary Culture in Late Qing Schools." *PFEH*, no. 19 (1979):91-109.

Bourdieu, Pierre.*La Distinction:critique sociale du jugement*.Paris,1979.

——.*Was heißt Sprechen? Die Ökonomie des sprachlichen Tausches*. Trans. Hella Beister of *Ce que parler veut dire*.Vienna,1990.

——.*Zur SozioLogie der symbolischen Formen*.Trans.Wolfgang Fietkau of a selection of essays from various sources.Frankfurt,1974.

The Boxer Rising: A History of the Boxer Trouble in China. Excerpts from the *Shanghai Mercury*,1900.New York,1967.

Brake, Laurel. *Subjugated Knowledges: Journalism, Gender and Literature in the Nineteenth Century*.London,1994

Braithwaite, Brian.*Women's Magazines:The First 300 Years*.London,1995.

Brandt, William J.*The Rhetoric of Argumentation*.New York,1970.

Braude, Stephen E.*First Person Plural:Multiple Personality and the Philosophy of Mind*.London,1991.

Braudel, Fernand."The Expansion of Europe and the 'Longue Durée.'"In *Expansion and Reaction*(q.v.),pp.18-27.

Bray, Francesca.*Technology and Gender:Fabrics of Power in Late Imperial China*.Berkeley,1997.

Brennan, Timothy."The National Longing for Form."In *Nation and Narration*(q.v.),pp.44-70.

Briessen, Fritz van. *Shanghai-Bildzeitung*, 1884-1898: *Eine Illustrierte aus dem China des ausgehenden 19.Jahrhunderts*.Zurich,1977.

Brinton, James F.; Chilton R. Bush; and Thomas M. Newell. *The Neespaper and Its Public. A Standardized Test to Measure the Public's Attitude Toward a Newspaper*.Stanford,n.d.

Britton, Roswell S. *The Chinese Periodical Press (1800-1912)*. Shanghai, 1933.

Brunnert, H. S., and V. V. Hagelstrom. *Present Day Political Organization of China*. 1911. Reprinted—Taibei, 1971.

Buck, David P. "Editor's Introduction." In *Recent Chinese Studies* (q.v.), pp. 3-23.

Bush, Paul. "The Use of Fiction Elements in Nonfiction: Proving the Existence of a New Genre." M.A. thesis, Norwich University, Vermont College, 1989.

Cain, P. J., and A. G. Hopkins. *British Imperialism: Innovation and Expansion, 1688-1914*. London, 1993.

Campany, Robert F. *Strange Writing: Anomaly Accounts in Early Medieval China*. Ithaca, N.Y., 1996.

Carlitz, Katherine. "Desire, Danger, and the Body: Stories of Women's Virtue in Late Ming China." In *Engendering China* (q.v.), pp. 101-24.

———. "The Social Uses of Female Virtue in Late Ming Editions of *Lienü Zhuan*." LIC 12, no. 2 (1991): 117-52.

Carpenter, Edmund. "The New Languages." In *Mass Media and Mass Man* (q.v.), pp. 35-46.

Caudill, Edward. "E. L. Godkin and His (Special and Influential) View of 19th Century Journalism." *JQ* 69, no. 4 (1992): 1039-49.

Chamberlain, Heath B. "On the Search for Civil Society in China." *MC* 19, no. 2 (1993): 199-215.

Chan, Hok-lam. *Control of Publishing in China: Past and Presenzt*. Canberra, 1983.

Chan, Wing-tsit. *A Source Book in Chinese Philosopby*. Princeton, 1963.

Chang, Eva. "Chinese Women's Place in Journalism." *Chinese Students' Monthly* 18, no. 5 (1923): 50-55.

Chang, Kang-i Sun. "Ming-Qing Women Poets and the Notions of 'Talent' and 'Morality.'" In *Culture and State in Chinese History* (q.v.), pp. 236-58.

Chang Yu-Fa. "The Nature and Significance of the Revolution of 1911: A Retrospective after 70 Years." Paper delivered at the 34th Annual Convention of the Association of Asian Studies, Chicago, 1982.

Changing Meanings of Citizenship in Modern China. Ed. Elizabeth Perry and Merle Goldman. Cambridge, Mass., 2002.

Chao, Thomas Ming-Heng. *The Foreign Press in China*. Shanghai, 1931.

Chartier, Roger. *The Cultural Origins of the French Revolution*. Trans. Lydia G. Cochrane of *Les Origines culturelles de la Révolution francaise*. Durham, N.C., 1991.

Chatterjee, Partha. *Nationalist Thought and the Colonial World: A Derivative Discourse?* London, 1986.

Chavannes, Edouard. *Les Mémoires historiques de Se-Ma Ts'ien.* 4 vols. Paris, 1895-1905.

Chemla, Karine, and Francois Martin. "'Rendre à César?' Ou de l'identification, des techniques, des significations, des sources et des motivations de la citation." In *Le Travail de la Citation* (q.v.), pp.5-10.

Ch'en, Joseph T. *The May Fourth Movement in Shanghai: The Making of a Social Movement in Modern China.* Leiden, 1971.

Chen, Mong Hock. *The Early Chinese Newspapers of Singapore, 1881—1912.* Singapore, 1967.

Chen Pingyuan 陳平原. "Bagu yu Ming-Qing guwen" 八股與明清古文. *Xueren* 1995, no.7: 341-72.

Chen Yu-shih. "The Historical Template of Pan Chao's *Nü Chieh*." *Toung Pao* 82, no.4/5 (1996): 229-57.

Cheng—In All Sincerity: Festschrift in Honour of Monika Übelhör. Ed. Denise Gimpel and Melanie Hanz. Hamburg, 2001.

Cheng, Ying-wan. *Communication in China and Its Modernization, 1860—1896.* Cambridge, Mass., 1970.

Chengyu cidian 成語辭典. Ed. Changzhou shi jiaoyu ju, Chengyu cidian bianxiezu 常州市教育局成語辭典編寫組. Changzhou, T994.

Cherniack, Susan. "Book Culture and Textual Transmission in Sung China." *HJAS* 54, no.1 (1994): 5-125.

Chesneaux, Jean; Francoise Le Barbier; and Marie-Claire Bergère. *China from the 1911 Revolution to Liberation.* Trans. Paul Auster, Lydia Davis, and Anne Destenay from various sources. New York, 1977.

Chiang Monlin. *A Study in Chinese Principles of Education.* Shanghai, 1924.

———. *Tides from the West: A Chinese Autobiography.* New Haven, Conn., 1947.

Chesterton, Gilbert K. *All Things Considered.* New York, 1977.

Chien Hsuin Yui. *Das alte chinesische Nachrichteneesen und die chinesische Staatspresse.* Berlin, 1934.

China: Dimensionen der Geschichte: Festschrift für Tilemann Grimm anläßlich seiner Emeritierung. Ed. Peter M. Kuhfus. Tübingen, 1990.

China in a Polycentric World: Essays in Chinese Comparative Literature. Ed. Zhang

Yingjin. Stanford, 1998.

China in Revolution: The First Phase, 1900—1913. Ed. Mary C. Wright. New Haven, Conn., 1968.

China und die Fremden: 3000 Jahre Auseinandersetzung in Krieg und Frieden. Ed. Wolfgang Bauer. Munich, 1980.

China's Media, Media's China. Ed. Lee Chin-chuan. Boulder, Colo., 1994.

China's Quest for National Identity. Ed. Lowell Dittmer and Samuel S. Kim. Ithaca, N.Y., 1993.

Chinese Approaches to Literature from Confucius to Liang Ch'i-ch'ao.' Ed. A. A. Rickett. Princeton, 1978.

The Chinese City Between Two Worlds. Ed. Mark Elvin and G. William Skinner. Stanford, 1974.

Chinese Narrative: Critical and Theoretical Essays. Ed. Andrew H. Plaks. Princeton, 1977.

The Chinese Revolution of 1911: Neo Perspectives. Ed. Hsüeh Chün-tu. Hong Kong, 1986.

Chirot, Daniel. "What Happened in Eastern Europe in 1989?" In *Popular Protest* (q.v.), pp. 215-45.

Chouban yiwu shimo 籌辦夷務史末 (Handling of barbarian affairs). 8 vols. Beijing, 1979.

Chow, Rey. *Woman and Chinese Modernity: The Politics of Reading Between West and East.* Minneapolis, 1991.

Chow Tse-tsung. "The Anti-Confucian Movement in Early Republican China." In *The Confucian Persuasion* (q.v.), pp. 288-312.

Christianity in China: From the Eighteenth Century to the Present. Ed. Daniel H. Bays. Stanford, 1996.

Chu Kung-Chao. "Shanghai Foreign Settlement." *Chinese Students' Monthly* 5, no. 5 (1910): 307-13.

Chu, Margaret. "Biographical Notes on Lady Xie Yao Zhilian." In *Zwischen Tradition und Revolution* (q.v.), pp. 218-22.

Clifford, Nicholas R. *Spoilt Children of Empire: Westerners in Shanghai and the Chinese Revolution of the 1920s.* Hanover, N.H., 1991.

Clubb, O. Edmund. *20th Century China.* New York, 1978.

Cochran, Sherman. "Inventing Nanjing Road: Advertising by the British-American

Tobacco Company in Early Twentieth-Century China."Paper prepared for the conference "The Birth of a Consumer Society? Commerce and Culture in Shanghai, 1895-1937,"New York,Aug.1992.

Cohen,Bernard.*The Press and Foreign Policy*.Princeton,1963.

Cohen, Myron L. "Being Chinese: The Peripheralization of Traditional Identity." In *The Living Tree*(q.v.),pp.88-108.

Cohen,Paul A.*Between Tradition and Modernity:Wang T'ao and Reform in Late Ch'ing China*.Cambridge,Mass.,1987.

——."The Contested Past:The Boxers as History and Myth."*JAS* 51, no.1(1992): 82-113.

——.*Discovering History in China:American Historical Writing on the Recent Chinese Past*.New York,1984.

——.*History in Three Keys:The Boxers as Event, Experience and Myth*. New York,1997.

——."Wang T'ao and Incipient Chinese Nationalism."*JAS* 26(1967): 559-74.

Collected Papers of the XXIXth Congress of Chinese Studies,European Association of Chinese Studies.Ed.Tilemann Grimm,Peter M.Kuhfus,and Gudrun Wacker.Tübingen,1988.

Colonial Cities:Essays on Urbanism in a Colonial Context.Ed.Robert Ross and Gerard J.Telkamp.Dordrecht,1985.

Communication Yearbook 11.Ed.James A.Anderson.Newbury Park, Calif.,1988.

The Confucian Persuasion.Ed.Arthur Wright.Stanford,1960.

Conger,Sarah Pike.*Letters from China with Particular Reference to the Empress Dowager and the Women of China*.London,1909.

Connery,Thomas B."A Third Way to Tell the Story:American Literary Journalism at the Turn of the Century."In *Literary Journalism in the Twentieth Century*(q.v.),pp.3-20.

Contributions to the Study of the Rise and Development of Moderm Literatures in Asia.Ed.Oldřich Král,Miroslav Novak,et al.Prague,1965.

Cott,Nancy F.*The Grounding of Modern Feminism*.New Haven,Conn., 1987.

Cox,Thomas R."The Treaty Port Press and the Hundred Days Reforms:A Cross-Cultural Credibility Gap."*Historian* 37,no.1(1974):82-100.

Cranfield,G.A.*The Development of the Provincial Newspaper,1700-1760*.Oxford, 1962.

Crow, Carl. *Foreign Devils in the Flowery Kingdom*. London, 1940.

———. *400 Million Customers*. London, 1937.

———. *The Traveller's Handbook for China*. Shanghai, 1913.

Culture and Modernity: East-West Philosophic Perspectives. Ed. Eliot Deutsch. Honolulu, 1991.

Culture and State in Chinese History: Conventions, Accommodations, Critiques. Ed. Theodore Huters, R. Bin Wong, and Pauline Yu. Stanford, 1997.

Curran, James, and Angus D. G. Whamel. "The Political Economy of the Human-Interest Story." In *Newspapers and Democracy* (q.v.), pp. 288-347.

Dana, Charles. *The Art of Newspaper Making*. New York, 1900.

Danielson, Wayne; Dominic Lasorsa; and Dae S. Im. "Journalists and Novelists: A Study of Diverging Styles." *JQ* 69, no. 2 (1992): 436-46.

Davison, W. Phillips. "The Third-Person Effect in Communication." *Public Opinion Quarterly* 47 (1983): 1-15.

De Francis, John. *Nationalism and Language Reform in China*. Princeton, 1950.

Dellamora, Richard. *Masculine Desire: The Sexual Politics of Victorian Aestheticism*. Chapel Hill, N.C., 1990.

De Woskin, Kenneth J. "The Six Dynasties chih-kuai and the Birth of Fiction." In *Chinese Narrative* (q.v.), pp. 21-52.

———. "The Sou-shen-chi and the Chih-kuai Tradition: A Biographic and Generic Study." Ph.D. diss., Columbia University, 1974.

Dikötter, Frank. *The Discourse of Race in Modern China*. Stanford, 1992.

———. *Sex, Culture and Modernity in China: Medical Science and the Construction of Sexual Identities in the Early Republican Period*. London, 1995.

Ding Mingnan. "Some Questions Concerning the Appraisal of the Boxer Movement." In *Recent Chinese Studies* (q.v.), pp. 24-41.

Discovering China: European Interpretations in the Enlightenment. Ed. Julia Ching and Willard G. Oxtoby. Rochester, N.Y, 1992.

Dittmer, Lowell, and Samuel S. Kim. "In Search of a Theory of National Identity." In *China's Quest for National Identity* (q.v.), pp. 1-31.

Doar, Bruce. "The Boxers and Chinese Drama: Questions of Interaction." *PFEH* 29 (1984): 91-118.

Döblin, Alfred. *Berlin Alexanderplatz*. Munich, 1992.

Dong, Madeleine Yue. "Communities and Communication: A Study of the Case of

Yang Naiwu,1873-1877."*LIC* 16,no.1(1995):79-119.

Dongfang "Bali":jindai Shanghai jianzhu shihua 東方巴黎—近代上海建築史話 (The"Paris"of the east—the [hi]stories of modern Shanghai architecture). Ed. Shanghai jianzhu shigong zhi bianweihui 上海建築施工志编委會.Shanghai,1991.

Donsbach,Wolfgang."Gesellschaftliche Aufgaben der Massenmedien und berufliche Einstellungen von Journalisten: Ein Vergleich kommunikationspolitischer Konzepte über die Funktionen der Massenmedien mit empirischen Ergebnissen zum Selbstverständnis von Journalisten." Ph.D.diss.,University of Mainz,1981.

Dreiser,Theodore.*Nerospaper Days*.1931(republished from A Book about Myself, 1922).Reprinted-Philadelphia,1991.

Drewry,John E.*Concerning the Fourth Estate*.Athens,Ga.,1942.

Duara,Prasenjit.*Rescuing History from the Nation:Questioning Naratives of Modern China*.Chicago,1995.

Dulioust,Nicole."Quelques aspects de la presse parallele chinoise pendant le mouvement du 30 mai 1925."*Cabiers d'études chinoises* 1(1980):81-144.

Durand, Pierre-Henri. *Lettrés et pouvoirs: un procès littéraire dans la Chine impériale*.Paris,1991.

During,Simon."Literature—Nationalism's Other? The Case for Revision."In *Nation and Narration*(q.v.),pp.138-53.

Duyvendak,J.J.L.*The Book of Lord Shang:A Classic of the Chinese School of Law*.Chicago,1963.

Dyce,Charles M.*Personal Reminiscences of Thirty Years' Residence in the Model Settlement Shanghai,1870-1900*.London,1906.

Early Chinese Texts:A Bibliograpbical Guide.Ed.Michael Loewe.Berkeley, 1993.

Eastman,Lloyd E."Ch'ing-i and Chinese Policy Formation."*JAS* 24,no.4(1965): 595-611.

Eberhard,Wolfram."Chinese Regional Stereotypes."In idem,*Moral and Social Values*(q.v.),pp.305-17.

——."Ideas About Social Reforms in the Novel Ching-Hua Yüan."In idem,*Moral and Social Values*(q.v.),pp.413-21.

——.*Moral and Social Values of the Chinese:Collected Essays*.Taibei,1971.

——."What Is Beautiful in a Chinese Woman?"In idem,*Moral and Social Values*, pp.271-304.

Ebrey,Patricia Buckley. *The Inner Quarters:Marriage and the Lives of Chinese*

Women in the Sung Period.Berkeley,1993.

Education, Culture, and Identity in Twentieth-Century China.Ed.Glen Peterson, Ruth Hayhoe,and Lu Yongling.Ann Arbor,2001.

Education in Journalism: The 75th Anniversary of Joseph Pulitzer's Ideas at Columbia University, 1904-1979. Ed. Heinz-Dietrich Fischer and Christopher G. Trump.Bochum,1980.

Edwards,Louise."Representations of Women and Social Power in Eighteenth Century China:The Case of Wang Xifeng."*LIC* 14,no.1(1993):34-59.

Eisenstadt,S.N."European Expansion and the Civilization of Modernity."In *Expansion and Reaction*(q.v.),167-86.

———. *Tradition, Wandel und Modernität*. Trans. Suzanne Heintz of Tradition, Change,and Modernity.Frankfurt,1979.

Eisenstein,Elisabeth L.*Grub Street Abroad: Aspects of the French Cosmopolitan Press from the Age of Louis XIV to the French Revolution*.Oxford,1992.

———.*The Printing Press as an Agent of Change*.2 vols.Cambridge.Eng.,1979.

———.*The Printing Revolution in Early Modern Europe*.Cambridge,Eng., 1983.

Elman,Benjamin.*A Cultural History of Civil Examinations in Late Imperial China*,Berkeley,2000.

———."The Relevance of Sung Learning in the Late Ch'ing: Wei Yuan and the Huang-ch'ao ching-shih wen-pien."*LIC* 9,no.2(1988):56-85.

———."'Where Is King Ch'eng': Civil Examinations and Confucian Ideology During the Early Ming."*Toung Pao*,no.79(1993):23-68.

Elvin,Mark."The Administration of Shanghai,1905-1914."In *The Chinese City Between Two Worlds*,pp.239-62.

———."Female Virtue and the State in China."*Past and Present* 104(1984):111-52.

———."How Did the Cracks Open? The Origins of the Subversion of China's Late-Traditional Culture by the West."*Thesis Eleven* 57(1999):1-16.

———."The Inner World of 1830."In *The Living Tree* (q.v.),pp.35-62.

———."The Mixed Court of the International Settlement at Shanghai (Until 1911)." *Papers on China from Seminars at Harvard University* 17 (1963):131-59.

———."Tales of Shen and Xin:Body-Person and Heart-Mind in China During the Last 150 Years."In *Fragments of the Body*(q.v.),pp.267-349.

Encyclopaedia Britannica: A Dictionary of Arts, Sciences, and General Literature, 24 vols.London,1875-78.

Engelsing, Rolf. *Der Bürger als Leser: Lesergeschichte in Deutschland, 1500-1800.* Stuttgart, 1974.

Engendering China: Women, Culture and the State. Ed. Christina K. Gilmartin, Gail Hershatter, Lisa Rofel, and Tyrene White. Cambridge, Mass., 1994.

Englert, Siegfried. *Materialien zur Stellung der Frau und zur Sexualität im vormodernen und modernen China.* Frankfurt, 1980.

Engwall, Lars. *Newspapers as Organizations.* Farnborough, Eng., 1978.

Epstein, Cynthia F. "The Women's Movement and the Women's Pages." In *Hearth and Home* (q.v.), pp. 216-21.

Epstein, Edward Jay. *Between Fact and Fiction: The Problem of Journalism.* New York, 1975.

Ershiwu shi 二十五史 (The twenty-five dynastic histories): *Shiji* 史記. Shanghai, 1986.

Esherick, Joseph W. *The Origins of the Boxer Uprising.* Berkeley, 1987.

Europa und die Civil Society. Ed. Krystof Michalski. Stuttgart, 1991.

Expansion and Reaction. Ed. H. L. Wesseling. Leiden, 1978.

Fairbank, John K. *China. A New History.* Cambridge, Mass., 1992.

———. *Ch'ing Documents: An Introductory Syllabus.* Cambridge, Mass., 1965.

———. *Trade and Diplomacy on the China Coast: The Opening of the Treaty Ports, 1842-1854.* Stanford, 1969.

Fairbank, John K., and Teng Ssu-yu. *Ching Administration: Three Studies.* Cambridge, Mass., 1961.

Fang, Achilles. "Rhyme Prose on Literature: The *Wen-Fu* of Lu Chi." In *Studies in Chinese Literature*, pp. 261-303.

Fang Hanqi 方漢奇. *Zhongguo jindai baokanshi* 中國近代報刊史 (History of newspapers in modern China). 2 vols. Taiyang, 1981.

Farge, Arlette. *Dire et mal dire—L'opinion publique au XVIIIe siècle.* Paris, 1992.

Fass, Joseph. "A Few Notes on the Birth of Nationalism in China." *Archiv Orientalni* 32 (1964): 376-82.

Febvre, Lucien, and Henri-Jean Martin. *L'Apparition du livre.* Paris, 1958.

The Female Body in Western Culture: Contemporary Perspecives. Ed. Susan R. Suleiman. Cambridge, Mass., 1986.

Ferguson, Marjorie. "Imagery and Ideology: The Cover Photographs of Traditional Women's Magazines." In *Hearth and Home* (q.v.), pp. 97-115.

Feuerwerker, Albert. *The Foreign Establishment in China in the Early Twentieth Century*. Ann Arbor, Mich., 1976.

———. "The Foreign Presence in China." In *The Cambridge History of China*, vol.12, *Republican China, 1912-1949*, pt.1, ed. John K. Fairbank, pp.128-207. Cambridge, Eng., 1983.

Fields, Margaret. "The Chinese Boycott of 1905." *Papers on China from Seminars at Harvard University*, no.11(1957):63-98.

Fincher, John. "Sinology, Pekingology and the Institutional History of Late Imperial China." *PFEH*, no.17(1978):l-lxii.

Finnane, Antonia. "What Should Chinese Women Wear: A National Problem." *MC* 22, no.2(1996):99-131.

Fish, Stanley. *Is There a Text in This Class? The Authority of Interpretive Communities*. Cambridge, Mass., 1980.

Fishkin, Shelley F. *From Fact to Fiction: Journalism and Imaginative Writing in America*. Baltimore, 1985.

Flessel, Klaus. "Early Chinese Newspapers (10th—13th Centuries)." In *Collected Papers of the XXIXth Congress of Chinese Studies* (q.v.), pp.61-71.

———. "Der Staat und das gedruckte Wort im alten und neuen China." In *China: Dimensionen der Geschichte* (q.v.), pp.81-97.

Fogel, Joshua. *The Literature of Travel in the Japanese Rediscovery of China, 1862-1945*. Stanford, 1996.

———. "Nationalism, the Rise of the Vernacular, and the Conceptualization of Modernization in East Asian Comparative Perspective." *IEAWPS*, no.3(1994):1-12.

Foucault, Michel. Schriften zur Literatur. Trans. Karin von Hofer and Anneliese Botond of *Un "fantastique" de bibliothèque*. Frankfurt, 1988.

———. "Was ist ein Autor?" Trans. Karin von Hofer and Anneliese Botond of "Qu'est-ce qu'un auteur?" In idem, *Schriften zur Literatur* (q.v.), pp.7-31.

Fragments for a History of the Human Body, pt. II. Ed. Michael Feher, Ramona Naddaff, and Nadia Tazi. New York, 1989.

Franke, Wolfgang. *Chinas kulturelle Revolution: Die Bewegung vom 4. Mai 1919*. Munich, 1957.

———. *The Reform and Abolition of the Traditional Chinese Examination System*. Cambridge, Mass., 1963.

Französische Revolution und deutsche Öffentlichkeit: Wandlungen in Presse und

Alltagskultur am Ende des 18.Jahrhunderts.Munich,1992

Fraser,David."Smoking out the Enemy: The Advertising of Nationalism in Republican China."Paper prepared for the Annual Meeting of the Association for Asian Studies,Boston,1994.

Frauenstudien: Beiträge der Berliner China-Tagung,1991.Ed.Cheng Ying, Bettina Gransow,and Mechthild Leutner.Munich,1992.

Frauen suchen ihre Geschichte.Ed.Karin Hausen.Munich,1983.

Freedman,Maurice.*The Study of Chinese Society*.Stanford,1979.

The French Revolution and the Creation of Modern Political Culture,vol.1, *The Political Culture of the Old Regime*.Ed.Keith M.Baker.Oxford,1987.

Friedan,Betty.*The Feminine Mystique*.London,1963.

Friedman, Edward. "The Oppositional Decoding of China's Leninist Media." In *China's Media, Media's China*(q.v.),pp.129-46.

Fritzsche,Peter.*Reading Berlin, 1900*.Cambridge,Mass.,1996.

From May Fourth to June Fourth: Fiction and Film in Treentieth-Century China. Ed.Ellen Widmer and David Der-wei Wang.Cambridge,Mass., 1993.

Frühauf, Heinrich O."Das Fremde im Eigenen, das Eigene im Fremden: Exotische Ästhetik am Beispiel Paris/Shanghai."*minima sinica* 1 (1989): 1-28.

——."Urban Exoticism in Modern and Contemporary Chinese Literature."In *From May Fourth to June Fourth* (q.v.),pp.133-64.

——."Urban Exoticism in Modern Chinese Literature,1910-1933."Ph.D.diss., University of Chicago,1990.

Frus,Phyllis.*The Politics and Poetics of Journalistic Narrative: The Timely and the Timeless*.Cambridge,Eng.,1994.

Funü zazhi 婦女雜誌(*1915).

"婦女疾病"(Women's maladies).*FNZZ* 1(1915).

"中將湯"(Chūjōtō,a Japanese medicinal tea).*FNZZ* 2(1915).

Furth,Charlotte."Androgynous Males and Deficient Females: Biology and Gender Boundaries in Sixteenth-and Seventeenth-Century China." *LIC* 9,no.2(1988):1-31.

——.*A Flourishing Yin: Gender in China's Medical History, 960-1665*.Berkeley, 1999.

——."May Fourth in History."In *Reflections*(q.v.),pp.59-68.

——."Rethinking van Gulik: Sexuality and Reproduction in Traditional Chinese Medicine." In *Engendering China* (q.v.), 125-46.

Gamewell, Mary N. *The Gateveay to China: Pictues of Shanghai*. London, 1916. Reprinted—Taibei, 1972.

Gasster, Michael. *China's Struggle to Modernize*. New York, 1983.

———. *Chinese Intellectuals and the 1911 Revolution*. Seattle, 1969.

Ge Gongzhen 戈公振. *Zhongguo baoxueshi* 中国報學史 (A history of newspapers in China). Shanghai, 1928. Reprinted in Minguo congshu 民國叢書 ser. 2, no. 49. Shanghai, 1990.

Gellner, Ernest. *Nations and Nationalism*. Ithaca, N.Y., 1983.

Genette, Gérard. *Fiktion und Diktion. Trans. Heinz Jatho of Fiction et diction*. Munich, 1992.

Gerbner, George. "The Dynamics of Cultural Resistance." In *Hearth and Home* (q.v.), pp. 46-50.

Gerhard, Ute. "Uber die Anfänge der deutschen Frauenbewegung um 1848: Frauenpresse, Frauenpolitik, Frauenvereine." In *Frauen suchen ihre Geschichte* (q.v.), pp. 196-220.

Gerlach, Peter. *Zeitschrifenforschung: Probleme und Lösungsansätze dargestellt am Beispiel "Journalism Quarterly" (1964-1983)*. Wiesbaden, 1988.

Gibson, Walker. *Tough, Sweet & Stuffy: An Essay on Modern American Prose Styles*. Bloomington, Ind., 1966.

Gilbert, Rodney. *What's Wrong with China*. London, 1926.

Giles, Herbert A. *A Chinese-English Dictionary*. London, 1892.

Glass, James M. *Shattered Selves: Multiple Personality in a Postmodern World*. Ithaca, N.Y., 1993.

Gleim, Betty. *Erziehung und Unterricht des weiblichen Geschlechts: Ein Buch für Eltern und Erzieher*. Leipzig, 1810. Reprinted—Paderborn, 1989.

Global Journalism: A Survey of the World's Mass Media. Ed. John C. Merril. New York, 1983.

Glosser, Susan L. "The Business of Family: You Huaigao and the Commercialization of a May Fourth Ideal." *RC* 20, no. 2 (1995): 80-116.

Godley, Michael R. *The Mandarin-Capitalists from Nanyang: Overseas Chinese Enterprise in the Modernization of China, 1893—1911*. Cambridge, Eng., 1981.

Gollwitzer, Heinz. *Die gelbe Gefabr: Geschichte eines Schlagworts. Studien zum imperialistischen Denken*. Göttingen, 1962.

Goodman, Bryna. *Native Place, City, and Nation: Regional Networks and Identities in Shanghai, 1853-1937.* Berkeley, 1995.

Grand dictionnaire universel du rgieme siecle. Ed. Pierre Larousse. Paris, 1865ff.

Gray, John. *China: A History of the Laws Manners, and Customs of the People.* London, 1878.

Green, O.M. *The Foreigner in China.* London, 1942.

Grieszler, Margareta. *Das letzte dynastische Begängnis: Chinesisches Frauen- zeremoniell zum Tod der Kaiserinwitwe Cixi. Eine Studie.* Stuttgart, 1991.

Griggs, Thurston. "The Ch'ing Shih Kao: A Bibliographical Summary." *HJAS* 18 (1955): 105-23.

Grimm, Gunter. "Einführung in die Rezeptionsforschung." In *Literatur und Leser* (q.v.), pp.11-84.

Grimm, Tilemann. *Erziehung und Politik im konfuzianischen China der Ming-Zeit (1368-1644).* Hamburg, 1960.

Gu Bingquan 顾炳權. *Shanghai yangchang zhuzhici* 上海洋場竹枝詞 (Bamboorhymes from the foreign concessions in Shanghai). Shanghai, 1996.

Guenin, Zena B. "Women's Pages in American Newspapers: Missing Out on Contemporary Content." *JQ* 72, no.1(1995): 66-75.

Guide to the Memorials of Seven Leading Oficials of Nineteenth Century China. Ed. Chang Chung-li and Stanley Spector. Seattle, 1955.

Gunew, Sneja. "Denaturalizing Cultural Nationalisms: Multicultural Readings of 'Australia.'" In *Nation and Narration* (q.v.), pp.99-120.

Gunn, Edward. *Rewriting Chinese: Style and Innovation in Twentieth Century Chinese Prose.* Stanford, 1991.

Gutting, Doris. "Zeitungsentwicklung und Zeitungsfunktion: Die politische Leistungsfähigkeit deutscher Zeitungen der Zukunft." Ph.D. diss., University of Mannheim, 1992.

Habermas, Jürgen. *Strukturwandel der Öffentlichkeit.* Frankfurt, 1991.

Hacking, Ian. *Rewriting the Soul: Multiple Personality and the Sciences of Memory.* Princeton, 1995.

Halliday, M.A.K. *Language as Social Semiotic: The Social Interpretation of Language and Meaning.* London, 1978.

Hanan, Patrick. "The Nature of Lin Meng-ch'u's Fiction." In *Chinese Narrative* (q.v.), pp.85-114.

Hanazono Kanesada. *The Development of Japanese Journalism*. Osaka, 1924.

Handeln und Verhandeln: Kolonialismus, transkulturelle Prozesse und Handlungskompetenz. Ed. Harald Fischer-Tiné. Münster, 2002.

Handlin, Joanna F. "Lü K'un's New Audience: The Influence of Women's Literacy on Sixteenth-Century Thought." In *Women in Chinese Society* (q.v.), pp.13-38.

Handlin, Oscar. "The Modern City as a Field of Historical Study." In *The Historian and the City*, pp.1-26.

Hao Yen-p'ing. *The Comprador in Nineteenth-Century China*. Cambridge, Mass., 1970.

——. "The Importance of the Archival Palace Memorials of the Ch'ing Dynasty: The Secret Palace Memorials of the Kuang-hsü Period, 1875-1908." *CSWT* 3, no.1 (1974): 71-94.

Hao Yen-p'ing and Wang Ermin. "Changing Chinese Views of Western Relations, 1840-95." In *The Cambridge History of China*, vol.11, *The Late Qing, 1800-1911*, pt Ⅱ., ed. John K. Fairbank, pp.142-201. Cambridge, Eng., 1980.

Harbsmeier, Christoph. "Rhetoric of Ancient Chinese." Unpublished manuscript, 1993.

Hardin, Thomas L. "American Press and Public Opinion in the First Sino-Japanese War." *JQ* 50, no.1(1973): 54-59.

Hardt, Hanno. *Social Theories of the Press: Early German and American Perspectives*. Beverley Hills, Calif., 1979.

Hardy, E.J. *John Chinaman at Home: Sketches of Men, Manners and Things in China*. London, 1907.

Harrell, Paula. *Sowing the Seeds of Change: Chinese Students, Japanese Teachers, 1895-1905*. Stanford, 1992.

Harris, Kristine. "'The New Woman': Image, Subject, and Dissent in 1930s Shanghai Film Culture." *RC* 20, no.2(1995): 55-79.

Harris, Tim. "Propaganda and Public Opinion in Seventeenth-Century England." In *Media and Revolution* (q.v.), pp.48-73.

Harrison, Henrietta. *The Making of the Republican Citizen: Political Ceremonies and Symbols in China, 1911-1929*. Oxford, 2000.

——. "Newspapers and Nationalism in Rural China, 1890-1929." In *Twentieth-Century China: New Approaches* (q.v.), pp.83-102.

——. "The Republican Citizen." Paper prepared for the Modern Chinese History Workshop, Nuffield College. Oxford, July 1996.

Hart, Jim Allee. *The Developing "Views on the News" Editorial Syndrome*, 1500-1800. Carbondale, Ill., 1970.

Hauser, Ernest O. *Shanghai: City for Sale*. New York, 1940.

Hawthorn, Jeremy. *Multiple Personality and the Disintegration of Literary Character: From Oliver Goldsmith to Sylvia Plath*. London, 1983.

Hearth and Home: Images of Women in the Mass Media. Ed. Gaye Tuchman, Arlene K. Daniels, and James Benét. New York, 1978.

Heesterman, J.C. "Was There an Indian Reaction? Western Expansion in Indian Perspective." In *Expansion and Reaction* (q.v.), pp.31-58.

Hegel, Robert E. *Reading Illustrated Fiction in Late Imperial China*. Stanford, 1998.

Hellman, John. *Fables of Fact: The New Journalism as New Fiction*. Urbana, Ill., 1981.

Henningsmeier, Julia. "The Foreign Sources of Dianshizhai huabao, a Nineteenth Century Shanghai Illustrated Magazine." *Ming Qing Yanjiu* (1998): 59-91.

——. "Von Schottenröcken, Prinzen, Anarchisten und weißen Elefanten: Die Verarbeitung englischen und amerikanischen Text-und Bildmaterials in der *Dianshizhaibuabao*." M.A. thesis, University of Heidelberg, 1993.

Henriot, Christian. *Belles de Shanghai: Prostitution et sexualité en Chine aux XIXe-XXe siècles*. Paris, 1997.

——. "Chinese Courtesans in Late Qing and Early Republican Shanghai(1849-1925)." *EAH* 8(1994): 33-52.

——. "'From a Throne of Glory to a Seat of Ignominy': Shanghai Prostitution Revisited (1849-1949)." *MC* 22, no.2(1996): 132-63.

——. "Le Nouveau journalisme politique chinois, 1895-1911: Shanghai-Hong Kong." *Cahiers d'études chinoises* 1(1980): 5-71.

Herrmann, Hans Peter; Hans-Martin Blitz; and Susanna Moßmann. *Machtphantasie Deutschland: Nationalismus, Männlichkeit und Fremdenhaß im Vaterlandsdiskurs deutscher Schrifisteller des 18. Jabrhunderts*. Frankfurt, 1997.

Hershatter, Gail. "Courtesans and Streetwalkers: The Changing Discourses on Shanghai Prostitution, 1890-1949." *Journal of the History of Sexuality* 3, no.2(1992): 245-69.

——. *Dangerous Pleasures: Prostitution and Modernity in Twentieth-Century Shanghai*. Berkeley, 1997.

Hess, Christel. "Redaktion und Zensur in einer Hand: Der Kurpfälzische Hofrat Andreas Lamey und seine 'Mannheimer Zeitung.'" In *Französische Revolution und deutsche Öffentlichkeit* (q.v.), pp.341-68.

Hess, Patrick. "Anzeigen für westliche Heilmittel in der Shanghaier Tageszeitung *Shenbao*, 1872-1922." M.A. thesis, University of Heidelberg, 1995.

Hickmott, A.G. *Guide to Shanghai*. Shanghai, 1922.

Hightower, James R. "Some Characteristics of Parallel Prose." In *Studies in Chinese Literature* (q.v.), pp.108-39.

———. "The Wen Hsuan and Genre Theory." In *Studies in Chinese Literature* (q.v.), pp.142-63.

Hijiya-Kirschnereit, Irmela. *Selbstentblößungsrituale*. Wiesbaden, 1981.

Hirsch, E.D., Jr. *Cultural Literacy: What Every American Needs to Knowo*. Boston, 1987.

Hirth, Friedrich. "Das Beamtenwesen in China." In idem, *Chinesische Studien* (q.v.), pp.170-88.

———. "Die chinesische Presse." In idem, *Chinesische Studien* (q.v.), pp.209-12.

———. *Chinesische Studien*. Vol.1. Munich, 1890.

The Historian and the City. Ed. Oscar Handlin and John Burchard. Cambridge, Mass., 1963.

Ho En Ming. "The Influence and Duties of a Woman." *Chinese Students' Monthly* 5 (1910):361-63.

Ho, Virgil Kit-yiu. "The Limits of Hatred: Popular Attitudes Towards the West in Republican Canton." *EAH* 2(1991):87-104.

———. "Selling Smiles in Canton: Prostitution in the Early Republic." *EAH* 5 (1993): 101-32.

Hofmann, Gunter. "Wenn Politik endgültig zur Schau wird." *Die Zeit*, 23 Sept.1994, p.3.

Holcombe, Charles. "The Exemplar State: Ideology, Self-Cultivation, and Power in Fourth-Century China." *HJAS* 49, no.1(1989):93-139.

Holloway, John. *Narative and Structure: Exemplary Essays*. Cambridge, Eng., 1979.

Honig, Emily. *Creating Chinese Ethnicity: Subei People in Shanghai, 1850-1980*. New Haven, Conn., 1992.

———. *Sisters and Strangers. Women in the Shanghai Cotton Mills, 1919-1949*. Stanford, 1986.

Hornung, Alfred. *Narrative Struktur und Textsortendifferenzierung: Die Texte des Muckraking Movement (1902-1912)*. Stuttgart, 1978.

Hotel Metropole Guide to Shanghai. Shanghai, 1903.

Hsia, C.T. "Yen Fu and Liang Ch'i-ch'ao as Advocates of New Fiction." In *Chinese Approaches to Literature* (q.v.), pp. 221-57.

Hsüeh Chün-tu. "An Essay on Huang Hsing, with a Commentary on the Revolution of 1911." In *The Chinese Revolution* (q.v.), pp. 27-59.

——. *Huang Hsing and the Chinese Revolution*. Stanford, 1961.

Hu Sheng. "The Issues of Anti-Imperialism, Democracy, and Industrialization in the 1911 Revolution." In *The 1911 Revolution* (q.v.), pp. 19-32.

Hu Taichun 胡太春. *Zhongguo jindai xinwen sixiang shi* 中国近代新聞思想史 (A history of thought on modern newspapers). Shanghai, 1923. Reprinted-Taibei, 1968.

Hu Ying. "Schooling the New Woman in the Late Qing: The Novel Approach." Paper presented at the 49th Annual Meeting of the Association of Asian Studies, Chicago, March 1997.

——. *Tales of Translation: Composing the New Woman in China, 1899-1918*. Stanford, 2000.

Huang chao xu'ai zwen pian 皇朝蓄艾文篇 (Collected writings from the court). 8 vols. Taibei, 1965.

Huang Kewu 黃克武. "Cong *Shenbao* yiyao guanggao kan minchu Shanghai de yiliao wenhua yu shehui shenghuo" 從申報醫藥廣告看民初上海的醫療文化與社會生活 (Looking at Shanghai's society, culture, and medical situation through medical ads in the Shenbao). *Zhongyang yanjiu yuan, Jindaishi yanjiusuo jikan* 17 (1988): 141-94.

Huang, Philip C.C. "'Public Sphere'/'Civil Society' in China? The Third Realm Between State and Society." *MC* 19, no. 2 (1993): 216-40.

Huang Tianpeng 黃天鵬. *Zhongguo xinwen shiye* 中国新聞事業 (The newspaper business in China). Shanghai, 1930.

Huang Zhuoming 黃卓明. *Zhongguo gudai baozhi tanyuan* 中國古代報紙探源 (The origins of newspapers in imperial China). Beijing, 1983.

Hucker, Charles O. *A Dictionary of Official Titles in Imperial China*. Stanford, 1985.

Hudson, Derek. *British Journalists and Newspapers*. London, 1945.

Huebner, Jon W. "Architecture on the Shanghai Bund." *PFEH* 39(1989): 127-65.

Huffman, James L. *Creating a Public: People and Press in Meiji Japan*. Honolulu, 1997.

Hulteng, John L., and Roy Paul Nelson. *The Fourth Estate: An Informal Appraisal of the News and Opinion Media*. New York, 1983.

Hume, David. *Essays, Moral, Political and Literary*. London, 1963.

Hung Chang-tai. "Paper Bullets: Fan Changjiang and New Journalism in Wartime China." *MC* 17, no.4(1991): 427-68.

Hunt, Michael H. "Chinese National Identity and the Strong State: The Late Qing-Republican Crisis." In *China's Quest for National Identity* (q.v.), pp.62-79.

Huntington, Rania. "The Weird and the Novel: *Zhiguai* and Late Qing Periodicals." Paper presented at the Symposium in Honor of Professor Patrick D. Hanan at Harvard University, Cambridge, Mass., 1997; a revised version appeared in *Writing and Materiality in China*, ed. Judith T. Zeitlin and Lydia H. Liu, pp.341-96. Cambridge, Mass., 2003.

Huters, Theodore. "Appropriations: Another Look at Yan Fu and Western Ideas." Unpublished paper presented for the International Institute for Asian Studies workshop Modern China: The Literary Field, Leiden, 24-26 Jan. 1996.

——. "From Writing to Literature: The Development of Late Qing Theories of Prose." *HJAS* 47, no.1(1987): 51-96.

——. "A New Way of Writing: The Possibilities for Literature in Late Qing China, 1895-1908." *MC* 14, no.3(1988): 243-76.

Hynes, Terry. *Magazine Portrayal of Women, 1911-1930*. Lexington, Ky., 1981.

Ideal and Reality: Social and Political Change in Modern China, 1860-1949. Ed. David Pong and Edmund S. K. Fung. Lanham, Md., 1985.

Imbault-Huart, M. "Le Journal et le Journalisme en Chine." *Bulletin de la Société de géographie commerciale de Paris* 15(1892-93): 37-65.

The Indiana Companion to Traditional Chinese Literature. Ed. William H. Nienhauser. Bloomington, Ind., 1986.

Instrument Zitat. Über den literarhistorischen und institutionellen Nutzen von Zitaten und Zitieren. Ed. Klaus Beekman and Ralf Grüttemeier. Amsterdam, 2000.

Interpretations of Journalism: A Book of Readings. Ed. Frank Luther Mott. New York, 1937.

Iriye, Akira. "Public Opinion and Foreign Policy: The Case of Late Ch'ing China." In

Approaches to Modern Chinese History (q.v.), pp.216-38.

Irwin, Will. *Propaganda and the News, or, What Makes You Think So?* New York, 1936.

Iser, Wolfgang. "Interaction Between Text and Reader." In *The Reader in the Text* (q.v.), pp.106-19.

Jacobi, Hugo. *Die Bedeutung der Presse für die Kultur*. Leipzig, 1905.

Jäger, Hans-Wolf. "Enthusiasmus und Schabernack über Wirkungen der Französischen Revolution im deutschen Alltag." In *Französische Revolution und deutsche Öffentlichkeit* (q.v.), pp.399-417.

Janku, Andrea. "An Intellectual Between Modern Urban Society and Local County Community—The Case of Huang Xiexun (1852-1925) from Shanghai." Paper prepared for the European Association of Chinese Studies (EACS) Conference, Barcelona, Sept.1996.

——. "Der Leitartikel der *Shenbao* im Reformjahr 1898: Perspektiven eines neuen Genres." M.A. thesis, University of Heidelberg, 1995.

——. "Der Leitartikel in der frühen chinesischen Presse: Aspekte kultureller Interaktion auf der Ebene des Genres." In *Aneignung und Selbstbehauptung* (q.v.), pp. 111-36.

——. "Nur leere Reden: Das Genre 'Leitartikel' in der chinesisch-sprachigen Tagespresse Shanghais (1884-1907) und die Revolutionierung des 'Weges der Rede.'" Ph.D. diss., University of Heidelberg, 1999. Published in slightly revised form under the same title; Wiesbaden, 2003.

——. "Publicized Disasters in Nineteenth Century China: The Experience of Famine, the Organization of Relief, and the Image of the Nation." Paper prepared for the International Convention of Asia Scholars Conference (ICAS 2), Berlin, Aug.2001.

Jin Kemu 金克木 and Zhang Zhongxing 張中行. *Shuo bagu* 説八股 (On the examination essay). Beijing, 1994.

Jindai Shanghai chengshi yanjiu 近代上海城市研究 (Studies in the history of modern Shanghai). Ed. Zhang Zhongli 張仲禮. Shanghai, 1990.

Jiu Shanghai sanbailiushi hang 舊上海三百六十行 (360 businesses of old Shanghai). Shanghai wenhuashi xiao congshu 上海文化史小叢書. Shanghai, 1989.

Johnson, Owen V. "Mass Media and the Velvet Revolution." In *Medid and Revolution* (q.v.), pp.220-31.

Johnson, Sammye, and William G. Christ. "Women Through *Time*: Who Gets Covered?" *JQ* 62(1988):889-97.

Joining the Global Public:Word, Image, and City in the Early Chinese Neespapers, 1870-1910. Ed. Rudolf G. Wagner. Albany, N.Y., forthcoming.

Judge, Joan. "Citizens or Mothers of Citizens? Gender and the Meaning of Modern Chinese Citizenship." In *Changing Meanings of Citizenship* (q.v.), pp.23-43.

——. "The Factional Function of Print: Liang Qichao, Shibao, and the Fissures in the Late Qing Reform Movement." *LIC* 16, no.1(1995):120-40.

——. "Key Words in the Late Qing Reform Discourse: Classical and Contemporary Sources of Authority." *IEAWPS* 5(1994):1-33.

——. *Print and Politics: "Shibao" and the Culture of Reform in Late Qing China.* Stanford, 1996.

——. "Print and Politics: *Shibao* (*The Eastern Times*) and the Formation of the Public Sphere in Late Qing China, 1904-1911." Ph.D.diss., Columbia University, 1993

——. "Public Opinion and the New Politics of Contestation in the Late Qing, 1904-1911." *MC* 20, no.1(1994):64-91.

——. "Talent, Virtue, and the Nation: Chinese Nationalisms and Female Subjectivities in the Early Twentieth Century." *American Historical Review* 106, no.2(2001):765-803.

Jungmann, Burglind. "Traditionelle Muster und westliche Einflüsse in der Tien-shih-chai hua-pao, untersucht am Beispiel der Darstellung von Europäerinnen und Amerikanerinnen." M.A.thesis, University of Heidelberg, 1980.

Kao, Karl S.Y. "Recent Studies of Chinese Rhetoric." *CLEAR* 15(1993):143-54.

——. "Rhetoric." In *Indiana Companion* (q.v.), pp.121-37.

Kaske, Elisabeth. "Der alte Staat und die Schriftreform: Bildung, Schrift und Sprache am Ende der Qing-Dynastie." M.A.thesis, University of Heidelberg, 1998.

Kasoff, Ira E. *The Thought of Chang Tsai.* Cambridge, Eng., 1984.

Kedourie, Elie. *Nationalism.* 4th ed. Oxford, 1994.

Keenan, Barry. *The Dewey Experiment in China: Educational Reform and Political Power in the Early Republic.* Cambridge, Mass., 1977.

Kerber, Linda. "The Republican Mother: Women and the Enlightenment—An American Perspective." In *Toward an Intellectual History of Women* (q.v.), pp.42-64.

Kerma, Roop Rekha. "The Concept of Progress and Cultural Identity." In *Culture and Modernity* (q.v.), pp.526-34.

Kim Heun-Chun. *Die Aufmachung der modernen Zeitung in Ostasien (Japan, Chi-*

na, Korea). Leipzig, 1928.

Kim, Nany. "New Wine in Old Bottles? Making and Reading an Illustrated Magazine from Late Nineteenth Century Shanghai." In *Joining the Global Public* (q.v.), chap.5.

Kim, Samuel S., and Lowell Dittmer. "Whither China's Quest for National Identity?" In *China's Quest for National Identity* (q.v.), pp.237-90.

Klapper, Joseph T. "What We Know About the Effects of Mass Communication: The Brink of Hope." *Public Opinion Quarterly* 21, no.4 (1957/58): 453-74.

Ko, Dorothy. *Teachers of the Inner Chambers: Women and Culture in Seventeenth-Century China*. Stanford, 1994.

——. "The Written Word and the Bound Foot: A History of the Courtesan's Aura." In *Writing Women in Late Imperial China* (q.v.), pp.74-100.

Koch, Tom. *The Newes as Myth: Fact and Context in Journalism*. New York, 1990.

Koch, Ursula; Ute Nawratil; and Detlef Schröter. "Sommer 1789: Französische Revolution und preußische Zeitungsberichte. Ein Pilotprojekt zur historischen Inhaltsanalyse." In *Französische Revolution und deutsche Öffentlichkeit* (q.v.), pp.199-249.

Král, Oldřich, and Miroslav Novak. "Common Features in the Development of Modern Asian Literatures." In *Contributions* (q.v.), pp.6-41.

Kristeva, Julia. *About Chinese Women*. London, 1977.

Kuhn, Philip A. "Ideas Behind China's Modern State." *HJAS* 54(1995): 295-337.

Kuhn, Thomas S. *The Structure of Scientific Revolutions*. Chicago, 1970.

Kuo Heng-yü. *China und die "Barbaren."* Pfullingen, 1967.

Kuo Ping Wen. *The Chinese System of Public Education*. New York, 1915.

Lackner, Michael. "Citation et éveil: quelques remarques à propos de l'emploi de la citation chez Zhang Zai." In *Le Travail de la Citation* (q.v.), pp.111-30.

Lai, Chuhui Judy. "The Han Representation of Exemplary Women: Context and Interpretation." Ph.D. diss., University of Michigan, 1991.

Lämmert, Eberhard. *Bauformen des Erzählens*. 6th ed. Stuttgart, 1975.

Land Without Ghosts: Chinese Impressions of America from the Mid- Nineteenth Century to the Present. Ed. David Arkush and Leo Ou-fan Lee. Berkeley, 1989.

Landes, Joan B. *Women and the Public Sphere in the Age of the French Revolution*. Ithaca, N.Y., 1988.

Lang, H. *Shanghai Considered Socially*. Shanghai, 1875.

Lang, Olga. *Chinese Family and Society*. Taibei, 1985.

Lanning, George. *Old Forces in Nee China*. Shanghai, 1912.

Lau, D.C., trans. *Mencius*. Harmondsworth, Eng., 1970.

Lausberg, Heinrich. *Handbuch der literarischen Rhetorik: Eine Grundlegung der Literaturwissenschaft*. Stuttgart, 1990.

Lebenszwelt und Weltanschauung im frühneuzeitlichen China. Ed. Helmut Schmidt-Glintzer. Stuttgart, 1990.

Lee En-Han. "China's Response to the Foreign Scramble for Railway Concessions, 1895-1911." *Journal of Oriental Studies* 14, no.1(1976): 1-22.

Lee, Leo Ou-fan 李欧梵. "Critical Spaces: The Construction of Cultural Criticism in Modern China." Paper presented at the workshop Press, Reader and Market in China and Asia, Heidelberg, Oct.1997.

———. "'Piping kongjian' de kaichuang: *Shenbao* 'Ziyoutan' tanqi" 批評空間的開創——申報自由談談起 (The construction of critical spaces: the *Shenbao* "Ziyoutan"). *Ershiyi shiji* 10(1993): 39-52.

———. *Shanghai Modern: The Flowering of a New Urban Culture in China, 1930-1945*. Cambridge, Mass., 1999.

Lee, Leo Ou-fan, and Andrew Nathan. "The Beginnings of Mass Culture: Journalism and Fiction in the Late Ch'ing and Beyond." In *Popular Culture in Late Imperial China* (q.v.), pp.360-95.

Lee, Lily Xiao Hong. *The Virtue of Yin: Studies on Chinese Women*. Canberra, 1994.

Lee, Tahirih V. "Coping with Shanghai: Means to Survival and Success in the Early Twentieth Century—A Symposium." *JAS* 54, no.1(1995): 3-18.

Legge, James. *Chinese Classics*, vol.1, *The Confucian Analects, The Great Learning, The Doctrine of the Mean*; vol.2, *The Works of Mencius*; vol.3, *The Shoo King*; vol.4, *The She King*; vol.5, *The Ch'un ts'ee with the Tsao chuen*. Oxford, 1893-95. Reprinted—Hong Kong, 1960.

Leitartikel bewegen die Welt. Ed. Will Schabur and Walter Fabian. Stuttgart, 1964.

Lent, John A. *Women and Mass Media in Asia: An Annotated Bibliography*. Singapore, 1985.

Leonard, Thomas C. "Antislavery, Civil Rights, and Incendiary Material." In *Media and Revolution* (q.v.), pp.115-35.

Leong, Sow-Zheng. "Wang T'ao and the Movement for Self-Strengthening and Reform in the Late Ch'ing Period." *Papers on China from Seminars at Harvard University* 17(1963): 101-30.

Leung, Yuen-sang. *The Shanghai Taotai: Linkage Man in a Changing Society*, 1843-90. Honolulu, 1990.

Leutner, Mechthild. "Chinabezogene Frauenforschung und geschlechts-spezifischer Ansatz." In *Frauenstudien* (q.v.), pp.25-37.

Levenson, Joseph R. *Confucian China and Its Modern Fate: A Trilogy*. Berkeley, 1958, 1964, 1965.

——. *Liang Ch'i-ch'ao and the Mind of Modern China*. Berkeley, 1967.

Levi, Jean. "Quelques exemples de détournement subversif de la citation dans la littérature classique chinoise." In *Le Travail de la Citation* (q.v.), pp.41-65.

Lewin, Kurt. *Field Theory in Social Science: Selected Theoretical Papers*. Ed Dorwin Cartwright. Westport, Conn., 1975.

Li Hsiao-t'i 李孝悌. *Qingmo xiaceng shehui qimeng yundong* 清末下層社會啓蒙運動 (Lower-class enlightenment in the late Qing period). Taibei, 1992.

Li Jikui. "How to View the Boxers' Religious Superstitions." In *Recent Chinese Studies* (q.v.), pp.98-112.

Li Liangrong 李良蓉. "The Historical Fate of 'Objective Reporting' in China." In *China's Media, Media's China* (q.v.), pp.225-37.

——. *Zhongguo baozhi wenti fazhan gaiyao* 中国报纸文體發展概要 (The development of style and form in Chinese newspapers). Fuzhou, 1985.

Li, Peter. *Tseng P'u*. Boston, 1980.

Li Siyi 李斯颐. "Qingmo 10 nian guanbao huodong gaimao" 清末10年官報活動概貌 (The general situation of official gazettes in the last ten years of the Qing). *XWYJZL*, no.55(1991):127-44.

——. "Qingmo 10 nian yue bao jiang bao huodong pingxi" 清末10年閱報講報活動評析 (A critical analysis of reading and talking about newspapers in the last ten years of the Qing). *XWYJZL*, no.50(1990):103-22, 128.

Li, Victor. "From Qiao to Qiao." In *The Living Tree* (q.v.), pp.213-20.

Li, Wai-Yee. "The Late Ming Courtesan: Invention of a Cultural Ideal." In *Writing Women in Late Imperial China* (q.v.), pp.46-73.

Li Xiaohua 李曉華. "Bainian cangsanghua jianzhu" 百年滄桑話建築 (Construction during a century of convulsions). In *Dongfang "Bali"* (q.v.), pp.1-12.

Li Xiting 李西亭. "Minchu nüjizhe Liu Yunqin" 民初女記者劉韻琴 (Liu Yunqin, a female journalist in the early Republic). *XWYJZL*, no.41(1988):43-44.

Liang Qichao 梁啓超. "Guofengbao xuli" 國風報叙例 (Introduction to the Guofengbao). In *Yinbingshi heji* (q.v.), vol.3, no.25a, pp.19-26.

——. *Intellectual Trends in the Ch'ing Period*. Trans. Immanuel C.Y. Hsü of *Qingdai xueshu gailun* 清代學書概論. Cambridge, Mass., 1959.

——. "Lun baoguan you yi yu guoshi" 論報館有益與國事 (On the benefit of newspapers to state affairs). In *Yinbingshi heji* (q.v.), vol.1, no.1, pp.100-103.

——. "Lun nüxue" 論女學 (On girls' schools). In *Yinbingshi heji* (q.v.), vol.1, no.1, pp.37-44.

——. "Lun xiaoshuo yu qunzhi zhi guanxi" 論小說與群治之關係 (On the relationship between fiction and the government of the people). In *Yinbingshi heji* (q.v.), vol.2, no.10, pp.6-10.

——. "Shaonian Zhongguo shuo" 少年中國說 (On young China). In *Yinbingshi heji* (q.v.), vol.1, no.5, pp.7-12.

——. *Yinbingshi heji* 飲冰室合集 (Collected works from the IceDrinker's Studio). Beijing, 1989.

Liang Zhangju 梁章鉅, comp. *Zhiyi conghua* 制義叢話 (A collection of examination prose). Taibei, 1976.

Liao Kuang-sheng. *Antiforeignism and Modernization in China, 1860-1980*. Hong Kong, 1984.

Lidle, Wolfgang. *Das multiple subjekt*. Freiburg, 1982.

Lin Yuanqi 林遠琪. *Dibao zhi yanjiu* 邸報之研究 (Studies of the dibao). Taibei, 1976.

Lin Yusheng. *The Crisis of Chinese Consciousness: Radical Antitraditionalism in the May Fourth Era*. Madison, Wisc., 1979.

Lin Yutang. "Feminist Thought in Ancient China." *T'ien Hsia Monthly* 1, no.2 (1935): 127-50.

——. *A History of the Press and Public Opinion in China*. Chicago, 1936. Reprinted—New York, 1968.

——. "Hymne an Shanghai." In *Shanghai: Stadt über dem Meer* (q.v.), pp.143-45.

——. *The Importance of Living*. New York, 1937.

Linck, Gudula. "Aus der fruchtbaren Erde wie einsame Schatten: Zum Wandel der Wahrnehmung von Weiblichkeit bei der chinesischen Oberschicht der Sung-Zeit." In *Lebenswelt und Weltanschauung* (q.v.), pp.189-222.

——. "'Hätte anstelle des Herzogs von Zhou die Herzogin die Lieder verfaßt, so sähe die Tradition ganz anders aus...': Probleme und Möglichkeiten einer historischen

Frauenforschung am Beispiel Chinas." In *Frauengeschichte* (q.v.), pp.9-23.

Link, Hannelore. *Rezeptionsforschung: Eine Einführung in Methoden und Probleme*. 2nd ed. Stuttgart, 1980.

Link, Perry. *Mandarin Ducks and Butterflies: Popular Fiction in Early Twentieth Century Chinese Cities*. Berkeley, 1981.

Lippmann, Walter. *The Phantom Public*. New York, 1925.

———. *Public Opinion*. New York, 1922.

The Literary Field of Twentieth Century China. Ed. Michel Hockx. Honolulu, 1998.

Literary Journalism in the Tzwentieth Century. Ed. Norman Sims. New York, 1990.

The Literary Journalists. Ed. Norman Sims. New York, 1984.

The Literary Mind and the Carving of Dragons: A Study of Thought and Pattern in Chinese Literature by Liu Hsieh. Annotated trans. Vincent Yuchung Shih of *Wenxin Diaolong*. Taibei, 1975.

Literatur und Leser: Theorien und Modelle zur Rezeption literarischer Werke. Ed. Gunter Grimm. Stuttgart, 1975.

Liu Haifeng 劉海峰. "Baguwen wei shenme yanyongle wubaiyu nian? Lüetan baguwen zai dangshi de gongyong" 八股文為什麼沿用了五百余年？——略談八股文在当時的功用 (Why was *baguwen* used for more than 500 years? A short discussion of contemporary uses of *baguween*) *Wenshi zhishi* 92, no.2(1989):119-22.

Liu, James J.Y. *Chinese Theories of Literature*. Chicago, 1975.

Liu Jucai 劉巨才. "Zhongguo jindai funü baokan xiaoshi" 中國近代婦女報刊小史 (A short history of Chinese women's magazines). *XWYJZL*, no.35(1986):129-53.

———. "Zhongguo lishishang diyi fen nübao" 中國歷史上第一份女報 (The first women's magazine in China). *XWYJZL*, no.17(1983):215-26.

Liu Kwang-ching. "The Confucian as Patriot and Pragmatist: Li Hung-chang's Formative Years, 1823-1866." *HJAS* 30(1970):5-45.

Liu, Lydia H. *Translingual Practice. Literature, National Culture, and Translated Modernity-China 1900-1937*. Stanford, 1995.

Liu, M.C. "Liang Ch'i-ch'ao and the Media: A Historic Retrospection." *Gazette: International Journal for Mass Communication Studies* (Amsterdam) 31(1983):35-45.

Liu Tao Tao and David Faure. "Introduction: What Does the Chinese Person Identify With?" In *Unity and Diversity* (q.v.), pp.1-14.

Liu Wu-chi. *An Introduction to Chinese Literature*. Bloomington, Ind., 1966.

Liu Yongqiang 劉勇強. "Ming-Qing dibao yu wenxue zhi guanxi" 明清邸報與文學之

關係 (The *dibao* in Ming and Qing and its relationship with literature). *Xueren* 學人 1992,no.3:437-64.

Liu Zhaobin 劉兆璸. *Qingdai keju* 清代科舉 (The Qing examination system). Taibei,1977.

The Living Tree: The Changing Meaning of Being Chinese Today. Ed. Tu Weiming. Stanford,1994.

Lloyd, Geoffrey. "Quotation in Greco-Roman Contexts." In *Le Travail de la Citation* (q.v.), pp.141-53.

Lo, Andrew. "Four Examination Essays of the Ming Dynasty." *Renditions* 33/34 (1990):168-81.

Lo Hui-min. "Ku Hung-Ming: Schooling." *PFEH* 38(1988):45-64.

Lotman, Yury M. "The Text and the Structure of Its Audience." *New Literary History* 14(1982-83):81-87.

Louie, Kam. *Inheriting Tradition: Interpretation of the Classical Philosophers in Communist China, 1949-1966*. Hong Kong,1986.

Löwenthal, Rudolf. "The Jewish Press in China." *Nankai Social and Economic Quarterly* 10/11(1937):104-13.

———. "The Tientsin Press: A Technical Survey." *Chinese Social and Political Science Review* 19(1935-36):543-58.

———. "Western Literature on Chinese Journalism: A Bibliography." *Nankai Social and Economic Quarterly* 9, no.4(1927):1007-65.

Löwenthal, Rudolf, and Vernon Nash. "Responsible Factors in Chinese Journalism." *Chinese Social and Political Science Review* 20(1937):420-26.

Lu Han-chao. *Beyond the Neon Lights: Everyday Shanghai in the Early Twentieth Century*. Berkeley,1999.

Lu Keng. "Press Control in 'New China' and 'Old China'." In *China's Media, Media's China* (q.v.), pp.147-62.

Lu, Sheldon. *From Historicity to Fictionality: The Chinese Poetics of Narrative*. Stanford,1994.

Lufrano, Richard John. *Honorable Merchants: Commerce and Self-Cultivation in Late Imperial China*. Honolulu,1997.

Luo Suwen 羅蘇文. *Nüxing yu jindai Zhongguo shehui* 女性與近代中國社會 (Women and modern Chinese society). Shanghai,1996.

Lust, John. "The *Su-Pao* Case: An Episode in the Early Chinese Nationalist Move-

ment."*Bulletin of the School of Oriental and African Studies* 27, no.2(1964):
408-29.

Lyall, A.C. "Official Polytheism in China." *Nineteenth Century* 28(1890): 89-118.

Lynes, Russel. *The Tastemakers*. New York, 1954.

Ma Guangren 馬光仁. *Shanghai xinwen shi* 上海新聞史 (A history of newspapers in Shanghai). Shanghai, 1996.

Ma, Y.W. "Fiction." In *Indiana Companion* (q.v.), pp.31-48.

Maaßen, Ludwig. *Die Zeitung: Daten-Deutungen-Porträts. Presse in der BRD*. Heidelberg, 1986.

MacCormick, Frederick. *The Flowery Republic*. London, 1913.

MacGowan, J. *How England Saved China*. London, 1913.

——. *Men and Manners of Modern China*. London, 1912.

Mackerras, Colin. *Western Images of China*. Hong Kong, 1989.

MacKinnon, Stephen R. "Press Freedom and the Chinese Revolution in the 1930s." In *Media and Revolution* (q.v.), pp.174-88.

——. "Toward a History of the Chinese Press in the Republican Period." *MC* 23, no.1 (1997):3-32.

Madsen, Richard. "The Public Sphere, Civil Society and Moral Community: A Research Agenda for Contemporary China Studies." *MC* 19, no. 2(1993):183-98.

Mann, Susan. "The Cult of Domesticity in Republican Shanghai's Middle Class." *Jindai Zhongguo funü yanjiu* 2(1993):179-202.

——. *Precious Records: Women in China's Long Eighteenth Century*. Stanford, 1997.

Martin, Francois. "LeShijing, de la citation à l' allusion: la disponaibilité du sens." In *Le Travail de la Citation* (q.v.), pp.11-39.

Martin, Helmut. "Das Bild des Reformopportunismus in einem späten Qing-Roman." *BJOAF* 1984:231-45.

Masini, Federico. *The Formation of a Modern Chinese Lexicon and Its Evolution Toward a National Language: The Period from 1840 to 1898. Journal of Chinese Linguistics* Monographs no.6. Berkeley, 1993.

Mass Media and Mass Man. Ed. Alan Casty. New York, 1973.

Mateer, A.H. *New Terms for New Ideas*. Shanghai, 1915.

Mattelart, Armand. *L'Invention de la communication*. Paris, 1994.

Matthews, T.S. "The Power of the Press?" In *Mass Media and Mass Man* (q.v.), pp. 183-85.

Maugham, W. Somerset. *On a Chinese Screen*. New York, 1977.

Mayer, Norbert. "Die Presse in China." *Zeitungswissenschaft* 10, no. 12 (1935): 589-606.

Mayers, William F. "The Peking Gazette." In *Translation of the Peking Gazette for 1874*. Ed. North China Herald. Shanghai, 1875.

McAleavy, H. *Wang T'ao: The Life and Writings of a Displaced Person*. London, 1953.

McElroy, Sarah Coles. "Forging a New Role for Women: Zhili First Women's Normal School and the Growth of Women's Education in China, 1901-21." In *Education, Culture, and Identity* (q.v.), pp.348-74.

McLuhan, Marshall, and Quentin Fiore. *The Medium Is the Massage*. New York, 1967.

McMahon, Keith. "The Classic 'Beauty-Scholar' Romance and the Superiority of the Talented Woman." In *Body, Subject and Power* (q.v.), pp. 227-52.

McMullen, David L. "Public and Private in the Tang Dynasty." *Newsletter of the "State and Society in East Asia" Network* 5(1995): 2-16.

McNabb, R.L. *The Women of the Middle Kingdom*. New York, 1903.

McQuail, Denis. "The Influence and Effects of Mass Media." In *Media Power in Politics* (q.v.), pp.7-24.

Media and Revolution: Comparative Perspectives. Ed. Jeremy D. Popkin. Lexington, Ky., 1995.

Media and the Chinese Public: A Survey of the Beijing Media Audience. Ed. Brantly Womack. New York, 1986.

Media Power in Politics. Ed. Doris Graber. Washington, D.C., 1994.

Mein Bild in deinem Auge. Exotismus und Moderne: Deutschland-China im 20. Jahrhundert. Ed. Wolfgang Kubin. Darmstadt, 1995.

Meisner, Maurice. "Cultural Iconoclasm, Nationalism, and Internationalism in the May Fourth Movement." In *Reflections* (q.v.), pp.14-22.

Mengzi zhangju jizhu 孟子章句集注 (*Mengzi* in sections and with commentaries). Shanghai, 1986.

Merten, Klaus. *Inhaltsanalyse: Einführung in Theorie, Methode und Praxis*. Opladen, 1983.

Métailié, Georges. "Note à propos des citations implicites dans les textes techniques chinois." In *Le Travail de la Citation* (q-v.), pp.131-39.

Meyer, Sibylle. "Die mühsame Arbeit des demonstrativen Müßiggangs: Über die häuslichen Pflichten der Beamtenfrauen im Kaiserreich." In *Frauen suchen ihre Geschichte* (q.v.), pp.172-94.

Miller, Norbert. "Die Rolle des Zitierens"—Review of Herman Meyer *Das Zitat in der Erzählkunst. Zur Geschichte und Poetik des europäischen Romans* (Stuttgart, 1961). *Sprache im technischen Zeitalter* 1-4(1961):164-69.

Mills, C. Wright. "Some Effects of Mass Media." In *Mass Media and Mass Man* (q.v.), pp.32-25.

Ming, Feng-Ying. "Scholars in Wonderland: The Technological Utopia in Early Modern Chinese Science Fiction." Manuscript, 1997. Published in different form as "Baoyu in Wonderland: Technological Utopia in the Early Modern Chinese Science Fiction Novel." In *China in a Polycentric World* (q.v.), 152-72.

Mittler, Barbara. "Cooking, Cleaning, Caring: The New Woman in Women's Magazines of the Late Qing." *Nannü* (under consideration), 2003.

——. "Domesticating an Alien Medium: Incorporating the Western-Style Newspaper into the Chinese Public Sphere." In *Joining the Global Public* (q.v.), chap.1.

——. "A Fire and Its Causes: Eunuchs and the Making of (Event) History in China." Paper prepared for the conference Measuring Historical Heat—Event, Performance and Impact in China and the West, in honor of R.G. Wagner on his 60th birthday, Nov. 2001.

——. "In Spite of Gentility: Elegance and Eloquence, Women and Men in *Linglong*, a 1930s Women's Magazine." In *Perceptions of Gentility in Chinese Literature and History* (q.v.).

——. "Die Koloniestadt Qingdao: Eine deutsche Mustersiedlung an der Jiaozhou-Bucht." *Damals* 2(1996):22-27.

——. Review of Klaus Mühlhahn, Geschichte, Frauenbild und kulturelles Gedächtnis: Der ming-zeitliche Roman "Shuihu zhuan." *China Review International* 5, no.2 (1998):499-504.

——. Review of Wang Zheng, *Women in the Chinese Enlightenment Oral and Textual Histories. American Historical Review* 105, no.3(June 2000):206.

——. "'stay Home and Shop the World': The Cosmopolitan Natures of Newspaper Advertising in Shanghai(1860s-1910s)." In *Studies in the Chinese Public Sphere* (q.v.).

——. "Verführung Emanzipation: Befreite Frauen und die chinesische 4. Mai-Bewegung."*Figurationen* 2,no.1(2001):83-102.

——. "Verkehrte Welten: Brücken, Parks und Öffentlichkeiten in Shanghai." *periplus*,*Jabrbuch fir Außereuropäische Gescbichte*,no.6 (1996):114-24.

——."Zwischen chinesischer Tradition und europäischen Ideen: Lu Xun (1881—1936)und die"Geschichte der chinesischen Literatur."In *Handeln und Verhandeln* (q.v.),pp.173-96.

Miyazaki Ichisada.*China's Examination Hell: The Civil Service Examinations of Imperial China*.Trans.Conrad Schirokauer of *Kakyo: Chügoku no shiken jigoku*. New York,1976.

Modern Japan: Aspects of History,*Literature and Society*.Ed. William G.Beasley. London,1975.

Mohr,Wolfgang.*Die modernze chinesische Tagespresse*. Wiesbaden,1976.

Moles,Abraham A.*Informationstheorie und ästhetische Wahrnehmung*. Schauberg, 1971.

Molotch,Harvey L."The News of Women and the Work of Men."In *Hearth and Home*(q.v.),pp.176-85.

Mosel,James N."The 'Verse Editorial'in Thai Journalism."*JQ* 39,no.1(1962):70-74.

Mote,Frederick W.*A Millennium of Chinese Urban History: Form, Time, and Space Concepts in Soochow*.Rice University Studies 59,no.4. Houston,1973.

Mühlhahn, Klaus. *Geschichte, Frauenbild und kulturelles Gedächtnis: Der mingzeitliche Roman*"*Shuibuzhuan*."Munich,1994.

Mungello,David E."Malebranche and Chinese Philosophy."In *Discovering China*(q.v.),pp.54-81.

Munro,Donald T."The Concept of 'Interest'in Chinese Thought."*Journal of the History of Ideas* 41,vol.2(1980):179-97.

Murphey,Rhoads.*The Outsiders: The Western Experience in India and China*.Ann Arbor,Mich.,1977.

——.*Shanghai—Key to Modern China*.Cambridge,Mass.,1953.

——."The Treaty Ports and China's Modernization."In *The Chinese City Betveen Two Worlds* (q.v.),pp.17-71.

Myer,Moses.*Full Account of the Celebration of the Revolution in France, in the City of New-York, on the 25th November, 1830: Being the Forty-Seventh Anniversary of an Event that Restored Our Citizens to Their Homes and to the Enjoy-*

ment of Their Rights and Liberties. New York, 1830.

Nanyang guanbao 南洋官報

"説官報" (On the official papers), *NYGB* 24.5.1904.

Narramore, Terry. "Making the News in Shanghai. *Shen Bao* and the Politics of Newspaper Journalism 1912—1937." Ph.D. diss., Australian National University, 1989.

Narratives of Agency. Self-Making in China, India, and Japan. Ed. Wimal Dissanayake. Minneapolis, 1996.

Nathan, Andrew J. *Chinese Democracy*. Berkeley, 1985.

———. "The Late Ch'ing Press: Role, Audience and Impact." In *Zhongyang yanjiuyuan Guoji Hanxue huiyi Lunwenji, Lishi kaoguzu* 中央研究院國際漢學會議論文集, 歷史考古組, pp.1281-308. Taibei, 1981.

———. "Liang Ch'i-Ch'ao's 'New-Style Writing' and Late Ch'ing Propaganda." Paper presented at the 29th annual meeting of the Association for Asian Studies, New York, 1977.

Nation and Narration. Ed. Homi K. Bhaba. London, 1990.

Neues Handbuch der Literaturwissenschaft, vol. 23, *Ostasiatische Literaturen*. Ed. Günther Debon. Wiesbaden, 1984.

Nevins, Allan. "The Editorial as a Literary Form." *JQ* 4, no.5(1928):19-27.

Newspapers and Democracy: International Essays on a Changing Medium. Ed. Anthony Smith. Cambridge, Mass., 1980.

Nienhauser, William H. "Prose." In *Indiana Companion* (q.v.), pp.93-120.

The 1911 Revolution in China: Interpretative Essays. Ed. Etō Shinkichi and Harold Z. Schiffrin. Tokyo, 1984.

Nivard, Jacqueline. "L'évolution de la presse feminine chinoise de 1898 à 1949." *Etudes chinoises* 5, no.1-2(1986):157-84.

———. "Histoire d'une revue feminine chinoise: Funü zazhi, 1915—1931." Ph.D. diss. Paris, 1983.

———. "Women and the Women's Press: The Case of the *Ladies' Journal* (*Funü zazhi*), 1915—1931." *MC* 1(1975):41-56.

Nivison, David S. "Protest Against Conventions and Conventions of Protest." In *The Confucian Persuasion* (q.v.), pp.177-201.

Noelle-Neumann, Elisabeth. *Die Schweigespirale: Öffentliche Meinung unsere soziale Haut*. Munich, 1980.

North China Herald(*1850)

"The 'Press' in China."*NCH* 5.1.1867.

"The China 'Press.'"*NCH* 29.3.1871.

"A Native Press."*NCH* 19.2.1874.

"Prospectus of the Sin-Pao."*NCH* 1.12.1876.

"Chinese Newspapers."*NCH* 9.6.1877.

"Steamers and Newspapers in China."*NCH* 31.1.1879.

"The 'Censorate' at Shanghai."*NCH* 11.9.1880.

"Native Newspapers."(Ernest Box).*NCH* 17.10.1898.

"The Crisis."*NCH* 20.6.1900.

"Who Is to Blame for the Boxer Movement?"*NCH* 4.7.1900.

"The 'Eight-Legged' Essay and Its Effects upon Chinese Thought and Character."(Woodbridge, Isett) *NCH* 18.6.1902.

"An Educational Peril."*NCH* 30.6.1905.

"The Press of China To-Day."*NCH* 6.3.1909.

"Chinese Journalism and the Government."*NCH* 25.9.1909.

"A Visit to Wuchang."*NCH* 21.10.1911.

"The Peking Riot."*NCH* 10.5.1919.

"We Will Reclaim Tsingtao unto Death."*NCH* 10.5.1919

"China's Disappointment."*NCH* 17.5.1919.

"The Leopard Shows its Spots."*NCH* 17.5.1919.

"Let Our Countrymen Die for Humanity."*NCH* 17.5.1919.

"The Shantung Question."*NCH* 17.5.1919.

"In Chapei and the Native City: All Quiet Shopkeepers Forced to Close but Doing so with Reluctance."*NCH* 6.6.1925.

"Plucky Japanese Constable: Thrown Into Creek by Rioters But Hanging to Boat and Shooting Them Down."*NCH* 6.6.1925.

"Student Outbreak in Nanking Road: Several Chinese Killed."*NCH* 6.6.1925.

"To the Peaceable Chinese of Shanghai: Will You Side with Rebellion?"*NCH* 6.6.1925.

"A More Reassuring Outlook."*NCH* 6.6.1925.

"Vivid Story By an Eyewitness-Forbearance of Police to Last Moment: When the Firing Became Inevitable."*NCH* 6.6.1925.

Nuli zhoubao 努力週報

"近六十年間美國新聞紙的趨向"(The direction of American newspapers in the last 60 years).*NLZB* 14.5.1922.

Nüzi shijie 女子世界(*1904)

"烏母的心得"(Requirements for mothers).*NZSJ* 6(1904).

"女子世界發刊詞"(*The Women's World's* inaugural statement).*NZSJ* 1(1904).

Ocko,Jonathan."The British Museum's *Peking Gazette*."*CSWT* 2,no.9(1973):35-49.

O'Hara,Albert Richard.*The Position of Woman in Early China:Acording to the* Lieh Nü Chuan"*The Biographies of Chinese Women*."Taibei,1971.

Oliver,Robert T.*Communication and Culture in Ancient Indid and China*.Syracuse,N.Y.,1971.

Ong,Walter J."The Writer's Audience Is Always a Fiction."*Publications of the Modern Language Association of America* 90(1975):9-21.

Ono,Kazuko.*Chinese Women in a Century of Revolution,1850—1950*.Stanford,1989.

Orliski,Constance."The Bourgeois Housewife as Laborer in Late Qing and Early Republican Shanghai."*Nannü* 5,no.1(2003):43-68.

Owen,Stephen.*Remembrance:The Experience of the Past in Classical Chinese Literature*.Cambridge,Mass.,1986.

——.*Readings in Chinese Literary Thought*.Cambridge,Mass.,1992.

Ozouf,Mona."L'Opinion publique."In *French Revolution*(q.v.),pp.419-34.

Paderni,Paola."I Thought I Would Have Some Happy Days:Women Eloping in Eighteenth Century China."*LIC* 16,no.1(1995):1-32.

Pak,Hyobom.*China and the West:Myths and Realities in History*.Leiden,1974.

Pan,Lynn.*Sons of the Yellow Emperor:The Story of the Overseas Chinese*.London,1990.

Parker,A.P."The Native Press in Shanghai:Our Relation to It and How We Can Utilize It."*Chinese Recorder and Missionary Journal* 32,no.12 (1901):577-89.

Parker,E.H.P."The 'Peking Gazette'and Chinese Posting."*Longman's Magazine* 29 (1896-97):73-81.

Patterson,Don D."The Journalism of China."*University of Missouri Bulletin* 23,no.34(1922).

Pauly,John J."The Politics of the New Journalism."In *Literary Journalism*(q.v.),pp.110-29.

Peake, Cyrus. *Nationalism and Education in Modern China*. New York, 1932.

"Peking Gazette." *Chinese Repository* 1, no.8(1832):506-7.

"The Peking Gazettes." *Chinese Recorder and Missionary Journal* 3, no.1(1870):10-12.

People, Society, and Mass Communication. Ed. Lewis A. Dexter and David M. White. Glencoe, Ill., 1964.

Perceptions of Gentility in Chinese Literature and History. Ed. Daria Berg and Glen Dudbridge. Stanford, forthcoming 2004.

Perry, Elizabeth J. "Introduction: Chinese Political Culture Revisited." In *Popular Protest* (q.v.), pp.1-13.

Peterson, Theodore. *Magazines in the Twentieth Century*. Urbana, Ill., 1964.

——. "The Social Responsibility Theory of the Press." In *Mass Media and Mass Man* (q.v.), pp.172-86.

Phelan, James. *Worlds from Words: A Theory of Language in Fiction*. Chicago, 1981.

Phillips, Barbara. "Magazine Heroines: Is *Ms.* Just Another Member of the *Family Circle*?" In *Hearth and Home* (q.v.), pp.116-29.

Pistor-Hatam, Anja. "Progress and Civilization in Nineteenth-Century Japan: The Far Eastern State as a Model for Modernization." *Iranian Studies* 29, no.1-2(1996): 111-26.

Plaks, Andrew H. "Pa-ku wen." In *Indiana Companion* (q.v.), pp.641-43.

——. "Towards a Critical Theory of Chinese Narrative." In *Chinese Narrative* (q.v.), pp.309-52.

Polachek, James M. *The Inner Opium War*. Cambridge, Mass., 1992.

Pool, Ithiel de Sola, and Irwin Shulman. "Newsmen's Fantasies, Audiences, and Newswriting." *Public Opinion Quarterly* 23 (1959):145-58.

Popkin, Jeremy D. "Media and Revolutionary Crisis." In *Media and Revolution* (q.v.), pp.12-30.

Popkin, Jeremy D., and Jack R. Censer. "Lessons from a Symposium." In *Media and Revolution* (q.v.), pp.1-11.

Popular Culture in Late Imperial China. Ed. David Johnson, Andrew J. Nathan, and Evelyn S. Rawski. Berkeley, 1985.

Popular Protest and Political Culture in Modern China: Learning from 1989. Ed. Jeffrey N. Wasserstrom and Elizabeth J. Perry. Boulder, Colo., 1991.

Pott, F. L. Hawks. *A Short History of Shanghai: Being an Account of the Growth and Development of the International Settlement*. Hong Kong, 1928.

Powell, John B. *My Twenty-Five Years in China*. New York, 1942.

Price, Don C. "Anti-Imperialism and Popular Resistancein the Revolutionary Thought of Song Jiaoren." In *The 1911 Revolution* (q. v.), pp. 61-80.

——. *Russia and the Roots of the Chinese Revolution*. Cambridge, Mass., 1974.

Price, Frank W. *San Min Chu I: The Three Principles of the People by Dr. Sun Yat-sen*. Shanghai, 1929.

"Progress in Chinese Journalism." *Inland Printer*, 3 Dec. 1910.

Průšek, Jaroslav. *The Lyrical and the Epic*. Bloomington, Ind., 1980.

Pye, Lucien W. "How China's Nationalism Was Shanghaied." *AJCA* 29(1993): 107-33

Qi Gong 啓功. *Shuo bagu* 說八股 (On the eight-legged essay). Beijing, 1994.

Qian Changnian 錢昌年. "Qián yishi secai binfen: *Shenbao* shehui xinwen diandi" 奇案異事色彩繽紛：申報社會新聞點滴 (Strange occurrences and chiens écrasés: social news in the *Shenbao*). *XWYJZL*, no. 11 (1982): 125-33.

——. "*Shenbao* guanyu 'bushi yangmei' de baodao" 申報關於不食楊妹的報道 (*Shenbao* reports on the girl who did not eat), *XWYJZL* no. 11 (1982): 116-24.

Qin Shaode 秦紹德. *Shanghai jindai baokan shilun* 上海近代報刊史論 (On the history of the newspaper in modern Shanghai). Shanghai, 1993.

Rabinowitz, Peter J. "'What's Hecuba to Us?' The Audience's Experience of Literary Borrowing." In *Reader in the Text*, pp. 241-63.

Ralph, Julian. *The Making of a Newspaperman*. New York, 1903.

Rankin, Mary B. *Early Chinese Revolutionaries: Radical Intellectuals in Shanghai and Chekiang, 1902—1911*. Cambridge, Mass., 1971.

——. *Elite Activism and Political Transformation in China: Zhejiang Province, 1865—1911*. Stanford, 1986.

——. "Elite Reformism and the Chinese Women's Movement: Evidence from the Kiangsu and Chekiang Railway Demonstration, 1907." *CSWT* 3, no. 2 (1974): 29-42.

——. "The Emergence of Women at the End of the Ch'ing: The Case of Ch'iu Chin." In *Women in Chinese Society* (q. v.), pp. 39-66.

——. "Qingyi in Late Nineteenth Century China." *JAS* 51, no. 3 (1982): 453-84.

——. "Some Observations on a Chinese Public Sphere." *MC* 19, no. 2 (1993): 158-82.

Raphals, Lisa. *Sharing the Light: Representations of Women and Virtue in Early China*. Albany, N.Y., 1998.

Rasmussen, O.P. *What's Right with China : An Answer to Foreign Criticisms*. Shanghai, 1927.

Rawski, Evelyn S. *Education and Popular Literacy in Ch'ing China*. Ann Arbor, Mich., 1979.

The Reader in the Text : Essays on Audience and Interpretation. Ed. Susan R. Suleiman and Inge Crosman. Princeton, 1980.

Reardon, Kathleen K. *Persuasion in Practice*. London, 1991.

Recent Chinese Studies of the Boxer Movement. Ed. David D. Buck. New York, 1987.

Reed, Christopher A. "Sooty Sons of Vulcan: Shanghai's Printing Machine Manufacturers, 1895—1932." *RC* 20, no.2(1995): 9-53.

Reflections on the May Fourth Movement : A Symposium. Ed. Benjamin I. Schwartz. Cambridge, Mass., 1973.

Reichert, Folker. "'Ich bin in Shanghai! Unvergeßlicher Tag!' Impressionen und Aussagen." In *Shanghai : Stadt über dem Meer* (q.v.), pp.193-226.

Reinalter, Helmut. "Französische Revolution und Öffentlichkeit in Österreich." In *Französische Revolution und deutsche Offentlichkeit* (q.v.), pp.17-25.

Remaking the Chinese City : Modernity and National Identity, 1900—1950. Ed. Joseph W. Esherick. Honolulu, 2000.

Remer, C.F., and William B. Palmer. *A Study of Chinese Boycotts with Special Reference to Their Economic Effectiveness*. Baltimore, 1933. Reprinted—Taibei, 1966.

Rétat, Pierre. *Forme et discours d'un journal révolutionnaire*. Lyon, 1985.

——. "The Revolutionary Word in the Newspaper in 1789." In *Media and Revolution* (q.v.), pp.90-97.

Rhoads, Edward J. *China's Republican Revolution : The Case of Kwangtung*, 1895—1913. Cambridge, Mass., 1975.

Rickett, W. Allyn. *Guanzi : Political, Economic and Philosophical Essays from Early China*. Vol.1. Princeton, 1985.

Rigby, Richard W. *The May 30 Movement : Events and Themes*. Canberra, 1980.

Rivers, William L. *The Opinionmakers*. Boston, 1965.

Rivinius, Karl Josef. *Traditionalismus und Modernisierung : Das Engagement von Bischof Augustin Henninghaus auf dem Gebiet des Bildungs- und Erziehungswesens in China* (1904—1914). Nettetal, 1994.

Rogers, Everett M. *Diffusion of Innovations*. New York, 1983.

Rogers, Everett M., and James W. Dearing. "Agenda-Setting Research: Where Has It

Been, Where Is It Going?"*Communication Yearbook 11* (1988):555-94.

Ropp, Paul S."Ambiguous Images of Courtesan Culture in Late Imperial China."In *Writing Women in Late Imperial China*,pp.17-45.

———.*Dissent in Early Modern China:"Ju-lin wai-shih"and Ch'ing Social Criticism*.Ann Arbor,Mich.,1981.

Roske,Jana."Die Geschichte eines Traumes:Frauen und Frauenproblematik in der chinesischen anarchistischen Bewegung an der Schwelle des 20.Jahrhunderts."In *Frauenstudien*(q.v.),pp.131-41.

Ross,Charles G.*The Writing of News:A Handbook with Chapters on Newspaper Correspondence and Copy Reading*.New York,1926.

Ross,Robert,and Gerard J.Telkamp."Introduction."In *Colonial Cities* (q.v.),pp.1-32.

Rothermund,Dietmar."Kognitive Interaktion und die Hermeneutik der Fremde."Paper prepared for the first Deutsche Forschungsgemeinschaft symposium,Transformationen der europäischen Expansion vom 15.bis 20.Jahrhundert.Untersuchungen zur kognitiven Interaktion europäischer und außereuropäischer Gesellschaften,Heidelberg,Feb.1993.

Rowbathom, Arnold H. "The Jesuit Figurists and Eighteenth-Century Religious Thought."In *Discovering China*(q.v.),pp.39-53.

Rowe,William T.*Hankow*.2 vols.Stanford,1984,1989.

———."The Problem of 'Civil Society'in Late Imperial China."*MC* 19, no.2(1993):139-57.

Ruan Fang Fu.*Sex in Chind.Studies in Sexology in Chinese Culture*.London,1991.

Ryckmans, Pierre. "The Chinese Attitude Towards the Past." *The Forty-Seventh George Ernest Morrison Lecture in Ethnology*.Canberra,1986.

Saari,Jon L.*Legacies of Childhood:Growing up Chinese in a Time of Crisis, 1890—1920*.Cambridge,Mass.,1990.

Said,Edward.*Culture and Imperialism*.New York,1993.

———.*Orientalism*.New York,1979.

———."Representing the Colonized:Anthropology's Interlocutors." *Critical Inquiry* 15(1989):205-25.

Salmon,Lucy M.*The Newspaper and the Historian*.New York,1976.

Scarth,John.*Twelve Years in China:The People,the Rebels and the Mandarins by a British Resident*.Edinburgh,1860.

Schäffer, I. "Dutch 'Expansion' and Indonesian Reactions: Some Dilemmas of Modern Colonial Rule(1900—1942)." In *Expansion and Reaction* (q.v.), pp.78-99.

Schäffle, Albert E.F. *Bau und Leben des socialen Körpers*. 4 vols. Tübingen, 1881.

Schiffrin, Harold Z. "The Enigma of Sun Yat-sen." In *China in Revolution* (q.v.), pp. 443-74.

——. "The Foreign Powers and the 1911 Revolution." In *The 1911 Revolution* (q.v.), pp.273-79.

Schiller, Dan. *Objectivity and the Neos: The Public and the Rise of Commercial Journalism*. Philadelphia, 1981.

Schmidt, Vera. *Die deutsche Eisenbahnpolitik in Shantung, 1898—1914: Ein Beitrag zur Geschichte des deutschen Imperialismus in China*. Wiesbaden, 1976.

Scholes, Robert, and Robert Kellog. *The Nature of Narrative*. Oxford, 1966.

Schorske, Carl E. "The Idea of the City in European Thought: Voltaire to Spengler." In *The Historian and the City* (q.v.), pp.95-114.

Schramm, Wilbur. "Foreword." In *The Asian Newspapers' Reluctant Revolution* (q.v.), pp. v-x.

Schudson, Michael. *Discovering the Neres: A Social History of American Necespapers*. New York, 1979.

——. *The Power of Neres*. Cambridge, Mass., 1995.

Schutte, Jürgen. *Einfubrung in die Literaturinterpretation*. Stuttgart, 1993.

Schwarcz, Vera. "No Solace from Lethe: History, Memory, and Cultural Identity in Twentieth-Century China." In *The Living Tree* (q.v.), pp. 64-87.

Secker, Fritz. *Schen: Studien dus einer chinesischen Weltstadt*. Shanghai, 1913. Reprinted—Shanghai, 1932.

Seidensticker, Edward. *Loe City, High City—Tokyo from Edo to the Earthquake: How the Shogun's Ancient Capital Became a Great Modern City, 1867—1923*. Cambridge, Mass., 1991.

Seifert, Heribert "'...aber Shanghai ist ein böser Boden.' Literarische Bilder aus der Geschichte einer großen Stadt." In *Shanghai: Stadt über dem Meer* (q.v.), pp.146-92.

Seywald, Wilfried. *Journalisten im Shanghaier Exil, 1939—1949*. Vienna, 1987.

Shanghai by Night and Day. Shanghai, n.d. (1897?).

Shanghai difangshi ziliao 上海地方史資料 (Source materials on the local history of Shanghai). Ed. Shanghai shehui kexue yuan 上海社會科學院. Vol.5. Shanghai, 1986.

Shanghai jindai wenxue shi 上海近代文學史 (A history of literature in modern Shanghai). Ed. Chen Bohai 陳伯海 and Yuan Jin 袁進. Shanghai, 1993.

Shanghai: Revolution and Development in an Asian Metropolis. Ed. Christopher Howe. Cambridge, Eng., 1981.

Shanghai Sojourners. Ed. Frederick E. Wakeman, Jr., and Wen-hsin Yeh. Berkeley, 1992.

Shanghai: Stadt über dem Meer. Ed. Siegfried Englert and Folker Reichert Heidelberg, 1985.

Shanghai xinbao 上海新報(*1864)

"墙倒傷人"(A wall crashed and hurt people). *SHXB* 6.11.1872.

"義利説"(On virtue and profit). *SHXB* 25.11.1872.

"雜論"(On miscellaneous subjects). *SHXB* 28.11.1872.

"正本清源論"(On correcting the roots and clearing the springs). *SHXB* 30.11.1872.

"海外奇談"(Strange relations from abroad). *SHXB* 5.12.1872.

"續海外奇談"(Sequel to strange relations from abroad). *SHXB* 6.12.1872.

"夢遊仙境"(Dream-traveling in the land of the immortals). *SHXB* 9.12.1872.

"勸孝歌"(A song advocating filial piety). *SHXB* 9.12.1872.

"多利爲害説"(On the harm of too much profit). *SHXB* 10.12.1872.

"張貞婦傳略"(Short biography of chaste Ms. Zhang). *SHXB* 19.12.1872.

"重道輕文説,"(On emphasizing the way and making light of refinement). *SHXB* 24.12.1872.

"重利爲害説"(The harm of emphasizing profit). *SHXB* 25.12.1872.

Shanghai yanjiu ziliao 上海研究資料 (Research materials on Shanghai). Shanghai, 1935. Reprinted—Taibei, 1973.

Shanghai yanjiu ziliao xuji 上海研究資料續集 (Research materials on Shanghai, a supplement). Shanghai, 1935. Reprinted—Taibei, 1973.

Shaw-weng Shien-chi. "Berufsmerkmale und Berufseinstellungen von Journalisten in Taiwan." Ph.D.diss., University of Mainz, 1985.

Shenbao shi bianxiezu 申報史編寫組. "Chuangban chuqi de *Shenbao*." 創辦初期的'申報'(Shenbao at the time of its foundation). *XWYJZL*, no.1 (1979):133-42.

"*Shenbao* shiliao bianxiezu xiaojie gongzuo"申報史料編寫組小結工作 (A summary of the research done by the *Shenbao* Materials Research Group). *XWYJZL*, no.2 (1980):172.

"Shenbao zhang gu tan" 申報掌故談 (Stories of the management of the old *Shenbao*). Multipart article. *Shenbao tongxun* 申報通訊 (Internal publication of *Shenbao*) 1, no.3(1947)-2, no.11(1948).

Shevelow, Kathryn. *Women and Print Culture: The Construction of Femininity in the Early Periodical*. London, 1989.

Shishi xinbao 時事新報 (*1907)

"血染南京路別綠" (Other records of the bloodshed in Nanjing Road). *SSXB* 31.5.1925.

"大馬路的槍聲" (Shooting on the avenue). *SSXB* 31.5.1925.

"治安與無辜" (Public order and the innocent). *SSXB* 1.6.1925.

"南京路共和路之槍聲" (The shooting on Nanjing and Republican roads). *SSXB* 1.6.1925.

Siemer, B. "'Moi, toujour moi, rien que moi'—zu einigen Facetten des Napoleonbildes in der deutschen Publizistik." In *Französische Revolution und deutsche Öffentlichkeit* (q.v.), pp.309-22.

Sigel, Louis T. "The Treaty Port Community and Chinese Foreign Policy in the 1880s." *PFEH* (1975):79-105.

Sims, Norman. "The Literary Journalists." In *The Literary Journalists* (q.v.), pp.3-25.

Sinn, Elizabeth. "Fledgling in Flight: The Chinese Newspaper Comes of Age." Manuscript. Hong Kong, 2000. Published as "Emerging Media: Hong Kong and the Early Evolution of the Chinese Press." *Modern Asian Studies* 36, pt.2(2002):421-65.

——. "Fugitive in Paradise: Wang Tao and Cultural Transformation in Late Nineteenth-Century Hong Kong." *LIC* 19, no.1(1998):56-81.

——. "Voice from the Margins: The Debut of a 19th Century Chinese Newspaper." Manuscript. Hong Kong, 2000. Published as part of "Emerging Media: Hong Kong and the Early Evolution of the Chinese Press." *Modern Asian Studies* 36, pt.2(2002):421-65.

Smith, Anthony. *The Newspaper: An International History*. London, 1979.

Smith, Anthony C. H.; Elizabeth Immirzi; and Trevor Blackwell. *Paper Voices: The Popular Press and Social Change, 1935-65*. London, 1975.

Smith, Arthur H. *Proverbs and Common Sayings from the Chinese Together with Much Related and Unrelated Matter, Interspersed with Observations on Chinese Things in General*. Shanghai, 1914. Reprinted—New York, 1965.

Smith, Jeffery A. "The Enticements of Change and America's Enlightenment Journalism." In *Media and Revolution* (q.v.), pp.74-89.

Song Jun 宋軍. *"Shenbao"de xingshuai* 申報的興衰 (The rise and fall of the *Shenbao*). Shanghai, 1996.

Spence, Jonathan. *The China Helpers: Western Advisers in China*, 1620—1960. London, 1969.

Spengler, Tilman. "Modernität und Fremdbestimmung: Chinas Auseinandersetzung mit dem 'Westen'und der eigenen Vergangenheit." In *China und die Fremden* (q.v.), pp.197-237.

Spring, Madeline Kay. "A Stylistic Study of Tang *Guwen*: The Rhetoric of Han Yü and Liu Zongyuan." Ph.D.diss., University of Washington, 1983.

Stephens, Mitchell. *A History of News: From the Drum to the Satellite*. New York, 1988.

Straßmann, Burkhard. "Gut gefälscht ist halb gewonnen." *Die Zeit*, 2 Feb.1996, p.71.

Studies in Chinese Literature. Ed. John L. Bishop. Cambridge, Mass., 1965.

Studies in the Chinese Public Sphere. Ed. Catherine V. Yeh and Rudolf Wagner. Manuscript.

Sun Kaidi 孫楷第. *Zhongguo tongsu xiaoshuo shumu* 中國通俗小説書目 (A listing of popular Chinese novels). Beijing, 1982.

Sung, Marina H. "The Chinese Lieh-nü Tradition." In *Women in China* (q.v.), pp.63-74.

Swann, Nancy Lee. *Pan Chao: Foremost Woman Scholar of China*. New York, 1932.

Tan Sitong 譚嗣同. "Baozhang wenti shuo" 報章文體説 (On genres in the newspaper). *Shiwubao*, no.29/30 (6-21 June 1897).

Tanaka, Stefan. "Imagining History: Inscribing Belief in the Nation." *JAS* 53, no.1 (1994):24-44.

Tang Xiaobing. *Global Space and the Nationalist Discourse of Modernity: The Historical Thinking of Liang Qichao*. Stanford, 1996.

Teng Ssu-yu and John K. Fairbank. *China's Response to the West*. Cambridge, Mass., 1979.

ter Haar, Barend. "Telling stories: A Study of Fears, Rumours and Scares in Traditional China." Manuscript.

Text und Kommentar: Archäologie der literarischen Kommunikation IV. Ed. Jan Assmann and B. Gladigow. Munich, 1995.

Thompson, Roger. *China's Local Councils in the Age of Constitutional Reform, 1898—1911*.Cambridge,Mass.,1995.

———."New-Style Gazettes and Provincial Reports in Post-Boxer China:An Introduction and Assessment."*LIC* 8,no.2(1987):80-101.

Thomson,John.*China Revolutionised*.Indianapolis,1913.

Tiedemann,R.G."A Short Note on the Archives of the London Missionary Society." *CSWT* 3,no.5 (1976):86-90.

Ting,Lee-Hsia Hsu.*Government Control of the Press in Modern China, 1900—1949*.Cambridge,Mass.,1974.

Toh, Lam-seng. *Chūgoku kindai shinbun to zasshi, 1815—1874* (China's modern newspapers and journals).Tokyo,1990.

Tolic,Dubravka Oraic.*Das Zitat in Literatur und Kunst:Versuch einer Theorie*. Trans.Ulrich Dronske of Teorija citatnosti.Vienna,1995.

Toward an Intellectual History of Women:Essays by Linda Kerber.Ed.Linda Kerber.Chapel Hill,N.C.,1997.

Tradition and Creativity:Essays on East Asian Civilization.Ed.Tu Ching-i.New Brunswick,N.J.,1987.

Trauzettel,Rolf."Die chinesische Geschichtsschreibung."In *Neues Handbuch der Literaturwissenschaft*(q.v.),pp.77-90.

———."Exotismus als intellektuelle Haltung."In *Mein Bild in deinem Auge*(q.v.),pp. 1-16.

Le Travail de la citation en Chine et au Japon.Ed.Karine Chemla,François Martin, and Jacqueline Pigeot.Extrême-orient,extrême-occident,17. Paris,1995.

Tseng,H.P."China Prior to 1949."In *The Asian Newspapers' Reluctant Revolution* (q.v.),pp.31-42.

Tsou Jung.*The Revolutionary Army:A Chinese Nationalist Tract of 1903*. Trans. John Lust of *Gemingjun* 革命軍.Paris,1968.

Tu Ching-I."The Chinese Examination Essay:Some Literary Considerations."*Monumenta Serica* 31(1974—75):393-406.

Tu Wei-ming."Cultural China:The Periphery as the Center."In *The Living Tree*(q. v.),pp.1-34.

———."Preface."In *The Living Tree* (q.v.),pp.v-x.

Tuchman,Gaye."Introduction:The Symbolic Annihilation of Women in the Mass Media."In *Hearth and Home*(q.v.),pp.3-38.

———.*Making News:A Study in the Construction of Reality*.New York,1978.

Tuchman,Gaye,and Nina E.Fortin.*Edging Women Out:Victorian Novelists,Publishers,and Social Change*.New Haven,Conn.,1989.

Turner,Martha A.*Mechanism and the Novel:Science in the Narrative Process*.Cambridge,Mass.,1993.

Twentieth Century China. New Approaches. Ed.Jeffrey N. Wasserstrom. London, 2003.

Twentieth Century Impressions of Hong Kong,Shanghai and Other Treaty Ports of China:Their History,People,Commerce,Industry and Ressources. Ed.Arnold Wright.London,1908.

Unger,Ulrich.*Rhetorik des klassischen Chinesisch*.Wiesbaden,1994.

Unity and Diversity:Local Cultures and Identities in China.Ed.Tao Tao Liu and David Faure.Hong Kong,1996.

van den Berg,Wim."Autorität und Schmuck.Über die Funktion des Zitates von der Antike bis zur Romantik."In *Instrument Zitat*(q.v.),pp.11-36.

Veblen,Thorstein.*Theorie der feinen Leute:Eine ökonomische Untersuchung der Institutionen*.Trans.Susanne Heintz and Peter von Haselberg of *The Theory of the Leisure Class:An Economic Study of Institutions*.Frankfurt.1986.

Vishnyakova-Akimova,Vera V. *Two Years in Revolutionary China, 1925—1927*. Trans.Steven I.Levine of Dva goda v vosstavsem Kitae.Cambridge,Mass.,1971.

Vittinghoff,Natascha."Am Rande des Ruhms:Die Anfänge des modernen Journalismus in China (1860—1911)."Göttingen,2001.Revised version of "Freier Fluss:Zur Sozialgeschichte des frühen chinesischen Journalismus, 1862—1905." Ph. D. diss., University of Heidelberg,1998.Published as *Die Anfänge des Journalismus in China (1860—1911)*. Wiesbaden,2002.

———."'Chinese Newspapers''Response to the West':Strategien der *Shenbao* und Xunhuan ribao im Umgang mit westlichen Zeitungsmodellen."Paper prepared for the fifth Deutsche Forschungsgemeinschaft symposium, "Transformationen der Europäischen Expansion."Blaubeuren,1997.

———."Diskurs und Geschichte:Frauen in der Öffentlichkeit in Chinas langem 19. Jahrhundert."In *Zwischen Tradition und Revolution*(q.v.), pp.11-45.

———."Readers,Publishers and Officials in the Contest for a Public Voice and the Rise of a Modern Press in Late Qing Shanghai (1860—1880)."*Toung Pao* 87 (2001):393-455.

——. "Technik und die neue Ordnung der Stadt: Shanghai unter Strom (1850—1900)." In *Cheng—In all Sincerity* (q.v.), pp.129-48.

——. "Testing the Limits: Readers' Discussions in the *Shenbao* and Its Consequences." Paper prepared for the workshop Press, Reader and Market in China and Asia, Heidelberg, Oct.1997.

——. "Unity Vs. Uniformity: Liang Qichao and the Invention of a 'New Journalism' for China." *LIC* 23, no.1(2001): 97-143.

——. "Useful Knowledge and Appropriate Communication: The Field of Journalistic Production in Late Nineteenth Century China." In *Joining the Global Public* (q.v.), chap.4.

Waaldijk, Berteke. "Of Stories and Sources: Feminist History." In *Women's Studies and Culture* (q.v.), pp.14-25.

Wagner, Rudolf G. (Ludaofu Wagena 鲁道夫瓦格纳). "The Canonization of May Fourth." In *The Appropriation of Cultural Capital* (q.v.), pp. 66-120.

——. "The Early Chinese Newspapers and the Chinese Public Sphere." *European Journal of East Asian Studies* 1, no.1(2001): 1-33.

——. "Ernest Major." *Electronic Journal* (Heidelberg), 1996.

——. "First Encounter: Securing the Status of the Chinese Language Newspapers: Legal Guarantees and Cultural Acceptance, 1868—1890." Unpublished manuscript.

——. "Formation einer öffentlichen Sphäre in China." Paper prepared for the third Deutsche Forschungsgemeinschaft symposium, Transformationen der europäischen Expansion vom 15. bis 20. Jahrhundert. Untersuchungen zur kognitiven Interaktion europäischer und außereuropäischer Gesellschaften. Berlin, 1995.

——. "The Implied Censor in Chinese Literature." Unpublished manuscript.

——. "Joining the Global Imaginaire: The Shanghai Illustrated Newspaper *Dianshizhai huabao*." In *Joining the Global Public* (q.v.), chap.2.

——. "The Making of the Chinese Media Capital: Ernest Major and Shanghai." Unpublished manuscript in progress.

——. "The Role of the Foreign Community in the Chinese Public Sphere." *China Quarterly* 142(1995): 423-43.

——. "Shenbaoguan zaoqi de shuji chuban (1872—1875)" 申報館早期的書籍出版 (Early book publications of the Shenbao publishing house). In *Wan Ming yu Wan Qing* (q.v.), pp.169-78.

——. "The Shenbao in Crisis: The International Environment and the Conflict Between Guo Songtao and the Shenbao." *LIC* 20, no.1(199):107-38.

——."Der vergessene Hinweis: Wang Piüber den *Lao-tzu*."In *Text und Kommentar* (q.v.), pp.257-78.

Wakeman, Frederic, Jr. "The Civil Society and Public Sphere Debate: Western Reflections on Chinese Political Culture." *MC* 19, no.2 (1993): 108-38.

——."Licensing Leisure: The Chinese Nationalists' Attempt to Regulate Shanghai, 1927—49." *JAS* 54, no.1(1995):19-42.

——.*Strangers at the Gate: Social Disorder in South China, 1839—1861*. Berkeley, 1966.

Walker, Martin. *Powers of the Press: Twelve of the World's Influential Newspapers*. New York, 1982.

Waltner, Ann. "Writing Her Way out of Trouble: Li Yuying in History and Fiction." In *Writing Women in Late Imperial China*, pp.221-41.

Wan Ming yu Wan Qing: Lishi chuancheng yu wenhua chuangxin 晚明与晚清:歷史傳承与文化創新 (The late Ming and the late Qing: historical dynamics and cultural innovations), ed. Chen Pingyuan 陳平原, Wang Dewei 王德威, and Shang Wei 商偉. Wuhan, 2002.

Wang, David Der-wei. *Fin-de-Siècle Splendor: Repressed Modernities of Late Qing Fiction, 1849—1911*. Stanford, 1997.

Wang Ermin 王爾敏. *Zhongguo jindai sixiang shilun* 中國近代思想史論 (An intellectual history of modern China). Taibei, 1976.

Wang Gungwu. "Among Non-Chinese." In *The Living Tree* (q.v.), pp.127-46.

Wang, John C.Y. "Early Chinese Narrative: The *Tso-chuan* as Example." In *Chinese Narrative* (q.v.), pp.5-20.

Wang Kaifu 王凱符. *Bagwoen gaishuo* 八股文概説 (A general discussion of bagueen). Beijing, 1991.

Wang Kangnian 汪康年. *Wang Kangnian shiyou shuzha* 汪康年師友書札 (Collected letters of Wang Kangnian). Vols.1—4. Shanghai, 1989.

Wang, Y.C. *Chinese Intellectuals and the West, 1872—1949*. Chapel Hill, N.C., 1966.

Wang Zheng. *Women in the Chinese Enligbtenment: Oral and Texctual Histories*. Berkeley, 1999.

Wasserstrom, Jeffrey N. "'Civilization' and Its Discontents: The Boxers and Luddites as Heroes and Villains." *Theory and Society* 16(1987):675-707.

——."Locating Old Shanghai: Having Fits About Where It Fits." In *Remaking the*

Chinese City(q.v.),pp.192-210.

——."Mass Media and Mass Actions in Urban China,1919—1989."In *Media and Revolution*(q.v.),189-219.

——."Questioning the Modernity of the Model Settlement:Citizenship and Exclusion in Old Shanghai."In *Changing Meanings of Citizenship*(q.v.),pp.110-32.

——.*Student Protests in Twentieth Century China.The Vieco from Shanghai*.Stanford,1991.

Watson,Burton.*Ssu-ma Ch'ien:Grand Historian of China*.New York, 1958.

Watson,James L."Rites or Beliefs? The Construction of a Unified Culture in Late Imperial China."In *China's Quest for National Identity* (q.v.),pp.80-103.

Weber,Ronald."Hemingway's Permanent Records."In *Literary Journalism in the Twentieth Century*(q.v.),pp.21-52.

Wei,Betty Peh-T'i.*Old Shanghai*.Hong Kong,1993.

——.*Shanghai—Crucible of Modern China*.Hong Kong,1987.

Weisberger,Bernard A.*The American Newspaperman*.Chicago,1961.

Wen Dao 聞道."Fanyue 'ziyoutan' de suixiang"翻閱自由談的隨想(A few thoughts upon rereading the *ziyoutan*).*XWYJZL*,no.1(1979):126-27.

Wesseling,H.L."Expansion and Reaction:Some Reflections on a Symposium and a Theme."In *Expansion and Reaction*(q.v.),pp.1-14.

White,Cynthia L.*Women's Magazines,1693—1968*.London,1970.

White,David M."The 'Gatekeeper':A Case Study in the Selection of News."In *People,Society and Mass Communication*(q.v.),pp.160-72.

White,Hayden.*The Content of the Form:Narrative Discourse and Historical Representation*.Baltimore,1987.

White,Lynn,and Li Cheng."China Coast Identities:Regional,National,and Global."In *China's Quest for National Identity*(q.v.),pp.154-93.

Widmer,Ellen."Ming Loyalism and the Women's Voice in Fiction After *Hong Lou Meng*."In *Writing Women in Late Imperial China*(q.v.),pp.366-96.

Wilhelm,Richard.*I Ging:Das Buch der Wandlungen*.Jena 1924.

Williams,Samuel Wells.*The Middle Kingdom*.New York,1883.

Wilson,Richard W."Change and Continuity in Chinese Cultural Identity:The Filial Ideal and the Transformation of an Ethic."In *China's Quest for National Identity*(q.v.),pp.104-24.

Witke,Roxane H."Transformation of Attitudes Towards Women During the May

Fourth Era of Modern China." Ph.D.dis., University of California, Berkeley, 1970.

Women in China: Current Directions in Historical Scholarship. Ed. Richard W. Guisso and Stanley Johannesen. Youngstown, N.Y., 1981.

Women in Chinese Society. Ed. Margery Wolf and Roxane Witke. Stanford, 1975.

Women's Studies and Culture: A Feminist Introduction. Ed. Rosemarie Buikema and Anneke Smelik. London, 1993.

Wong Tsao Ling (Huang Renjing) 黃人鏡. *Huren baojian* 滬人寶鑒 (What the Chinese in Shanghai ought to know). Shanghai, 1913.

Wong Young-tsu. *Search for Modern Nationalism: Zhang Binglin and Revolutionary China, 1869—1936*. Hong Kong, 1989.

——. "Universalistic and Pluralistic Views of Human Culture: K'ang Yu-Wei and Chang Ping-Lin." *PFEH* 41(1990): 97-108.

Woodbridge, Isett. "The 'Eight-Legged' Essay and Its Effects upon Chinese Thought and Character." *NCH* 18 June 1902.

Wright, Arthur F. "Introduction." In *The Confiucian Persuasion* (q.v.), pp.3-20.

Wright, Mary C. "Introduction." In *China in Revolution* (q.v.), pp.1-63.

——. *The Last Stand of Chinese Conseruatism: The T'ung-chih Restoration, 1862—1874*. Stanford, 1957.

Writing Women in Late Imperial China. Ed. Ellen Widmer and Kang-i Sun Chang. Stanford, 1997.

Wu Hung. "Beyond Stereotypes: The Twelve Beauties in Qing Court Art and the *Dream of the Red Chamber*." In *Writing Women in Late Imperial China* (q.v.), pp.306-65.

Wu, Silas Hsiu-Liang. "The Memorial Systems of the Ch'ing Dynasty (1644—1911)." *HJAS* 27(1967): 7-75.

Wuxu bianfa ziliao 戊戌變法資料 (Materials on the Hundred Days Reform, 1898). Ed. Jian Bozan 翦伯贊. 4 vols. Shanghai, 1953.

Wylie, Alexander. *Memorials of Protestant Missionaries to the Chinese, Giving a List of Their Publications and Obituary Notices of the Deceased with Copious Indexes*. Shanghai, 1867. Reprinted—Taibei, 1967.

Xincwenbao 新聞報 (*1893)

"新印京報附贈告白" (Announcement on the new printing of the *jingbao* supplement). *XWB* 7.5.1893.

"廣東官報" (Official paper of Guangdong). *XWB* 7.5.1893.

"白門官報"(Official paper of Baimen).*XWB* 22.8.1893.

"京報附張啟"(Explanations to the jingbao supplement).*XWB* 1.8.1897.

"邸抄專電恭紀"(Reverential records of the court gazette specially telegraphed).*XWB* 3.8.1902.

"北京官事"(Official affairs from Beijing).*XWB* 5.8.1902.

"論上海風俗"(On the customs and mores of Shanghai).*XWB* 27—30.8.1903.

"官事"(Official Affairs).*XWB*,18.8.1907.

Xiong Yuezhi 熊月之."The Image and Identity of the Shanghainese."In *Unity and Diversity* (q.v.),pp.99-106.

——.*Xixue dongjian yu wan Qing shehui* 西學東漸與晚清社會 (The dissemination of Western learning and late Qing society).Shanghai,1995.

Xu Zaiping 徐載平."*Shenbao* guanyu Yang Naiwu an de baodao shimo"申報關於楊乃武案的報道始末 (Reports on the Yang Naiwu case in the *Shenbao*:from the beginning to the end).*XWYJZL*,no.6(1981):236-61.

Xu Zaiping 徐載平 and Xu Ruifang 徐瑞芳.*Qingmo sishinian "Shenbao" shiliao* 清末四十年申報史料(Materials on the Shenbao in the last forty years of the Qing).Beijing,1988.

Yao Fushen 姚福申."You guan dibao jige wenti de tansuo" 有關邸報幾個問題的探索 (Several questions concerning the *dibao*).*XWYJZL*,no.9(1981):107-26.

——."Zhongguo gudai guanbao mingshi kao(xu)"中国古代官報名實考(續)(The names of official gazettes in traditional China,continued).*XWYJZL*,no.34(1986):114-26.

Yao Gonghe 姚公鶴.*Shanghai xianhua* 上海閑話 (Idle talk about Shanghai).Shanghai,1917.

Yarros,Victor S."The Press and Public Opinion."*American Journal of Sociology* 5 (1899—1900):372-82.

Ye Weili."'*Nü Liuxuesheng*': The Story of American-Educated Chinese Women, 1880s—1920s."*MC* 20,no.3(1994):315-46.

Ye Xiaoqing."Popular Culture in Shanghai.1884—1898."Ph.D.diss.,Australian National University,1991.Published as *The Dianshizhai Pictorial:Shanghai Urban Life,1884—1898*.Ann Arbor,2003.

——."Shanghai Before Nationalism."*EAH* 3(1992):33-52.

Yeh,Catherine Vance."City,Courtesan,and Intellectual:The Rise of Entertainment Culture in Shanghai 1850—1910."Seattle,forthcoming 2005.

——."Creating a Shanghai Identity: Late Qing Courtesan Handbooks and the Formation of the New Citizen." In *Unity and Diversity* (q.v.), pp.107-24.

——."Deciphering the Entertainment Press, 1896—1920: *Youxi bao*, *Shijie fanhua bao* and Their Descendants." Published as part of *Joining the Global Public* (q.v.), chap.3.

——."How to Become Shanghai: Courtesan Handbooks and the Making of the New Citizen." Paper presented at the Annual Conference of the British Association of Chinese Studies, Oxford, Sept.1993. Published as "Reinventing Ritual: Late Qing Handbooks for Proper Customer Behavior in Shanghai Courtesan Houses." *LIC* 19, no.2(1998):1-63.

——."Li Boyuan and His Shanghai Entertainment Newspaper *Youxi bao*." Published as part of *Joining the Global Public*, (q.v.), chap.3.

——."The Life-styles of Four Shanghai Wenren in Late Qing China." *HJAS* 57, no.2 (1997):419-70.

Yeh Wen-hsin."Progressive Journalism and Shanghai's Petty Urbanites: Zou Taofen and the Shenghuo Enterprise, 1926—45." In *Shanghai Sojourners* (q.v.), pp.186-238.

Yibao 益報(˚1875)

"論申報改 上論悖謬"(On *Shenbao*'s heresy in changing edicts). *Yibao* 20.11. 1875.

Yin Yungong 尹韻公."Lüelun *Wanli dichao*" 略論"萬歷邸抄"(A brief discussion of the *Wanli dichao*). *XWYJZL*, no.45(1989):75-90.

——."Lun Mingdai dibao de chuandi, faxing he yinshua"論明代邸報的傳遞發行和印刷(The transmission, publication, and printing of the *dibao* during the Ming). *XWYJZL*, no.48 (1989):106-28.

Yongbao 甬報(˚1881)

"申報置疑"(Doubts with regard to the *Shenbao*). *Yongbao* 3, no.7(1881).

Yoshikawa Kojiro."The *Shih-shuo Hsin-yu* and Six Dynasties Prose Style." In *Studies in Chinese Literature* (q.v.), pp.166-83.

Young, Marilyn B."Virtuous Wives and Good Mothers—Women in Chinese Society." In *Tradition and Creativity* (q.v.), pp.20-39.

Youxibao 遊戲報(˚1896)

"大腹賈傳"(Biography of a fat businessman). *YXB* 1.4.1899.

Zamperini, Paola."But I Never Learned to Waltz: The 'Real' and Imagined Education of a Courtesan in the Late Qing." *Nannü* 1, no.1(1999):107-44.

Zeitlin, Judith. *Historian of the Strange: Pu Songling and the Chinese Classical Tale*. Stanford, 1993

Zhang Kaiyuan."Characteristics of the Trend of Patriotism in the 1911 Revolution." Paper presented at the 34th Annual Meeting of the Association of Asian Studies, Chicago, 1982.

——."The Slogan 'Expel the Manchus' and the Nationalist Movement in Modern Chinese History." In *The 1911 Revolution in China* (q.v.), pp. 33-48.

Zhang Yingjin. *The City in Modern Chinese Literature and Film: Configurations of Space, Time, and Gender*. Stanford, 1996.

Zhang Zhenhua. *Chinesische und europäische Rhetorik: Ein Vergleich in Grundzügen*. Frankfurt, 1990.

Zhang Zhidong 張之洞."Yue bao" 閱報 (Reading newspapers). 1898. Reprinted in *Baibu congshu jicheng: jianxi cunshe huikan* 百部叢書集成漸西村社彙刊, pt.10, Taibei, n.d.

Zhong Qiyuan 鍾啓元."*Shenbao* baodao Yang Naiwu an shi yu heshi?" 申報報道楊乃武案始于何時 (When did reporting on the Yang Naiwu case begin in the *Shenbao*?) *XWYJZL*, no.37(1987):204.

Zhongguo xiandai chuban shiliao 中國現代出版史料.Ed.Zhang Jinglu 張静蘆.5 vols. Beijing, 1954.

Zhongguo xinwen shiye tongshi 中国新聞事業通史 (A history of the Chinese newspaper business).2 vols.Ed.Fang Hanqi 方漢奇.Beijing, 1996.

Zhonghua quanguo fengsu zhi 中華全國風俗志 (A guide to the customs of China). Ed.Hu Pu'an 胡樸安 .Shanghai, 1988.

Zhu Junzhou 祝均宙."Shanghai xiaobao de lishi yan'ge" 上海小報的歷史沿革 (Tracing the history of the Shanghai tabloid press).3 pts. *XWYJZL*, no.42(1988):163-79;no.43:137-53;no.44:201-20.

Zi, Etienne. *Pratique des examens littéraires en Chine*. Shanghai, 1894.

Zottoli, Angelo. *Cursus litteraturae sinicae: neo-missionariis accommodatus*. 5 vols. Shanghai, 1879-82.

Zuijin zhi wushi nian: 1872 nian-1922 nian. Shenbao wushi zhounian jinian 最近之五十年：1872年—1922年. 申報五十周年紀念 (The fifty years that just passed: 1872—1922. In commemoration of the fiftieth anniversary of *Shenbao*).Shanghai, 1922.Reprinted—Shanghai, 1987.

Zürcher, E. "Western Expansion and Chinese Reaction." In *Expansion and Reaction* (q.v.), pp.59-77.

Zwischen Tradition und Revolution:Lebensentwürfe und Lebensvollzüge chinesischer Frauen an der Schwelle zur Moderne.Ed.Monika Übelhör. Marburg,2001.

《申报》文章条目

以下为本书正文中提及或注释中引用的《申报》文章条目,按刊载日期先后排序。括号内的数字表示该文章在英文原著中出现的页码(参见中译本边码)。

1872

《本馆告白》,1872年4月30日(13,14,20,24,31,98,111,136,249)

《本馆条例》,1872年4月30日(14,77,99,110)

《金节妇传》,1872年5月6日(295)

《申江新报缘起》,1872年5月6日(13,14,15,17,29)

《招刊告白引》,1872年5月7日(17)

《本馆自述》,1872年5月8日(32,99)

《商贾论》,1872年5月11日(140)

《本馆告白》,1872年5月16日(99)

《本馆自叙》,1872年5月20日(99)

《本馆告白》,1872年5月22日(136)

《本馆告白》,1872年5月23日(136)

《缠足说》,1872年5月24日(287)

《续沪上西人竹枝词》,1872年5月30日(111,323)

《轮船论》,1872年5月30日(342)

《陈女苦志》,1872年5月31日(294)

《本馆谨启》,1872年6月6日(215)

《信局论》,1872年6月7日(140,215)

《邸报别于新报论》,1872年7月13日(14,25,174,176,179)

《本馆辨诬论》,1872年7月31日(16)

《假官诓骗》,1872年8月3日(207)

《清官笑柄》,1872 年 8 月 8 日(207)

无题告白,1872 年 8 月 24 日(216)

《洋场求食论》,1872 年 9 月 4 日(342)

《沪北竹枝词》,1872 年 9 月 8 日(323,326)

《本馆自叙》,1872 年 9 月 9 日(32)

《烈女殉节》,1872 年 9 月 13 日(295)

《上海洋场序——仿滕王阁序》,1872 年 9 月 13 日(330,331,332)

《上海竹枝词》,1872 年 9 月 20 日(327)

《马烈女行》,1872 年 10 月 8 日(295)

《李烈女金烈妇合传》,1872 年 10 月 10 日(295)

《专利论》,1872 年 10 月 26 日(137,157)

《致富论》,1872 年 11 月 14 日(139)

《论孝子剜臂奉母》,1872 年 12 月 17 日(92)

1873

《严责碰头风俗论》,1873 年 1 月 21 日(134,271,342)

《论女堂倌周小大结案事》,1873 年 2 月 12 日(15,110,268,271)

《申报馆赋》,1873 年 2 月 15 日(14,99,123,216,334)

《为小失大》,1873 年 2 月 19 日(87)

《男遭妇辱》,1873 年 2 月 19 日(90,342)

《上海饮水秽害亟宜清洁论》,1873 年 2 月 28 日(126,148)

《记逆妇惨报》,1873 年 3 月 20 日(91)

《日本禁食米饭》,1873 年 4 月 9 日(88,91)

《鬼怪新事》,1873 年 4 月 9 日(93)

《虹口礼拜堂中国男女接亲》,1873 年 4 月 11 日(88)

《厌生乐死》,1873 年 4 月 29 日(87,290)

《无属浮尸》,1873 年 4 月 29 日(88)

《论中国京报异于外国新报》(《申报》,1873 年 7 月 18 日(26,28,174)

《海外奇论》,1873 年 8 月 1 日(342,346)

《苏省抚辕抄》,1873 年 8 月 11 日(212)

《论各国新报之设》,1873 年 8 月 18 日(16,24,30,34,58,112)

1874

《驳香港西报论申报事》,1874年12月25日(100)

1875

《主客问答》,1875年1月28日(32,128,225,229)
《与申报馆论申报纸格式鄙见》,1875年3月13日(32,58,231,250)
《论读书》,1875年6月30日(58,161)
《延友访事告白》,1875年7月7日(99)
《论新报体裁》,1875年10月8日(32)
《论本馆作报本意》,1875年10月11日(15,32,142)

1876

《书初九日本报录杨乃武案诸件后》,1876年2月5日(233)
《论女学》,1876年3月30日(278)
《劝看民报》,1876年5月19日(250)

1877

《窑郡瑞雪》,1877年2月1日(87,89)
《瑞雪兆丰》,1877年2月1日(90)
《岁试开考》,1877年2月1日(88)
《章门近闻》,1877年2月1日(89)
《失银伤命》,1877年2月8日(87,91,290)
《论本报销数》,1877年2月10日(14,99)
《论治国当以富教为先务》,1877年2月27日(158)
《选新闻纸成书说》,1877年3月28日(5,17,24,34,99,100,212)
《论命数》,1877年3月29日(91)
《数为理之余说》,1877年3月30日(72,76,112)
《妇科第一》,1877年5月30日(260)
《论机器能言》,1877年5月24日(331,333)

《论老男勿贪少女》,1877年5月31日(272)
《论山西劝捐办赈》,1877年8月24日(226)
《余节妇传》,1877年9月7日(295)
《论欲效西法》,1877年9月8日(342)
《再论欲效西法》,1877年9月11日(342)
《及时行乐说》,1877年9月29日(336)
《上海乐事解》,1877年10月13日(110,331,332,335,342)
《论印度法国二处传来奇谈》,1877年11月9日(71,111,331,425)
《论教》,1877年12月15日(165)

1878

《论礼别男女》,1878年8月9日(271)
《读沠剿李逆 上谕恭志》,1878年12月25日(226)

1879

《本馆告白》,1879年3月10日(216)
《本馆告白》,1879年3月12日(216)

1880

"愤言",1880年10月8日(417)

1882

《义学关系人才宜兼教西学说》,1882年1月9日(166)
《崇尚西人之学辩》,1882年1月23日(163)
《论乐中苦境》,1882年2月11日(71,336,342)
《风气日开说》,1882年2月23日(76,325,331,342,344,427)
《论京报贵速不贵迟》,1882年3月4日(218,220)
《浙省抚辕抄》,1882年3月7日(212)
无题告白,1882年3月8日(214,217)
《述西人论中国贵男贱女之俗》,1882年4月17日(272,285)

《野鸡扰事》,1882 年 5 月 12 日(292)
《孕妇踏毙》,1882 年 5 月 13 日(289)
《论诱娼》,1882 年 5 月 20 日(292)
《神效白带丸》,1822 年 5 月 26 日(261)
《老德记傅发水》,1882 年 5 月 28 日(265)
《乐善堂妇科四宝》,1882 年 5 月 31 日(261)
《妇人调经丸》,1882 年 5 月 31 日(261)
《调经种子坤顺丸》,1882 年 5 月 31 日(261)
《京师琐闻》,1882 年 8 月 2 日(207)
《本馆自己接到电音》,1882 年 8 月 3 日(212)
《浙江抚辕抄》,1882 年 8 月 10 日(212)
《自来水》,1882 年 9 月 17 日(330)
《书禁妇女拣茶示后》,1882 年 12 月 30 日(110,271,272)

1883

《袁江官报》,1883 年 8 月 23 日(212)
《袁江官报》,1883 年 8 月 28 日(212)

1884

《烟馆茶楼宜禁妇女说》,1884 年 6 月 23 日(271)

1886

《论新闻纸之益》,1886 年 8 月 11 日(15,18,24,30,31)

1887

《论缉私难而不难》,1887 年 1 月 19 日(142,143,157)
《禁淫戏议》,1887 年 2 月 21 日(271)
《历劫记》,1887 年 2 月 27 日(79)
《餐花小记》,1887 年 3 月 8 日(80)
《论书院流弊》,1887 年 3 月 19 日(162)

《海天三友图记》,1887 年 4 月 1 日(79)
《徐园品兰记》,1887 年 4 月 4 日(80,323,331)
《缉私不可扰民说》,1887 年 4 月 19 日(142,143,157)
《皇州春色》,1877 年 4 月 19 日(87)
《东京米少》,1887 年 4 月 27 日(88)
《包治经期腹痛丸》,1887 年 5 月 2 日(262)
《广东接元堂应验八集》,1887 年 5 月 4 日(261)
《砭俗论》,1887 年 8 月 2 日(331,336)
《京师纪事》,1887 年 8 月 23 日(207)
《论夜游之害》,1887 年 9 月 2 日(331,342)
《戏梦说》,1887 年 9 月 9 日(116,329)
《蒙养篇》,1887 年 9 月 30 日(342)
《房屋当以时修葺说》,1887 年 10 月 5 日(331,332)
《洗尘雅集小记》,1887 年 11 月 30 日(79)
《论台基之难禁》,1887 年 10 月 25 日(342)
《论放利之害》,1887 年 10 月 27 日(143,144)
《洗尘雅集小记》,1887 年 11 月 30 日(79)

1888

《论虐妓事》,1888 年 5 月 25 日(292)
《京邸琅函》,1888 年 8 月 8 日(207)
《书彭宫保巡阅水师事竣折后》,1888 年 8 月 25 日(200)

1892

《宜亟振兴西学议》,1892 年 1 月 10 日(58,166)
《杂杨春传》,1892 年 2 月 8 日(87)
《岳降嵩生》,1892 年 2 月 12 日(87)
《闽歧春声》,1892 年 2 月 12 日(87)
《参茸坤顺丸》,1892 年 5 月 12 日(261)
《论今昔商情之不同》,1892 年 2 月 25 日(144)
《论奇技不独出泰西》,1892 年 3 月 3 日(163)
《论巡缉私盐》,1892 年 3 月 12 日(144)

《日本官报》,1892年3月18日(207)
《论造就人才》,1892年4月2日(71)

1893

《论振兴女学》,1893年1月20日(279)
《妇女不宜轻出闺门》,1893年8月21日(271)

1895

《论画报可以启蒙》,1895年8月29日(14,251)

1897

《论沪上妓女之苦》,1897年1月12日(71,82,292)
《论中国欲人人识字必先以妇女识字为始并推言妇女不读书之害》,1897年1月17日(280)
《书客述妓女之苦》,1897年1月19日(82)
《申论中国妇女宜皆读书识字之益并议中国宜设女学校开女科第颁女法律》,1897年1月23日(280)
《新说》,1897年2月6日(77,158)
《日东火警》,1897年2月7日(88)
《南海潮音》,1897年2月7日(87)
《教子婴孩广义》,1897年2月25日(162)
《四明山色》,1897年2月28日(87)
《用财说》,1897年3月10日(342)
《论商务以公司为最善》,1897年3月12日(149)
《论中国妇女佞佛陋俗》,1897年3月24日(272)
《津桥鹃语》,1897年4月8日(87)
《云津琐记》,1897年4月22日(87)
《论设立学塾宜筹持久之计》,1897年4月29日(166)
《论中国宜广设女学塾》,1897年4月30日(281)
《种子最速人参必孕丹》,1897年5月8日(262)
《效法泰西以行善举议》,1897年5月31日(342)

《论敝俗》,1897 年 8 月 12(342)日
《论中国宜仿西俗设戒酒戒烟等会》,1897 年 8 月 30 日(342)
《与西友论报纸体例》,1897 年 10 月 17 日(24,29,99)

1898

《脚踏车将来必盛行说》,1898 年 4 月 1 日(77,170,316,428)
《论居沪之不易》,1898 年 6 月 28 日(342)
《八股辨》,1898 年 8 月 6 日(58)
《整顿报纸刍言》,1898 年 8 月 15 日(18,88,99,236)
《整顿报纸刍言》,1898 年 8 月 24 日(68)

1900

"愤言",1900 年 6 月 17 日(364,365,366,417)
《论义和拳匪万无可抚之理》,1900 年 6 月 21 日(365,366)
《剿拳匪宜调外兵说》,1900 年 6 月 23 日(365,366)
《纪客述京师乱耗》,1900 年 6 月 24 日(364,365,366)
《补纪客述大沽交战情形》,1900 年 6 月 26 日(366)
《愤言》,1900 年 7 月 1 日(364,365,417)
《与客谭京师匪乱事慨而书此》,1900 年 8 月 17 日(366)
《愤言》,1900 年 8 月 19 日(364,365,366,417)

1901

《本馆第一万号记》,1901 年 2 月 14 日(27)

1902

《论美国议禁华人事》,1902 年 1 月 14 日(368)
《议院不可行于中国说》,1902 年 1 月 20 日(162,164)
《讲开西学特科议》,1902 年 3 月 23 日(58,111,112,166)
《读三月二十七日 上谕谨书于后》,1902 年 5 月 7 日(226)
《女婴诉苦》,1902 年 5 月 14 日(297)

《妇女白带圣药》,1902年5月23日(262)
《古今第一妇科》,1902年5月23日(262)
《谨注四月初五日 上谕后》,1902年5月24日(227)
《读本月十九日 上谕谨书于后》,1902年6月26日(191,227)
《读五月二十五日 上谕谨书于后》,1902年7月2日(228)
《通商论》,1902年9月20日(111,153)
《记美人虐待华人事》,1902年9月28日(370)
《论美人虐待华人事》,1902年9月29日(371)
《论沪上小钱店之可恶》,1902年10月15日(342)
《论学堂课程宜简 并定设立专门学堂》,1902年11月11日(163)
《保利说》,1902年11月12日(153,157)
《论译学》,1902年11月28日(112,164)
《书本报纪议员格斗事后》,1902年12月17日(31)

1903

《兴女学说》,1903年10月12日(281)

1905

《本馆整顿报务举例》,1905年2月7日(14,15,24,103)
《驻美梁使电陈筹抵华工禁约办法六款》,1905年6月23日(373)
《松郡抵制华工禁约传单》,1905年6月23日(374)
《镇郡抵制华工禁约》,1905年6月28日(374)
《华工禁约仍须在美磋商》,1905年7月4日(373)
《正美货之名以定实行抵制办法说》,1905年7月24日(375)
《直督拟开办半官报》,1905年9月6日(238)
《杜绝美货实行抵制条议》,1905年8月15日(375)

1906

《男女分教合教平义》,1906年6月22日(279,284)

1907

《箴志士》,1907 年 1 月 1 日(348)
《扬州饥民惨状记》,1907 年 1 月 4 日(80)
《论近日人心之陷溺》,1907 年 1 月 26 日(154,157,158)
《论中国人口中多公名词》,1907 年 3 月 5 日(71)
《说嫖》,1907 年 3 月 6 日(78,339,342)
《说欺》,1907 年 3 月 13—14 日(84)
《上海官事》,1907 年 3 月 24 日(207)
《说乱》,1907 年 3 月 27 日(78)
《官事》,1907 年 3 月 29 日(207)
《保赤灵丹》,1907 年 5 月 17 日(262,265,266)
《妓女苦况》,1907 年 5 月 20 日(291)
《中将汤》,1907 年 5 月 23 日(263)
《健脑丸》,1907 年 5 月 25 日(263)
《中将汤》,1907 年 5 月 28 日(262)
《江督示禁缠足》,1907 年 5 月 29 日(267,268)
《劝中国青年》,1907 年 5 月 23 日(263)
《每月丸》,1907 年 5 月 30 日(262,263)
《极重大龟》,1907 年 11 月 24 日(88)
《保富说》,1907 年 12 月 19 日(153)

1908

《报馆开幕伟人美查事略》,1908 年 3 月 29 日(46)

1909

《说报》,1909 年 9 月 19(15)

1911

《海上闲谈》,1911 年 5 月 10 日(324)

《海上闲谈》,1911年9月24日(324,325)
《革命党又事泄》,1911年10月12日(379,380)
《记本埠惊闻武昌失守情形》,1911年10月12日(378)
《专电:武昌失守》,1911年10月12日(378)
《续记本埠惊闻鄂乱情形》,1911年10月13日(381)
《武昌革命》,1911年10月13日(380)

1912

《共和民国大总统履任祝词》,1912年1月1日(111,118,227,228,429)
《清帝逊位问题》,1912年1月20日(124)
《民社缘起》,1912年1月20日(124)
《清谈》,1912年1月27日(124)
《女士造福社会》,1902年2月3日(299)
《教育部总长蔡元培对于新教育之意见》,1912年2月8—10日(124,165)
《卫生谈》,1912年3月6日(258)
《清谈》,1912年3月7日(15)
《卫生谈》,1912年3月8日(258)
《清谈》,1912年3月18日(15,106)
《女子以武力要求参政权》,1912年3月24日(88)
《论女子要求参政权问题》,1912年3月25日(88)
《发起中华民国女子国学会启》,1912年3月27日(88)
《十可怕》,1912年4月6日(106)
《摹仿西人》,1912年4月22—30日(348)
《病人换脑》,1912年4月28日(88,96)
《妇女卫生书》,1907年5月31日(263,268)
《新女界杂咏》,1912年5月1日(301)
《产妇》,1912年5月3日(265)
《去私篇》,1912年5月5日(124,156)
《杀人祭鬼》,1912年5月5日(95)
"爱兰百利代食粉"Allenburys Diet 广告,1912年5月7日(267)
《订婚之改良》,1912年5月7日(298)
《女界宝》,1912年5月7日(263)
《离婚之习俗》,1912年5月8日(298)

《中将汤》,1912年5月10日(263,264)
《拐失女子》,1912年5月16日(290)
《妇女之责任》,1912年5月16日(262,263)
《两女士权利之竞争》,1912年5月21日(298,299)
《余妻王氏》,1912年5月31日(264)
《误解四书画》,1912年8月27日(171)
《论女子宜注重道德》,1912年9月5日(300)
《时评三》,1912年9月6日(299)
《自由女之新婚谈》,1912年9月19日(258,298)
《时评三》,1912年9月24日(299)
《自由结婚》,1912年10月3日(298)
《民国创造一周年之纪念》,1912年10月10日(384)
《今日之日》,1912年10月10日(384)
《纪念会中之纪念品》,1912年10月10日(384)
《时评》,1912年10月10日(384)
《大国民固宜如是》,1912年11月3日(105)
《言论家之天职》,1912年11月6日(105)
《电话结婚》,1912年11月13日(88)
《死而复生之女子》,1912年11月14日(95)
《请政府毋欺国民》,1912年12月2日(105)
《余谓今日之最可危者》,1912年12月14日(105)

1919

《山东问题警耗》,1919年5月5日(387)
《外交协会陈述山东问题》,1919年5月5日(386)
《欧会中山东问题之经过》,1919年5月5日(386)
《京中各界对山东问题之奋起》,1919年5月6日(386)
《民气》,1919年5月6日(388)
《表示》,1919年5月6日(387)
《北京通信(一)》,1919年5月6日(387)
《北京通信(二)》,1919年5月6日(387)
《专电》,1919年5月6日(389)
《山东旅沪商人电争青岛》,1919年5月6日(389)

《解散大学之无识》,1919年5月7日(387,388)
《北京学生示威行动之别报》,1919年5月7日(389)
《都人对青岛问题之奋起》,1919年5月7日(389)
《决心》,1919年5月7日(388)
《专电》,1919年5月7日(389)
《外交协会之最近宣言》,1919年5月10日(385,386)
《传闻误会》,1919年5月17日(389)
《妇女白带药球》,1919年7月24日(262)

1925

《本埠新闻》,1925年5月31日(392)
《哭南京路被害的学生》,1925年6月1日(376,394)
《三言两语》,1925年6月1日(393)
《本埠新闻》,1925年6月1日(392)
《罢市》,1925年6月2日(392)
《本埠新闻》,1925年6月2日(392,393)

1928

《申报二万号纪念感言》,1928年11月19日(401)

索 引

"索引"部分所列数字表示该词汇/姓名/题名在英文原著中出现的页码(参见中译本边码)。

Allen, Young J. 林乐知,19n,38n,45,46,47,54n,303n
Advertisements 广告,6,259-268,315-322

Baguwen 八股文(examination essay),51,56-69,85-86,105-106,112,162
Bamboo-rhymes 竹枝词,284,312n,316n,322-330
Baofang 报房(publishing house for the court gazette),180-185,187,211-219
Beijingnübao 《北京女报》,256
Beiyang guanbao 《北洋官报》,29n,36n,212n,236n,237-239
Bennett, James Gordon 詹姆斯·戈登·贝内特,1,11
Bicycles 脚踏车,69,77-78,170n,273,298n,316-317,417,428
Birth control 生育控制,69,71-72,426-427
Book of Changes 《易》,《易经》,77,147,148,152,153,158n,169n,216
Book of Documents 《尚书》,28n,63n,70n,120,122,140n,147,148,158n,161,164,169,169n
Book of Odes 《诗》,《诗经》,77,120,122,127,169n,170n,296
Boxer Rebellion 义和团运动,363-367,368,369,381,391
Boycott of 1905 1905年抵制美货运动,367,371-377

Cai Yuanpei 蔡元培,165,406
Chashisu meiyue tongji chuan 《察世俗每月统记传》(A monthly record, containing an investigation of the opinions and practices of soecity),132

Chastity 贞洁, 贞操, 202-203, 294-297, 308n

Chen Leng 陈冷, 401n

Chen Jitong 陈季同, 351

Chiang Monlin (Jiang Menglin) 蒋梦麟, xx, 314, 353

Chunqiu 《春秋》, 100n, 103, 127, 128n, 231-232

Civilized (countries) 文明（国家）, 26, 81, 126, 153, 237, 285, 316n, 322, 351, 381, 346, 369, 370, 371n, 396, 427

Coeducation 男女合教, 男女共学, 160, 279-280, 284

Commentaries 评论, 短评, 104-107, 269-282

Confucius 孔子, 102, 121, 123, 124n, 125n, 126, 127, 129, 130, 132, 133, 134, 135, 139, 144, 145, 147, 148, 150, 151, 157, 163, 165, 231, 232, 272n, 385, 388

Courtesans 名妓, 71n, 73-74, 82-83, 275, 290-293, 298, 317; and prostitution 妓业, 69, 78, 86, 195-196; and Shanghai 名妓与上海, 272, 286, 292n, 309, 324-330, 332, 336, 338n, 339n, 347, 348, 357

Dana, Charles 查尔斯·达纳, 1, 11

Dianshizhai huabao 《点石斋画报》, 50, 251, 273, 302-303

Dibao 邸报, 24-25, 177-179

Dongxiyangkao 《东西洋考》(Inquiry of the Eastern and Western oceans), 134

Dyce, Charles 查尔斯·戴斯, 346

Editorials, 论说, 社论, 55-86, 110, 269-286, 330-343

Education 教育, 教化, 2, 54, 58, 77, 99, 107, 111n, 124-125, 128-129, 135-136, 158-168, 174, 251, 334, 352-353, 355; and the newspaper 教育与报纸, 11, 12n, 14, 18-19, 21-22, 27, 38, 50, 250, 252-257, 323, 335-336, 341, 343, 387; women's 女性教育 69, 158, 160, 162, 246, 252-257, 263, 268, 275n, 276-286, 299n, 302, 307, 311n, 361, 414

Enlightened countries 文明国家, 参见 Civilized (countries)

Examination essay 八股文, 51, 56-69, 85-86, 105-106, 112, 162

Exclusion Act 排华法案, 361-371

Fact and fiction 事实与虚构, 43-44, 94-104, 107, 113-117, 203, 207

Factuality and objectivity　事实性与客观性，43-44，64，82，94-104，107，113-117，413

Famine　饥荒，71-72，80-81，226n

Footbinding　缠足，15，285，287-288，303n，311n

Fryer, John　傅兰雅，44n，46n

Funü shibao　《妇女时报》，254n，310n

Funü zazhi　《妇女杂志》，254n

Garden Bridge Debate　花园桥论辩，137-139

Geming huabao　《革命画报》，406

Godkin, E. L.　E. L. 戈德金，420-421

Gong'an xiaoshuo　公案小说（court case fiction），104，207n

Gongmenchao　宫门抄（palace gate jottings; i.e., court news），89-90，103，184，188

Greeley, Horace　霍勒斯·格里利，1

Guanbao　官报（official papers），36，212n，236-240

Guo Songtao　郭嵩焘，34n，271n，347n

Guomin ribao　《国民日日报》，378n

Guomin zhi mu　国民之母（mother of citizens），255，257，268，284

Gutzlaff, Karl Friedrich August　郭士立，45，134

Han Feizi　韩非子，77，141n，170n

Handshaking ritual　握手礼，299-300，334n

Huang Xiexun　黄协埙，68，325n，351n

Huang Xing　黄兴，378

Hauser, Ernest　欧内斯特·霍塞，345-346

Hubao　《沪报》，37n

100 Days Reforms　百日维新，70，409

Ji　记（record），6，68，78-81

Jiaohui xinbao　《教会新报》，19n，38n，46n，50，303n

Jingbao　京报（court gazette），3，5，7，21，24-27，47-51，94-95，173-242

Jingzhong ribao　《警钟日报》，378n，406

Journalism education　新闻教育，13n，96

Kang Youwei 康有为, 22n, 69, 128n, 129n, 285n

Li Boyuan 李伯元, 82, 291, 355n
Li Hongzhang 李鸿章, 190, 201-202, 220n
Li Yuanhong 黎元洪, 381-382
Libailiu 《礼拜六》, 258n
Liji 《礼记》, 28, 169n
Liang Afa 梁发, 46n
Liang Qichao 梁启超, 13, 19-23, 27-28, 33, 47-48, 58, 69, 77, 85, 108-113, 208, 288n, 325n, 333n, 378, 412n; on newspapers 梁启超论报纸, 21-23; on "Young China" 少年中国说, 109-113; on girl's schools 论女学, 284n
Lin Zexu 林则徐, 35
Linglong 《玲珑》, 256n
Literary journalism 文学性新闻, 5, 43-118, 198
Lu Xun 鲁迅, 102n, 135, 154n, 308n, 333n
Lun 论 (essay), 6n, 56-75, 425-427

Major, Ernest 美查, 2, 3, 32n, 44-37, 53n, 68, 77n, 98-100, 249, 346
May Fourth movement 五四运动, 247n, 277, 311n, 335, 384-390
May Thirtieth movement 五卅运动, 390-397, 431-432
Medhurst, Walter Henry 麦都思, 45, 133
Medicine 药, 74-75, 191, 199, 200; foreign 西药, 15, 262, 263, 265, 294, 316, 317, 319-321; women's 妇科, 260-266
Mencius 《孟子》, 60n, 66, 77, 119, 120, 121, 126, 127, 143, 144, 145, 147, 148, 150, 151, 155, 158n, 162n, 163, 164, 165, 166n, 169, 231n, 370, 385
Merchants 商人, 2, 44-46, 131, 135-158; as readers of newspaper 作为报纸读者, 13, 19, 26
Milne, William 米怜, 44n, 45, 46n, 132
Minbao 《民报》, xx, 14, 250-251, 302
Minguo ribao 《民国日报》, 391n
Minhu ribao 《民呼日报》, 399-401, 406
Morrison, Robert 马礼逊, 132

Nation, *The* 《国家》，420

Nationalism 民族主义，5，6，10，16，18，32，37，60-62，78，149n，154，172，219，257，267n，269-286，288n，302，304，306-308，313-315，342，347，359-407，411，414n，415，416

Neige guanbao 《内阁官报》，36n，239，

New Culture Movement 新文化运动，247n，277，311n，335，384-390

New journalism 新新闻主义，114-115

News reports 新闻报道，86-104，286-301

New York Evening Post 《纽约晚邮报》，420

New York Herald 《纽约先驱报》，1，11

New York Sun 《纽约太阳报》，1，11

New York Tribune 《纽约论坛报》，1

North China Herald (and *Daily News*) 《北华捷报》（及《字林西报》），187-204，367，372，382，385，391，395-397，409-410

Nübao 《女报》，254n

Nüxuebao 《女学报》，254

Nüzi shijie 《女子世界》，254n，255

Objectivity 客观性，43-44，94-104，107，113-117，203，207

Overseas Chinese 海外华人，150，153-154，156，373

Pictorials 画报，251-253

Power of the press 报刊影响力，1-9，11-13，15-18，20，22，27，33-39，55，128，135，165，171，229，235，302，311，361，363，372n，377，402，405，409-421

Prince Gong 恭亲王，35-36

Profit 利，135-158，387-389

Prostitution 妓业，69，78，86，195-196

Public opinion 舆论，2n，12-13，15-18，37n，63，66-67，103，106-107，116n，175，225n，289n，337n，388-389，398n，407n，410-411

Public sphere 公共领域，2-4，6，33，39，65n，173，229，241，411，416，418，420；defined 关于其界定，2；Habermasian concept 哈贝马斯意义上的，2n，6n，411

Pulitzer, Joseph 约瑟夫·普利策，1，12-13

Qingtan 清谈（pure deliberations），15，104-107，300

Qingyi 清议（pure discussion），16n，27n，403n

Qingyibao 《清议报》，58，251

Qiu Jin 秋瑾，254-255，286，301n，306，384n

Railways 铁路，15，69，149n，400，417，427

Readers 读者，11，95n；Chinese 中国读者，4，5，7，9，31-33，44，54，59，75，116，207；of the official press 官报读者，26，176，187，194，203-206，208，217；numbers 数量，38；as contributors to the newspaper 作为报纸投稿人，39，84，137，231，271，322n，323n，327n，415；trained in the Classics 受过经典训练的，126-127，133，139，147，151，157，170，277-279；all-inclusive 包纳所有阶层的，136，240，250，252，406，410，418-419；female 女性读者，246-247，251，252-253，254，268，286，303；male 男性读者，304，305，310，national 全国读者，359，361，387，394

Record of Rites 《礼记》，28，169n

Records of the Grand Historian 《史记》，14，63n，87，106，119，141

Revolution of 1911 辛亥革命，377-384

Rockhill, William 柔克义，372-373，375n

Rulin waishi 《儒林外史》（The scholars），58，203

Shanghai：as the immoral city 上海作为罪恶之城，71n，80，90-91，126，134n，135，143n，148，266，270-272，291n，324-330，335-343；as hotbed of nationalism 作为民族主义温床，361-363，415；as the model of modernity and civilization 作为现代性与文明的典范，416-417，428

Shanghaixinbao 《上海新报》，44n，46n，47，50，51，68n，95n，157n，170，315n，417n

Shangshu 《尚书》，28n，63n，70n，120，122，140n，147，148，158n，161，164，169，169n

Shenbao 《申报》：foreign management and style 西人管理的西式报纸，2-3，18-19，23-24，30-33，46-47n，53，69，98，100，230-232，367，401；layout reform 改版，51-53，77

Shenzhounübao 《神州女报》，254n，256n

Shibao 《时报》（*The Eastern Times*），14n，27-28，49，51，97n，105n，214n，378，383

Shiji 《史记》, 14, 63n, 87, 106, 119, 141

Shijie fanhua bao 《世界繁华报》(*Vanity Fair*), 82n

Shijing 《诗经》, 77, 120, 122, 127, 169n, 170n, 296

Shiping 时评 (timely criticisms), 51, 104-106

Shishi xinbao 《时事新报》, 392-393n

Shiwubao 《时务报》(*The Chinese Progress*), 21, 50, 108n, 208, 236, 251

Shu 书 (letters), 81

Shujing 《书经》, 28n, 63n, 70n, 120, 122, 140n, 147, 148, 158n, 161, 164, 169, 169n

Shuo 说 (personal essay), 68, 75-78, 427-428

Spring and Autumn Annals 《春秋》, 100n, 103, 127, 128n, 231-232

Steamships 火轮船, 15, 331, 216, 217, 219, 314, 315, 331-333, 335, 342, 346, 364

Subao 《苏报》, 378n

Sun Jianai 孙家鼐, 28

Sun Zhongshan (Sun Yatsen) 孙中山, 118-123, 299, 429-430

Tan Sitong 谭嗣同, 70, 277

Technology (forgeign) 西技, 44, 45n, 153n, 160, 163, 306, 334-335, 415, 418, 427, 428

Telegraph 电报, 23, 37n, 50, 95, 149n, 212, 213, 214, 215, 219, 220, 221, 236, 237, 239, 316, 329, 331, 364, 378, 380, 383, 418

Texuan cuoyao meiyue jizhuan 《特选撮要每月纪传》(A monthly record of important selections), 133

Three People's Principles 三民主义, 118, 120, 122, 430

Tongcheng School 桐城派, 72-73, 76, 112, 426-427

Tuhua ribao 《图画日报》, xx, 248-249, 252-253, 273-275, 291n

Trade 贸易, 商贸, 135-58, 162, 168, 171, 368-369, 374, 414, 426, 427

Wang Kangnian 汪康年, 51, 184, 204-205, 208

Wang Tao 王韬, 18-19, 33, 345, 347-348, 350-351, 400n

Wanguo gongbao 《万国公报》, 47, 50n, 51, 303n

Weather reports 天气消息, 89-90, 94, 111, 192

Wei Yuan 魏源, 25, 85

Women, New 新女性, 90-93, 134n, 263n, 301, 303-311; and political participation 参政, 88, 251-253, 265, 273, 277, 299-301, 373, 375n, 338n; and domesticity 家务, 254-268, 302-311; and reproduction 生育, 259-268, 359-360; objectified 客体化, 286-93, 304; and new men 新男性, 304-305

Women's Magazines 女性杂志, 248, 254

Wu Jingzi 吴敬梓, 58, 203

Xianggang Zhongwai xinbao 《香港中外新报》, 47n

Xixue Zhongyuan 西学中源 (Chinese origins for Western knowledge), 25, 160, 164-165

Xinbao 《新报》(上海道台的报纸), 19, 236n

Xinmin 新民 (New citizen), 77, 107

Xinmincongbao 《新民丛报》, 69, 77, 333n

Xinwenbao 《新闻报》, 137n; use of the *jingbao* 对京报的使用, 212, 214n, 218, 224, 232-233, 236n, 315n, 332, 337-341

Xinwenti 新文体 (newly fashioned newspaper prose), 44, 54-55, 108-113

Xu Baohuang 徐宝璜, 96

Xu Xilin 徐锡麟, 384n

Xunhuan ribao 《循环日报》, 18-19, 47, 50, 230, 232

Yang Naiwu 杨乃武, 34n, 233, 289n

Yanlu 言路 (road of speech), 2-4, 28-30, 62, 219, 420

Yao Nai 姚鼐, 70

Yijing 《易经》, 77, 147, 148, 152, 153, 158n, 169n, 216

Youxibao 《游戏报》(*Entertainment*), 82n, 291

Yu Youren 于右任, 399n

Yuan Shikai 袁世凯, 36, 106, 175n, 197, 198n, 237-239

Zeng Guofan 曾国藩, 70

Zeng Pu 曾朴, 344

Zhang Bishi 张弼士, 154, 156

Zhang Zhidong 张之洞, 19-20, 22-23, 27, 85, 211n, 288n

Zheng Guanying 郑观应, 288n

Zhengzhi guanbao 《政治官报》, 36n, 51, 239

Zhiguai xiaoshuo 志怪小说，33，46n，93-96，98-99，102，103，115，193

Zhongguo nübao 《中国女报》，254，301n

Zhongguo xin nüjie 《中国新女界》，254n

Zhongwai jiwen 《中外纪闻》，47，208

Zhongwai ribao 《中外日报》，51

Zhuzhici 竹枝词，284，312n，316n，322-330

Ziyoutan 自由谈（Free talk），95，106n，171n，258n，299，301n，384n

Zou Rong 邹容，22n，34

图书在版编目(CIP)数据

报为中用?:上海新闻媒体的影响力、定位与变革:1872—1912/(德)梅嘉乐(Barbara Mittler)著;季凌霄译.--北京:中国传媒大学出版社,2025.5.

(传播与中国译丛).

ISBN 978-7-5657-3765-7

Ⅰ.G219.29

中国国家版本馆 CIP 数据核字第 2024LA8584 号

A NEWSPAPER FOR CHINA: Power, Identity, and Change in Shanghai's News Media 1872—1912 by Barbara Mittler
Copyright©2004 by the President and Fellows of Harvard College
Published by arrangement with Harvard University Asia Center through Bardon-Chinese Media Agency
Simplified Chinese translation copyright © (2025) by Communication University of China Press
ALL RIGHTS RESERVED

本书简体中文版专有出版权由 Harvard University Asia Center 授予中国传媒大学出版社。未经出版者书面许可,不得以任何形式抄袭、复制或节录本书中的任何部分。

著作权合同登记号 图字:01-2024-0271

报为中用?——上海新闻媒体的影响力、定位与变革(1872—1912)
BAO WEI ZHONG YONG? ——SHANGHAI XINWEN MEITI DE YINGXIANGLI、DINGWEI YU BIANGE(1872—1912)

丛书主编	黄　旦
著　者	[德]梅嘉乐(Barbara Mittler)
译　者	季凌霄
责任编辑	于水莲
特约编辑	张斯琪
封面设计	拓美设计
责任印制	李志鹏

出版发行	中国传媒大学出版社		
社　　址	北京市朝阳区定福庄东街1号	邮　编	100024
电　　话	86-10-65450528　65450532	传　真	65779405
网　　址	http://cucp.cuc.edu.cn		
经　　销	全国新华书店		
印　　刷	北京中科印刷有限公司		
开　　本	787mm×1092mm　1/16		
印　　张	24.25		
字　　数	551 千字		
版　　次	2025 年 5 月第 1 版		
印　　次	2025 年 5 月第 1 次印刷		
书　　号	ISBN 978-7-5657-3765-7	定　价	109.00 元

本社法律顾问:北京嘉润律师事务所　郭建平